사용자 경험을 창조하는 UX/UI 디자인

사용자 경험을 창조하는 UX/UI 디자인
NCS 기반 모바일에서 VR까지

초판 1쇄 2018년 5월 31일
 2판 6쇄 2022년 9월 26일

지은이 이광훈
발행인 최홍석

발행처 (주)프리렉
출판신고 2000년 3월 7일   제 13-634호
주소 경기도 부천시 원미구 길주로 77번길 19 세진프라자 201호
전화 032-326-7282(代)   **팩스** 032-326-5866
URL www.freelec.co.kr

편집 이강인
교정·교열 서선영
디자인 이대범

ISBN 978-89-6540-216-9

이 책은 저작권법에 따라 보호받는 저작물이므로 무단 전재와 무단 복제를 금지하
며, 이 책 내용의 전부 또는 일부를 이용하려면 반드시 저작권자와 (주)프리렉의 서면
동의를 받아야 합니다.
'열혈강의'와 '熱血講義'는 프리렉의 등록상표입니다.
책값은 표지 뒷면에 있습니다.
잘못된 책은 구입하신 곳에서 바꾸어 드립니다.
이 책에 대한 의견이나 오탈자, 잘못된 내용의 수정 정보 등은 프리렉 홈페이지
(freelec.co.kr) 또는 이메일(webmaster@freelec.co.kr)로 연락 바랍니다.

#열혈강의
알기쉽게
풀어놓은
비법강의

사용자 경험을 창조하는
UX/UI 디자인

NCS 기반
모바일에서
VR까지

이광훈 지음

프리렉

머리말

요즘 책은 최첨단 기기에 밀려 올드미디어의 대표적 산물로 떠올랐고, 일차적으로 디지털로 바꿔야 하는 만만한 존재가 되었다. 그러나 책을 읽어본 사람들은 분명 책이 갖는 매력을 감지하고 인정한다. 다양한 이러닝 e-Learning 기술과 에듀테크가 있지만 특히 무언가를 배우려고 할 때는 무엇보다 진지한 구석이 있는 책이 제격이다. UX 방법론을 알리기 위해 필자는 여러 방면으로 고민하다가 5년 전에 이어 다시금 책이라고 매체를 선택했다.

책이 줄 수 있는 매력이 무엇인가. 책은 우리가 공부하고자 하는 학문에 대한 세부적인 정의를 내리기에 무엇보다 고민의 흔적이 나타나게 할 수 있다. 그리고 이 고민의 흔적은 책을 읽는 독자의 해석에 따라 뉴미디어나 디지털보다 더 좋은 교육 효과를 낼 수 있다.

아마도 이 책을 뒤적이는 독자의 대부분은 UX를 직·간접적으로 다루고 있거나 다뤄야 하는 현업 종사자 혹은 UX를 공부해야 하는 학생, UX/UI 디자이너를 꿈꾸며 공부하는 취업준비생들일 것이다. 물론 순수하게 UX에 관심 있는 일반인도 간혹 있을 수 있겠지만 이 책을 보는 사람들 대부분은 책을 다 읽고 나면 UX에 대한 이해와 실무에 사용할 수 있는 지극히 중요하면서도 단순한 목적이 있을 것이다.

유수의 이러닝 동영상 사이트(mooc)에서도 다양한 방식의 UX를 다루지만 생각보다 실무에 적용하기가 만만치 않다. 이 책은 UX 정의에 대한 폭넓은 이해와 실무적인 사례를 진지하게 다루는 글과 그림을 포함하며 UX/UI를 이해하고 실무에 적용하는데 유용한 효과를 내도록 제작되었다. 이 책은 그런 의미에서 쓰였고 독자들이 그 목적을 달성할 수 있도록 깊이 있게 고민되었다.

첫 번째 책을 발간한 지 벌써 5년이란 세월이 흘렀다. 그 사이 UX는 더 많은 사례와 다양한 경험적 연구를 통해 정의와 방법론이 수정되었다. 특히 전 세계 IT 업계를 이끄는 미국의 유수 글로벌 대기업들(애플, 구글, 아마존, 페이스북, MS 등)에서 정의하는 UX는 업계의 표준이 되고 있다. 변화가 극심한 상황에서도 5년이나 지난 첫 번째 책을 (심지어 얼마 전까지도) 접해보신 독자분들께 무한한 감사를 드리며 새로 쓰인 이 책에서 변화된 얘기를 하고자 한다. 그동안 따끔한 충고성 질책을 해주신 독자분들과 제 수업을 들어왔던 많은 학생들의 UX 프로젝트를 보면서 좀 더 진지하고 정확한 정의를 내리고자 많은 고민을 하게 되었고 이 책이 그것의 결과물이라고 얘기하고 싶다.

이 책에서 다루는 UX가 가장 정확하고 깊이 있는 내용의 것이라고는 단언할 수는 없다. 하지만 많은 자료를 수집하고 5년의 기간 동안 수행한 다양한 UX 컨설팅, 학생들과 함께 여러 주제를 가지고 UX 프로젝트를 실시한 내용 등을 집대성했다. 따라서 이 책을 읽은 독자분들에게 UX에 대한 오해나 무의미한 성과가 아닌, 실제 적용할 수 있는 내용을 제공할 수 있다고 자신한다.

이 책은 학교에서 UX 과정과 UX와 연결된 학문(심리학, HCI, 사회학, 정보통신 및 컴퓨터 공학, 통계학, 멀티미디어학, 기타 융합과정 등)을 공부하는 학생, 회사와 현장에서 UX를 이용한 직무를 수행하는 직장인들이 실무 영역과 NCS 영역을 효과적으로 융합하여 유용하게 사용할 수 있도록 구성하였다.

이 책은 국가직무능력표준[NCS]의 UX 학습모듈 체계를 따르며 NCS가 정의한 내용에 초점을 맞춰 설명한다. 그러나 UX 이론과 방법론은 매우 다양하게 나타나기 때문에 기본적 이론 배경과 학습모듈은 NCS를 바탕으로 하되, 다양한 실무에 적절히 활용할 수 있도록 필자의 경험과 지식, 다른 UX 이론체계도 곁들여 최종적인 문제 해결에 도움이 될 수 있도록 설명한다. UX는 해석과 방법론이 현재까지도 활발하게 논의되고, 다양하게 시행되고 있는 진행형 이론이다. 따라서 같은 단어와 주제라 하더라도 다양하게 혹은 정반대로 해석될 수도 있기에 의견 분쟁도 상당하다. 그러나 이런 해석의 차이로 인해 소극적이거나 용기 없는 태도를 보이기보단 필자의 경험과 해석을 통해 보다 적극적이고 과감한 설명 방식을 취하려고 한다. 이에 대한 최종 판단은 독자 여러분에 맡기며 전방위적으로 실무에 적용해 자신만의 UX 알고리즘을 수립하여 성공적인 업무를 수행할 수 있기를 바란다. UX는 사람을 연구하고 그에 대한 개선점을 찾는 것이 핵심 요소이기 때문에 사람에 따라 UX의 결과가 달라진다. 이를 바탕으로 흔들리지 않을 것 같은 핵심적인 정의를 내리고 다양한 실무적 프로젝트를 소개하여 다양한 곳에서 UX를 사용하는 사람들에게 실질적 도움이 되고자 했다.

이 책을 출판하는 데 많은 도움을 주신 프리렉 출판사의 최홍석 대표와 이강인 이사, 이대범 실장, 서선영 사원에게 감사의 말씀을 드린다. 실질적 도움을 준 나의 학생들과 멀티캠퍼스 UX팀, 늘 아낌없는 도움을 주시는 정용관 대표, 놀라운 통찰력과 정교한 UX 디자인 능력자 권근희, 나와 프로젝트를 하면서 많은 도움을 줬던 김다솜에게 깊은 감사를 드린다. 마지막으로 나의 정신적 지주인 한민아, 이수민, 이요원에게 고맙다는 말을 전한다.

2018년 5월 이광훈

차례

Part 1 사용자와 환경 분석

머리말 ... 4

chapter_01 UX/UI의 개념과 디자인 프로세스 ... 15

1 UX/UI의 개념 ... 16
  1.1 사용자 경험 정의 ... 16
  사례1 TV 리모컨 UX 디자인 개선 ... 18
  사례2 유럽의 구급차 디자인 ... 19
  1.2 사용자 인터페이스 정의 ... 20

2 UX/UI 디자인 프로세스 ... 23
  2.1 NCS 적용 ... 23
  2.2 더블 다이아몬드 프로세스 ... 26
  사례 서비스 경험 디자인 ... 28
  2.3 기타 UX/UI 디자인 프로세스 ... 30
  리서치 현업에서 필요한 UX/UI 업무 역량 ... 34

chapter_02 문제 발견 단계 ... 37

1 문제 발견 단계에서 환경 분석이란 ... 38

2 시장 분석 ... 39
  2.1 분석 범위 선정 ... 40
  2.2 통계 자료 활용 ... 43
  사례 차량 공유 시장 분석 ... 49

3 경쟁 분석 ... 51
  3.1 조사 대상 선정 ... 52
  사례 해외 경쟁 분석/리뷰 서비스 이용하기 ... 53
  3.2 핵심 역량과 미충족 가치 분석 ... 54
  3.3 경쟁 서비스 기능 분석 ... 59
  사례 구인 구직 서비스 경쟁 분석 ... 61

4 트렌드 분석 ... 69
  4.1 트렌드 분석 방법 ... 69
  4.2 웹과 모바일 디자인 트렌드 ... 72
  4.3 웹과 모바일 기술 트렌드 ... 81
  리서치 아마존 고 트렌드 분석 ... 89

5 사용자 분석 ... 93
  5.1 사용자 분석 종류 ... 94
  5.2 핵심 고객 설정 ... 97
  5.3 고객 관찰 및 체험 ... 98
  5.4 개별 인터뷰 ... 105
  5.5 그룹 인터뷰 ... 111

chapter_03	**아이디어 수립 단계**	121
1	사용자 가설 수립	122
	1.1 가상 고객 설정	123
	1.2 고객여정지도 작성	130
	사례1 사용자 간 감정적 경험이 다를 경우 상호 비교가 쉽도록 한 화면에 작성	132
	사례2 동일 서비스라도 이용 장소나 상황에 따라 사용자 경험이 현저하게 다른 경우	134
	사례3 사용자 간 공통적인 경험과 차별적인 경험을 동시에 봐야 할 때	136
	1.3 멘탈 모델 작성	137
2	핵심 욕구 도출	139
	2.1 친화도법	139
	사례1 사용자 분석에 친화도법을 사용한 사례	142
	사례2 K-Pop의 현주소를 알아보기 위한 어피니티 노트	146
	2.2 카노 분석법	147
3	서비스 콘셉트 도출	150
4	아이디어 시각화	152
	4.1 다이어그램	152
	4.2 인포그래픽	153
	4.3 메트릭스	155

Part 2
사용자 경험 디자인

chapter_04	**정보구조 설계**	157
1	정보구조 설계	158
	1.1 정보구조의 정의와 구성 요소	158
	1.2 웹과 모바일의 정보구조 설계 방법	162
	1.3 정보구조 전환	168
2	서비스 흐름도 작성	171
	실습 에어비앤비 예약 서비스 플로 차트	176

chapter_05	**UX/UI 디자인 핵심 요소**	179
1	일관성 있는 UI	180
2	효과적이며 개인화된 UI	183
	2.1 개인화된 UI 디자인	183
	2.2 빠르게 활용할 수 있는 툴 바 디자인	184
	2.3 효과적인 초기 화면 디자인	185
3	입력이 쉬운 UI	187

4	대중적인 미학을 지닌 UI	190
5	오류에 대응하는 UI	192
6	인체공학적 UI	195
	6.1 시각적 인지 향상을 위한 방법	195
	6.2 조작의 편리성 향상을 위한 방법	196
7	속도와 성능을 적용한 UI	199
8	사용 상 편리성을 적용한 UI	202
	리서치 빅데이터 분석을 이용한 음악 플레이어 제작	204

chapter_06 **UI 저작 도구** 209

1	스케치 패드	210
2	벡터 그래픽 전용 도구	214
	2.1 웹앱형 UI 저작 도구	216
	2.2 PC형 UI 저작 도구	223

chapter_07 **스토리보드 작성법** 233

1	서비스 시나리오 작성법	234
	1.1 서술형 시나리오	237
	1.2 구문형 시나리오	239
	1.3 이용 흐름형 시나리오	241
	1.4 스토리보드형 시나리오	242
2	스토리보드 작성법	244
	2.1 스토리보드 구성 요소	244
	2.2 효과적인 기획서 템플릿 작성법	245
	2.3 기능 정의	251
	2.4 화면 설계	253
3	서비스 청사진 작성법	261

chapter_08 **패턴별 UI 디자인** 265

1	콘텐츠 UI 패턴	266
	1.1 시작 화면 디자인	267
	1.2 폼 디자인	269
	1.3 테이블 디자인	273
	1.4 검색 디자인	278
	1.5 반응 디자인	289
	1.6 카드 디자인	295
	1.7 타임라인 디자인	304

		리서치 큐레이션 UI	306
2		메뉴 UI 패턴	309
	2.1	탐색 디자인	309
	2.2	도구 디자인	314
3		유입 UI 패턴	317
	3.1	팁 UI	318
	3.2	화면 전환 도움말 UI	318
	3.3	투명화 설명 UI	319
	3.4	지속성 UI	319
4		인터랙션 디자인	321
	4.1	터치 제스처 디자인	321
	4.2	모션 디자인	331
	4.3	센서 디자인	334
	4.4	청각 디자인	340
	사례	인터랙션 UI 적용, 현대카드 웨더	346

Part 3
운영체제별 UI 가이드라인

chapter_09 아이폰 휴먼 인터페이스 가이드라인   351

1		아이폰 디자인 원칙	352
2		아이폰 화면 구성	354
	2.1	자동 레이아웃	356
	2.2	레이아웃 고려사항	357
	2.3	UI Kit 핵심 인터페이스	359
3		구조적 특성	360
	3.1	3D 터치	360
	3.2	위젯	362
	3.3	알림	364
	3.4	다중 작업	365
	3.5	음성 비서 시리 기능	367
4		스타일 가이드	368
	4.1	색상	368
	4.2	폰트	370
	4.3	시스템 아이콘	372
5		바 설계	374
	5.1	상태표시 바	374
	5.2	탐색 바	375
	5.3	검색 바	376
	5.4	탭 바	377
	5.5	툴 바	378

6 뷰 설계 — 379
- 6.1 액션 시트 — 379
- 6.2 액티비티 뷰 — 380
- 6.3 알림창 — 381
- 6.4 이미지 나열 — 382
- 6.5 지도 뷰 — 384
- 6.6 테이블 — 385

7 조작부 설계 — 387
- 7.1 편집 메뉴 — 387
- 7.2 피커 — 388
- 7.3 진행 상황 표시 — 389
- 7.4 분할 컨트롤 — 390
- 7.5 슬라이더 — 391
- 7.6 스테퍼 — 392
- 7.7 스위치 — 393

8 기타 인터페이스 설계 — 394
- 8.1 애플페이 — 394
- 8.2 애플월렛 — 395

chapter_10 안드로이드 인터페이스 가이드라인 — 397

1 안드로이드 디자인 원칙 — 398

2 안드로이드 화면 구성 — 400
- 2.1 공통 앱 UI — 400
- 2.2 레이아웃 원칙 — 401
- 2.3 레이아웃 가이드 — 402

3 물질 디자인의 구조적 특성 — 405
- 3.1 물질 디자인 방법 — 405
- 3.2 물질 디자인 높이 구분 — 407

4 스타일 가이드 — 411
- 4.1 색상 — 411
- 4.2 폰트 — 414
- 4.3 시스템 아이콘 — 416

5 UI 구조 — 417
- 5.1 앱 바 — 417
- 5.2 탭 바 — 422
- 5.3 툴 바 — 425
- 5.4 사이드 탐색 바 — 427

6 컴포넌트 설계 — 429

6.1	하단 탐색	429
6.2	하단 시트	430
6.3	버튼	433
6.4	카드	437
6.5	대화창	441
6.6	목록 컨트롤	445
6.7	메뉴	446
6.8	알림	450
6.9	피커	452
6.10	진행 상황 표시	453
6.11	슬라이더	455
6.12	스낵 바와 토스트	457
6.13	텍스트 필드	458
6.14	툴 팁	463
6.15	위젯	464

chapter_11 태블릿 PC UI 가이드라인 — 467

1	태블릿 PC 디자인 원칙	468
1.1	태블릿 PC 구성 및 특징	468
1.2	가로, 세로 모든 방향을 지원	470
1.3	정보구조의 단일화	472
1.4	물리성과 사실성을 부여한 디자인	473
1.5	콘텐츠 중심의 몰입형 디자인	475
1.6	멀티 터치 제스처	478
2	태블릿 PC UI 요소	480
2.1	팝오버	480
2.2	분할 뷰	484
2.3	레이아웃 구조	487
리서치	전자책과 앱진 UI 분석	490

chapter_12 스마트 워치 UI 가이드라인 — 497

1	스마트 워치 디자인 원칙	498
1.1	스마트 워치 특징	498
1.2	타이포그래피	501
1.3	아이콘	502
2	스마트 워치 UI 구조	503
3	스마트 워치 UI 요소	504
3.1	서랍형 탐색 버튼	504

3.2	열림 기능 버튼	506
3.3	확인 오버레이	507
3.4	진행 상황 바	508
3.5	사용 권한 메시지	509
3.6	주 작업 버튼	509
3.7	행 내 작업 버튼	510
3.8	선택 버튼	510
3.9	알림	511
3.10	확인(권한) 버튼	513
3.11	손목 제스처	514

chapter_13 가상현실 UI 가이드라인 — 515

1	VR 소개	516
1.1	HMD	517
1.2	360 미디어	519
1.3	MS 홀로렌즈	520
2	VR UI 환경 특징	522
3	VR UI 디자인 고려사항	524
3.1	생체학적 피로감을 최소화	524
3.2	조작 용이성 증대	527
3.3	UI 시인성 강화	531
3.4	VR 환경의 특징 강조	534
4	VR UI 가이드라인	536
4.1	카드 UI	538
4.2	설명 팁 UI	540
4.3	알림 UI	540
4.4	탭 UI	542
4.5	기능 UI	545
4.6	제어 방법	548
리서치	VR Shop UI 구축 사례	550

찾아보기 — 557

Part 1

사용자와 환경 분석

01

Chapter

UX/UI의 개념과 디자인 프로세스

Outline

산업 현장에서 필요로 하는 직무중심의 인적자원을 양성하기 위해 2002년부터 도입된 국가직무능력표준(NCS) National Competency Standards 제도가 확대됨으로 인해 UX/UI 디자인 분야도 NCS 기반 체제를 통해 개념과 프로세스, 업무 범위 등이 정의되었다. NCS에서 UX/UI 디자인 분야는 다음 영역이 반영되어 개념과 프로세스, 방법론을 설명하고 있다.

· 문화 · 예술 · 디자인 · 방송 〉 문화콘텐츠 〉 문화콘텐츠제작

· 정보통신 〉 정보기술 〉 정보기술개발

· 전기 · 전자 〉 전자기기개발 〉 정보통신기기개발

Process

사용자 경험(UX) User Experience 과 사용자 인터페이스(UI) User Interface 에 대한 개념과 정의를 내린다. 사용자 경험은 사용하는 범위가 넓은 탓에 활용하는 분야에 따라 매우 다양하게 정의하고 있다. 이 책에서는 단순히 단어들을 조합한 구문이나 문장이 아닌 다양한 일상적, 업무적 사례를 참조하여 정의를 내리고자 하였다.

NCS 기반의 UX/UI 디자인 프로세스를 설명한다. '더블 다이아몬드'로 불리는 UX/UI 디자인 프로세스에서 단계별 정의와 목표, 해결 방법을 사례와 함께 파악해서 실제 업무에 도움이 되도록 하였다.

1 UX/UI의 개념

1.1 사용자 경험 정의

사용자 경험 UX: User Experience 은 사용자가 제품과 서비스, 시스템, 정책 등을 직접 혹은 간접적으로 이용하는 과정에서 발생하는 총체적 경험을 의미한다. 이러한 정적인 사용자 경험을 개발하고 창출하기 위해서 학술적, 실무적으로 사용자 경험을 디자인하게 된다.

사용자는 제품이나 서비스를 이용할 때 다양한 경험을 수반하는데 다음과 같은 '긍정적 경험'과 '부정적 경험'으로 하게 된다.

구분	효과	감정적 측면
긍정적 경험	· 니즈의 만족 · 제품/서비스에 대한 충성도 향상 · 습관화 · 시장에서의 성공	쉬움 Ease ⇨ 유쾌함 Pleasure ⇨ 재미 Fun ⇨ 즐김 Joy
부정적 경험	· 목적 달성 실패 · 경제적 손해 · 브랜드에 대한 배신감 · 시장에서의 실패	어려움 Difficulty ⇨ 불쾌함 Displeasure ⇨ 좌절 Frustration ⇨ 화남 Anger

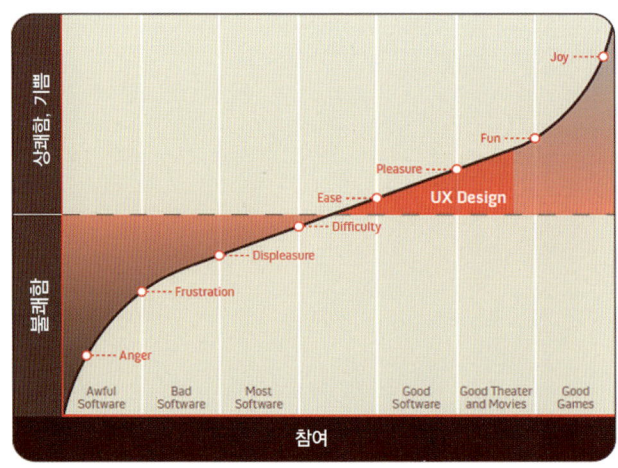

감정 그래프*
사용자 경험을 표현하기 위해
다양한 이미지를 선택하게 된다.

* 출처: effective UI

UX 디자인이 좋을 때 나타나는 감정은 Ease(사용하기 쉬움), Pleasure(상쾌함, 매끄러움), Fun(재미있음), Joy(즐거움, 경험을 바꾸게 됨) 등이 있으며, 반대로 UX 디자인이 나빴을 때 나타나는 감정은 Difficulty(사용하기 어려움), Displeasure(불쾌함, 매끄럽지 못함), Frustration(좌절), Anger(화남) 등이 있다. 이 중에서 사용자가 좌절하며 화가 나는 경우에는 제품과 서비스에 대한 재사용성을 돌이킬 수 없다. 마케팅으로 이를 복구하려면 초기 개발비보다 더 많은 비용과 노력이 필요할 때도 있다.

특히 이 책에서 중점적으로 다룰 소프트웨어와 서비스 측면에서의 사용자 경험은 좀 더 세부적인 의미를 갖는다. 사용자 경험이란 영구불변하지 않고 매우 다양한 모습을 보인다. 그래서 UX 전문가들이 끊임없이 연구하여 각자의 방법론으로 좋은 결과를 만들어 내며, 경험적 측면을 분석해서 최적화된 결과를 도출하려고 한다. UX/UI 디자이너는 다양한 환경에서 최선의 사용자 경험을 얻기 위해 연구하고 디자인해야 한다. 이런 디자인 관점을 '감성 디자인 Design for Emotion'이라고 한다.

UX 디자인의 정의
환경에 적합한 사용자 경험을 디자인하는 것

사용자 경험에서 다루는 환경 요소
하드웨어와 OS의 속도 및 기능, 버전에 따라 각각의 사용자 경험이 다르게 느껴지고 이용된다

사용자 경험이 만들어지는 환경은 다음 표와 같이 정리할 수 있다.

구분	환경 요소	
인구 분포	연령 분포, 성별 분포, 모집단 수, 경제 여건 등	
지역·역사	국가별, 민족별 구분과 이에 따르는 역사, 문화, 관습 등	
플랫폼	OS	iOS, 안드로이드, 윈도우, 웹 등
	하드웨어	스마트폰, PC, TV, 스마트 워치, 스마트 글래스, VR 등
상황인식	서비스를 이용하는 시간대, 날씨, 주변 정황, 개인별 사용성 로그와 선호 등	

이 표에서 설명한 바와 같이 사용자 경험에는 다양한 환경 요소가 있으며 UX 전문가와 실무자들은 이 환경 요소에 따라 각자 최적화된 사용자 경험을 제공할 방법을 개발하게 된다. 특히, 최근의 UX 개발 방법에는 상황인식을 고려한 UX 디자인이 자주 요구된다.

사례 1

TV 리모컨 UX 디자인 개선

TV 리모컨을 UX 관점에서 디자인을 변경한 가상의 사례다. 분석해 보면

> 복잡한 리모컨은 사용하기 불편하다.
>
> (좌) ⇨ (우)
> 버튼을 단순화한다

> 버튼을 단순화하기 위해 개별 버튼에 대해
> 사용성(빈도, 중요도 등)을 파악한다.

> 빈도나 중요도가 높은 버튼만 남겨 놓는다.

이 사례만을 놓고 보면 마치 TV 리모컨의 UX 디자인은 '단순화'만을 의미하는 오류를 범할 수도 있다. 원칙적으로 사용자 경험의 정의를 고려했을 때 개선된 디자인은 개선 전 리모컨을 사용하는 '특수한 사용자' 층을 만족시킬 수 있는 디자인으로 해석해야 오류를 범하지 않을 수 있다. 다시 말하면, 화살표 방향이 반대인 경우도 특수한 사용자의 환경을 고려한다면 UX 관점에서 개선이라고 할 수 있다는 것이다.

만약 단순화된 TV 리모컨을 영상 전문가나 마니아층이 사용한다면 만족해 하지 않을 것이다. 이들이 사용하는 환경에서는 오히려 다양한 기능의 버튼들이 있어야 원하는 기능을 충분히 활용할 수 있다.

Part 1
사용자와 환경 분석

사례 2

유럽의 구급차 디자인

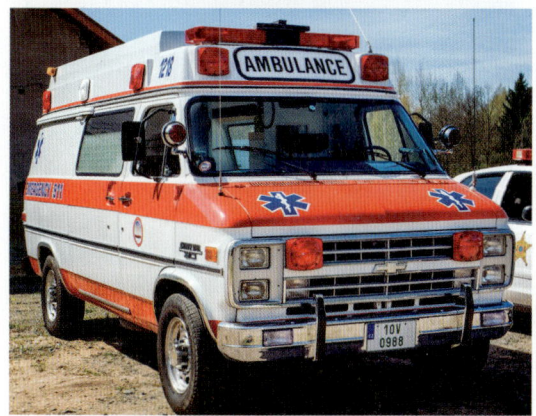

유럽의 구급차 모습이다. 분석해 보면

> 구급차는 복잡한 도심을 빠르게 이동해야 한다.
> ⇨ 앞 차량이 길을 비켜줘야 한다.

> 앞 차량이 뒷차를 확인할 수 있는 방법은 거울을 통해서다.

> 거울에서는 상이 실제와는 좌우 반대이므로 차량에
> 표시된 'AMBULANCE' 글자를 좌우 반대로 표시해 놓았다.

이러한 분석도 역시 사용자 경험의 정의를 제대로 이해할 필요가 있다. 유럽이나 한국 등에서는 이 디자인이 통용되겠지만 미국에서는 아니다. 미국에서는 도로교통법상 운전자는 뒷차를 확인할 때 뒤를 보며 직접 확인해야 한다. 거울을 통해서 뒷차를 확인할 수 없다. 이런 문화적·사회적 환경으로 인해 미국의 구급차는 'AMBULANCE' 글자를 정상적으로 표기해야 한다.

사례1과 사례2를 통해 사용자 경험은 환경 요소가 매우 중요하다는 것을 알 수 있다. 환경 요소를 분석하고 제대로 파악한 후 사용자 경험을 디자인해야만 제품이나 서비스의 사용자가 기대하는 좋은 경험을 하게 된다.

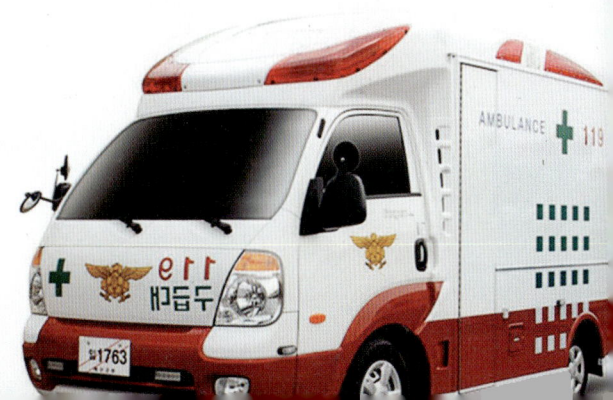

1.2 사용자 인터페이스 정의

사용자 인터페이스(UI: User Interface)는 사람과 사물, 시스템, 서비스, 소프트웨어 사이에 명령을 수행하거나 의사소통이 이루어지도록 하는 접점이자 매개체 역할을 한다.

오늘날 IT 분야에서 사용자 인터페이스의 개념은 소프트웨어의 사용자 화면을 디자인하는 의미로 사용하는 경우가 많다. 특히 과거 소프트웨어와는 다르게 오늘날 소프트웨어는 터치 기반의 플랫폼 요소가 추가되어 영구적이거나 물리적인 매개체가 아닌 한시적이고 가상적인 매개체로 역할을 하면서 UI 디자인은 더욱 세분화되었다.

UI 디자인은 단순히 디자인 역량에 의존하기보다는 UX 분석을 적용하여 디자인되어야 한다. 궁극적으로 사용자 인터페이스는 사용자 경험을 높이기 위한 최종 결과물이며 사용자 경험과 매우 밀접하게 관계를 맺고 있다. 보통 UI 디자이너와 UX 디자이너를 구분하여 역할과 개념, 정의를 내리는 경향이 있다. 주로 연구와 분석을 하는 쪽을 UX 디자이너로, UX 방법론에 따라 분석된 결과를 토대로 이에 맞게 사용자 인터페이스를 설계하고 디자인하는 쪽을 UI 디자이너로 구분한다.

그러나 요즘은 UX 디자이너들이 전문 UX 도구를 이용하여 UI 디자인을 수행하고 있으며, UI 디자이너들도 사용자 분석과 시장 분석, 경쟁 분석 등을 통해 UX 요소를 자신의 디자인에 적용하는 경우가 많다. 둘 사이 구분을 물리적으로 정확히 나눠서 진행되지 않는 것이 오늘날 UX/UI 디자인 분야의 특징이다. 참고로 UX 디자인은 분석적, 논리적, 이론적인 측면을 강조하는 데 반해 UI 디자인은 시각적 요소를 강조한다.

01 UX 디자인과 UI 디자인의 차이점*
02 UX 디자이너와 UI 디자이너의 차이점**

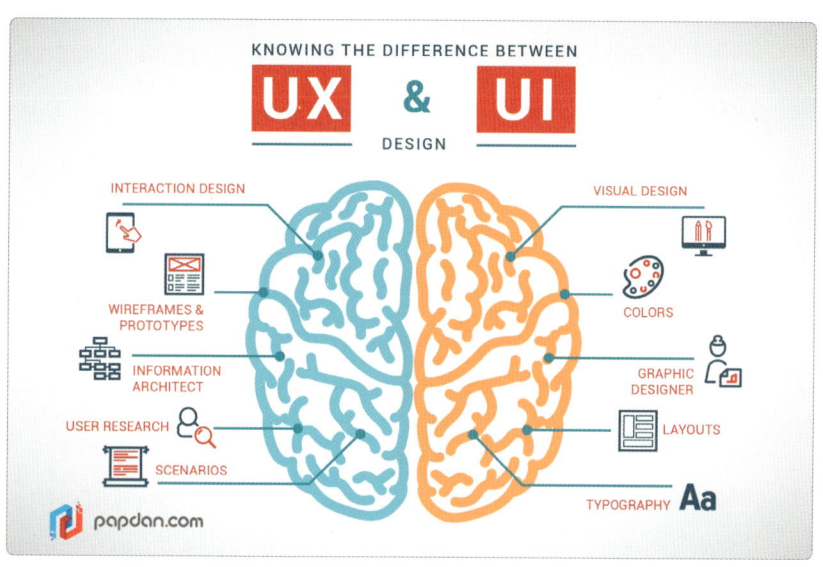

01

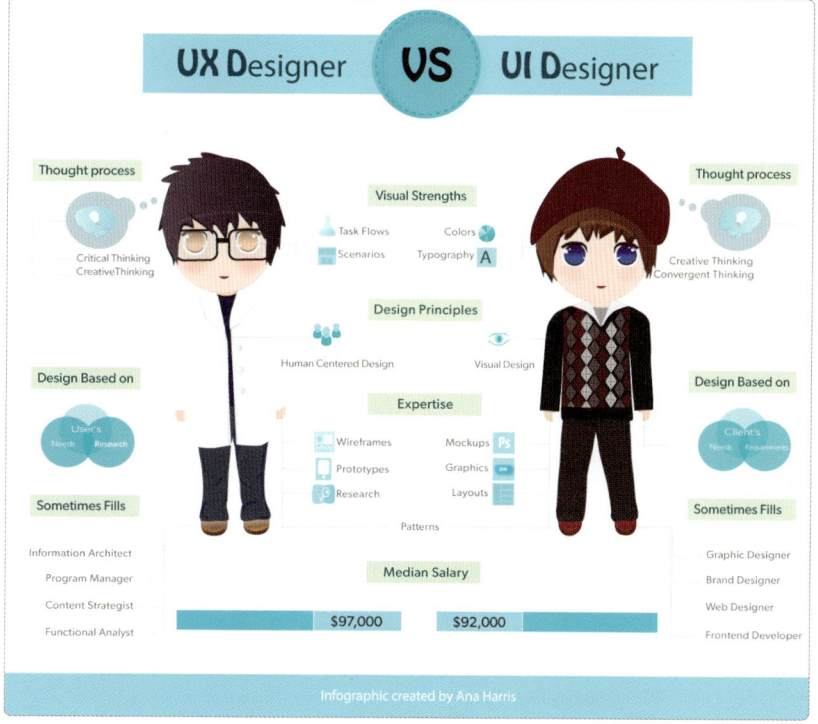

02

* 출처: Papdan.com
** 출처: https://ux.walkme.com/

사용자 경험을 높이는 UI 디자인을 하려면 다음과 같은 방법론을 적용해야 한다. 적용하는 우선순위가 높은 것부터 나열해 보았다.

- 회사 내, 단체 내에서 규정한 UI 가이드라인 적용
- OS에서 제공하는 UI 가이드라인 적용
- UX 디자인 핵심 요소 적용
- 디자인/기술 트렌드 적용

물론 이 우선순위는 각 서비스의 환경 요소에 따라 적절하게 수정해야만 한다. 이들 방법론은 OS별 UI 가이드라인과 디자인/기술 트렌드, UX 핵심 요소, UX 프레임워크에서 상세히 다룬다.

iOS와 안드로이드 UI 가이드라인

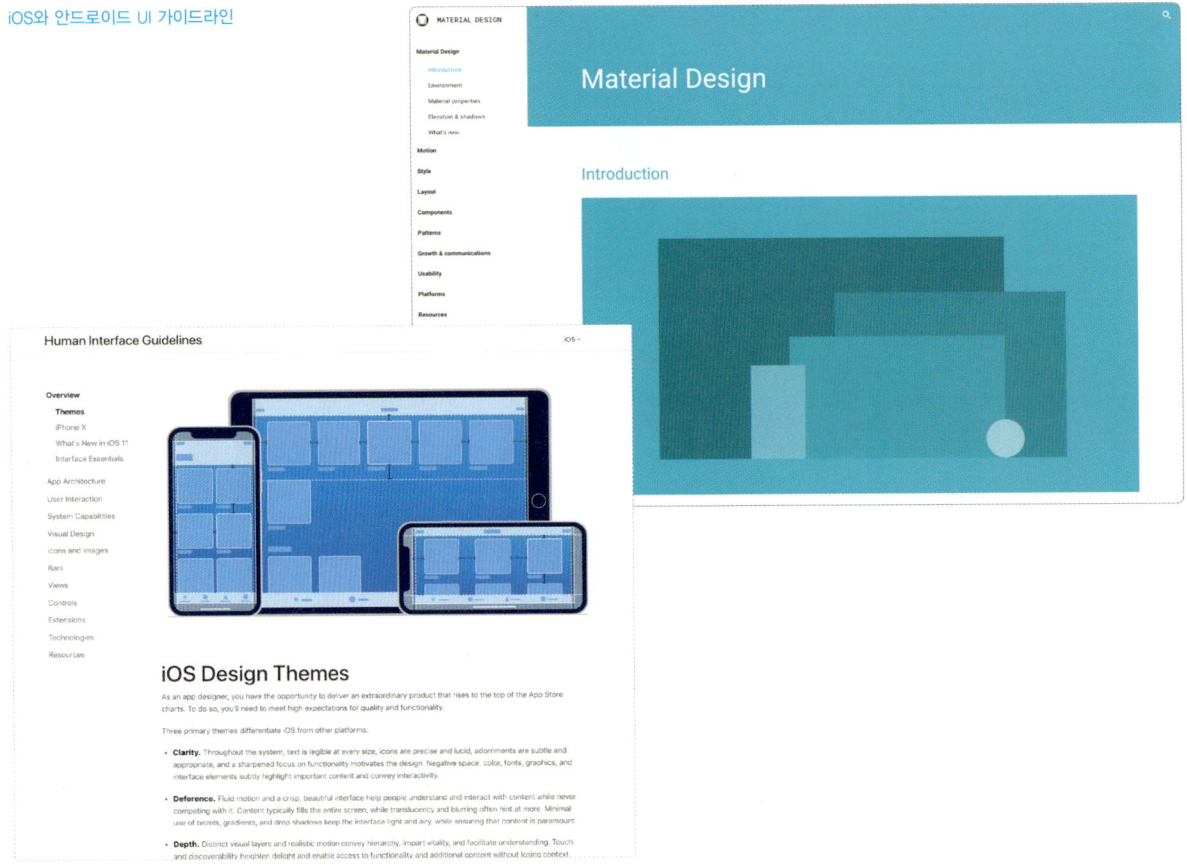

2. UX/UI 디자인 프로세스

이 책에서는 NCS 기반의 UX/UI 디자인 프로세스를 설명한다. NCS는 산업현장에서 요구하는 지식과 기술, 소양 등의 내용을 국가가 산업부문별, 수준별로 체계화한 것이다. 직무를 성공적으로 수행하는 데 필요한 능력(지식/기술/태도)을 국가 차원에서 표준화하기 위해 만들었다. NCS는 회사별, 기관별로 수행하는 서비스가 다르기 때문에 일괄 적용하려면 고려해야 하는 부분이 많지만 부문별로 체계화시켜 메뉴얼화했다는 점에 의미가 크다. 특히 초기 사업자나 초보 실무자의 경우 참고하면 도움이 된다.

2.1 NCS 적용

NCS는 학습모듈의 개념을 적용하여 관계자들이 쉽게 접근할 수 있도록 하고 있다. 학습모듈은 NCS의 능력 단위를 교육훈련에서 학습할 수 있도록 구성한 '교수·학습자료'이며 구체적으로 직무를 학습할 수 있도록 이론 및 실습과 관련된 내용을 상세하게 제시하고 있다.

NCS에서 UX/UI는 문화·예술·디자인·방송 분야, 전기·전자 분야, 정보통신 분야에서 대분류, 중분류, 소분류, 세분류로 구분되며 다음 표와 같은 능력 단위 및 요소로 구성되어 있다.

NCS에서 UX/UI 적용 분류

대분류	중분류	소분류	세분류(직무)	능력 단위	요소
08.문화·예술·디자인·방송	문화콘텐츠	문화콘텐츠 제작	스마트문화앱콘텐츠 제작	UX/UI 디자인	디자인 리서치, 콘셉트 개발
	디자인	디자인	**서비스 경험 디자인**	과제 계획, 경험 조사, 디자인 제안 등	환경 분석, 목표 수립, 서비스 구조화 등
19.전기·전자	전자기기개발	가전기기개발	응용 SW 개발	응용 소프트웨어 UX/UI 개발	UX/UI 요구사항 분석, 기능 분석, 디자인 구현하기
20.정보통신	정보기술	정보기술개발	**UX/UI 엔지니어링**	UX/UI 환경 분석, 계획수립, 요구 분석 등	트렌드 분석, 경쟁 분석, 내부역량 분석

UX/UI 엔지니어링 정의

사용자의 이용 행태와 트렌드 및 기술 환경을 분석하고 새로운 사용자 경험(UX) 모델을 제시하여 이를 현실화시킬 수 있는 UX/UI 계획, 실사용자 리서치, 사용자 인터페이스(UI) 기획, UI 아키텍처 설계, UI 디자인, UI 구현, 프로토타입 검증을 거쳐 가이드를 제작하는 일이다.

이중 UX/UI 개념에 가장 부합하는 것이 08.문화·예술·디자인·방송 분야의 '서비스 경험 디자인'과 20.정보통신 분야의 'UX/UI 엔지니어링'이다. 'UX/UI 엔지니어링' 분야가 IT에서 다루고 있는 소프트웨어 UX/UI 디자인과 가장 맥락적으로 일치한다. 따라서 NCS 적용 UX/UI 디자인은 'UX/UI 엔지니어링' 분야를 중심으로 다룬다.

다음으로 UX/UI 엔지니어링 학습모듈은 다음 표와 같이 구성되어 있다. NCS 정보통신 분야의 'UX/UI 엔지니어링 학습모듈' 10가지는 실제 각 회사의 UX/UI 부서에서 다루고 있는 핵심적인 요소이며 UX/UI 디자인의 제작 기준으로 봐도 무방하다. 포괄적이고 광범위한 UX/UI 학습모듈에 회사별로 서비스하고 있는 콘셉트와 UX/UI 디자인에 관여하는 실무팀들의 전략에 따라 적절하게 자체 학습모듈을 보완하면서 체계화하면 완성도 높은 UX/UI 디자인 프로세스를 이끌어 낼 수 있을 것이다.

표의 학습모듈을 프로세스 형태로 변경하여 요약하면 다음과 같다.

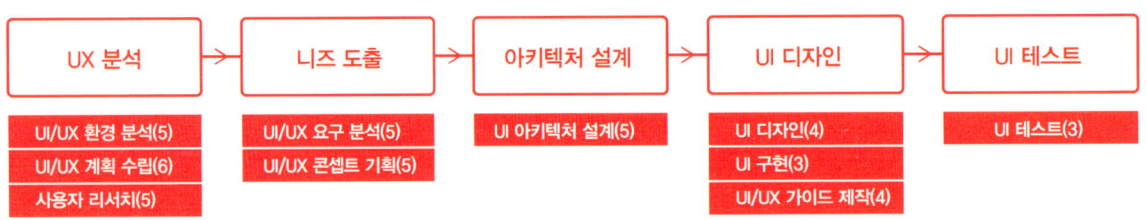

UX/UI 디자인 프로세스

이 프로세스는 UX/UI 디자인에서 기본적이면서 핵심적인 것이다. 이를 응용하고 최적화시켜 새로운 학습모듈과 내부 디자인 방침을 최종적으로 완성하면 된다.

UX/UI 엔지니어링 학습모듈 *

분류 번호	능력 단위(수준)	능력 단위 요소
2001020701_14v1	UX/UI 환경 분석(5)	· 트렌드 분석하기 · 경쟁 분석하기 · 내부역량 분석하기
2001020702_14v1	UX/UI 계획 수립(6)	· UX/UI 계획 수립하기 · UX/UI 작업 분석하기 · 리소스 계획하기
2001020703_14v1	사용자 리서치(5)	· 사용자 리서치 계획하기 · 리서치 수행하기 · 리서치 분석하기
2001020704_14v1	UX/UI 요구 분석(5)	· UX/UI 콘셉트 아이디어 도출하기 · 패스트 프로토타입 제작하기 · 패스트 프로토타이핑 검증하기
2001020705_14v1	UX/UI 콘셉트 기획(5)	· UX/UI 콘셉트 도출하기 · 기능 리스트 도출하기 · 콘텐츠 기획하기
2001020706_14v1	UI 아키텍처 설계(5)	· 정보 설계하기 · 와이어프레임 작성하기 · 태스크 플로우 작성하기
2001020707_14v1	UI 디자인(4)	· GUI 디자인 콘셉트 도출하기 · GUI 템플릿 제작하기 · GUI 상세 디자인하기
2001020708_14v1	UI 구현(3)	· UI 설계 검토하기 · UI 구현 표준 수립하기 · UI 제작하기
2001020709_14v1	UI 테스트(3)	· 사용성 테스트 계획하기 · 사용성 테스트 수행하기 · 테스트 결과 보고하기
2001020710_14v1	UX/UI 가이드 제작(4)	· UX/UI 가이드 기준 도출하기 · UX/UI 가이드 작성하기 · UX/UI 가이드 공유하기

* 출처: http://www.ncs.go.kr

2.2 더블 다이아몬드 프로세스

UX/UI 디자인 프로세스는 NCS 서비스 경험 디자인 과제 계획(분류번호: 0802010601_14v1)에 담겨 있다. 여기에는 UX/UI 디자인 프로세스가 과제 수행에 앞서 의뢰인의 서비스 경험 디자인에 대한 요구와 범위, 결과물에 대해 정확히 이해하고 요구 수준을 파악하여, 이를 기반으로 과제를 수행하기 위한 상세 계획안을 작성하고 명시하여 협약할 수 있어야 한다고 되어 있다. UX/UI 디자인 프로세스에는 '더블 다이아몬드 Double Diamond' 기법을 사용한다.

더블 다이아몬드

2005년 영국 디자인 위원회 Design Council가 개발한 디자인 방법론이다. 이 기법은 디자인 프로세스를 시각적으로 제공하여 좀 더 쉽게 이해할 수 있게 한다.

더블 다이아몬드 프로세스는 확산과 수렴을 반복하는 4단계의 디자인적 사고를 기초로 하고 있다. 이를 활용하면 사용자 경험이 반영된 완성도 높은 서비스를 구현할 수 있다.

더블 다이아몬드 프로세스는 서비스 수요자에 대한 깊은 이해와 통찰을 바탕으로 서비스 콘셉트를 형성하기 위해 일련의 확산과 수렴을 반복하는 디자인적 사고를 기초로 한다. 여기서 '확산적 사고'는 다양한 아이디어를 제안하는 과정이고 '수렴적 사고'는 도출된 아이디어를 바탕으로 해결책을 향해 정리해 나가는 과정을 의미한다. 4단계로 나뉘어서 '4D 프로세스'라고도 한다.

프로세스별 목표와 방법론

구분	문제 발견 Discover	아이디어 수립 Define	해결책 구체화 Develop	적용 Deliver
목표	고객 경험 리서치를 통한 문제 설정	자료 분석 및 디자인 방향 설정	세부 해결방안 구성	실행계획 수립
방법론	확산 과정 ・핵심고객 설정 ・고객 관찰 ・고객 체험 ・개별 인터뷰 ・그룹 인터뷰	수렴 과정 ・가상고객 설정 ・고객여정지도 ・핵심욕구 도출 ・서비스 콘셉트 도출	확산 과정 ・브레인스토밍 ・서비스 시나리오 ・스토리보드 ・서비스 청사진	수렴 과정 ・이해관계자 지도 ・비즈니스 모델 ・운영 모델

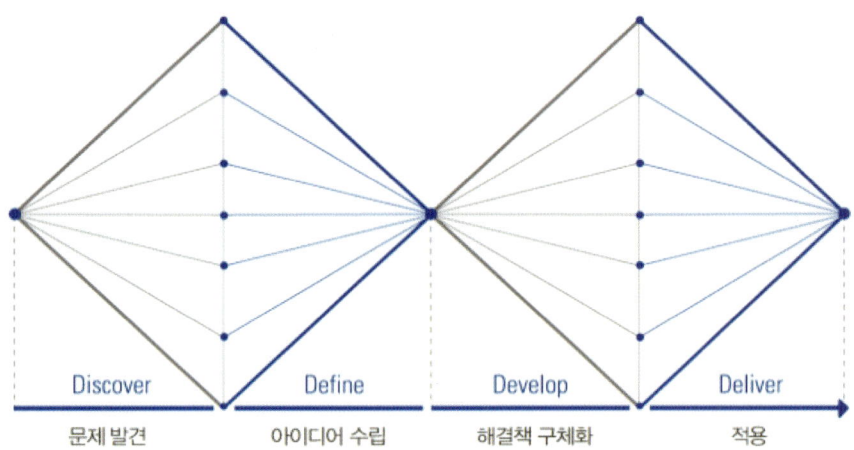

UX/UI 디자인 프로세스인 더블 다이아몬드

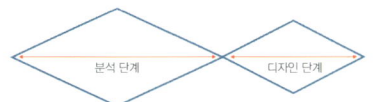

분석 단계에 집중한 UX/UI 디자인 프로세스

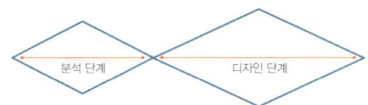

디자인 단계에 집중한 UX/UI 디자인 프로세스

프로세스별 목표는 크게 차이가 없으며 방법론은 절대적이지 않아 서비스에 따라 다르게 사용할 수 있다. 아이디어 수립 단계에서 사용하는 '가상고객 설정'이나 '고객여정지도'는 경우에 따라 문제 발견 단계에서 사용자를 분석하기 위해 사용하기도 하며 구분당 목표가 완료될 때까지 반복적으로 사용하기도 한다.

더블 다이아몬드 프로세스는 가로에 해당하는 X축이 진행 시간을 의미하며 진행 시간에 따라 특정 구분을 길게 하거나 짧게 할 수 있다. 즉, 분석 단계에 해당하는 문제 발견과 아이디어 수립을 디자인 단계인 해결책 구체화보다 집중해서 오래 진행할 수 있다. 이와 반대인 경우도 많이 있다. 또한, UX/UI 프로세스 특성상 사업전략 단계라고도 할 수 있는 마지막 적용 단계를 제외하기도 한다.

서비스 경험 디자인[*]

금융기업에서 혁신적인 금융 서비스를 개발하고자 서비스 경험을 디자인한 사례다.

▶ 추진 배경

2005년 미국 금융기업 BOA Bank of America 는 이자나 수수료 혜택만으로 신규 고객 유치가 어려워지자 디자인 기업인 IDEO에 새로운 서비스 개발을 의뢰하였다.

▶ 성과 및 시사점

2005년 첫해에 250만 명, 총 1,200만 명의 신규 고객을 유치하고 고객 유지율 99%라는 경이로운 기록을 달성하였으며 2006년 비즈니스위크의 '사회경제적 영향을 미친 최고의 서비스'로 선정되었다. 디자인을 저축 권장, 정보 제공, 광고 캠페인 수준에서 활용한 것이 아니라 고객의 숨겨진 욕구를 찾아내 이를 충족시키는 신개념의 서비스를 기획, 개발하는 데 활용하여 효과적으로 고객의 행동 변화를 유발한 사례다.

*출처: NCS 분류번호: 0802010601_14v1 서비스 경험 디자인 과제 계획

> **서비스 디자인 내용**

DISCOVER
발견하기

사용자 경험 조사, 사용자 경험 분석

주요 타깃을 베이비붐 세대 아이를 가진 주부로 설정하고 비디오 녹화, 심층 인터뷰 등을 통해 구매 후 생기는 잔돈 처리(가계부, 영수증 관리)를 불편해 한다는 사실을 발견하였다.

DEFINE
정의하기

디자인 제안

관찰 자료를 바탕으로 잔돈 처리에 불편함을 느끼는 심층적인 원인과 손쉽게 저금하고 싶은 고객의 욕구를 분석해 서비스 아이디어를 탐색하였다.

DEVELOP
발전하기

프로토타입 제작, 모델 개발

체크카드로 구매 시 센트 단위의 잔돈을 올림해서 달러 단위로 결제되도록 하고 대신 추가 청구된 금액은 고객의 저축 계좌에 저금해 주는 새로운 서비스를 개발하였다. 예를 들어 $3.4 커피 구매 시 $4를 결제하고 $0.6는 자동으로 저축된다.

DELIVER
적용하기

모델 평가, 과제 완료

'Keep the Change' 라는 이름의 서비스를 개발하고, 직관적인 광고로 홍보하였다.

2.3 기타 UX/UI 디자인 프로세스

UX/UI 디자인 프로세스에는 더블 다이아몬드 프로세스만 있는 것이 아니다. 서비스 특성이나 사용자 특성, 역사·문화적 요소와 지역적인 요소에 따라 다르게 구현할 수 있다. 다양한 기법을 활용해서 UX/UI 디자인을 구체화하는 것과 개선하고자 하는 서비스에 최적화된 디자인 프로세스를 완성하는 것이 중요하다.

디자인 순환모델

사전분석Preplanning 단계로 시작해서 스케칭과 아키텍처를 통한 탐구 Exploring 단계로 서비스 개선에 대한 정의를 수립한 후 디자인Designing 단계에서 UX 디자인을 완성시키고 품질보증Quality Assurance 단계와 검토Feedback 단계로 1차 완료한다. 완료된 프로세스는 완벽한 UX 디자인이 될 때까지 반복해서 진행한다. 프로세스 반복을 통해서 초기에 드러나지 않은 문제점과 개선점을 발견할 수 있다. 원활하고 현실적인 프로세스 반복을 위해 가볍고 빠르게 진행할 수 있다.

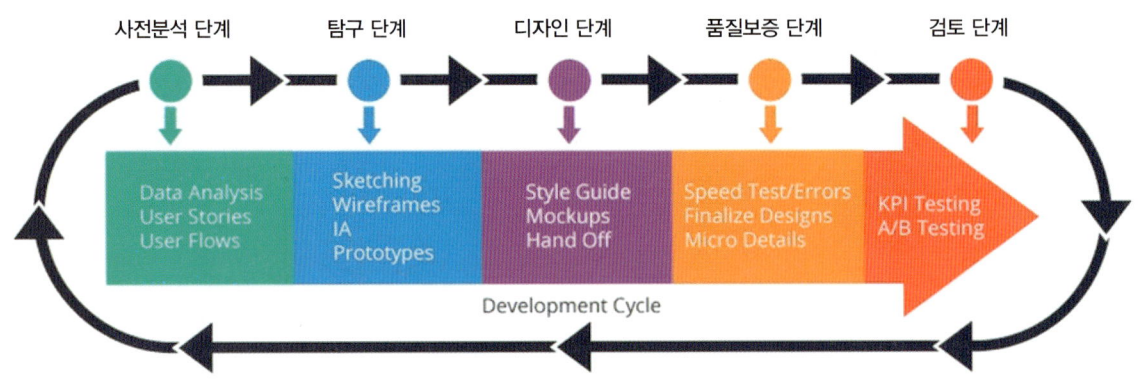

UX 디자인 순환모델

개발 중심의 UX/UI 프로세스

국내에서 가장 일반적인 개발 방법론이다. 소프트웨어 개발 프로젝트에 참여한 경험이 있는 사람이라면 누구나 알 수 있는 프로세스다. 기본 프로세스에 UX 관점 요소를 추가하여 이를 중심으로 UX 디자인 프로세스를 적용한 것이다.

이 프로세스는 현실성을 가장 잘 반영하여 이해가 빠르고 실행 방안에 대한 추가와 삭제가 원활하다. 특히 제휴나 하드웨어 개발, 오프라인 사업자 연결과 같은 입체적인 개선이 필요할 때 유용하다.

다음 그림은 앱과 웹을 새로 개발하거나 기존 서비스를 개선할 때, 오프라인 서비스가 생겨 타사업자와의 제휴나 하드웨어적인 요소가 추가되었을 때의 프로세스 순서와 내용을 정리한 것이다.

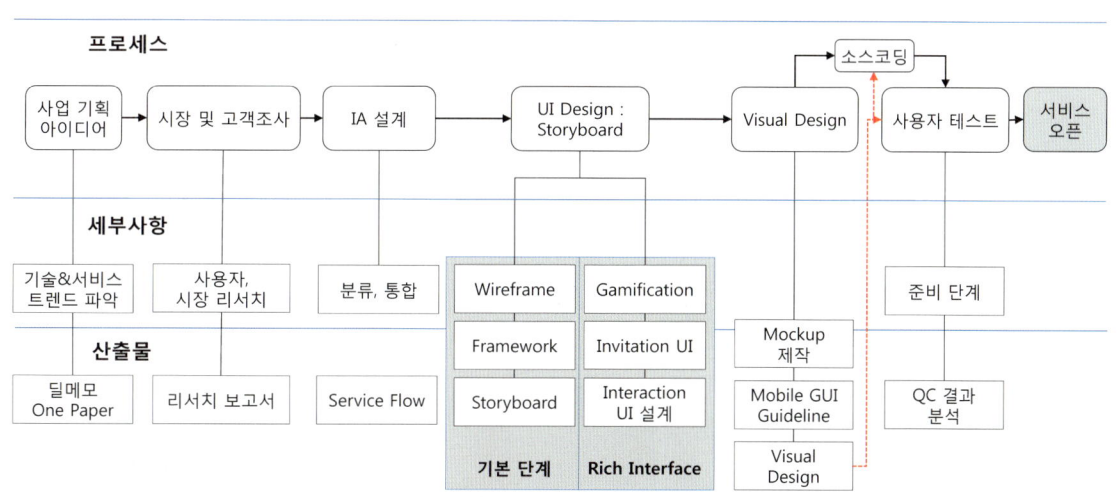

앱과 웹을 제작하기 위한 일반적인 개발 프로세스

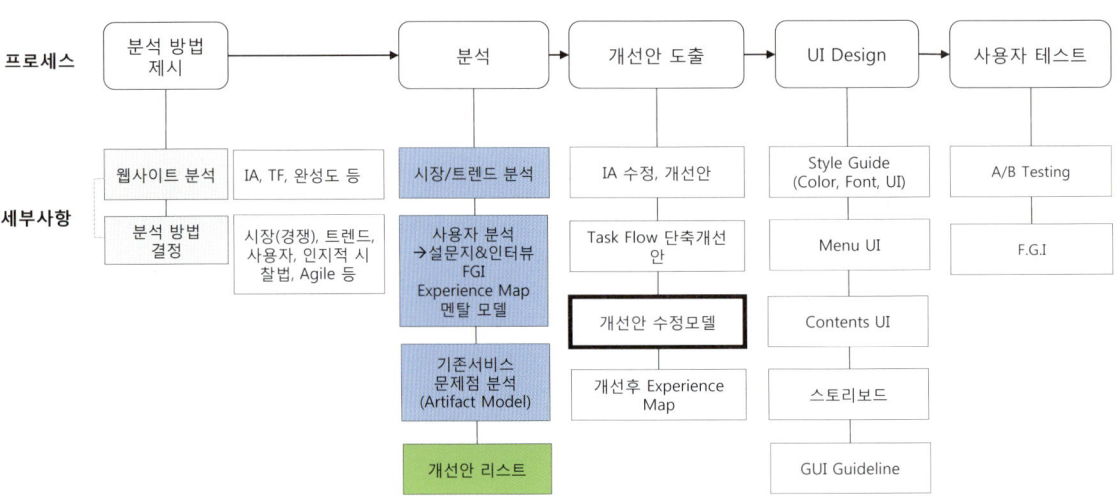

웹사이트를 개선하기 위한 UX/UI 프로세스

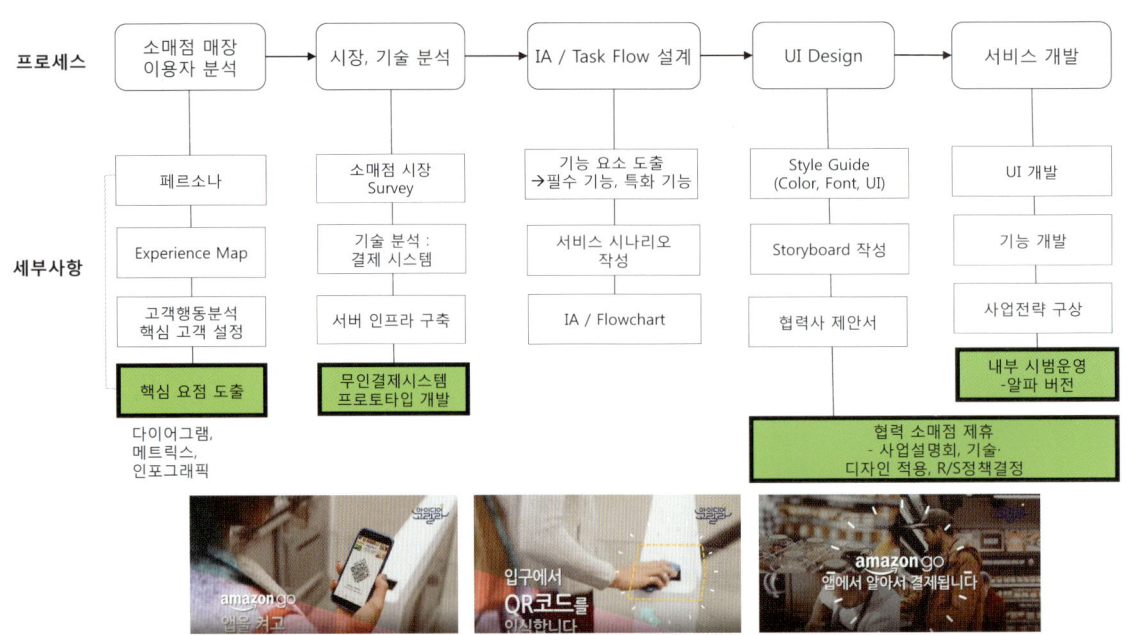

아마존 Go 서비스를 개발하기 위한 UX/UI 프로세스
오프라인 서비스의 제휴가 필요한 사례다.

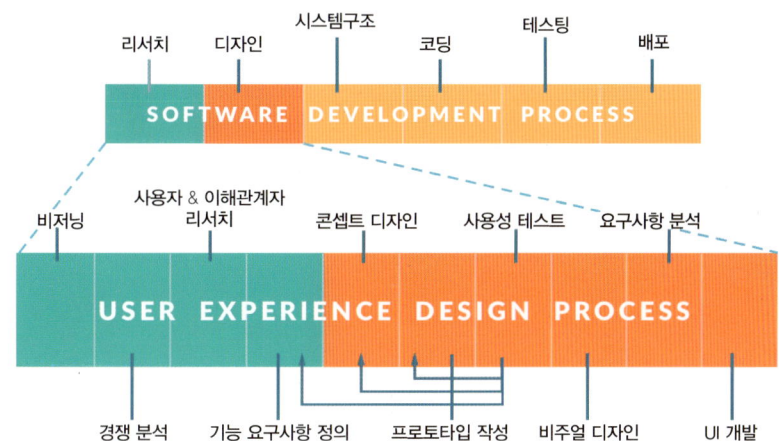

Hsin Chen의 UX/UI 디자인 프로세스
소프트웨어 개발 프로세스와 UX/UI 디자인 프로세스를 혼용하고 있다.

* 출처: http://www.hsinchen.com

리서치

현업에서 필요한 UX/UI 업무 역량

최근 UX/UI 디자인을 도입하는 회사가 늘고 있다. 애플이나 구글, 페이스북 등 글로벌 기업에서 UX/UI를 활용한 사업전략과 서비스 개발이 큰 성공을 거두었다. 이제 UX/UI 디자인 방법론은 IT 기업은 물론이고 하드웨어 제작 업체, 사회적 솔루션을 제공하는 공기업 등에서도 필수적으로 이용되고 있다.

이번 리서치에서는 실제 국내외 기업에서 활용하는 UX/UI 디자인 요구사항은 어떤 것이 있고 어떤 인재를 요구하는지 알아봄으로써 UX/UI를 공부하는 독자들에게 가이드라인을 전달하고자 한다. 분야별 UX/UI 관련 인력 업무와 자격 요건을 파악하고 더블 다이아몬드 프로세스가 어떻게 반영되는지 검토하여 UX/UI 디자인 프로세스를 명확하게 이해하고 응용할 수 있으며, 더블 다이아몬드 프로세스를 다시 한번 정리하는 기회가 되기를 바란다.

▶ 소프트웨어 개발 및 디자인 업체

UX/UI 기획과 GUI 디자인 부서에서 담당하는 업무와 필요한 자격 요건은 다음과 같다.

부서	담당 업무		자격 요건 및 우대사항
UX/UI 기획	· UX 전략 수립, 서비스 시나리오 설계 및 UI 설계 · 사용자 관찰 조사, 인터뷰, 데이터 분석, 설문조사 등 정성/정량적 조사 분석 및 통찰력 도출	지원자격	· 리서치 설계, 사용자 인터뷰, 사용성 테스트 및 리서치 결과 분석 · 페르소나, 여정지도, 정보구조 설계, 화면 설계서, 프로토타입 제작 · HCI, 인지심리학, 감성공학 등 UX 전문지식 · 프레젠테이션 스킬 및 커뮤니케이션 능력
		우대사항	· HCI, 인지심리학 등 UX 전공자 우대 · 외국어 커뮤니케이션 능력(영어, 중국어) 우대 · UX/UI 에이전시 근무 경력 우대
GUI 디자인	· GUI 디자인	지원자격	· 디자인 관련 학사 및 전문학사 · GUI 디자인에 대한 열정을 가진 인재 · 창의적이고 유연한 생각을 가진 인재 · 원활한 커뮤니케이션으로 즐겁게 협업할 수 있는 인재 · 책임감 있고, 긍정적인 마인드를 가진 인재

이 업계의 더블 다이아몬드 프로세스는 다음과 같이 적용된다.

구분	문제 발견	아이디어 수립	해결책 구체화	적용
목표	고객 경험 리서치를 통한 문제 설정	자료 분석 및 디자인 방향 설정	세부 해결방안 구성	실행계획 수립
방법론	확산 과정	수렴 과정	확산 과정	수렴 과정
	· 리서치 설계 · 사용자 인터뷰 · 사용성 테스트 · 리서치 결과분석	· 페르소나 · 여정지도 (인지심리학, HCI, 감성공학 필요)	· 정보구조 설계 · 화면 설계서 · 프로토타입 제작	· 이해관계자 지도 · 비즈니스 모델 · 운영 모델

> **게임 업체**

UX/UI 기획과 설계 시 게임에 대한 이해도가 기본적으로 높아야 한다. 그렇지 않으면 완성도 높은 게임 UX/UI를 설계하여 게임 플레이어의 경험을 극대화하기 어렵다. 담당 업무는 다음과 같다.

게임 UX/UI 기획 (PC, 모바일, 웹)	게임 플랫폼 UX 기획	프로토타이핑	사용자 분석 및 테스트	게임 UX 트렌드 분석
게임 기획 방향과 맞는 UX 콘셉트와 시나리오를 발굴한다. 이를 바탕으로 UI 설계와 개선을 담당한다.	게임 플랫폼에서 다루는 다양한 게임 관련 서비스의 UX/UI 설계를 담당한다.	다양한 프로토타이핑 도구를 활용하여 UX 아이디어를 구체화하고 테스트를 통해 검증한다.	사용자 분석 기법을 활용하여 플레이 패턴을 정량적/정성적으로 분석하고 개선안을 도출한다.	VR/AR 등 최신 기술 및 국내/글로벌 게임 UX 트렌드 분석을 통해 통찰력을 발굴한다.

이들 업무에 필요한 자격 요건은 다음과 같다.

	자격 요건 (지식 및 스킬)	· UX 리서치 관련 과제/산학 경험 · UX 프로세스, 방법론 이해 및 상호작용에 대한 논리적 사고력 · 프레젠테이션 스킬 및 커뮤니케이션 능력
핵심 직무 역량	고객 중심적 사고	고객의 심리 및 니즈를 파악하여, 회사 서비스에 있어 고객이 원하는 가치를 제공하여 고객만족도 증대 및 긍정적인 브랜드 이미지 구축
	업무 관련 전문 지식/기술 활용	UX 관련 전문 지식과 프로토타이핑에 대한 역량을 충분히 보유하고 있으며, 자신의 전문지식이나 기술을 활용하여 효율적인 업무 수행
	전략적 사고/기획	UI 및 프로토타이핑 관련 기술 및 시장 트렌드 변화에 대응하여 고객 경험의 가치를 기획하고 자사 게임 및 서비스에 맞추어 개선
	문서 작성 능력	다양한 정보를 수집하여 분석, 이슈를 파악하는 능력

이 업계의 더블 다이아몬드 프로세스는 다음과 같이 적용된다.

구분	문제 발견	아이디어 수립	해결책 구체화	적용
목표	고객 경험 리서치를 통한 문제 설정	자료 분석 및 디자인 방향 설정	세부 해결방안 구성	실행계획 수립
방법론	확산 과정	수렴 과정	확산 과정	수렴 과정
	・게임경쟁 분석 ・기획방향 분석 ・사용자 리서치 　(플레이패턴을 정량적/정성적으로 분석) ・게임 트렌드 분석	・UX 콘셉트 ・시나리오 발굴 ・게임 개선안 도출	・아이디어 구체화 ・프로토타입 제작 ・테스트 검증	・긍정적 브랜드 이미지 　(프레젠테이션 스킬 및 커뮤니케이션능력)

> 전자 업체

UX 리서치 전문가나 경력사원을 채용하는 공고를 보면 전공은 소비자학과, 산업디자인학과, 문화인류학, 문화기술, 마케팅, 심리학과, 인간공학 등으로 한정한다. R&D-UX 분야 담당 업무는 다음과 같다.

- 사용자 행태 조사, 인간의 원리, 생활 트렌드 분석을 통해 인간 중심의 통찰력과 마켓 인텔리전스(Market Intelligence)를 제공한다.
- Y+3 이상의 차세대 디바이스/플랫폼 개발 시, 인간공학적 리서치를 통해 설계 가이드라인을 수립한다.

업무에 필요한 스킬과 직무 경험은 다음과 같다.

- 인간/제품/환경 관련 사용자 관점에서 고객 니즈와 행동/맥락을 심층적으로 연구하여, 신규 경험(제품/서비스, 디자인 콘셉트, 사용자 시나리오 등)으로 구체화한다.
- 고객의 인지/심리적 능력과 한계를 정량/정성적으로 분석하여 이를 제품과 서비스 등의 설계에 반영하고, 개발한 제품과 서비스가 고객의 인지/심리 구조에 적합하게 설계되어 있는지 검증한다.
- 고객의 신체 능력과 한계를 공학적으로 측정/조사/분석하여 이를 제품과 서비스 설계에 적용할 수 있고 기존 제품과 서비스가 고객의 신체 구조에 적합하게 설계되어 있는지 검증한다.

이 업계의 더블 다이아몬드 프로세스는 다음과 같이 적용된다.

구분	문제 발견	아이디어 수립	해결책 구체화	적용
목표	고객 경험 리서치를 통한 문제 설정	자료 분석 및 디자인 방향 설정	세부 해결방안 구성	실행계획 수립
방법론	확산 과정	수렴 과정	확산 과정	수렴 과정
	・사용자 행태 분석	・고객 니즈 도출 ・서비스, 디자인 콘셉트 도출	・사용자 시나리오 작성 ・제품/서비스 설계 ・사용성 테스트 　(인체공학적 요소 중점)	・설계 가이드라인 수립

02

Chapter

문제 발견 단계

Outline

더블 다이아몬드 프로세스에서 첫 번째 단계는 문제 발견이다. 이 단계에서는 사용자 경험을 높이기 위해 기획과 디자인을 하게 되며, 사용자와 시장, 경쟁 서비스를 분석하는 것이 핵심 요소다. UX 디자인에서 문제 발견 단계는 전체 프로세스 중에서 가장 중요하면서도 기본적인 프로세스라고 할 수 있다.

문제 발견 단계에서 필요한 방법론은 사업의 규모를 알기 위한 시장 분석, 서비스 경향과 핵심 가치 등을 파악할 수 있는 경쟁 분석, 핵심 고객을 도출하고 이들의 성향과 요구사항 등을 알기 위한 사용자 분석으로 구성된다. 이 단계에서는 포괄적이면서도 세부적인 분석을 통해 이후 진행할 아이디어 구현 및 기획, 디자인 단계가 사용자 경험에 얼마나 실효성이 있는지 판가름된다.

Process

환경 분석에서는 NCS의 UX 학습모듈과 실제 현장에서 자주 사용하는 UX 분석 내용을 확인한다.

NCS에서 다루지 않는 시장 분석과 경쟁 분석 방법론은 다소 저자의 주관적인 경험과 정리가 포함된다. 이 부분에 대해 이해할 때는 상식에 의존하며 자신만의 분석법 (통계, 알고리즘, 경영학, 사회학 이론 등)을 사용해도 좋다.

트렌드 분석은 이 책을 읽는 시점에 따라 트렌드에 맞지 않을 수도 있다. 하지만 빠르게 변하는 기술과 디자인 트렌드를 다루기보다는 향후 5년 이상 지속될 트렌드를 선별해 중점적으로 다루고 있다. 그러므로 이 부분은 독자 여러분들이 감안하였으면 한다. 가급적 트렌드를 자신이 직접 파악할 수 있도록 트렌드 정보를 제공하는 전문기관과 방법론에 대해 설명하였다.

사용자 분석은 NCS의 학습모듈을 대부분 참고하였으며 이 부분에서도 저자의 주관이 다소 포함되어 있다.

1 문제 발견 단계에서 환경 분석이란

환경 분석은 사용자 경험의 본질을 다루고 있는 만큼 UX 프로세스에서 중요하다. 사용자의 경험과 환경을 토대로 해결책을 제시하는 디자인 과정인 만큼 환경에 대한 분석 기술은 UX 디자인에서 매우 중요한데 분석을 제대로 하려면 사용자뿐 아니라 사용자와 연관성이 있는 주변 환경에 대한 분석이 수반되어야 한다. 특히 서비스의 글로벌화로 문화가 다른 지역이나 국가에 사용자 경험이 높은 서비스를 제공하기 위해서는 좀 더 치밀하게 분석해야 한다. 때문에 환경 분석은 UX 프로세스에서 더욱 중요한 요소가 되었으며 최근에는 정교한 결과를 얻기 위한 분석 기술이 다양화되고 있어 이를 발 빠르게 적용하는 것이 필수가 되었다.

사용자 경험에서 환경 분석은 크게 서비스를 이용하는 핵심 사용자 분석과 서비스와 연관된 시장 및 경쟁 분석으로 나눌 수 있다. 이 장에서는 NCS를 바탕으로 분석을 설명하고 있지만 저자의 현장 경험과 국내외에서 연구된 내용을 추가하여 좀 더 입체적이고 효과적인 분석이 가능하도록 하였다.

환경 분석이 어렵고 힘든 이유는, 변수가 많아 규정하기 힘든 실제 서비스 현장과 가늠하기 어려운 사용자의 다양성, 그리고 시장 및 경쟁환경의 변화 속도와 방향성 측면에서 더욱 빠르고 예측하기 힘든 모습을 보인다는 것이다. 이 장에서 사용할 환경 분석에 대한 방법론은 다음과 같다.

구분	문제 발견 Discover			
목표	고객 경험 리서치를 통한 문제 설정			
방법론	확산과정			
	❶ 시장 분석	❷ 경쟁 분석	❸ 트렌드 분석	❹ 사용자 분석
				핵심 고객 설정, 고객 관찰 및 체험, 개별 인터뷰(설문지 작성, 면접법), 그룹 인터뷰(심층 인터뷰, 표적집단면접법)

② 시장 분석

시장 분석은 기록과 통계에 근거한 대표적인 탁상 조사법 Desk Research 이다. 보통 인터넷이나 참고 문헌 등을 이용한다. 시장을 분석하는 목적은 회사마다 서비스마다 다르겠지만 일반적으로 다음과 같다.

- 서비스가 구현될 시장의 규모 파악(국외와 국내를 구분한 매출, 점유율, 이용자 수 등)
- 중·장기 수요에 대한 예측 및 전망
- 시장에 대한 변화 요인 파악
- 시장에 대한 기회와 위협 요소 파악

시장 분석은 탁상 조사법을 주로 사용하기 때문에 비교적 쉽다고 생각한다. 하지만 데이터의 신뢰성 문제와 현장에서 발생하는 핵심 사항을 놓치기 쉬워서 다양한 관점에서 확인하는 교차 분석과 데이터 신뢰성 검증에 주의해야 한다.

기본적으로 객관화되지 않은 분석 자료는 신뢰하기 어려운 경우가 많으며 회사 내 많은 시장 분석가가 쉽게 주관적인 판단으로 편향된 결론을 도출하기도 한다. 이런 단점을 극복하려면 근거가 확실한 기관과 연구 단체의 자료를 취득해야 하고 현장의 실제 분위기와 경향을 상호 검증하기 위해 분석 방법을 결합해서 사용해야 한다.

기존에 알고 있던 상식적인 결론으로는 궁극적으로 목표하는 UX 디자인을 하기 어려우며 의미 없는 결론에 도달할 가능성이 높다. 막연히 평이한 방법으로 시장 조사를 진행했다면 그 관념들을 탈피하여 보다 객관적이고 상세하게 시장 조사를 해야 한다.

탁상 조사법에서 중요하게 검토할 사항을 정리하면 다음과 같다.

- 문제나 결함에 대한 원인을 다양하게 고려한다.
- 분석 결과나 숫자에만 의존하지 않는 합리적인 의심이 필요하다.
- 편협한 데이터로 쉽게 결론에 도달하지 않아야 한다.
- 전략적 통찰을 바탕으로 결과를 도출하며 다양한 방법론을 사용해야 한다.
- 신뢰할 수 있는 자료(공공기관, 전문협회, 연구기관 등)를 사용해야 한다.

2.1 분석 범위 선정

시장 분석에서는 분석 범위 선정이 가장 우선해야 할 일이다. 일반적으로 시장 조사를 의뢰하는 고객이나 직장 상사들은 막연하게 분석을 의뢰하거나 지시한다.

예를 들면, 1. 음악 시장 분석, 2. O2O^{Online to offline} 시장 분석 등의 다소 광범위하고 모호한 요구를 하는데 이럴 경우 시장 분석의 첫 번째 고려 사항은 분석 범위를 선정하는 것이다. 이때 다음과 같은 지표를 고려하여 결정하면 된다.

- 비용투입 규모
- 기술 수준
- 사업 진입 단계(도입기, 성장기, 성숙기)
- 핵심 고객
- 서비스 목표와 사업자 형태

먼저 '음악 시장 분석'은 분석 주체가 국내에서 온라인 음악 서비스를 하는 회사인지, 음반을 제작하는 회사인지, 글로벌 유통사인지에 따라 적절한 분석 범위를 선정한다. 만약 국내에서만 서비스하는 온라인 음악 서비스 사업자가 '음악 시장'을 분석한다면 아마도 다음과 같은 범위를 갖게 될 것이다.

- 국내 온라인 음악 서비스 상위 10위권 업체의 매출
- 국내 온라인 음악 서비스 라이선스 현황(보통 서비스 곡 수)
- 국내 온라인 음악 서비스 상위 10위권 업체의 회원 가입자 수
- 국내 서비스를 하는 글로벌 음악 서비스 업체 전년도 매출(애플 뮤직, 유튜브 뮤직, Deezer 등)

다음으로 국내 O2O 사업자가 음악 시장을 분석할 경우에는 자신들의 기업 규모(대기업, 중견기업, 중소기업 등)와 사업 진입 단계에 따라 시장 분석의 범위가 달라질 것이다. 만약 IT 기반 대기업이며 도입기의 사업자가 O2O 시장을 분석한다면 다음과 같은 범위를 고려할 수 있다.

- 국내 O2O시장 구분: 온라인 커머스, 서비스(운수업, 보건업, 복지사업, 음식점업 등), 제품 등
- 각 구분별 O2O 사업 시장 규모
- 오프라인 제품/서비스 규모
- O2O 기술 분석: 특허, 서비스 분석을 통한 최신 기술 동향 검토
- O2O 스타트업 투자 규모 분석
- 중국 O2O시장 규모 분석: 일반적인 O2O 사업자 경향 파악을 위함

분석 범위를 선정하는 일반적인 방법론은 다음과 같다.
- 제품과 서비스의 구현 범위를 고려하여 최대한 관련 있는 분야를 중심으로 범위를 좁힌다.
- 최근 트렌드 분야를 중심으로 구현하려는 서비스 및 제품과 연관 지어 범위를 선정한다.
- 기존에 분석했던 범위를 중심으로 새로운 연관 시장을 확장한다.

이러한 두 가지 경우에 대해 시장을 분석한 결과는 다음과 같다.

O2O 시장 분석 사례

01 O2O 서비스 시장 구분
02 온·오프라인 상거래 시장 규모
03 O2O 경향 파악(중국 O2O 시장 설문지)

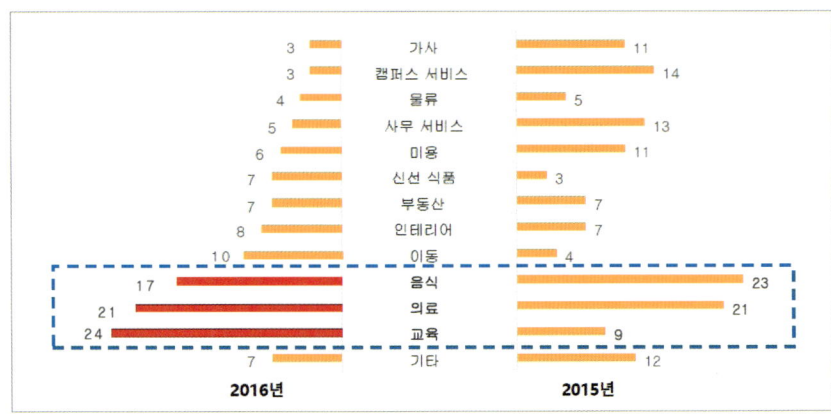

01

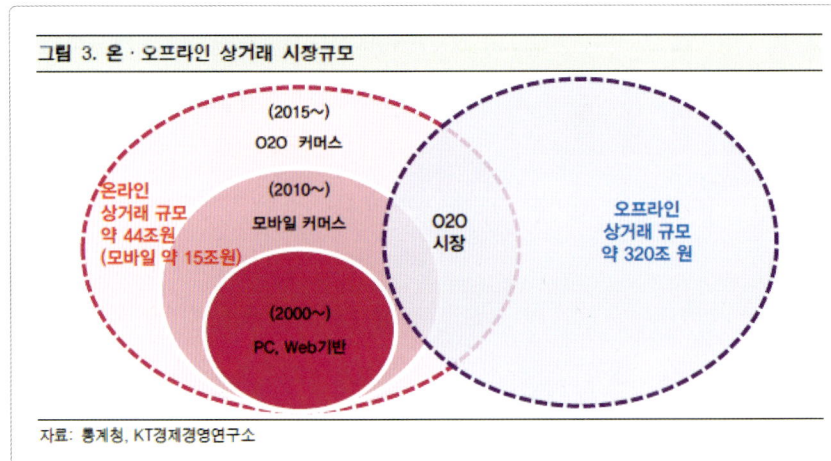

02

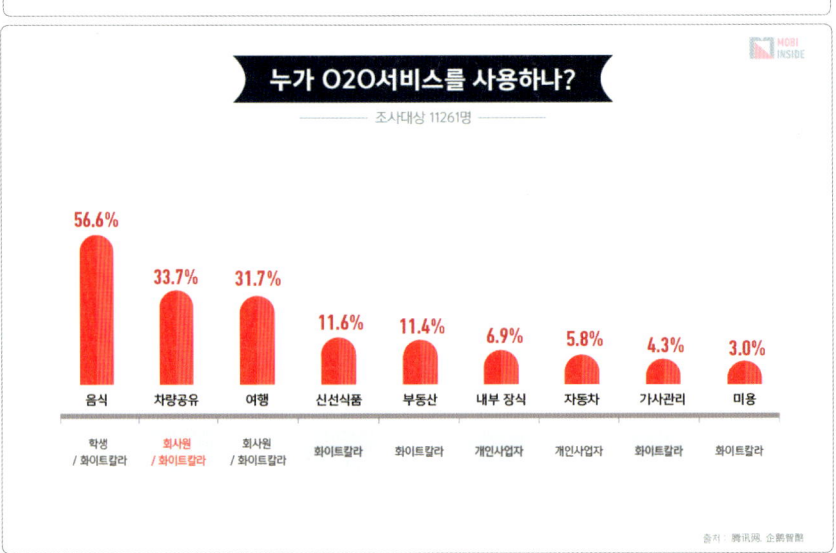

03

2.2 통계 자료 활용

탁상 조사법을 사용할 경우 전문적이고 신뢰성 있는 정보를 제공하는 웹사이트에서 통계 자료를 얻어야 한다. 전문적이고 신뢰성 있는 기관과 단체, 연구소 등을 알아 두는 것은 각종 시장과 환경 분석을 할 때 매우 중요하다. 탁상 조사법에도 다양한 접근 방법이 있으며, 이렇게 해서 얻어 낸 데이터를 자신의 사업이나 프로젝트에 맞게 데이터를 수집, 배열, 가공하는 것이 시장과 환경 분석, 기타 다양한 분석을 할 때 필요하다.

공공통계/연구기관 자료 활용

일반적으로 환경 분석을 할 때 필요한 자료는 객관화된 전수조사 통계를 이용하는 것이 좋다. 환경 분석에서 사용할 통계 자료를 이용할 때는 일반 기업에서 조사 발표한 내용이나 중소규모의 미디어 업체에서 내놓은 분석 자료를 그대로 사용하는 것은 주의해야 한다.

이는 자료의 신뢰성 측면에서 결정적 오류를 범할 수 있기 때문인데, 일반 기업이나 마케팅 업체, 소규모 미디어 업체(인터넷 신문사 등)에서 분석한 환경 분석 결과는 분석 목적에 따라 다분히 의도적인 결과를 도출하기도 한다.

이를테면 지엽적인 모집단 100명을 인터뷰한 내용으로 어떤 결과를 의미 없이 발표하곤 한다. 이를 그대로 수용할 경우 문제가 발생하게 된다. 따라서 통계 자료를 이용할 경우에는 다음 표와 같이 공식기관에서 산출한 자료를 사용하여 통계와 분석 알고리즘 기술을 적용한 데이터 조합으로 정량적인 분석 방법에 따라 결과를 도출하는 것이 바람직하다.

통계 자료/산업분석 제공 기관

구분	제공 기관	URL	설명
일반, 종합	국가통계포털	http://kosis.kr/index/index.jsp	· 국내외 통계 · 지역 통계 · 국제, 북한 통계 · 맞춤 통계 · 온라인 간행물
	한국통계진흥원	http://www.stat.or.kr/	· 통계 컨설팅 · 통계품질관리진단 · 인구/사회 통계 · 경기/산업 통계 · 농림·어업, 가계·물가 통계
	E나라지표	http://www.index.go.kr	· 국가정책수립 및 성과측정 등을 위해 선정한 지표
인구, 지역 정보	지자체 사이트 (서울시 사례)	http://opengov.seoul.go.kr/?tr_code=gnb_opnegov	· 인구분포 · 지역별 교통, 건설, 문화관광 · 헹징. 기타 지역 정보
	통계지리정보 서비스	https://sgis.kostat.go.kr/view/index	· 지도와 결합된 분석 자료 · 인구와 가구 · 주거와 교통 · 환경, 안전 · 인구주택총조사
기술 자료	국가과학기술지식정보 서비스	http://www.ntis.go.kr/	· 기술특허정보 · 국가 R&D사업 및 성과정보
	키프리스	http://www.kipris.or.kr	· 국내외 특허 정보
	네이버 학술정보	http://academic.naver.com/	· 국내외 논문 자료 · 연구 트렌드 분석
문화콘텐츠	한국콘텐츠진흥원	http://www.kocca.kr/cop/bbs/list/B0000141.do?menuNo=200898	· 게임, 음악, 애니메이션, 방송 분석 · 보고서 및 산업백서(정기간행) · 산업통계, 시장동향 · 문화콘텐츠 세미나 자료
DB 웨어하우스	한국데이터진흥원	http://www.kdb.or.kr/info/info_01.html	· 데이터 조사. 연구 보고서 · 데이터 산업백서 · 데이터 시장 및 기술동향
	DBPia	http://www.dbpia.co.kr	· 인문, 사회, 자연과학, 공학, 의약학, 농수해양학, 예술체육, 복합학 DB 정보 · 간행물 종합관리
	데이터스토어	https://www.datastore.or.kr	· 데이터 오픈마켓(유.무료) · file, open api, db connection으로 제공
연구기관	KT경제경영연구소	http://www.digieco.co.kr/KTFront/index.action	· 기술 트렌드, 리포트 제공 · 타기관 통계 자료 제공
	한국정보화진흥원	http://www.nia.or.kr/	· 국가정보화백서 · ICT동향분석 · 통계 실태조사

구분	제공 기관	URL	설명
	산업연구원	http://www.kiet.re.kr/	·산업동향 분석 ·산업별 정보 ·지역동향 분석 ·정기간행물 발행
	정보통신산업진흥원	http://www.nipa.kr/	·IT 산업 통계 ·공공데이터(간행물, SW 제품정보, ICT 동향정보 등) ·정책 통계자료

01 국가통계포털 통계 자료 화면
02 한국콘텐츠진흥원 문화콘텐츠 자료 분석 화면

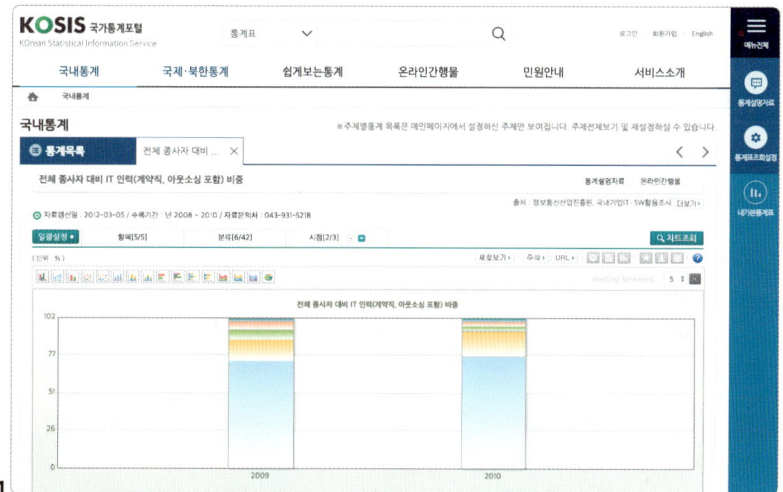

리서치 자료 활용

리서치 자료는 전수조사 통계 자료보다 신뢰성이 떨어지고 특별한 목적(상업성, 광고, 홍보 등)을 가지고 접근하는 경우가 많기 때문에 가급적 단순 참고나 방향성 정도만을 얻어 낼 때 사용하는 것이 바람직하다. 단, 해외 유명 리서치 기관들이 제공하는 정보는 신뢰성이 높으며 방대하고 다양한 주제를 다루고 있어 경우에 따라서는 매우 유용한 통계 자료로 활용할 수 있다.

해외 유명 리서치 기관

제공 기관	URL	설명
Gartner	http://www.gartner.com/technology/home.jsp	· 연간 10대 기술 트렌드 제공 · IT위주 리서치, 연구, 컨설팅 자료 제공
Statista	https://www.statista.com/	· 제품, 인터넷, IT 등 방대하고 다양한 통계 자료 제공
Nielsen	http://www.nielsen.com/kr/ko.html http://www.nielsenkorea.co.kr/	· 마켓 트렌드 통계 제공 · 미디어, 시청률 통계 제공 · 다양한 분야 랭킹 제공

소셜 네트워크/평판분석 자료 활용

공인된 기관에서 전수조사한 통계 자료와 함께 최근 많이 사용하는 분석 도구는 소셜 미디어 등에서 발생하는 수많은 소셜 데이터들을 빅데이터 알고리즘을 사용하여 분석하는 '평판분석'이다.

평판분석은 신뢰성에 의존하기보다는 최근 대중들을 대상으로 주로 언급되는 단어들을 수집하고 수집된 자료를 빅데이터 분석 방법을 통해 키워드를 알려주는 형태다. 특히, 데이터 마이닝 Data Mining 기술을 이용해 찾아낸 단어가 긍정인지 부정인지를 판단할 수도 있으며, 이렇게 도출된 키워드를 통해 분석 방향의 단초로 삼기도 한다. 이러한 평판분석이 분석 방향을 수립하고 의외의 핵심 키워드를 도출할 수 있는 결정적인 계기를 제공하기도 한다.

평판분석 및 검색어 순위 제공 기관

구분	분석 도구	URL	설명
국내	소셜 메트릭스	http://some.co.kr/socialSearch.html	· 소셜 검색 · 소셜 평판분석(긍정, 보통, 부정) · 연관 키워드, 감성 키워드, 주간 급증 키워드 순위 · 분석 대상: 트위터, 블로그, 커뮤니티, 인스타그램, 뉴스 · 유료/무료 제공
	펄스K	http://www.pulsek.com/pulsek/	· 소셜 검색 · 실시간 이슈 · 미디어, 감성 비교분석 · 소셜 평판분석 · 유료/무료 제공
	Big Foot	https://bigfoot9.com/today-page	· 전 세계 비즈니스 웹사이트 실시간 분석 · 사이트, 포스트 랭킹 · 사이트 차트, 대시보드 제공 · 유료/무료 제공
	네이버 데이터랩	http://datalab.naver.com/	· 국내 검색어 순위 및 추이 · 지역 통계, 공공 데이터 정보 · 주제어 5개까지 입력, 날짜, 성별, 연령별 선택 제공
국외	Tweet Archivist	http://www.tweetarchivist.com/	· 트위터 평판분석 · Top User, Top words, Top URL등 다양한 분석 가능 · 한국어 분석 가능 · 유료/무료 제공
	구글 트렌드	https://trends.google.com/trends/?hl=ko	· 추천 스토리 · 인기 급상승 스토리 · 주제 검색 후 국가별 검색어 순위 제공

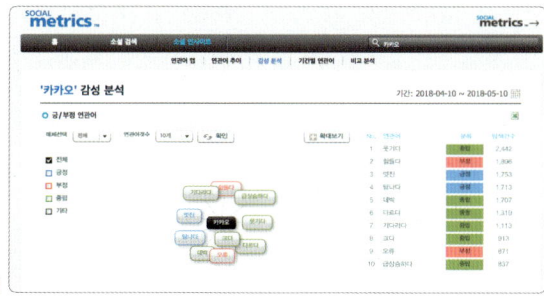

01

02

01 소셜 메트릭스 분석 화면 / 감성 분석

02 소셜 메트릭스 분석 화면 / 언급량 추이, 긍정/부정
    추이 그래프

일반적으로 웹서핑을 통한 시장 분석은 생각보다 원하는 자료를 얻지 못한다. 조사 범위를 선정하고 공식기관에서 제공하는 자료에서도 정확히 사용자가 원하는 자료가 나오기는 쉽지 않다. 이럴 경우, 자료를 조합하거나 찾은 자료 내에서 분석 범위를 재설정하는 것도 방법이다.

데이터 분석에서 중요한 것 중 하나는 데이터의 왜곡을 최소화하는 것인데 자칫 자신이 찾고자 하는 분석 키워드만을 놓고 자료를 찾다 보면 예전 자료나 신뢰성이 떨어지는 자료를 찾을 가능성이 높다. 이런 오류를 방지하려면 신뢰성이 높은 최신 공식 자료를 조합하여 분석 자료를 만드는 것이 좋다.

특정 산업 자료는 해당 산업 내에서 활동하는 협회 홈페이지를 찾아보는 것도 방법이다. 일반적인 산업의 경우 협회가 있기 마련이며 해당 협회가 하는 주요 업무 중 하나가 산업분석 자료를 제공하는 일이다. 따라서 섬유와 의류, 건축, 전자, 전기, 도소매 등의 산업군은 모두 협회가 있으므로 이들 협회 홈페이지에서 제공하는 자료를 찾는 것도 바람직한 방법이다.

다음은 앞서 설명한 내용을 이해하기 쉽도록 차량 공유 시장에 대해 시장 분석한 사례다. 참고하기 바란다.

사례
–

차량 공유 시장 분석*

공공기관 시장자료를 조사한 후 데이터를 조합하여 시장 분석을 도출한 사례다.

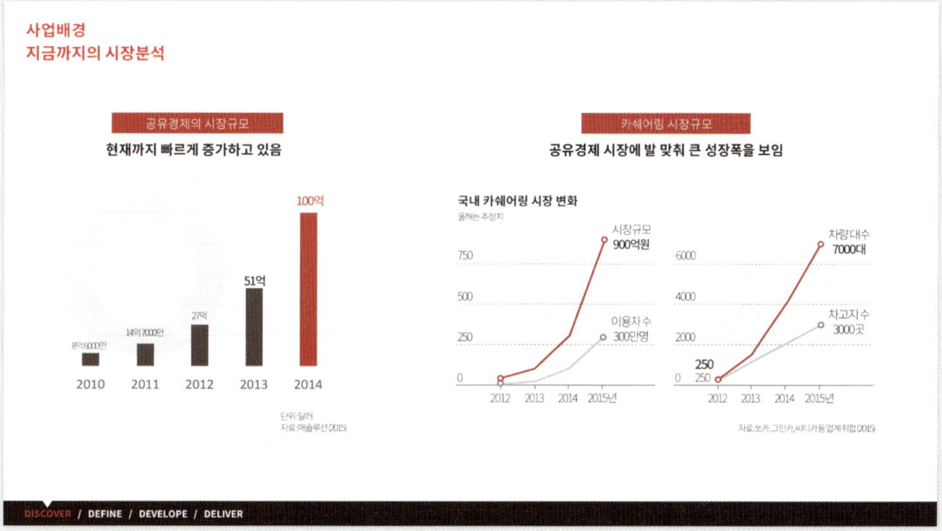
사업배경
지금까지의 시장분석
공유경제의 시장규모
현재까지 빠르게 증가하고 있음
100억
51억
27억
14억7000만
8억6000만
2010
2011
2012
2013
2014
단위:달러
자료:매솔루션(2015)
카쉐어링 시장규모
공유경제 시장에 발 맞춰 큰 성장폭을 보임
국내 카쉐어링 시장 변화
올해는 추정치
시장규모
900억원
이용자수
300만명
750
500
250
0
2012
2013
2014
2015년
차량대수
7000대
차고지수
3000곳
6000
4000
2000
250
0
250
2012
2013
2014
2015년
자료:쏘카,그린카,씨티카등 업계취합(2015)
DISCOVER / DEFINE / DEVELOPE / DELIVER

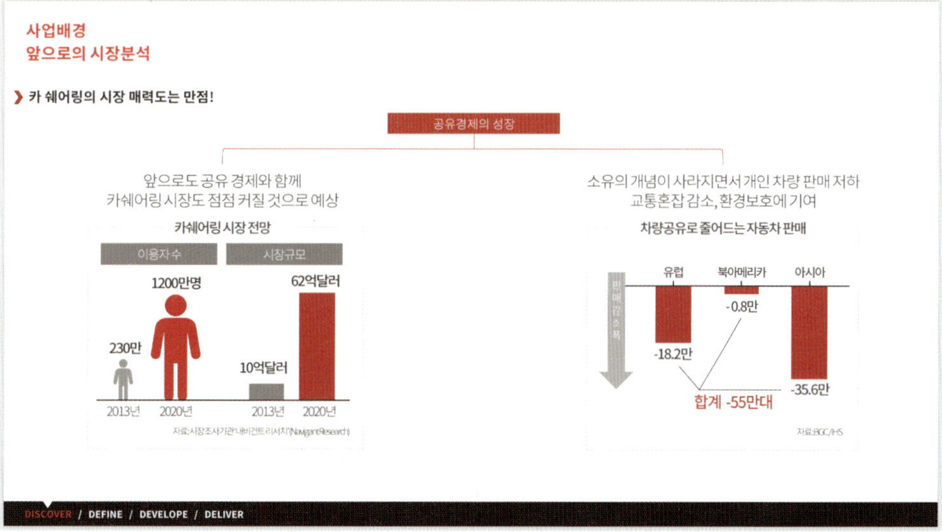
사업배경
앞으로의 시장분석
❯ 카 쉐어링의 시장 매력도는 만점!
공유경제의 성장
앞으로도 공유 경제와 함께
카쉐어링 시장도 점점 커질 것으로 예상
카쉐어링 시장 전망
이용자수
시장규모
1200만명
230만
62억달러
10억달러
2013년
2020년
2013년
2020년
자료:시장조사기관'내비건트 리서치'(NavigantResearch)
소유의 개념이 사라지면서 개인 차량 판매 저하
교통혼잡 감소, 환경보호에 기여
차량공유로 줄어드는 자동차 판매
유럽
북아메리카
아시아
-0.8만
-18.2만
-35.6만
합계 -55만대
자료:BGC/IHS
DISCOVER / DEFINE / DEVELOPE / DELIVER

* 출처: 한국소프트웨어기술진흥협회 UX팀 프로젝트-임현우 외 4명

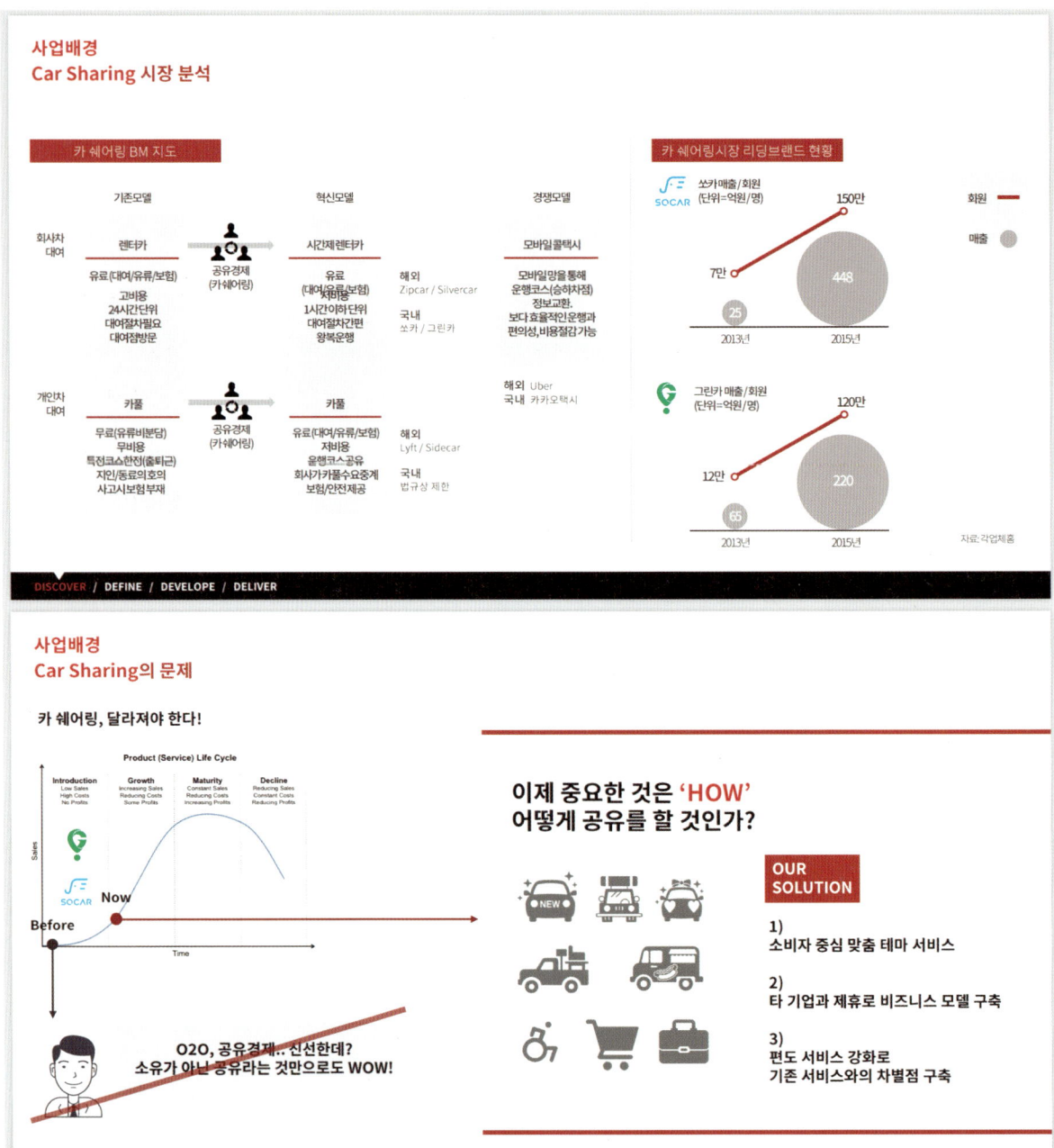

③ 경쟁 분석

경쟁 분석은 여러 경쟁사 혹은 경쟁 서비스를 분석하고 결과를 도출하여 신규 사업을 개발하거나 기존 사업을 개선하기 위해 실시한다. UX 프로세스에서 시행하는 경쟁 분석에는 다양한 통계 기법을 사용하는데 이는 정량적 분석으로 볼 수 있다.

과거에는 정성적 분석이 정확하지 않은 주관적 요소를 보인다 하여 분석 결과를 신뢰하지 않았으나 오늘날에는 오히려 정성적 방법을 이용한 분석이 근본적인 문제 해결을 풀어 나가는 데 더 효과적이라는 인식 변화가 있다. 이 책은 정성적 방법에 기반한 경쟁 분석을 설명하지만 분석된 자료를 취합하고 정리하는 과정은 통계를 이용한 정량적 방법을 따른다. 또한, 경쟁 분석으로 제시한 방법론은 저자의 경험과 주관이 들어 있음을 감안하기 바란다.

UX 분석 방법은 수학적으로 정의되어 있기보다는 다양한 분석 방법을 시도해 보고 스스로 가장 적합한 방법을 이론화, 체계화시켜 적용해 나가면서 최종적으로 좋은 결론에 도달할 수 있도록 수정해 나가는 것이라고 생각한다.

경쟁 분석의 목적은 회사와 제품, 서비스에 맞게 세우는 것이 원칙이며 일반적으로 다음과 같은 같은 목적이 있다.

- **경쟁 서비스들의 공통/일반 기능 추출**
- **경쟁 서비스들의 특화/핵심 기능 추출**
- **경쟁 서비스들의 완성도 측정**
- **서비스 경향 파악**
- **고객의 니즈에 대한 서비스 미충족 가치 파악**
- **수익 모델과 에코 시스템 파악**
- **신규 아이디어 생성**

3.1 조사 대상 선정

경쟁 대상을 선정할 때 기본 원칙은 완성도 높고 시장에서 성공한 제품이나 서비스를 고르는 것이다. 간혹 실패한 사례도 필요하지 않을까 해서 불특정 다수의 서비스를 함께 분석 대상으로 고려하는 경우도 있는데 이는 시간 낭비에 불과할 수 있다. 온전한 경쟁 대상을 선정하는 작업은 향후 분석 결과의 타당성이나 서비스 개선, 창조에 필요하며 경쟁 대상을 선정하는 주요 원칙은 다음과 같다.

- **현재 상위에 오른 서비스**: Top Free, Top Paid, Top Grossing 등
- **해당 분야 상위 50~100개 정도의 서비스 선정**
- **추천 서비스**
- **성공한 서비스**: 매출, 회원수, MAU/DAU 지수* 상위 랭크 서비스
- **누적 랭킹이나 평판분석 상위 랭크 서비스**

MAU 지수: 월간 순사용자수
DAU 지수: 일 활동 사용자수

Part 1
사용자와 환경 분석

사례

해외 경쟁 분석/리뷰 서비스 이용하기
TopTenReviews.com

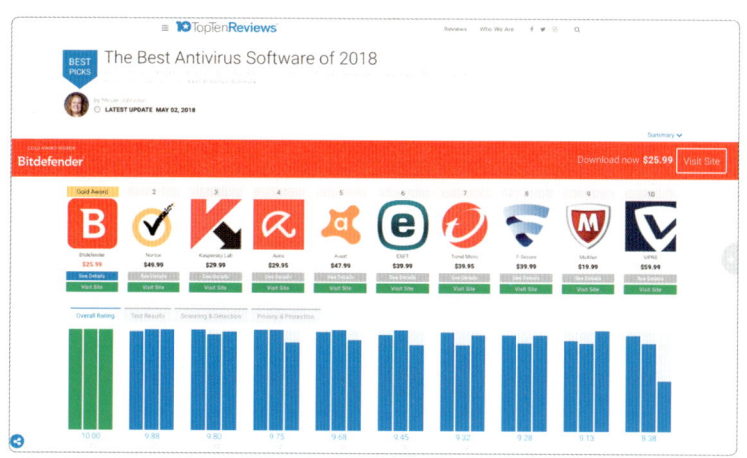

TopTenReviews.com 사이트는 신뢰할 수 있는 업계 전문가가 제품이나 서비스에 대해 평가하는 서비스를 제공한다. 제조사에게는 ROI 성과를 극대화 할 수 있게 도움을 주며, 이용자들에게는 제품과 서비스에 대한 상세한 리뷰와 분석을 제공하여 추후 구매 시 선택에 도움을 주거나, 사업 이용에 참고할 수 있도록 한다.

TopTenReviews.com 사이트는 경쟁 분석 방법과 유사한 템플릿을 제공하고 있으며, 전문가가 선정한 상위 랭크 제품과 서비스를 쉽게 파악하고 분석할 수 있다. 이 사이트는 검색을 통해 경쟁 항목을 정하고 경쟁 항목 중 상위 10위 제품과 서비스를 선정하며 서비스 이용 가격, 서비스 이미지, 경쟁 서비스의 전체 완성도, 기능 비교, 세부 사양, 디자인, 지원 상황, 제품 리뷰 등 상세한 서비스 정보를 제공한다.

TopTenRivews.com에서 'Navigation'을 검색한 결과

3.2 핵심 역량과 미충족 가치 분석

경쟁 대상을 선정했다면 이제 본격적으로 분석을 해야 한다. 경쟁 분석은 다양한 방법으로 진행할 수 있는데 경쟁사별 특성에 맞게 사업적, 기능적으로 구분을 하고 이에 대한 차별화 포인트, 핵심 역량, 미충족 가치 등을 선정하여 정성적 방법으로 분석을 진행할 수 있다. 경쟁 분석이나 시장 분석, 사업 전략을 수립할 경우 우선 적절한 템플릿을 만들고 그 양식 안에 내용을 채워 넣는 형식을 취한다면 한결 간결하고 체계적이면서도 비교적 짧은 시간 안에 분석을 할 수 있다.

UX 분석 템플릿 사례*

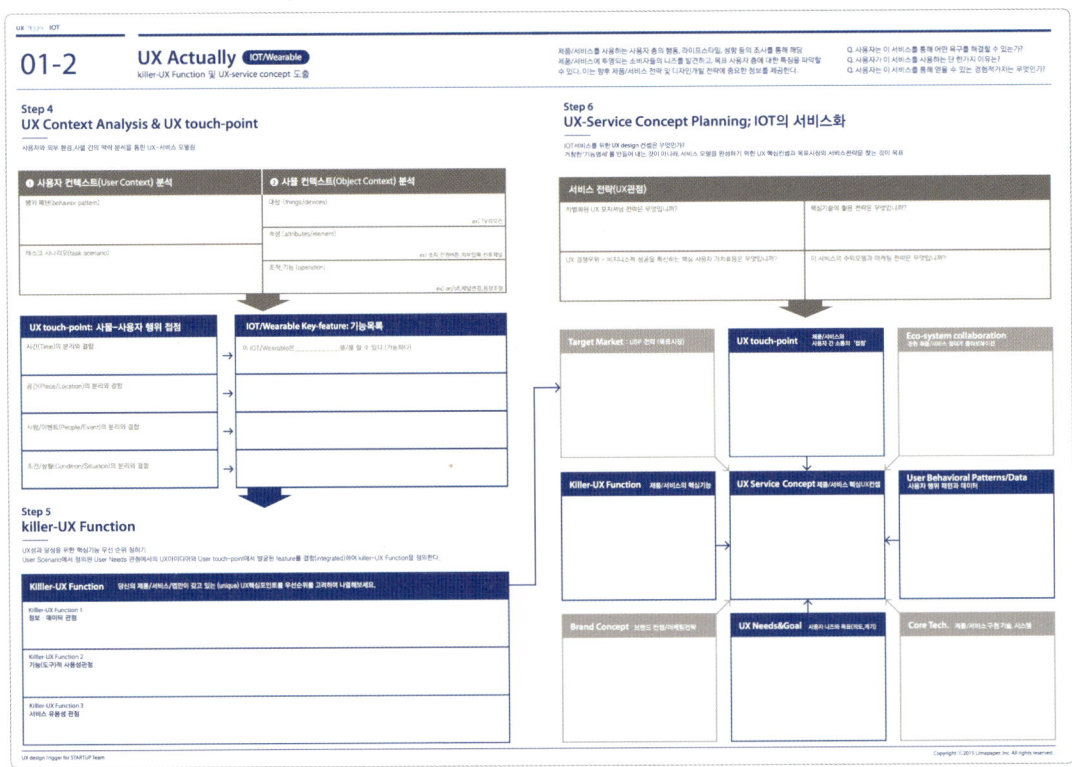

* 출처: LIME PAPER, 사물인터넷(IoT) UX 디자인 툴킷

분석 템플릿은 스스로 만들어도 좋고 ROA 컨설팅 같은 스타트업 엑셀러레이션 전문기업에서 제공하는 다양한 분석 템플릿을 이용해 보는 것도 좋다. 경쟁사들의 핵심 역량과 미충족 가치를 분석하기 위한 시트는 다음과 같이 간단히 만들어 볼 수 있다.

경쟁사 핵심 역량, 미충족 가치 분석 템플릿

사업 구분		경쟁사	차별화 포인트	핵심 역량	미충족가치
포괄적 구분	세부 구분	경쟁사1			
		경쟁사2			
		…			

표에서 나온 용어들을 설명하면 다음과 같다.

- **사업 구분**: 포괄적 구분은 서비스의 목적 혹은 핵심 요소이며 세부적인 기능보다는 회사가 지향하는 콘셉트로 구분한다. 세부 구분은 포괄적 구분 안에 포함되며 경쟁사의 주요 기능 중 가장 우세한 기능을 중심으로 도출한다.
- **차별화 포인트**: 차별화 포인트는 타 회사는 안 갖추고 있거나 갖추고 있어도 매우 미비한 기능 혹은 서비스를 보유하고 있는 요소다. 세부적 기능 요소로 볼 수 있으며 이 기능은 특화기술 혹은 기술융합, 방대한 분량의 데이터베이스 등이 될 수 있다.
- **핵심 역량**: 핵심 역량은 사업 분석 및 전략 방법 중 하나인 SWOT분석 Strengths, Weaknesses, Opportunities, Threats에서 강점 Strengths 요소이며 때로는 기회 Opportunities 요소(정책, 시장 현황, 법령, 민심 등)도 된다. 실제 차별화 포인트와 큰 구분은 없으며 분석자의 판단에 의한다.
- **미충족 가치**: 서비스를 제공하지 않고 있거나 기능이 미비한 요소며 미충족 가치를 선정할 때는 자사 서비스가 구현할 수 있는 기능으로 범위를 정하면 더욱 빠르게 결과에 도달할 수 있다.

구분		경쟁사	차별화 포인트	핵심 역량	미충족 가치
편의성	음악 추천 서비스	애플 지니어스	· All Music 솔루션+고객 SNS 정보 취합 · 초대형 유통 플랫폼을 소유	· 음악 추천 서비스를 제공하여 고객에게 편리한 음악 이용 환경을 조성	개인별 추천이 아닌 집단지성을 활용한 음악 추천 서비스임 -> 개인화 없음
		Last.FM	· 추천 음악 방송 서비스로 세계 최대 · 자사만의 SNS 집단지성 활용 · 초대형 음악 DB, 전 세계 최대의 음악 라이선스 보유	· 개인별 음악 성향을 분석하여 개인화된 맞춤형 서비스를 만족시킴	고객의 사용성을 높이는 UI 미비
감성 & 재미	음악 GUI 솔루션	Music Covery	· 이미지 뷰 방식의 디자인 콘셉트 보유 · 추천 라디오 방송, 음원 라이선스 확보 · 10여년 간 운영되었으며, 많은 사용자 확보	· 추천 라디오 방송이 특화된 UI로 제공되어 Unique SVC를 제공 · PC용, 단말기용, 게임기용 등 다양한 플랫폼에서 고객 서비스 -> 공간적 편리성 제공	사용 편리성, 개인성은 떨어지는 편
		Apple Cover Flow	· 텍스트 나열 방식의 앨범 리스트를 이미지 뷰화	· 직관적인 UI로 사용자 편리성 제공 · 모바일 기기에 최적화	디자인적인 요소가 강하며, 한 가지 기능만 제공
기타	음악 스토어	멜론, 도시락, 소리바다	· 국내외 음원 라이선스 확보 (100만곡) · 국내 대규모 사업자로 고정 고객 확보	· PC기반 -> 모바일 기반으로 채널 확대	고정 고객으로 인한 비즈니스 모델이 제한적 (서비스 제약)

음악 서비스 경쟁사 분석 사례

이 외에도 수익 모델, 매출, 업체 구분(대기업, 중견기업, 중소기업, 스타트업 등)도 포함하면 좋다. 특히, 수익 모델은 사업 전략을 구상하거나 경쟁사 서비스를 이해하는 데 있어 보다 효율적일 수 있다. 수익 모델에 따라 서비스와 기능의 전략적 구사 방식은 차이를 보이며 어느 경쟁사의 서비스가 가장 효율성이 있는지를 판단해 볼 수 있다.

구분	경쟁사	핵심 역량	수익 모델	매출(2012년 기준)
진로 설계	Woofound	미국 학교 내 진로 설계 사업으로 진출	유료 서비스, API 라이선스	-
	tomorize	정규화된 이론 배경으로 신뢰성 있는 진로 컨설팅 표방	서비스 이용료	-
	김진교육개발원	한국형 진로 성향 검사 옥타그노시스 개발, 운영	서비스 이용료	-
인맥 관리	Linkedin	· 인맥 관리 솔루션 탁월 · 최대의 사용자 보유	멤버십	1,100억 원
	welldone.to	· 감각적인 한국어 서비스 · 앱을 통한 분석 기능 강화	광고료	-
구인 구직 검색	themuse	· 무료 온라인 교육 · 방대한 양의 콘텐츠 보유	서비스 이용료	-
	indeed	한국어 서비스	CPC 광고	201억 원
	잡코리아 Monster.com	국내 최고, 최대 구인 구직 서비스	유료 서비스, 제휴사업	560억 원
Facebook API	Allfacebook.com	페이스북의 기능을 이용한 높은 성공률 보장	-	-

구인 구직 및 진로 설계 서비스
경쟁 분석 사례. 수익 모델 및
매출 포함

경쟁 분석과 마찬가지로 단일 서비스도 같은 방법을 사용하여 분석할 수 있다. 단일 서비스 분석은 주로 핵심 경쟁사나 업계 1위 서비스를 대상으로 분석한다. 이 분석 방법 역시 정성적 방법을 사용하지만 시장과 서비스 구현 화면 등 정량적 자료를 이용하여 분석 템플릿으로 결과를 도출한다. 단일 서비스 분석은 포괄적 영역보다는 세부적인 내용을 다루며 분석 항목은 다음과 같다.

- 서비스 소개 문구
- 핵심 서비스 내용 및 특징
- 서비스 구현 화면
- 시장 분석 내용
- 비즈니스 모델
- SWOT 분석
- 시스템 구성도
- 경쟁 서비스 리스트

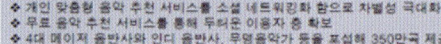

단일 서비스 분석 사례 / theLast.FM 서비스 분석*

* 출처: 아이뉴스24, 2008.08.13

3.3 경쟁 서비스 기능 분석

경쟁 분석 중 기능 분석은 경쟁사가 제공하는 기능과 서비스 내용을 나열하고 기능 유무(O, X)를 표시하여 산술적 계산을 통해 분석하는 방법이다. 이런 방법을 마케팅 요소로 자사 서비스와 타사 서비스를 단순 비교할 때 많이 사용했지만 이를 경쟁 분석에 활용하면 의외로 많은 결과를 도출해 낼 수 있다.

기능 분석을 통해 도출할 수 있는 결과는 다음과 같다.

- 경쟁 서비스(제품)의 공통기능과 특화기능 추출
- 서비스(제품) 성향 및 경향 파악
- 기능 부분별 강점/약점 파악(예: 사용성, 디자인, 정책, 개인화, 핵심 기술 등)
- 경쟁 서비스(제품) 완성도 파악
- 사용자 중심의 서비스 사용성 파악(예: 대학생이 사용하기 좋은 서비스 등)

경쟁 서비스 기능 분석은 경쟁사를 선정하여 서비스 성격이나 구조, 유형 등으로 구분하고 기능을 나열하여 표를 작성하여 분석한다.

경쟁 서비스에 대해 기능 분석을 할 때는 다음과 같이 진행한다.

- **경쟁 서비스 선정**: 50~100개
- **경쟁 서비스 구분**: 서비스 성격, 구조, 유형에 따라 구분한다. 단, 구분이 너무 많으면 분석이 어려워지며 결과 도출 시 변별력이 없을 수 있다 (약 6~8개 수준).
- **기능 나열 및 기능 구분**: 선정한 경쟁 서비스별로 공통된, 특화된 기능을 추출하여 대분류-중분류로 구분한다. 보통 서비스 정책, 운영, 서비스 핵심 기능, 디자인, 개인화, 수익 모델, 편의성 등으로 구분한다.
- **기능 유무를 파악**: 기능을 제공하면 ○, 제공하지 않으면 X, 기능 구현에 특화성이나 강점이 있다면 ●로 표시한다.

측정된 기능 테이블은 정성적인 방법을 사용하기 때문에 신뢰성에 특히 유의하면서 작성해야 한다. 잘못 측정된 데이터는 잘못된 결과를 도출할 수밖에 없기 때문에 기능유무 측정에는 여러 명의 실무자가 함께 상호 검토를 해가며 데이터를 보완해야 한다. 이렇게 기능 측정 테이블이 완료되면 산술 계산을 해서 결과를 도출해야 한다. 기능 측정 테이블을 통해 분석자마다 다양한 계산 방법을 사용하여 필요한 결과를 도출할 수 있는데, 여기에서는 공통기능과 특화기능, 서비스별 완성도 점수화, 경향 파악 등의 결과를 도출하는 방법에 대해 사례와 함께 설명하고자 한다.

구인 구직 서비스 경쟁 분석

경쟁 서비스 기능 분석에 대한 이해를 돕기 위해 구인 구직 서비스 사례를 다루는데 실제 측정 데이터는 아니다. 다음과 같이 진행한다.

1. 경쟁 서비스 유형 구분: 서비스의 핵심적인 요소에 따라 구분한다.
2. 구인 구직 검색, 취업 커뮤니티, 진로 설계, 인맥 관리, 포트폴리오 서비스, 기업 리뷰, 구직 관련 스터디
3. 기능 분류: 대분류 ⇨ 중분류 ⇨ 소분류로 구분한다.
4. 기능에 따라 X(기능 없음, 매우 미약), ○(기능 있음), ●(특화기능)로 구분해 체크한다.
5. 구분 체크에 따른 점수화: X=0점, ○=5점, ●=10점을 배정한다.
6. 기능에 대한 점수 산출: 절대비교가 가능하도록 퍼센트(%)로 산출한다.

> **경쟁사 선정**

총 19개 회사, 8개 유형으로 구분하였다.

구분	기업명
구인 구직 검색, 진로 설계	워크넷
구인 구직 검색	잡코리아
	사람인
	인크루트
	Indeed
	Themuse
	로켓펀치
	스카우트
	파인드잡
	외국 기업 취업 전문 사이트

구분	기업명
커뮤니티	취업뽀개기(카페)
	취업대학교(카페)
진로 설계	Woofound(web)
	Tomorize(web)
	커리어넷
인맥 관리	Linkedin
포트폴리오	Welldone.to
기업 리뷰	잡플래닛
구직 관련 스터디	에듀스

▶ 경쟁 서비스 기능 구분

세 가지 단계로 기능을 그룹화한다.

1_ 서비스 제공 목표와 사업 영위에 따라 핵심 기능을 그룹화한다.
2_ 경쟁 서비스가 갖고 있는 기능을 파악하여 서비스 목표 + 서비스 유형에 따라 기능을 그룹화한다.
3_ 10가지 방법론으로 그룹화한다(서비스 운영, 고객 대응, 수익모델, 검색, 이력서 관련 정보, 채용 정보 관리, 취업 자료, 인맥 관리, 진로 탐색, 공유).

서비스 운영	고객대응	수익모델	검색	이력서 관련 정보	채용 정보 관리	취업 자료	인맥 관리	진로 탐색	공유
회원-개인 회원-기업 헤드헌터 배너 공지 뉴스 매거진 설문조사(투표) 반응형 Web App 모바일 웹 DB 공유 멘토링 서비스 페이스북 블로그 카카오톡 플친	이메일 알림 SMS 알림 콜센터	정액제 유료 서비스 API 배너광고 CPC	자동완성 검색 인기 검색어 정렬 필터 정렬 개수 추천 위치기반 정보 제공	이력서 등록 자소서 관리-무료 (조언/첨삭) 자소서 관리-유료 (조언/첨삭) 자소서 관리 (맞춤법/글자수) 공개 이력서 양식 입사지원현황 이력서 열람 기업	맞춤 채용 정보- 큐레이션 (직무/위치/임금) 스크랩(찜) 채용정보 관심기업 최근 본 채용정보 채용정보- 추천 (사용자 관심 기반)	기업 합격자 정보 (학점/외국어/자격증 등) 취업가이드(북) 외국 구직정보 연봉 직무 정보 면접 족보 면접 후기 면접 가이드북 기업Q&A (인사담당) 기업 정보 관련 기업 뉴스 연계 커뮤니티 취업상담	친구 아는 사람 찾기 단계별 공개 해외인력 구직자 추천	오프라인 보유 진로심리 검사 (MPTI 등)	공유 공유 방법 개수

> **경쟁 서비스 표 작성 및 기능 체크 + 기능에 대한 점수 산출(%)**

행에 8개 유형을, 열에 10가지 방법론을 배치한 경쟁 서비스 표를 작성하여 기능을 체크하고 점수를 산출한다.

구분	기업명	회원·개인	회원·기업	헤드헌터	배너	공지	뉴스	매거진	설문조사(투표)	반응형web	App	모바일웹	DB공유	멘토링서비스	페이스북	블로그	카카오톡플친
구인구직검색 진로설계	워크넷	○	○	X	X	○	○	○	○	X	○	○	○	X	○	○	X
	잡코리아	○	○	X	○	X	○	○	○	X	○	○	○	X	○	○	○
	사람인	○	○	○	○	○	○	○	○	X	○	○	○	X	○	X	X
	인크루트	○	○	X	○	X	○	○	○	X	○	○	X	X	○	○	X
구인구직검색	indeed	○	○	X	X	X	X	X	X	○	○	X	○	X	○	X	X
	themuse	○	○	X	X	X	○	○	X	○	X	○	X	X	○	X	X
	로켓펀치	○	○	○	X	X	○	○	X	●	○	X	○	X	○	X	X
	스카우트	○	○	○	●	○	○	○	○	X	○	○	○	X	○	X	○
	파인드잡	○	○	X	X	X	○	○	X	X	○	○	○	X	○	X	X
	외국기업 취업전문사이트	○	○	X	X	X	X	X	X	X	X	X	X	X	○	X	X
커뮤니티	취업뽀개기(카페)	○	X	X	X	○	○	○	X	X	X	X	X	X	X	X	○
	취업대학교(카페)	○	X	X	X	○	○	○	X	X	X	X	X	X	X	X	○
	woofound(web)	○	X	X	X	X	X	X	X	●	X	○	X	X	X	X	X
진로설계	tomorize(web)	○	X	X	X	X	X	X	X	○	X	○	X	X	X	X	X
	커리어넷	○	X	X	X	X	○	○	○	○	X	○	X	X	○	X	X
인맥관리	linkedin	○	○	X	X	X	X	○	X	X	○	○	X	X	○	X	X
포트폴리오	welldone.to	○	X	X	X	X	X	X	X	X	X	X	X	X	X	X	X
기업 리뷰	잡플래닛	○	○	X	X	X	○	○	X	X	X	○	X	X	○	X	○
구직 관련 스터디	에듀스	○	X	X	X	X	X	X	X	X	○	X	X	X	X	X	X
Count "○"		19	16	4	2	8	5	7	8	4	11	14	8	1	12	5	8
Count "●"		0	0	0	1	0	0	0	0	2	0	0	0	0	0	0	0
기본점수 합		19	16	4	3	8	5	7	8	6	11	14	8	1	12	5	8
기본점수 %		100%	84%	21%	16%	42%	26%	37%	42%	32%	58%	74%	42%	5%	63%	26%	42%

구분	기업명	이메일알림	SMS알림	콜센터	정액제	유료서비스	API	배너광고	CPC	자동완성검색	인기검색어	정렬필터	(정렬개수)	추천	위치기반정보제공
구인구직검색 진로설계	워크넷	○	○	○	X	X	X	X	X	X	X	●	9	X	○
	잡코리아	○	○	○	X	○	X	○	○	○	○	○	6	X	○
	사람인	○	X	○	X	●	X	○	○	○	○	○	4	X	○
	인크루트	○	X	○	X	○	X	○	○	○	X	○	7	X	○
구인구직검색	indeed	●	X	X	X	X	X	X	X	○	X	●	2	●	○
	themuse	X	X	X	-	-	-	X	-	X	X	○	2	X	○
	로켓펀치	X	X	X	-	-	-	-	-	X	X	○	4	X	X
	스카우트	○	X	○	○	○	X	○	X	X	X	○	3	X	X
	파인드잡	○	X	X	X	○	X	X	X	X	X	○	0	X	X
	외국기업 취업전문사이트	X	X	X	○	○	X	X	X	X	X	○	0	X	X
커뮤니티	취업뽀개기(카페)	○	X	X	X	X	X	X	X	X	X	○	0	X	X
	취업대학교(카페)	○	X	X	X	X	X	X	X	X	X	○	0	X	X
	woofound(web)	X	X	X	-	○	X	X	X	X	X	X		X	X
진로설계	tomorize(web)	X	X	○	X	X	X	X	X	X	X	○	0	X	X
	커리어넷	○	X	X	X	X	X	X	X	X	X	○	4	○	X
인맥관리	linkedin	○	X	○	X	○	X	X	X	○	X	○		X	X
포트폴리오	welldone.to	○	X	X	X	X	X	X	X	X	X	X		X	X
기업 리뷰	잡플래닛	○	X	○	-	X	X	X	X	X	X	○	12	X	X
구직 관련 스터디	에듀스	○	X	○	○	X	X	○	X	X	X	○	0	X	X
Count "○"		14	6	7	8	9	0	7	8	9	2	9		0	3	8
Count "●"		0	0	0	0	0	0	0	0	0	1	0		0	0
기본점수 합		14	6	7	8	10	0	7	8	9	2	10		0	3	8
기본점수 %		74%	32%	37%	42%	53%	0%	37%	42%	47%	11%	53%		0%	16%	42%

02 문제 발견 단계 — 구인 구직 서비스 경쟁 분석

구분	기업명	이력서등록	자소서관리·무료(조언/첨삭)	자소서관리·유료(조언/첨삭)	자소서관리(맞춤법/글자수)	이력서양식 공개	입사지원현황	이력서 열람기업	맞춤채용정보·큐레이션(직무/위치/임금)	스크랩(힘)채용정보	관심기업	최근 본 채용정보	채용정보·추천(사용자 관심 기반)
구인구직검색 진로설계	워크넷	O	X	X	O	●	X	O	O	O	O	O	O
구인구직검색	잡코리아	O	X	X	O	O	O	O	O	O	O	O	O
	사람인	O	O	X	O	O	O	O	O	O	O	O	●
	인크루트	O	X	X	X	O	O	O	O	O	O	O	O
	indeed	O	X	X	X	O	X	X	X	X	O	X	O
	themuse	O	X	O	X	●	X	X	X	X	O	X	X
	로켓펀치	O	X	X	X	O	X	O	X	O	O	X	X
	스카우트	O	O	X	X	O	O	O	O	O	O	X	O
	파인드잡	O	O	X	O	O	O	O	O	O	X	X	O
	외국기업 취업전문사이트	O	X	X	X	X	X	X	X	X	X	X	X
커뮤니티	취업보개기(카페)	X	X	O	X	X	X	X	X	X	X	X	X
	취업대학교(카페)	X	O	X	X	X	X	X	X	X	X	X	X
진로설계	woofound(web)	X	X	X	X	X	X	X	X	X	X	X	X
	tomonize(web)	X	X	X	X	X	X	X	X	X	X	X	X
	커리어넷	X	X	X	X	X	X	X	X	X	X	X	X
인맥관리	linkedin	O	X	X	X	X	X	X	-	O	X	X	O
포트폴리오	welldone.to	X	X	X	X	O	X	X	X	X	X	X	O
기업 리뷰	잡플래닛	X	X	X	X	X	X	X	X	X	X	X	O
구직 관련 스터디	에듀스	X	X	●	●	X	X	O	O	O	O	X	X
Count "O"		11	5	2	4	7	5	9	7	9	12	10	6	7
Count "●"		0	0	1	1	1	0	0	0	0	0	0	0	1
기본점수 합		11	5	3	5	8	5	9	7	9	12	10	6	8
기본점수 %		58%	26%	16%	26%	44%	26%	47%	37%	47%	63%	53%	32%	42%

구분	기업명	기업합격자정보(학점/외국어/자격증 등)	취업가이드(북)	외국구직정보	연봉	직무정보	면접족보	면접후기	면접가이드북	기업Q&A(인사담당)	기업정보	관련기업뉴스	면계 커뮤니티	취업상담
구인구직검색 진로설계	워크넷	X	X	●	-	O	X	X	X	X	X	X	X	X
구인구직검색	잡코리아	●	O	X	-	●	O	X	X	O	O	O	X	X
	사람인	●	X	X	O	X	O	X	X	X	O	O	X	X
	인크루트	●	X	X	O	O	O	X	X	X	O	O	X	X
	indeed	X	X	O	X	X	X	X	X	X	X	X	X	X
	themuse	X	O	X	X	X	X	X	X	X	X	X	X	X
	로켓펀치	X	X	X	X	X	X	X	X	X	X	X	X	X
	스카우트	X	X	X	X	X	X	X	X	X	X	X	X	O
	파인드잡	X	X	X	X	X	X	X	X	X	X	X	X	O
	외국기업 취업전문사이트	X	X	X	X	X	X	X	X	X	X	O	X	X
커뮤니티	취업보개기(카페)	O	X	X	●	X	X	X	X	X	X	X	X	X
	취업대학교(카페)	O	O	X	X	O	O	O	O	X	X	X	X	X
진로설계	woofound(web)	X	X	X	X	X	X	X	X	X	X	X	X	X
	tomonize(web)	X	X	X	O	X	X	X	X	X	X	X	X	X
	커리어넷	X	X	O	X	X	X	X	X	X	X	O	X	X
인맥관리	linkedin	X	X	X	X	X	X	X	X	X	X	X	X	X
포트폴리오	welldone.to	X	X	X	X	X	X	X	X	X	X	X	X	X
기업 리뷰	잡플래닛	X	X	X	O	O	X	O	X	X	X	X	X	X
구직 관련 스터디	에듀스	●	O	X	X	X	O	O	X	X	X	X	X	X
Count "O"		2	6	2	3	5	6	4	3	6	2	3	4
Count "●"		4	0	1	0	2	0	0	0	0	0	0	0
기본점수 합		6	6	3	3	5	6	4	3	6	2	3	4
기본점수 %		32%	32%	16%	16%	26%	26%	32%	21%	16%	32%	11%	16%	21%

구분	기업명	인맥관리					진로탐색		공유	
		친구	아는 사람 찾기	단계별공개	해외인맥	구직자추천	오프라인보유	진로심리검사 (MBTI 등)	공유	공유 방법 개수
구인구직검색 진로설계	워크넷	X	X	X	X	X	O	O	O	7
	잡코리아	X	X	X	X	X	X	X	●	-
	사람인	X	X	X	X	X	X	X	X	-
	링크투잡	O	O	O	X	O	X	X	O	4
구인구직검색	indeed	X	X	X	X	X	X	X	O	1
	themuse	X	X	X	X	X	X	X	O	1
	로켓펀치	O	O	X	X	O	X	X	O	2
	스카우트	X	X	X	X	X	X	X	X	0
	파인드잡	X	X	X	X	X	X	X	O	2
	외국기업 취업전문사이트	X	X	X	X	X	X	X	X	0
커뮤니티	취업뽀개기(카페)	X	X	X	X	X	X	X	O	X
	취업대학교(카페)	X	X	X	X	X	X	X	X	X
	woofound(web)	X	X	X	X	X	●	X	O	5
진로설계	tomorize(web)	X	X	X	X	X	O	O	O	4
	커리어넷	X	X	X	X	X	O	O	O	6
인맥관리	linkedin	O	O	O	O	O	X	X	O	-
포트폴리오	welldone.to	O	X	X	X	X	X	X	O	-
기업 리뷰	잡플래닛	X	X	X	X	X	X	X	O	-
구직 관련 스터디	에듀스	X	X	X	X	X	X	X	O	3
Count "O"		4	3	2	1	3	3	4	16	
Count "●"		0	0	0	0	0	1	1	1	
기본점수 합		4	3	2	1	3	5	17		
기본점수 %		21%	16%	11%	5%	16%	16%	26%	89%	

작성한 표에서 기능에 대한 퍼센트(%) 계산은 기능이 있는(O와 ●표시) 항목을 합계하고 이를 전체 기능수로 나누어 백분율로 환산한다. 이 계산식은 엑셀 함수를 이용하면 편리한데 특정 문자를 찾아내 개수를 구하는 함수 countif( )는 다음과 같이 사용한다.

=countif(셀 범위, 조건)

즉, =countif(a1:a30,"O")+ countif(a1:a30,"●")

다음으로 %를 구하기 위해 전체 행의 수를 반환하는 함수 rows( )를 사용한다.

=(countif(a1:a30,"O")+ countif(a1:a30,"●"))/rows(a1:a30)

경쟁사가 서비스하는 기능에 대한 빈도를 구했다면 이제 이 빈도를 바탕으로 공통기능과 특화기능을 판단한다. 기능 빈도가 높다는 의미는 대부분의 경쟁사들이 해당 기능을 갖고 있다는 의미이기 때문에 이런 경우 '공통기능'으로 볼 수 있으며 반대로 기능 빈도가 낮은 기능은 많은 경쟁사가 해당 기능을 갖고 있지 않다는 의미로 이런 기능은 '특화기능'으로 판단한다. 기능 빈도의 '많고', '적음'에 대한 판단은 전체적인 기능 빈도를 보고 판단하며 보통 80% 이상, 10% 이하 수준으로 판단하면 적당하다. 작성한 표에서 다음과 같이 판단할 수 있다.

▶ 경쟁 분석 결과: 공통기능 추출

- 기능 빈도: 70% 이상
- 공통기능: 개인 및 기업 회원, 모바일 웹, 이메일 알림, 공유
- 대부분의 노동 시장 서비스 업체가 제공하는 기능
- 필수적인 요소로서 기능 누락 시 불편 사항 초래

회원-개인	회원-기업	App	모바일 웹	페이스북	이메일 알림	유료 서비스	정렬 필터	이력서 등록	스크랩(찜) 채용 정보	관심 기업	공유
100%	84%	58%	74%	63%	74%	53%	53%	58%	63%	53%	89%

▶ 경쟁 분석 결과: 특화기능 추출

- 기능 빈도: 20% 이하
- 특화기능: 멘토링 서비스, 인기 검색어, 추천, 자소서 관리, 외국 구직정보, 연봉, 기업 Q&A, 관련 기업 뉴스, 연계 커뮤니티, 아는 사람 찾기, 단계별 공개, 해외 인력, 구직자 추천, 오프라인 보유
- 경쟁 서비스별 특화된 기능으로 핵심/경쟁 요소에 해당됨
- 경쟁사 구분에 따라 특화기능 차이 존재(예: 인맥 관리 서비스, 포트폴리오 서비스 등)

헤드헌터	멘토링 서비스	블로그	인기 검색어	추천	자소서 관리-무료 (조언/첨삭)	자소서 관리-유료 (조언/첨삭)	자소서 관리 (맞춤법/글자수)	이력서 양식	외국 구직 정보	연봉	직무 정보
21%	5%	26%	11%	16%	26%	16%	26%	26%	16%	16%	26%

면접 족보	면접 가이드북	기업 Q&A (인사 담당)	관련 기업 뉴스	연계 커뮤니티	취업 상담	친구	아는 사람 찾기	단계별 공개	해외 인력	구직자 추천	오프라인 보유	진로 심리 검사 (MBTI 등)
26%	21%	16%	11%	16%	21%	21%	16%	11%	5%	16%	16%	26%

이를 통해 다시 한번 기업별로 특화기능을 정리하면 훨씬 더 좋은 결과를 도출할 수 있다. 특화기능은 각 경쟁사 보유 기능 중 '●'를 포함한 기능이다.

구분	기업명	특화기능
구인 구직 검색 진로 설계	워크넷	검색-정렬 필터, 공개, 외국 구직 정보
구인구직 검색	잡코리아	기업 합격자 정보, 직무 정보, 공유
	사람인	유료 서비스, 추천 채용 정보, 기업 합격자 정보
	인크루트	기업 합격자 정보
	Indeed	이메일 알림, 정렬 필터, 추천, 추천 채용 정보, 외국 구직정보
	로켓펀치	반응형웹
	스카우트	배너
커뮤니티	취업뽀개기(카페)	직무 정보
진로 설계	Woofound(web)	반응형웹, 진로 심리검사
인맥 관리	Linkedin	개인회원 관리, 정액제, 유료 서비스, 추천 채용 정보, 외국 구직정보, 인맥 관리 기능
구직 관련 스터디	에듀스	자기소개서 관리, 기업 합격자 정보

세로축에 대한 산술 계산이 기능 분석이었다면 가로축 산술 계산은 경쟁사별 기능 완성도에 해당된다. 경쟁 서비스가 많을 경우, 단순하게 기능을 많이 보유하고 있는 회사가 완성도가 높다(물론 다 그렇지만은 않다)고 가정한 뒤, 얼마나 많은 기능을 보유하고 있는지 단순 비교하는 것도 큰 의미를 지닐 수 있다. 또한 완성도를 측정한 결과를 5점 지수(가장 기능이 많은 경쟁사를 최댓값으로 놓고 5점 만점에 상대적 비율을 계산한 값)로 표현하면 더 쉽게 완성도를 판단할 수 있다.

즉, 경쟁사가 지니고 있는 기능이 몇 개인지는 완성도를 순간적으로 빠르게 판단하기는 어려우므로 상대적으로 평가를 하는데 익숙한 숫자인 5점 만점을 부여하여, 완성도나 평판 등을 빠르게 판단해야 할 때 자주 사용하는 방식이다. 일반적으로 3점 이상은 비교적 완성도가 높다고 할 수 있고 2점 이하는 완성도가 낮다고 평가할 수 있다.

경쟁사들의 가로축 계산을 처리한 결과는 다음과 같다.

구분	기업명	O개수	●개수	5지수
구인 구직 검색 진로 설계	워크넷	29	3	3.54
구인 구직 검색	잡코리아	40	3	5.00
	사람인	31	3	4.23
	인크루트	43	1	4.72
	Indeed	16	5	2.75
	Themuse	17	0	1.90
	로켓펀치	16	1	1.49
	스카우트	31	1	3.38
	파인드잡	27	0	2.75
	외국 기업 취업 전문사이트	10	0	1.69
커뮤니티	취업뽀개기(카페)	14	1	2.69
	취업대학교(카페)	13	0	2.02
진로 설계	Woofound(web)	7	2	1.87
	Tomorize(web)	12	0	2.17
	커리어넷	14	0	1.84
인맥 관리	Linkedin	16	10	4.84
포트폴리오	Welldone.to	8	0	1.01
기업 리뷰	잡플래닛	19	0	2.29
구직 관련 스터디	에듀스	19	3	3.13

이 데이터 자료는 가중치 K라는 함수를 대입하여 계산한 식의 일부를 발췌한 것이기 때문에 단순 산술평가와는 약간의 차이를 보인다.

표에서 경쟁사 대비 가장 기능을 많이 보유하고 있는 회사는 '잡코리아'이며 이하 'Linkedin', '인크루트', '사람인' 순이다. 세부적으로 어떤 경쟁사가 어떤 기능을 보유하고 있는지도 한눈에 파악할 수 있기 때문에 여러모로 요긴하게 활용할 수 있다.

4 트렌드 분석

IT 분야에서의 트렌드 분석Trend Analysis은 앞서 설명했던 시장 분석과 경쟁 분석의 연장선 상으로 이해해야 한다. 트렌드는 UX 디자인 단계에서 중요한 역할을 하게 되는데 그 이유는 트렌드라고 하는 의미 자체에 사용자 경험이 상당 부분 내포되어 있기 때문이다.

트렌드라고 하는 것은 경향이나 동향, 추세 또는 단기간 지속되는 변화나 현상을 의미하는 것으로 한두 사람에게 나타나는 현상이 아닌 많은 사람들이 공감대를 형성하여 활성화된다고 볼 수 있다. 따라서 많은 사람들이 트렌드를 띠는 것은 곧 좋은 사용자 경험을 의미하며, 이에 대해 분석하고 이해하는 것은 UX 디자인을 하는 데 상당히 중요하다고 볼 수 있다.

4.1 트렌드 분석 방법

트렌드 분석은 시장 분석과 경쟁 분석, 이후 설명할 사용자 조사 및 이해를 기반으로 소비자 행동 패턴 조사나 분석을 통해 소비자들의 욕구를 예측하는 것이다. 이를 위해서는 사회 현상에 대한 다양한 연구와 트렌드에 영향을 미칠 수 있는 여러 요소들을 먼 미래가 아닌 현재 시점에서 찾는 것이 중요하다. 트렌드는 보통 '읽는다'라고 표현하기도 하는데 결국 트렌드를 읽는다는 것은 주변 현상을 조사하고, 분석하며 정확히 파악하는 과정이다. 따라서 UX 분석가들은 소비자들의 라이프 스타일이나 사회문화 속에서 새로운 문화와 변화를 읽어 내야 한다. 우리 일상에서 트렌드를 읽어 내는 몇 가지 방법은 먼저 매일 접하는 TV, 잡지, 신문, 인터넷 등을 통해 이미 알려져 있는 정보들을 파악하는 것이다. 만약 IT나 디자인에 대한 트렌드 분석을 한다면 관련 전문 정보 기사를 접하는 것이 좋다(예: ZD Net, 블로터, 핀터레스트, UX Mag등).

이 단계에서는 가능한 한 정보를 많이 모으는 것이 중요하다. 그렇게 수집

트렌드 분석 정의*

현재와 과거의 역사적 자료 또는 추세에 근거해 다가올 미래사회 변화의 모습을 투사하는 방법이다. 일련의 데이터에 연장선을 긋는 방법으로 추세를 예측할 수 있으며 수학적·통계적인 방법을 활용한다. 경제 성장, 인구 증감, 에너지 소비량, 주가 등 가격변수를 예측하는 데 사용된다.

---

* 출처: 한국경제신문 경제용어사전

한 정보는 분석해 1차로 키워드를 도출해 내고, 2차로는 키워드 분석을 통해 트렌드 키워드를 도출해 낸다. 키워드를 도출하고 상위 결론을 이끌어 내는 데는 '친화도법Affinity Diagram'과 같은 방법을 주로 사용한다. 친화도법은 뒤에서 다시 자세히 다루겠다. 마지막으로 도출된 트렌드 키워드를 통해 시장의 변화를 일으키는 중요한 요인을 파악해 낸다면 트렌드 분석의 목적을 달성하게 되는 것이다.

IT/기술 및 UX 트렌드 관련 전문 정보처

분야	정보처	URL	설명
IT/기술	ZD Net	http://www.zdnet.co.kr/	유명IT 전문지
	Bloter	http://www.bloter.net/	최신 IT 비즈니스, 콘텐츠, 플랫폼 기사 및 트렌드 정보
	트렌드인사이트	http://trendinsight.biz/	최신 트렌드 제품 및 서비스 기사
	Mashable TECH	http://mashable.com/tech/?utm_cid=mash-prod-nav-ch	최신IT 트렌드
	트렌드와칭	http://trendw.kr/	마케팅, 모바일, 디자인 트렌드 정보
UX 디자인	Smashing Magazine	https://www.smashingmagazine.com/	웹, 모바일, UX 디자인 정보
	PXD	http://story.pxd.co.kr/	UX 실무자가 직접 꾸미는 UX 블로그
	바이널엑스	https://m.blog.naver.com/PostList.nhn?blogId=vinylx	디자인 전문회사 바이널이 제공하는 UX 트렌드 및 디자인 정보
	UX Planet	https://uxplanet.org/	UX 전문 정보 및 트렌드
	Awwwards	https://www.awwwards.com/	창의적이고 혁신적인 웹/앱 디자인 선정 서비스

01 IT/기술 트렌드 제공 사이트
02 UX 디자인 트렌드 제공 사이트

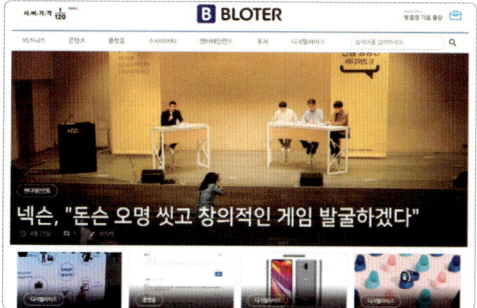
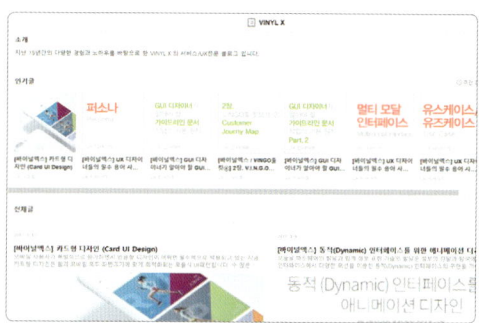
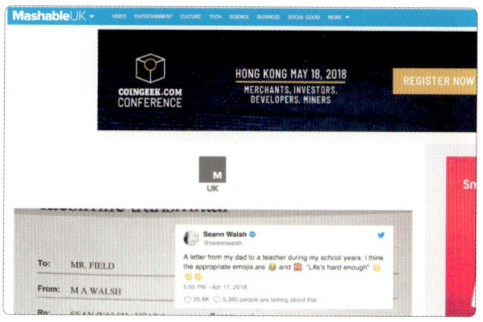
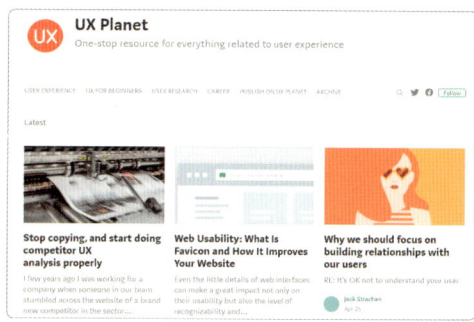

01

02

4.2 웹과 모바일 디자인 트렌드

트렌드 분석 방법을 통해 웹과 모바일의 최신 디자인 트렌드를 도출하는 것은 UX 디자인에서 중요하다. 앞서 설명했던 트렌드 분석 방법과 트렌드 정보를 제공하는 사이트를 통해 웹과 모바일 디자인 트렌드를 정리해 보면 다음과 같다.

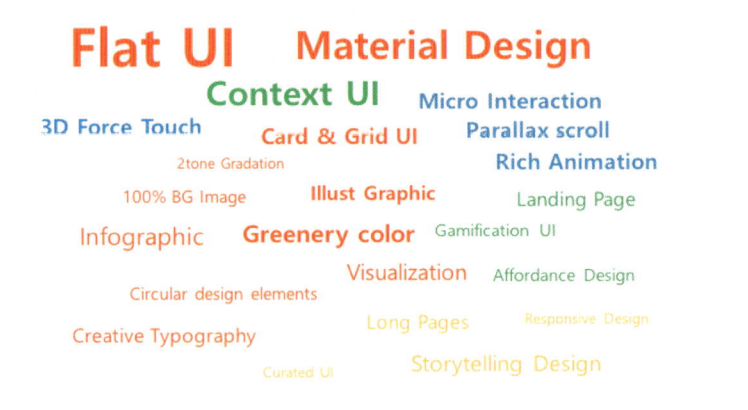

2018-2019 웹과 모바일 디자인 트렌드

이렇게 정의된 디자인 트렌드는 각 키워드마다 독립적으로 적용된다기보다는 서로 혼합되어 적용된다고 봐야 한다. 즉, Flat UI이면서 Micro Interaction과 Parallax scroll이 혼합되어 디자인될 수 있으며 Long Page이면서 Curated UI일 수 있다는 말이다.

디자인 요소로서의 트렌드

앞의 그림 〈2018-2019 웹과 모바일 디자인 트렌드〉에서 붉은색 키워드가 디자인 요소로서의 트렌드다.

100% BG이미지

배경Back Ground에 큰 이미지를 넣고 전면부에 UI 요소를 넣어서 디자인한 사례다. 좋은 이미지는 좋은 디자인을 반영하며 표현하고자 하는 콘텐츠를 더욱 이해하기 쉽게 해준다.

Flat UI

사실적이고 입체적인 디자인(스큐어모피즘, Skeuomorphism)에서 벗어나 장식 요소와 입체감 요소를 제거하고 미니멀리즘에 기반한 평평Flat하게 디자인한 사용자 인터페이스다. 단순한 색상과 구성을 통해 직관적인 인식이 가능하도록 구성하는 2차원 디자인 방식이다.

2tone Gradation

2가지 색을 극점으로 놓고 농도를 이행하는 계조를 의미한다. UI 디자인에서는 주로 배경 요소에 많이 사용하며 이미지 등과 혼합하기도 한다.

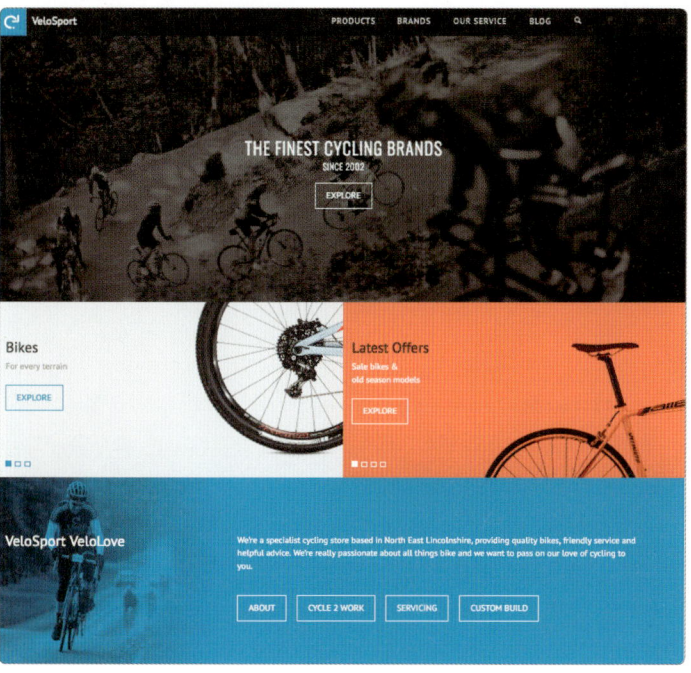

01 100% BG이미지 적용 예
02 Flat UI 적용 예
03 2tone Gradation 적용 예

Material Design

Flat 디자인의 장점을 살리면서도 그림자 효과를 이용하여 입체감을 살리는 디자인 방식이다. 2014년 구글이 안드로이드 스마트폰에 적용하면서 안드로이드 디자인 가이드라인의 핵심으로 자리 잡았다.

Illust Graphic

일러스트 이미지를 이용한 디자인으로 사물, 형태, 개념 등을 쉽게 알아볼 수 있도록 상징성을 강조한 픽토그램 등이 대표적이다.

Card & Grid UI

구글이 안드로이드 디자인 가이드에 적용한 사용자 인터페이스로 반응형에 맞게 콘텐츠를 넣을 수 있는 카드 형태의 모듈식이다.

01 Material Design 적용 예 / Android
02 Illust Graphic 적용 예 / 구글 트립스
03 Card & Grid UI 적용 예 / 구글 Now

Visualization

대량의 데이터(빅데이터)를 시각화Visualization 하여 정보를 다른 측면에서 관찰할 수 있게 만드는 방식이다. 시간적, 공간적, 분포적, 네트워크 흐름 등을 파악할 수 있다.

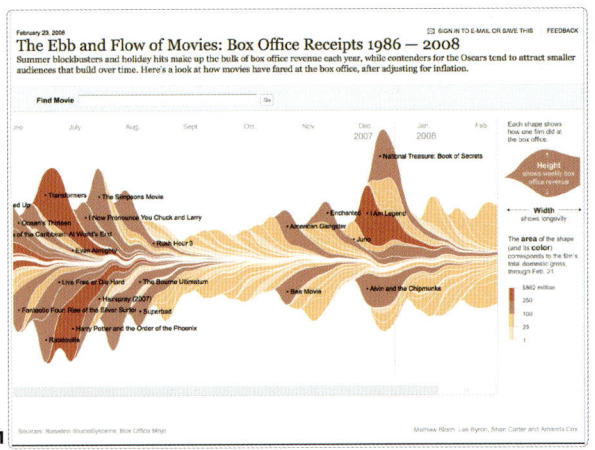

Infographic

정보와 디자인Information + Graphic을 합친 말로 정보와 데이터, 지식을 시각적으로 표현한 것이다. 한 장의 정보형 이미지로 뉴스와 정보 등에 인사이트를 담아내는 것이 특징이다.

01 Visualization 적용 예 / NY Times
02 Infographic 적용 예 / NBA

Circular Design

이미지 요소를 둥근 형태의 프레임에 넣어 표현한 디자인이다.

Typography

활자를 이용한 조판 디자인이다. 최근에는 사진이나 그래픽 디자인을 포함하여 표현을 하는 디자인도 있다.

01 Circular Design 적용 예 / DISCO
02 Typography 적용 예 / Over

03 Micro Interaction 적용 예
04 Rich Animation 적용 예
05 Parallax scroll 적용 예

기술적 요소로서의 트렌드

앞의 그림 〈2018-2019 웹과 모바일 디자인 트렌드〉에서 파란색 키워드가 기술적 요소로서의 트렌드다.

Micro Interaction

사용자 인터페이스에서 세밀한 피드백을 미세한 애니메이션 형태로 제작하는 것을 말한다. 사용자가 작업 결과를 시각화하고 오류를 방지하며 시스템 작동 원리를 쉽게 이해할 수 있다.

03

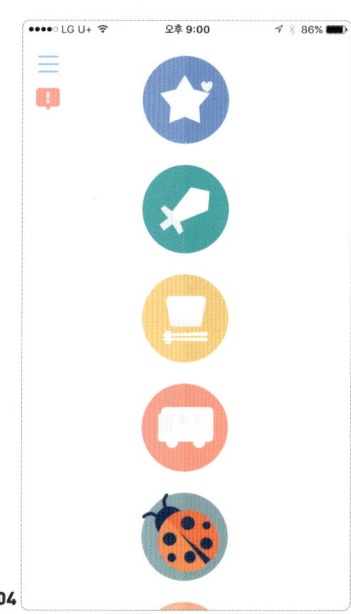

04

Rich Animation

Micro Interaction보다 애니메이션 움직임이나 범위가 큰 동적 요소가 있는 디자인 방식이다. UX 요소 중 재미 요소와 즐거움 요소가 있으며 경우에 따라서는 콘텐츠의 핵심 요소이기도 하다.

Parallax scroll

시차 스크롤이란 의미로 스크롤에 따라 움직이는 오브젝트와 배경이 시간차를 두고 변하는 기법이다. 재미있고 독특한 효과를 통해 사용자 경험을 높이며 서비스에 오래 머물게 해준다.

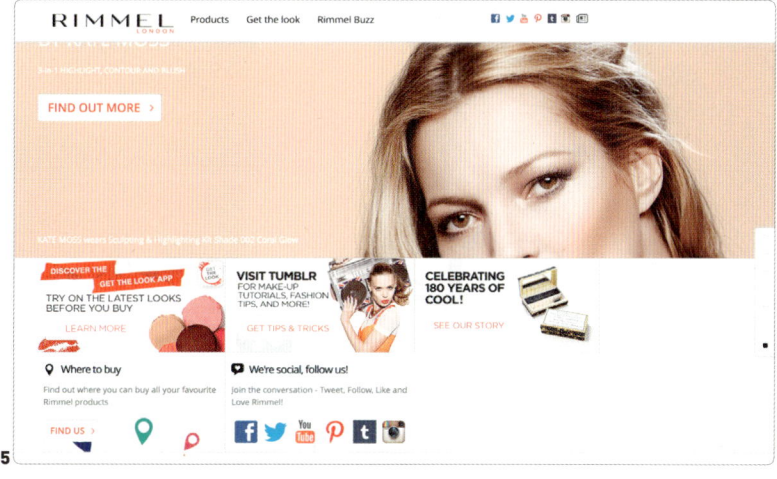

05

화면 구성 요소로서의 트렌드

앞의 그림 〈2018-2019 웹과 모바일 디자인 트렌드〉에서 주황색 키워드가 화면 구성 Layout 요소로서의 트렌드다.

독특한 방식의 화면 스크롤 기법으로 메뉴는 신경 쓰지 않고 콘텐츠에만 집중할 수 있게 하는 디자인이다

Long Pages

많은 양의 콘텐츠를 한 페이지에 스크롤 처리로 보여주는 방식으로 스크롤 휠이 있는 마우스 환경이나 터치 제스처를 이용하는 터치식 환경에 적합하다. 메뉴를 눌러서 화면을 전환하는 방식은 사용자의 피로도를 높이기 때문에 메뉴 대신 스크롤로 처리하는 방식이 간결하면서도 콘텐츠 중심적 Contents Centric 인 설계 방식이므로 사용자가 쉽게 콘텐츠를 경험하도록 한다.

Curated UI

정보 과잉의 시대에 의미 있는 정보를 찾아내 더욱 가치 있게 제시해 주는 요소로 사용자 참여를 높이며 사용자 중심의 서비스를 구현하는 사용자 인터페이스다.

 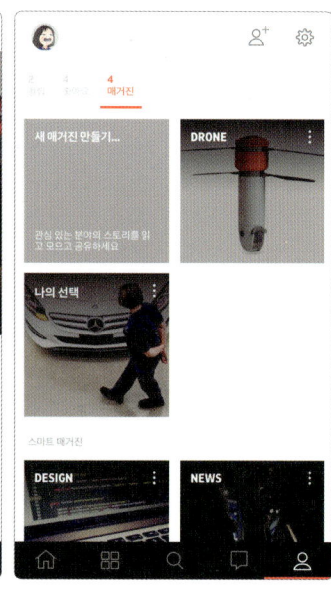

추천 엔진을 통해 사용자 추천 콘텐츠를 제시하며 '새 매거진 만들기'와 같은 참여형 UI를 제공한다

Part 1
사용자와 환경 분석

Responsive Design

서비스가 제공되는 화면의 가로 크기에 반응하는 반응형 디자인으로 다양한 스크린 N-Screen 시대가 도래하면서 하나의 소스로 화면 크기에 상관없이 최적화된 화면을 제공해 준다.

지능적 요소로서의 트렌드

앞의 그림 〈2018-2019 웹과 모바일 디자인 트렌드〉에서 녹색 키워드가 지능적 요소로서의 트렌드다.

Context UI

사용자의 상황을 인식하여 사용자가 원하는 정보를 제공하는 사용자 인터페이스다. 주로 시간과 위치, 근접, 가속도, 대기압, 통신, 이미지 센서 등이 탑재되어 있는 스마트폰에서 가능하며 사용자가 더 유연하게 접근할 수 있게 해준다.

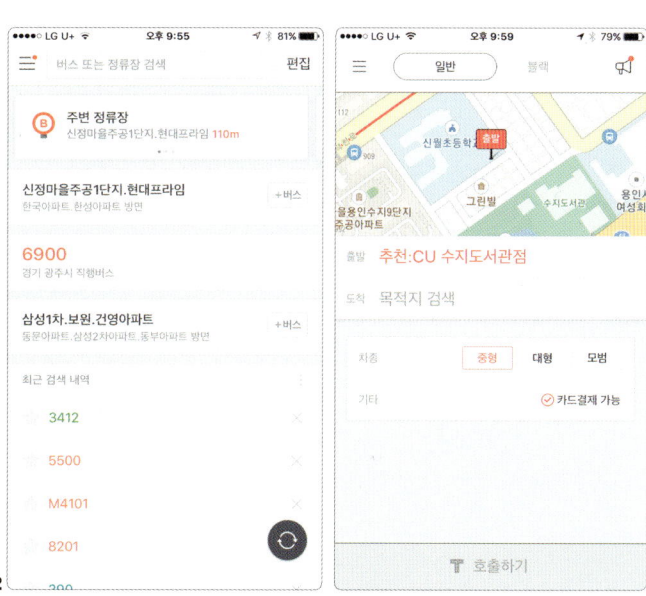

01 반응형 웹 개념

02 카카오버스와 카카오택시, 위치 기반 Context UI 적용

Landing Page

접근 경로부터 목적 화면에 도달했을 때 가장 처음에 보여지는 화면이다. 다양한 접근 경로에 따라 사용자의 서비스 이용 목적이 달라지며 이런 목적을 쉽게 달성할 수 있도록 페이지를 전략화하는 사용자 인터페이스다.

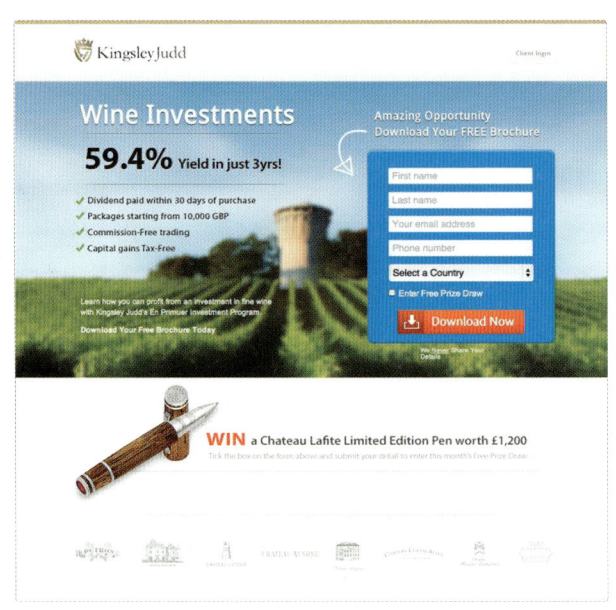

Kingsley Judd, Landing Page사례
Landing Page에서 주로 보여지는 사용자 반응 유도(Call to Action) 버튼이 사용되고 있다

Affordance UI

행동유발성 디자인으로 사용자가 특정한 행동을 하게끔 유도하거나 특정 행동을 쉽게 할 수 있게 한다. IT에서는 주로 암시를 주거나 힌트를 주는 사용자 인터페이스로 사용한다.

Gamification UI

게임화 기법 디자인 방식으로 서비스가 의도하는 활동에 게임 요소를 도입하여 사용자 참여를 유도하고 충성도를 높이는 기법이다.

 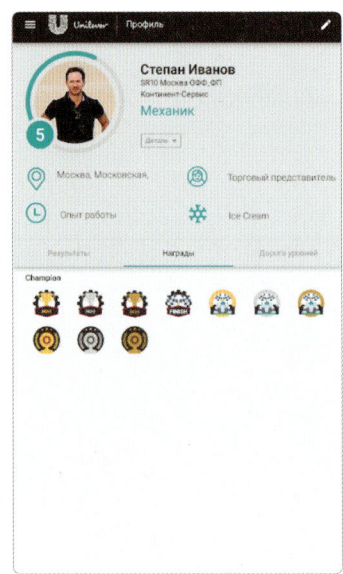

좌: Affordance UI 사례
여러 개의 이미지 썸네일을 좌우 스와이프를 암시하게 디자인하였다. 좌우뿐 아니라 하단 스크롤도 잘려 보이게 디자인하여 하단으로의 스크롤을 유도한다.

우: Gamification UI 사례
주로 MyPage에서 사용되며 사용자의 행동수행을 UI로 표시한다.

4.3 웹과 모바일 기술 트렌드

2015년 이후의 웹과 모바일 기술은 획기적으로 발전하였다. 2016년 프로 바둑기사 이세돌과 알파고로 명명된 인공지능 컴퓨터와의 바둑 시합이 있은 후 인공지능의 시대가 본격적으로 시작되었다. 또한 2016년을 뜨겁게 달군 증강현실 게임 '포켓몬고 Pokemon GO'는 혁신적이었으며 아마존에서 출시된 음성인식 스피커 '아마존 에코 Amazon Echo'는 새로운 기술의 접목과 함께 인공지능과 새로운 경험을 제공해 주었다. 특히 사용자의 경험이 친근하고 새로우면서 지능적인 부분을 선호하면서 이를 응용한 서비스와 사업자가 많이 늘어나게 되었다.

IT 기술 트렌드를 알아보기 위해서 전 세계적으로 이 분야를 가장 잘 분석하고 있는 가트너의 '10대 전략 기술 트렌드'를 살펴보고 이를 바탕으로 기술 트렌드와 서비스 방향을 살펴보기로 한다. 이 책은 서비스와 사용자 경험을 중심으로 기술을 소개하고 있으므로 기술에 대한 상세 설명은 관련 전문 서적을 참고하길 바란다.

가트너 '전략 기술 트렌드'

이제 막 도입 단계를 벗어나 영향력과 용도가 확대되고 있는 엄청난 혁신 잠재력을 갖춘 기술 트렌드나 향후 5년 내에 전환점에 도달하게 될 높은 수준의 변동성을 지닌 빠르게 성장하는 기술 트렌드

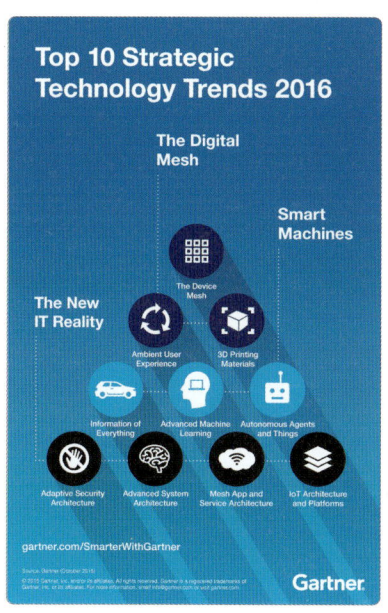
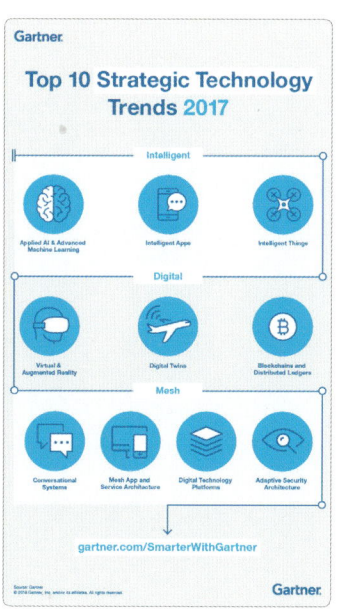

2016~2018년 가트너 전략 기술 트렌드 변화

2016년 가트너 전략 기술 트렌드

디지털 연결망	지능형 기기	새로운 IT 세계
The Digital Mesh	Smart Machines	The New IT Reality
디바이스 연결망 주변 사용자 경험 3D 프린터	모든 것의 정보 IoE 진보된 기계학습 자동화된 지능형 기기	적응형 보안구조 진보된 시스템 구조 매시앱(융합앱)과 시스템 구조 사물인터넷 플랫폼

2017년 가트너 전략 기술 트렌드

지능화	디지털	연결
Intelligent	Digital	Mesh
인공지능과 진보된 기계학습 지능형 앱과 사물	증강현실과 가상현실 디지털트윈 블록체인과 분산 장부	대화형 시스템 매시앱과 서비스 구조 디지털 기술 플랫폼 적응형 보안 구조

2018년 가트너 전략 기술 트렌드

지능화	디지털	연결
Intelligent	Digital	Mesh
인공지능 수립 지능형 앱과 분석 지능형 사물	디지털트윈 클라우드 엣지컴퓨팅 대화형 플랫폼 증강현실과 가상현실	블록체인 이벤트 구동형 지속적 지능형 위험과 신뢰

가트너의 2016년부터 2018년까지 3년 동안의 전략 기술 트렌드는 디지털로 연결된 사회Mesh와 지능화Intelligence, 보다 풍부한 경험(가상현실과 증강현실)에 의한다고 보고 있다. 전 세계에서 IT 선두업체인 아마존과 구글, 애플 등의 기업에서는 제품화 혹은 서비스화가 되고 있다. 가트너의 전략 기술 트렌드는 좀 더 큰 개념의 기술을 설명하고 있으며 이를 현재 이용되고 있는 제품과 서비스와 맞물려 좀 더 세분화시켜 정리해 보면 다음과 같다.

웹과 모바일 기술 트렌드

이렇게 정리한 기술과 이를 바탕으로 하는 서비스는 최근 가장 활발하게 연구, 서비스화 되고 있고 성공적인 시장 진입 결과를 보여주고 있다. 또한, 이런 새로운 기술을 바탕으로 하는 서비스는 아무래도 사용자 입장에서 본다면 낯설 수밖에 없고 이런 낯선 경험을 좋은 경험으로 바꿔줄 수 있는 사람이 바로 UX 디자이너다. 이런 이유로 회사나 조직에서 전문적인 UX 디자이너가 필요한 것이다.

이들 기술 중 시장 점유율이 높고 성공적인 사업 모델을 갖고 있는 분야를 설명하고 이에 대한 사례를 살펴보자.

VR

가상현실 Virtual Reality은 어떤 특정한 환경이나 상황을 컴퓨터로 만들어서 그것을 사용하는 사람이 마치 실제 주변 환경과 상호작용을 하고 있는 것처럼 만들어주는 인터페이스 기술이다.

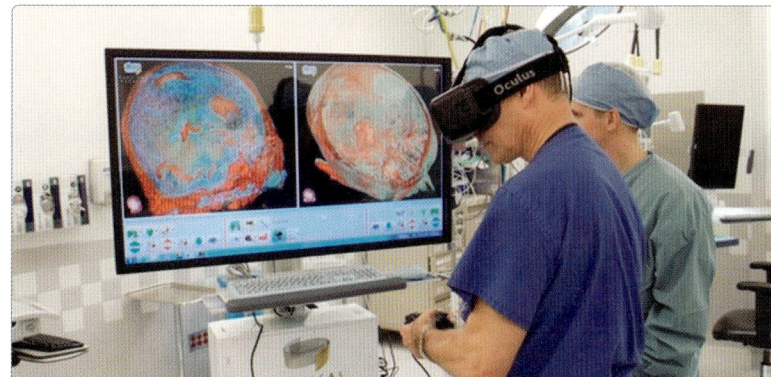

트렌드 요소로 VR이 적용된 수술 사례*
영국 로열 런던 병원 VR 수술 장면

* 출처 : 조선비즈 2016. 11. 13

AR

증강현실 Augmented Reality은 사용자가 눈으로 보는 현실 세계에 가상 물체(혹은 태깅)를 겹쳐 보여주는 인터페이스 기술이다. VR과 융합시킨 MR Mixed Reality 기술을 포함하기도 한다.

트렌드 요소로 AR이 적용된 앱 사례들
좌: 포켓몬고 / 중: 별자리찾기 / 우: 인셉션

O2O

O2O Online to offline는 온라인과 오프라인을 결합하는 기술로 주로 모바일 기술을 이용하여 오프라인에서 편의성을 높인 서비스를 말한다. 최근에는 공유경제 서비스 활성화의 힘을 얻어 모바일 중심의 서비스에 오프라인이 결합한 형태(카쉐어링, 대리운전 등)로 발전하고 있다.

트렌드 요소로 O2O가 적용된 The Edge Card 사례
모바일지갑과 스마트폰앱이 포함된 올인원 스마트카드다. 신용카드, 체크카드, 기프트 카드 등 대부분의 실물카드를 EDGE카드에 디지털 형태로 넣고 디지털 터치 방식은 물론 실물카드와 똑같이 긁는 방식으로 사용할 수 있다.

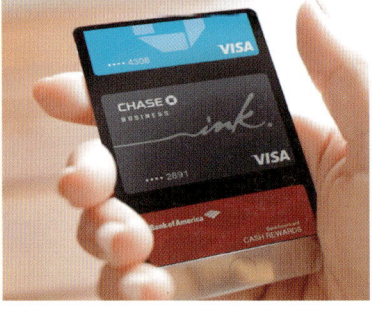 

 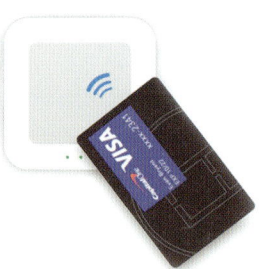

Omni Channel

하나, 혹은 전체Omni 유통 경로Channel라는 합성어로 온·오프라인 매장을 결합하여 부족함을 메꾸는 형태의 쇼핑 체계다. 동일한 경험 체계라는 의미는 온라인 쇼핑시 부족한 점과 오프라인 쇼핑에서 부족한 점을 모바일 기술 등을 이용하여 극복하는 것으로 온라인 구매, 오프라인 매장에서 픽업하는 '스마트픽'이 대표적이다.

IoT

사물 인터넷Internet of Things은 기존 사물에 센서 등을 부착하고 스마트폰과 연결하여 사물의 기능을 스마트하게 만들어 주는 것이다.

트렌드 요소로 O2O와 Omni Channel, IoT가 적용된 영국 존루이스 백화점 'Style Me' 서비스 사례*
인터랙티브 스크린(매직미러)을 통해 구매하려는 옷을 탐색, 가상으로 피팅해 보고 주문까지 할 수 있는 서비스다

* 출처: https://robertrostek.squarespace.com/john-lewis

Mobile Payment

스마트폰 등 모바일 기기로 온·오프라인상에 결제를 할 수 있게 하는 기술이다. NFC 센서를 통해 접촉식으로 카드를 대체하고 모바일 지갑, 코드 스캐닝, 간편 결제(페이코 등) 방식으로 발전하고 있다.

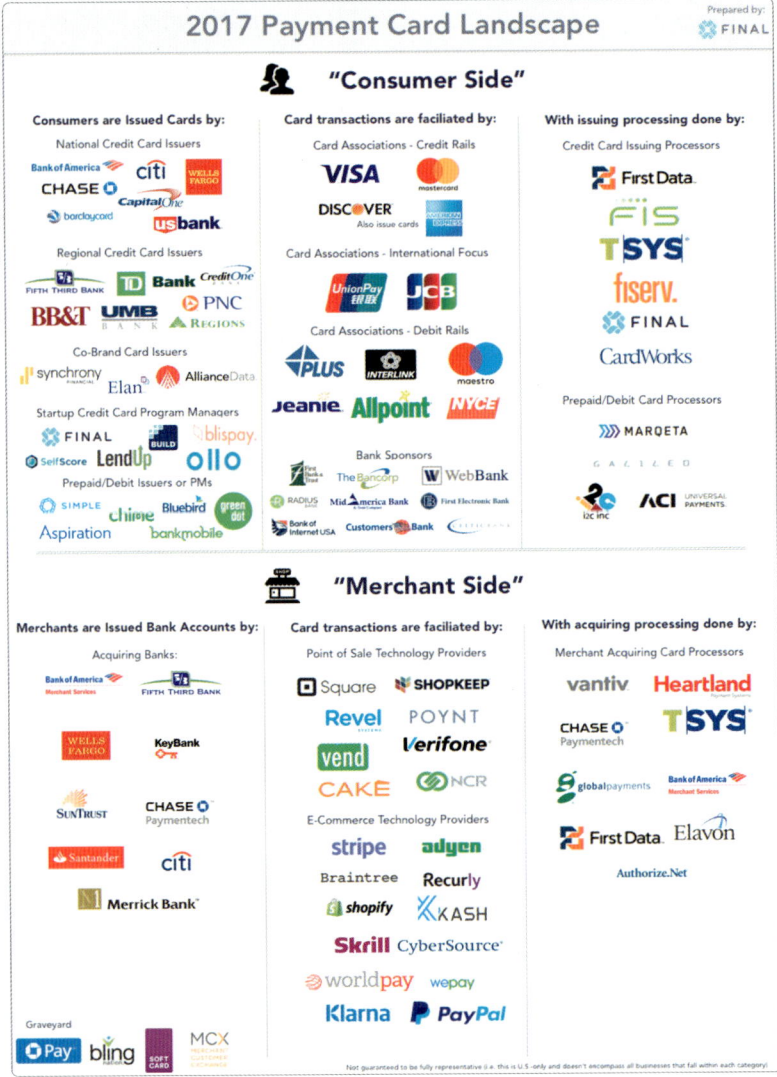

결제시스템 사업자 분류*

* 출처: https://getfinal.com/company-news/

Part 1
사용자와 환경 분석

Deep Learning

다층구조 형태의 신경망을 기반으로 하는 머신 러닝의 한 분야로, 다량의 데이터로부터 높은 수준의 추상화 모델을 구축하는 기법(출처: 두산백과)이다. 인공지능의 전성기를 이끈 기술로 이를 통해 다양한 분야에서 지식기반 서비스가 가능해졌다.

트렌드 요소로 Deep Learning이 적용된 사례*
인공지능 기술을 이용한 업체들이다. 플랫폼과 로봇, 대화형 시스템, 추천, 엔터테인먼트 등 다양한 모바일/웹 서비스 및 제품의 스마트화에 사용한다.

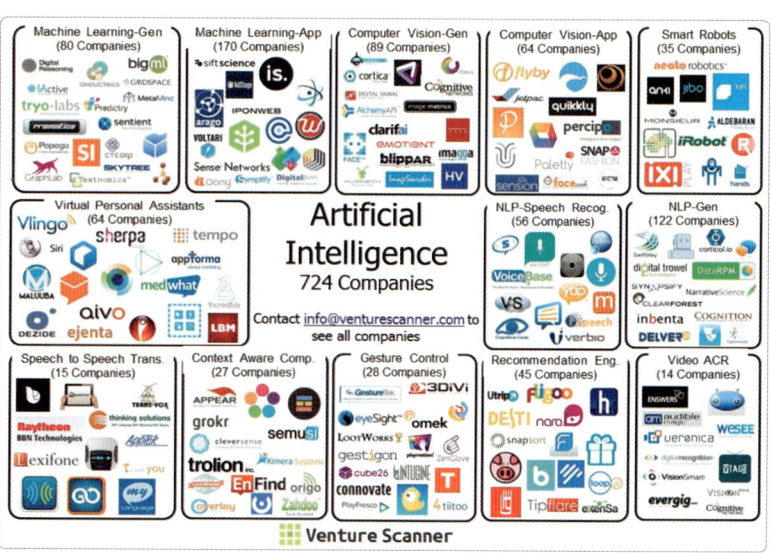

Conversational System

대화형 시스템은 각종 기기를 서로 연결하기 위해 자연어 대화로 해결할 수 있는 기술이다. 음성 인식, 생체 인식, 자연 언어 이해를 결합한 기술로 아마존의 'Amazon Echo' 제품을 통해 도약하였다.

트렌드 요소로 Conversational System이 적용된 사례**
대화형 시스템 메트릭스다. 음성인식과 챗봇 서비스 형태로 국내, 해외 업체현황이다.

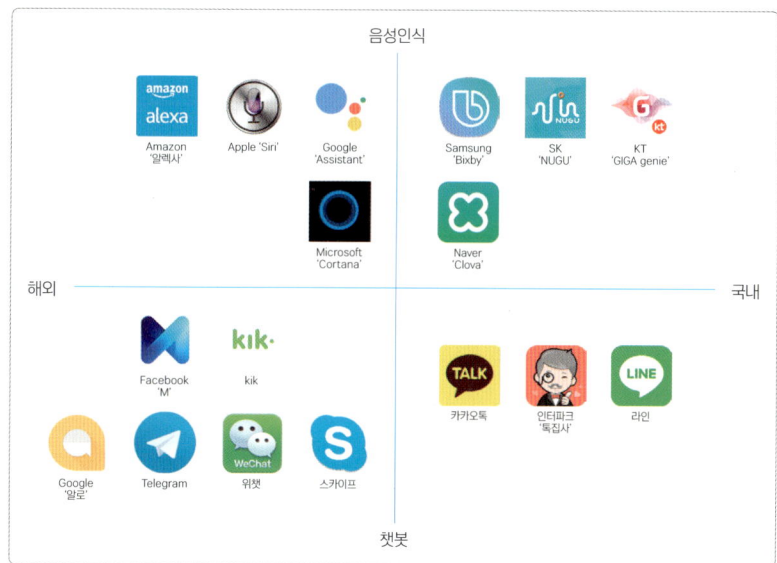

* 출처: https://venturescannerinsights.wordpress.com/
** 출처: 정재규

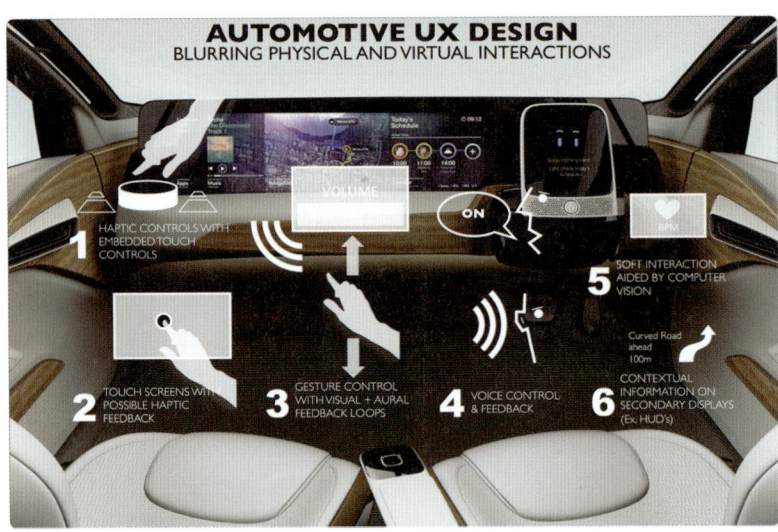

트렌드 요소로 Autonomous Agent & Thing이
적용된 자율주행자동차 사례*
기존 수동식 차량에서는 경험할 수 없었던 새로운
가치를 표현하기 위한 인터페이스 설계다.

* 출처: Michael Robinson, ED / http://viodi.com/2016/08/15/keeping-humans-in-the-loop-in-autonomous-vehicles/

Part 1
사용자와 환경 분석

리서치

아마존 고 트렌드 분석

▶ 리서치 개요

아마존은 모두가 알고 있듯이 전 세계 최고의 쇼핑몰 운영 회사이자 클라우드 컴퓨팅 시장에서 특화된 기술을 통해 큰 성공을 거두고 있는 명실상부한 세계 최고 IT기업이다. 특히 아마존은 자체 보유하고 있는 뛰어난 기술을 바탕으로 다양하면서 혁신적인 서비스를 만들고 있으며 2015년 대화형 시스템의 성공 모델인 '아마존 에코'를 비롯하여, 셋톱 박스인 Fire TV, 자체 안드로이드 스마트폰인 Fire Phone 등 하드웨어 제조도 병행하고 있다.

2016년 아마존은 본사가 있는 시애틀에서, 계산대가 필요 없는 '아마존 고 Amazon Go'라는 서비스를 시범 운영하며 오프라인 매장에서의 혁신적인 모습을 보여주고 있다. 아마존 고는 과연 어떤 서비스이며 어떤 방식으로 운영하고 이를 뒤받쳐 주는 기술은 무엇인지 살펴보기로 한다.

▶ 서비스 소개

Just Walk out Shopping이라는 경험을 통해 Amazone Go 앱을 사용하여 상점에 들어가서 원하는 상품을 가지고 나가면 자동 결제가 이루어진다. 체크아웃이 필요없는 새로운 종류의 상점인 것이다. 비용은 아마존 계정에 청구되고 자동 결제 후 영수증이 고객에게 송부된다. 현재는 시애틀 아마존 직원들이 이용하는 아마존 고 식료품점을 시범적으로 운영하고 있다.

아마존 고 웹사이트*

* 출처 : https://www.amazon.com/b?node=16008589011

▶ 서비스 프로세스*

다음과 같이 4단계로 서비스가 이루어진다.

Amazone Go 앱 다운로드 → 매장 입장 시 Amazone Go 앱 실행 → 마음껏 쇼핑하고 매장을 그대로 나감 → 구매 비용 결제 및 영수증 송부

▶ 적용 기술

컴퓨터 비전과 딥러닝, 센서 융합과 같은 자율주행 자동차에 적용된 'Just Walk Out Technology' 기술을 매장에 적용하였다.

고객이 쇼핑하는 동안 자율주행 센서가 부착된 원형 카메라가 쇼핑 고객의 동선을 따라다니면서 구매 목록을 확인한다. 고객이 제품을 진열대에 들어 올리는 순간 가상의 장바구니에 등록되고 내려놓으면 다시 삭제한다. 카메라와 센서를 통해 고객이 진열대에 제품을 들어 올리는 동작을 인식하는 원리다. 쇼핑을 마친 고객이 매장을 나가면 앱에 등록된 결제 수단으로 구매 결제가 자동 계산되어 고객 계정에 영수증을 송부한다.

▶ 애플리케이션 UI 디자인

먼저 페르소나와 불편한 점, 목적, 특징 같이 사용자 조사를 진행한다. 이어서 아마존 고의 구현 프로세스를 작성한다. 마지막으로 핵심 구현 부분(매장 입장 시 QR코드 등록 등)과 메인 화면, 결제 화면, 영수증 전송 화면, 가상 장바구니(제품을 실제 장바구니에 담거나 뺄 경우 앱 화면에서도 동일하게 구현)를 스케치한다. 다음은 UI 디자인 과정을 참고할 만한 그림들이다.

컴퓨터 비전
디지털 이미지를 수치화하거나 기호화된 정보로 획득, 처리, 검토 및 연결하는 매커니즘

센서 융합
의미 있는 방식으로 데이터를 포착하고 계산할 수 있는 여러 센서로 공간을 조화롭게 분석하는 기술

* https://www.softwareadvice.com/resources/amazon-grocery-store/

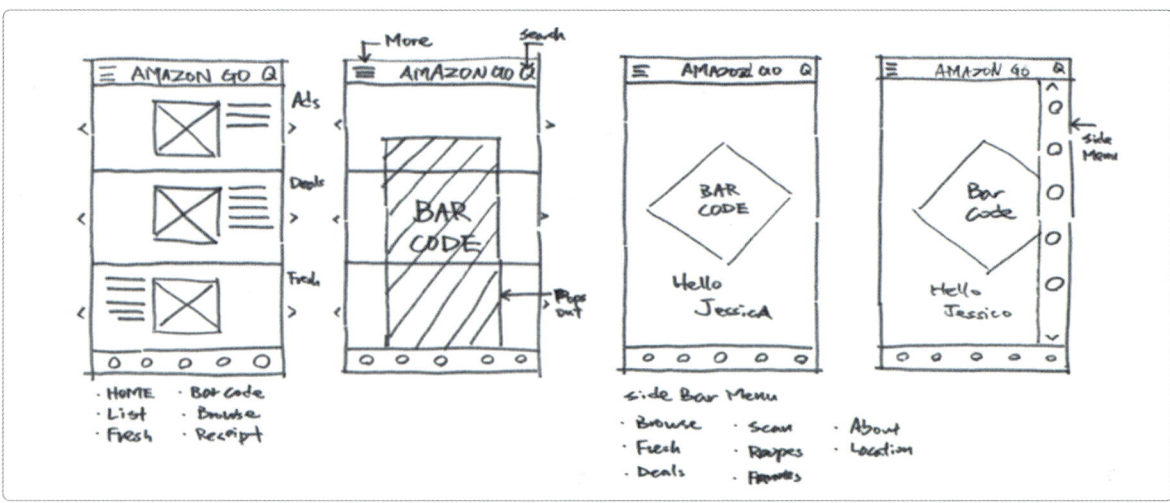

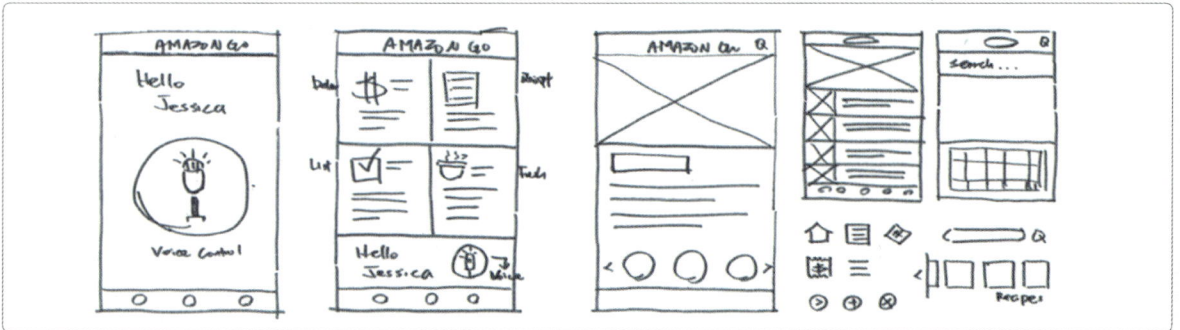

스케치

아마존 고의 구현 프로세스

92

02
문제 발견 단계

아마존 고 트렌드 분석

전체 서비스 과정*

1번: 서비스 시작 화면. 매장 입장 시 스캐너에
    찍을 QR 코드 화면
2번: QR 코드 인증 시 인증 완료 화면
3번: 현재 매장 위치 정보 추가
4번: 추가할 매장 리스트
5번, 6번: 매장 내 상품 리스트 화면
7번: 구매 시 작동 화면
8번: 레시피 옵션 화면
9번: 좌우 스와이프를 통해 더 많은 레시피 확인

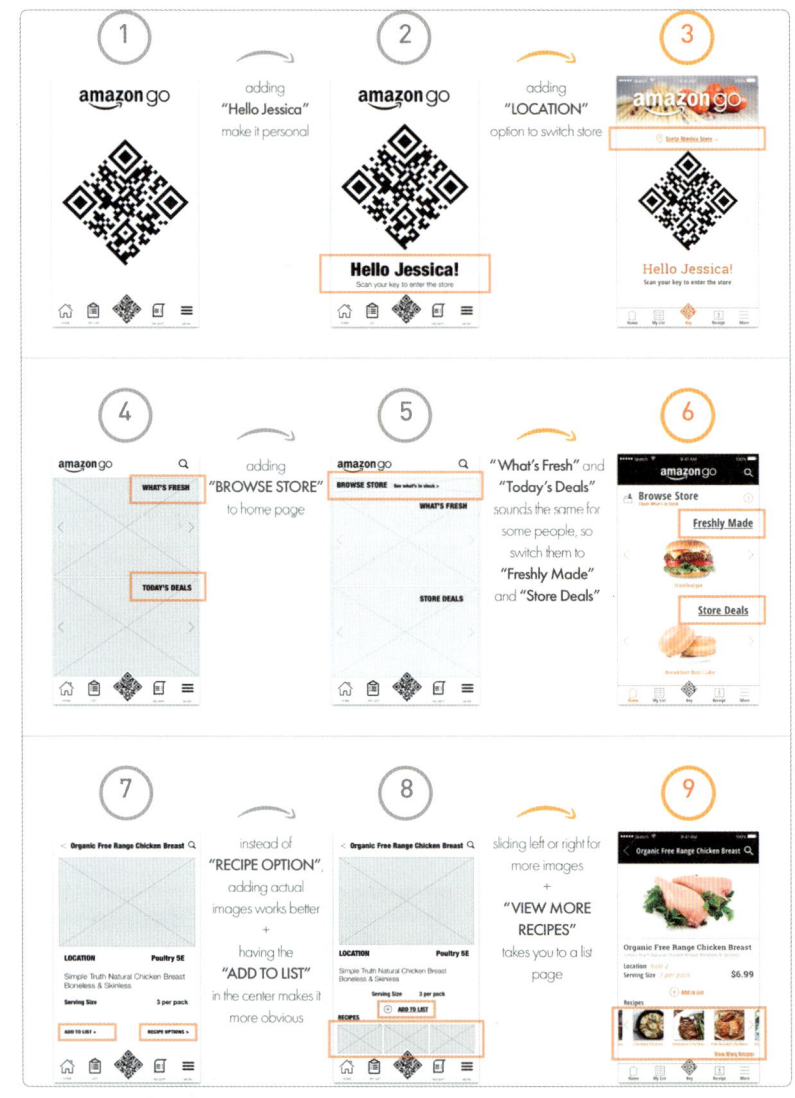

* 출처: http://jameskuo.me/amazon-go

5 사용자 분석

사용자 분석은 UX 연구 분야 중 가장 핵심적인 분야다. UX가 사용자 경험을 의미하기 때문에 좋은 사용자 경험을 만들어 내고 안 좋았던 사용자 경험을 개선하는 데에는 반드시 사용자 분석이 필요하다.

앞서 시장 분석과 경쟁 분석에서도 언급되었지만 UX 분석 방법은 정성적 분석을 기조로 하고 있다. 정성적 분석은 정량적 분석에 비해 신뢰성 측면에서 의구심을 갖게 만드는 부분이 존재한다.

정성적 분석을 할 때는 다양한 분석법을 시도해 보고 상호 비교 분석해 보는 크로스 분석법을 신중하게 사용해야 한다. 이 책에서는 NCS에서 제시하는 사용자 분석법을 중심으로 실무에서 자주 사용하던 방법을 병행하는 형태로 설명하고자 한다. 항상 조심스러운 부분으로 UX 분석 방법은 '완료'로 끝나는 것이 아니라, 늘 변화하고 있는 현재 진행형이라는 점을 감안해야 한다.

이 책은 사용자 분석에 대한 정의와 핵심 이론을 설명하며 분석 방향성도 알 수 있도록 하고 있다. 경우에 따라서는 세밀하게 템플릿 양식과 분석 사례를 이용하여 메뉴얼처럼 설명하는 것도 있지만 기본적으로 UX 분석은 분석가가 직접 실전처럼 수행하면서 스스로 방법론을 만들어 문제를 해결해야 한다. 세밀한 템플릿 양식과 분석 사례가 좀 더 쉽고 빠르게 사용자 분석을 할 수 있는 것처럼 보일 수 있겠지만 자칫 양식과 사례가 전부인 것 마냥 받아들여진다면 제품이나 서비스의 특성을 반영하지 못하는 평범한 분석이 될 수 있다는 것에 주의해야 한다.

5.1 사용자 분석 종류

NCS 학습 모듈에서 정한 사용자 분석에 대한 정의는 다음과 같다.

> 분류번호: 2001020703_14v1
>
> 능력단위 명칭: 사용자 리서치
>
> 능력단위 정의: 사용자 리서치란 체계적인 방법으로 제품과 서비스를 이용하는 사용자를 정의하고 사용자의 맥락Context, 니즈needs와 목표, 이용 행태에 관한 자료를 수집, 분석, 해석하는 능력이다.

지식	기술
Top Down 사용자 세그멘테이션Segmentation을 위한 인구 통계학	인구통계학 세그멘테이션Segmentation 능력
Top Down 사용자 세그멘테이션Segmentation을 위한 문화 인류학	문화 인류학 세그멘테이션Segmentation 능력
사용자 맥락Context	모집단 표본 추출 능력
페르소나Persona	효용성 판단 분석 및 추론 능력
이슈리스트	리서치의 목적 및 목표 설정 능력
정성적 조사 방법	세부 추진 일정 및 내용 작성 능력
정량적 조사 방법	데이터 소스 추출 필터링 기술
표본 추출 절차	통계적 가설 설정 기술
데이터 소스 획득	FGIFocus Group Interview 스크립트 작성 및 진행 기술
인터뷰 질문 도출을 위한 브레인스토밍Brainstorming	필드 스터디Field Study 수행 기술
포커스 그룹 인터뷰FGI	유저다이어그램User Diagram 작성 기술
심층In Depth 인터뷰	리서치 가설 수립 능력
카드 소팅Card Sorting	사용자의 맥락Context의 정성적 조사 능력
정보구조와 카드소팅 연관성	아이 트래킹Eye Tracking 조사 기술
5whys기법	카드소팅Card Sorting 기술
쉐도우 트랙킹Shadow Tracking	친화도Affinity 도출 기술
피어 쉐도잉Peer Shadowing	서베이Survey 질문서 작성 기술
친화도법Affinity Diagram 작성	사용자 스토리 설계 기술
친화도 노트	페르소나Persona 도출 기술
사용자의 니즈, 맥락, 동기	사용자 경험 패턴 도출 기술
리서치 결과 분석 방법	UI/UX 가치Value 도출 기술
데이터 분석	웹로그 데이터 분석 기술
유저 시나리오	사용자 맥락Context 분석 기술
사용자의 서비스 이용흐름Journey Map	이용통계 분석 기술
	리서치 데이터 정량화 기술
	가이드 문서 작성 기술

앞에서 NCS 학습모듈 방식을 설명했던 것처럼 NCS는 기본적인 능력 단위의 정의와 필요한 지식, 문제 해결을 위한 기술을 제시한다. NCS에서 제시한 지식과 기술 모두를 습득해야만 사용자 분석을 할 수 있는 것은 아니

지만 이런 지식과 기술이 문제 해결에 필요한 것은 사실이다. 또한, 각 지식과 기술들은 혼합하여 사용할 수 있고 실제로 혼합한 독특한 방법론을 사용하는 사례도 많이 있다. 각각의 지식과 기술은 해당 절에서 설명할 것이다. 더블 다이아몬드에서 제시한 사용자 분석 부분을 살펴보자.

프로세스별 목표와 방법론

구분	문제 발견 Discover	아이디어 수립 Define	해결책 구체화 Develop	적용 Deliver
목표	고객 경험 리서치를 통한 문제 설정	자료 분석 및 디자인 방향 설정	세부해결방안 구성	실행계획 수립
방법론	핵심 고객 설정 고객 관찰 고객 체험 개별 인터뷰 그룹 인터뷰	가상고객 설정 고객여정지도 핵심욕구 도출 서비스 콘셉트 도출	브레인스토밍 서비스 시나리오 스토리보드 서비스 블루프린트	이해관계자 지도 비즈니스 모델 운영 모델

NCS의 사용자 분석은 붉은색으로 표시된 부분으로, 주로 '문제 발견' 단계와 '아이디어 수립, 정의' 단계에서 다루지만 현실적으로는 해결책 구체화 Develop 단계 이후 사용성 테스트 UT: Usability Test 나 품질 보증 QA: Quality Assurance, 품질 관리 QC: Quality Control 영역에서도 자주 사용된다.

사용자 분석에 필요한 방법을 좀 더 세분화해 정리하면 다음과 같다.

구분	리서치(측정)
핵심 고객 설정	시장 조사 및 내부 지침, 관찰법을 통해 설정
고객 관찰 및 체험	직접 관찰법 · 행동 관찰법 · 맥락 파악법 Contextual Inquiry · 밀착 관찰법 Shadowing
	간접 관찰법 · 일지 기록법 Diary Research · 탁상조사법 Desk Research: 비디오, 이미지 분석
개별 인터뷰	설문지 방법
	면담 방법 · 전문가 인터뷰 · 길거리 인터뷰
그룹 인터뷰	표적집단면접 Focusing Group Interview

사용자 분석 방법을 테스트 방식으로 구분하면 다음과 같다. 이 분류 체계 역시 고정불변은 아니며 경우에 따라서는 다르게 이해되고 사용될 수 있다는 것을 감안하기 바란다.

테스트 방식에 따른 사용자 분석 방법

테스트 방식	주 사용 기법	내용
콘셉트 테스트	FGI, 전문가 인터뷰, 다이어리 분석	디자인 및 서비스의 콘셉트를 파악하기 위한 테스트다. 사용자들이 얼마나 제작자의 아이디어나 디자인에 대해 만족하고 있는지에 대한 평가를 의미한다.
기능 테스트	QA, FGI, 전문가 인터뷰	접근의 편리성과 사용자 반응 등을 점검할 수 있다. 일반적으로 제품 개발 이후에 진행하며, 간단히 기능 위주로 제작된 프로토타입으로 테스트할 수 있다. 일반인이나 회사 내부 인력으로 진행하기도 한다.
사용성 테스트	FGI, 길거리 인터뷰, 페르소나	UX의 개념과 가장 일치하는 테스트로 일반 사용자들을 대상으로 해당 서비스나 앱, 소프트웨어가 얼마나 사용하기 편리한지, 실제 사용자들에게 도움이 되는지를 테스트한다.
고객 세분화	서베이, 페르소나, 다이어리 분석 등 주로 관찰법 사용	최근의 고객 세분화는 단지 인구통계학적인, 즉 성별이나 연령대, 거주 지역 등에 국한되는 것을 넘어서 광범위하게 구분되고 있다. 특히, 모바일에서 고객은 특정 취향이나 업무, 관심사 등을 기준으로 세분화할 수 있다. 이런 가상 집단으로 세분화하여 디자인과 마케팅 접근 전략을 수립한다면 모바일 UX/UI에 대한 사용성을 더욱 높일 수 있다.

사용자 분석법이라고 할 수 있는 가상 고객 설정(페르소나)과 고객여정지도 Experience Map/Journey Map 등은 아이디어 수립 단계에서 다루기로 한다.

5.2 핵심 고객 설정

기업이나 프로젝트 그룹이 핵심 고객을 선정하는 것은 지극히 당연한 것이지만 현재 국내에서는 핵심 고객 선정이 미흡해 보이는 것이 사실이다. 그 이유 중 하나는 핵심 고객을 정해 놓으면 왠지 핵심 고객 이외의 고객은 외면하는 것이 아닌가 하는 생각과 실제 어떤 사용자가 우리 제품이나 서비스에서 가장 중요한 고객인지 분명하지 않다는 것, 그리고 핵심 고객의 중요성을 간과하는 데 있을 것이다.

핵심 고객을 선정하는 결정적인 이유는 고객의 만족에 특화된 비즈니스 모델을 만들어 내기 위해서며, 이렇게 만들어진 사용자 만족은 결국 전체 사용자를 유입하는 효과가 있기 마련이다. 핵심 고객을 설정하기 위해서는 다음과 같은 방법을 통해서 선정해 보는 것을 권한다.

- **가치관**: 회사나 그룹의 문화와 전통에 잘 부합하는 고객 집단
- **사용 역량**: 자사 제품이나 서비스 분야의 시장 조사를 통해 도출된 수요층이 가장 높은 고객 집단
- **수익 잠재력**: 수익을 가져다 줄 수 있는 잠재력이 있는 고객 집단(주변 사람들에게 전파 영향력이 있는 리더 집단, 경제력이 있는 집단 등)
- **자사 및 동종의 경쟁사 회원 중 가장 많은 수를 차지하는 연령대 및 성별**
- **기존 역량에 가장 밀접하게 접근할 수 있는 고객 집단**(예: 트렌드세터, 얼리어답터, 동호회 회원 등)
- **소비 트렌드 분석에서 도출된 대표적인 소비층**(예: 웹시족, 프로츄어, 코쿤족, 아라포, 어덜키드 등)

핵심 고객을 선정할 때 유의할 점은 어느 상황에 부합하는 조건을 보이는 사람들을 선택하지 말라는 것이다. 예를 들면, '밤 12시 넘어서 도서관에서 나오는 사람'이나, '점심을 저렴하게 해결하는 사람' 같은 것들이다. 이럴 경우 '10대 후반, 20대 초반 대학수험생', '노량진에서 공무원 시험을 준비 중

인 20~30대 무직남녀'와 같이 인구분포학적이거나 정확히 그룹 지을 수 있는 조건으로 선정해야 실질적으로 핵심 고객이 될 수 있다.

다음으로 핵심 고객을 선정했다면 이들을 대할 다음과 같은 고객 지향 전략을 채택해야 한다.

- **사용자 경험은 제품이나 서비스, 브랜드에 대한 충성도와 높은 상관관계가 있음을 보여준다.** 기본적으로 사용자 경험이 높아지는 디자인 전략, 즉, 가이드라인 준수, UX 키포인트 준수, 트렌디한 디자인과 기술을 적용한다.
- **핵심 고객의 구매 이력과 회원 로그, 서비스 내 행동에 대해 추적하고 분석한다.**
- **핵심 고객의 욕구와 선호를 가장 잘 충족시킬 비즈니스 모델을 채택한다.**
- **핵심 고객의 욕구 변화를 찾아내고 빠르게 대응할 수 있는 소셜 시스템을 구축한다.**

(인용: HBR Korea, '핵심 고객을 선정하라' http://www.hbrkorea.com/magazine/article)

5.3 고객 관찰 및 체험

사용자를 관찰하여 행동양식이나 제품 및 서비스 사용 시 문제점, 만족감 등을 찾아내는 방법인 관찰법 Observation 은 사용자 분석 방법에서 아주 중요한 해결책을 제시해 준다. 기본적으로 사용자 분석은 사용자에게 직접 물어보는 방식인 인터뷰가 주로 사용되고 있지만 관찰법을 이용하면 인터뷰에서는 얻을 수 없는 것들을 효과적으로 알아낼 수 있다는 장점이 있다.

특히, 인터뷰에서 발생할 수 있는 데이터 오류 현상(인터뷰 대상자의 거짓말 등)이 관찰법에서는 현저하게 줄어들며 비교적 객관성과 정확성이 높으며 숨겨진 사용자 니즈를 발견하는 데 많은 도움이 된다.

관찰법은 조사자의 감각기관(보고, 듣고, 느끼는 것)을 사용하여 사용자와 현장, 상황에 대한 정보를 적극적으로 수집하는 것이다. 특히, 관찰을 더 잘하기 위해 도구를 사용하여 데이터를 기록하며, 다양한 관찰 방식에 따라 사용자의 외적 부분뿐만 아니라 내면에 숨겨진 욕구까지도 알 수 있게 해 준다. 이 장에서는 다음과 같이 관찰법의 영역을 정의한다.

구분	내용
직접 관찰법	행동 관찰법
	맥락 파악법 Contextual Inquiry
	밀착 관찰법 Shadowing
간접 관찰법	일지 기록법 Diary Research
	탁상 조사법: 비디오, 이미지 분석

관찰법*
오감(보고 듣고 생각하고 느끼는 점)을 이용하여 사용자를 관찰하면 숨겨진 니즈도 파악할 수 있다.

* 출처: Interaction Design Foundation

직접 관찰법

직접 관찰법은 관찰자가 직접 현장에서 사용자들을 관찰하는 것을 말한다. 관찰자 스스로 행동이 수행되는 시간에 관찰한 내용을 기록하고 인식하는 것이다. 피관찰자가 모르는 상태에서 관찰하는 비공개적 방법과 피관찰자가 관찰을 인지하는 공개적 관찰법이 있다. 일반적으로 관찰법의 특성을 잘 살리려면 조사 현장에서 자연스럽게 관찰 대상을 관찰하는 비공개적 관찰법이 신뢰성을 높이는 데 도움이 된다.

행동 관찰법

일반적인 관찰법의 총칭으로 사용된다. 서비스가 잘 일어나는 현장에서 사용자가 제품 혹은 서비스를 사용하는 것을 관찰하는 것을 말한다. 행동을 관찰할 때는 다음을 유의해서 진행해야 한다.

- 사용자 행동뿐 아니라 주변도 관찰하여 맥락을 파악한다.
- 사전에 미리 어떤 내용을 관찰해야 할지 검토 후 현장에서 체계적으로 관찰한다.
- 서비스 이용 전(혹은 구매 전), 이용 중, 이용 후까지 꼼꼼히 관찰한다.
- 만족 혹은 불만족 등 고객이 느끼고 생각하는 부분을 중점적으로 관찰한다.

또한, 관찰법은 비디오 녹화, 녹음, 사진 촬영, 현장 노트 작성 등 다양한 도구를 사용하여 관찰이 끝난 후에 다시 리뷰를 할 수 있게 기록한다. 이럴 경우 조사자 외의 사람들도 관찰에 참여할 수 있는데 이런 경우에는 간접 관찰법이 되기도 한다. 현장에서 관찰 도중 특이점 내지는 문의 사항이 생길 경우 때에 따라서는 인터뷰도 병행할 수 있다.

관찰법을 포함해서 사용자 분석은 어떤 특정한 방법을 꼭 정해서 한다기보다는 상황에 따라서 필요하다면 여러 방법을 혼합해서 사용할 수 있다. 가장 핵심적인 것은 좋은 결론을 도출하려면 이유와 원인이 해결되도록 하는 것이 좋다.

맥락 파악법

맥락 파악법Contextual Inquiry은 Whiteside, Bennet, Holtzblatt에 의해 1988년에 "현상학적 연구 방법"으로 처음 언급되었는데 관찰자가 사용자의 숨겨진 니즈를 찾을 목적으로 사용자의 공간과 맥락 속에 들어가서 상황에 따라 실시간으로 반응하며 대응하는 방식이다. 즉, 일반적인 행동 관찰법보다 사용자에게 친근하게 다가서는 공개적 관찰법에 가까우며 인터뷰를 결합하여 사용 행동을 관찰한다. 비교적 짧은 시간에 좀 더 명확한 결론을 얻기 위해 전문가를 섭외하거나 사전에 미리 이론적인 부분을 검토한 후 맥락을 파악하는 것이 좋다.

맥락 파악법을 사용하기 위한 절차는 다음과 같다.

1	분석 계획안 작성	❶ 관찰 대상 선정 및 장소 선정	
		❷ 팀 구성	4명의 팀원이 30명 이상의 맥락 파악 인터뷰 진행 가능
		❸ 설문지 작성	
		❹ 최종 검토	준비물 검토, 담당자 확인, 동선 파악 등
2	현장 관찰 및 인터뷰 진행	❶ 사용자 및 이해관계자에게 연구 목적 설명	
		❷ 관찰 및 인터뷰 진행(영상 및 사진 촬영, 노트 기록)	사용자와 관련된 배경지식을 확보하고 대화 연결고리를 찾아내면 더 쉽게 인터뷰가 가능
3	데이터 해석	❶ 팀원이 모여 인터뷰 내용 청취	인터뷰와 관찰이 끝난 후에 장소를 변경하여 데이터 해석 진행
		❷ 팀원 개별로 아이디어 메모	
		❸ 사용자 모델링(페르소나) 진행	
		❹ 아이디어 정리 후 맵 형태의 이미지 산출물 작성	

밀착 관찰법

밀착 관찰법Shadowing은 사용자의 상황과 양식Context을 분석하기 위한 방법으로 행동 관찰법에 비해 더욱 상세하게 관찰하는 것으로 사용자를 정해 놓고 그 사용자의 행동이나 일상생활을 밀착해서 관찰하는 방법이다. 밀착 관찰법의 하나로 일지 기록법Diary Research을 들 수 있지만 밀착 관찰법은 관찰자가 관찰하는 것이고 일지 기록법은 사용자 스스로 기록을 한다는 점이 다르다.

사용자의 일상생활을 관찰하므로 인해 관찰대상 사용자 층의 전반적인 생활양식을 알 수 있지만 공개적 관찰법이기 때문에 앞서 말한대로 신뢰성 측면이 떨어질 수 있고 사용자 허락을 얻기가 어렵다는 점이 단점이다. 단, 공개적으로 할지 비공개적으로 할지, 자세히 할지 몇 가지 질문만으로 가만히 앉아서 할지(Sit Back 기법)에 따라 신뢰성과 연구 결과가 달라질 수 있다. 밀착 관찰법은 다음과 같은 방법을 사용한다.

- 핵심 고객을 선정하여 그림자처럼 따라다니면서 행동 하나하나를 면밀히 관찰한다. 녹음, 녹화, 사진 촬영, 메모를 통해 상세하게 기록한다.
- 대상자의 동의를 구하기 힘들고 작성 방법도 어렵기 때문에 특정 시나리오에 의한 특정 영역 내에서 진행한다.
- 대상자의 동의를 얻기 위해 '동의서'를 작성한다. 동의서에 포함된 주요 내용은 동의서 제목, 주제에 대한 설명, 동의할 내용, 사용자 확인 문구, 이름, 날짜, 연락처, 서명이다.

간접 관찰법

간접 관찰법은 관찰자가 직접 현장에서 사용자를 관찰하는 것이 아니라 지나간 시점에서 수행된 행동을 관찰하는 방법이다. 전형적인 탁상 조사법 Desk Research이며 관찰과 분석이 상대적으로 쉬워 다양하고 방대한 관찰을 할 수 있다는 장점이 있다. 간접 관찰법은 관찰하려는 분야의 행동, 상황에 대한 사진, 동영상을 보고 관찰 방법에 따라 핵심 사항을 기록하고 아이디어를 도출하여 결론에 이른다.

일지 기록법

일지 기록법 Diary Research은 관찰자가 관찰하는 것이 아닌 사용자(피관찰자)가 관찰자의 의뢰를 받아 자신의 행동과 생각 등을 일기처럼 직접 기록하는 방법이다. 주로 카메라나 캠코더를 빌려주고 정기적(일주일에 3회 같은 식)으로 사진과 동영상을 촬영하고 함께 일기를 적는다.

일지 기록법은 관찰법의 목적에 따라 템플릿과 작성 방향성을 알려주는 것이 결과를 도출하는 데 효과적이다. 주로 신규 프로젝트나 신규 서비스, 신사업 발굴을 위해 아이디어 차원에서 사용하며 사용자의 행동 파악과 심리 상태, 상황에 대한 행동 등을 알 수 있다. 단, 사용자가 늘 신뢰성 있고 꾸준히 성실하게 작성을 한다는 보장이 없어 전적으로 사용자의 기록에만 의존해야 한다는 점이 신뢰성 측면에서 단점으로 지적된다.

일지 기록법은 다음과 같은 방법을 사용한다.

- 시간, 행동, 목표, 중요도 등의 항목으로 템플릿을 작성한다.
- 객관적으로 작성하되 자신의 생각을 넣은 주관성을 포함한다.
- 인지, 행동 이유, 결정 이유, 결정 후 행동 등에 대해 작성한다.

탁상 조사법

탁상 조사법 Desk Research은 사용자를 분석할 때 지역적, 문화적, 연령별 차이 등의 특성을 지닌 연관 있는 이미지나 동영상을 이용하여 상황을 구성하는 요인들을 분석하는 방법이다. 사용자의 행동 관점에서 문제점을 찾아내는 것으로 직접 관찰법을 통해 수집된 이미지, 동영상을 나중에 다른 연구자가 분석하는 것도 간접 관찰법에 해당한다.

영상이나 이미지 편집기술을 이용하여 다양한 방식으로 관찰할 수 있으며 선택된 특정 행동 기록을 포함하여 연속적인 관찰도 가능하다. 충분한 관찰 시간을 갖고 효과적인 편집기술을 이용하면 다양한 각도에서 분석할 수 있고 민감한 세부 특징과 뉘앙스, 분위기 등 사용자의 내부 요구사항도 파악할 수 있다. 탁상 조사법의 관찰 과정은 다음과 같다.

1_ 선행 연구

2_ 계획 단계

3_ 비디오, 이미지 자료 수집

4_ 자료 분석: 편집기술 활용

5_ 최종 보고서 작성

Ethnographic Study of Tourists in Hollywood

This large Asian tour group is lead by a guide speaking their native language. Sometimes they have headphones.

Tourist reads a guide book in his native language.

Perhaps they are on the internet looking for info?

There are pamphlets on tours and attractions in Hollywood Highland shopping complex next to the tourist desk.

Some people take photos of Walk of Fame.

This man reviews a map outside of a fast food eatery.

간접 관찰법 사례*
헐리우드 관광객들의 인종적,문화적 행동 차이점 분석

* 출처: http://www.jenniferblatzdesign.com/blog/ethnographic-research-of-tourists-in-hollywood/

5.4 개별 인터뷰

개별 인터뷰는 인터뷰 대상자Interviewee를 선정하고 설문지나 면담을 통해 사용자 분석을 하는 것이다. 사용자는 일반적인 패턴을 보이다가도 개인마다 다양한 특성을 나타내기도 하는데 이렇게 천차만별인 사용자의 행동에서 제품과 서비스를 위한 사용자의 핵심 요구와 사용 컨텍스트, 인식, 문제점, 규범 등의 패턴을 찾아내는 것은 쉬운 일이 아니다.

사용자 경험을 알기 위해 가장 직접적이고 일반적으로 사용되는 인터뷰 방식은 많은 연구가 되었으며 어떤 제품, 어떤 서비스인지에 따라 구사하는 방법론도 상당히 다르므로 인터뷰 분석을 사용하려는 분석가들은 근본적인 분석 원칙을 숙지하고 목적에 부합하는 자신만의 방법을 통해 원하는 결과에 다다를 수 있도록 해야 한다.

개별 인터뷰에는 현장에서 인터뷰 대상자를 만나 진행하는 현장 인터뷰와 분석하려는 제품과 서비스의 전문가들을 섭외하여 인터뷰를 진행하는 전문가 인터뷰로 나눌 수 있다.

구분	핵심 분석 내용	방법적 구분
현장 인터뷰	설문지 인터뷰 면담 인터뷰	길거리 인터뷰 온라인 인터뷰 전화 인터뷰
전문가 인터뷰	설문지 인터뷰 심층면담 인터뷰	

개별 인터뷰는 그룹 인터뷰와 마찬가지로 사전에 어떤 내용을 인터뷰할지 미리 고민하고 정하는 것이 필요하다. 설문지 작성이나 면담 내용 등을 꼼꼼히 적고 인터뷰 대상자를 선정하여 돌발상황에도 대비하며 완벽한 분석 체계를 갖춘 후 현장에서 직접 인터뷰를 진행해야 한다.

현장 인터뷰는 방법적 구분에 따라 현장이 되는 장소(길거리)나 온라인, 전화 상에서 직접 인터뷰 대상자와 설문지나 면담을 통해 인터뷰를 진행한다. 현장 인터뷰는 인류학 분석Ethnography 기법을 기본적으로 사용하며 경우에 따라서 인터뷰가 이루어지는 현장이 중요할 경우도 많다. 이럴 경우 직접 관찰법과도 혼용이 되는 부분인데 현장에서 인터뷰 대상자와 인터뷰를 할 경우 맥락Context 인식이 더 잘 된다고 할 수 있다.

현장 인터뷰는 다음과 같은 장점이 있다.

- 현장에서 직접 인터뷰 대상자와 인터뷰를 하여 맥락 인식이 잘 된다.
- 장소 이동이 적고 사전 준비한 인터뷰 항목으로 인터뷰 시간이 짧다(1~2시간).
- 비교적 짧은 시간에 많은 인터뷰를 진행할 수 있다.
- 체계화된 사전 준비와 인터뷰 템플릿을 통해 정량적 분석을 진행할 수 있다.

최근에는 직접 물리적 공간인 현장에 직접 나가는 경우보다 구글 설문지 등의 온라인 솔루션을 이용한 온라인 인터뷰나 스카이프, 카카오보이스톡 등을 활용한 전화 인터뷰가 자주 사용된다. 특히, 설문지 조사를 통한 인터뷰는 구글 설문지 등의 온라인 설문 도구를 통해 짧은 시간에 많은 사람들을 대상으로 설문 조사를 시행할 수 있으며 설문 도구에 따라 실시간 분석이 가능하기도 하다.

설문지 작성 방법

설문지를 통해 현장에서 인터뷰를 하는 방식은 현장 인터뷰 방식 중 가장 일반적으로 사용하는 방법이다. 설문지 작성만 잘 된다면 비교적 짧은 시간 안에 양질의 사용자 분석이 가능하다.

설문지는 주제와 관련된 일련의 질문을 통해 사용자들의 답변을 수집하는 것을 목적으로 만들어진 양식으로, 인터뷰 대상자나 제품, 서비스 등을 고려하여 질문 항목을 작성한다. 정성적인 영역을 정량화하기에 적절하며 답변자의 정확한 답변을 얻는다면 설문의 결과는 더욱 좋아진다.

일반적인 사용자 경험 분석 설문지 작성 방법은 다음과 같다.

- 주제에 대해 너무 노골적으로 답변을 구하지 말아야 한다.

  (예: 이 제품의 문제점이 무엇이며 해결책은 무엇입니까?)
- 답변자의 행동과 사고방식 중심으로 질문하도록 한다.
- 답변자가 잘 사용하지 않는 단어나 일반적이지 않은 질문은 하지 말아야 한다.
- 대화의 흐름을 따라가도록 한다.
- 인터뷰 도구에 대해 이야기하지 말아야 한다.
- 질문은 쉬워야 하며 직접적인 경험에 중점을 두도록 한다.
- 문항 전반부에는 단순한 정보를 묻고, 민감하거나 주제와 직접적인 것, 목적에 대한 질문은 후반부에 물어보도록 한다.
- 답변 결과에 따라 선택적인 질문이 가능하다.

특히, 설문지는 정량적 분석을 위해 포맷이 중요한데 다음과 같은 포맷 방식을 사용한다.

- 설문 항목 수: 6~7개 정도. 10개 미만으로 비교적 적은 문항으로 진행
- 답변 방식: 서열척도의 객관식 답변(강한 긍정 - 강한 부정의 5단계)
- 응답자 프로필: 성별, 나이, 약식주소(시, 구, 동 수준), 직업 등

설문지 조사는 명목척도에 의한 답변은 기대하기 어려우며 일반적으로 서열척도 측정 방식을 이용하여 제품의 선호도, 만족도, 경향 등을 파악하는 데 사용된다. 간혹 사람들의 특정한 기호나 정답을 도출하려고 주관식 답변을 구하는 명목척도를 사용하는 경우가 있는데 이는 설문지를 통해서 알아내기 어려운 것이며 자칫 결과에 대한 왜곡을 가져올 수 있다.

예를 들면, 설문 대상자에게 어떤 과일을 좋아하느냐고 물어보고 '1. 사과 2. 딸기 3. 바나나 4. 수박 5. 포도'로 답변을 구하고 이에 대한 통계를 마치 결과인 것처럼 해서는 안 된다는 것이다. 가령 과일이라는 것이 위에서 제시한 5개만 있다면 모르겠지만, 실제 과일의 종류는 매우 다양하므로 이 설

문 조사 통계는 올바른 결과가 아닌 것이다. 일반적으로 명목척도나 주관식 답은 정량적 분석을 행하는 데 있어 적합하지 않은 포맷이다.

설문지를 작성할 경우 일반적으로 다음과 같은 과정과 항목으로 진행한다.

- **설문 대상 선정**: 최대한 핵심 고객을 중심으로 핵심 고객이 가장 많이 분포되어 있는 장소와 그룹 영역을 선정한다.
- **설문 목적**: 연구를 위한 목적으로 설문 대상자에게 접근한다.
- **답변자 프로필 정보 요청**
- **인터뷰 문항**
- **감사 인사 혹은 보상**

최근에는 온라인 설문지 작성 도구가 있어 해당 도구로 온라인 상에서 쉽고 빠르게 설문지를 작성할 수 있다. 설문도 온라인이나 모바일 메신저를 통해 스마트폰으로 진행하는 경우가 많으며 보통 주제에 부합하는 인터넷 동호회나 기업, 연령별 인터넷 소셜 네트워크 및 커뮤니티에서 간편하게 설문지 조사를 진행한다. 유명한 온라인 설문지 작성 도구는 다음을 참고하기 바란다.

온라인 설문지 작성 도구	URL	특징
구글 설문지	https://www.google.com/intl/ko_kr/forms/about/	·가장 많이 사용 ·자유로운 설문 항목 작성, 디자인이 용이 ·실시간 분석 그래프 작성 및 엑셀 시트로 결과 데이터 추출
네이버 설문지	http://office.naver.com/ >> Form >> 설문지선택	·설문지 템플릿 사용(서술행 설문, 단일 선택형 설문, 선호도형 설문 등) ·사용법이 용이(한국형 서비스)
서베이몽키	https://ko.surveymonkey.com	·설문 항목을 미리 제시 ·필터를 통해 특정 응답만 공유 가능 ·분석 페이지에서 그래프 수정 가능

기본적으로 온라인 설문지 작성 도구는 자유로운 설문 항목 작성, 실시간 분석 결과, 링크 공유, 엑셀 시트 추출, 편리한 내용 편집 등의 기능을 가지고 있어 작성자의 구미에 맞게 선택하여 사용하면 된다.

면담 방법

녹음 장치나 촬영 장비를 이용하여 거리에서 직접 인터뷰 대상자를 만나 질문과 대답을 통해 인터뷰를 진행하는 면담 방법은 설문지 조사와 표적집단면접 Focusing Group Interview, FGI을 합한 방법으로 볼 수 있다.

거리에 나가서 핵심 사용자와 마주하게 되므로 자연스럽게 관찰법을 병행할 수 있으며 면담 기술이 좋은 조사자가 진행할 경우 분석 결과는 더욱 좋아진다. 면담 인터뷰 역시 사전에 핵심 사용자를 선정하고 무엇을 어떻게 질문할지 철저하게 준비를 해야 한다. 이런 경우 면담에 대한 체크 리스트를 만들면 빠르게 전개되는 현장 상황에 잘 적응할 수 있다.

특히, 길거리 면담 방법은 낯선 사람이 녹음기나 카메라를 사용해서 인터뷰를 하는 것에 거부감을 느낄 수 있고 질문에 대해 당황한 나머지 답변을 잘 못하거나 잘못된 답변을 줄 수 있기 때문에 이런 점은 늘 염두에 두어야 한다. 다음과 같은 사항을 유의해야 한다.

- **사전 준비**: 핵심 사용자, 면담 장소, 시간대를 지정한다.
- **질문지 작성**: 큰 주제와 세부 주제를 작성하고 역량 있는 전문 조사자가 예상 답변을 생각하며 질문지를 작성한다. 너무 구체적일 필요는 없으며 현장 상황에 따라 대응하는 능력이 필요하다.
- **체크 리스트 작성**: 면담 계획을 시간순으로 작성한 체크 리스트를 준비한다. 체크 리스트에는 간략하게 면담 결과를 작성할 수 있도록 한다.
- **보상 제공**: 낯설고 당황스러운 분위기에서 면담에 응했을 경우 보상을 제공하면 부드러운 분위기가 되며 면담자의 적극성을 기대할 수 있다. 보상은 너무 큰 것이 아닌 간단한 기념품이나 쿠폰 등을 지급한다.

길거리 면담은 관찰법을 자연스럽게 병행할 수 있으므로 사진과 동영상을 촬영하기 위해 촬영 장비로 기록한다. 향후 간접 관찰법을 통해 분석할 수 있으며 이를 통해 사용자의 니즈와 사용 환경Context을 알 수 있게 된다. 사전에 카메라 성능과 작동 방법, 녹음과 동영상 품질을 확인해야 하며 향후 영상과 오디오, 사진 편집을 통해 더욱 세밀한 결과를 도출할 수 있다.

인터뷰용 마이크(Sony UWP-D11)와 녹음 애플리케이션(구글플레이)

5.5 그룹 인터뷰

그룹 인터뷰는 보통 표적집단면접 Focus Group Interview: FGI 으로 불리며 UX/UI 분야에서 사용자 분석을 하기 위한 가장 대표적인 방법이다. 모든 그룹 인터뷰가 핵심 집단 Focus Group 으로만 진행하는 것은 아니지만 일반적으로 그룹 인터뷰라고 하면 기존 일대일 인터랙션 인터뷰와는 달리 소규모 핵심 집단을 대상으로 다양한 사용자 분석, 특히 사용성 분석 Usability Test 을 하기 위해 만들어진 방법이기 때문에 일반적으로 표적집단면접으로 이해한다. 대부분의 분석이 장점과 단점 양면의 모습을 띠고 있듯이 표적집단면접도 모든 사용자 분석에 이상적인 것은 아니다. 하지만 사용자 분석 전문가가 조력자 Facilitator 역할을 하고 정확한 표적 집단이 선정됐다면 사용자 분석에 있어서 다양한 견해를 탐구할 수 있는 강력한 도구가 될 것임에는 의문의 여지가 없다. 이 책에서는 그룹 인터뷰를 표적집단면접으로 설명하며 구체적인 방법과 요점을 정리하고자 한다.

표적집단면접 정의

- 표적집단면접은 소수 응답자의 집중적인 대화(인터뷰)를 통해서 정보를 찾아내는 사용자 면접 조사 방식이다.
- 사용자를 대상으로 수치화된 자료를 수집하는 정량적 조사 방법과는 달리 토론과 면담을 통해서 소비자의 심리상태와 행동을 파악하는 정성적 조사며 정량적 조사에 앞서 탐색 조사로도 이용된다.

표적집단면접 사용

표적집단면접은 다음과 같은 상황에서 주로 사용한다.

- 비교적 짧은 시간에 한두 명의 개인뿐 아니라 여러 사람들의 의견을 종합적으로 수집할 때
- 서비스 프로세스나 각 기능들을 검토하고 다양한 의견을 수집하여 이를 개선하고자 할 때
- 의견이 민감하지 않으며, 혼란스럽거나 일반적이지 않은 주제가 아닐 경우 그룹에서 자유롭게 논의하고자 할 때
- 다양한 견해가 존재하는 제품이나 서비스일 때
- 여러 사람의 반응을 이벤트에서 수집하려고 할 때. 주로 정치 연설이나 토론, 아이디어 수립 시 사람들의 생각을 알아내기 위해 자주 사용

표적집단면접은 시장조사와 정치, 사용성 테스트 등에서 널리 사용하지만 연구 상황에서는 그보다는 덜 사용한다.

표적집단면접 시스템 및 포맷

표적집단면접을 하려면 조력자Facilitator와 관찰 시스템이 필요하다. 표적집단면접은 사용자의 질문에 대한 답변만을 듣고 검토하는 것이 아닌 행동 관찰 및 분석에도 초점을 두기 때문에 여러 사용자 분석을 할 수 있는 전문 장비와 UX 연구실 등이 필요하다.

UX 연구실은 그룹 인터뷰를 할 수 있는 부스Booth와 인터뷰 진행 상황을 한쪽에서 관찰하고 기록할 수 있는 통제실Control Room으로 구성한다. 보통 경찰서에 있는 취조실과 비슷하며 부스와 통제실 사이에는 통제실에서만 부스를 볼 수 있도록 하는 대형 거울One way Glass이 설치되어 있다.

UX 연구실 장비*

구분	장비	내용	비고
부스 내 장비	캠코더	녹화와 녹음을 위한 장비로 보통 스탠드 설치형과 천정이나 벽면에 조그셔틀로 방향 조정이 가능한 여러 대의 카메라를 설치한다.	
	TV/모니터	실험 시 표적 집단들에게 진행 방법, 상황, 결과 등을 알려줄때 사용한다.	
	아이트래킹 장비 Eye Tracker	모니터 화면을 바라보는 시선 추적기로 화면의 어느 곳을 응시하는지 점, 선, 열분포 등의 측정 방식으로 표현한다.	
	마우스트래킹 장비	마우스의 움직임과 클릭 등을 데이터로 기록하는 측정 장치다.	
통제실 내 장비	모니터	부스 내 설치된 여러 대의 카메라를 볼 수 있는 모니터다. 피실험자의 행동을 자세히 관찰할 수 있도록 보통 4-5대 벽면에 설치하는 경우가 많다.	
	카메라 콘트롤 믹서	여러 대의 캠코더를 조정할 수 있는 기기다. 화면 선택과 확대/축소를 자유롭게 조정한다.	
	녹화 장비	음성이나 영상을 녹화할 수 있는 레코더 장비다. 최근에는 PC를 이용하여 파일로 저장한다.	

* 이미지 출처: 캠코더: Sony PMW-EX3 , 아이트래커: http://www.eyegaze.com/, 마우스트래커: https://www.usertrack.net/, 카메라콘트롤믹서: Roland 비디오믹서 V4EX2

연구 방법에 정해진 포맷은 없지만 보통 표적집단면접은 3명 이상 여러 표적 집단(3~5명)을 대상으로 하면 분석을 하는 데 있어 큰 문제는 없다. 일반적으로 5-5 방식을 이용하는데 5명의 피실험자를 5개 그룹으로 선정하는 방식이다.

인터뷰 시간도 특별히 정해지진 않았지만 2~3시간, 혹은 오후 2시에 시작해서 6시까지 진행하는 일정으로 하는 경우가 많다. 실제 실험은 1시간 가량 진행, 15분 휴식으로 휴식 시간을 충분히 두어 피실험자들이 실험에 집중할 수 있도록 한다. 1일 1실험으로 5개 그룹을 대상으로 5일간 실행한 뒤 대략 1~2주 정도 분석 기간을 거치면 최종 결과를 얻을 수 있다. 필요한 인력으로는 실험을 처음부터 끝까지 리드하고 인터뷰를 진행하는 조력자 Facilitator가 있으며 보조 스텝, 사업부서 담당자 등이 실험을 이끌어 간다.

실험대상 선정

표적집단면접에서 가장 중요한 것이 조사대상 선정이다. 정확하고 좋은 결과를 낼 수 있는 표적 집단을 구하는 것은 실험 전체에 큰 영향을 미친다. 이를 전제로 했을 경우에만 가장 좋은 효과를 기대할 수 있다.

조사대상 선정 시 유의사항은 다음과 같다.

- 기존 서비스 혹은 신규 서비스의 핵심 이용자(핵심 고객 선정 참고)를 선정한다.
- 권한별, 사용성별, 업무처리별로 대상자를 선정한다. 필요하다면 사전 인터뷰를 진행한다.
- 적극성 사용자(전문성 보유), 소극적 사용자, 임시 사용자 등으로 그룹을 구분한다.
- 연령별, 성별, 직업별, 거주지별, 학력별 구성도 가능하며 단, 선정된 피실험자에겐 비밀로 하는 것이 좋다.
- 정확한 실험을 위해 피실험자끼리는 모르는 것이 좋으며 실험자의 지인이어도 안된다.
- 보통 취업 사이트에 모집 공고를 하여 선발한다.

- 표적 집단은 실험자가 정한 규범에 맞는지 구체적으로 범위를 정하고 반드시 이를 확인해야 한다. 예를 들면 '음악을 좋아하는 20대 표적 집단'을 선정한다면 '음원 파일 1,000곡 이상 보유, CD 500장 이상 소유, 음악 전공자, 음악과 관련된 직업, 기타 음악 전문가로 공식적으로 인정받는 사람' 등으로 확인 가능한 내용으로 명시를 한다.

그룹	이름	나이	성별	직업	보유 mp3 파일개수	평균 음악 감상시간	사용경험음악서비스	주사용 서비스	사용기기
매니아 집단	안ㅇㅇ	23	여	안전공학	400곡	4~5시간	멜론	멜론	PC, Mp3
	유ㅇㅇ	26	남	영상영화	16000곡	3~5시간	Musicovery, 벅스	Musicovery	PC, mp3
	박ㅇㅇ	25	남	경영학과	5000곡	6~8시간	엠오디오,소리바다,멜론,뮤직온	삼성-엠오디오	mp3, Phone
	조ㅇㅇ	27	남	극작과	8000곡	7시간	멜론	없음	mp3
	고ㅇㅇ	26	남	신문방송학	50기가	6~7시간	iTunes, melon		iPod 4세대, iPod classic, PC
	최ㅇㅇ	25	남	신문방송학	1500곡	3시간	벅스, 멜론, 도시락, JukeBox, 엠넷, 네이버뮤직	네이버뮤직	PC, mp3
매니아 인접 집단	류ㅇㅇ	34	남	학원강사	20000곡	3~4시간	멜론, 도시락, Pandora.com, 벅스, 재즈가있는윈터	재즈가 있는 윈터	PC, mp3
	박ㅇㅇ	27	여	초등교사	1600곡	4시간이상	iTunes, 멜론, 도시락	iTunes	iPod nano
	최ㅇㅇ	30	남	기술상담원	5000개	5시간이상	iTunes, 멜론, 도시락, 벅스, 소리바다	멜론	iPod nano
	오ㅇㅇ	27	여	조리사	다수	3시간정도	멜론	싸이월드	PC, Phone
매니아 후보 집단	황보라	29	여	싱어송라이터	10000개	1~3시간	도시락, LastFM, 마이스페이스, 벅스, 주크온, 싸이, 밀링, 뮤즈	마이스페이스, 싸이월드	PC, Phone
	최ㅇㅇ	27	남	미디작곡 프리랜서	1300개	6시간이상	iTunes, 멜론,벅스	iTunes,멜론	iPod 4세대
	노ㅇㅇ	33	남						
	석ㅇㅇ	28	남	음악인/만화가	1000곡	3~4시간	멜론, 싸이월드, 도시락	싸이월드,멜론	PC, mp3
	최ㅇㅇ		여					도시락, 싸이월드	iPod nano, PC
	이ㅇㅇ		여					엠넷, 멜론	iPod, PC
청소년	강ㅇㅇ	18	남	고등학교2	100곡	4시간	소리바다, 멜론, 도시락, 뮤즈	맘송	iPod 2세대
	임ㅇㅇ	18	남	고등학교2				네이버 블로그	PC, mp3, Phone
	김ㅇㅇ	18	남	고등학교2				없음	PC, mp3, Phone

표적 집단 선정 사례

실험내용 및 인터뷰 내용

포맷을 정하고 실험 대상을 선정했다면 이제 무엇을 실험할지 어떤 내용으로 인터뷰할지 정해야 한다. 단, 실제 표적집단면접을 진행한다면 실험할 내용과 인터뷰 내용을 결정한 후 포맷과 실험 대상을 선정할 수도 있다. 일반적으로 실험을 하려면 실험을 통해서 도출할 할 내용을 지표화하고 이에 대한 결론을 도출하기 위한 다양한 실험 내용과 인터뷰 내용을 고민해야 한다. 일반적으로 표적집단면접의 공통적인 지표는 다음과 같다.

- 서비스 난이도 평가: 쉬움~어려움
- 서비스 디자인 만족도 평가
- 서비스 유용성 평가
- 서비스 기능별 사용자 반응 체크
- 전체 서비스에 대한 만족도 평가

사용자와 질문과 답을 하는 것에 그치지 않고, 사용자의 반응을 관찰하고 그에 대한 분석을 하는 것으로 보통 '경험적인 사용행태관찰 Empirical Test'로 진행한다. 이를 통해 결과적으로는 서비스에 대한 사용 행태 및 콘셉트 수용도를 파악하는 것이 실험 내용의 주제가 된다.

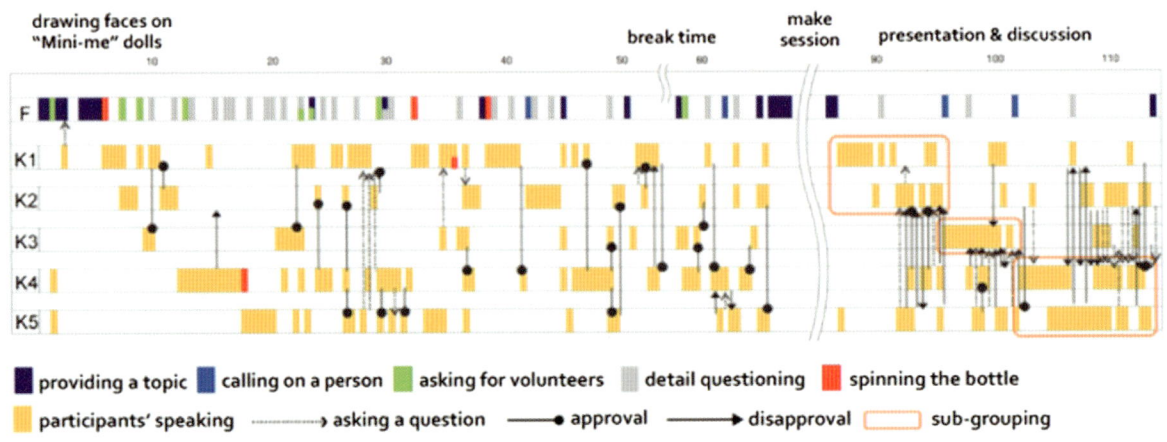

표적집단면접 진행 시 실험자(F)와 피실험자(K1 ~ K5)의 행동을 체크하여 도표화한 사례*

사용자별 행동을 파악하여 사용자 분석 연구에 반영한다. 참가자의 행에 노란색 막대가 느슨하게 분포되어 있으면 구성원들의 동작이 느슨함을 의미한다. 휴식 후에 더 많은 노란색 막대가 표시됐고 이는 참가자들의 발언과 더 많은 화살표, 즉 구성원 간 상호작용이 더 많아졌음이 발견된다.

* 출처: http://www.ijdesign.org/ojs/index.php/IJDesign/article/view/351/238

서비스 콘셉트 수용도에 대한 결론을 얻기 위해 단순히 몇 개의 고정된 설문지를 작성하는 것이 아닌 사용자의 행동을 유도할 수 있는 다양한 실험 방법이 필요하다. 실험 내용의 주된 요소는 사용하기 얼마나 편리한지, 디자인은 만족스러운지, 제공하는 서비스는 실제 유용한지를 파악하기 위해서이며 제품이나 서비스에서 제공하는 각각의 기능에 대해 순차적으로 테스트를 하여 전반적인 만족도와 문제점 등을 검토해 보는 것이다.

만약, 분석하려는 주제가 모바일 앱이나 웹사이트라면 정보구조도에서 분석에 필요한 항목(기능)을 지정하여 그 부분을 집중적으로 사용성 테스트를 진행한다. 사용성 테스트를 진행할 때는 인터뷰할 내용을 설문지 형태로 작성해도 좋으며 메뉴를 사용하면서 각각 느낀 점(불편한 점, 개선 아이디어 등)과 서열척도로 구성된 만족도에 체크하도록 한다.

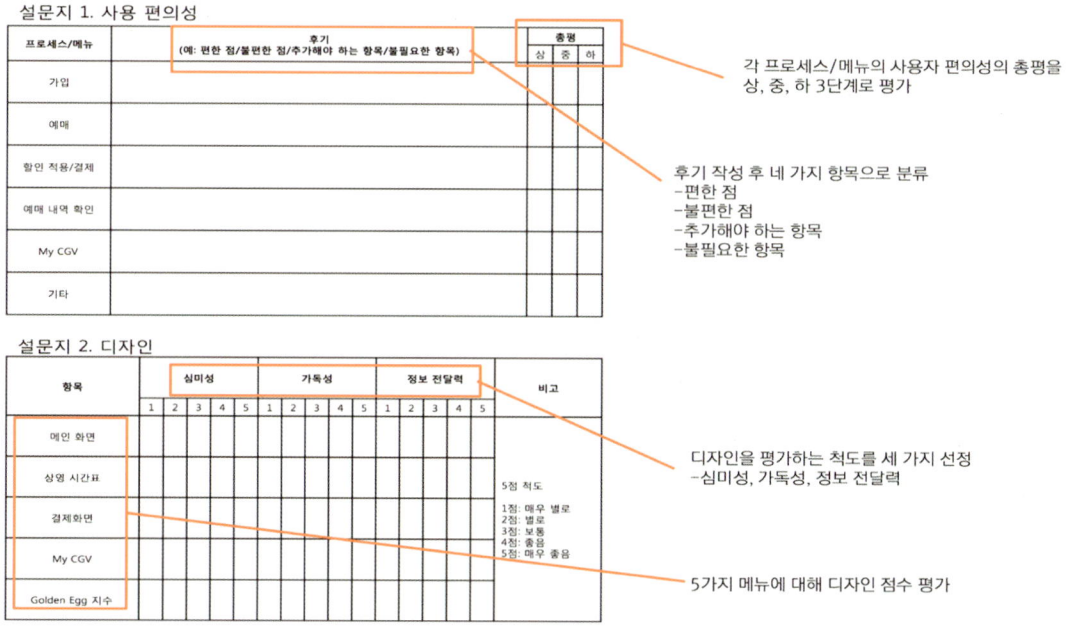

영화예매 모바일 앱 표적집단면접 설문지 사례*

* 출처: UX팀 프로젝트 - 차지민, 정재규

표적집단면접은 설문지와 단순 통계로 결과를 도출하는 것보다 사용자의 구체적인 인터뷰 내용과 행동 관찰에 대한 것을 더 중요하게 여긴다는 것이다.

사용자 그룹 평가사례

표적집단	테스트구분	실험자(K)	쉬운정도			유용성			신뢰도			결론
			상	중	하	상	중	하	상	중	하	
경력	검색	박**	O			O			O			맞춤채용설정 유용
		손**		O				O		O		필터사용하면 검색결과 너무적음
		신**		O				O			O	웹과 불일치하는 검색
		진**			O			O			O	직업분류 세밀하지 못함
		조**			O		O			O		
		계	1	2	2	1	1	3	1	2	2	
	마이페이지	박**	O			O			O			모호한 옵션(개인정보동의, 옵션선택)
		손**		O				O			O	모바일 자체로만 사용하기엔 미흡
		신**			O		O			O		
		진**		O			O				O	
		조**			O		O				O	
		계	1	2	2	1	3	1	1	2	2	
	메인화면	박**	O			O			O			개인화 미흡
		손**		O			O			O		도움말 기능 좋음
		신**	O			O			O			
		진**			O			O			O	
		조**		O			O			O		
		계	2	2	1	2	2	1	2	2	1	
	부가기능	박**	O			O			O			진로검사 좋음
		손**		O				O		O		지도 길찾기 네이버지도 팝업불편
		신**			O		O				O	뒤로가기 하단에 있어 불편
		진**			O		O				O	
		조**			O		O				O	
		계	1	1	3	1	3	1	1	1	3	
	알림기능	박**		O			O				O	
		신**			O		O				O	경품팝업 짜증
		조**			O		O				O	
		계	0	1	2	0	3	0	0	0	3	
	경력 총계		5	8	10	5	12	6	5	7	11	

*. 테스트 구분 항목에 IA 요소를, 실험자별 테스트 내용(쉬운 정도, 유용성, 신뢰도)에 대한 설문지 측정결과를 등록하고 결론 영역에 인터뷰한 구체적인 내용을 넣는다.

결과 도출

5명으로 구성된 5개의 표적 집단(총 25명)을 5일동안 실험했다면 이제 실험을 분석하고 결과를 도출해야 한다. 표적집단면접의 결과는 연구 방법과 서비스 성격, 연구 목표에 따라 다양한 형태로 도출된다. 표적집단면접 결과물은 다음과 같은 공통적인 과정을 따를 것이다.

- 표적 집단에 대해 정의한다. 어떤 구분으로 어떤 조건의 피실험자를 선출했는지 프로필과 함께 표로 작성한다.
- 실험한 내용을 표적 집단과 피실험자, 테스트 구분, 설문지 항목 결과, 인터뷰한 내용으로 정리한다.
- 행동 관찰 시 유의점을 정리한다.
- 테스트 구분별로 사용자 인터뷰 내용에 대한 측정 결과를 작성한다.
- 전체 측정 결과를 수치화한다. 가급적 백분율(%)로 표시한다.
- 측정 결과를 쉽게 볼 수 있도록 그래프로 작성한다.
- 작성된 그래프와 도표를 분석한다. 특히, 가장 높거나 가장 낮은 수치를 기록하는 항목에 대해 원인과 이유를 파악하여 결과를 도출한다.
- 측정 결과에 대해 요약한다.
- 측정 결과에 대해 개선 사항을 도출한다. 개선 사항은 분석자의 견해이며 정량적 측정에 대한 탐색 조사 혹은 방향성 탐지로 사용해도 좋다.

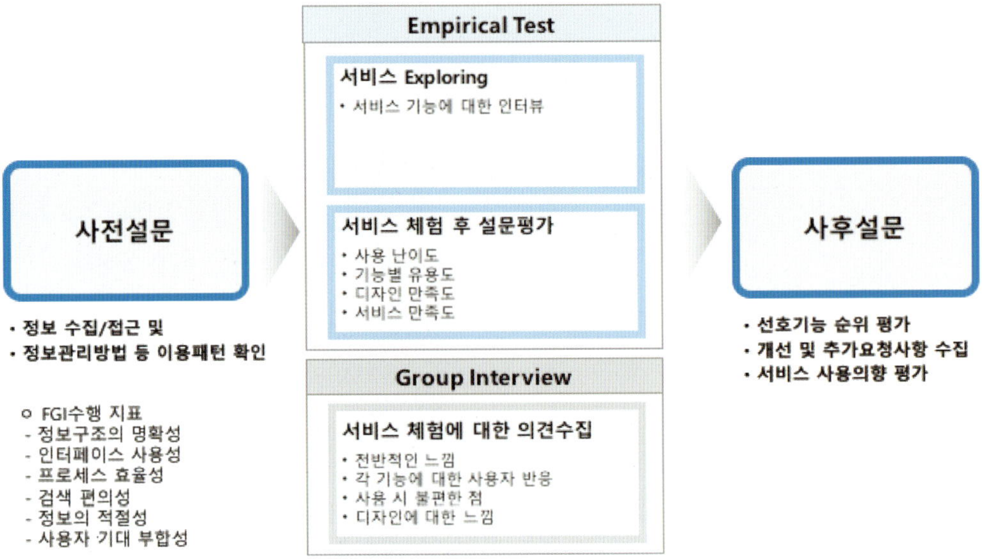

02 문제 발견 단계 　〉 사용자 분석

Empirical Test

서비스 Exploring
· 서비스 기능에 대한 인터뷰

서비스 체험 후 설문평가
· 사용 난이도
· 기능별 유용도
· 디자인 만족도
· 서비스 만족도

Group Interview

서비스 체험에 대한 의견수집
· 전반적인 느낌
· 각 기능에 대한 사용자 반응
· 사용 시 불편한 점
· 디자인에 대한 느낌

사전설문
· 정보 수집/접근 및
· 정보관리방법 등 이용패턴 확인

　○ FGI수행 지표
　- 정보구조의 명확성
　- 인터페이스 사용성
　- 프로세스 효율성
　- 검색 편의성
　- 정보의 적절성
　- 사용자 기대 부합성

사후설문
· 선호기능 순위 평가
· 개선 및 추가요청사항 수집
· 서비스 사용의향 평가

표적집단면접 결과 도출 방안
표적집단면접 실험 과정과 주요
실험 내용을 다이어그램으로
도식화하여 이해를 높인다

03

Chapter

아이디어 수립 단계

Outline

시장과 경쟁, 사용자에 대한 환경 분석이 완료되면 여기서 도출된 다양한 키워드와 소결론들을 수렴하는 과정이 필요하다. 환경 분석에서 얻어진 다양한 결과들을 정리하여 정확한 문제 해결과 그에 따른 해결 아이디어를 도출하는 과정을 '아이디어 수립 Define 단계'라고 한다.

환경 분석은 데이터를 수집하는 데 보다 집중하는 단계라 분석가의 역량에 영향을 받지 않지만 아이디어 수립과 정의를 내리는 아이디어 수립 단계는 분석가의 역량에 따라 최종 결과에 많은 차이를 보인다. 같은 데이터를 가지고서도 어떤 관점과 방법으로 해결 아이디어를 도출해 내느냐는 분석가에 따라 차이가 크다.

이런 분석가의 역량은 1) UX에 대한 풍부한 경험, 2) UX 분석 방법론에 대한 이해도, 3) 창의성 등이 좌우한다. 세 가지 역량이 모두 갖춰진 분석가라면 환경 분석에서 도출된 다양한 키워드를 정확히 판단하고 이에 대한 창의적인 해결 아이디어를 도출하여 문제를 정의할 수 있다.

Process

이 장에서는 앞서 분석한 방법과 마찬가지로 NCS에서 정의한 방법론을 사용하며 창의성과 개인의 정성적 역량에 근거하는 부분을 사례를 적용해 설명한다. 다른 책이나 이론에서 정의한 내용과 다를 수 있으며 각각의 분석 방법과 해석 방법에 있어 중요도 역시 다르게 처리한다. UX 디자인은 실무 사례에 따라 적용 방법이나 응용 방법에 큰 차이를 보이기 때문에 풍부한 경험과 창의성을 높이는 훈련이 필요하다.

사용자 가설 수립

사용자 가설 수립

사용자(고객)가 습득해야 할 바람직한 행동에 대해 실제적, 상징적 본보기를 제공함으로써 모방 및 관찰을 통해 기대한 목표 행동(사회 및 인지적 행동)을 배우도록 하는 방법

문제 발견 단계의 사용자 분석이 실제 관찰과 인터뷰에 의해 수행된다면 사용자 가설 수립Modeling은 사용자의 다양한 경험과 숨겨진 니즈를 파악하기 위해 현실과 유사한 가설을 세움으로써 문제를 해결하는 아이디어를 도출하는 방법론이다.

이런 방법은 예전부터 자주 사용해 왔지만 실제로 회사에서는 소홀한 경우가 많다. NCS에서 정의하는 사용자 가설 수립 방법은 가상 고객Persona을 설정하고, 고객여정지도Experience Map, Customer Journey Map를 작성하는 과정을 통해 문제를 해결할 아이디어를 구체화한다.

사용자 가설 수립 유형은 다음과 같이 나누어진다.

- **묵시적 가설 수립**: 사용자가 의식하지 못하는 사이에 본보기의 행동을 배우는 것
- **현시적 가설 수립**: 역할수행 연습과 같이 사용자가 스스로 모방하고 있음을 자각하는 것
- **직접적 가설 수립**: 실제 환경 장면에서 타인의 행동을 관찰하고 모방하는 것
- **대리적 가설 수립**: 사용자로 하여금 동영상 등을 통해 본보기가 되는 제3자의 행동을 관찰하고 본뜨게 하는 것(출처: 네이버 지식백과)

UX 디자인에 필요한 가설을 수립할 때 이들 유형을 참고하면 좋다. 즉, 어떤 사용자에 대해 가설을 수립할 때 묵시적 이론을 통해 사용자의 무의식적 행동을 관찰하여 가설을 수립할 수도 있고, 현시적 이론을 활용해 어떤 특정 행동에 특정 이용자(연령, 성별, 사는 지역 등을 특정)를 대입시켜 독특한 가설을 수립할 수도 있다.

1.1 가상 고객 설정

가상 고객 설정은 사용자 가설 수립에서 가장 많이 사용하는 방법으로 페르소나(Personas)로 알려져 있다. 페르소나는 그리스 어원의 '가면'을 의미하며 '외적 인격' 또는 '가면을 쓴 인격'을 뜻한다(출처: 네이버 백과사전). UX 디자인에서는 가상의 표본 사용자를 정하고 그(그녀)에 대한 가상 표본을 만들어 사용자를 분석하고 아이디어를 도출하는 과정을 뜻한다.

페르소나는 특별한 것이라기보다는 우리가 아이디어를 구상할 때 머릿속에 맴도는 것을 더 효과적으로 드러내기 위해 머릿속의 생각들을 글로 정리하는 것이라고 보면 된다. 전통적으로 UX 디자인에서는 사용자를 분석하기 위해 페르소나를 많이 사용해 왔으며 이에 대한 효과도 유효한 편이다.

페르소나를 작성할 때는 다음과 같은 사항을 염두에 두어야 한다.

- ☑ 페르소나 대상을 선정하면서 핵심 고객만으로 한정할 필요는 없다. 새로운 아이디어를 찾고 문제 해결의 실마리가 되는 전혀 다른 영역의 사용자를 선정하는 것이 나을 수도 있다.
- ☑ 가상의 표본 사용자를 선정했다면 사용자 프로필을 구체적으로 작성하도록 한다. 구체적일수록 효과가 좋기 때문이다.
- ☑ 페르소나를 작성하면서 다양한 템플릿을 사용할 수 있으며 어느 하나에 한정되지 않는다. 다만, 여러 표본 사용자를 선정하여 페르소나를 작성할 경우 템플릿에 설정한 내용은 동일해야 한다.
- ☑ 페르소나는 주로 내러티브(Narrative) 기법(서술 및 묘사, 행동 양식을 기술하는 것)을 사용해 작성한다. 이 기법은 일반적으로 프로필 영역과 활동 영역, 영향 요인, 문제점과 불만, 목표와 해결 방안 등을 토대로 해서 페르소나를 작성한다.
- ☑ 페르소나는 비록 가상의 표본 사용자를 만들고 소설처럼 이야기를 만들어 내는 것이지만 통계자료를 통해서 사실에 가깝게 꾸미는 것이 효과적일 수 있다. 설문지 내용과 표적집단면접조사(FGI), 리서치 데이터, 고객센터 응답자료 등이 효과가 있는 정량화된 통계자료다.
- ☑ 페르소나의 가상 표본 사용자는 여러 명(특히 4명)을 선정해 작성하는 것이 좋다.

페르소나 작성법은 여러 가지지만 공통되게 중요한 것은 '자세히' 작성하라는 것이다. 또한, 작성한 페르소나를 이용한 결과가 바람직하지 않거나 그렇게 느껴질 경우 다른 작성법으로 페르소나를 작성하는 것이 좋다.

페르소나 프로필 영역

- 이름
- 사진
- 나이
- 출신지
- 직업
- 취미
- 사용하는 모바일 기기(연관 있는 하드웨어)
- 분석하고자 하는 서비스와 같은 카테고리의 서비스를 이용하는 태도
- 기타 성향을 특징지을 수 있는 행동 양식
- 서비스와 연관된 카피 문구

이름과 사진, 나이, 직업은 마치 실존하는 인물처럼 자세히 묘사한다. 김아무개, 홍길동 식보다는 실제 인물처럼 작명하는 것이 사용자의 활동이나 영향 요인 등을 작성하는 데 더 효과적이다. 최근 페르소나는 인물의 성향을 몇 가지로 구분하여 성향 표시를 하기도 하는데 이는 2명 이상의 페르소나를 작성할 경우 상호 비교가 되어 아이디어를 도출하기 유리해서다. 이들 항목에 더해 통계자료나 리서치 자료, 설문조사 결과 등을 추가하면 더욱 효과적이다. 예를 들어, 시각 장애인의 페르소나를 작성할 경우 국내 시각장애인 통계자료나 리서치 자료를 사용하는 것이다.

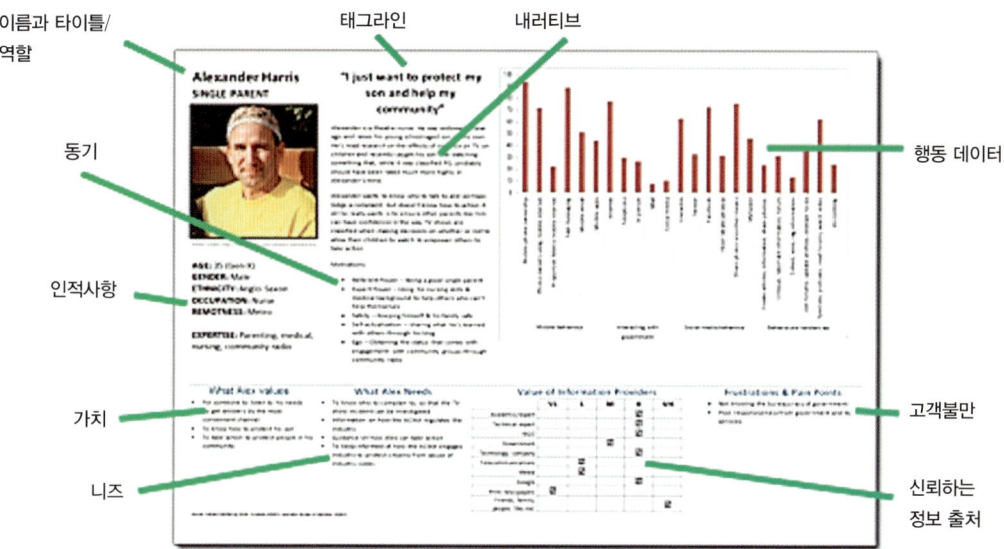

페르소나 작성에 그래프와 표를 이용한 사례

페르소나 사용자 설정

사용자에 대한 설정은 내러티브 기법을 사용한다. 이때 인물에 대한 서술 및 묘사, 행동 양식 위주로 분석 중인 제품이나 서비스와 관련되게 작성한다. 인물을 서술하고 묘사한 후에 제품이나 서비스를 이용하는 형태에 대한 행동 양식을 자연스럽게 전개해 나가면 사용자에 대한 아이디어를 도출하는 데 무리가 없을 것이다. 또한, 이렇게 작성한 사용자 설정은 자신 외 다른 실무자들이 봤을 때도 효과적으로 아이디어를 도출할 수 있게 해주며 시간이 경과해도 효과가 유효한 채로 남게 된다.

인물을 묘사하는 내러티브 기법은 일반적으로 다음 사항을 바탕으로 전개한다.

성격과 성향

설정한 프로필에 상황이 맞게 인물의 성격과 성향을 기술한다. 페르소나는 가설을 수립하는 작업이긴 하지만 매우 사실적으로 묘사하는 것이 좋다. 사실적인 묘사는 주로 지역이 갖는 문화적 동질성이나 역사성에 기반하여 작성한다. 예를 들어, 유교 사회였던 우리나라는 효와 예절, 남녀 관계를 중요하게 받아들였는데 이런 문화·역사적 정서를 토대로 인물의 성격과 성향을 묘사하는 것이다.

행동 양식

행동 양식에는 일과를 기술하거나 분석하려는 구체적인 제품이나 서비스 혹은 동종의 일반적인 사용 행동을 작성하는 것이 보통이다. 예를 들어, A라는 온라인 음악 서비스를 운영하는 회사에서 페르소나를 작성한다면 A 서비스를 이용하는 상황을 묘사하거나 온라인 음악 또는 온·오프라인 음악에 상관없이 음악을 듣는 모든 행동을 묘사한다. 이때도 기존에 설정한 사용자 프로필에 맞춰 자연스럽게 상식적인 행동을 유도하는 것이 좋다.

일과를 기술하는 경우는 분석하는 제품이나 서비스가 사회 전반적인 것이거나 특정 사용자의 일반적인 행동을 알아보려 할 때 사용하면 좋다. 특정 제품이나 서비스에 대한 사용 행동을 분석할 때는 행동 스타일이나 사용 전문성, 특정 용도나 시간대 사용, 목표 설정이나 사용자 요구, 선호 가치 등으로 특화하면 좋다.

문제점 도출

제품과 서비스를 사용하는 것에 대한 문제점과 요구사항을 도출하면 제품과 서비스의 개선에 직접적으로 도움이 된다. 가설은 어떤 환경에 대해 특정 행동이나 상황을 대입하여 발생하는 경험을 기술하는 것인데 이를 통해 발견된 문제점이나 이슈, 요구사항을 작성하면 직접적으로 제품과 서비스의 문제 해결에 도움이 된다.

Part 1
사용자와 환경 분석

해결책

문제점을 도출하고서는 해결책을 제시한다. 문제점을 도출하는 순간 자신만의 해결 아이디어가 자연스럽게 떠오르는 경우가 있다. 이때는 놓치지 말고 해결책을 기술해야 한다. 자세하게는 나중에 가능하므로 문득 떠오르는 아이디어를 놓치지 않게 대략적이라도 적어 놓으면 효과적이다.

페르소나 작성 사례 1

이 사례에서는 페르소나가 기본적인 프로필과 개인의 성향과 특징, 행동에 대한 경험, 문제점과 해결책을 도출하는 항목으로 작성되었다. 또한, 성격(소극적-적극적, 민감함-둔감함, 이성적-감정적)이나 기술 친숙도를 설정하여 인물에 대한 환경적인 이해와 맥락 파악이 쉽도록 하였다.

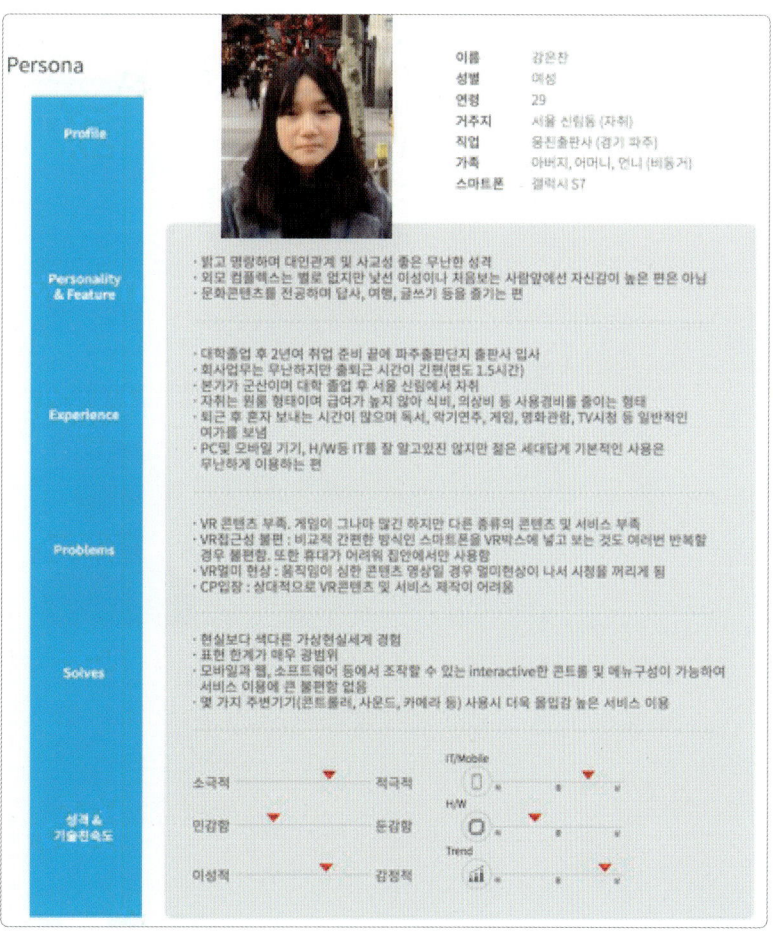

페르소나 작성 사례 2*

이 사례에서는 눈에 잘 띄는 곳(우측 상단 혹은 하단 전면)에 독특한 디자인으로 핵심 내용(문제점, 이슈 등을 따로 정리하여 빠르고 쉽게 페르소나를 이해하고 판단할 수 있게 하였다. 또한, 쇼핑몰에 사용할 페르소나이기 때문에 쇼핑 스타일이나 쇼핑할 때 특징 등을 기술하여 보다 직접적인 문제 해결에 도움되도록 하였다.

1 유지연 Jiyeon, Yu
Korean Ad co. copywriter

"평소에 너무 바쁘지만 트렌드는 놓치지 않고 싶어요. 그리고 내년에 결혼 계획이 있어서 요새 인테리어, 홈데코제품에 관심이 많아 졌어요"

나이 32
성별 여
직업 광고 카피라이터
가족관계 어머니(61), 아버지(65), 오빠(34)
성격 기분에따라 성격이 변함. 주변사람의 영향을 많이 받음

쇼핑 스타일
- 주로 일 하는 시간 짬짬히 쇼핑 사이트 이용
- 오프라인보다는 **온라인, 모바일** 쇼핑
- 주말에 주로 약속에 몰리기 때문에 가끔 세일기간 때 백화점 방문
- 주변사람이나 연예인 스타일을 보고 **인터넷으로 찾아 제품 구매**

시나리오
유지연(32,여)은 다른 직업에 비해 야근이 잦아 친구들이나 가족과 함께 시간을 보내는 시간이 적다. 부모님이나 주변 사람을 기념일,생일 선물을 챙겨줄때, 나를 위한 선물을 하기 위해 온라인이나 짬짬히 이동중 에 모바일 쇼핑을 이용하여 쇼핑을 한다. 주말에는 피곤하기 때문에 오프라인 쇼핑몰을 많이 이용하지 않는 편이다.
요새 월급 날이 얼마 남지 않아 쇼핑목을 종종 들어가 보고 있다.

특징
- 쇼핑을 즐겨하는 편이다.
- 즐겨 찾는 브랜드가 딱히 없다.
- 인테리어 정보를 네이버 **블로그**에서 많이 본다.
- 평소에 **쇼핑할 시간이 부족하다.**
- 최근 매주 월요일마다 **웹드라마**를 챙겨본다.
- **트렌드에 민감하게** 반응한다.
- 매일 아침 **카드뉴스**를 보며 필요한 정보만 서비스 받는다.
- 매일 아침마다 무엇을 입을지 고민하여 비슷한 스타일이 반복.
- 선물 살때 주로 시간이 없어서 온라인쇼핑몰이나 모바일을 이용.
- 상황에 따라 **여러 쇼핑사이트**를 즐겨찾기 해놓는다.

2 한상훈 Sanghoon, Han
Korean university student

"학업과 아르바이트 하느라 너무 바쁘지만 트렌드에 뒤쳐지지 않으려 SNS활동도 열심히 하고있고, 이제는 저도 여자친구도 만나고 싶어서 패션 트렌드도 좀 알고, 합리적인 가격대에서 옷을 구매하고싶어요."

나이 25
성별 남
직업 oo대 경제학과 학생
가족관계 어머니(58), 아버지(59), 남동생(23)
성격 자기 주장이 뚜렷한 편이며, 해야할 일을 미루지 않음. 주로 책을 읽거나 조용히 있는 시간을 즐김.

쇼핑 스타일
- 혼자 오프라인 쇼핑을 한 적이 거의 없음
- 주로 한 스포츠 브랜드를 애용하며 **브랜드 충성도가 높음**
- 속옷 살때 주로 온라인으로 삼
- 가끔 집에서 tv 홈쇼핑으로 옷을 세트로 한꺼번에 사버림.
- 패션 **트렌드에 관심이** 높은 편
- **저렴한 가격대**를 위해 소셜 커머스를 많이 이용함

시나리오
한상훈(25,남)은 oo대학교 경제학과 3학년 학생이다. 학교를 복학하고 난 후 학교생활에 적응 중이다. 어린 학생들과 함께하다보니 패션을 신경쓰지 않을 수 없다. 아르바이트와 학업을 병행 하면서 시간이 부족하지만 복학생 티를 내지 않기위해 트렌드에도 뒤쳐지지 않으려고 노력한다. 그리고 이번 복학으로 여자친구를 만나고 싶다. 주로 지하철이나 아르바이트 할 때 모바일로 쇼핑을 하는 편이다.

특징
- 주로 이용하는 브랜드 말고는 정보가 없다.
- 학교 다닐 때 패션에 신경쓰러 하지만 옷을 잘 못입는다.
- 학교 쉬는시간에 주로 보는 **웹툰**이 있다.
- 여자들의 심리를 알고싶다.
- 에디터 구독을 하며 **피키캐스트**를 즐겨본다.
- 복학하면서 페이스북 활동을 열심히 하고, **페이스북 페이지**에서 재밌고, 유용한 정보들을 접한다.
- TED를 보며 가끔 유익한 강의를 즐겨듣는다.
- 쇼핑을 같이 할 사람이 없다.
- **지하철이나 버스에서** 이동할 때 모바일 쇼핑을 자주 이용하는 편이다.
- 자기전에 항상 **내일 뭐입을지** 고민이다.

* 출처: UX팀 프로젝트 - 류연지

사용자 4분면 분류법

사용자 가설을 수립할 때 사용자의 서비스 적합도에 따라 4사분면으로 나누고 해당 영역의 인물을 선정하는 방법을 사용자 4분면 분류법 User Quadrant/User Matrix이라고 한다. 이 방법은 사용자를 분류할 때 제품이나 서비스를 얼마나 잘 사용할 수 있는지를 긍정-긍정, 부정-긍정, 부정-부정, 긍정-부정의 4사분면으로 분류하여 사용자 간 서비스 이용 경험이 얼마나 다르며 어떤 대책을 마련해야 하는가를 효과적으로 도출할 수 있기 때문에 사용한다.

이 방법은 X축과 Y축의 설정이 중요하다. 사용자의 특징이 잘 드러나도록 상호 관계에 따라 축을 설정해야 하며 이에 따라 사용자 4분면 분류법의 효과가 달라진다. 최소한 4명 이상의 페르소나를 선정해야 하며 각각의 페르소나는 각 사분면의 조건을 만족하는 사람이어야 한다.

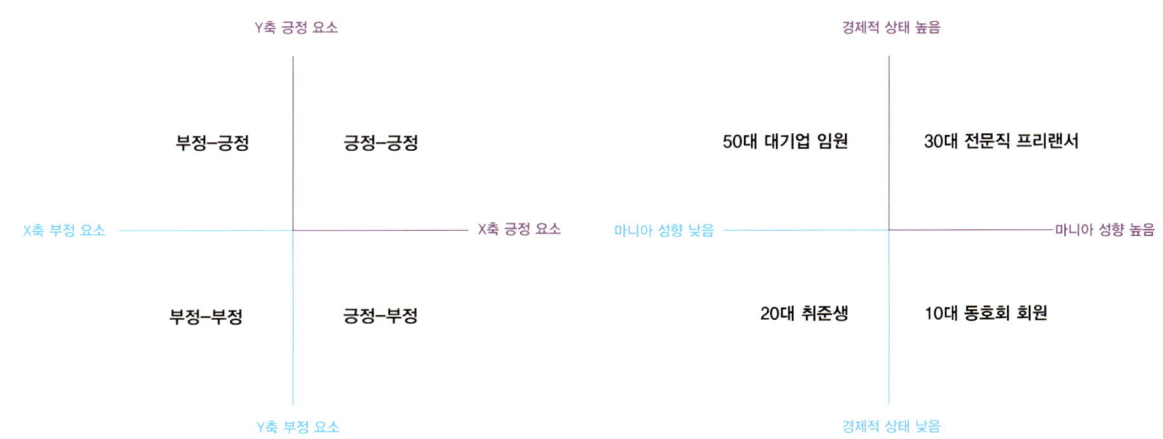

사용자 4분면 분류법 이론 및 사례
우측은 드론 사업에서 가상 고객을 설정하는 사례다.

그림을 보면 드론 사업에 있어 핵심 고객은 일반적으로 남성이며 도시에 거주한다. 이런 기본 전제를 놓고 세부적으로 들어가 보면 경제 수준이 높으면서 마니아 성향이 높은 사람이 가장 접근하기 유리한 핵심 고객이고, 경제 수준과 마니아 성향이 낮은 고객은 가장 접근하기 어려운 고객으로 구분된다.

1.2 고객여정지도 작성

고객여정지도 Customer Journey Map 는 고객의 경험을 프로세스별로 자세히 이해하기 위한 가설 수립 방법이다. 고객과 프로세스를 동시에 이해할 수 있다는 장점이 있다. 분석하려는 제품이나 서비스에 대해 고객이 사용하면서 겪게 되는 경험을 순차적인 시간 흐름으로 구분하여 단계별로 경험을 가설한다. 작성 방법은 페르소나의 내러티브 기법과 크게 다르지 않다.

이 지도는 제품이나 서비스를 새로 디자인하거나 개선할 때 실수를 최소화하거나 방지하기 위해서 작성한다. 제품이나 서비스의 완성도를 높여주기 때문이다. 몇 가지 단편적인 분석 과정을 통해 도출된 개선안과 신규 기능은 자칫 편향적일 수 있으며 이를 성급하게 적용하면 얼마 안 지나 문제점이 발생할 수 있다.

단순히 고객이 원하는 것을 적용하면 어떤 상황에서는 정반대로 부정적인 사용자 경험이 도출될 수 있기 때문에 제품이나 서비스의 사용 프로세스를 단계별로 나누어 고객 감성, 행동, 판단 근거 등의 경험을 연구하면 깊이 있고 폭넓은 배려를 경험할 수 있게 된다. 참고로 고객여정지도를 사용자 경험 지도 Experience Map 와 비교하는 경우도 있다. 저자의 경우 큰 차이점을 느끼지 못하기에 하나로 설명하고자 한다.

고객여정지도를 작성할 때는 일반적으로 시간 중심으로 구성된 타임라인 다이어그램으로 표현한다. 가로축과 세로축을 정의하고 들어갈 항목에 대해 양식을 만든다.

가로축 정의

시간이나 프로세스 순서로 정한다. 보통은 서비스 이용 전 Before, 이용 중 During, 이용 후 After 로 구분한다. 경우에 따라서는 하루(24시간)로 정하거나 주 Week, 월 Month, 년 Year, 계절 Season 로도 구분한다. 가로축을 정의할 때 핵심은 '시간적 프로세스'다. 가로축에서는 이것을 페이즈 Phase 라고 한다.

세로축 정의

사용자의 경험적인 행동 양식을 정한다. 지정 양식이 있다기보다는 서비스 분석에 따라 UX 디자이너가 판단해 정한다. 일반적으로 행동Action, 판단 기준Thinking, Awareness, 목적Key, Goal, 감정Good-Bad, 문제 제기Problems, 해결Solve 등으로 나뉜다. 감정은 대개 좋음과 나쁨의 선그래프로 작성한다.

다음으로 가로축과 세로축으로 정의된 항목에 고객의 경험을 상세하게 작성한다. 특히 제품(또는 서비스)과 사용자 간의 상호관계를 파악할 수 있도록 상황에 대해 세밀하게 가설을 수립해 작성한다. 내용을 작성하면서 페르소나와 비슷하게 통계자료나 인터뷰, 리서치 내용을 추가할 수 있다.

고객여정지도는 제품이나 서비스에 대한 관점 위주로 고객 경험을 작성하는 다이어그램이므로 페르소나처럼 사용자를 구분하는 것에 대해 너무 고민할 필요는 없다. 다만, 사용자 구분에 따라 (젊은층, 노년층, 남자, 여자 등) 확연히 다르게 서비스를 사용한다면 사용자별로 분류하여 별도로 작성하는 것이 필요하다. 또한, 같은 서비스라도 장소 상황(지역, 국가 등)이나 사용 시간대, 사용 환경에 따라 확연히 다른 경험을 보인다면 경험을 구분해서 작성하는 것이 바람직하다.

경험 지도 작성 양식

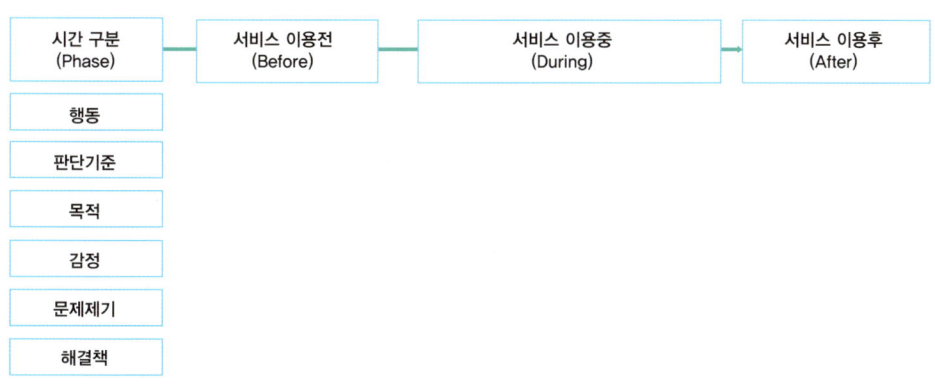

사용자 간 감정적 경험이 다를 경우
상호 비교가 쉽도록 한 화면에 작성*

차량 공유 서비스를 이용하는 데는 사용자의 연령대에 따라 차량을 이용하는 경험이 다르다. 이런 경우 사용자별로 경험지도를 구분하여 작성하는 것이 좋다. 감정 그래프를 표현하고 이에 대한 각각의 이유를 기술하는 것도 필요하다.

사용자 간 프로세스별로 나타날 수 있는 문제점을 각각 독립적으로 기술하고 이에 대한 종합적인 해결책을 제시하는 것이 필요하다.

그림을 보면 사용자의 연령대에 따라 차량을 이용하는 경험이 다르다. 그래서 사용자별로 경험 지도를 구분하여 작성하고 있다. 또한, 감정을 선그래프로 표현하고 이에 대한 이유를 간단하게 기술하고 있다. 프로세스별로 나타날 수 있는 문제점을 각각 독립적으로 기술하고 이에 대한 종합적인 해결책을 제시하고 있다.

차량 공유 서비스 경험 지도 1

User Experience Map
사용자 1. Basic

타겟 : 주말에 데이트 하려고 차를 빌리는 20대 남성 / 장소 : 서울 홍대 / 특징 : 깨끗한 차량을 선호, 경차나 중형차가 필요

---

* 출처 : UX팀 프로젝트 '차량 공유 서비스 개선안' - 임현우, 이예슬 외

그림을 보면 사용자와 사용 현황을 각각 구분하여 차이를 보이는 감정 곡선을 한 화면에 동시에 표시하고 있다. 사용자나 사용 현황에 따른 감정 곡선 차이를 한 화면에서 볼 수 있기 때문에 서비스에 대한 이해도가 높아지고 각각에 대한 해결책을 마련할 수 있는 장점이 있다. 경험 지도는 감정 곡선이 중요하므로 그래프와 이에 대한 설명을 집중해서 기술해야 한다. 특히 감정 곡선이 나쁘게 나타날 때의 경험은 자세히 기술하고 이에 대한 해결책을 마련하는 것이 좋다.

차량 공유 서비스 경험 지도 2

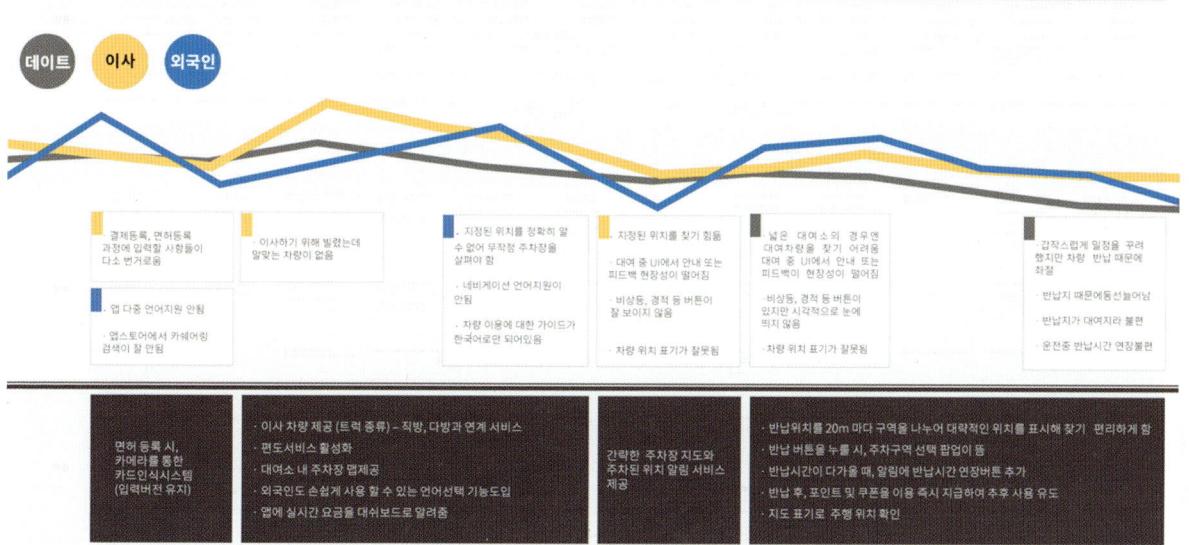

03
아이디어 수립 단계 > 사례

사례 2

동일 서비스라도 이용 장소나 상황에 따라 사용자 경험이 현저하게 다른 경우*

커피빈 경험 지도 1

사용자 경험맵 | 오피스

타겟 | 단체 주문(테이크아웃)을 하러 들어온 회사원
장소 | 커피빈 강남대로점
특징 | 오피스 밀집 지역

구분	카페 들어오기 전	카페 들어 옴					카페를 나감
행동	카페선정	주문 대기	메뉴판을 쳐다보면서 주문 목록을 확인함	커피가 나오기를 기다림	진동벨이 울리고 커피를 받으러 감	음료가 주문한대로 모두 잘 나왔는지 확인 후 카페를 나감	카페 이용에 대한 만족/불만족 판단
판단기준	• 회사와의 거리 • 단체 주문이 용이한 곳 • 포인트, 혜택, 멤버쉽 • 가격, 맛 • 커피·차의 종류	웨이팅 시간	주문한 메뉴가 없을 시 대체할 만한 메뉴가 있는가	단체 주문이 모두 나오기까지 걸리는 시간	• 픽업대 주변의 혼잡 유무 • 커피 캐리어의 휴대성·편리성	음료의 종류와 사이즈가 모두 제대로 나왔는지	매장에 대한 재방문 의사 판단
문제	• 커피값도 비싸면서 쿠폰을 15장씩이나 찍어야 해서 공짜로 얻을 수 있는 타 카페에 비해 얻을 수 있는 공짜 음료가 적음 • 쿠폰의 유효기간이 6개월로 짧음	회사 심부름으로 나온 것이라 너무 오래 기다릴 수 없는 상황이지만 회사의 주 이용 카페이기 때문에 포인트 적립 등 혜택을 위해 어쩔 수 없이 이용함	메뉴 이름이 어려워서 동료들이 주문한 목록이랑 일치하지 않아 혼란을 겪음	매장 내 이용객이 많고, 주문한 음료의 수가 많아 20분 이상 기다림	주문대와 픽업대가 혼잡해서 주문하러 들어오는 고객들과 기다리는 사람들의 충돌이 일어남	직원이 음료에 대해 제대로 설명하지 않았을 경우(혹은 써주거나), 종류가 섞여서 나중에 전달이 불편함	전체적으로 사용자 경험이 좋지는 않았으나, 커피의 맛이나 회사의 선호하는 카페이기 때문에 앞으로도 계속 이용할 예정
해결	쿠폰의 스탬프 최대 개수를 10개로 줄이고, 유효기간을 12개월로 늘린다.	단체주문의 경우 미리 주문하는 예약시스템을 만든다. (모바일)	메뉴 이름을 기억하기 쉽게 재구성한다.	예상 대기시간을 영수증에 표시 앱에 가입한 회원은 모바일로 주문 알림	간단한 푯말과 웨이팅 라인을 세워서 구분짓기	• 커피와 티 뚜껑의 색깔을 다르게 한다 • 단체 주문시 음료별로 스티커를 붙여준다.	

* 출처: UX팀 프로젝트 '커피빈 개선안' - 정수빈 외

그림을 보면 커피 전문점의 입지에 따라 고객 경험이 확연히 다르게 나타나기 때문에 각각 구분하여 경험 지도를 작성하고 있다. 오피스 주변과 주거지 주변은 동일한 상호의 매장이라도 이용객들의 경험이 확연히 다르게 나타난다. 이러한 경험을 프로세스 시간 순서대로 비교해 보면 서비스 전체에서 자세히 사용자 경험을 이해할 수 있게 된다.

커피빈 경험 지도 2

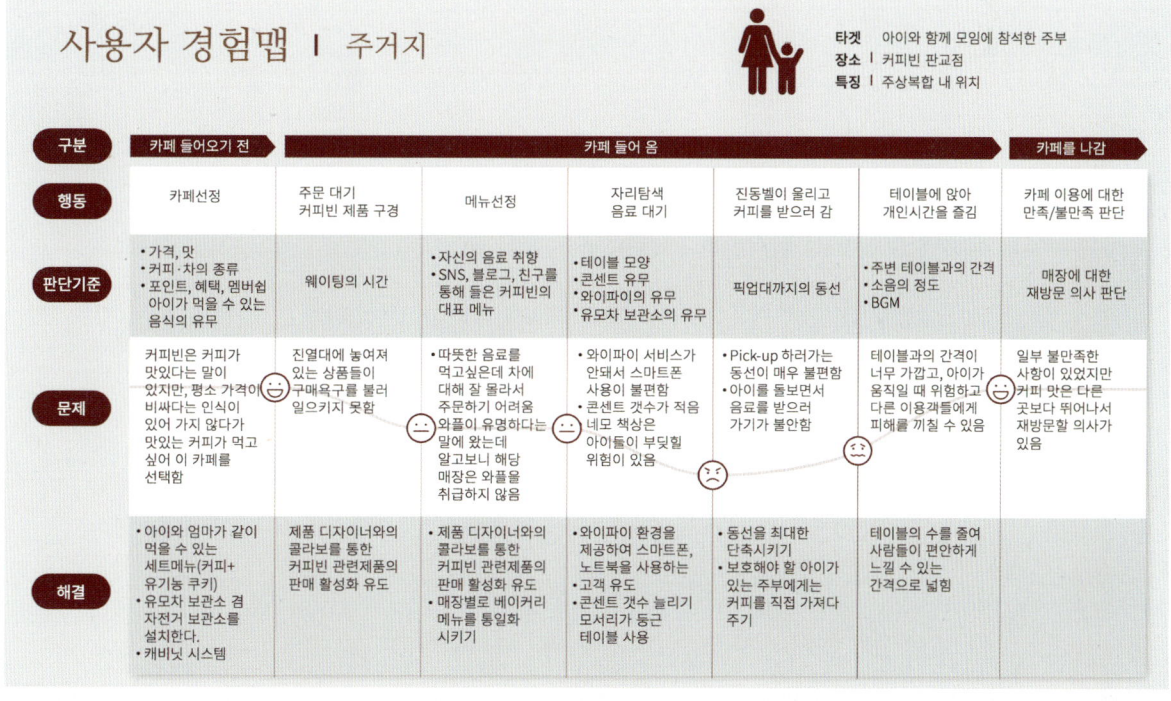

03 아이디어 수립 단계 > 사례

사용자 간 공통적인 경험과
차별적인 경험을 동시에 봐야 할 때*

그림을 보면 신입 구직자와 이직 희망자의 사용자 경험이 다르게 나타나는 현상을 폰트 색상으로 구분하고 있다. 대체로 유사한 경험을 하지만 특정한 환경이나 상황에서 다른 경험을 하게 될 때 주로 이 방법을 사용한다. 한 화면에 두 가지 이상의 경험을 공통경험, 특화경험으로 구분하여 표현하면 이해하기가 더 쉽다.

구인 구직 온라인 서비스 경험 지도

					공통 | 신입 구직자 | 이직희망자	
Stage	구직 전		구직 중		취업 후	
	취업 관련 공부 → 이력사항 정리		서류 지원 → 서류 통과 → 면접		합격	불합격
Doing	취업 관련 공부 - 토익, 토익 스피킹&오픽, 자격증 취업 관련 활동 - 인턴, 대외활동 전공 정리 이력, 경력사항 정리 1. 원하는 기업 형태별로 필요한 스펙 목록 설정 2. 영어 학원 다니기 & 스터디 3. 직무 관련 스터디 4. 이력사항에 기재할 사항 정리 - 봉사활동, 대외활동, 프로젝트 수행 내역 5. 경력사항에 기재할 내용 정리		이력서, 자기소개서 작성 포트폴리오 작성 인적성 준비 1. 채용 직무 알아보기 2. 지원 마감기간 확인 3. 자기소개서 질문 확인하기 / 자유형식일 경우, 자기소개서 양식 찾기 4. 글자수 및 맞춤법 검사 5. 첨삭받기 (*필수사항은 아님) 6. 제출하기 7. 서류통과 시, 필요 서류 제출		면접 합격의 경우 1. 입사일 확인 2. 필요 서류 제출 3. 현재 직장에 퇴사 의사 전달 면접 불합격의 경우 1. 채용 중인 다른 기업 알아보기 2. 다른 종류의 회사 알아보기 (하향지원 등) 3. 다른 취업방법 알아보기	
Thinking	• 내가 하고 싶은 일은 무엇일까? • 나는 어떤 성향의 사람이며 어떤 직무를 잘할 수 있을까? • 취업을 하기 위해서 어느 정도의 스펙이 필요할까? • 다른 사람들은 어떻게 취업, 이직 준비를 할까? • 이직을 하면 지금보다 더 나은 삶을 살 수 있을까? • 같은 분야에 있는 사람들은 어떤 조건으로 이직할까? • 이직하고자 하는 회사에 도움을 받을 수 있는 사람이 있는지 궁금하다.		• 자기소개서 항목은 어떤 식일까? • 서류 통과가 될까? 언제쯤 발표가 날까? • 경쟁률이 어느 정도 일까? • 면접을 어떻게 준비해야 할까? • 면접은 어떤 유형으로 진행될까? • 기업의 사내 문화, 복지, 연봉에 대해 알고 싶다. • 정확하게 해당 직무가 무슨 일을 하는지 잘 모르겠다. • 논리 정연한 대답을 하기 위해선 어떤 준비를 해야 할까? • 면접은 어떤 방식으로 진행될까? • 면접 복장은 어떻게 입는 것이 정석일까? (ex. 정장, 세미 캐주얼, 자유 복장)		• [합격] 지방 근무 시, 내가 타지역에서 생활할 수 있을까? • [합격] 내가 원하던 직무가 아닌데 괜찮을까? 첫 출근까지 관련 공부를 잠깐이라도 할 수 있으면 좋겠는데... • [합격] 합격을 해도 약간 불안감이 있다. 혹시 뭔가 잘못되진 않겠지? 인사 담당자 전화번호가 무엇더라? • [불합격] 내가 떨어진 이유가 무엇일까? • [불합격] 합격자들의 이력서나 포트폴리오가 궁금하다.	
opportunity	• 신입 구직자, 경력 1~3년차의 이직희망자는 본인의 적성과 직무에 대한 고민이 있을 것으로 생각되어 체계적인 취업 진로 설계를 해주는 것이 필요함 • 기업의 현직자 직무인터뷰와 직무관련 매거진을 제공하면 구직자에게 도움이 될 것 같음 • 취업과 관련한 스터디북을 제공할 필요가 있음		• 입사지원 단계부터는 신입 구직자, 이직희망자 모두의 관심사가 비슷할 것으로 예상돼 채용 절차별로 제공 정보를 정리해 일목요연하게 제공할 필요가 있음 • 지원하는 회사에 대한 정보, 같이 지원하는 지원자에 대한 정보 통계를 제공해 준다면 지원자의 사용자경험을 높일 수 있음 • 모바일로 입사지원이 증가하는 추세로 모바일로 편리하게 입사 지원할 수 있는 플랫폼 제공		• 지원한 회사의 합격한다면 담당하게 될 업무와 관련한 추후의 방향을 안내해주는 서비스가 있으면 좋을 것 같음 • 지원한 회사에 불합격 한다면 해당 기업에서 불합격한 이유에 대해 명확하고 간략한 코멘트를 제공해 준다면 구직자가 취업을 하는데 있어서 상당한 도움이 될 것 같음	

*출처: 고용정보원 UX 프로젝트 - 김다솜 님

1.3 멘탈 모델 작성

멘탈 모델은 인간 행위에 기반을 둔 디자인 전략이다. 사람들의 행동 동기, 사고 과정, 감성적이고 철학적인 배경 등을 연구하고 그에 대한 패턴을 찾아 하나의 모델로 정리하게 된다. 목표 고객을 완전히 이해하여 사람들이 무엇을 원하는지, 어떻게 디자인해야 친화도를 높일 수 있는지를 패턴으로 만들어 디자인과 기획 단계에 적용하는 방법이다. 멘탈 모델에 대한 정의와 방법론은 영역이 광범위해서 이 책에서는 목적과 방법에 대해 핵심적인 내용만을 간략히 소개하려고 한다.

멘탈 모델의 목적은 분석된 정보를 통해 사람들이 가진 숨겨진 요구사항을 찾아내 서비스를 효율적으로 개선하는 데 있다. 멘탈 모델은 다음과 같은 목적을 갖는다.

1. 디자인 지침 설정: 서비스와 기능을 설계하는 데 명확한 가이드라인을 얻기 위해서다.
2. 사업 방향의 명확성: 사용자와 사업 측면에서 올바른 의사결정을 내리기 위해서다.
3. 전략의 연속성: 사업 비전과 기회가 오래 지속되도록 전략을 짜기 위해서다.

멘탈 모델을 사용하면 사용자의 요구사항을 보다 명확하게 알아낼 수 있고, 콘텐츠를 결정하고 정보구조를 수정할 수 있다.

멘탈 모델을 작성하는 과정은 다음과 같다.

1. 사용자와 인터뷰를 시행한다. 행동 패턴에 대한 질문과 서비스 사용 중 긍정적 또는 부정적 견해를 탐구한다.
2. 사용자의 인터뷰 내용을 행동 기반으로 그룹화한다.
3. 행동 유형을 분석하고 핵심 키워드로 정리한다.
4. 멘탈 모델 다이어그램으로 결과를 도출한다.

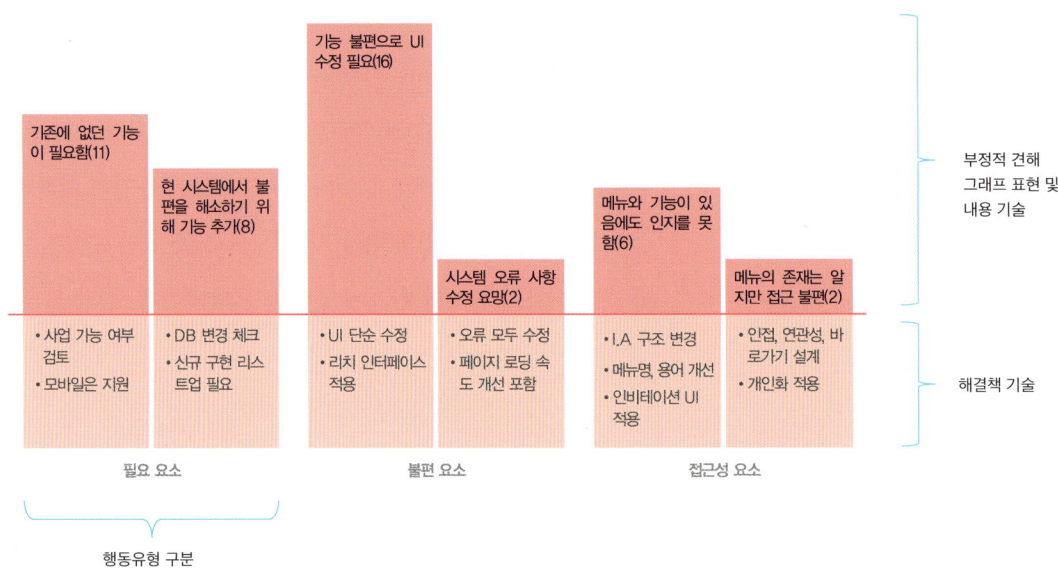

멘탈 모델 적용 사례

적용 사례를 보면 멘탈 모델을 사용하여 서비스 사용 후기를 행동별로 정리하고, 필요 요소와 불편 요소, 접근성 요소로 크게 구분한 뒤, 세부 항목으로 나누고, 최종적으로 이에 대한 개선 사항을 점검하고 있다.

② 핵심 욕구 도출

문제 발견 단계를 거쳐 아이디어 수립 단계를 진행하고 있다면 핵심 욕구를 도출하기 위해 정리 단계로 들어가야 한다. 핵심 욕구 도출이란 겉으로 드러난 요구사항보다는 내면적으로 숨겨진 요구사항의 원인을 찾는 것이다. 그러나 문제 발견 단계와 아이디어 수립 단계를 UX 디자인 프로세스를 통해 아무리 꼼꼼히 수행했다 하더라도 고객의 행동 양식이나 제품과 서비스 이용에 대한 개선 결과는 확신할 수 없는 것이 현실이다.

만약 UX 디자인 프로세스를 적용하는 것만으로 쉽게 문제가 해결되고, 고객은 기업이 원하는 대로 행동을 취한다면 아마 이 세상에 실패하는 사업은 없을 것이다. 이런 현실을 충분히 고려하여 더 좋은 사용자 경험을 달성하고 나쁜 요소를 가능한 한 제거하는 방법을 차분히 고민해야 한다.

고객의 핵심 욕구를 도출하는 일은 문제 발견 단계와 아이디어 수립 단계(정리 단계)에서 가장 중요한 결론 도출 부분으로 만약 핵심 욕구가 기대대로 도출이 되지 않으면 다른 방법으로 다시 수행하는 것이 필요하다. 이런 사이클을 항상 염두에 두고 UX 디자인을 진행해야 사업 목표를 달성할 가능성이 높아진다.

2.1 친화도법

친화도법Affinity Diagram은 문제 발견 단계나 아이디어 수립 단계에서 도출된 여러 아이디어를 키워드 혹은 정리된 문장으로 작성하여 이를 분류하고 선별한 다음 패턴을 발견하여 내용을 체계화하는 것이다. 친화도법은 시장 분석이나 경쟁 분석, 사용자 분석 등을 통해서 여러 관점으로 도출된 내용을 키워드로 정리하여 알아보기 쉽게 만든 다음 여러 이해관계자가 다양한 기준에 의해 비슷한 것끼리 정리하면서 새로운 규칙을 발견하는 것이다. 친화도법은 친근한 것끼리 그룹으로 묶는다는 의미를 갖는다.

일반적으로 친화도법은 포스트잇을 사용하며 다음과 같은 방법으로 진행한다.

1. 문제 발견 단계에서 수행했던 시장 분석, 경쟁 분석, 사용자 분석 등을 통해 추출된 데이터를 키워드화하여 포스트잇에 적는다.

이때 적어 놓은 포스트잇 한 장 한 장을 어피니티 노트 Affinity Note라고 한다. 포스트잇에 키워드를 적을 때 꼭 명사를 사용하지 않아도 된다. 다만, 명사형으로는 적어야 하며 다른 사람들과 공유하기 편하게 서술형 설명문을 키워드 하단에 적어 놓기도 한다.

2. 의미론적 연관성, 상호의존성 원칙, 패턴화 원칙 등에 따라 비슷한 것끼리 분류하여 포스트잇을 붙여 본다.

포스트잇을 사용하는 이유는 어피니티 노트를 여러 번 붙였다 뗐다 해보기 위해서다. 그만큼 친화도법은 한 번에 끝내는 작업이 아니라 아이디어를 다양하게 전개해 보는 시도가 중요하다고 할 수 있다.

이 단계에서 주의할 점은 너무 뻔한 그룹화는 결과 도출에 별로 도움이 안 된다는 것이다. 예를 들어, 여러 음식 키워드가 나열되어 있을 때 사과, 딸기, 배, 바나나, 참외, 수박 등 '과일'로 연상되는 것들을 단순히 모아 놓는다고 하자. 이럴 경우 누구나 다 알고 있는 '과일' 종류 나열밖엔 얻을 게 없다. 차라리 빨간색(사과, 딸기), 노란색(배, 바나나, 참외) 등 좀 더 다양하고 참신한 관점으로 분류하는 것이 좋다. 기본적으로 분류할 때는 선호도와 결과 동질성, 규모, 구조, 조직, 상황, 사용자 등 다양한 관점으로 시도해 보는 것이 필요하다.

3. 비슷한 것끼리 어피니티 노트를 묶은 다음에는 묶인 이들에 대한 그룹 이름을 정한다.

보통 헤더 Header라고 하며 헤더는 어피니티 노트와는 다른 구분되는 색을 사용하는 것이 좋다. 헤더는 묶인 어피니티 노트 중의 하나가 될 수도 있고 새롭게 작성하는 것도 좋다. 향후 새롭게 작성된 헤더를 다시 묶고 분류하여 또 다른 새로운 헤더를 작성할 수도 있다. 실제 이 헤더들이 바로 소중한 결과물일 경우가 많다.

친화도법을 설명하는 이미지
여러 장으로 작성된 어피니티 노트를 질(Quality), 서비스(Service), 유통(Delivery), 가격(Price) 등 다양한 헤더로 묶었다.

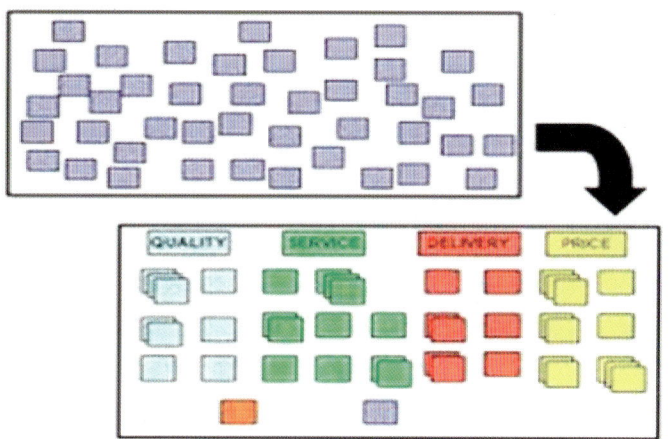

---

* 출처: https://www.6sigma.us/affinity-diagram/read-affinity-diagram/

사용자 분석에 친화도법을 사용한 사례[*]

온라인 구인 구직 포털 서비스의 사용자를 분석하면서 친화도법을 사용한 사례다.

▶ 분석 방법

온라인 구인 구직 포털 서비스 ○○넷 사용성 개선 방향 설정을 위해 재직자 및 재취업희망자, 취업 준비생 전체의 분석결과를 토대로 한 친화도법이다.

▶ 분석기간

2016년 8월 6일 ~ 2016년 8월 7일(2일 간)

▶ 분석개요

- 사용자 분석을 위해 진행한 설문 및 인터뷰 자료를 텍스트 데이터로 바꾼 후 유사 속성에 따라 내용을 분류하고 그룹화했다.
- 분류한 사용자 욕구를 분석하여 요구 사항을 정리하고 개선안을 제안했다.

어피니티 노트 사례
설문 및 인터뷰 자료를 각각의 어피니티 노트로 작성하여 분류한 모습

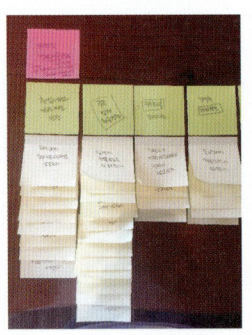
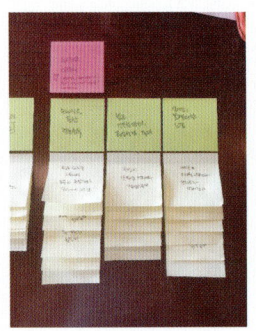

[*] 고용 정보원 UX 프로젝트 - 이민영

Part 1
사용자와 환경 분석

▶ 1차 조사 결과 요약

1. 나와 관련된 **필요한 정보**만 보여주세요
"메인 화면에 내가 볼 필요 없는 정보가 너무 많아요."
"이미 개인정보를 입력했는데, 또 검색을 해야 하나요?"

2. 정보를 **한눈에 직관적**으로 보고싶어요
"내 관심직종의 전체 채용공고, 일정 등을 한눈에 보고싶어요."
"매번 검색 후 일정을 다시 기록하는게 번거롭고 불편해요."

3. 최신 정보를 **꾸준히** 알려주세요
"취업 후에도 관심직종의 정보를 꾸준히 알고 싶어요."
"2년정도 취업준비를 하는데 그 기간엔 항상 정보를 찾아봐요."

4. 신뢰할 수 있는 **정보**인지 모르겠어요
"실제로 근무 해보면 채용공고의 글과 다른 경우가 있어요."
"믿을 수 있는 정보인지 다른 사람의 의견을 듣고싶어요."

5. 검색 시 **가이드**가 필요해요
"어떤 키워드로 검색해야할지 잘 모르겠어요."
"검색을 해도 원하는 직종이 제대로 나오는 것 같지 않아요."

6. 직장**생활 시 중요한 정보**를 알 수 없어요
"출퇴근시 얼마나 걸릴지, 몇호선 근처인지 다시 검색해야해요."
"복지는 어떤지, 사내에 카페가 있는지 생활정보가 필요해요."

7. 워크넷을 **매일매일** 볼 수 없어요
"주로 페이스북에서 취업정보를 발견하고 까먹어요."
"공고가 뜨면 더 빠르고 간편하게 취업정보 전달받고 싶어요."

8. 최신 정보라는 **트렌디한 느낌**이 없어요
"화면이 오래된 느낌이 들어서 신뢰도가 떨어져요."
"확신 정보가 아니라 예전 공고인것 같은 느낌이 들어요."

9. 사용하기 **복잡하고 어려워요**
"버튼이 너무 많고 뭘 봐야할지 모르겠어요."
"말이 너무 어려워서 찾아봐야해요."

▶ 2차 조사 결과 요약

▸ 친화도법을 통한 개선안

<u>개인화 서비스 관련</u>

- 입력한 개인 정보, 이력서 정보 기반 맞춤 정보 추천
- 일정관리 캘린더, 개인 이력 관리, 자기소개서 관리 등 개인 일정·정보 통합관리 서비스
- 관심 직종에 관한 업계의 지속적인 이슈 전달, 알림 On/Off
- 메인 홈 화면에 맞춤 개인화 서비스 설계로 원하는 정보의 접근성 향상이 요구됨

<u>화면 정보제공 관련</u>

- 제공 정보의 신뢰도 판단 기준이 모호함
- 믿을 수 있는 지인이나 재직자 등 제공 정보에 대한 신뢰할 수 있는 이해관계자의 평가 및 후기 정보가 요구됨
- 원하는 정보에 빠르게 접근할 수 있는 검색 전 키워드 정보 제공, 교육 가이드 제공이 요구됨
- 근무지 위치, 주변 환경, 내부 시설, 내부 복지사항 등 근무 시 유용한 생활정보가 부족함
- 최신 업계 채용정보를 신속하게 전달하는 트렌디한 이미지가 부족하여 정보 신뢰도가 떨어짐
- 사용자의 사용 맥락과 무관한 채용정보를 다량으로 메인 화면에 배치하여 복잡하고 혼란스러운 느낌
- 사용자의 사용 연령과 학력 수준이 다양함에도 불구하고 이해하기 어려운 단어의 반복적인 사용

서비스 접근성 및 인지 관련

- 다른 취업 정보 서비스 대신 자사 서비스 이용 시 제공받을 수 있는 이점이 불확실함
- 모바일에 익숙한 2030 사용자층이 관심 직종의 최근 이슈가 있을 때 빠르게 정보를 받을 수 있는 채널의 확장이 필요함
- 구직 대상자를 격려하는 밝고 긍정적인 브랜드 이미지 확보가 필요함

1차 조사 결과 요약에서 서술문으로 작성한 헤더를 정리하고 이를 다시 현 서비스 개선안에 적용하여 개선에 대한 아이디어를 도출하고 있다. 친화도법을 사용해서 결과를 정리하고 아이디어를 취합하고, 새로운 아이디어를 도출하는 등 다양하게 사용하고 있다.

K-Pop의 현주소를 알아보기 위한 어피니티 노트*

그림을 보면 K-Pop에 대한 키워드를 다양하게 작성하고 이를 소그룹의 헤더로 그룹화, 다시 이를 현재와 미래라는 키워드로 정리하여 OSMU(One Source Multi Use 하나의 콘텐츠를 토대로 다양한 사용처를 개발해 내는 것) 관점으로 최종 결과를 도출하고 있다.

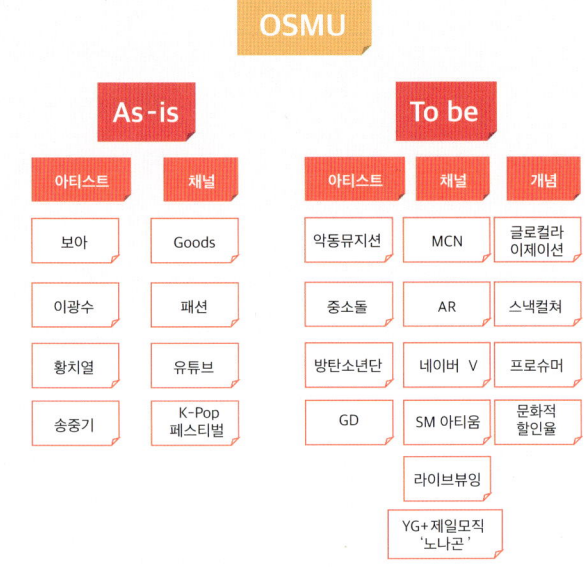

K-Pop과 한류문화와 관련된 키워드로 작성한 어피니트 노트

그림을 보면 좀 더 사실적이고 다양한 결과를 헤더로 정리한 어피니티 노트를 통해 더욱 새롭고 의미있는 결과를 도출할 수 있다.

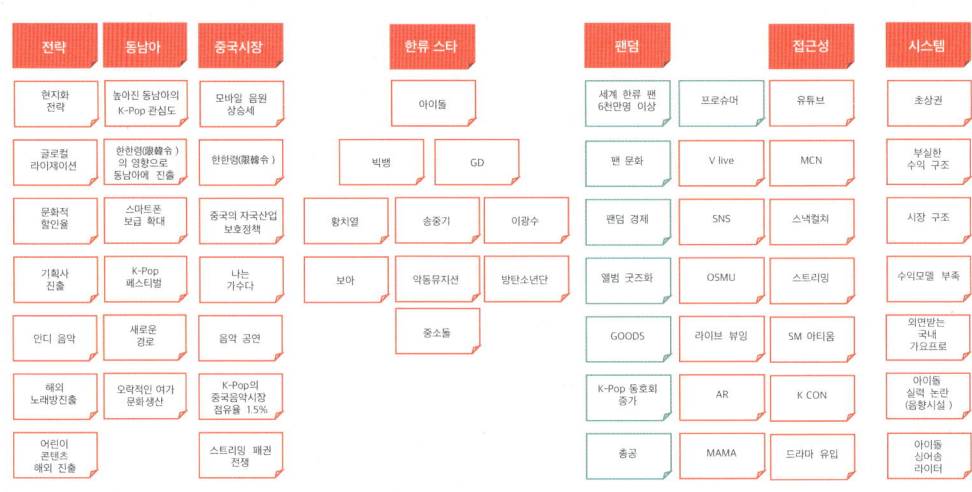

K-Pop과 관련된 용어 어피니티 노트

* 출처: K-Pop 인포그래픽 디자인 작업 프로젝트 - 정재규 외

2.2 카노 분석법

카노^{Kano} 분석법은 카노 모델을 이용한 고객 중심성 강화 방법이다. 1980년대 일본의 학자인 노리아코 카노$^{Noriako\ Kano}$가 만들었다. 카노는 설문조사에서 얻은 데이터를 사용하는 혁신적인 방법을 모색하고 있었다. 기존 제품의 판매 방식과 고객이 가격이나 품질의 변화에 반응한 모습을 데이터를 활용해 개선점을 찾고자 했다.

소비자들은 제품의 여러 가지 세세한 부분에 불만을 품고 있음에도 어느 정도 충족되면 그것을 그대로 받아들이는 '한계효용의 법칙'을 따르는 경향이 있다. 이런 상황을 설명하기 위한 모델이 카노 모델이다. 제품의 품질에 대한 이원적인 인식 방법을 가설을 수립하여 만족과 불만족의 주관적 측면과, 물리적 충족과 불충족이라는 객관적 측면을 함께 고려하여 모델을 만들었다.

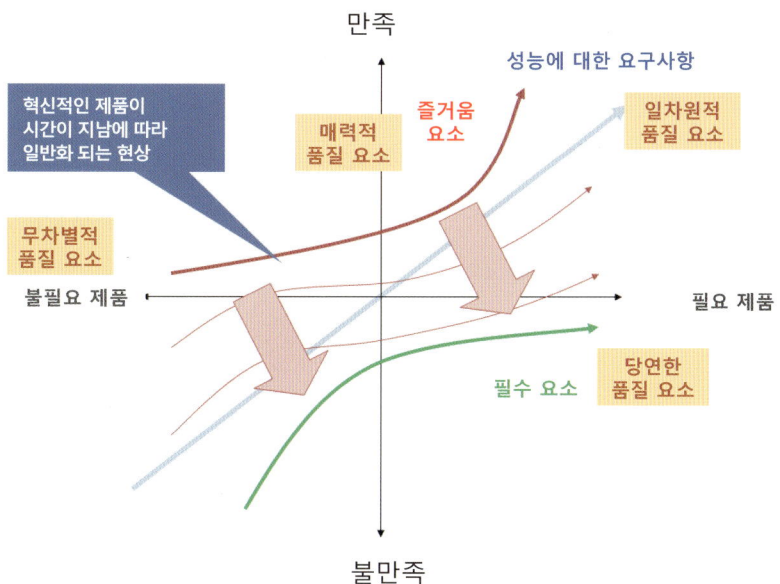

카노 모델 사례*

---

* 출처: 위키피디아

카노 모델에서 사용하는 품질 요소들을 간단하게 설명하면 다음과 같다.

매력적 품질 요소 Attractive Quality Element

충족되는 경우 만족해 하지만 충족되지 않더라도 크게 불만은 없는 품질 요소를 말한다. 고객이 미처 기대하지 못했던 것 혹은 기대를 초과해 만족을 주는 품질 요소가 될 수 있다. 이 품질 요소는 단순 만족에서 고객 감동 Customer Delight 의 수준을 달성할 수 있게 한다. 한편 이러한 품질 요소의 존재는 고객들은 모르거나 기대하지 않았기 때문에 충족되지 않더라도 불만을 느끼지 않는다.

일차원적 품질 요소 One-Dimensional Quality Element

충족되면 만족하고 충족되지 않으면 고객들이 불만을 일으키는 품질 요소다. 가장 일반적인 품질을 인식하는 요소다.

당연한 품질 요소 Must-Be Quality Element

반드시 있어야만 만족하는 품질 요소다.

무차별 품질 요소 Indifferent Quality Element

만족하는 것과 만족하지 못하는 것 사이에 품질의 차이가 느껴지지 않는 요소다.

역 품질 요소 Reverse Quality Element

충족되면 불만족을 일으키고 충족되지 못하면 만족되는 거꾸로 된 요소다.

UX 디자인에서 사용자의 만족도를 높이는 요소가 무엇인지를 알아내려고 할 때 카노 분석법을 사용한다. UX에서의 카노 분석법은 페르소나에서 다룬 사용자 4분면 분류법과 유사하다.

그 이유는 제품의 필요 여부, 만족감과 실망감을 X축과 Y축으로 구분하여 4분면에 배치하고 사용자의 감성 포인트를 배치하기 때문에 분석하려는 서비스가 어떤 맥락인지, 실제 불만족스러운 요인은 무엇이며 필요 없는 기능은 무엇인지를 쉽게 판단할 수 있게 해 줄 수 있기 때문이다. 여기서 중요한 점은 카노 모델을 위한 제대로 된 분석을 담고 있어야 카노 분석법의 효과를 활용할 수 있다.

그림을 보면 만족스럽거나 실망스러운 메뉴, 메뉴에 대한 경험, 불필요한 메뉴와 필수 메뉴를 고찰해 분석하려는 서비스를 자세히 파악하고 있다.

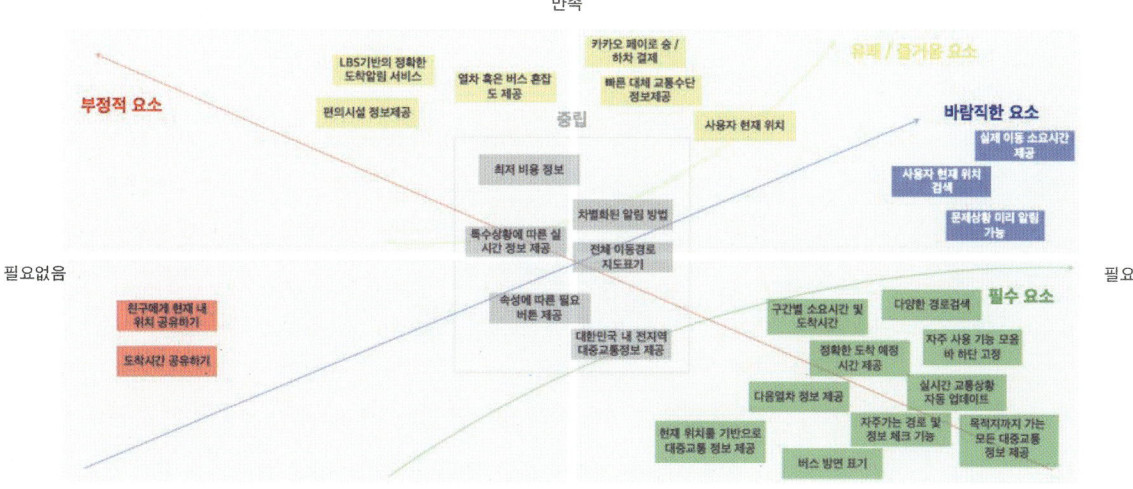

카카오 대중교통 카노 분석 사례*

* 출처: 권근희

3 서비스 콘셉트 도출

아이디어를 정의한 후 개선안에 대한 결론이 분명해지면 서비스 콘셉트를 도출할 수 있다. 서비스 콘셉트를 도출할 때는 자사 제품이나 서비스의 현황에 맞게 잡아야 한다. 이때 필요한 요소가 개발할 서비스에 대한 정의다. 서비스 콘셉트를 정의하는 과정은 다음과 같다.

1. 최종적으로 정리된 아이디어를 바탕으로 전략 방향을 도출하고 목표 시장을 선정한다. 이때 많이 사용하는 방법이 SWOT 분석이다. 이를 통해 시장 기회를 분석하고 목표 고객을 설정하게 된다.
2. 서비스의 전략 방향을 잡고 서비스의 개념과 유형을 구체화한다. 물리적 특성, 이미지 특성에 대한 차별적인 우위점 등을 도출해 감으로써 개념과 유형을 구체화하는 것이다.
3. 목표 시장을 선정함으로써 서비스의 전략 방향을 확정한다.
4. 출시될 목표 시장이 기존 시장인지, 신규 시장인지를 정의하게 된다. 또한, 기존 제품의 개선안인지 신규 제품을 개발하는 것인지도 결정한다.

개발 방향 예시*
기존 시장인지 신규 시장인지, 기존 제품인지 신규 제품인지를 분류하여 서비스의 콘셉트를 도출한다

시장	기존 제품	신규 제품
기존 시장	가격 / 제품 품질 향상 (예: 요금제, 성능, 결합 상품)	신규 제품 개발 (예: 신기술)
신규 시장	신규 시장 개발 (예: 기능 다양화)	신규 시장, 신규 제품 개발 (예: 신기술, 신규 시장)

4가지 경우에 대해 각각의 핵심 전략은 다음에 초점을 두어 수립해야 한다.

- **기존 시장에 기존 제품을 적용하는 경우**: 핵심 전략은 가격 경쟁력과 품질 향상에 초점을 두어 수립한다.
- **기존 시장에 신규 제품을 적용하는 경우**: 핵심 전략은 신기술이 적용된 제품 개발에 초점을 두어 수립한다.

출처: NCS 콘텐츠사용자서비스 모듈*

- **신규 시장에 기존 제품을 적용하는 경우**: 핵심 전략은 기능 다양화에 초점을 두어 수립한다.
- **신규 시장에 신규 제품을 적용하는 경우**: 핵심 전략은 신기술, 신규 시장 개발에 초점을 두어 수립한다.

UX 디자인 방법을 통해 문제 발견과 해결안이 구체화된 시점에서 서비스 콘셉트 도출은 사업 전략과 매우 밀접하게 연관이 된다. 아무리 사용자 경험을 개선하는 아이디어가 구체적으로 도출되었다 하더라도 서비스 콘셉트를 잡는 것은 또 다른 문제다.

예를 들어, 2018년 현재 아마존이 선두로 치열하게 경쟁하고 있는 대화형 시스템^{Conversational System} 상품인 음성비서 스피커 시장은 기술 수준이 높고 글로벌 강자들이 즐비한 곳인데 이런 상황에서는 사용자 경험 디자인만으로는 제품(서비스) 출시가 매우 어렵다.

만약 이 시장에 내놓을 혁신적인 신규 제품을 개발하려고 한다면 음성비서 스피커에서 불만족스러웠던 사용자 경험을 상세하게 도출해 내고, 이를 해결할 수 있는 방법으로 신기술을 개발·적용해야 한다.

UX 관점에서 서비스 콘셉트를 도출하기 위해 제품이나 서비스에 대한 가치와 목표, 비전을 제시하는 것은 업무 유관자 모두가 깊게 고민해 봐야 하는 사항이다.

4 아이디어 시각화

4.1 다이어그램

다이어그램Diagram 방식은 분석 내용을 도형으로 정리한 것으로 보고서용으로 적합하다. 다이어그램은 기호와 선, 점 등을 사용해 각종 사상의 상호 관계나 과정, 구조 등을 이해시키는 설명적인 그림으로, 시각적인 면을 활용하여 강력한 전달력을 지닌다. 그래프로 표현된 값도 때로는 다이어그램으로 도식화하기도 하며, 보통 플로차트를 비롯하여 서비스 프로세스나 고객의 성향과 구성을 구분하는데 편리하게 이용된다. 복잡한 형태부터 간단한 도형까지 다양한 다이어그램을 그릴 수 있으며, 통계 자료를 종종 도식화하는 일도 있다. 결괏값이 너무 복잡할 때는 그래프로 표현해도 이해가 잘 안 될 수 있는데, 이럴 때 효과적인 다이어그램은 이해하기 쉽고, 결론도 명확하게 드러낼 수 있다. 다이어그램은 크게 다음 그림과 같이 구분할 수 있다.

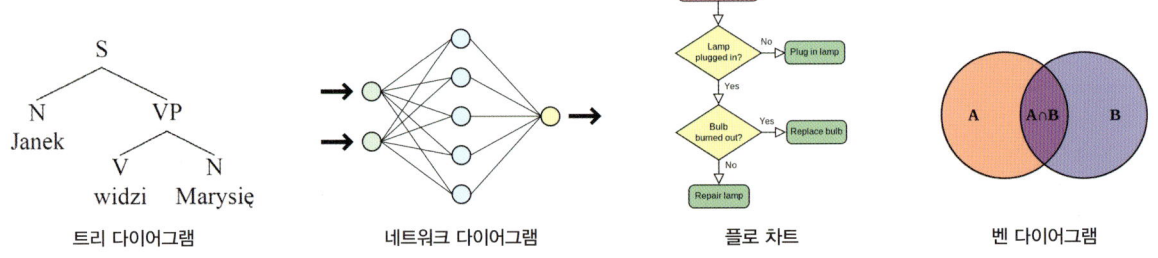

트리 다이어그램 | 네트워크 다이어그램 | 플로 차트 | 벤 다이어그램

복합 형태의 다이어그램
복합적인 사상을 일목요연하게 나열한 것으로 색상과 도형, 위치, 화살표와 같은 흐름도가 중요하게 사용된다.

4.2 인포그래픽

최근에는 복잡한 결과를 표현하는 방식으로 인포그래픽^{Infographic} 형식을 많이 사용한다. 인포그래픽은 정보를 시각적으로 표현한 것으로, 정보를 구체적이고 실용적으로 전달한다는 점에서 일반적인 그림이나 사진 등과 구별된다. 실질적으로 인포그래픽이 크게 유행한 이유는 귀여운 만화 같은 표현으로 정보의 결과를 과장과 함께 극대화하는 것이 재미있기 때문이다. 사용자 분석에서 수집된 자료를 가공하여 통계 자료를 만들고, 이에 대한 디자인 작업을 거쳐 인포그래픽이 완성된다. 여기에는 특별한 노하우보다도 핵심 요소를 얼마나 디자인적인 감각으로 녹여내느냐가 관건이다.

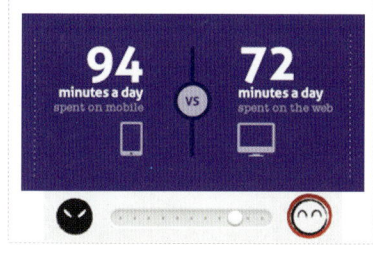

미니 인포그래픽 화면 구성 기획안
2개의 대상을 비교하여 인포그래픽으로 구현한 여러 가지 기획안이다.

좌_ 인포그래픽은 시각적으로 단순해야 한다. 핵심적은 내용을 숫자와 텍스트로 타이포그래피 디자인을 이용하여 주목도를 높인다. 혹은 연관된 아이콘 이미지를 사용하여 시각화하기도 한다.

우_ 차트는 데이터를 보여주고 비교하는 데 가장 훌륭한 표현 방법이다. 인포그래픽에서 보다 쉽고 디자인적으로 우수한 차트 디자인을 기획하는 것은 중요하다.

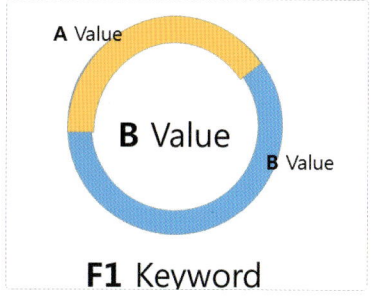

인포그래픽 사례

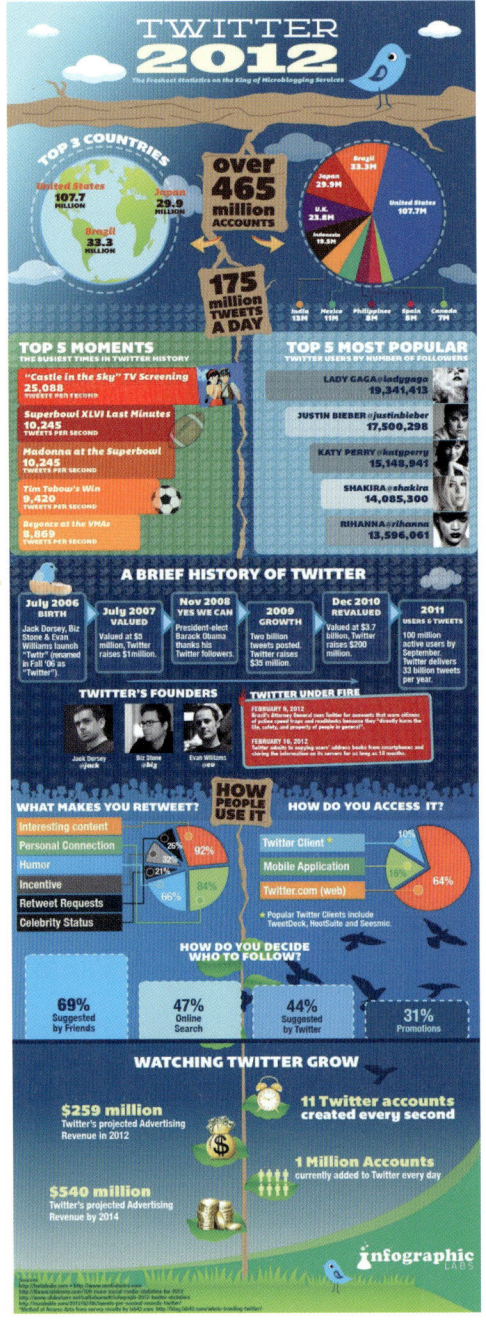

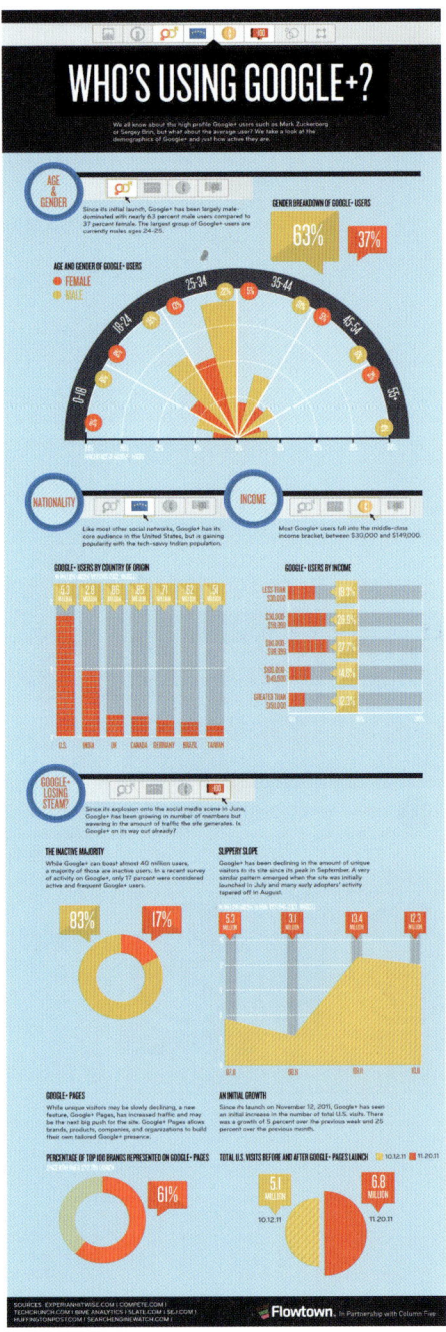

Part 1
사용자와 환경 분석

4.3 메트릭스

01 메트릭스형으로 분석한 사례
시각적으로 분포의 위치와 밀집 정도를 쉽게 파악할 수 있다.

02 이미지와 메트릭스 그래프를 효과적으로 배치한 사례

메트릭스Matrix 방식은 측정한 결괏값을 통계로 분석하여 차트 형태로 그래프화한 것이다. 특히나 결괏값의 비교와 분석, 특성 파악에 효과적으로 사용할 수 있으며, 숫자 형태가 아닌 텍스트로도 표현할 수 있다. 통계로 산출된 결과를 차트로 작성하는 데는 보통 엑셀의 차트 기능을 많이 사용하고 있으며, 대부분 엑셀 차트 기능으로 작성한그래프를 기반으로 좀 더 효율적으로 재가공하여 작성한다. 또한, SAS, SPSS, Mini Tab 등 전문통계용 프로그램에는 다양한 차트 솔루션이 있어 이를 이용할 수도 있다.*

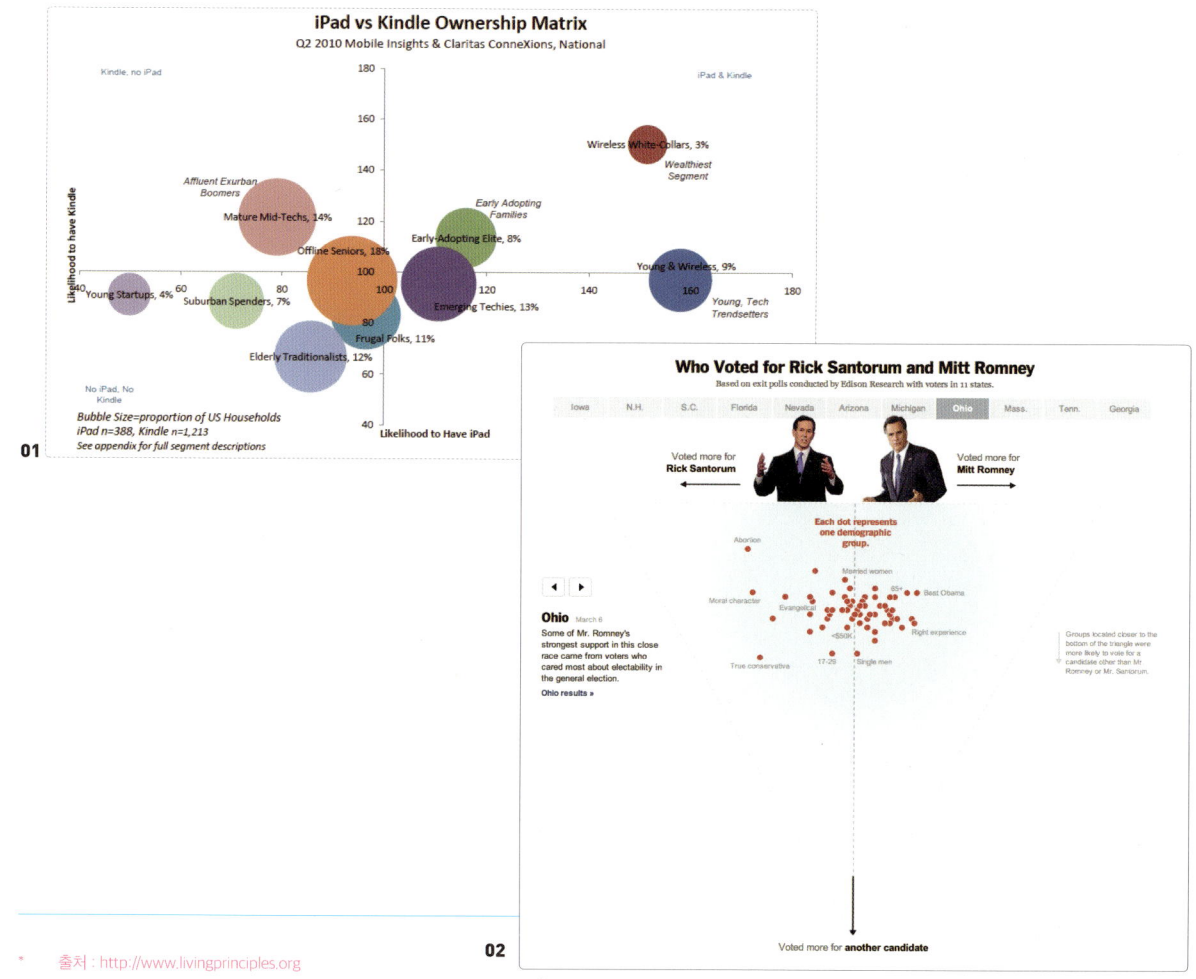

* 출처: http://www.livingprinciples.org

Part 2

사용자 경험 디자인

04

Chapter

정보구조 설계

Outline

환경 분석 단계가 끝나면 실제 디자인 과정을 진행할 차례다. 아이디어 수립 단계가 온전하게 진행되었다면 해결책에 대한 세부안을 구체화하기 위해 정보에 대한 구조도를 작성해야 하며 그 구조도를 바탕으로 프로세스와 UI 설계를 진행한다.

Process

이 장에서는 UI 디자인에 있어 기반 단계인 정보구조를 설계하는 방법에 대해 설명한다. 소프트웨어 중심인 IT 영역에서 중요하게 다루는 개념은 바로 정보Information다. 그리고 구조화Architecture 과정으로 이를 체계적으로 설계한다. 일반적으로 정보구조를 건축에 비유하는데 건물을 지으려면 설계도도 필요하지만 이에 앞서 어디에 지을 것인지, 몇 층 높이로, 면적은 얼마나, 지하부터 몇 층으로 등 정해야 하는 것들이 있다.

일부는 개발 단계부터는 UX 디자이너의 역할이 아니라고 선을 긋는다. 현재 국내에서는 UX 디자이너보다는 기획자와 UI 디자이너라는 직책이 더 일반적이다. 그러나 오히려 정보구조를 설계하고 스토리보드를 작성하며 사업 및 마케팅 전략을 수립하는 것이 훨씬 더 비중이 높을 수 있다.

1 정보구조 설계

1.1 정보구조의 정의와 구성 요소

정보구조^{IA}는 서비스의 각 구성 요소에 대해 분석 작업을 수행하여 업무 체계를 정립하는 것을 말한다. 실제로는 정보구조를 한마디로 정의하긴 어렵다. 소프트웨어 개발 관점에서 정보구조를 정의하자면 '웹사이트나 응용 프로그램, 기타 개발 프로젝트를 위한 구조를 만드는 것'이라고 할 수 있다. 정보구조를 설계하면서 사이트맵, 계층 구조, 카테고리, 내비게이션 및 메타데이터가 만들어진다. 정보구조를 설계할 때 스스로에게 다음과 같은 질문을 해보는 것이 필요하다.

- 우리 사이트를 통한 사용자의 흐름에는 무엇이 있는가?
- 응용 프로그램^{Software}은 사용자가 정보를 분류하는 데 있어 어떤 도움이 되는가?
- 이 정보(서비스 혹은 기능, 제품 등)는 어떻게 사용자에게 제공되는가?
- 이 정보(서비스 혹은 기능, 제품 등)는 고객에게 도움이 되는가? 그리고 결정을 주도할 수 있는가?

01 정보구조 이해를 돕는 이미지

02 정보구조의 3가지 구성 요소*

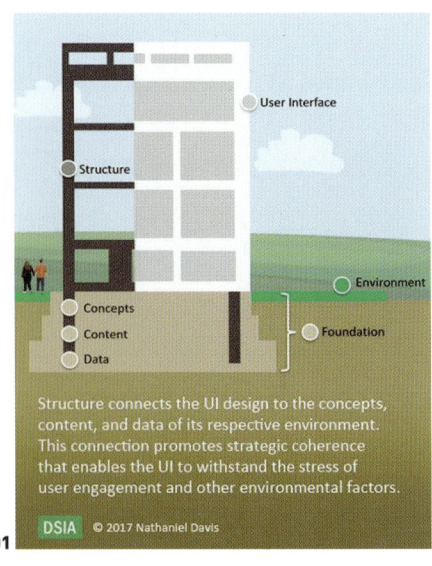

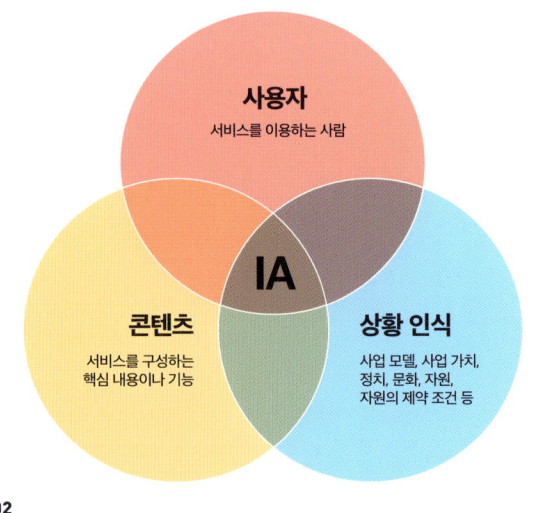

* 출처: 피터 모빌, 루이스 로젠펠드 공저, 인포메이션 아키텍처, 인사이트(2011)

이들 질문에 대한 답이 곧 정보구조에 대한 정의이자 작성법이 될 수 있다. 정보구조를 설계하려면 대상 고객, 웹 혹은 모바일에 관련된 기술, 이를 통해 제공되는 데이터에 중점을 두어야 한다. 정보구조는 다음 3가지 구성 요소를 기반으로 설계하게 된다.

정보구조의 3가지 구성 요소

구성 요소	정의	기술 규칙
콘텐츠 (Contents)	서비스를 구성하는 핵심 내용이나 기능이다. 크기, 형태, 데이터, 구조, 조직 등으로 구분한다.	· 인덱싱과 카탈로그 분류 작업 · 사이트 구조 설계 · 유사어 개발 · 콘텐츠 관리 · 내비게이션과 레이블 작성
사용자 (User)	서비스를 이용하는 사람이다. 그들이 누구인지, 정보를 찾는 행동과 필요한 정보가 무엇인지 파악한다.	· 맥락 파악법 Contextual Inquiry · 페르소나 · 민족사를 기반으로 한 인류학 Ethnography · 행동 분석 · 사용성 테스트 및 검사 · 사용자 요구 정의 · 사용자 필요 환경에 대한 문서화
상황 인식 (Context)	사업 모델, 사업 가치, 정치, 문화, 자원, 자원의 제약 조건이 여기에 속한다.	· 사용자 요구사항 정의 · 프로젝트 범위와 정의 · 고객 기대치 관리 · 기술적, 환경적 제약

다시 한번 설명하자면 원칙적으로 정보구조는 콘텐츠를 분류 체계(크기, 형태, 데이터, 구조, 조직 등)에 따라 친화도법같은 방식으로 분류하는 것이다. 분류한 다음에는 헤더 Header를 결정하고 이름을 지어야 한다. 이름 붙이기 Labeling가 실제 정보구조에서는 중요한 요소로 꼽힌다. 같은 의미의 기능이나 서비스라고 하더라도 이름이 이해되지 않거나 중의적인 요소를 갖고 있으면 사용자는 매우 혼란스러워 진다.

정보구조의 헤더에 이름을 작성한 후에는 탐색 즉, 내비게이션 Navigation을 설계해야 하는데 서비스를 이용할 때 최대한 짧고 간단한 프로세스를 구축하는 것이 핵심이다. 이렇게 하는 데 특별한 요령이나 방법론이 있는 것은 아니지만 서비스를 우선 나열하고 플로 차트를 작성해 보면서 동선이 제일 짧은 프로세스를 구축하는 것이 초보 UX 디자이너에게는 최선의 방법이라고 할 수 있다.

콘텐츠를 분류하고 내비게이션을 설계한 다음 고려해야 할 사항이 사용자다. 사용자에 따라서 콘텐츠 헤더의 이름은 달라질 수 있다. 즉, 사용자에 대한 고려 사항인 행동과 문화, 역사Ethnography 등에 따라 콘텐츠 분류의 이름이 달라진다. 가장 쉬운 예로 교실 표시를 할 때, 초등학생이나 중·고생이 사용할 때는 '3학년 8반'으로 이름을 정하겠지만 이보다 어린 아이들에겐 '개나리반' 같은 이름이 적합하다. 이렇듯 사용자에 따라 정보구조의 설계는 확연히 달라질 수 있기 때문에 이를 검토해야 한다. 특히 글로벌 서비스의 정보구조를 설계하는 경우라면 그 나라의 문화, 역사, 행동 특성 등을 면밀히 관찰하여 설계해야 할 것이다.

사용자까지 고려했다면 이제 상황 인식Context을 고려하여 정보구조를 설계한다. 상황에 따른 고려에는 여러 원칙들이 있을 수 있는데 가장 중요하게는 '기술적, 환경적 제약'이 있다. 예를 들어, 기술적 제약인 경우에는 플랫폼에 따라 영향을 받게 되는데 모바일 네이티브 환경에서는 구현이 가능했던 기능과 콘텐츠가 웹에서는 불가능한 경우가 있다. 각종 센서를 이용한 기능이나 3D그래픽, VR/AR 등의 화려한 그래픽 퍼포먼스를 구현하고 싶지만 웹에서는 어렵다. 따라서 같은 서비스라고 하더라도 이런 상황을 인식해서 정보구조를 설계해야 한다.

예를 들면, 테마파크 웹사이트의 정보구조는 일반적으로 멤버십, 테마파크 소개, 할인카드 및 이벤트, 고객센터 등으로 운영될 것이다. 그러나 모바일 앱은 현장에서 많이 사용하므로 정보구조는 '대기시간', '내 차 찾기', '테마파크 현장지도', '즉석 이벤트 정보' 등 현장에서 주로 사용하는 서비스가 우선적으로 운영되어야 한다.

에버랜드 모바일 앱

그림을 보면 현장성을 강조한 정보구조로 설계하고 있다(추천코스, 코드스캔, 지도 등). 또한, 아예 현장에서만 즐길 수 있는 또 다른 앱을 제작하여 사용자 경험을 한층 높여주고 있다.

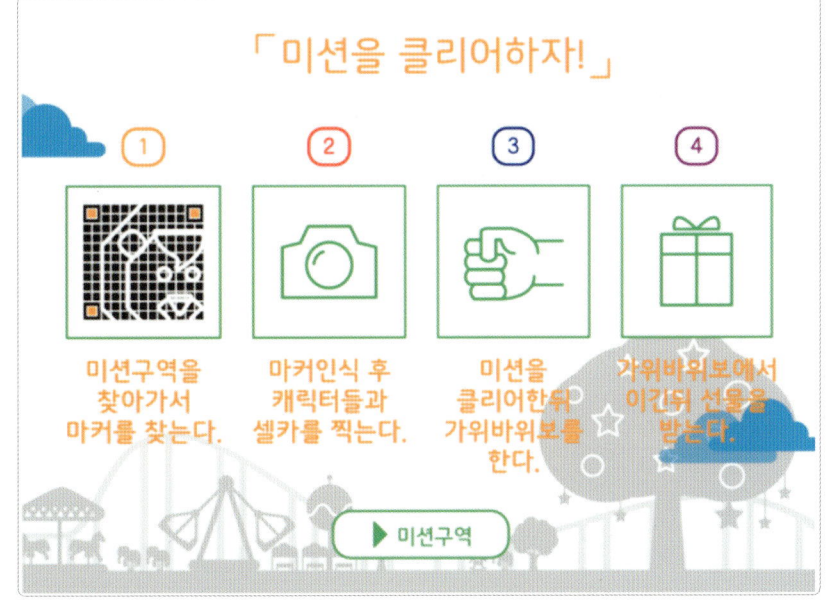

1.2 웹과 모바일의 정보구조 설계 방법

웹사이트나 모바일 앱에서 정보구조를 설계할 때는 각 플랫폼의 특성이 되는 요소를 살리는 것이 중요하다. 기본 원칙은 크게 다르지 않지만 플랫폼 요소나 환경적인 요소가 다르므로 이를 고려하여 콘텐츠, 사용자, 상황 인식에 대한 부분을 설계해야 한다. 일반적으로 정보구조도는 엑셀과 같은 스프레드시트 프로그램으로 작성하며 정보구조를 구성하는 요소는 다음 표와 같다.

정보구조를 구성하는 요소

요소	설명
코드	해당 페이지에 대한 고유 코드값이다. 화면 설계서나 검수 과정에서 오류를 체크하거나, 부서 간에 의사소통을 할 때 사용한다.
계층 구조	메뉴 구조를 표현하는 방법이다. Depth 1, Depth 2… 형태로 구성하며 메뉴 이름과 요소들을 넣고 설명도 포함한다.
페이지 수	메뉴별 페이지 수다. 정보구조를 작성하는 단계에서는 예상 수치로 작성하며 스토리보드를 작성한 후 실제 완료된 페이지를 기재한다.
형태 정의	해당 페이지의 형태(Type)를 정의하는 것이다. HTML, Program, Link로 구분한다.
구조	페이지의 표현 구조를 정의하는 것이다. 팝업, Layer, iFrame(HTML 문서 안에서 또 다른 HTML 문서를 보여주는 내부 프레임 태그)으로 구분하여 해당 페이지의 화면 출력 방법을 명시하도록 한다.
요소	해당 페이지에 삽입될 객체를 정의한다. 동영상, 플래시, 문서, 첨부 파일로 구분하여 명시하고, 해당 자료는 기획자가 원본 파일을 갖고 있어야 한다. 기획서별 폴더를 만들어서 일목요연하게 정리하도록 한다.
권한	페이지 접근에 대한 권한을 정의하는 것이다. 회원, 비회원, 등급별 회원 등을 명시한다. 스토리보드에서는 권한에 대한 정의서를 별도의 페이지를 할애하여 작성하도록 한다.
설명	메뉴나 페이지별 설명을 기록하는 것이다. 개발과 디자인에 대한 주의 사항 등을 명시하도록 한다.

특히 이들 요소 중 계층 구조(보통 Depth1, Depth2, …로 명명)와 설명은 필수다. 그 외 형태 정의, 구조, 요소, 권한 등은 향후 웹과 모바일, N-스크린으로 서비스를 전환할 때 필요한 요소로 보면 된다. 코드의 경우는 정보구조

의 개수가 많을 때 사용하면 각 항목을 식별할 수 있어 편리하다.

웹사이트를 구성하는 정보구조는 다음 사항을 고려하여 작성하도록 한다.

- 웹은 PC 플랫폼의 특성 상 많은 양의 정보를 세밀하게 다룰 수 있다.

  따라서 다른 N-스크린보다 훨씬 더 방대한 분량의 정보를 담을 수 있기 때문에 계층 구조나 페이지 수를 다른 스크린에 비해 많게 설계해도 무방하다.

- 웹은 일반적으로 고도화된 기능이나 그래픽은 구현할 수 없다.

  따라서 이런 기능은 제외하고 정보구조를 설계한다. 다만 최근 웹은 HTML5 기술의 발달로 점점 더 고기능, 빠른 속도로 고도화되고 있으므로 이를 고려하여 설계한다.

- 내비게이션은 최대한 간단하게 설계해야 하지만 웹의 경우 언제든지 뒤로 가기와 앞으로 가기가 가능하기 때문에 이를 고려하여 설계한다. 즉, 내비게이션의 단축적인 부분만 고려하면 된다는 뜻이다.

이에 비해 모바일 앱을 구성하는 정보구조는 다음 사항을 고려하여 작성하도록 한다.

- 모바일의 환경적 특성을 살려 최대한 단순하게 정보구조를 구성한다.

  모바일 기기 화면 크기가 상대적으로 작아서 서비스를 이해하는 데 그만큼 오래 걸리고 불편할 수 있다

- 모바일 정보구조를 구축할 때는 사용자가 편하게 클릭할 수 있도록 해야 한다.

  즉, 서비스 이용 동선을 최소화하고, 모바일 환경에서 자주 쓰는 메뉴를 메인 화면에 배치하여 사용자가 바로 이용할 수 있도록 한다. 이렇게 하려면 개인화하는 방법을 주로 사용한다. 개인화는 사용 로그를 분석하여 '개인별 자주 쓰는 메뉴(기능)'나 '최근 사용한 메뉴(기능)'와 같은 형태로 구현한다.

- 드릴 다운 Drill Down 방식을 사용한다.

  모바일 환경을 고려하는 방법 중 드릴 다운 방식은 더 많은 정보를 찾고자 할 때 관련 텍스트나 아이콘 등을 클릭하여, 단계를 순서대로 거치지 않고 마치 드릴로

뚫고 들어가듯이 한 번에 이동하여 검색하는 것을 의미한다. 이를 위해서는 일단 콘텐츠 요구 사항을 결정하고, 카테고리 구조와 레이블을 정의하여 간단한 사이트맵으로 변경한다. 이렇게 하면 높은 수준으로 핵심 사항을 제공하는 정보구조를 구현할 수 있다.

- 모바일에 특화된 탭 메뉴를 사용한다.
  모바일에 특화된 메뉴는 보통 홈Home, 추천Feature, 개인정보화면My Page, 설정 등이 있다. 탭 메뉴에 서비스 성격과 카테고리, 특화된 기능 하나 정도를 포함하면 일목요연하고 빠르게 서비스에 접근할 수 있다.

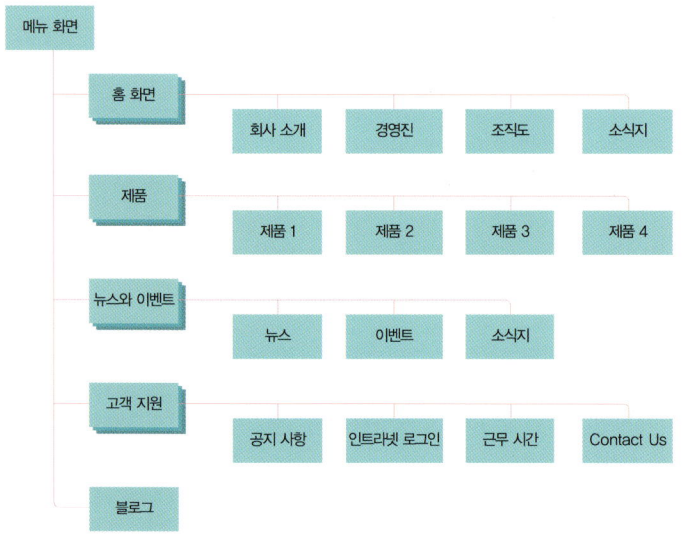

01

웹사이트의 정보구조를 모바일 환경에 맞게 단순화한 것을 알 수 있다.

02

정보구조 구성 사례
01 만화보기 웹사이트
02 만화보기 모바일 앱
03 드릴 다운 방식을 사용
04 만화보기 안드로이드 앱

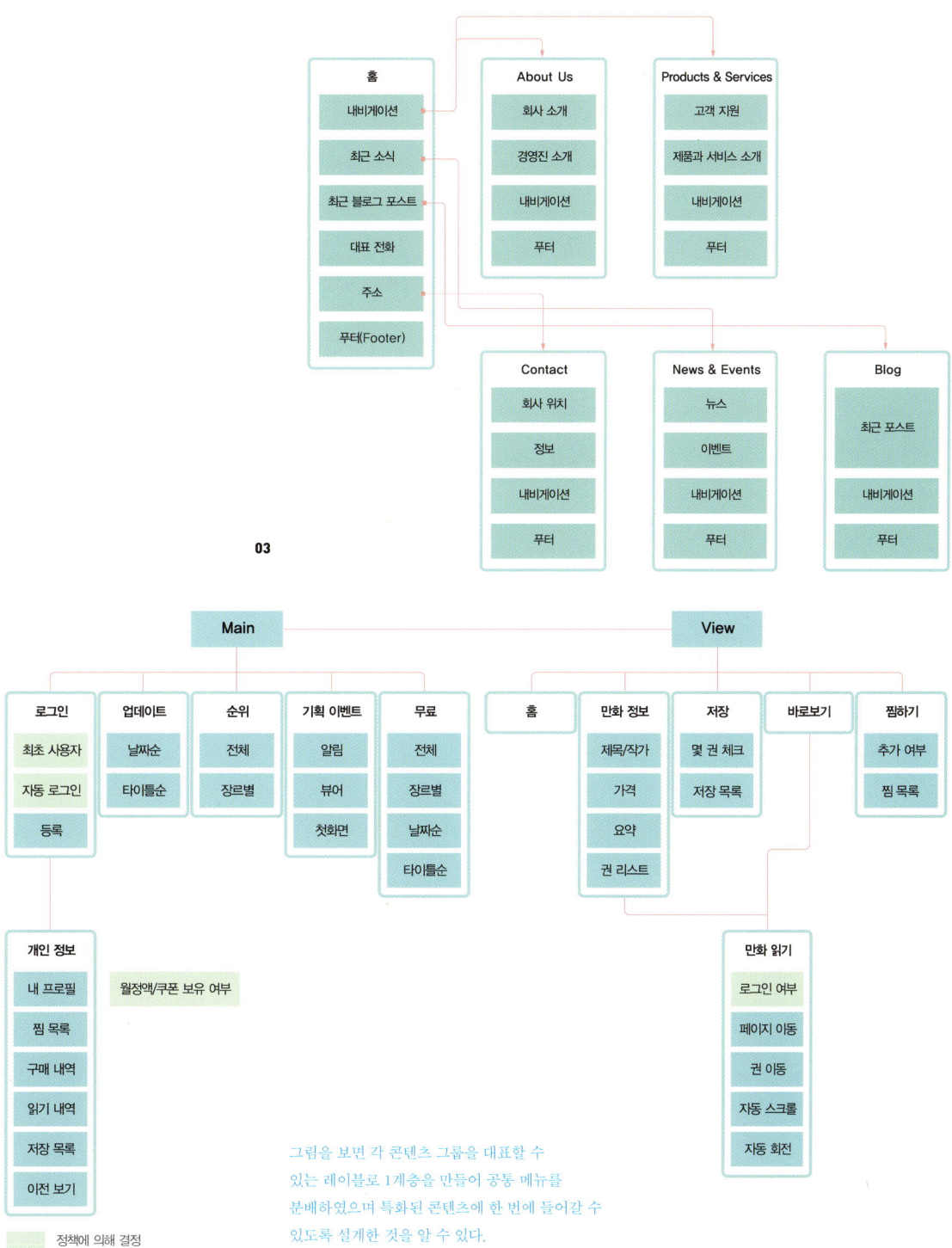

03

04

그림을 보면 각 콘텐츠 그룹을 대표할 수 있는 레이블로 1계층을 만들어 공통 메뉴를 분배하였으며 특화된 콘텐츠에 한 번에 들어갈 수 있도록 설계한 것을 알 수 있다.

코드	카테고리	Depth 1	Depth 2	Depth 3	Depth 4
A0001	Main	log in	My Zone	내 프로필	
A0002				찜 목록	
A0003				구매 내역	
A0004				읽기 내역	
A0005				저장 목록	
A0006				이전 보기	
A0007		Register			
A0008		New Update	날짜순		
A0009			타이틀순		
A0010		Top Rated	전체		
A0011			장르별		
A0012		기획전	알림		
A0013			뷰어		
A0014			첫화면		
A0015		무료	전체		
A0016			장르별		
A0017			날짜순		
A0018			타이틀순		
A0019	View	만화정보	제목/작가		
A0020			가격		
A0021			요약		
A0022			권별 목록	바로 보기	
A0023		저장	몇 권 체크		
A0024			저장 목록		
A0025		바로보기	로그인 여부	만화 읽기	페이지 이동
A0026					권 이동
A0027					자동 스크롤
A0028					자동 회전
A0029	Option	장르	날짜순		
A0030			타이틀순		
A0031		작가관	날짜순		
A0032			타이틀순		

Part 2
사용자 경험 디자인

코드	카테고리	Depth 1	Depth 2	내용 구성	구현 방식
A0001	Main Stage			My List에 있는 File 중 선별	사용자가 보지 않은, 인기 있는 것을 Flow 형태로 나타냄
A0002	K (icon)	추천			
A0003		My List 편집			
A0004		설정	푸시 알림	On/Off	
A0005			새로고침 주기	미리 정의된 시간을 선택하는 구조	5분, 10분, 30분, 1시간, 2시간, 3시간, 1일
A0006		계정	로그인	트위터, 페이스북 계정 연결	
A0007			회원 등록	트위터, 페이스북 계정으로 등록	
A0008	My List	K Pick	Photo		페이스북, 트위터, 유튜브, Flickr
A0009			M/V		유튜브
A0010			MUSIC		유튜브
A0011		HOT	Photo	인기순	
A0012			M/V	유튜브	
A0013			MUSIC		유튜브

02

위 표를 보면 내용 구성과 구현 방식 등 설명을 나눠서 상세히 작성하고 있다. 필요하다면 정보구조 양식을 다양하게 만들어서 서비스 성격이나 회사 업무에 맞게 작성해야 한다.

01 만화보기 웹사이트 정보구조를 엑셀로 구성

02 K-pop 한류잡지 모바일 앱의 정보구조 구성

03 입사 지원 서비스 모바일 앱 정보구조 구성[*]

그림을 보면 정보구조 항목 수가 많아 코드를 부여하였고 좀 더 쉽게 파악하기 위해 정보구조 항목 바로 왼쪽 옆에 코드를 작성하였다. 또한, Depth당 정보구조의 개수를 표시하여 프로세스 처리를 보다 원활하게 하려고 하였다.

03

[*] 출처: 김다솜 님

1.3 정보구조 전환

다양한 화면N-Screen이나 플랫폼에서 서비스를 할 때 각기 설계한 정보구조를 다른 플랫폼이나 화면에 사용할 수 있도록 전환해야 한다. 일반적으로 웹사이트의 정보구조를 모바일로 전환할 때는 다음과 같은 사항에 유의해야 한다.

- 바꾸고자 하는 현재 PC 웹사이트에서 메뉴의 계층 구조를 나열하고 정보구조도를 작성한다.
- 전역 메뉴Global Navigation Bar, GNB와 지역 메뉴Local Navigation Bar, LNB 구조를 파악하고 나서 내비게이션과 UI의 사용성과 확장성을 최적화한다.
- 페이지 형식을 파악한다. 단순 HTML, DB 연동, 관리자 페이지, 단순 정보형, 임시 페이지(이벤트, 중요 공지 등)와 같은 성격을 파악한다.
- 포함할 요소를 파악한다. 페이지 안에 포함된 오브젝트(동영상, 플래시, iFrame, 팝업, Layer 등)를 검토하여 핵심 필수 요소, 일반 요소, 생략할 수 있는 요소 등으로 구분한다.
- 접근 권한을 검토한다. 관리자 모드, 회원 등급에 따른 모드, 일반 모드 등으로 접근 권한 영역을 체크한다.

특히 모바일 앱이나 네이티브 플랫폼에서는 다음과 같은 방법으로 정보구조를 전환한다.

- 모바일 정보구조는 기본적으로 2계층을 초과하지 않는다.
  3계층 이상의 정보구조는 모바일에서 표현하기 어려우며 '이전 화면'으로 돌아갈 때 논리적으로 혼동의 소지가 많다.
- 생략할 것을 체크한다.
  접근 권한 페이지, 플래시, iFrame을 포함한 페이지는 모바일에선 생략한다. 만약, 생략하기 어려운 중요한 페이지라면 대체할 수 있는 페이지를 새로 설계한다.

- 계층으로 묶을 것을 체크한다.

  이벤트와 콘텐츠, 즉시성(공지사항) 등의 계층으로 분류하고 나서, 이를 범주별Category UI로 표현한다. 이렇게 하면 한 페이지에서 다른 페이지로 쉽게 이동할 수 있다.

- 화면 모드 관점에서 분류한다.

  이질적인 화면(콘텐츠, 공지사항, 나의 메뉴, 설정, 입력 폼 등)은 정보구조를 분리한다.

- 강조할 것을 체크한다.

  페이지 내에서 중요한 정보나 이벤트성 화면을 표현해야 할 때는 메인 메뉴와 독립된 메뉴 형태로 개별화한다.

- 모바일에 특화된 정보구조를 새롭게 추가한다.

  모바일용 기능(위치 정보, 사진 촬영, 상황별 메뉴, 센서 등), 모바일 특화 서비스 등은 메인 메뉴에 배치하고 1계층으로 구현한다.

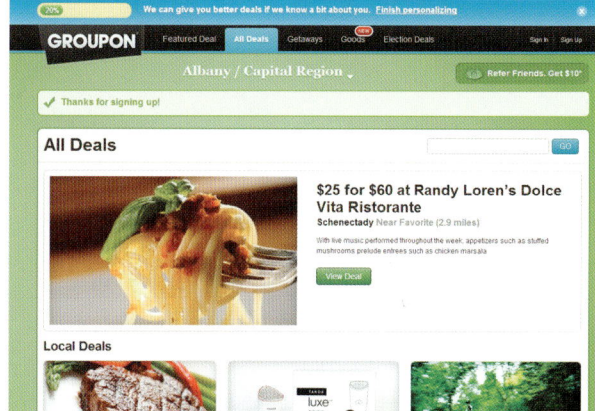

01-02 소셜 커머스 사이트인 그루폰(Groupon)을 모바일 서비스로 정보구조를 전환한 사례

01

[기능별 메뉴 타입 – 키워드 등록]

인접 메뉴	메뉴 키워드	Type						
		Form	List	ActiveX	Flash	Map	PopUp	U/D	Print

[사용 빈도 – 화면 크기별, 플랫폼별 매칭 테이블]

사용 빈도				PC			Mobile	
상시	보통	희소	특정	320-767	768-1023	1024이상	320-767	768-1023

02

Type								사용 빈도				Mobile Web
Form	List	ActiveX	Flash	Map	PopUp	U/D	Print	상시	보통	희소	특정	

모바일 플랫폼에서 처리할 수 없는 환경은 원칙적으로 화면에 표시하지 않는다.

사용 빈도가 낮은 화면은 모바일 서비스로 전환할 때 후순위로 고려한다.

03

Type								사용 빈도				Mobile Web	PC			Mobile	
Form	List	ActiveX	Flash	Map	PopUp	U/D	Print	상시	보통	희소	특정		320-767	768-1023	1024이상	320-767	768-1023
O												X	X	O	O	X	O
O					O	O	O	O				X	O	O	O	X	X
O						O					O	X	X	O	O	X	O
O	O				O						O	X	O	O	O	X	O

01 기존 정보구조 분석 테이블 사례
02 모바일 웹에서 제외할 페이지 체크 사례
03 모바일 웹에서 제외할 메뉴 체크 사례

그림을 보면 웹과 모바일 앱의 기능적, 기술적 차이를 각각의 조건표를 만들어 활용하였다. 웹에서 모바일 앱으로 전환할 때 가장 우선 고려해야 할 것은 웹과 모바일 앱의 기능적 차이를 파악하는 것이다. 기존에는 웹에서 가능한 기능을 모바일 앱에선 단순히 제거하는 형태로 정리했지만 최근에는 모바일 특화기능을 따로 구현하여 모바일에서만 가능한 서비스를 정보구조에 넣어 구현하고 있다.

② 서비스 흐름도 작성

정보구조를 설계한 후에는 보통 플로 차트$^{Flow\ Chart}$라고 하는 서비스 흐름도를 작성한다. 서비스 흐름도는 개발자들이 주로 작성하는 것이 원칙이지만 서비스 시나리오를 설명할 때나 정보구조에서는 표현할 수 없는 프로세스를 설명할 때 작성한다.

서비스 흐름도는 이해관계자들이 서비스 개발 과정에서 보다 쉽게 이해할 수 있도록 하는 목적을 가지고 있으며, 서비스 흐름도에서 파악된 형태로 정보구조를 변경하는 경우도 있어 개발 단계에서는 여러모로 꼭 필요하다.

서비스 흐름도로는 일반적으로 기능 구현 프로세스를 도식하는 방법인 플로 차트를 많이 사용한다. 많은 사람들이 이해하기 쉬우며 특히 개발자 영역에서 필요한 부분이 많기 때문에 개발자들이 이해하기 편한 방식으로 작성하는 것은 의미가 있다.

서비스 흐름도를 작성할 때는 다음 사항을 유의하며 작성하도록 한다.

- **서비스 전체의 서비스 흐름도를 그릴 필요는 없다. 정보구조에서 표현이 안되는 사항들만 작성한다.**
- **이해관계자(특히 개발부서)가 반드시 알고 있어야 하는 태스크(서비스, 기능) 위주로 작성하도록 한다.** 로그인, 결제, 포인트 획득, 게임화, 메시징 작성, 소셜 업로드, 예약 등이다.
- **누가 어떤 용도로 서비스 흐름도를 보느냐에 따라 표현 방법을 달리하도록 한다.** 플로 차트 방법과 함께 다이어그램, 스토리보드, 마인드맵, 인포그래픽 등을 사용한다.

다양한 형태의 서비스 흐름도

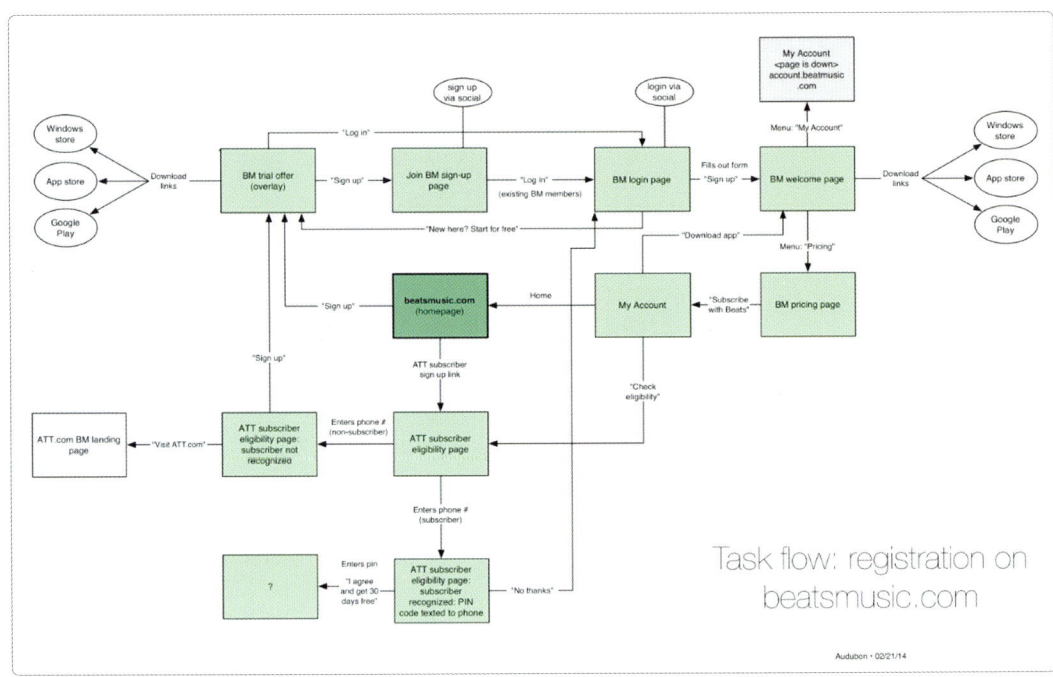

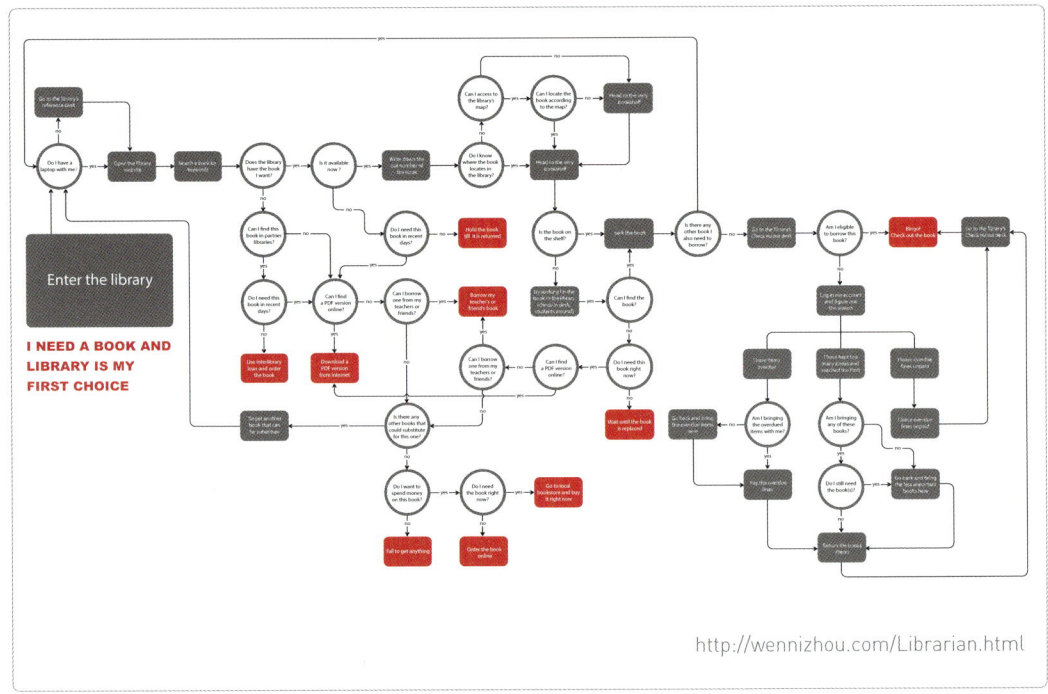

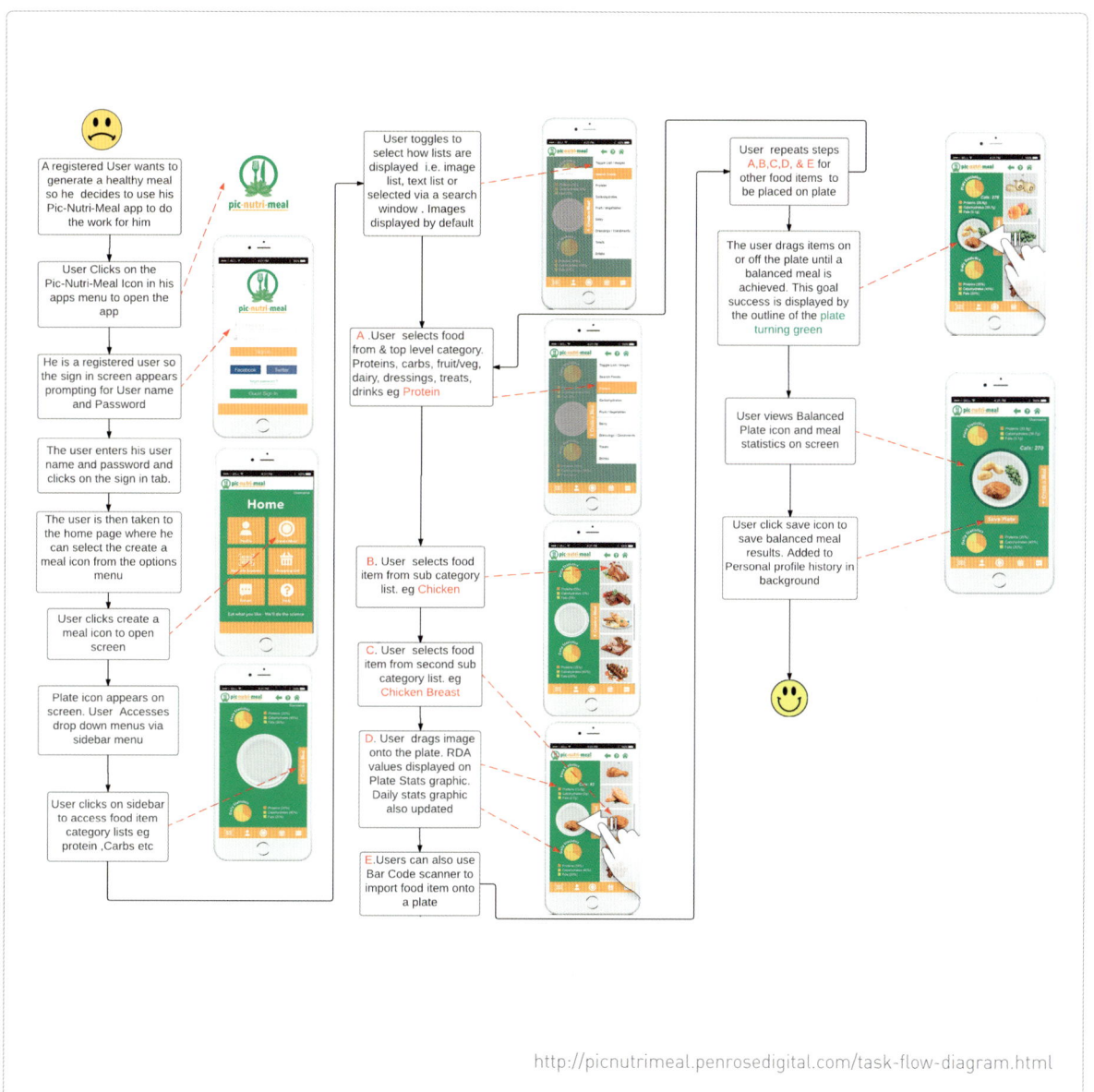

서비스 흐름도에서 가장 많이 사용하는 플로 차트는 약속된 특정한 기호를 사용한다. 다음을 유의하면서 플로 차트를 작성하도록 하자.

플로 차트 기호

기호	명칭	의미
(둥근 직사각형)	단말	순서도의 처음과 끝을 표시
(직사각형)	처리	모든 처리 기능을 표시
(서류 모양)	서류	인쇄되는 각종 서류를 표시
(육각형)	준비	초기값 설정 등의 준비 단계를 표시
(평행사변형)	입출력	일반적입 입출력 기능 표시
→	흐름선	처리의 흐름을 표시
(주석 기호)	주석	설명이나 주석을 표시
(타원)	연결자	흐름의 연결을 표시
(마름모)	판단	비교, 판단 기능을 표시
(양옆 줄 직사각형)	미리 정의된 처리	미리 정의된 처리로 옮길 때 사용
(사다리꼴)	수작업 입력	키보드를 통한 입력 표시

실제 기획자나 디자이너, UX 디자이너가 플로 차트에서 주로 사용하는 것은 '판단(다이아몬드 도형)'과 '처리(직사각형)' 두 가지 형태다. 기본적인 프로세스는 생략할 수 있으며 중요한 사항에 대해서만 자세히 도식할 수 있다. 한 가지 주의해야할 점은 판단 부분을 이용할 때는 꼭 예(Yes), 아니오(No) 두 가지의 분기가 있어야 한다.

Part 2
사용자 경험 디자인

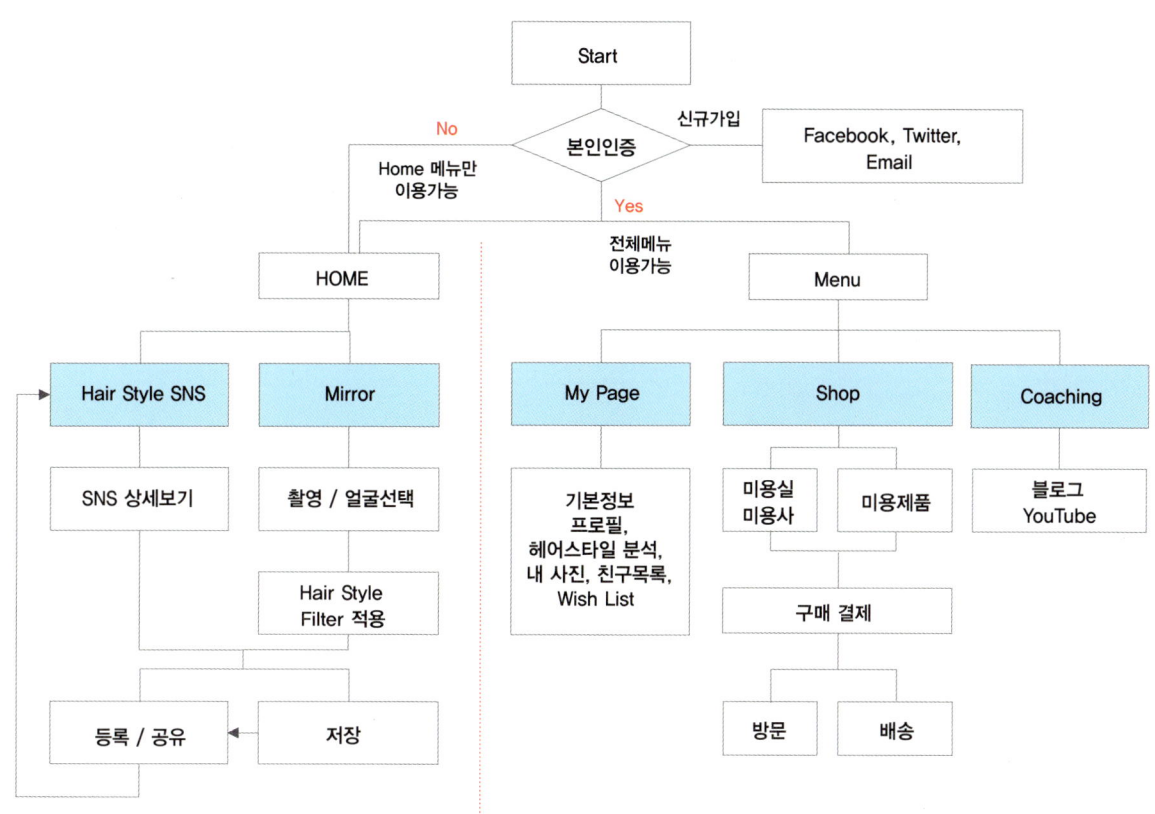

플로 차트를 이용한 서비스 흐름도 사례
그림을 보면 비교적 넓은 메뉴를 설명하는 형식으로
서비스의 흐름을 알 수 있을 정도로 작성하고 있다.

04
정보구조 설계

실습

에어비앤비 예약 서비스 플로 차트

에어비앤비 예약 서비스 플로 차트

세계적인 숙박 공유 서비스인 에어비앤비AirBnB에서 예약 서비스에 대해 플로 차트를 그려 보자. 운영 중인 서비스에 대해 플로 차트를 그리려면 서비스를 여러 번에 걸쳐 충분히 사용해 봐야 한다. 또한, 여러 번 사용해 보면서 더 나은 프로세스가 있는지 검토를 해봐야 한다. 불필요한 요소와 중복 요소는 프로세스에서 삭제하고 더 빠른 단축 방법이 있는지 다각도로 시뮬레이션도 해봐야 한다.

에어비앤비의 예약 서비스를 스크린 캡처로 살펴보면, 다음과 같은 흐름으로 되어 있다.

- 로그인 여부
  (우측의 스크린 캡처는 로그인된 상태)
- 숙박일 및 인원수 선택
- 숙박 장소(민박집) 선택
- 예약하기 버튼
- 신분증 제출
- 결제 프로세스
- 방 예약 완료

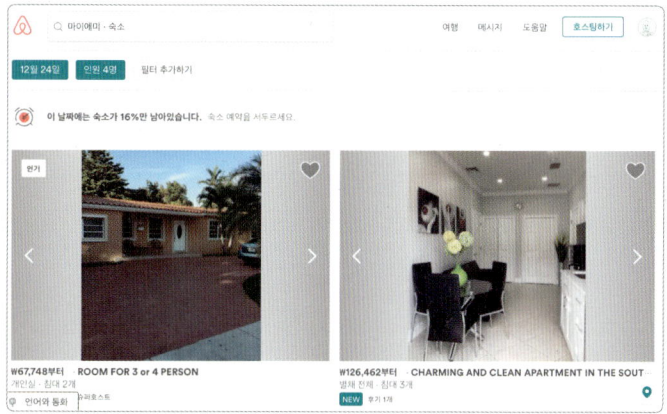

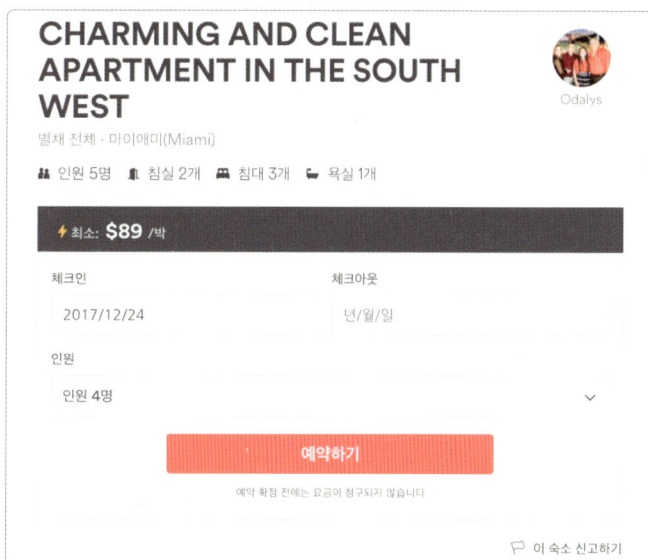

이것을 좀 더 세부적으로 확인하여 플로 차트를 그려 보면 다음과 같다.

플로 차트에서 로그인 영역을 떼어 내서 별도로 관리할 수도 있다. 이 경우 방 예약 플로 차트에서는 로그인 영역에 다다르면 '로그인 플로 차트 참고'로 표시하면 된다.

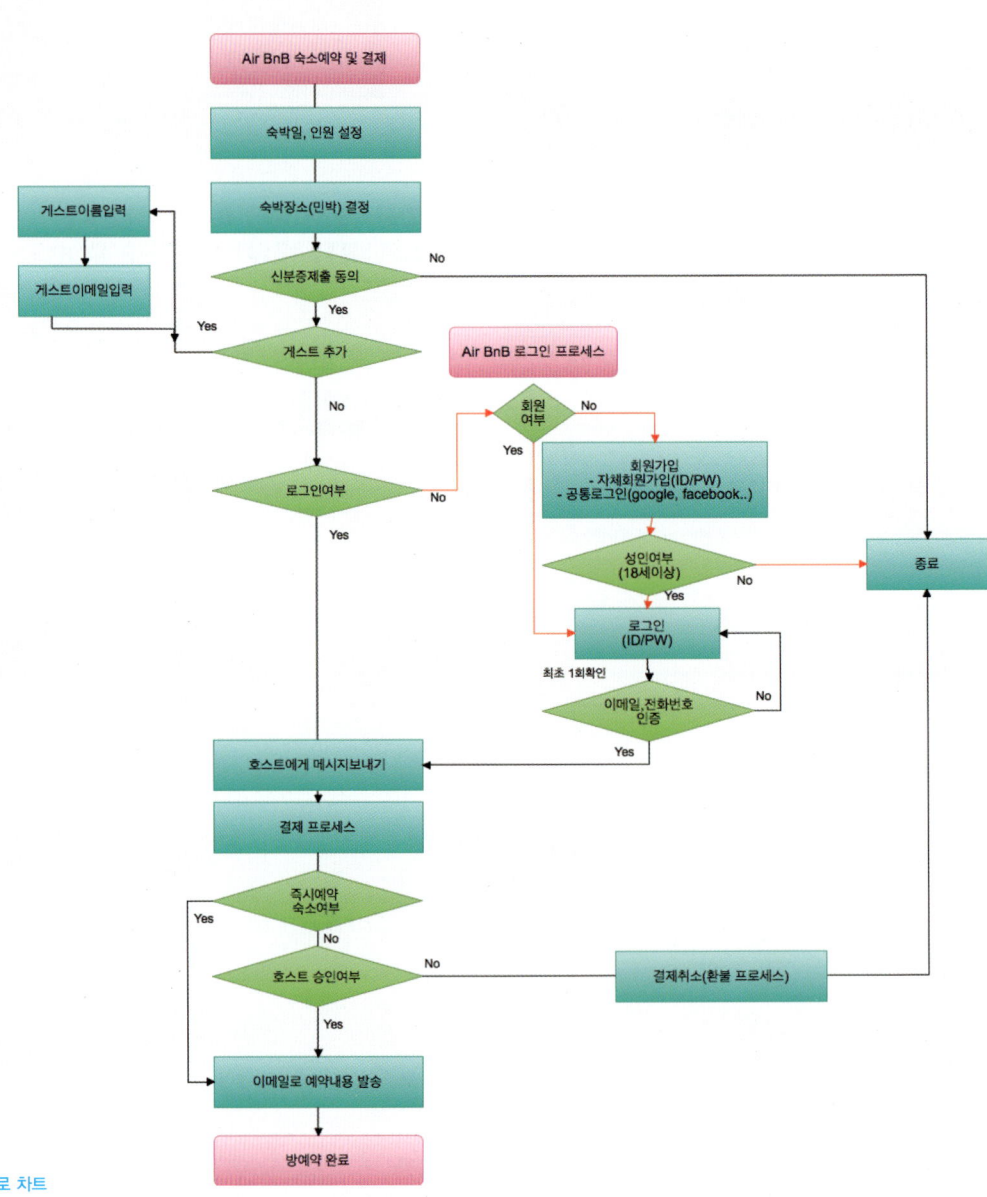

에어비앤비 예약 서비스 플로 차트

05

Chapter

UX/UI 디자인 핵심 요소

Outline

UX 기반의 UI 디자인에서 핵심 요소가 무엇인지는 기업이나 학계, 전문가 사이에서 늘 논쟁거리였다. 그만큼 핵심 요소에 대해 저마다의 관점이 있고 경우에 따라서는 정반대의 의견도 있었다. 따라서 핵심 요소는 각자의 안목으로 자신의 제품과 서비스를 고려해 적절하게 적용해야 한다.

Process

이 장에서는 UX 기반 UI 디자인에 적용되는 핵심 요소들 가운데 저자의 경험에 근거해서, 혹은 핵심 요소를 제안한 회사의 신뢰에 근거해서 일부만으로 한정해 설명한다. 내용적으로 UX/UI 디자이너나 기획자라면 꼭 알아야 한다고 생각하는 것들이다. 세계 최초로 스마트폰을 개발한 노키아와 스마트폰을 전 세계에 확산시킨 애플이 제안한 핵심 요소 위주다.

노키아(Nokia)는 다양한 연구를 통해 모바일 UI 디자인과 관련해 핵심 요소가 되는 몇 가지 원칙을 세웠다. 이들 핵심 요소는 PC 웹과는 다른 모바일 UI를 디자인할 때 중요한 가이드라인이 된다. 또한, 모바일 UI의 핵심 요소들이 5인치 이하의 화면 크기를 지닌 기기에서 현재는 TV를 포함한 N-스크린 전체로 확장되고 있는 추세다. 따라서 다양한 형태의 UI 디자인에서 모바일 UI 디자인 핵심 요소는 더욱 중요해지고 있다.

모바일 UI 디자인 핵심 요소*

* 출처: 노키아

❶ 일관성 있는 UI

모바일 UI 디자인에서 일관성^{Consistency}은 매우 중요하다. 일반적으로 웹사이트 디자인에서 주로 이야기하는 'Look & Feel(눈으로 보는 느낌을 의미하며, 일반적으로 디스플레이의 일관성을 말한다)'과는 조금 다른 사용법에 대한 일관성을 의미한다.

사용자의 환경과 단말기 종류에 따라 모바일 UI는 일관된 방향을 가져야 하며, 이는 사용성에 큰 영향을 미친다. 모바일 화면별로 일관성 있는 UI를 지켜 나가면 사용자가 서비스를 이용하면서 친밀감을 느끼고 빠르게 학습할 수 있고 결과적으로 사용성이 좋아지게 된다.

이런 일관성은 다음과 같이 세 가지로 구분된다.

- **내적 일관성**: 브랜드 인지도를 높이려고 동일 브랜드 내에 유사한 UI 체계를 도입한다.
- **외적 일관성**: 모바일 UI가 공통적으로 갖는, 이를테면 UI 가이드라인 같은 규칙을 말한다.
- **미적 일관성**: 폰트와 색상, 아이콘과 캐릭터, 스타일(CSS), 테두리, 배경 이미지, 효과 적용 등에 있어 시각적 디자인에 유사점을 보이는 것이다. 웹에서의 Look & Feel과 유사하다.

일관성 있는 UI를 디자인하려면 먼저 브랜드에 맞는 이미지와 독특한 사용법을 구상하고서, 동일 브랜드 내 모든 모바일 서비스에 공통적으로 적용해야 한다. 모바일 운영체제별로 '비슷한 것은 비슷한 방식으로'라는 구호에 따라서 범주마다 유사하게 혹은 특정한 명령을 실행할 때 비슷한 방식으로 구현하도록 디자인해야 한다. 또한, 하나의 모바일 서비스에서 각각의 화면에 폰트나 색상, 프레임과 같은 UI 요소가 너무 다르면 사용자의 집중을 떨어뜨릴 뿐 아니라 불필요하게 혼란이 생기므로 일관성을 유지하는 것이 좋다. UI 디자인에서 일관성을 유지하기 위한 세 가지 원칙은 다음과 같다.

1. **운영체제 혹은 기기별 UI 가이드라인을 지킨다.**

   너무 당연하지만, 뜻밖에도 기획자와 디자이너는 이 규칙을 무시하는 경향이 있다. UI 가이드라인은 기본적으로 사용자 경험 분석을 통해 만들어진 것이기 때문에 이 규칙을 기본으로 UI 디자인을 진행하는 것이 좋다. 운영체제별 UI 가이드라인이 세세한 부분까지 적용되는 것은 아니기 때문에 세부적인 사항에 대해서는 별도로 UI 가이드라인을 만들어서 사용한다.

2. **같은 카테고리 내 다른 모바일 서비스와 유사한 패턴으로 디자인한다.**

   동영상 재생 앱을 디자인한다면 보통 전체화면과 재생, 일시정지, 멈춤, 뒤로가기, 앞으로가기, 닫기 등의 기본 기능을 담게 되며, 거의 비슷한 실행 아이콘을 사용한다. 이런 부분만큼은 특별한 아이디어를 내지 않는 것이 좋다.

3. **자신이 디자인한 서비스에서는 반드시 미적 일관성을 지켜야 한다.**

   이 원칙이 가장 중요하다. 앞에서 설명한 것처럼 폰트와 색상, 아이콘과 캐릭터, 스타일(CSS), 테두리, 배경 이미지, 효과 적용(화면 전환, 모션 UI 등)에 있어서 유사한 형태로 디자인해야 한다.

마지막으로 UI 색상을 일관성 있게 사용한 사례를 보자.

카카오그룹에서 제작한 서비스들

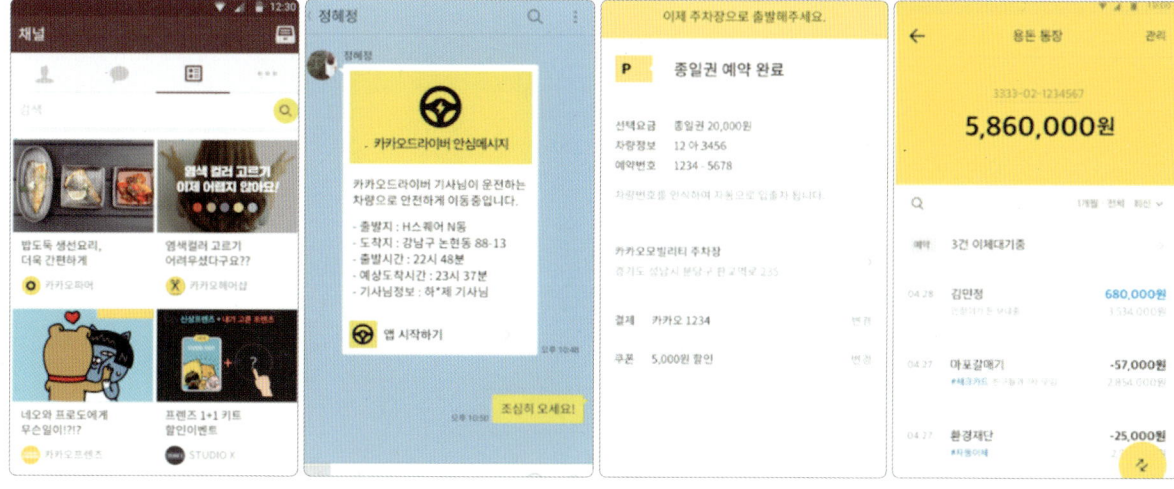

카카오톡과 카카오드라이버, 카카오택시, 카카오뱅크, 모두 UI 색상으로 노란색을 동일하게 사용하고 있다. 카카오톡을 중심으로 메신저와 연동된 서비스들이다.

네이버는 전통적으로 녹색을 브랜드 색상으로 채택하고 있다. 녹색을 기본으로 한 디자인을 전개해 왔으며 강조 색상이나 메인 색상으로 사용한다.

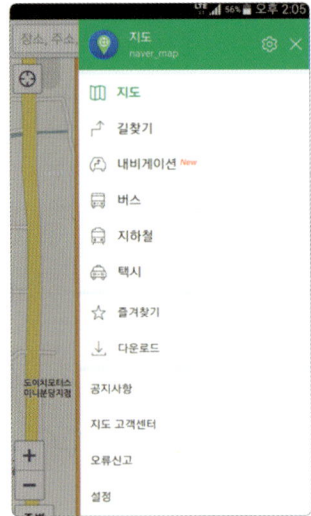

네이버에서 제작한 서비스들

2 효과적이며 개인화된 UI

효과적이며 개인화된 UI란 복잡하고 다양한 모바일 서비스 기능을 사용자가 빠르게 작동할 수 있도록 UI를 디자인하는 것을 말한다. 여러 방법이 제안되어 있지만, 개인화가 적용된 UI와 최단거리 실행 기법^{Short Cut}으로 이 핵심 요소를 구체화할 수 있다. 여기서 개인화란 개인별로 모바일 서비스를 이용했던 로그를 분석하여 최근 사용한 메뉴나 가장 많이 사용한 메뉴 등 개인의 사용 성향에 따라 분석한 결과를 화면에 표현하는 것을 말한다. 모바일 서비스를 이용하는 사용자들은 개인마다 취향도 다르고 작동에 대한 이해 수준도 다를 것이다. 그렇지만, 가능한 한 사용자 모두가 편리하게 서비스를 사용할 수 있도록 하는 것이 UI 디자인의 목적이다. 그래서 사용자의 다양한 수준에 개별적으로 맞추고, 복잡한 기능을 빠르게 사용할 수 있도록 하는 방법들이 많이 제안되어 있다.

2.1 개인화된 UI 디자인

개인이 사용하던 내용을 분석하여 사용 성향에 따라 개인별 화면을 표현하는 '개인화 UI'는 일반적으로 다음과 같은 방법으로 구성한다.

환경에 따른 옵션 디자인
개인화를 위한 사용자 옵션을 다양하게 제공하여 사용자로 하여금 지역과 시간, 문화, 기호, 디자인 등을 선택할 수 있게 한다. 이후 고객 관리를 통해 사용자의 환경이 바뀌면 자동으로 그 환경에 맞게 설정이 변경되면서 더욱 개인화된 UI를 구현할 수 있게 된다.

콘텐츠 자동 정렬
사용자가 최근 사용했거나 방문한 지역 혹은 최근 접근한 콘텐츠별로 자동으로 정렬해 준다면 사용자는 자신만의 개인화된 화면을 볼 수 있게 된다. 이는 사용자의 행태와 관련해 가장 빠르고 쉽게 개인화하는 방법 가운데 하나다.

태깅, 별점 부여, 즐겨찾기 기능

콘텐츠가 많을수록, 서비스가 복잡할수록 사용자에게 편리한 지름길을 제공하는 방법으로 반드시 갖춰야 할 필수 UI 디자인 요소다. 여기에 개인화를 더욱 효과적으로 활용하려면 사용 로그를 분석하여 개인이 좋아할 콘텐츠를 자동으로 추천해 주고, 태깅과 즐겨찾기를 등록해 준다면 최고의 사용성을 사용자에게 제공할 수 있다.

필터링

더욱 세분화된 화면 제어 방법으로 사용자가 검색 등을 실행할 때 자신이 필요한 사항을 개별적으로 선택할 수 있도록 필터링을 구현한다.

2.2 빠르게 활용할 수 있는 툴 바 디자인

화면 이동이 아닌 도구 버튼을 사용하는 툴 바$^{Tool\ Bar}$는 모바일 서비스를 사용할 때 많이 사용하는 버튼들의 모음 영역이다. 툴 바의 UI를 어떻게 디자인하느냐에 따라 개인의 반복적인 업무를 빠르게 구현할 수 있으며 동시에 사용성을 높일 수 있기 때문에 이 부분에 대한 디자인은 상당히 중요하다. 툴 바는 다음 사항을 유념하여 디자인해야 한다.

- 중요하고 빈번하게 사용하는 기능은 별도로 그룹화된 툴 바에 넣는다.
- 툴 바는 항상 보이게 디자인하며 콘텐츠와 함께 스크롤 되지 않게 한다.
- 툴 바는 화면 아래쪽 혹은 위쪽에 배치한다.

툴 바로 구현할 수 있는 주요 기능으로는 구매나 전화걸기, 전화번호부, 지도보기, 내려받기, 즐겨찾기, 삭제, 추가, 뒤로가기 등이 있다.

2.3 효과적인 초기 화면 디자인

초기 화면Landing Page은 모바일 서비스와 사용자가 가장 처음 만나는 지점으로, 이에 대한 UI 디자인은 서비스에 대해 중요한 인상을 남길 수 있다. 초기 화면을 효과적으로 디자인하면 사용자는 빠르게 자신이 원하는 서비스를 이용할 수 있으며 서비스 전체적인 개념을 쉽게 이해할 수 있다. 초기 화면은 다음 사항을 유념하여 디자인해야 한다.

- 빠르고 쉽게 사용하기 위해 중요한 기능은 크고 단순화된 텍스트 버튼을 사용한다.
- 불필요한 탭 바와 표준이 아닌 어설픈 아이콘은 사용하지 않는 것이 좋다. 단, 탭 바가 필요하면 전역 메뉴(GNB) 형태로 사용한다. 독립적인 기능이나 화면 이동을 나타내는 아이콘은 사용자가 모를 수도 있으며 공간 낭비인 경우가 많다.

01
'Modern Music in your area'라는 화면을 통해 개인화를 채택하고 있다.

02
툴 바를 사용하여 화면을 효과적으로 절약하였으며 단축 기능을 구현하고 있다.

03
명확하게 구분되는 색상과 타이포그래피, 커다란 버튼 처리로 초기 화면 UI를 디자인하였다.

01

02

03

마지막으로 효과적이며 개인화된 UI를 사용한 사례를 보자.

큐레이션 서비스를 제공하는 플립보드와 핀터레스트는 개인화된 서비스 디자인으로 유명하다.

플립보드는 사용자가 선정한 관심 주제를 가장 효과적인 소스 수집기를 통해 다양한 템플릿 디자인으로 콘텐츠를 보여준다.

핀터레스트는 개인의 취향을 분석하여 적절한 콘텐츠를 추천해 준다. 두 서비스 모두 정교한 사용자 분석 엔진을 통해 효과적인 콘텐츠를 제시하는 것으로 유명하다.

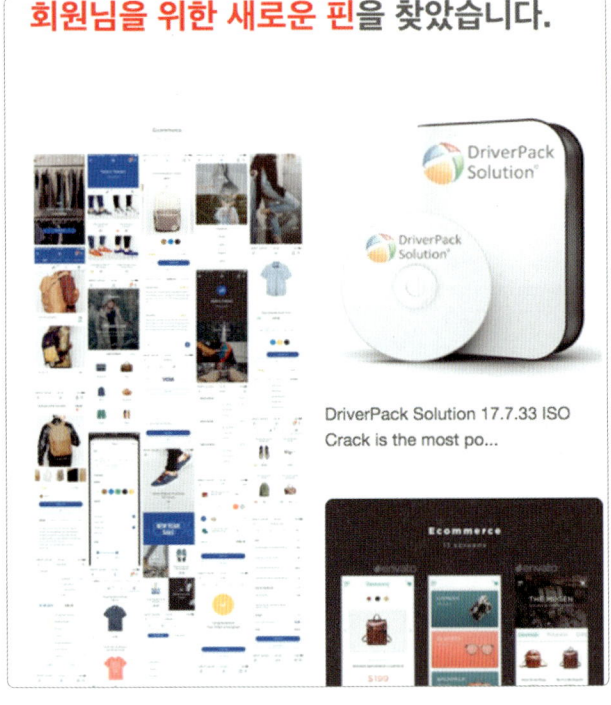

플립보드와 핀터레스트의 개인화 서비스

③ 입력이 쉬운 UI

모바일 환경의 가장 큰 특징은 화면이 작고 기본적으로 키보드와 마우스가 없어 입력이 불편하다는 것이다. 키패드를 통해 텍스트를 입력할 수 있지만, 사용자의 시선 위치와 손가락 굵기에 따라 오타가 많아 입력이 매우 불편할 수밖에 없다. 이런 환경에 대응하기 위해 새로운 입력 방식이 연구되어 왔으며, 입력이 쉬운 UI를 디자인할 때는 다음과 같은 방법을 적극적으로 이용해야 한다.

개별화된 키패드

숫자를 입력하거나 웹사이트 주소를 입력할 때 혹은 비밀번호를 입력할 때 최대한 편하게 입력할 수 있도록 키패드를 개별화한다. 즉, 생년월일 입력란에는 숫자만 입력할 수 있는 키패드를 설계한다. 이럴 때 더 좋은 방법은 모바일에서의 선택 옵션 도구 중 하나인 피커^{Picker}와 같은 UI를 이용하는 것이다. 피커 UI는 이후 아이폰 UI 가이드에서 자세히 설명한다.

자동완성 기능

웹 포탈처럼 자동완성 기능은 때로는 상당히 편한 입력 UI를 제공한다.

음성 인식

아이폰의 시리^{Siri}, 삼성의 S 보이스, 구글의 마젤 등을 이용한 음성 인식을 등록한다. 각 개발사에서 제공하는 SDK^{Software Development Kit}를 참조하여 UI를 구성한다.

목록화를 통한 선택 입력 방식

가장 빈번하게 사용하는 중요한 콘텐츠나 기능은 별도로 입력할 필요 없이 미리 목록화하여 제공한다.

비정형 데이터 자동 입력

모바일 기기에 내장된 센서(GPS나 시계, 카메라, 오디오 등)를 이용하여 비정형 데이터를 자동으로 입력한다.

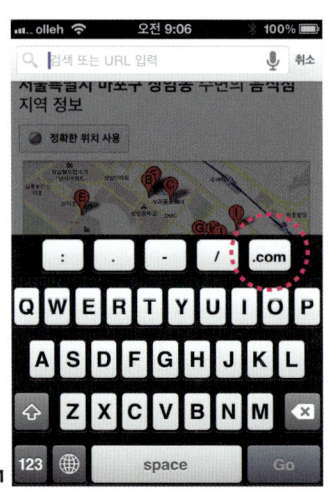

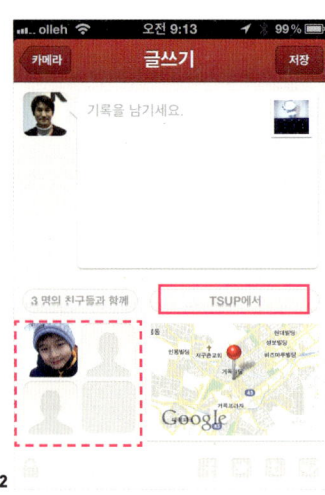

개별화된 키패드 설계
01
URL 입력이 편하도록 '.com' 등을 버튼으로 설정한다.

02
GPS와 전화번호부를 이용하여 이미지와 위치, 인물 등의 비정형 데이터를 간편하게 입력한다.

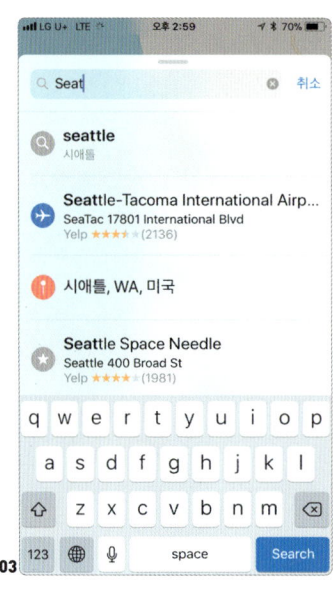

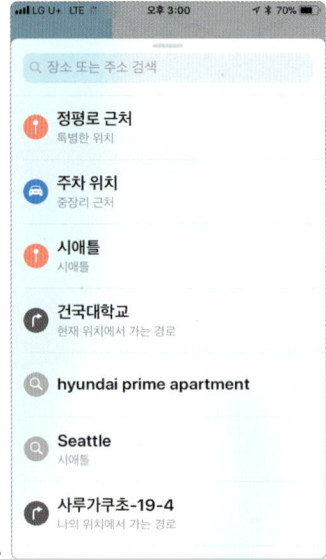

자동완성 기능과 지난 검색어 목록
03, 04
긴 문장을 끝까지 입력할 필요가 없으며 지난 검색어 목록을 통해, 재검색을 할 때 간단한 선택만으로 입력할 수 있다.

마지막으로 입력이 쉬운 UI를 사용한 사례를 보자.

별도로 사진 촬영이나 번역할 언어를 입력할 필요 없이 번역용 카메라로 촬영을 하면 실시간으로 번역 결과가 표시된다. 휴대성이 강조된 모바일에서 번역의 편리함을 극대화하였다.

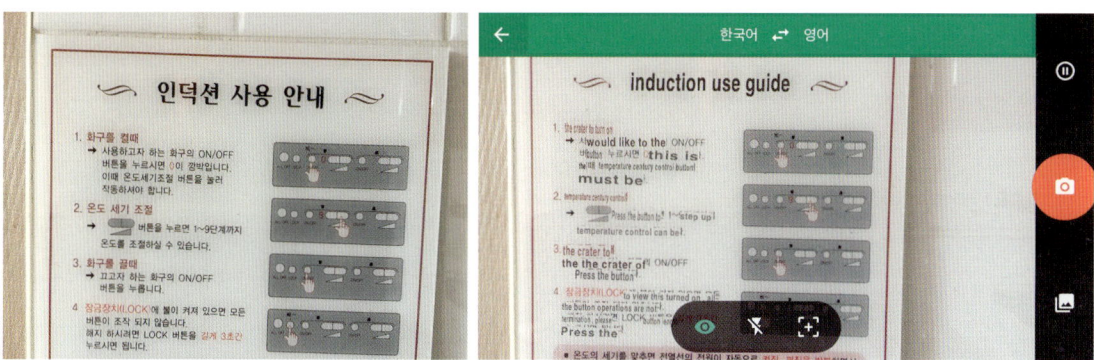

구글 번역기의 AR 번역

4. 대중적인 미학을 지닌 UI

대중적인 미학은 사용자 분석 중에서도 특히 기술적민족학述的民族學,Ethnography 요소와 관련된다. 같은 디자인, 같은 색상을 보면서도 사용자의 출신 지역, 민족, 역사적 특성에 따라 미적인 느낌이나 감정은 차이를 보일 수 있다.

앞서 설명했던 사용자 분석에서도 기술적민족학에 대한 부분이 있다. 예를 들어, 빨간색은 중국에서는 기쁨과 축제, 행운을 의미하지만, 서유럽이나 미국에서는 위협이나 분노의 의미가 있다.

이렇듯 아름다움을 추구하는 디자인에서는 반드시 해당 디자인을 사용하는 대중들의 미적 관점을 파악해야만 한다. 최근에는 정보통신의 발달로 전 세계적으로 사람들의 미적 감각이나 기호가 비슷해지고 있어 최신 트렌드를 추구하면 대체적으로 디자인적 아름다움에 호소할 수 있는 편이다. 하지만 사용자에 따라 그렇지 않은 경우가 있다는 것을 꼭 염두에 두어야 한다.

국가별 단일 색상의 의미*
절대적인 것은 아니나 현재까지도 적용되는 이론이다.

색상	서유럽, 미국	중국	일본	인도	중동
빨간색	위협, 분노, 정지	기쁨, 축제, 행사, 행운	분노, 위협	청정	위협, 악마
노란색	주의, 비겁, 기쁨, 행복	명예, 행복	기품, 귀족, 어린이, 유쾌		행복, 번영
파란색	남성, 침착, 권위	강함, 힘, 불멸	나쁜 짓		보호
검은색	죽음, 악	악	악		미스터리, 악
녹색	성적 흥분, 안전	청소년, 성장	미래, 청소년, 에너지		다산, 힘
흰색	순결, 미덕	초상(죽음), 겸손	죽음, 애도		순수, 초상(죽음)

국가별 금기시하는 색상**

국가	색상	의미
이란	파란색	장례 색상, 애도
이집트, 시리아	녹색	국수주의 색상
일본	흰색	애도의 색상
니카라과	갈색, 회색	탐탁잖아 하는 느낌
라틴 아메리카	보라색	죽음

* 출처: Color Symbolism Jennifer Kyrnin 외
** 출처: Color Association across culture By George Gkekas

국가별 색상 패턴 분류

민족학적인 미적 관점과는 반대로 공통적으로 대중적인 미학을 갖는 사례도 많다. 가장 일반적인 것이 디자인 트렌드이다. 트렌드라는 것 자체가 많은 사람들로부터 인기를 끌고 있다는 의미이기 때문에 트렌드를 따르는 디자인은 대체로 미적인 감정을 준다. 모바일 앱이나 웹사이트에서 대중적인 미학을 지니도록 하려면 다음과 같은 사항을 적용하면 좋다.

- 누구나 별다른 학습 없이도 이해할 수 있는 공통으로 익숙한 아이콘을 사용한다. 아이콘은 보통 픽토그램^{Pictogram} 형태로 디자인한다.
- 목록을 표현할 때는 작은 이미지를 원형 혹은 사각형으로 나열하는 격자형 스타일^{Grid Style}로 레이아웃한다.
- 독특한 스타일의 움직임이 있는 디자인은 역동적이면서도 사람들의 호기심을 끌 수 있으므로 적극적으로 활용하면 좋다.

세부 일정을 확인하려고 날짜를 터치하면 접이식 인터랙션 효과^{Folding UI}로 표현한다. 또한, 의미가 있는 감각적이면서, 과감한 색상을 채용해 많은 사람들의 호기심과 미적 감각을 자극한다. 날짜에 표현된 막대 그래프는 등록된 일정의 양을 표현하여 사용자들이 내용을 인지하기에 충분하다.

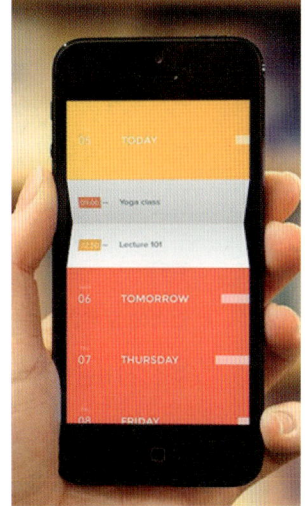

대중적인 미학을 지닌 UI 사례
일정 관리를 예쁘고 역동적으로 구현하는 앱 / Peek

5 오류에 대응하는 UI

모바일이나 웹 환경에서 오류에 대응하는 UI를 고민하는 것은 사용자 편의성에 직결되는 핵심 요소다. 특히, 입력이 많은 서비스일 경우 또 그것이 모바일 환경에서 필수적으로 수반되어야 할 상황이라면 오류에 대응하는 UI는 더욱 중요해질 수밖에 없다.

보통 웹에서는 입력에 대한 불편이 그렇게 크지 않기 때문에 오히려 빠른 입력이나 고도의 기능적인 부분의 도입이 필요하지만 모바일에서는 가급적 간편하고 단순한 입력 체계가 사용자 편의성 측면에서 더 바람직하다.

또한, 오류가 발생했을 경우 이에 대한 시스템적 대응도 중요한데 모바일이나 웹에서는 오류를 알려주거나 경고 메시지를 처리하는 것이 팝업 혹은 알림창Notification이므로 이 부분을 설명하는 장에서 자세히 살펴보길 바란다. 특히, 모바일의 경우 유동적인 요소가 많기 때문에 상황에 따라 오류가 발생할 확률이 매우 높은 편이다. 오류에 대응하는 UI에 신경을 많이 써야 한다.

오류에 대응하는 UI는 입력 오류 방지와 오류 메시지 표시로 나누어진다. 먼저 입력 오류 방지를 위해서는 다음과 같은 부분에 신경을 써야 한다.

- 필수 입력란과 선택 입력란을 나눠서 작성하게 한다. 특히, 서비스에서 꼭 필요한 내용은 필수 입력란으로 묶어 사용자에게 인지시키는 것이 필요하다.
- 모바일에서 암호를 입력할 때는 최소한 직전 입력한 문자는 보여줘야 하며 경우에 따라서는 암호 전체가 보이는 옵션을 주는 것이 좋다.
- 타이핑이 필요한 입력은 키패드를 사용자화Customizing하여 최대한 입력이 편리하도록 한다.
- 입력에 오류가 발생할 경우 실시간으로 처리하는 UI를 고려한다. 특히, 이메일 주소, 전화번호, 생년월일 등은 실시간으로 처리할 수 있는 중요한 입력 방식이다.
- 내비게이션 버튼은 입력 오류가 안 나도록 엄지 영역Thumb Zone 밖에 위치시켜, 오류를 적게 만든다.

- 현재 화면에서 불필요한 버튼은 비활성 처리를 하거나 아예 안 보이게 디자인한다.
- 정교한 입력을 필요로 하는 화면일 경우 아날로그 방식의 입력 UI(슬라이더 등)는 피한다.
- 순차적인 입력이 필요할 경우 각각의 입력이 완료될 때까지 다음 화면으로 넘어가지 않게 한다. 또한, 입력이 되었더라도 사용자가 필요할 경우 언제든지 뒤로 갈 수 있는 내비게이션을 넣어야 한다.

오류 메시지 표시의 핵심 요소는 한마디로 정의하자면 '친절하면서도 자세히'다. 따라서 오류가 발생했을 때 화면에 표시하는 오류 메시지는 전문 개발 용어 대신 친절하게 의미를 설명하는 단어를 사용하는 것이 좋다.
마지막으로 오류 발생을 줄이거나 오류에 효과적으로 응답하는 UI를 사용한 사례를 보자.

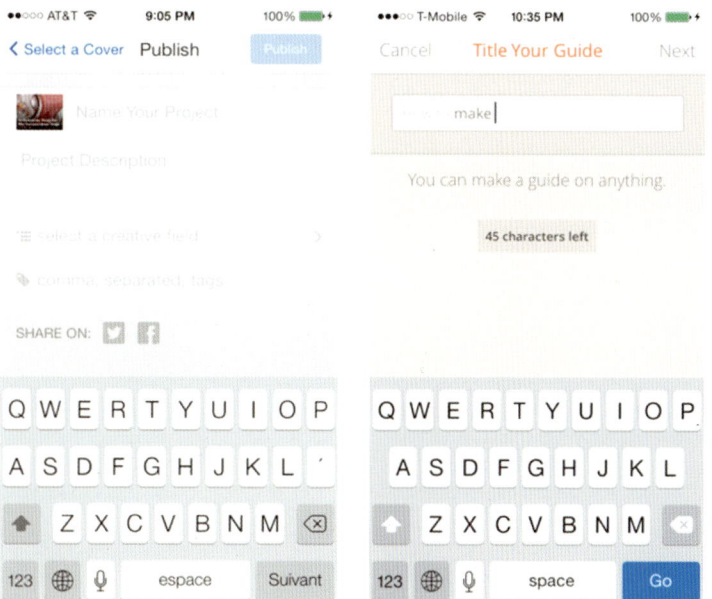

입력 편의성도 높이고 오류도 줄일 수 있는 UI
좌: Behance App
우: Snapguide App

입력 방법이나 내용이 모호하면 입력 오류가 발생하기 쉽다.

친근한 문구로 사용자의 불쾌감과 부담을 줄였다. 단, 문제가 발생했을 경우 가급적 어떤 문제인지(서버 오류, 사용자 부주의, 일시적 오류 등) 자세히 알려준다면 사용자가 향후 오류 방지를 위해서 보다 주의를 하거나 현재 상황을 이해하는 데 도움이 된다.

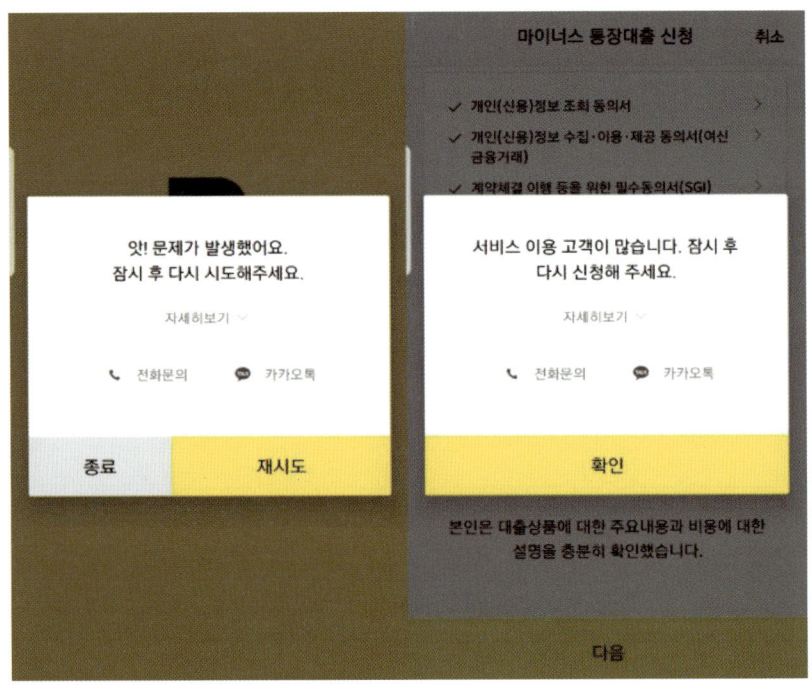

오류 발생 시 알림창 UI / 카카오뱅크 앱

6 인체공학적 UI

인체공학적 UI는 웹이나 모바일 양쪽 모두에 필요한 요소다. 단, 하드웨어 접근성이나 용도 측면을 고려했을 경우 모바일 환경에서 인체공학적 UI를 적용하는 범위가 좀 더 크다고 할 수 있다. 모바일에서 인체공학적 UI를 고려해야 하는 이유는 다음과 같은 제약 사항에 원인이 있다.

- **PC보다 제한된 하드웨어**: 작은 화면 크기와 CPU 처리 속도, 메모리 용량, 입력에 제한이 있다.
- **이동하는 환경에 적응**: 주변의 빛에 따른 화면 밝기 조절, 한 손으로 조작, 화면을 볼 수 없는 환경에서 정보 확인 등이 가능해야 한다.
- **사용자 개인별 환경**: 장애인, 색맹, 어린이, 노인, 성별, 개인 선호 취향 등 다양하다.

6.1 시각적 인지 향상을 위한 방법

모바일과 웹에서 공통적으로 적용할 수 있는 인체공학적 UI 방법에는 시각적 인지 향상이 있다. 시야에 방해되는 상황에서도 쉽게 알아볼 수 있도록 다음과 같은 사항을 고려하여 UI를 디자인한다.

- **색깔 대비**: 버튼과 텍스트에 적용하여 콘텐츠를 쉽게 인지하도록 돕고, UI 요소와 배경을 쉽게 구별할 수 있도록 한다. 흰색과 검은색은 색깔 대비 효과가 가장 크다.
- **그룹화**: 색과 모양, 동작에서 공통점이 있는 버튼이나 텍스트는 그룹화한다.
- **폰트 크기**: 보는 데 불편하지 않을 만큼이 아니라 즐길 수 있을 만큼 폰트는 커야 한다.
- **폰트**: 가독성이 뛰어난 폰트를 사용한다. 보통 운영체제 개발사들이 표준으로 내놓는 폰트가 있는데 그 폰트가 사실 가장 가독성이 뛰어난 폰트다.
- **여백**: 가독성을 높이도록 상하좌우 일정하게 여백을 준다.

- **단락과 제목 사용**: 페이지보다 더 긴 텍스트가 나오면 단락과 제목을 사용하여 사용자가 긴 문장을 끊어 읽을 수 있게 하거나 핵심 문구를 빠르게 살펴볼 수 있게 한다.
- **간결한 언어 사용**: 자신이 기획하는 모바일 서비스를 지역화하려는 경우 주의 깊게 텍스트 길이를 고려한다.

시각적 인지 향상을 적용한 사례

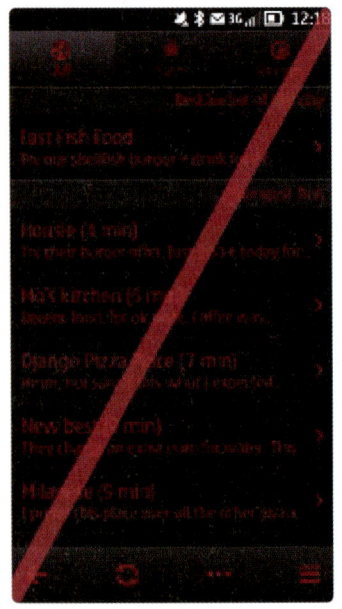

색상 대비에 실패하였다.

적절한 대비를 이용해 화면을 배합하였다.

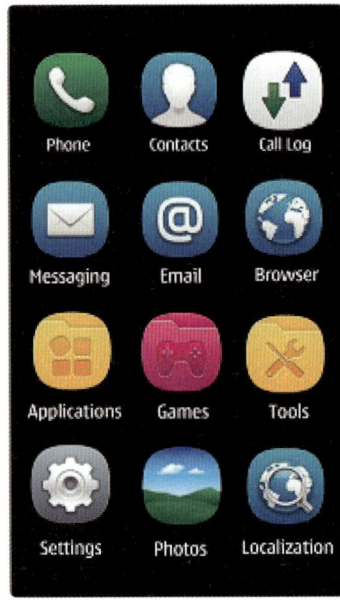

대비를 이용한 아이콘으로 시각화가 뛰어나다.

6.2 조작의 편리성 향상을 위한 방법

조작 편리성을 향상시키는 UI는 보통 모바일처럼 한 손으로 조작하거나 하드웨어를 이동하면서 손이나 말, 시선으로 조작하는 상황에서 주로 고려하게 된다. 모바일 기기에서 조작의 편리성을 위한 인체공학적 UI 요소는 다음과 같은 사항을 고려한다.

- 한 손으로 중요한 기능을 제어할 수 있도록 손의 이동 범위를 확인하여 UI를 디자인한다. 평균적인 손가락의 크기와 길이, 모바일 기기에서 엄지손가락이 닿을

수 있는 영역을 표시하고 나서 그 영역에 핵심적인 내비게이션 메뉴를 디자인한다.

- 손가락의 터치를 이용하는 정전식 터치 스크린에서의 터치 영역은 최소 지름 8~10mm며 버튼의 크기는 44 × 44픽셀 정도다.
- 내비게이션 메뉴는 될 수 있으면 4~5개로 단순화하며 세부 메뉴가 필요하면 목록 형태로 디자인한다. 단, 목록 형태는 PC 소프트웨어처럼 풀다운이나 드롭다운 방식만이 아닌 새로운 모션 그래픽을 활용한다.
- 모바일에도 시선 추적 Eye Tracking 을 활용한다. 일반적으로 모바일은 작은 화면이므로 시선 방향에 크게 신경을 쓰지 않았지만, 화면 크기가 큰 (7인치 이상) 태블릿 같은 경우 시선 방향을 고려하여 내비게이션과 콘텐츠 영역을 구분한다. 단, 서비스 내용에 따라 이에 대한 규칙은 차이가 있을 수 있으며 주변 기기(키보드나 렌즈, 마이크 등)를 사용한다면 다시 시선 추적을 하여 UI를 디자인할 수 있다.

마지막으로 인체공학적 UI를 사용한 사례를 보자.

조작의 편리성을 고려한 인체공학적 UI는 모바일 게임에서 가장 극대화하여 나타난다. 움직임이 심한 FPS First Person Shooter, 1인칭 슈팅 게임 나 운전 레이싱 게임, 스포츠 게임, 격투기 게임 등에서 특히 컨트롤 키의 인체공학적 화면구성은 게임 사업의 성패를 좌우할 만큼 중요하다. 그림 03은 모바일 축구 게임 화면 UI로 컨트롤 영역을 양손으로 잡고 엄지손가락으로 전체 조작이 가능하도록 만들어졌다. 좌측 게임 FIFA Mobile 은 이동 버튼이 우측 게임 PES2017 보다 높게 있어 좌측 게임에 비해 스마트폰을 잡는 위치가 다소 높게 설정되어 있다. 두 게임 모두 인체공학적 UI를 연구하여 만들어진 결과다.

01 엄지손가락 시작 부분 관절부터 엄지손가락 끝까지의 길이를 측정하여 디자인
일반적으로 성인 평균에 해당하는 수치로 적용하며 엄지손가락이 닿는 범위(오렌지색)를 엄지 영역(Thumb Zone)이라고 한다.

02 엄지 영역과 메뉴 위치*

03 인체공학적 UI를 극대화한 모바일 게임

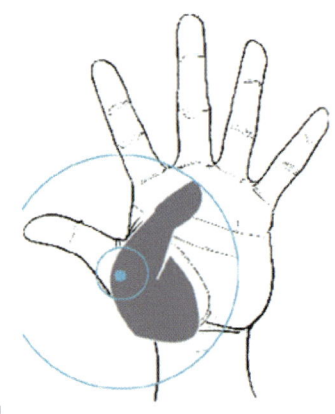

01

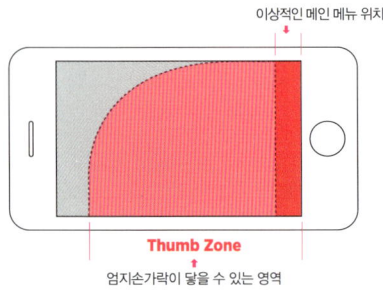
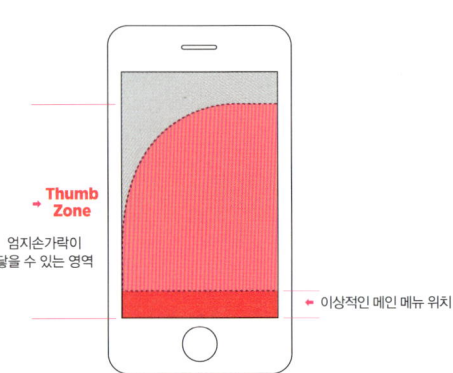

02

03

* 출처: uxmag.com/Rachel hinman 블로그

7 속도와 성능을 적용한 UI

모바일과 웹사이트에서 작동하는 서비스는 PC 네이티브 애플리케이션에 비해 사용할 수 있는 자원이나 시스템 구동 사양이 떨어진다. 과거에 비해 모바일 하드웨어가 빠른 속도로 고사양화되고, 웹사이트에서도 HTML5를 비롯해 각종 기술들이 고도화되고 있어 PC와의 격차가 줄어들고 있다. 하지만 하드웨어 성능의 차이를 고려하는 것은 사용자 경험을 높여주는데 여러모로 필요하다. 아무리 디자인이 아름답고 사용하기 편리하더라도 로딩하는 데 시간이 오래 걸리거나 디자인된 화면을 전환하는 데 시간이 오래 걸린다면, 사용자는 차라리 형편없는 디자인이라도 속도가 빠른 것을 선호할 수도 있다.

컴퓨터 제조사이자 스마트폰 제조사인 애플은 HIG^{Human Interface Guideline}에서 사용자 경험을 반영한 UI 디자인으로 속도와 성능을 높이는 데 필요한 조건을 다음과 같이 제시하고 있다.

- 커스텀한 기능을 구현하지 말고 SDK^{Software Development Kit}에서 제시한 기술과 디자인을 사용한다.
- 네이티브 UI에 웹브라우저 사용을 자제한다. 웹은 네이티브 UI에 비해 속도가 느리고 성능이 떨어진다.
- 화면에 하나의 콘텐츠 UI를 몰입형으로 디자인한다.
- 단순하고 간단하게 디자인한다.

SDK 사용은 다분히 기술적인 부분이 필요하기 때문에 기술 부분을 담당하는 개발자와 협의하여 진행해야 한다. 예를 들면, 2007년에 출시된 아이폰 3에서는 자이로 센서(물체의 방위 변화를 측정하는 센서)가 탑재되지 않았다. 만약 별자리 관찰과 같은 자이로 센서를 이용하는 앱을 제작할 경우 자이로 센서가 없다면 기존의 나침반 센서와 가속도 센서 등을 복잡한 커스터마이징을 통해 구현해야 한다. 뛰어난 개발자라면 어느 정도 구현은 가능하겠지만 속도는 물론 성능이나 안정성도 떨어질 수 있다.

그런데 얼마 뒤 출시한 아이폰3S에서는 자이로 센서가 탑재되어 출시되었다. 또한, 자이로 센서를 활용할 수 있는 SDK도 동시에 내놓았다. 자이로 센서를 이용한 별자리 관찰 앱은 센서가 없는 상황에서 구현한 것보다 처리 속도가 월등히 빠르고 구현 성능도 좋으며 크래쉬 현상 없이 안정성도 좋게 개발할 수 있다.

디자인 요소가 강한 몰입형 UI의 경우 디자인을 어떻게 하느냐에 따라 화면 로딩 속도를 좌우하는 결정적 역할을 하게 된다. 즉, 여러 개의 콘텐츠를 나열하기보다는 속도와 성능 요소를 감안하여 하나의 콘텐츠를 효과적으로 보여주는 것이 좋다. 단, 이 경우는 속도와 성능 측면을 고려한 것으로 모든 경우에 해당되는 것은 아니다.

마지막으로 속도와 성능을 적용한 UI를 사용한 사례를 보자.

화면 UI를 단순하면서도 효과적으로 표현한 앱

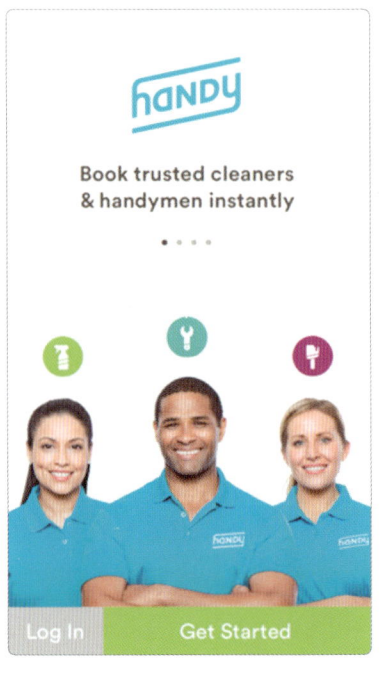

좌측의 핸디 앱^{Handy App}은 서비스 설명을 나타내는 UI로 간단하면서도 강렬한 이미지를 적용하였다. 더 많은 분량의 화면은 가로 넘기기로 전환하게 하였다. 우측의 파퓰러 페이 앱^{Popular Pays App}은 복잡하고 반복적인 리스트 형태를 피하고 화면 상단에 넓은 영역으로 이미지 콘텐츠를 배열하였다. 또한, 더 보여주고 싶은 이미지 목록은 화면 하단에 작게 표시하였다. 이런 UI 형태들은 속도를 빠르게 하고 더 높은 성능을 요구할 경우 대응하기 편리하다.

자이로 센서와 증강현실(카메라)을 이용한 별자리 관찰 앱(Star Walker2 App)
운영체제에서 제공하는 SDK를 이용하는 기능이 속도와 성능, 안정성 측면에서 모두 유리하다.

8 사용 상 편리성을 적용한 UI

사용 상 편리성은 UX 감정 단계에서 가장 아래 부분에 있는 것으로 가장 기본적인 사용자 경험 단계다. UX 디자이너들은 누구나 편리하게 서비스를 사용하길 바라며 이를 위해 혼돈을 최소화하여 사용자와 커뮤니케이션하는 방법을 가이드라인화하였다. 이런 구체적인 방법론을 통해 비로소 사용 상 편리성을 지닌 UI가 디자인될 수 있다. 비록 다음 내용은 당연하고 예상 가능한 것일지라도 디자인에 적극 반영해야 하는 사항들이다.

- 오류가 발생할 경우 사용자에게 유용한 오류 메시지를 제공한다. 오류 메시지는 친절하고 상세하게 2인칭 화법으로 작성하는 것이 좋다.
- 구체적이고 친숙한 관념들을 나타내는 메타포를 사용한다. 가장 간편하고 효과가 좋은 것은 운영체제가 제공하는 아이콘을 사용하는 것이다.
- 소프트웨어에 지능적인 Intelligent 기본 Default 설정을 수립한다. 상황이 변할 때마다 사용자가 매번 설정값을 바꾸지 않게 하는 것이 중요하다.
- 직접 조작하게 하고 적응과 반응을 표현한다. 사용자는 시스템 엔지니어나 개발자, 디자이너가 아니기 때문에 상황을 표시하지 않으면 불안해 하고 짜증이 난다. 버튼을 눌렀을 때나 시스템이 무엇인가 작동 중일 때(내려받기 같은 것) 화면에 처리 중인 상황과 반응을 보여주어야 한다.

이들 내용은 상황 인식 디자인 Context Design 을 설명한 것과 크게 다르지 않다. 특히, 모바일 환경에서는 상황이 수시로 변할 수 있다. 따라서 모바일 서비스를 디자인할 때는 상황 인식 디자인에 각별히 유의해야 한다.
마지막으로 사용자의 편리성을 극대화한 디자인 사례를 보자.

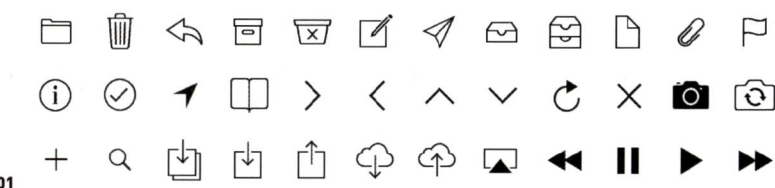

01

01 애플에서 제시하는 아이콘
자신만의 커스텀한 아이콘이나 메타포를 사용할
경우 사용자가 이해 못 할 경우가 많지만 이미
오랫동안 자연스럽게 사용해 오면서 검증된
아이콘은 빠른 사용자 이해를 돕는다.

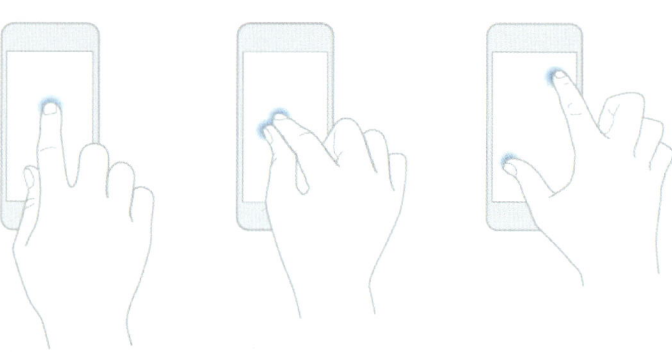

02

02 직접 조작
사용자가 별도의 컨트롤을 사용하지 않고
직관적으로 화면 상의 오브젝트(Object)를 직접
조작하게 하면 사용자는 자신의 작업에 더
몰두하고 자신이 행동한 결과를 더 쉽게 이해할
수 있다. 특히, 게임에서 플레이어는 화면 상의
오브젝트로 직접 이동하고 상호작용하게 한다.
직접 조작(Direct Manipulation)에서 가장 일반적인
경우는 제스처를 사용하는 것이다.

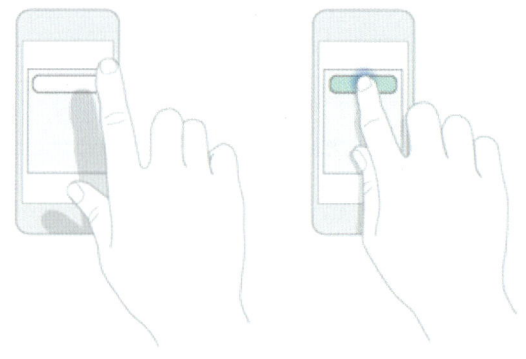

03 버튼을 눌렀을 때 눌렀다는 표현의 작용 디자인
매우 간단하고 당연하게 보이지만 국내
애플리케이션 중에는 버튼을 눌러도 표시가 안
되는 디자인이 많다.

03

리서치

빅데이터 분석을 이용한 음악 플레이어 제작

빅데이터Bigdata란 비정형으로 구성된 대형 데이터베이스를 의미한다. 기존 관계형 DBRelation DB는 접근 방법이 구조화되어 있고 분석적이며 논리적이지만, 빅데이터는 비정형이며 직관적이어서 분석과 활용 방법이 다르다. 음악의 경우 100만 개가 넘는 곡 데이터를 정형적인 DB로 구성했던 과거와는 달리 최근에는 소셜 네트워크와 모바일 환경으로 인해 이전보다 훨씬 많은 비정형의 음악 데이터들이 쌓이게 되었다. 이런 빅데이터를 빠르게 찾고 음악을 즐기기 위해 다음과 같은 방법을 사용하고, 이를 시각적으로 표현하고자 한다.

> 대량의 음악 데이터 정보를 효과적으로 검색하는 방법

> 음악을 정확히 모르더라도 쉽게 음악을 검색하는 방법

이와 같은 방법을 음악 검색에 적용하려면 기존의 음악 검색 방법을 토대로 다음과 같이 개선해야 한다.

기존 음악 검색 방법

- 아티스트와 앨범, 곡과 같은 음악 정보를 검색할 때, 검색어를 입력하고 검색 결과를 토대로 음악 정보를 확인한다.
- 음악과 같은 콘텐츠는 자신이 명확하게 알고 있는 것을 검색하기보다는 다른 사람의 추천이나 블로그, 음악 칼럼 등의 경로를 통해 우연히 알게 되는 경우가 많다.

개선된 음악 검색 방법

- 텍스트 검색과 리스트 방식을 GUI를 사용하여 쉽게 검색할 수 있도록 구현한다.
- X축과 Y축 속성에 따라 분포형 이미지 차트를 사용하여 시각적 효과 높인다.
- 화면 확대와 축소에 따라 보이는 데이터양을 조절하여 모바일과 PC 환경에서 상호작용을 높인다.
- 쉽고 재미있게 검색할 수 있으며 '찾기(Search)'의 개념에서 '발견(Discovery)'의 개념으로 검색 방식을 변경한다.
- 음악 추천 알고리즘을 통해 검색 방식을 확대한다. 음악 DB의 속성을 기반으로 음악적 관점(음악 장르, 아티스트, 구성 요소, 템포, 분위기, 시대 등)에 따른 추천 알고리즘을 구현한다.
- 개인화 알고리즘을 적용한다. 똑같은 음악을 선택하거나 검색했을 때, 추천 음악과 검색 결과를 개인의 성향에 따라 다르게 표현한다.

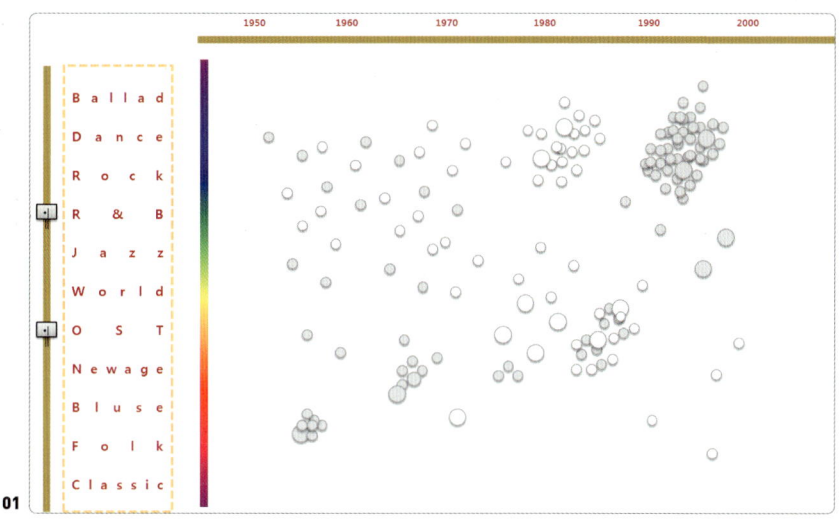

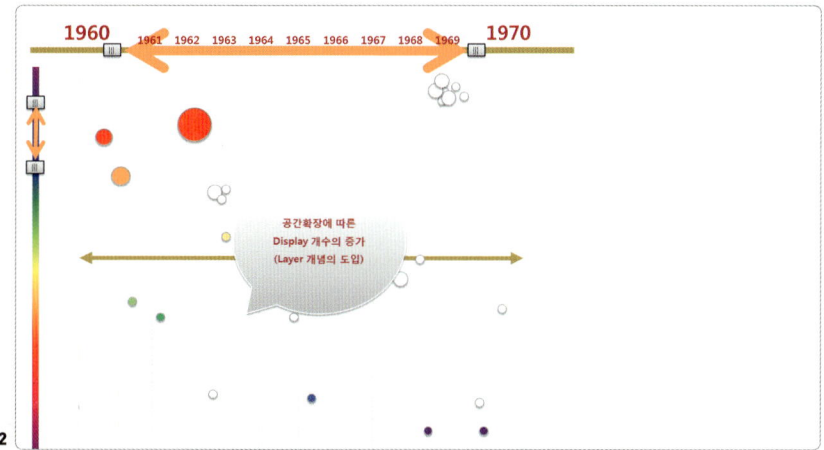

01 속성에 따른 음원 데이터의 위치와 밀집도 / 이상묵님(2009)

02 공간 확장 개념

> **음악 빅데이터 시각화**

기존의 관계형 DB는 데이터를 보관하고 운영하는 전통적인 방식으로, 데이터를 구조화하여 선형적으로 접근한다. 반면에 빅데이터는 구조화되어 있지 않고, 반복적으로 탐색을 통해 접근해야 한다. 음악 플레이어에 빅데이터를 활용하여 시각화하는 방법을 사례를 통해 연구해보자.

공간 확장 개념

음악 DB 개수는 곡 수를 기준으로 보통 70~200만 개이다. 여기에 앨범과 아티스트 개념까지 합치면 더욱 커진다. 하지만, 한 화면에 보여줄 수 있는 DB 개수는 한정되어 있다. 모바일은 최대 20~25개, PC 화면은 픽셀 크기에 따라 차이가 있지만 50~100개 미만이다. 따라서, DB를 보여줄 공간을 확장하는 개념이 필요하다. 그림 **02**를 살펴보면, 사용성과 지명도에 따라 1-Step ~ N-Step까지 음악 DB 분포도를 작성하고, 공간을 확장시키면 Step이 확장되고, 표현되는 DB도 많아지도록 한다. 이때, 확장된 공간은 X축과 Y축으로 이동할 수 있게 되며 이에 따라 표현되는 DB 내용도 달라진다.

GUI 검색 방식

그림 03은 마우스 휠이나 터치 제스처로 화면을 확대하거나 축소하여 대량의 음악 데이터를 장르와 연도 축으로 구성된 공간 Square에서 GUI 형태로 검색하는 방법이다. 모바일에서는 핀치 제스처, PC에서는 마우스 휠을 사용하여 줌인-아웃을 통해 데이터 표시를 조정할 수 있다. 또한, 대용량의 데이터를 처리할 수 있도록 레이어Layer 기법을 사용한다.

음악 추천 이미지 기법

그림 04와 05는 각 개인의 성향에 따라 음악 알고리즘 엔진이 추론한 개인별 음악 추천 결과를 시각적으로 표현하는 방법이다. 선택(혹은 검색 결과)한 음악을 중심으로 추천 엔진에서 추천한 음악들을 방사형 차트로 표현한다.

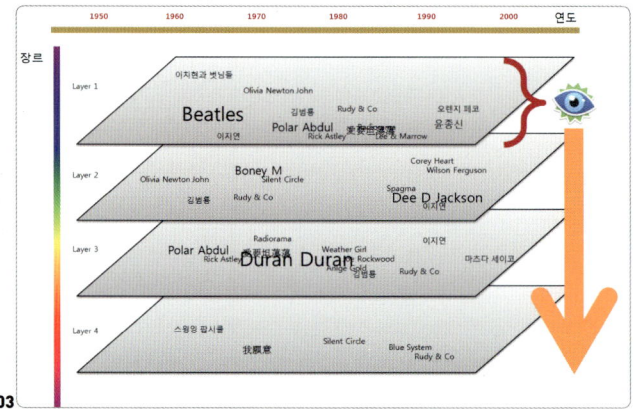

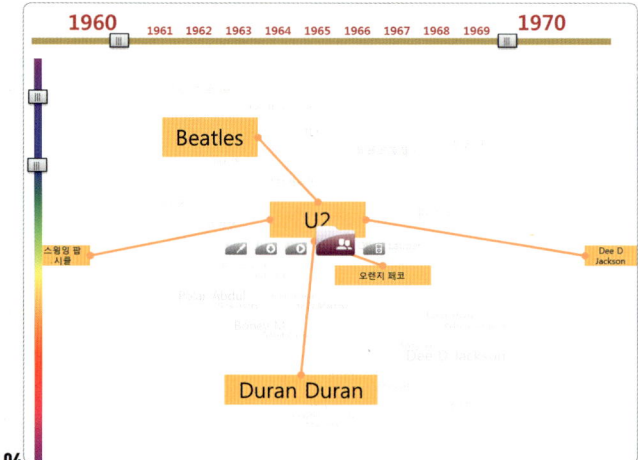

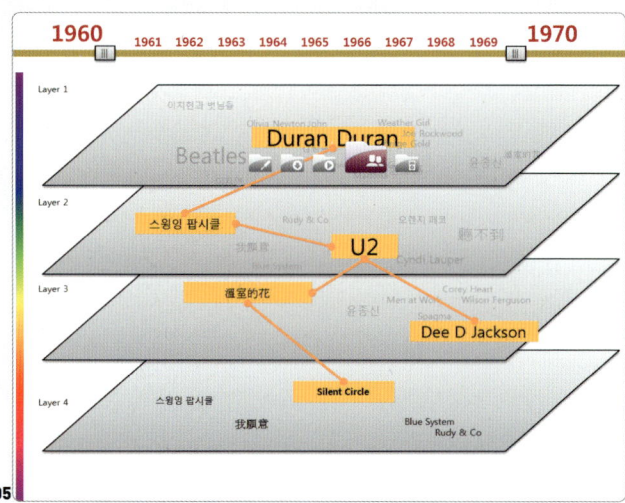

03 음악 빅데이터의 GUI 검색 방식(2009년 특허 출원)

04 연관 음악 추천 이미지 기법

05 음악 레이어와 결합한 음악 추천 방식

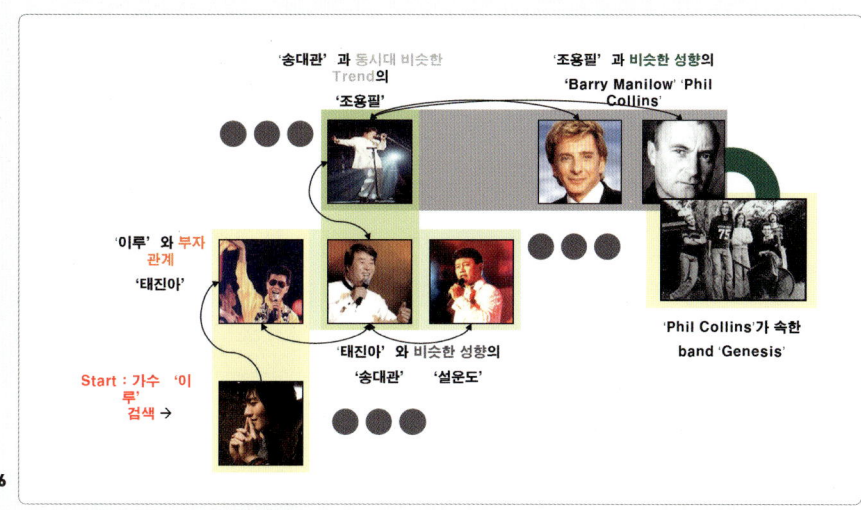

06

알고리즘 구현 방식

그림 **06**은 아티스트와 앨범, 곡마다 사용성과 장르 등의 특성을 빅데이터 방식으로 처리한 것이다. 꼬리에 꼬리를 무는 연관성을 추론하여 거대한 'Music Tree'를 구현한다.

▶ 서비스 구현 화면

그림 **07**과 **08**은 앞에서 살펴본 시각화 방식을 모바일 서비스에 적용한 사례이다. 대량의 음악 데이터를 연도로 되어 있는 가로축과 장르로 되어 있는 세로축으로 구성된 공간에 배치하고, 확대와 축소를 통해 음악을 검색할 수 있도록 구현하였다. 또한, 하나의 앨범에 대해 관련 있는 앨범 정보를 방사형으로 보여줘서 폭넓은 음악 정보를 제공하며 동시에 포괄적인 사용성을 유도한다.

06 연관 음악을 추천하는 개념인 'Music Tree' 방식

07 앞의 알고리즘을 실제 음악 플레이어에 적용한 사례

08 아티스트 정보 페이지 전환

07

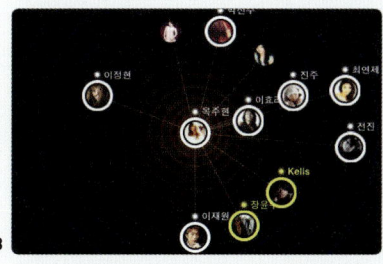

08

> 응용 사례

그림 **09**와 **10**은 빅데이터 분석을 이용한 음악 플레이어에 적용한 내용을 앱스토어 App Store로 응용한 사례다. 가로 축은 앱 가격과 관심 목록, 본인 휴대전화 앱 목록으로 구성하고(또는 발매 연도), 세로 축은 대표 카테고리로 구성하였다. 특정 원을 선택하면 해당하는 애플리케이션 정보가 팝업으로 나타난다. 이때, 간단한 애플리케이션 정보와 함께 내려받기 버튼과 애플리케이션 추천 버튼을 제공한다.

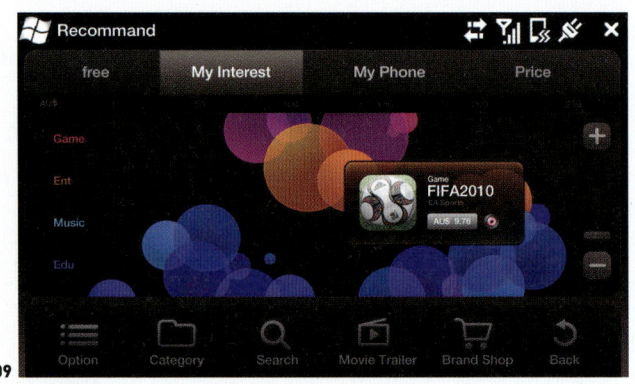

09

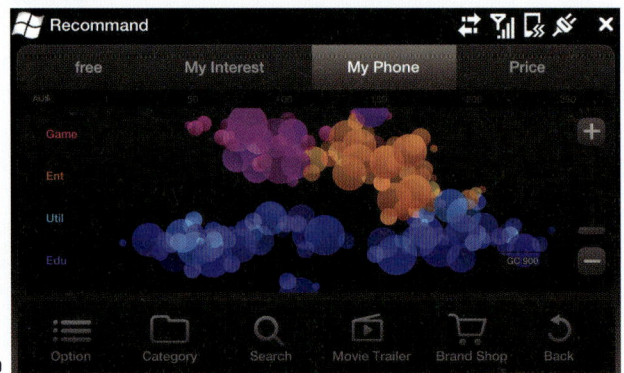

10

09 앱스토어에 적용한 GUI 검색 사례

10 GUI 검색 화면 축소
자신이 소유한 스마트 폰 애플리케이션 분포를 보여준다. 추천 애플리케이션도 화면에 표시할 수 있다.

06

Chapter

UI 저작 도구

Outline

UI는 보통 와이어프레임으로 디자인한다. 이는 디자이너들이 주로 하는 비주얼 디자인과는 구별되는 개념이다. 와이어프레임은 UI 인터페이스의 기본 요소를 담은 레이아웃 디자인을 의미하며 건축도면이나 웹, 모바일 기획서 등에서 사용한다. 비주얼 디자인은 와이어프레임으로 도식한 후에 색상과 질감을 넣어 최종 완성하게 된다. 와이어프레임 도식에는 다양한 방법이 있으며 주로 다음과 같이 나눈다.

· 펜과 연필, 스케치 패드로 그리는 스케치
· 벡터 그래픽 전용 도구
· 이미지 편집 도구

Process

이 장에서는 대표적인 UI 저작 도구를 하나씩 골라 기본 사용법에 대해서 알아보려고 한다. 이들 유명 UI 저작 도구는 전용 매뉴얼이나 인터넷 동영상 강의 등을 통해 쉽게 사용법을 알 수도 있다. 중요한 것은 디자이너 스스로 저작 도구에 관심을 갖고 숙달되도록 자주 사용해 보는 것이다. 분석이나 이론에 능통하더라도 실제 UI 디자인에 서툴다면 어설픈 UX 디자이너가 되기 때문이다. 많은 노력을 기울이기 바란다.

1 스케치 패드

아이디어 표현의 초기 단계이자 풍부한 아이디어를 손실 없이 구현하는 데에 매우 요긴한 방식인 펜 스케치는 펜과 작업할 스케치북만 있으면 가능하지만, 이를 효율적으로 이용하려면 템플릿을 구성하는 것이 좋다. 펜으로 종이에 와이어프레임을 작성하려면 운영체제별로 구성하는 것이 좋다. 스케치 패드와 전용 펜, 전용 자를 사용하면 매우 편리하고 전용 소프트웨어로 작업한 것만큼 정교하게 UI 디자인을 할 수 있다.

운영체제별 전용 스케치 패드는 제공되는 PDF 파일 등을 프린터로 출력하여 사용하는 방법과 종이에 인쇄된 스케치북을 구매하여 사용하는 방법 등이 있다. 종이에 템플릿을 구성하는 방법은 각 모바일 서비스 프로젝트의 성격이나 카테고리에 따라 다르겠지만, 모바일 기기 외형을 구성하는 이미지와 간단한 메모 영역으로 구성할 수 있으며 세부적인 컨트롤이나 버튼, 안드로이드의 레이아웃과 같은 구성 요소들은 직접 스케치 패드에 그리거나 포스트잇 등을 사용하여 덧붙이는 형태가 될 수 있다.

모바일 UI를 디자인할 때는 사실 연필이 가장 효과적이다. PC용 벡터 그래픽 전용 도구는 사용법이 어려워서 종종 기발한 아이디어를 온전히 담아내지 못할 수 있다. 모바일 애플리케이션이나 웹, 콘텐츠 등을 기획하고 설계할 때 연필과 스케치 패드를 이용하면, 자신이 가진 아이디어를 고스란히 표현할 수 있다. 이렇게 스케치 패드에 도식한 디자인은 좀 더 수정을 거쳐 파워포인트나 벡터 그래픽을 도식하는 전용 도구에 옮기면 된다. 펜과 스케치 패드로 와이어프레임을 스케치할 때는 다음 사항을 고려해야 한다.

- 스케치는 아이디어를 정리한 것과 사용자 분석 내용을 토대로, 자세한 형식을 갖추기보다는 큰 레이아웃을 우선 도식하는 순서로 진행한다.
- 1차 레이아웃을 도식한 다음에는 새로운 스케치 패드에 세부적인 사항들을 그린다. 단, 아이콘 모양이나 정밀한 도식에 신경 쓰지 말고, 세부 설명과 그 설명을

이해하는 데(때로는 조잡하겠지만) 도움이 될 사항들을 묘사하며 그린다.
- 포스트잇을 이용하면 협업이 가능하므로 이 방식을 사용하여 디자이너와 기획자 간 협업을 한다.
- 정밀한 상호작용 영역도 스케치 패드에 표현한다. 화면 비율이 중요하지 않으면 커다란 스케치북에 도식해도 좋으며 애니메이션 기법을 이용한 원시적인 목업 형태로 제작해도 된다(과거 교과서 귀퉁이에 한 장씩 로켓이 날아가는 초기 애니메이션을 그렸던 것을 기억해 보자).
- 스케치 패드에 스케치하면서 목업과 스토리보드의 기능도 담당할 수 있다. 이를 염두에 두고 작업하면 훨씬 더 능률적인 UI 디자인 작업이 이루어진다.

다음은 펜으로 UI를 스케치할 때 사용하면 좋은 전문 도구들이다. 매우 정교하게 UI 디자인을 할 수 있다. 자신의 아이디어를 놓치지 않고 가장 잘 담아낼 수 있는 도구가 바로 연필과 종이다.

펜으로 UI 스케치하기 좋은 제품들*

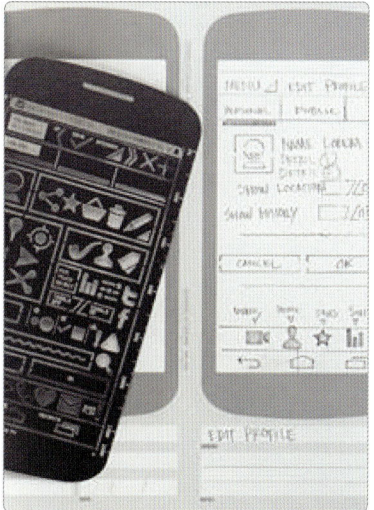

* 출처: uistencils.com

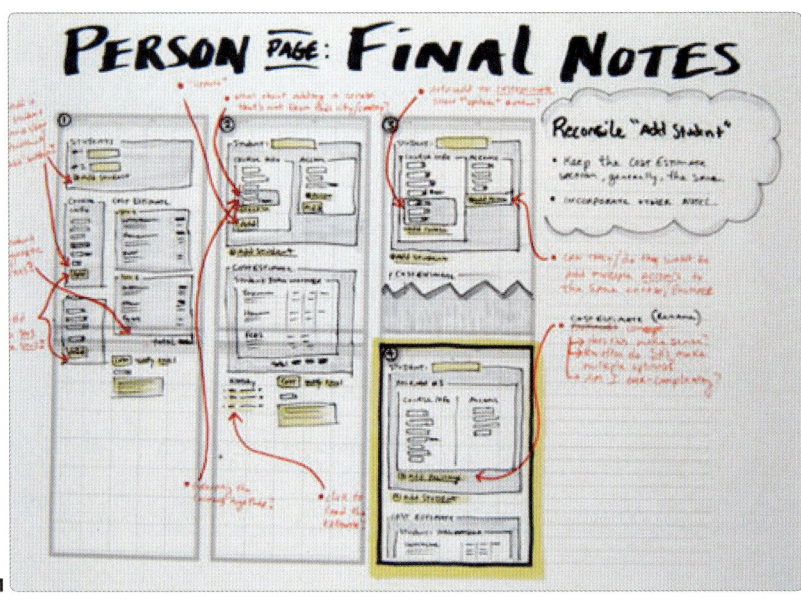

01

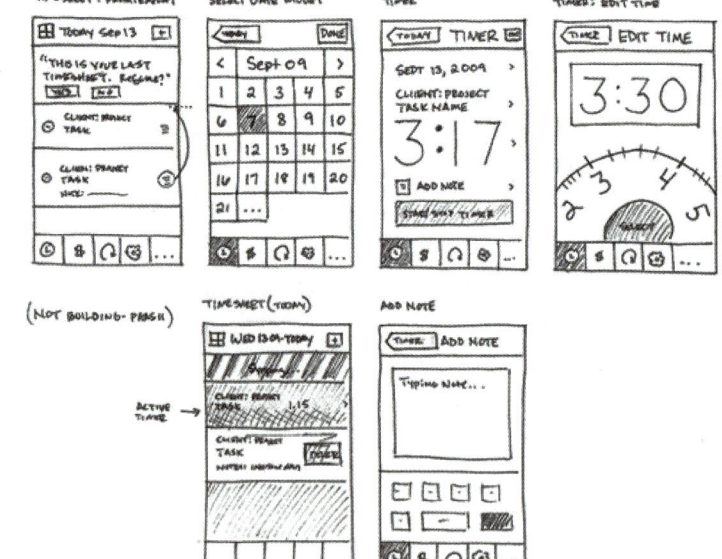

02

01 스케치에 색상을 입힌 UI 레이아웃*

02 펜으로 그린 UI 레이아웃

---

* 출처: https://onextrapixel.com/40-brilliant-examples-of-sketched-ui-wireframes-and-mock-ups/

UI 디자인에서 가장 중요하게 다룰 부분은 '커뮤니케이션이 가능하도록'일 것이다. 색상을 입히면 UI를 보다 분명하게 표현할 수 있다.

보통 펜으로 스케치를 하면 PC용 저작 도구만큼의 정교함을 보이지는 못한다. 따라서 주로 초기 아이디어 스케치에 많이 이용하며 윤곽을 나타내는 레이아웃 형태를 디자인하는 경우가 많다. UI 디자인 도구가 난무하고 있는 요즘에도 많은 UI 디자이너와 기획자들이 아직까지 펜을 애용한다.

펜으로 UI 레이아웃을 도식한 후에는 최종적으로 아이디어를 모아서 전문 UI 디자인 도구로 디지털화하여 마무리한다. 어떤 도구를 사용하든지 사용자 경험을 좋게 만드는 UI를 그려 내는 것이 가장 중요하다.

최근에는 아이패드 프로와 같이 스타일러스 펜을 이용하여 종이와 연필을 사용하는 것처럼 자유롭게 메모하며 UI 레이아웃을 스케치할 수 있도록 애플리케이션이 지원되기도 한다. 제법 많은 사람들이 연필과 종이를 사용하는 것처럼 간단히 스타일러스 펜으로 디자인하고 실제 UI 디자인에 활용하고 있다.

아이패드 프로와 애플 펜슬을 이용한 UI 레이아웃 스케치
Adobe Comp 앱을 사용하면 손으로 쓴 것 같은 환경과 디지털 설계의 두 장점을 모두 살릴 수 있다.

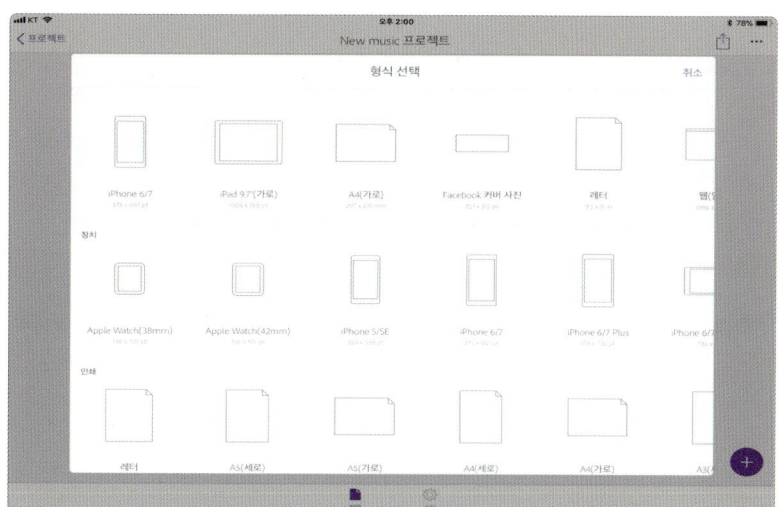

2. 벡터 그래픽 전용 도구

실제 UI 디자인을 도식할 때 벡터 그래픽 전용 도구를 사용한다. 국내에서는 스토리보드를 작성할 때 대부분 MS 파워포인트를 사용한다. 사실 파워포인트는 프레젠테이션용 소프트웨어로 전문 UI 디자인 도구는 아니다. 따라서 소프트웨어 디자인에 최적화된 벡터 그래픽 전용 도구를 사용해서 생산성 향상과 향후 운영, 특화된 기능(프로토타이핑 같은)을 구현하는 것이 바람직하다.

벡터 그래픽 전용 도구는 설치 형식에 따라 웹앱(Web App)형과 PC 설치형으로 나뉜다. PC 설치형은 운영체제에 따라 윈도우용과 Mac용이 있는데 최근에는 개발사들이 양쪽 OS를 모두 지원하는 추세이다.

벡터 그래픽 전용 도구는 디자인하기 쉬우며, 펜 드로잉과 비교해 디지털 디자인 기능이 우수하다. 예를 들어, 사람의 손으로는 절대 그릴 수 없는 다양한 패턴들을 순식간에 그려 내고, 저장 및 복제, 최근에는 공유와 협업까지도 지원하고 있어 UI 디자인 업무에 절대적으로 필요하다. 인기 있는 벡터 그래픽 전용 도구는 다음 표와 같다.

UI 전용 벡터 그래픽 도구
(2018년 03월 기준)

구분	이름	플랫폼	가격
웹앱형 (Web App)	Cacoo.com	Chrome, IE10.0이상	무료, 유료 버전
	OvenApp.io	Chrome, IE10.0이상	무료
	Proto.io	Chrome, IE10.0이상	Freelancer 25$/월
PC 설치형 (PC App)	FluidUI	Mac, Linux	Solo: 99$/년
	Balsamiq	Mac, Windows	2Project: 90$/년
	Adobe XD	Mac, Windows10	141,000원/년
	Sketch	Mac	99$/년
	Power Mockup	파워포인트 내 설치	개인용: 59.99$/년

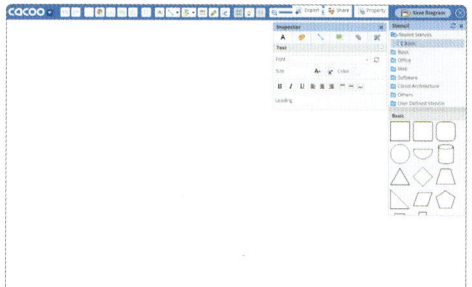
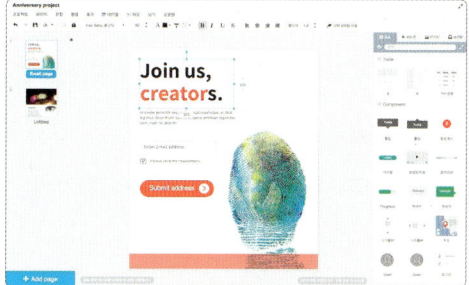
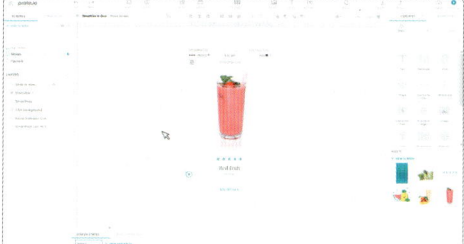

01

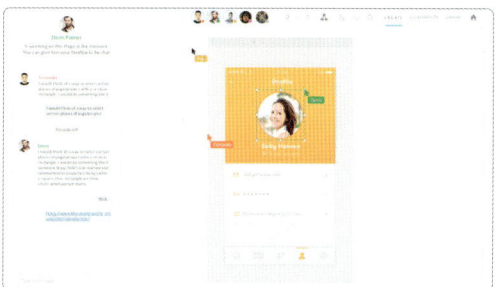

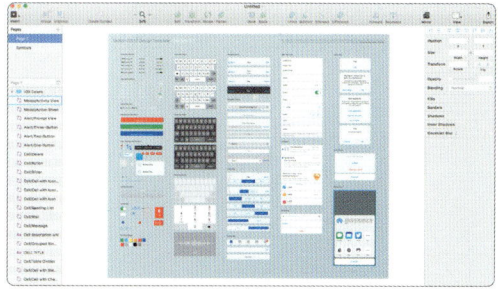
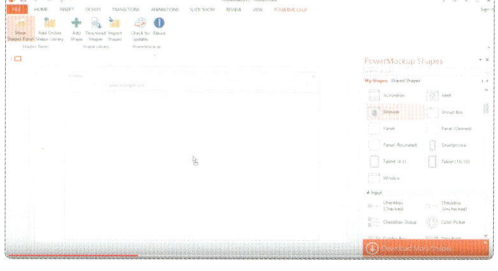

02

01 웹앱형 UI 저작 도구

(위에서 아래로)

Cacoo.com,

OvenApp.io,

Proto.io

02 PC 설치형 UI 저작 도구

(위에서 아래로)

FluidUI

Balsamiq

Adobe XD

Sketch

Power Mockup

2.1 웹앱형 UI 저작 도구

웹앱형 UI 저작 도구는 웹브라우저에서 UI 디자인을 한다. 대부분 최신 버전의 웹브라우저만 있으면 사용할 수 있다.

웹앱형 UI 저작 도구는 다음과 같은 장점이 있다.

- 웹브라우저만 있으면 플랫폼에 관계 없이 대부분 사용할 수 있어 호환성이 높다.

  웹브라우저 버전이 최신이어야 하며 플래시 기반의 웹앱일 경우 모바일이나 플래시가 지원되지 않은 웹브라우저에서는 사용할 수 없다.

- 온라인 기반으로 공유와 협업이 가능하다.

  기본적으로 온라인에서 사용하기 때문에 공유나 협업이 쉽게 지원된다. 특히, 협업은 실시간으로 가능하기 때문에 문서 버전을 맞출 필요가 없고 분업도 쉽다.

- 별도의 저장 공간이 필요 없다.

  웹앱은 보통 데이터를 개발사 클라우드에 저장한다. 따라서 별도의 저장 공간이 필요 없으며 데이터 손실에 대해서도 거의 걱정이 없다. 보안이나 계정 부분만 철저히 관리한다면 자신의 PC나 회사 PC 로컬에 저장하는 것보다 훨씬 안전하게 데이터를 관리할 수 있다.

- 설치형 저작 도구에 비해 사용 비용이 저렴하다.

  웹앱형 UI 저작 도구는 보통 무료 기본 제공에 몇 가지 추가 옵션에만 비용을 받는 형태의 사업 모델을 가지고 있다. 설치형 UI 저작 도구에 비해 사용자 수가 많으며 많은 사용자로 인해 보다 저렴한 가격 정책을 펼칠 수 있다.

- 업데이트가 빠르다.

  설치형이 아니기 때문에 웹에 접속하는 것만으로도 자동으로 업그레이드가 된다.

웹앱형은 기능과 속도면에서 PC 설치형보다 떨어진다. PC 설치형은 네이티브 언어로 개발되어서 하드웨어의 기능을 충분히 사용하여 속도와 기능 측면에서는 우수하다. 따라서 정교한 UI 작업을 원하는 디자이너는 PC 설치형을 사용하는 것이 바람직하다.

대표적인 웹앱형 저작 도구인 Cacoo는 앞서 말한 웹앱형의 장점을 모두 지니고 있다. Cacoo는 크롬 웹앱으로 개발되었으며, 기본적으로 무료이며 협업과 저장 공간 확대, 사용 범위 등을 추가로 이용하려면 유료이다. 처음 시작할 때 트위터나 페이스북 계정으로 로그인할 수 있으며 자신의 이메일과 비밀번호를 등록하여 계정을 만들면 바로 사용할 수 있다(http://cacoo.com). 웹, 안드로이드, 아이폰, 아이패드, 아이콘, 일반 다이어그램 등 다양한 UI 전용 스텐실을 갖추고 있어 사용자는 드래그 앤 드롭만으로도 기본적인 UI 디자인을 할 수 있다. 데이터 공유는 물론이고 실시간 협업에 채팅까지 지원되는 등 웹앱으로 갖춰야 할 기능 대부분을 제공한다. 작업 방식은 일러스트레이터나 포토샵처럼 4000*4000픽셀까지 엑셀 시트 개념의 화면에서 디자인한다. 사용법만 숙달하면 쉽게 웹과 안드로이드, 아이폰, 아이패드 UI를 디자인할 수 있다.

Cacoo는 UI를 디자인하는 드로잉 화면과 작업된 UI 다이어그램을 관리하는 리스트 화면으로 나뉜다. 다이어그램을 관리하는 메인 화면에서는 다이어그램의 공유, 협업, 편집이 가능하며 다른 사용자의 다이어그램에 의견을 게시할 수도 있다. 또한, 본인과 다른 사람이 작업한 작업 히스토리도 빠짐없이 볼 수 있어 문서 관리에 매우 적합하다.

Cacoo의 데이터 저장 형태는 다음과 같다.

- **다이어그램**: 일반적으로 Cacoo에서 스텐실을 이용하여 만든 다이어그램 파일이다.
- **스텐실**: 드래그 앤 드롭으로 사용하는 아이콘 개념의 작은 디자인 파일이다.

- **템플릿**: 스텐실이 UI 요소라면 템플릿은 스텐실이 여러 개 모여서 완성된 UI 형태이다.

템플릿과 다이어그램 간에 차이는 다이어그램은 전체를 여는 것이고 템플릿은 스텐실처럼 삽입을 통해서 현재 다이어그램에 추가하는 방식이다.
Cacoo 저작 도구의 UI를 그림으로 보면서 간략하게 사용 방법을 알아보자.

로그인한 Cacoo 메인 화면

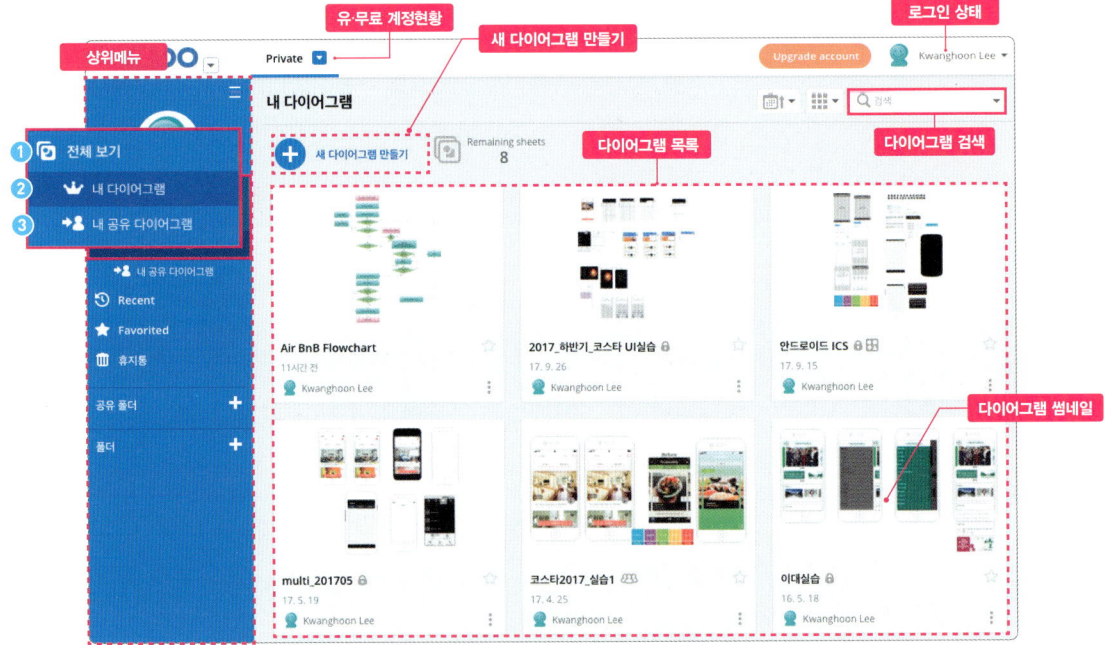

❶ 전체 보기: 내 다이어그램과 내 공유 다이어그램 모두 목록 표시
❷ 내 다이어그램: 자신의 계정으로 디자인한 다이어그램 목록 표시
❸ 내 공유 다이어그램: 타인의 계정에 '사용자 초대' 형태로 공유한 다이어그램 목록 표시(직접 편집 가능)

Cacoo 메인 화면의 다이어그램 목록에서 다이어그램을 선택하면 미리보기 화면이 표시된다. 이 화면에서 다이어그램 편집 메뉴는 현재 미리보기 다이어그램을 편집할 수 있는 화면으로 이동하게 해준다. 미리보기 화면에서는 수정할 수 없다.

Cacoo 미리보기 화면

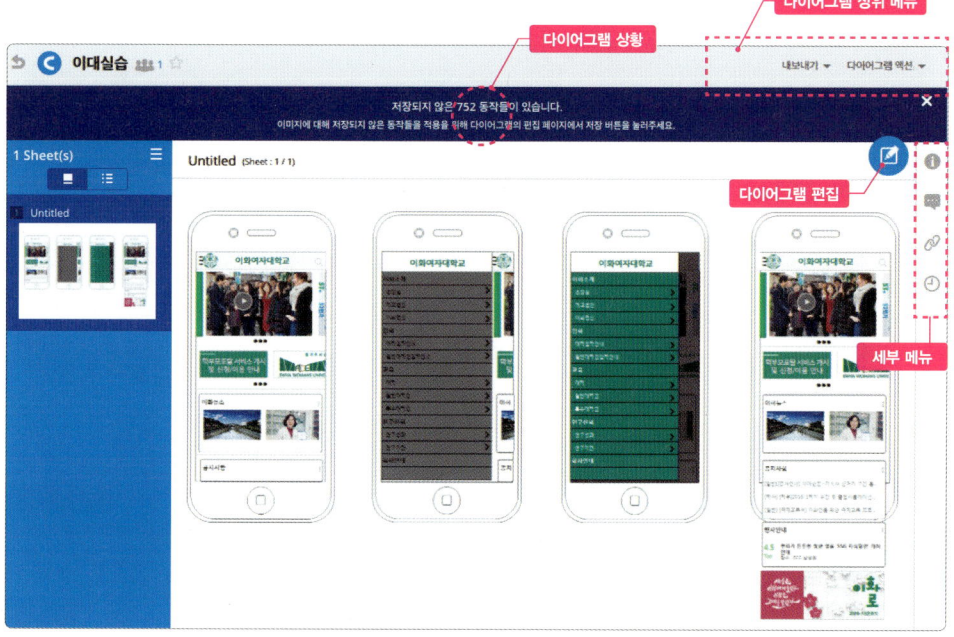

다이어그램 세부 메뉴 화면

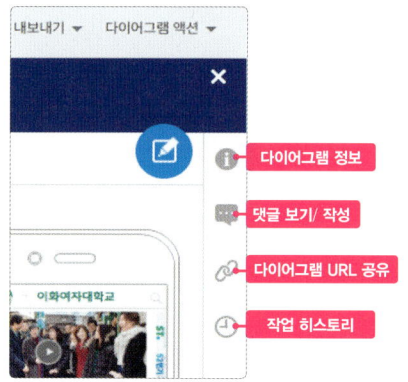

Cacoo 미리보기 화면 오른쪽에 다이어그램 세부 메뉴가 있다. [다이어그램 정보] 메뉴는 공개 상태, 종류, 조회수, 작성 일시, 수정 일시를 표시해 준다. [댓글] 메뉴는 댓글 목록을 보여주고 댓글을 작성할 수 있다. [다이어그램 URL 공유] 메뉴로는 현재 다이어그램을 URL로 타인에게 공유할 수 있다. 다이어그램 크기, iframe적용 등 다양한 형태로 공유가 가능하다. [작업 히스토리] 메뉴는 현재 다이어그램에 작업한 (혹은 접속한) 사용자와 접속 시간을 표시해 준다.

다음은 다이어그램 작성 화면으로 메인 화면에서 [새 다이어그램 만들기를 클릭하면 이 화면으로 전환된다. [자주 쓰는 메뉴]는 다이어그램 작성 화면 상단에 바Bar형태로 있다. 다이어그램 작업 시 실질적으로 필요한 자주 쓰는 메뉴 모음이다. 텍스트, 라인, 자유선 입력, 이미지 입력, 미니창 보기 전환, 확대/축소, 외부 출력, 공유, 속성(설정) 등이 해당한다. [UI 편집 도구]는 오브젝트 편집창으로 텍스트, 도형, 라인을 세밀하게 편집하고 정렬하고 다이어그램 내 도형에 링크를 거는 기능이 있다. [스텐실 목록]은 UI 디자인에서 자주 사용하는 도형을 미리 등록해 놓고 드래그 앤 드롭으로 디자인할 수 있게 해준다. 스텐실을 선택하면 세부 도형이 [선택한 스텐실 입력창]에 표시되고 드래그 앤 드롭으로 드로잉 영역에서 디자인할 수 있다. 엑셀과 동일한 형태로 현재 작업 중인 시트를 표시하고 [+] 버튼으로 시트를 추가할 수 있다. 단, 시트 추가에 제한이 있다.

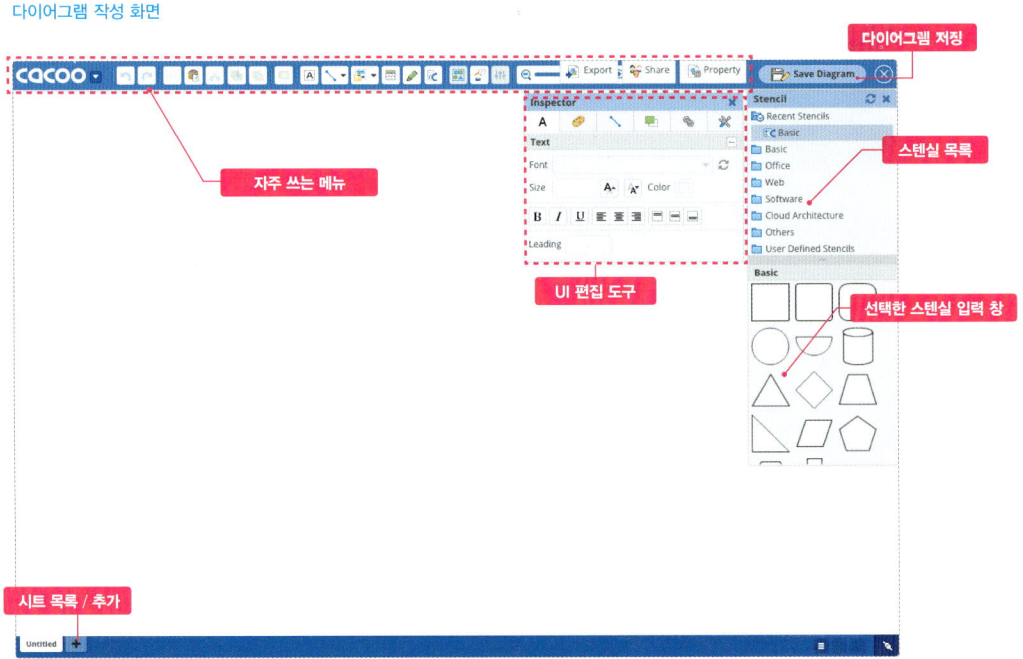

다이어그램 작성 화면

Cacoo는 다양한 형태의 스텐실을 보유하고 있다. 기본 도형, 사무실용 클립아트, 웹 UI, 모바일 UI 요소가 모여 있는 소프트웨어, 사용자가 디자인한 사용자 정의 스텐실 등으로 나뉜다. 소프트웨어 스텐실에는 아이폰, 안드로이드 UI 및 아이콘이 여러 버전으로 제공되고 제스처 팩, 기타 아이콘, ERD, UML, 플로차트, 전기도면 등 다양한 UI 요소를 사용할 수 있다.

기존 벡터 그래픽 도구와 유사하게 다양한 편집 도구가 제공된다. 도형 편집 도구는 세부적인 편집이 가능하도록 좌표 지정, 크기 지정, 오브젝트 정렬 등을 지원한다.

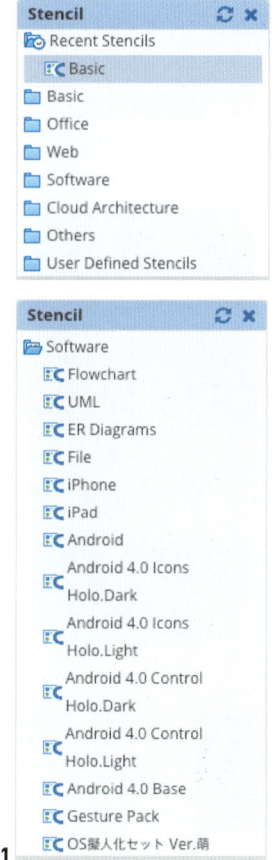

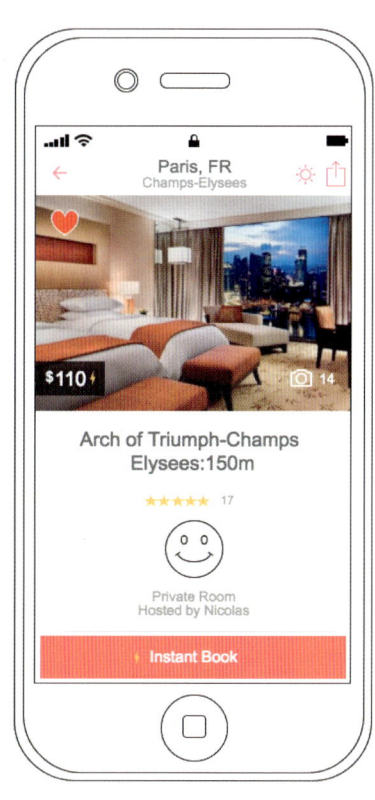

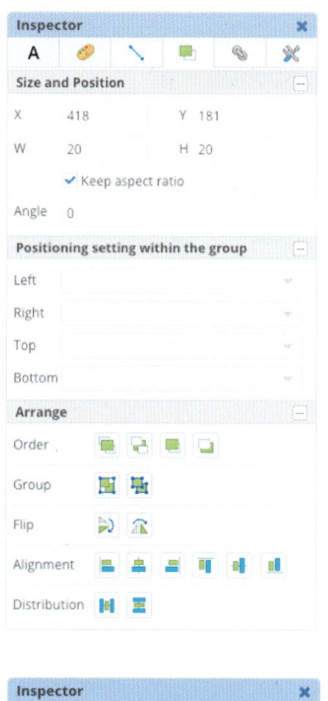

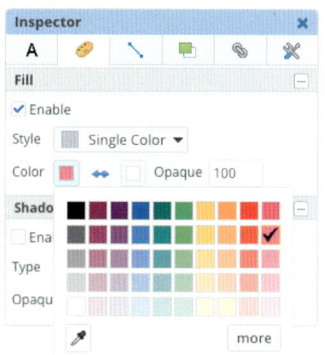

01 Cacoo가 제공하는 스텐실

02 Cacoo 오브젝트 편집창 화면

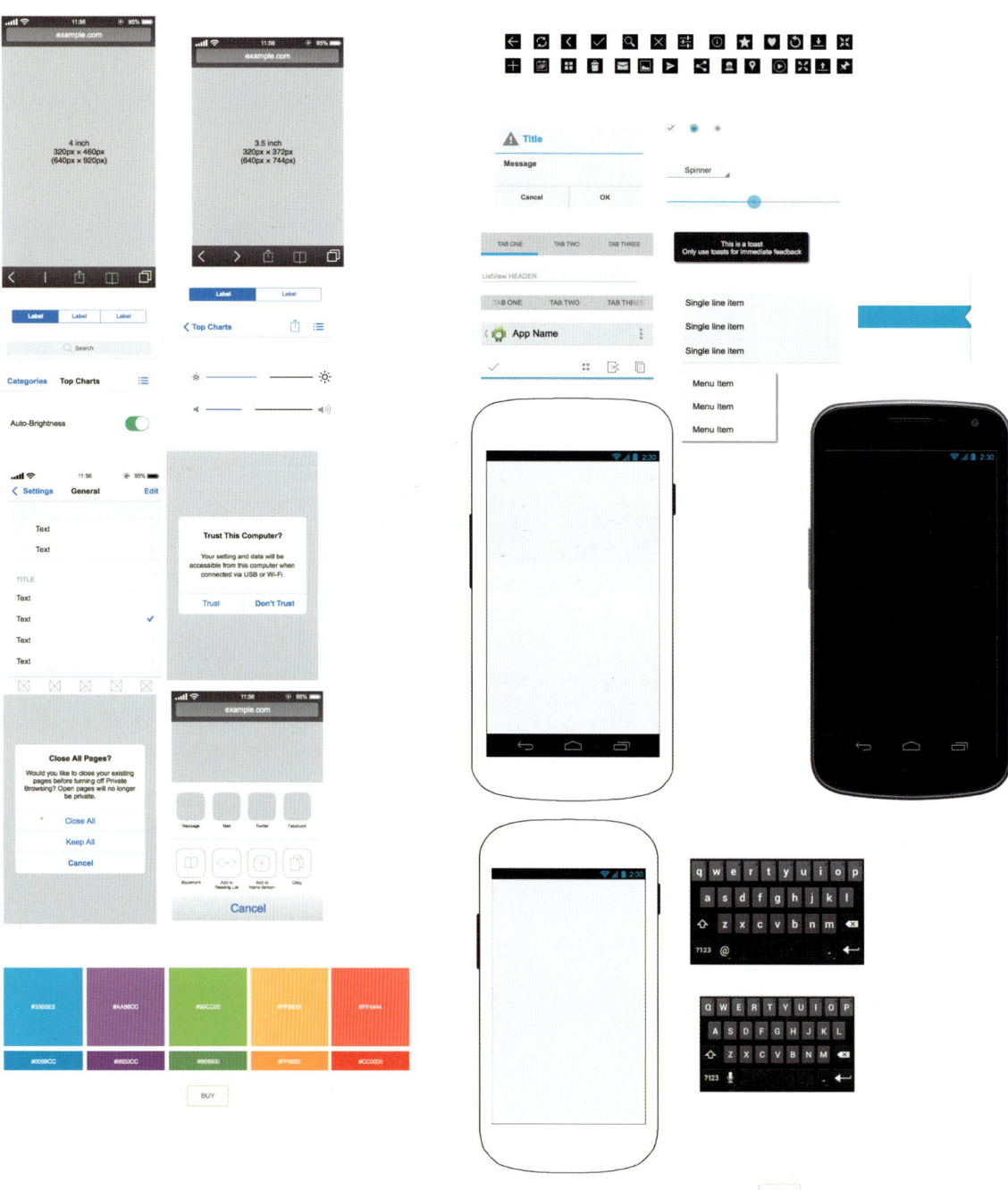

Cacoo에서 사용 가능한 아이폰, 안드로이드 화면 UI

Cacoo로 디자인한 UI 사례

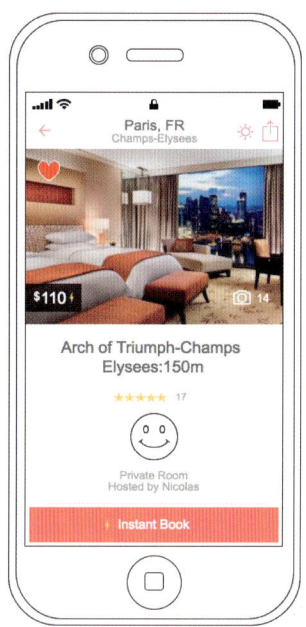 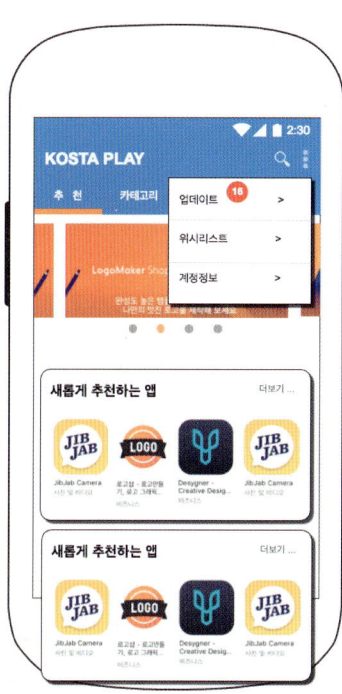

2.2 PC형 UI 저작 도구

Adobe XD 사용 안내서

https://helpx.adobe.com/kr/xd/user-guide.html

대표적인 PC 설치형 저작 도구인 Adobe XD는 그래픽 도구로는 가장 유명한 UX 전용 디자인 도구다. 모바일 앱은 물론이고 웹사이트까지 UI 디자인과 프로토타이핑이 가능한 최초의 크로스 플랫폼 도구로 아이디어 구상부터 프로토타이핑에 이르는 과정을 신속하게 진행할 수 있다. 2017년까지 무료로 베타 버전을 운영하다 2017년 말부터 Adobe CC 형태의 유료로 바뀌었다(2018년 5월에 무료로 정책 변경). 어도비에서 만든 벡터 그래픽 도구인 일러스트레이터의 기술을 이전받아 일러스트 파일(*.ai)이 호환되며 Adobe XD 자체에서 제공하는 UI 전용 디자인 기능으로 편의성과 전문성을 높였다.

Adobe XD의 특징은 다음과 같다.

- 벡터와 래스터 아트웍을 그리거나 재사용하고 혼합하여 와이어프레임, 화면 레이아웃, 인터랙티브 한 프로토타입과 제작에 바로 사용할 수 있는 에셋을 하나의

앱에서 만들 수 있다.

- Adobe XD를 위해 특별히 고안된 반복 그리드와 같은 강력한 도구와 UX 디자인을 위해 새롭게 추가된 레이어, 심벌과 펜 도구 등을 사용하여 작업할 수 있다.
- 팀원에게 프로토타입 링크를 보내 신속하게 피드백을 받을 수 있다. 제작에 바로 사용 가능한 아트웍을 개발자와 공유할 수 있으므로 개발자가 요구하는 사양에 맞게 디자인할 수 있다.
- 하나의 앱에서 디자인 모드와 프로토타입 모드를 손쉽게 전환할 수 있으므로 중단 없이 작업을 진행할 수 있다.

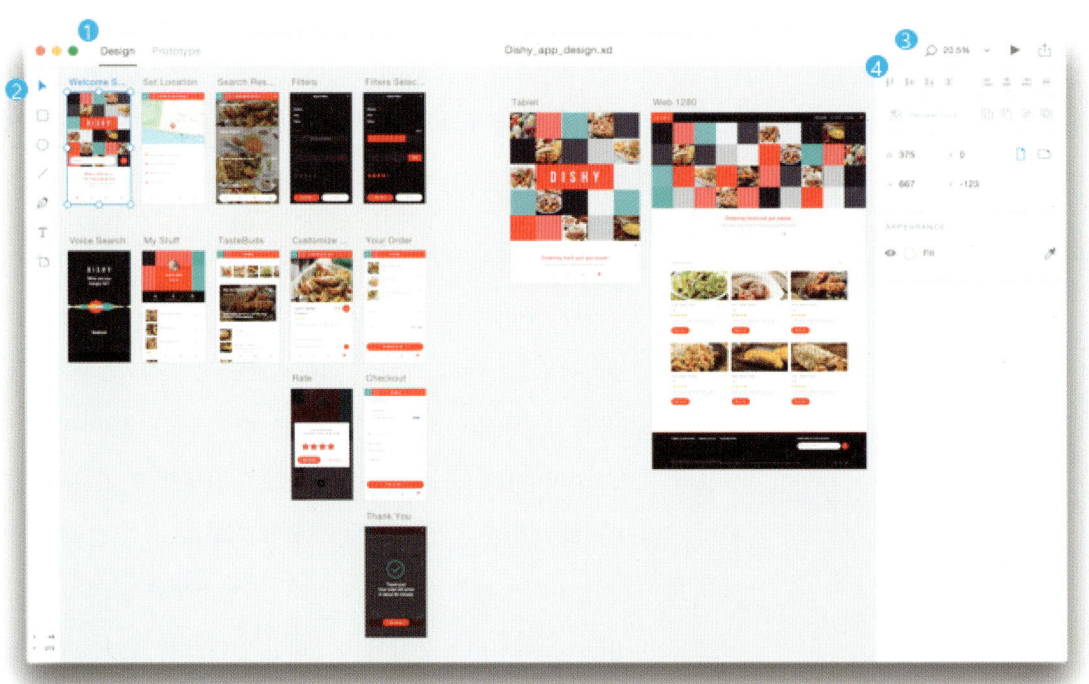

Adobe XD 메인 화면
❶ 디자인(Design)/프로토타입(Prototype) 모드 변경 메뉴
❷ 그리기 도구
❸ 확대, 재생, 공유
❹ 그리기 도구 세부 옵션

- 상호작용과 전환 효과 및 화면 스크롤 등의 프로토타이핑 기능을 계속 확장하고 있다. 향후 미세상호작용^{Micro Interaction} 기능을 지원할 예정이다.
- 팀원이나 이해 관계자와 웹 링크로 공유하여 디자인의 외관과 느낌을 테스트할 수 있다.
- 전환 효과가 적용된 디자인을 실시간으로 미리 볼 수 있으므로 추측하지 않아도 된다. 변경 내용을 스마트폰 또는 태블릿에서 즉시 확인할 수 있어 의도대로 정확하게 콘텐츠를 조정할 수도 있다.
- 외부 디자인 도구와 프로토타이핑 도구와의 연동이 가능하여 확장 기능을 사용할 수 있다. Mac용 소프트웨어인 스케치^{Sketch}에서만 가능했던 외부 소프트웨어 확장 기능은 Adobe XD에서도 사용할 수 있다(2018.3월 기준).

Adobe XD로 UI를 디자인하려면 실행하고서 플랫폼을 선택해야 한다. 아이폰, 아이패드, 웹, 사용자 정의 크기 중에 하나를 선택하는데, 안드로이드는 iPhone 보드 선택 후 Android 아트보드를 선택하여 사용하면 된다. 새 문서창이 뜨면 [아트보드 생성] 아이콘을 클릭한 후 아트보드 새 문서에 UI를 도식한다.

Cacoo의 스텐실처럼 Adobe XD에서는 에셋으로 UI 요소들을 쉽게 관리한다. 에셋 영역에서는 색상, 문자 스타일, 심벌로 관리가 가능하며, UI 디자인의 핵심 요소 모두를 반영한 것이다. 에셋 모드에서는 색상과 문자 스타일을 사용할 수 있으며 도형을 미리 정해 스텐실처럼 사용할 수 있다.

06 UI 저작 도구 > 벡터 그래픽 전용 도구

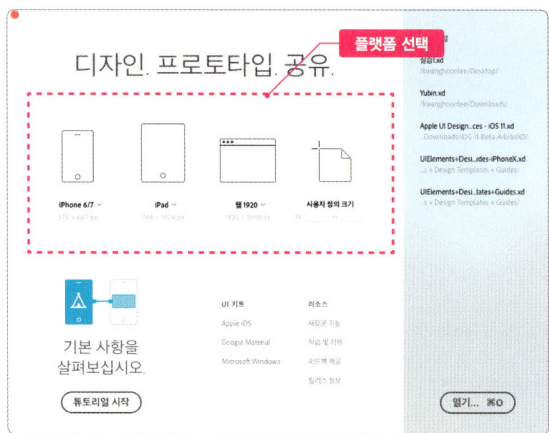
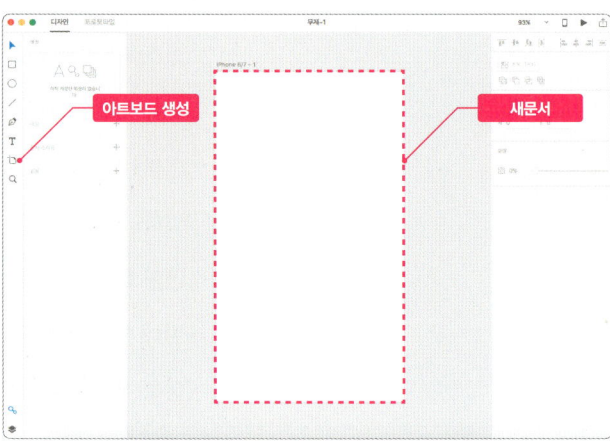

Adobe XD 디자인 과정

- **오브젝트 선택**: 오브젝트를 선택할 수 있는 도구
- **사각형 도구**: 정사각형, 직사각형을 그릴 수 있는 사각형 도구(펜 도구를 이용해서 삼각형도 도식 가능)
- **원형 도구**: 정원, 타원을 그릴 수 있는 사각형 도구
- **펜 도구**: 도형을 다양하게 바꾸며 디자인할 수 있는 도구
- **문자 입력 도구**: 문자를 입력할 수 있는 도구
- **아트보드 삽입 도구**: 아트보드(모바일, 웹 등의 바탕화면) 생성 도구
- **확대/축소 도구**: 화면을 확대할 때 사용. 옵션 버튼(Mac용)을 누르면 축소 기능 사용
- **에셋 모드**: 드래그 앤 드롭을 통해 미리 정해 놓은 개체를 사용
- **레이어 모드**: 디자인 작업 시 생성한 레이어를 확인하고 편집할 수 있는 모드

Adobe XD의 에셋 모드 화면

에셋에 등록된 색상과 문자, 심벌은 원하는 에셋을 선택하여 디자인 화면 내에서 간단히 적용시킬 수 있다. 지정된 문자를 스타일별로 저장하여 필요할 때 클릭하여 사용하면 일일이 폰트를 생각하며 작업할 필요 없이 쉽게 일관성 있는 UI 디자인을 할 수 있다. Adobe XD나 OS 플랫폼 사용자가 미리 제공하는 심벌을 드래그 앤 드롭을 통해서 화면에 삽입할 수 있다. 자신이 디자인한 도형을 선택하고 심벌 도구에서 [D +] 버튼만 누르면 간단히 심벌 화면에 등록된다. 반대로 삭제를 하려면 마우스 오른쪽 버튼을 클릭하면 된다. 에셋의 기능 중 편리한 것은 에셋을 수정하면 에셋으로 사용됐던 이미지나 텍스트, 색상들이 일괄적으로 바뀐다는 것이다. UI 디자인을 하다 보면 전체적으로 변경하고 싶은 부분이 있는데, 이를 테면 제목을 16폰트에서 18폰트로 바꾸고 싶을 때 에셋을 사용해서 일관성 있게 제작한 UI라면 에셋을 수정해서 전체를 한 번에 바꿀 수 있다.

에셋 영역 사용 방법

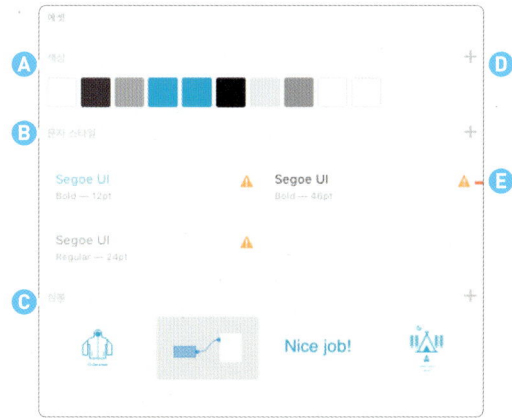

Ⓐ **색상:** 자주 사용하는 색상이나 브랜드 색상, 강조색을 미리 지정

Ⓑ **문자 스타일:** 지정된 문자를 스타일별로 저장

Ⓒ **심벌:** Cacoo의 스텐실과 같은 개념

Ⓓ **에셋 재사용**

Ⓔ **오류 표시:** 누락되거나 비활성화된 글꼴을 나타내는 아이콘

Adobe XD의 오브젝트 편집 도구는 Cacoo의 오브젝트 편집창처럼 오브젝트를 세밀하게 편집할 수 있는 도구다. 웹앱형보다 월등히 뛰어나고 정교해서 어떤 오브젝트 디자인도 가능하다. Adobe XD의 특징이자 장점인 '반복 그리드'를 사용해 마법 같은 UI 편집을 해 볼 수 있다.

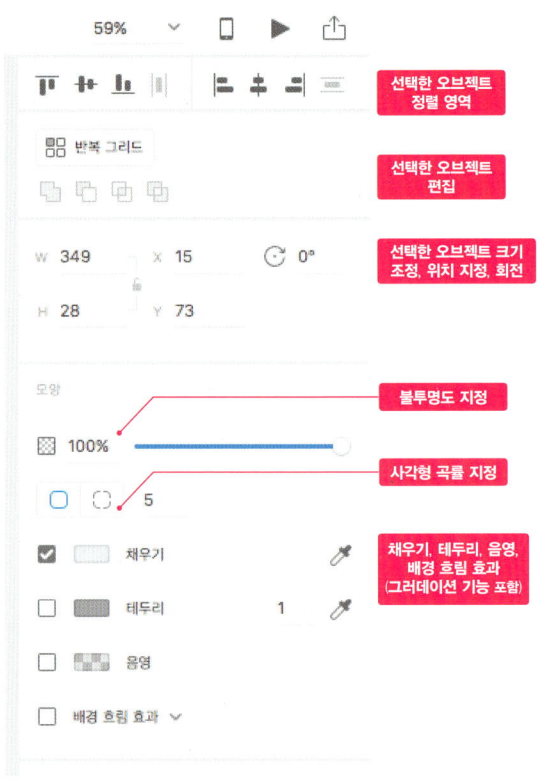

Adobe XD의 오브젝트 편집 도구 화면

Adobe XD에서 반복 그리드는 연속된 테이블 행을 디자인할 때 한 리스트 행만 UI 작업을 하고 '반복 그리드'를 선택하여 마우스로 하단이나 옆으로 드래그하면 자동으로 작업했던 리스트 행 UI가 복사되는 기능이다.

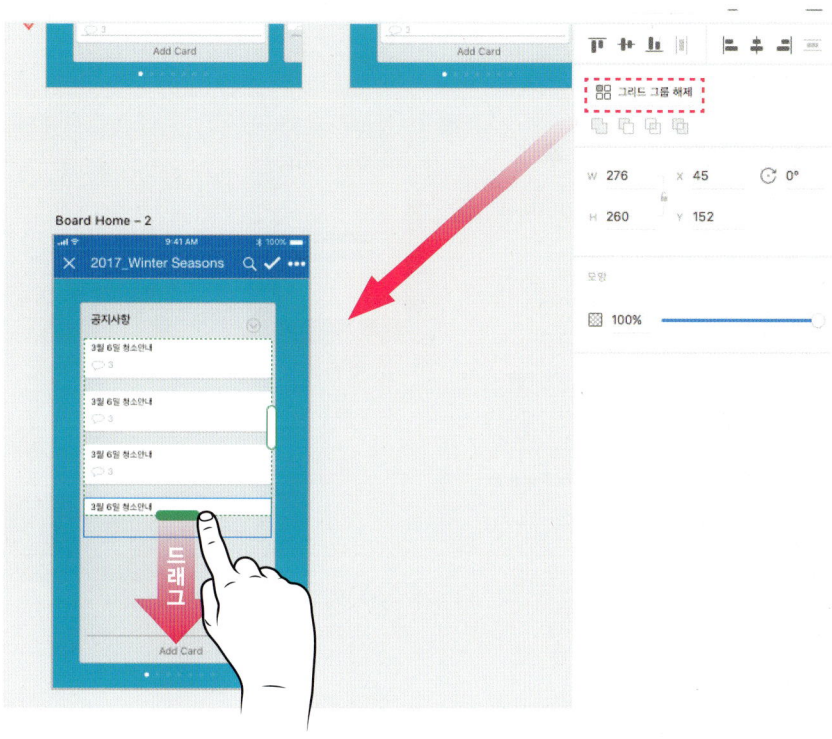

Adobe XD의 반복 그리드 화면

Adobe XD의 장점 중 하나인 올인원 프로토타입 기능은 다른 그래픽 도구가 외부 플러그인 소프트웨어를 별도로 써야 프로토타이핑이 가능한 것과는 달리, Adobe XD 프로그램 안에서 자체 지원돼 사용 편의성을 높인 기능이다.

화면 좌측 상단의 'Design-Prototype' 모드에서 'Prototype' 모드를 선택하면 프로토타입을 만들 수 있는 편집 화면으로 전환된다. 간단히 링크를 전환하기 위해 링크를 원하는 오브젝트를 선택하고 선택과 함께 생성된 곡선 시작점을 클릭하여 곡선을 생성한 후, 곡선 라인을 링크로 보여주려는 오브젝트로 잡아당겨 연결하기만 하면 화면 전환 효과와 함께 링크로 이동한다. 링크 해제는 해제할 링크를 선택하고 [Del] 버튼을 누르거나 화면 다른 곳에 떨어뜨리면 된다.

Adobe XD의 프로토타입 모드 화면

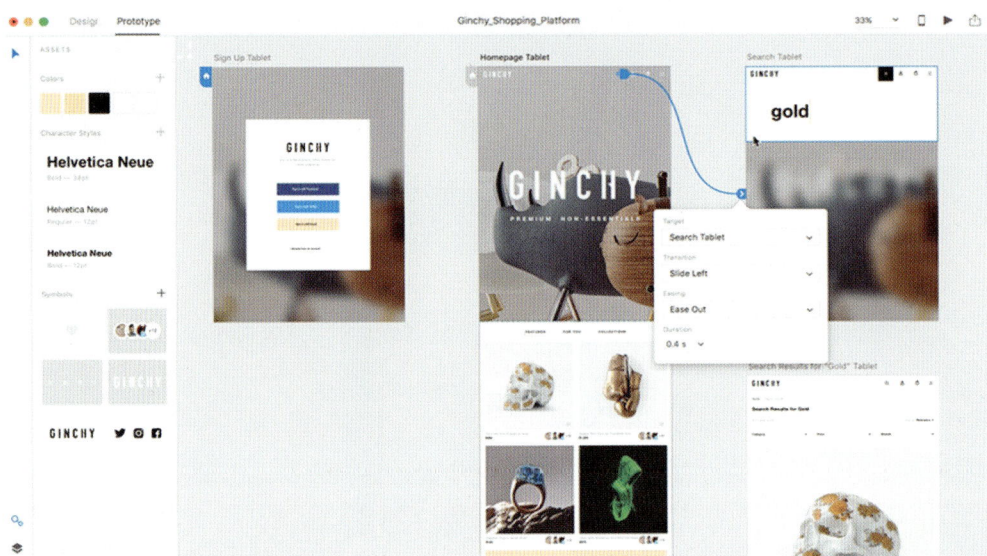

화면 전환 효과

- **디졸브:** 이전 화면이 서서히 사라지고 동시에 다음 화면이 서서히 나타나는 효과
- **왼쪽/오른쪽으로 밀기:** 이전 화면을 왼쪽/오른쪽으로 슬라이드하여 이동
- **위/아래로 슬라이드:** 이전 화면을 위/아래로 슬라이드하여 이동

(2018년 3월 기준. 어도비는 향후 XD의 프로토타입 기능을 전격적으로 추가하겠다고 발표했다.)

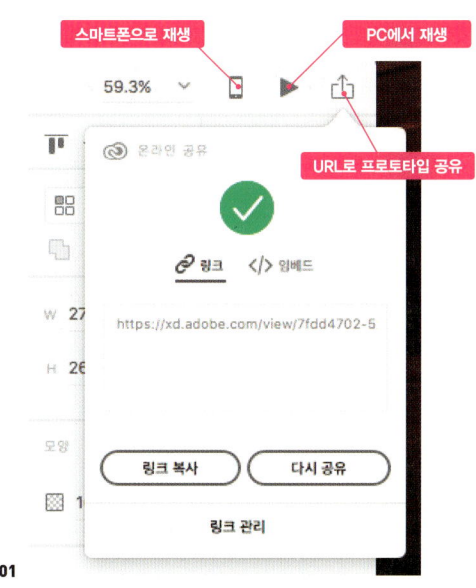

프로토타입 모드에서 작성한 프로토타입은 케이블로 연결하여 스마트폰에서 재생할 수 있고(스마트폰용 XD 앱 설치 후 가능), PC에서 별도의 팝업창으로 재생할 수 있으며 URL 공유를 통해 공유된 URL만 클릭하면 웹사이트에서 움직이는 프로토타입 화면을 볼 수 있다. 또한 PC 화면에서 재생되는 경우는 녹화가 가능하며 동영상 파일 포맷으로 저장된다.

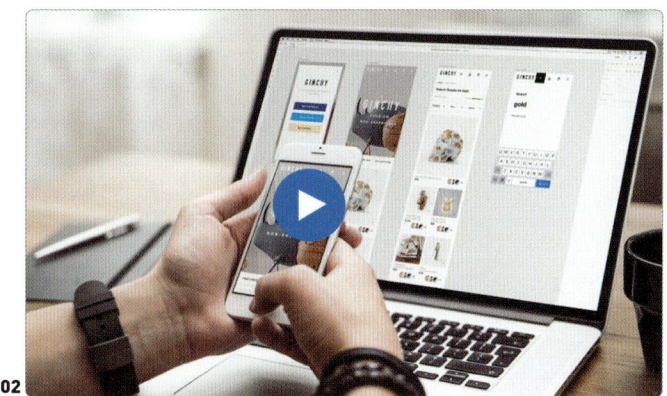

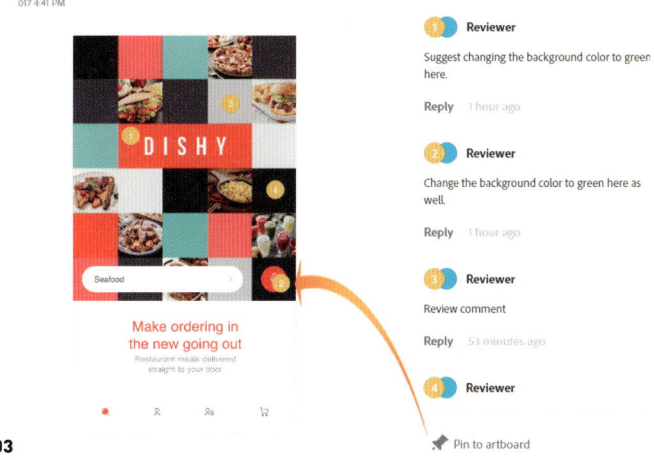

01 프로토타입 재생 및 공유 기능

02 스마트폰으로 Adobe XD 디자인을 연결 및 재생

03 웹사이트로 디자인 파일 공유
　　URL 혹은 임베디드를 통해 웹 공유가 가능

06
UI 저작 도구

07

Chapter

스토리보드 작성법

Outline

기획자의 핵심 업무라고 할 수 있는 스토리보드는 회사마다 양식도 다르고 작성하는 사람에 따라 중요도나 관점이 다양하다.

원래 스토리보드Story Board는 영화 속 장면의 초안을 그린 문서로 주요 화면과 간단한 설명(보통은 발표자가 구두로 설명)을 나타낸 시각 디자인이었다. 그런데 언제부터인가 웹사이트를 제작하는 데 필요한 설계도를 스토리보드라고 부르기 시작했고 현재까지도 통용되고 있다.

스토리보드는 보는 사람이 주제의 내용을 쉽게 이해할 수 있도록 시각적 화면을 그림으로 정리한 계획표이다. 주로 시나리오의 내용을 시각화하는 표현 도구이며 이해관계자들끼리 의사소통하는 수단으로 사용된다.

Process

웹사이트나 모바일 애플리케이션 제작을 위한 스토리보드는 정보구조도에 따라 화면 UI를 설계하는 것으로 무엇보다 상세하고 이해하기 쉬운 설명이 필수적이다. 국내에서는 보통 MS 파워포인트에 스토리보드 템플릿을 만들고 세부적인 UI와 설명을 넣는 형태로 작업된다.

최근에는 서비스의 구성이나 난이도, 기술 적용성 등이 방대하고 세분화되어 있어 UI 디자인이 좀 더 정량적으로 디자인될 필요가 있어 앞서 학습했던 전용 UI 저작 도구를 사용하는 경우가 많다.

어떤 경우든 간에 스토리보드는 서비스, 소프트웨어 개발을 위해 이해관계자들끼리 의사소통하기 위한 문서라는 점만 명심하면 세부적인 방법은 자연스럽게 파악할 수 있다.

이 책에서는 해결책 구체화 단계Develop를 스토리보드 작성 단계로 설정하고 서비스 시나리오 작성법, 스토리보드 작성법, 서비스 청사진 작성법으로 구분해서 설명한다.

1 서비스 시나리오 작성법

스토리보드 작성의 사전 단계로 서비스 시나리오 작성이 필요하다. 서비스 시나리오를 제작하면 사용자의 관점에서 서비스를 바라볼 수 있고 여러 상황에 따른 서비스 아이디어를 빠르게 도출할 수 있는 장점이 있어서다. 서비스 시나리오는 서비스 경험 과정에서 일어날 수 있는 상황들에 대해 상세한 정보가 더해진 가설로서 서비스 아이디어의 핵심 요소를 설명할 뿐만 아니라 문제점 및 개선 방향을 도출함을 목적으로 한다.

서비스 시나리오는 서비스 개발 과정과 프로토타입 제작을 위한 기반 자료로 사용되며 이해관계자들(개발 실무자, 관리·감독자, 사업부서 등)의 서비스에 대한 구체적인 이해를 돕기 위해 제작된다. 또한, 서비스 과정에서 일어날 수 있는 요소들을 재현하여 문제점이나 개선 방향을 도출하여 서비스의 실행 가능성 등을 시험하기 위해 제작된다.

서비스 시나리오는 본질적으로 서비스 제공의 특정 단면을 세부 사항까지 만들어 내는 일종의 가정으로 리서치 결과를 디자인으로 연결시키는 프로세스의 첫걸음이자 페르소나를 주인공으로 삼아 서비스 경험 디자인을 이끌어 내는 기법이다. 특정 상황에 맞게 글이나 스토리보드 영상 등으로 만들 수 있다.

서비스 시나리오는 사용자의 상황과 사용자가 수행하려는 서비스의 사용 방법 등을 기술하며, 서비스 사용 전반에 걸쳐 폭넓게 묘사하게 된다. 서비스 시나리오는 기술만을 강조하거나 디자인만 강조하는 것이 아니라, 개발될 서비스를 통해서 실제로 사용자들의 일상생활을 개선시킬 수 있도록 의미 있는 서비스를 만드는 데 집중하는 것이 중요하다.

서비스 시나리오에는 다음과 같은 요소가 있다.

- **사용자**: 서비스 시나리오의 주인공으로 핵심 고객이나 페르소나에서 채택했던 사용자를 선정한다.

페르소나 기반 시나리오

페르소나 기반 시나리오로는 단계별 시나리오 기법으로 사용자 니즈를 만족시키는 과정을 넓은 시야에서 바라보고 큰 그림을 제시하는 정황 시나리오 Context Scenario와 사용자가 제품이나 서비스를 활용하는 과정을 자세히 소개하는 주요 경로 시나리오 Key Path Scenario, 디자인을 발전시키는 과정에서 올바르게 제품이나 서비스가 운용되고 있는지 점검하는 목적으로 다양한 상황의 문제점을 포괄할 수 있도록 실시하는 점검 시나리오 Validation Scenario 등이 있다 (NCS 서비스 시나리오 개발 부분).

- **이용 동기**: 사용자의 서비스 이용 목표가 무엇인지를 주요 대상으로 선정한다. 페르소나의 이용 목표 및 동기를 선정하여 활용한다.
- **행위**: 이용 목표를 달성하기 위해 반드시 수행해야 하는 일련의 행위를 정의한다. 페르소나 정의에 각 동기별로 정의한 시나리오, 기능, 행동을 참고하여 논리적인 흐름과 독립적인 단위 행위 및 업무를 정의한다.
- **요구 사항**: 각 업무 및 행위 시 사용자들의 요구를 정의한다. 사용자들이 각 행위 및 업무 수행 시 어떤 요구를 갖고 있는지를 명확하게 정의해야만 아이디어를 원활하게 도출할 수 있다.
- **아이디어**: 요구를 해결하기 위한 구체적인 아이디어를 정의한다. 서비스 시나리오를 만드는 목적이 된다.

서비스 시나리오는 보통 페르소나에 많이 의존한다. 만약 페르소나에 서비스 시나리오적인 요소가 없다면 새롭게 작성하면 되는데 이때에는 경험 지도도 많은 참고가 된다. 서비스 시나리오를 작성할 때 가장 중요한 핵심 요소는 서비스의 장점을 가장 잘 활용할 수 있는 상황을 알아내는 것이다. 이런 서비스의 장점이 사용자의 가치를 해결할 수 있다면 그 서비스는 성공하게 될 것이며 사용자 또한, 좋은 경험을 얻을 수 있을 것이다. 사용자 가치를 도출하기 위해서는 사용자 경험 이해에 대한 통찰과 사용자들의 구체적인 경험이 필요하다.

사용자 가치 도출 예시*

서비스 시나리오 제작 전략 수립은 다음과 같이 진행한다.

1_ 페르소나를 재정리하고 확인한다.

- 페르소나 결과를 확인한다.
- 주요한 페르소나에 대한 세부 내용을 검토한다.
- 각 페르소나와 관련된 주요 요구 사항들을 검토한다.
- 서비스 시나리오 제작 전략 수립을 위한 자료로 활용한다.

2_ 사용자 조사 분석 결과를 재정리하고 확인한다.

- 사용자 조사 분석 결과를 확인한다.
- 사용자 이용 동기, 행위, 니즈 등에 관해서 검토한다.
- 페르소나에 미처 적용되지 못하거나 아이디어 도출에 활용될 수 있는 내용이 누락되었는지 검토한다.
- 서비스 시나리오 제작 전략 수립을 위한 자료로 활용한다.

---

* 출처: NCS 학습모듈5-서비스 경험 디자인 프로토타입 제작

3_ 서비스 시나리오 제작을 위한 전략을 수립한다.
- 서비스 시나리오에 정리된 페르소나를 모두 활용하지 않는다면 주요한 페르소나를 선정한다.
- 선정된 페르소나를 중심으로 이용 동기, 행위, 니즈, 아이디어 등을 작성할 수 있도록 문서를 준비한다.
- 서비스 시나리오 전략을 문서화하여 팀원과 공유하고, 서비스 시나리오 제작에 활용한다.

서비스 시나리오를 구상한 후 산출물은 다음과 같은 유형으로 작성한다. 또한, 이 책에서 언급한 것 외에도 작성자가 내부 의사결정이나 스토리보드를 작성하는데 이해관계자들과 커뮤니케이션을 최대화할 수 있는 유형이 있다면 스스로 만들어도 상관없다. 필자의 경우 서비스 시나리오는 가장 이해하기 쉬운 형태를 지향했으며 그 유형으로 4컷, 8컷 짜리 카툰 형식을 주로 사용했다. 이런 서비스 시나리오를 바탕으로 스토리보드 작성에 도움을 많이 받았고 무엇보다 우리가 갖고 있는 서비스 기능에 대한 확실한 가치 정립이 수립되는 것이 가장 큰 이익이었다고 생각한다.

1.1 서술형 시나리오

서술형 시나리오는 이야기를 서술하는 형태로 사용자들의 경험과 팀원들의 아이디어를 담는다. 주로 페르소나별로 이야기가 묘사된다. 특정 페르소나가 서비스를 이용하면서 겪는 경험을 이야기 형태로 담아내는 방식이다.

대안 모바일 메신저 서비스 이용 시나리오

스마트폰 이후 일상의 커뮤니케이션 영역을 지배하고 있는 모바일 메신저는 어김없이 **직장인 K 씨**에게도 직접적인 커뮤니케이션의 주요 수단이다. 본인이 쓸 때는 문제가 없을 것 같은데 올해 고등학교 입학한 큰아들과 중학교 입학한 둘째 딸이 문제다. 밥 먹을 때나 공부할 때, 심지어 샤워할 때도 핸드폰을 갖고 들어가서 헤어 나오질 못한다. 요즘 세대들은 다 그러려니 하고 대담해져야겠다고 생각하다가도 이건 아닌데 하는 생각이 들 때가 더 많다. 사실 **톡으로 대화뿐 아니라 물건 구매에서부터 게임까지 그야말로 못하는 게 없으니까 말이다.

어느 날 딸 방에서 우연히 딸의 **톡을 목격한 K 씨는 적잖은 충격을 받았다. 이제 중학교에 들어간 아이가 친구 목록에 무려 700여 명이 있는 것이 아닌가. 게다가 아이의 **톡은 난톡방이 얼추 10여 개는 되어 보인다. 당연히 이 단톡방에서 무차별적으로 대화 알림이 쏟아진다. 잠시도 가만히 있지 않고 계속 울려대며 답을 종용한다. 이런 환경이라면 정말이지 공부는 고사하고 디지털 과몰입이나 대화중독같은 디지털 악영향이 너무 클 것 같다. 그렇다고 당장 못쓰게 하기에도 반발이 만만치 않을 것 같고 무엇보다 친구들 사이에서 왕따와 같은 커뮤니케이션 단절자가 되는 것도 또 다른 걱정이다.

그러다 주위에서 고등학생들은 공부 때문에 **톡이 안 되는 소위 효도폰을 쓴다는 얘기를 들었다. 일부 공부를 열심히 하는 학생과 부모들 사이에서 각자가 지켜가는 일종의 규율인데 이렇게 완전히 모바일 메신저와 단절을 하는 것과 잘 쓰는 것의 중간단계는 없는지 궁금해지기 시작했다. 즉, 부모나 핵심 친구들과 연락은 하되 불필요해 보이는 단톡방이나 무분별한 친구 추가를 막아주는 건 없을까 하고 주위에 알아보니 ○○메신저가 있다는 걸 알았다. 이는 해외 보안 메신저처럼 보안 성능도 우수하면서 아직 사용자수가 많지 않아 비교적 독립적인 쾌적한 메신저 활동을 할 수 있다는 것, 그리고 다른 모바일 메신저 서비스의 울림을 자동 차단하고 마치 이용자가 있는 것처럼 가끔 추임새를 넣어주는 기능이 있는 것이 특징이었다.

특히 이 메신저는 학생들 보호 정책이 탁월하여 단톡방 개수 제약, 동시 단톡방 참여자 수의 제한, 비활동 시간인 새벽, 심야, 학교 수업 시간 등에는 이용을 할 수 없다는 장점이 있었다. 대신 부모와 가족 간, 선생님과의 메신저 서비스는 오히려 좋아져서 메신저를 가족 안부와 학습보조 수단으로 활용할 수 있는 등의 순기능이 매우 좋았다. 딸에게도 이 메신저를 소개하니 오히려 좋아하며 자신도 너무 많은 대화친구와 단톡방으로 사실 피곤했다고 한다. 이 ○○앱을 쓴 이후에는 가족 전용 메신저와 같은 느낌도 있고 기존 유명 톡도 사용이 자제되어 오히려 실제 대화나 기본 안부 등을 묻는데 더욱 긍정적인 경험을 할 수 있었다.

AR 번역기 이용 시나리오

한진아 씨는 해외여행을 자주 즐기는 32살의 여성 직장인이다. 낯선 곳을 경험하고 사람들의 일상을 보며 그들과 함께 대화하고 가끔은 함께 생활해보는 것을 인생에 있어서 아주 중요하다고 생각한다. 하지만 가장 걸림돌은 역시 외국어…

직장 생활이 바쁘다 보니 영어만 기본적으로 하고 자주 여행을 즐기는 일본이나 스페인, 중국 등의 큰 나라나 우리나라와 비교적 코드가 비슷한 동남아시아는 정말이지 언어 때문에 곤란한 일들이 한두 번이 아니다.

그때마다 언어 공부를 해봐야지 하다가도 바쁜 업무로 인해 공부할 시간을 내기가 쉽지 않다. 이때 한진아 씨가 발견한 것은 바로 AR(증강현실) 언어 번역기 앱!

글로벌 대기업에서 만든 앱이라 번역 수준도 높고 사용자 경험도 잘 만들어져 있다. 많은 번역기가 있지만 한진아 씨는 이 앱을 해외여행의 동반자로 사용한다. 우선 기본적인 텍스트 번역은 물론이고 이 앱의 특징인 AR 기능이 된다는 것이 가장 큰 장점이다. 즉, 사물을 번역 앱의 카메라를 통해 비추면 현지 언어가 내가 원하는 언어(한국어)로 화면 내에서 바로 번역이 된다. 화면을 움직이면 번역된 언어도 신기하게 따라 움직이며 마치 원래 그 언어로 되어있는 것처럼 번역이 돼서 나온다. 현장에서 일일이 단어 보고 스펠링 치고 하는 것이 아닌 카메라로 사진 찍듯이 화면만 비추면 바로 번역이 돼서 보이기 때문에 더 이상 바랄 나위가 없다.

태국에서 택시를 탈 때 택시 안에 작성되어 있는 현지 요금표나 안내판을 한국어로 확인하니 여행의 편리함이 더욱 높아지는 것 같다. 호텔에서도 처음 보는 전열기구가 있었는데 온통 현지어로 작성되어 있어서 평상시에는 그냥 안 쓰고 넘어갔을 것을 카메라로 비춰보니 자세한 사용설명서로 쉽게 전열기구를 이용할 수 있었다. 또한 뭐니 뭐니 해도 가장 요긴하게 쓰는 경우는 바로 라면 혹은 인스턴트 음식이다. 비록 한국에서도 자주 끓여 먹는 라면이지만 다른 나라 라면은 끓이는 방식이 좀 달라서 혼란스러웠는데 카메라를 봉지에 비춰 끓이는 법을 아주 쉽게 알 수 있어 현지에서 더욱 맛있고 간편한 식사를 할 수 있었다.

1.2 구문형 시나리오

구문형 시나리오는 일관된 형식을 통해서 체계적으로 시나리오를 정리할 수 있다. 서술형 시나리오보다는 문장을 단순하게 표현한다. 사용자 경험을 단일한 문법으로 통일하여 복잡한 경험을 구구절절한 설명 없이 단순화시켜 담아내는 방식이다. 지나치게 단순화하면 내용이 생략되는 오류가 있을 수 있다.

대형 테마파크에서 사용할 수 있는 모바일 앱 이용 시나리오

사용자 행태	대상
• 아이들과 평소 자주 놀아줄 수 없는 아빠는 주말에야 비로소 시간을 낼 수 있다. • 모처럼 시간을 내어 가족들과 함께 유명 초대형 테마파크에 가기로 한 아빠는 별다른 사고 없이 재미있게 시간을 보내고자 한다. • 아침 일찍 일어나 가족들을 데리고 자가 차량을 이용하여 1시간가량 걸리는 테마파크로 운전해서 간다. • 차를 주차하고 셔틀버스를 이용하여 테마파크 정문으로 이동한다. • 티켓을 구매하고 입장하면 가장 먼저 유모차를 빌린다. • 유모차와 두 발로 이동하며 어디를 먼저 갈까 무엇을 볼까, 여기에서 재미있게 노는 것은 무엇인가를 생각해본다. • 더워지는 시기에 휴식을 많이 취하며 아이들이 좋아하는 아이스크림이나 간식을 자주 먹는다. • 모처럼 나들이에 맛있는 점심은 필수. 공원 내 있는 식당은 비싼 것을 감수하고 먹어야 하지만 이왕 비싸게 주고 먹는 거, 맛있게 먹기를 원한다. • 공원에 왔다 간 기념으로 기념품을 구매하고 기념사진을 찍으며 추억을 만들어간다. • 비교적 이른 시간에 공원에서 퇴장하여 사람들이 많이 붐비기 전에 차를 몰고 집으로 귀가한다.	3~8세 자녀를 둔 가장 (남성) **목적** 오랜만의 가족 외출을 즐겁게 보내고자 함 **물리적 대상** 스마트폰 앱
문제점과 요구 사항	
• 오랜만의 테마파크 나들이에 시행착오 없이 즐기는 것에 집중하길 원함 • 자주 가는 곳이 아니고 공원이 워낙 넓어 시설물이나 즐기는 방법을 자세히 모름 • 워낙 비싼 공원 내 이용시설(식당 포함)에 그나마 비용을 줄이고자 함 • 사람이 너무 많아 놀이기구 이용이 제한되며 위험요소도 있어 주의가 요망됨 • 안전하고 편하게 막힘이 비교적 덜한 환경에서 자가 차량으로 방문과 귀가를 하고 싶어 함	

#		
#1	출발	집에서 1시간가량 소요되는 ○○ 놀이공원에 가기 위해 주말이지만 일찍 일어나 아이들을 깨워 씻기고 나갈 준비를 한다. 워낙 유명한 놀이공원이라 주말에 사람들이 많은 것은 불을 보듯 뻔한 일… 그래서 혹시나 하고 놀이공원 앱을 실행하여 예년 평균 오늘 이용자 수와 현재 공원 내 입장객 수를 확인한다. 그런데 웬일! 생각보다 사람이 적다. 아!! 오늘은 4일 황금연휴의 첫날이다. 워낙 바쁘다 보니 연휴 인지도 깜빡했는데 앱을 확인해서 알 수 있었다. 차를 운전하여 현장에 도착해서 주차장을 찾아 주차했다. 워낙 넓은 주차장은 초대형 주차장만 5개나 되고 주차장과의 거리도 꽤 걸려서 주차한 곳을 기억하는 것은 반드시 필요하다. 하지만 이 놀이공원 앱을 이용하면 그런 걱정은 필요 없다. 간단히 앱을 실행하는 것만으로도 내 차 위치가 등록된다. 셔틀버스를 타고 비교적 쾌적하게 가족들과 입구에 도착했다
#2	공원 입장	이런 공원들은 할인카드가 워낙 많아 반드시 할인카드로 입장해야 한다. 이것도 걱정 끝. 앱을 실행시켜 'My Page' 메뉴로 가면 내가 미리 등록해둔 할인카드가 나열되어 있고 이 중에서 가장 할인율이 큰 카드가 자동으로 가장 위에 배치된다. 이 카드로 가장 큰 금액을 할인받아 기분 좋게 입장한다. 입장하자마자 할 일은 유모차를 빌리는 것. 미리 즐겨찾기 해둔 유모차 대여소를 쉽게 찾아 유모차를 1대 빌려 막내는 태우고 큰 애는 손을 잡고 흥겹게 걷는다.
#3	공원 내 오전 활동	간단히 앱에 있는 '추천 코스'를 눌러 나와 같은 상황의 사람들은 무엇을 하고 놀았는지, 아니면 오늘 같은 날씨와 계절에 사람들은 무엇을 가장 선호했는지, 현재 공원 내에서 특별한 이벤트가 있는지를 쉽게 확인했다. 마음에 드는 추천코스를 선택하여 오늘은 이 코스로 즐겨보고자 한다. 놀이기구를 타기 전 앱을 통해 대기시간을 확인하고 처음 나온 놀이기구의 특징이 무엇인지 사람들의 반응은 어떤지를 확인했다. 점심시간 직전까지 비교적 볼 것과 탈 것을 충분히 즐겼고 아이스크림과 추로스도 스마트폰 앱 사용자를 위한 무료 쿠폰을 이용하여 공짜로 먹었다.
#4	점심시간 및 휴식	이 공원은 음식 가격이 비싸기로 유명하다. 당연하다고 생각은 하고 있지만 그래도 일반 식당에서 파는 것보다 거의 2배나 비싼 가격은 좀 너무하다 싶다. 하지만 스마트폰 앱의 사용, 이벤트 응모, 홍보활동 등을 하면 공원 내에서 쓸 수 있는 블록체인 기반의 코인과 각종 할인쿠폰을 제공해주기 때문에 평상시에 틈틈이 코인과 할인쿠폰을 모아 현장에서 활용하여 오히려 시중 가격의 1/2 가격으로 식당에서 식사를 할 수 있었다. 식당도 스마트폰 앱으로 예약을 해서 사람 많은 점심시간에 편하고 쾌적하게 식사를 즐겼다. 식사를 마치고 공원을 산책하며 아이들과 그동안 못했던 얘기와 함께 놀아주는 시간을 가져 너무 기분이 좋았다.
#5	오후 및 퇴장	날씨도 덥고 아이들의 체력도 고갈이 되는 오후에는 나무 그늘에서 편히 휴식을 취하며 아이스크림을 먹는 게 훨씬 더 좋다. 그런데 공원 스마트폰 앱에서 갑자기 흥겨운 알람을 준다. 확인해 보니 환상적인 볼거리로 유명한 공원 퍼레이드가 이 근처에서 10분 후에 열린다는 사실을 알았다. 안 그래도 기념이 될 만한 것을 찾고 있던 터라 유쾌히 주변의 자리 좋은 곳을 잡고 퍼레이드를 즐겼다. 과연 명성대로 규모와 질이 동시에 좋았다. 공원 앱으로 사진을 찍고 간단히 편집하여 공원 앱 커뮤니티 서비스에 업로드하고 많은 사람이 사용하는 유튜브와 페이스북에도 one touch로 공유를 했다. 퇴장할 시간이 되어 기념품 가게에서 아이들과 함께 선물을 고른 아빠는 오늘 너무 행복하고 저렴하게 하루를 즐긴 것 같아 좋았다. 나갈 때 앱으로 QR 코드를 찍으면 누적과 적립이 되어 다음번에 다시 할인된 금액에 이용할 수 있었다. '내 차 찾기' 메뉴를 실행하여 차 위치를 확인한 후 바로 귀가하였다.

1.3 이용 흐름형 시나리오

이용 흐름형 시나리오는 사용자들의 이용 동기별로 이용 흐름을 정의하고, 각 흐름별 행동과 구체적이고 상세한 니즈나 문제점을 시점별로 명시한다. 서술형 시나리오나 구문형 시나리오보다 간결하게 정리되며, 각 이용 동기별로 사용자들의 구체적인 경험을 명확하게 이해하고 니즈나 문제점을 제시할 수 있다.

자율주행 자동차 기술개발 이용방향 시나리오

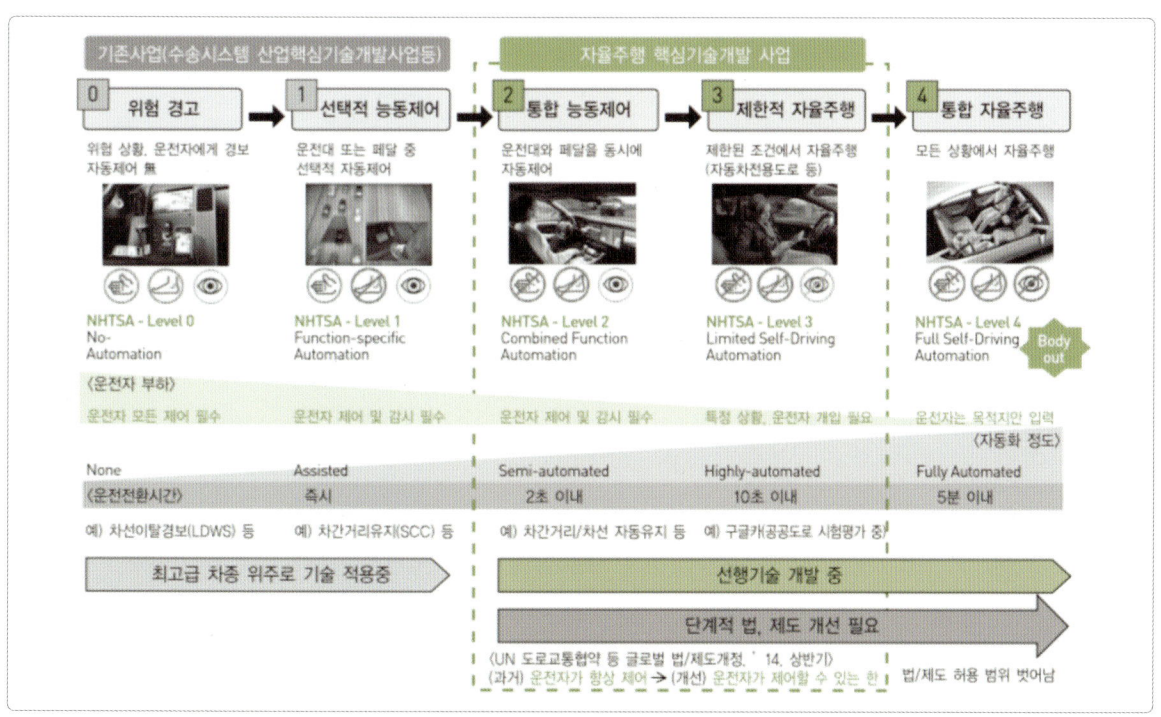

사용자를 대상으로 하는 이용 흐름은 아니지만 개발한 기술이 어떤 프로세스에서 사용되는지를 시나리오화 하여 작성했다.

* 출처: 한국산업기술평가관리원

이용 흐름형 시나리오 예시

상황	고등학생	대학생	직장인	전문가
Q1. 음악 정보 접근 경로 및 수집 방법	웹 검색을 통해 정보를 얻고, 음악 파일 수집	음악 사이트, 동호회, 블로그 등을 통해 정보를 얻고, P2P, 유료 음악 사이트를 통해 음악 파일을 수집	음악 사이트, 동호회, 블로그 등을 통해 정보를 얻고, P2P나 지인에게 음악 파일을 수집	음악 사이트, 타인의 추천을 통해 정보를 얻고, CD 구매 비율이 높았으며 유료 사이트보다는 P2P를 통해 음악 파일을 수집
Q2. 주로 활용하는 기기	스마트폰, PC, mp3 모두 이용하며, 타 그룹에 비해 스마트폰의 활용도가 높음	전원 mp3 소유하고 있으며, PC와 병행하여 활용	전원 mp3 소유하고 있으며, PC와 병행하여 사용	전원 mp3 소유하고 있으며, 6명중 3명이 iPod 이용
Q3. 음악 파일 업데이트 주기	수시로 필요할 때마다 업데이트	수시로 필요할 때마다 업데이트	수시로 필요할 때마다 업데이트	수시로 필요할 때마다 업데이트
Q4. 음악 파일 보관 방법	내려받은 폴더 그대로 보관	내려받은 음악 파일은 지우지 않으며, 아티스트나 앨범별 폴더로 분류하여 관리	내려받은 음악 파일은 지우지 않으며, 아티스트나 앨범별 폴더로 분류하여 관리하거나 iTunes 활용	내려받은 음악 파일은 지우지 않으며, 아티스트나 앨범별 폴더로 분류하여 관리하거나 iTunes 활용
Q5. 주 사용 음악 사이트 및 사용 이유	웹 검색: 편리하고 원하는 정보가 모두 있음	멜론, 벅스: 디바이스(스마트폰, mp3)와 연동이 편리한 서비스 선호하기 때문에	P2P: 빠르고 무료로 업데이트됨, 자료 많음 멜론: 디바이스와 연동이 편리함 iTunes : 라디오 기능이 만족스러움	싸이월드: 음원이 다양함 SoulSeek: 희귀 음원 보유하고 있음 멜론: 디바이스와 연동이 편리함 엠넷: 무료 쿠폰 이용
Q6. 주 사용 음악 플레이어	알송, 곰오디오와 같은 무료 제공 프로그램 사용	자신이 이용하는 유료 음악 사이트에서 제공하는 플레이어 사용. iPod 사용자는 iTunes 사용	무료 제공 프로그램이나 음악 사이트에서 제공하는 플레이어 사용. iPod 사용자는 iTunes 사용	iPod 이용자는 iTunes 사용
Q6. 음악 서비스에서 중요한 점	방대한 음악 정보	방대한 음악 정보	방대한 음악 정보	방대한 음악 정보와 편리성

음악 서비스 이용 시나리오 / 테이블 형
음악 서비스 이용 형태를 사용자별(연령층 구분)로 시나리오를 작성한 사례. 테이블 형태로 작성을 할 경우 사용자별, 서비스 이용별로 상호 비교가 가능하다.

사용자의 이용 흐름 행태를 사용자별로 시나리오를 작성했다.

1.4 스토리보드형 시나리오

이미지 중심으로 시나리오를 구성하는 방법으로 가장 많이 사용된다. 다른 시나리오가 문장 중심이라면 스토리보드는 이미지 중심이며 시나리오와 적절하게 혼합해서 사용하면 서로를 보완할 수 있다. 스토리보드형으로 작성할 때는 다음과 같은 원칙을 지킨다.

- 이야기 형태로 표현한다.
- 경험의 배경이 되는 맥락을 바탕으로 구체적인 서비스 내용이 들어가도록 한다.

- 스케치(만화와 같은 카툰 형태)를 활용한다. 대화와 행동, 말, 생각, 감정 등을 표현한다.
- 하나가 아닌 여러 개를 제작한다.
- 기승전결의 원칙으로 이야기를 제작한다.

하나의 에피소드를 세밀하게 구성하는 미시 사용자 경험^{Micro User Research} 방식과 유사하다.

단순한 형태의 스토리보드형 시나리오*

스토리보드형 시나리오 도식은 상세하게 그릴 필요가 없다. 오히려 시각적인 부분을 반복하거나 특징을 잡아서 명료하게 표현하는 것이 좋다. 사용자 경험 측면에서의 시나리오는 초기 문제, 감정, 목표, 중요 시점 달성을 위한 해결방법 등이 간단히 구현되도록 한다.

---

* 출처: http://design-toolkit.uoc.edu/storyboard/

❷ 스토리보드 작성법

스토리보드Story Board는 서비스를 개발하고 디자인하기 위한 모든 정보를 담은 설계도를 의미한다. 현재 국내 IT 업계에서 기획자의 주요 업무는 스토리보드를 작성하는 것이다. 스토리보드는 각 화면의 구성 및 기능에 대한 UI 디자인과 설명을 주요 요소로 하고 있으며 이해관계자들의 이해에 필요한 모든 개념, 즉 정보구조[IA], 플로 차트, 기능 정의, 알고리즘, 서비스 화면, 구동되는 UI, 사업전략 등을 넣을 수 있다. 스토리보드를 작성할 때 가장 중요한 것은 나중에 서비스 구축의 이해관계자들이 이해하기 쉽도록 다른 화면과의 관계, 화면 내의 구성 요소들의 기능 등을 자세히 표현해야 한다는 것이다. 본인 혹은 본인과 밀접한 관련이 있는 사람들만 이해할 수 있는 용어나 언어, 이미지 등은 자제해야 하며 특히 설명 부분에서는 일반 사람들도 이해할 수 있도록 자세하고 구체적으로 작성해야 한다.

2.1 스토리보드 구성 요소

스토리보드는 회사마다 양식도 다르고, 작성하는 사람에 따라 중요도나 관점이 다양하므로 표준으로 구성 요소를 정의하기엔 무리가 있다. 따라서 다음에 설명하는 구성 요소를 참고용으로 삼아, 자신이 속한 회사나 프로젝트 그룹 내에서 사용하는 스토리보드에 적절하게 활용하기 바란다.

스토로보드 구성 요소와 내용

구성 요소	내용	비고
표지	서비스 이름과 주관회사, 관계사, 작성자 이름, 날짜 등을 수록한 첫 번째 장	보통 회사에서 지정한 표지 양식을 따른다.
목차	작성할 스토리보드에 들어가는 내용의 제목	목차는 구성 순서도 중요하며 스토리보드에 들어가는 내용을 미리 검토하고 리뷰할 수 있다.
개요	서비스의 개발 배경, 목적, 주요 기능, 기대효과 등 서비스에 대한 설명	보통 사업개발 여부를 검토하는 딜 메모(Deal Memo)에서 작성한다.
문서 히스토리	문서를 변경한 날짜와 주요 내용, 작성자 이름을 기록	문서가 갱신될 때는 이전 문서도 삭제하지 말고 보존하여 혹시나 원상 복구하는 경우가 생길 때를 대비하는 것이 좋다.
정보구조(IA)	서비스에 들어가는 메뉴, 콘텐츠 등을 계층 형태로 표현	엑셀로 작성하며 최종 스토리보드에 복사하여 넣는다.
서비스 흐름도	서비스 혹은 업무 흐름을 도식. 플로 차트, 다이어그램, 마인드맵, 이미지 흐름 등으로 표현	보통 플로 차트를 사용하며 여러 개의 서비스 흐름도가 작성되고 스토리보드 내용 중간에 필요하다면 작성할 수 있다.
기능 정의	주요하게 사용되는 기능을 이용하는 방법에 대해 미리 기능 정의로 기록	보통 모바일 앱의 경우 하드웨어적 기능과 터치 제스처, 네트워크 연결에 따른 기능 제약 등을 미리 정의한다. 경우에 따라서는 알고리즘을 넣기도 한다.
화면 UI	정보구조에서 정의한 내용을 화면 UI로 디자인	다양한 화면 UI 템플릿을 사용하는 것이 좋다.
UI 설명	도식한 화면 UI에 대한 세부적인 설명	화면 UI와 같은 페이지를 사용하는 것이 이해하는데 좋다.
사업 전략	서비스 배포 시 취할 사업적 전략 및 고객유치 방법 등을 단계별로 구상	신규 서비스나 기존 서비스 개선이냐에 따라 전략 내용에 차이가 있다. 보통 SWOT 분석이나 비즈니스 모델 캔버스로 구성한다.

2.2 효과적인 기획서 템플릿 작성법

국내 스토리보드는 대부분 MS 파워포인트를 이용한다. 이 책에서도 이용자 수가 많은 파워포인트로 스토리보드를 작성하는 것에 중점을 두었다. 파워포인트로 스토리보드를 작성하려면 템플릿을 미리 만들어 사용하면 좋다. 템플릿은 파일 용량도 줄여주며 일관성있는 스토리보드를 만드는데 도움을 주고, 보다 체계적인 화면 구성을 할 수 있게 한다. 보통 회사에서는 자체적으로 사용하는 스토리보드 템플릿을 배포하며 이를 그대로 사용하거나 일부 응용하여 작성한다.

파워포인트로 스토리보드를 작성하기 위한 첫 번째 방법이 템플릿을 만드는 것이다. 템플릿 작성은 슬라이드 마스터를 이용한다. 슬라이드 마스터는 여러 개의 템플릿을 만들 수 있으며 사용하기 쉽고 전체 용량 절감에 도움이 된다.

파워포인트에서 템플릿을 작성하는 과정에 대해 알아보자.

❶ [보기] ⇨ [슬라이드 마스터]를 선택한다.

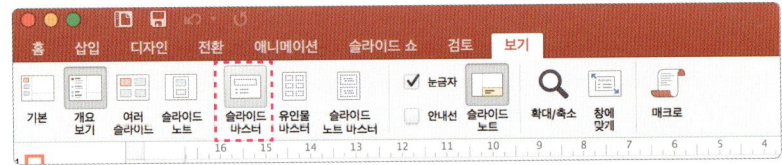

❷ 슬라이드 마스터 화면에서 템플릿을 디자인한다.

Part 2
사용자 경험 디자인

❸ 편집이 완료되면 [마스터 닫기]를 클릭한다.

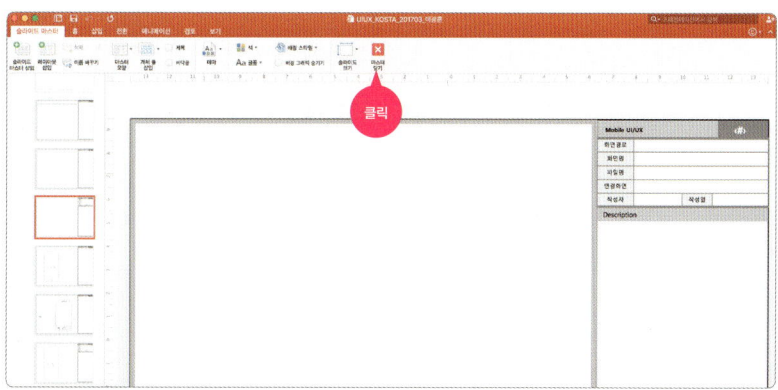

❹ [레이아웃] 메뉴에서 원하는 템플릿을 클릭하여 작업을 시작한다.

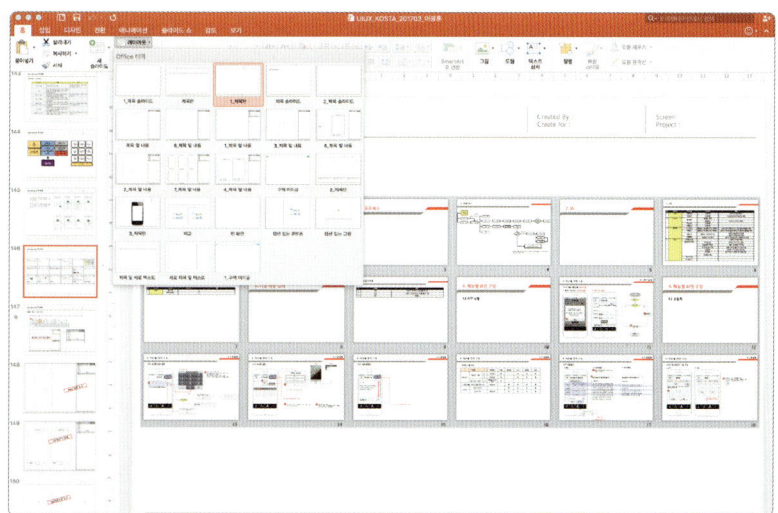

스토리보드의 일반적인 레이아웃

템플릿을 디자인하는 상세 방법은 별도의 파워포인트 메뉴얼을 참고하기 바란다. 스토리보드 템플릿에 들어가는 내용은 일반적으로 다음과 같다.

- UI를 디자인할 수 있는 디자인 영역
- 현 페이지에 대한 정보를 담은 정보 영역
- UI 및 디자인 영역에 대한 설명을 담은 설명 영역

화면에 대한 정보를 담고 있는 정보 영역에는 다음과 같은 내용을 주로 포함한다.

- 스토리보드 제목: 모든 페이지에 공통
- 페이지 번호: 모든 페이지에 공통
- 화면 경로: 주로 웹사이트 스토리보드일 경우 파일 이름이나 URL로 표시
- 화면 명: 현재 UI 화면의 이름. 보통 정보구조의 메뉴 이름으로 작성
- 연결 화면: 링크를 통해 온 유입 경로나 반대로 다른 화면으로 링크를 걸 화면의 이름 작성
- 작성자 이름, 작성일 등

화면 레이아웃을 생성했다면 구체적으로 UI 디자인 영역에 들어갈 플랫폼 화면을 삽입하는 것이 효과적이다. 앞서 나왔던 Cacoo나 Adobe XD의 스텐실 또는 아트보드의 개념과 같다. 다양한 플랫폼 화면을 미리 넣어두면 향후 스토리보드의 화면 UI를 디자인할 때 매우 편리하다. 플랫폼 화면은 가장 많이 사용하는 안드로이드폰, 아이폰 최신 버전, 아이패드, 애플워치, 안드로이드 워치, 1080 크기의 웹사이트 등을 만들어 두면 좋다. 가장 쉽게 플랫폼 화면을 만드는 방법은 웹 서핑 등을 이용하여 해당 플랫폼의 정면 이미지를 파워포인트 슬라이드 마스터 보기 화면으로 불러와 그 위에 사각형 도구와 원형 도구, 라인, 텍스트 도구 등을 이용하여 윤곽선을 따는 것이다. 그리고 불러왔던 이미지를 삭제하면 벡터 그래픽의 플랫폼 화면이 만들어진다.

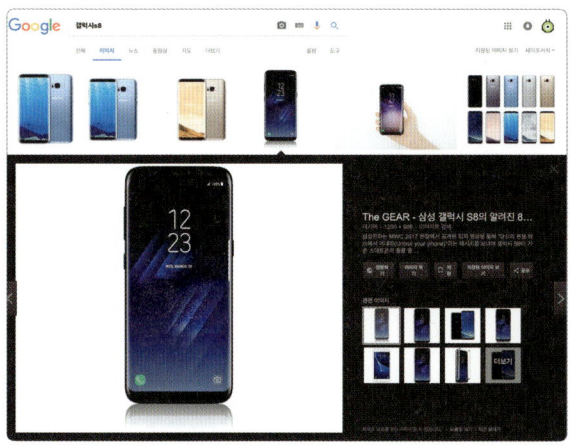

❶ 웹 서핑에서 플랫폼 이미지를 검색하고 정면으로 잘 나온 사진을 선택한다.

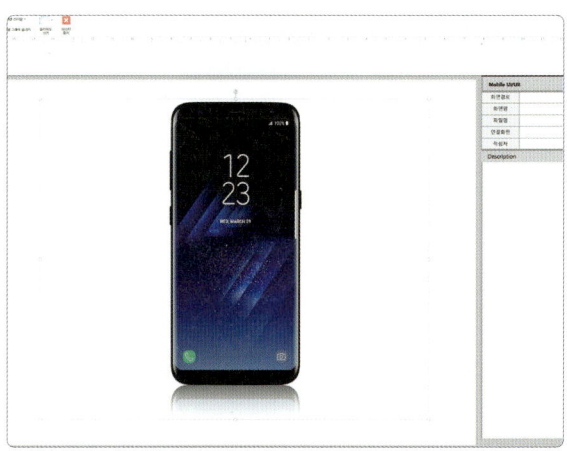

❷ 복사한 이미지를 슬라이드 마스터 화면 내 템플릿에 '붙여넣기' 한다.

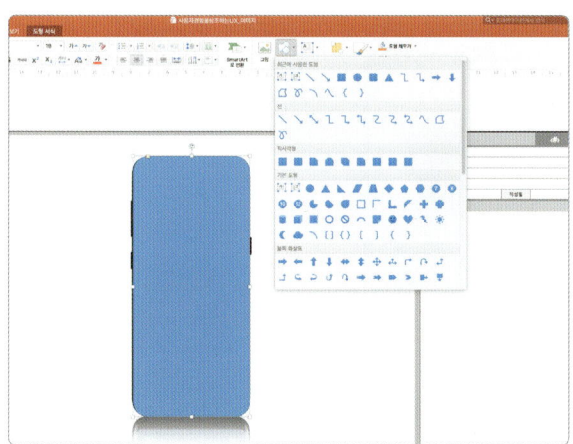

❸ 도형 그리기 도구를 이용하여 스마트폰의 가장 외곽 윤곽선을 우선 딴다.

(모서리가 둥근 사각형 도구 사용) ⇨ 가장 외곽 윤곽선을 딴 후 '뒤로 보내기'를 실행하여 윤곽선을 뒤로 보낸 다음 안쪽 레이아웃 화면을 차례로 따고 '뒤로 보내기'를 반복한다.

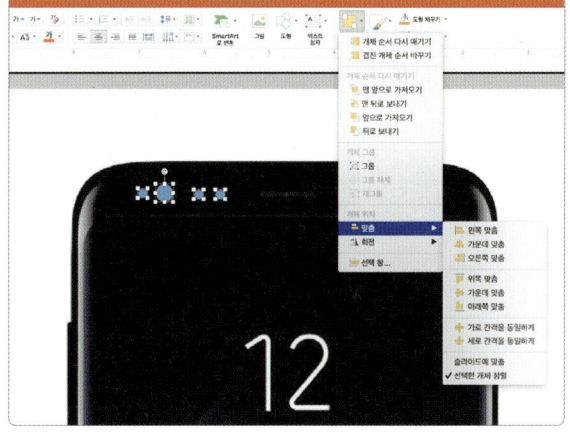

❹ 작은 요소를 상세히 디자인하기 위해서 화면을 확대한다(400%). 작은 도형들을 그렸다면 도형 맞춤 - 가운데 맞춤 등을 이용하여 정확하게 도형을 정렬한다.

⑤ 전체 화면 윤곽선을 땄다면 기존 이미지를 선택하여 삭제한다. 해당 화면처럼 외곽선을 도형 도구로 그린 화면만 남게 된다.

⑥ 화면의 확대, 축소를 원활하게 하기 위해 그려 놓은 도형들을 '그룹'으로 묶는다. 확대·축소 시에 동일하게 확대·축소가 가능하다.

⑦ 크기 조절과 적절한 색을 입혀 플랫폼 화면 구성을 완료한다.

앞선 그림처럼 플랫폼 화면을 벡터 그래픽으로 디자인하였다면 디자인 표현에 맞게 배치하는 일이 남았다. 보통의 경우에는 한 화면에 1개의 플랫폼 화면으로 이용하지만 경우에 따라서는 한 화면에 2개의 플랫폼 화면을 넣거나 3개까지 넣는 경우도 있다. 2개의 플랫폼 화면을 넣으면 스토리보드 페이지 수도 줄일 수 있고 연속된 UI 진행상황을 1개일 때 보다는 쉽게 파악할 수 있어 선호도가 높은 편이다. 3개를 넣는 경우에는 로그인이나 결제와 같이 화면 변화가 크지 않고 단계별로 설계가 필요할 때 주로 사용한다.

이렇게 기획서 템플릿 작업을 미리 해두면 스토리보드 작업 시 매우 편리하고 빠르게 처리할 수 있다. 무엇보다 체계적이고 일관성있는 스토리보드를 만들 수 있다. 보통 중간 규모 이상의 프로젝트에는 기획자만 하더라도 여러 명이 배치되는 경우가 많은데 이렇듯 여러 명의 인원이 업무 분장으로 스토리보드를 작업한다면 템플릿 사용은 반드시 선행되어야 하는 업무이다.

한 화면에 플랫폼 화면 2개 배치와 3개 배치

2.3 기능 정의

기능 정의는 원래 스토리보드 작성 항목에 필수 항목으로 있는 것은 아니지만 최근 들어 모바일이나 하드웨어 기반 서비스(IoT, O2O 서비스 등)가 많아지고 있는 현재 그 중요도가 높아지고 있다. 이런 종류의 서비스는 인터랙션 요소를 많이 사용하게 된다. 따라서 상호작용 요소 중 큰 부분을 차지하는 터치 제스처를 포함한 다양한 기능들을 미리 스토리보드 앞부분에 정의하는 것이 좋다. 기능 정의는 서비스 내용이나 기술, 기능의 중요도, 난이도 여하에 따라 다양하게 정의를 내린다. 보통 터치 제스처를 통한 기능 정의는 핵심 터치 제스처 Core Touch Gesture 를 바탕으로 멀티 터치 제스처 Multi Touch Gesture 나 드로잉 제스처 Drawing Gesture 등을 정의할 수 있다. 특

07
스토리보드 작성법

> 스토리보드 작성법

히 일반적으로 자주 사용되지 않는 독특한 터치 제스처나 서비스 특징적인 기능을 구현하기 위한 방법들을 우선적으로 기능 정의하는 것이 필요하다. 가끔 반응형 웹과 같은 경우 화면 구성 형태를 일종의 기능 정의로서 스토리보드 안에 정의를 내리는 경우도 있다.

핵심 터치 제스처의 기능 정의 사례

표현	정의	설명
	Mouse Over	일정시간 이상 움직임 없이 유지
	Left Click	오브젝트 선택
	Right Click	메뉴화면 호출
	Drag	오브젝트 이동
	Double Click	실행
	Wheel Up	위쪽 스크롤
	Wheel Down	아랫쪽 스크롤

VR 서비스에서의 터치 제스처 기능 정의 사례

모바일 액션	HMD VR Control 방식		
	No Controller	DayDreamView Touch Pad, 2button	외부 컨트롤러 HTC, Oculus
Touch / Click	Gaze Click Radial Progress Bar	Button Click	Button Click
Drag & Drop	×	Touch & Drop	Touch & Drop
Double Touch	×	Double Touch	Double Touch
Long Press	Long Gaze Click	Long Press	Long Press
Swipe	Point Gaze Click	방향키 Swipe	방향키 Swipe
화면 Drag & 둘러보기	머리 이동(상하좌우)	머리 이동 Or Controller Move	머리 이동 Or Controller Move

VR 환경에서의 터치 제스처
컨트롤러 병행 사용 시 기능 정의 사례

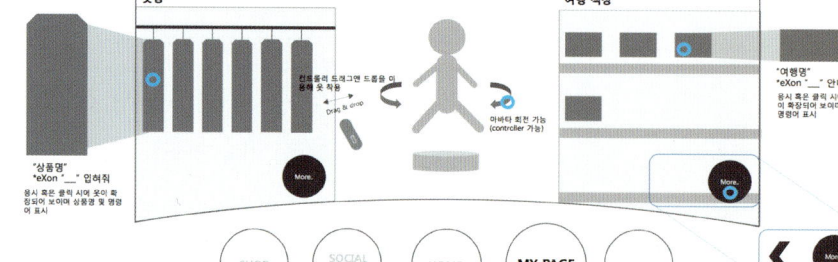

WiFi 사용 여부 및 신규/기존 기능 구분 등을 기능 정의로 구분한 사례

No	기능	WiFi	내용	비고
1	iPod Music Aurora Player		• 기존 아이팟 플레이어나 플레이 리스트와 다른 독자적인 플레이어 개발 • 기본 아이팟 플레이어나 플레이 리스트와 동기화 가능 • 음악 재생에 있어 아이팟과 동일, BG 재생 및 Sleep 상태 재생 가능 • 애플 전용 이어폰과 리모컨 완전 호환 가능	New
2	iTunes Playlist 제공: 신규 추천 알고리즘 추가	X	• 새로운 플레이어 개념(재생 및 재생 목록 독자화) / 기존 리스트 담기 기능 • Today's Choice 등의 새로운 알고리즘 추가	New
3	Playlist 6각형 성향 분석	X	6각형 분석 UI 및 알고리즘 변경 / 수록곡 수, 메인 아티스트, 메인 장르 등	
4	iTunes 재생 목록 담기	X	iTunes 재생 목록 담기 / MA 시동 후 강제로 담기 기능 작동(곡+재생 목록)	
5	Local File-SuperMusic DB 연동 고도화	O	아티스트 명 + 곡명 검색 고려	
6	iPhone GPS와 연동하는 음악정보 노출	X	국가별 Top 10 링크 / iTunes Store 연동(GPS 아닌 기본 설정 기준)	New
7	View UI 변경(장르-재생 횟수)	X	• 세로 뷰 신규 개발, 초기 화면 변경 • 뷰 탭(아티스트, 앨범, 곡명)변경 • 앨범 뷰 팝업 추가(앨범 수록곡 리스트 포함)	
8	다국어 버전 지원	X	지역별로 자동 다국어 지원 / 영어, 한국어, 일본어, 중국어(메뉴+팁)	
9	Configuration 지원	X	초기 화면 사용자 정의, LBS 체크 등 사용자 정의 세팅 기능 추가	
10	Video 연동	O	뮤직 비디오, 해당 정보 관련 동영상 연동(검색 or 사전 DB 등록)	New
11	Gesture & Action	X	Shake(Feelink Remake), Rotate(Mode Change), Lean(Scroll), Pinch(Zoom In-Out)	New
12	Quick Play Control	X	재생 목록 모드와 성향 분석 모드에서 재생 기능	

2.4 화면 설계

이제 스토리보드를 작성할 준비가 다 되었다면 본격적으로 화면 설계를 진행한다. 스토리보드 화면 설계에서 가장 중요한 것은 쉽고 상세하게 작성하는 것이다. 스토리보드는 작성자만 보는 것이 아니라 여러 이해관계자들이 보고 사용하는 문서이므로 각자의 역할 범위, 기본 지식, 이해도의 차이와 관계 없이 올바른 커뮤니케이션이 가능하도록 스토리보드를 쉽고 상세하게 작성해야만 한다.

기본적으로 화면 설계는 다음과 같은 방법으로 진행한다.

- 화면 설계는 기능과 콘텐츠를 담은 화면을 서비스 순서대로 나열한다.
- 화면 설계는 흐름을 이어 나가야 한다.

서비스나 기능의 흐름이 끊겨서는 안된다. 병렬적인 구조로 작성하거나 흐름이 이어지지 않으면 서비스나 기능을 이해하기 매우 어렵다.

- **화면 설계 페이지가 늘어날 경우 기능과 화면이 반복될 수가 있다.**

  서비스의 내용과 기능이 복잡해져서 화면이 늘어날 것을 염려하여 스토리보드를 중복 없이 단축시켜 만들면 페이지 이동이 많아져 큰 불편을 초래한다.

- **화면 설계 시 이해를 도울 수 있다면 프로토타입을 만들어서 공유해도 좋다.**

  애니메이션 기능이나 별도의 프로토타입 프로그램을 이용하여 링크와 전환 효과, 모션이 포함되어 있는 프로토타입을 만들 수 있다. 파워포인트의 '애니메이션 기능'은 생각보다 뛰어나며 화면 전환 효과는 물론이고 마이크로인터랙션 효과도 일부 적용할 수 있다.

- **화면 설계에서 그려지는 UI는 실제 서비스 화면과 같이 상세하게 표현해야 하며 레이아웃 와이어프레임과는 구별되어야 한다.**

  상세한 표현이라 함은 폰트 크기나 색상, UI 컴포넌트 가로/세로 크기, 이미지 삽입 시 크기나 위치, 아이콘 등의 디자인이 실제와 동일하게 작업되어야 한다는 것을 의미한다.

- **비주얼 디자인과 구별되는 상세한 와이어프레임을 디자인한다.**

  간혹 화면 설계 시 기획자가 UI에 색상을 무분별하게 사용하는 경우가 있는데 이는 디테일이라기 보다는 디자인 영역 침범에 가깝다. 만약 UI에 들어가는 색상이 의도된 것이라면 색상 번호와 함께 스토리보드에 설명을 정확하게 붙여야 한다.

- **리스트 문구나 이미지 예시를 사실과 유사하게 작성한다.**

  보통 모바일 UI에 자주 등장하는 테이블 형태는 안에 텍스트 내용이나 썸네일 이미지 Thumbnail Image 가 들어가게 되는데 이때 텍스트를 어느 정도 관련 있는 형태로 작성하는 것이 이해를 높인다. 이미지 역시 전혀 관련 없는 이미지보다는 텍스트와 서비스 형태에 어울리는 이미지를 샘플로 사용하는 것이 좋다.

- **다양한 예외 사항을 적용한 화면 설계를 작성한다.**

  예를 들면, 테이블 라인에 들어가는 텍스트가 있을 경우 라인의 분량보다 긴 문장을 예시로 삼아 라인 끝 부분에 텍스트가 도달하면 말줄임표(…)를 표시하는 형태로 작성하면 좋다. 또한, 썸네일 이미지 설계 시에도 썸네일 이미지가 없는 경우 어떻게 표시할지 등 예외에 해당되는 사항을 화면 설계에서 그려주면 이해관계자들이 작업하기에 혼선이 없다.

- **디자인 영역과 설명 영역을 분리해서 작성한다.**

  어떤 스토리보드를 보면 디자인 영역에 UI를 그려놓고 지시선을 이용해 설명을 통합해서 작성하는 경우가 있다. 이럴 경우 원래의 UI를 잘 볼 수 없고 화면이 매우 복잡하게 된다. UI는 디자인 영역에 그리고 설명을 위한 간단한 구분 아이콘(1, 2, 3… 번호나 A, B, C 등의 알파벳 기호 사용)을 표시한 다음 설명 영역에 해당 내용을 상세히 작성하는 것이 좋다. 스토리보드는 관련자에 따라 설명이 필요 없는 사람들도 다수 존재하며 가급적 객관적인 관점에서 깔끔하게 정리하는 것이 좋다.

다음은 화면 설계 진행 방향 예시이다. 하나의 서비스/기능 프로세스가 완료될 때까지 이어서 화면 설계를 하는 것이 좋다.

1 홈 화면에서 WOW 앱 실행 아이콘 터치

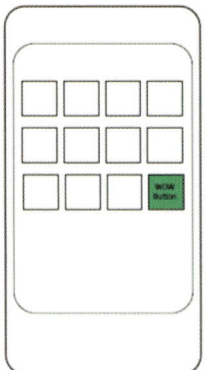

2 WOW 앱 홈 페이지

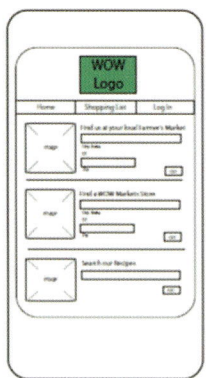

3 콘텐츠 영역 실행 버튼 터치

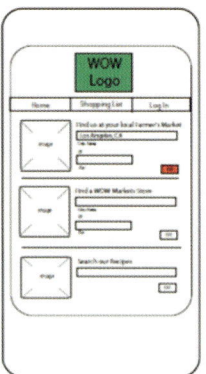

4 결과 화면 표시

5 화면 내용 세부 사항 터치

6 세부 화면 결과 표시

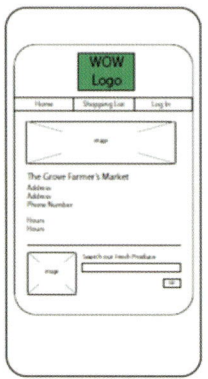

7 세부 화면 결과에서 상세 보기 터치

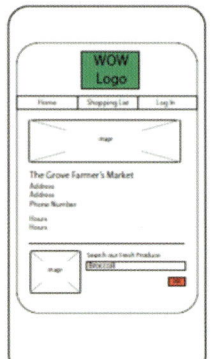

8 상세 보기 결과 표시

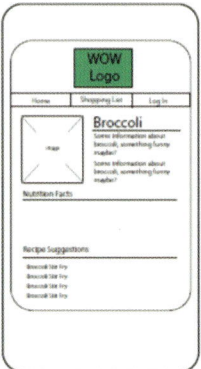

9 하위 영역 터치

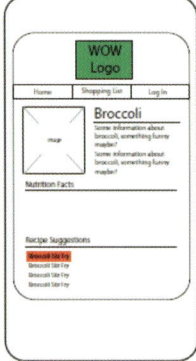

10 이미지와 상세 설명이 리스트 형태로 표시

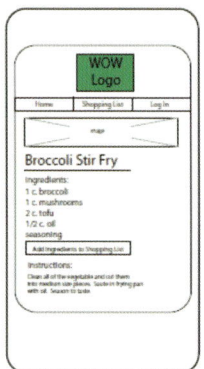

11 추가 버튼 터치

12 추가 버튼 터치에 따른 결과 화면 표시

화면 설계 진행 방향 예시

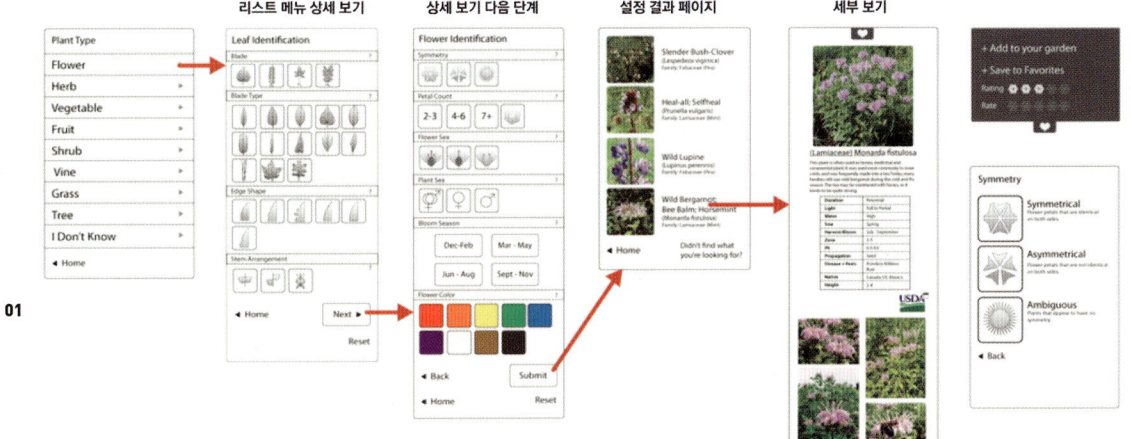

01

02

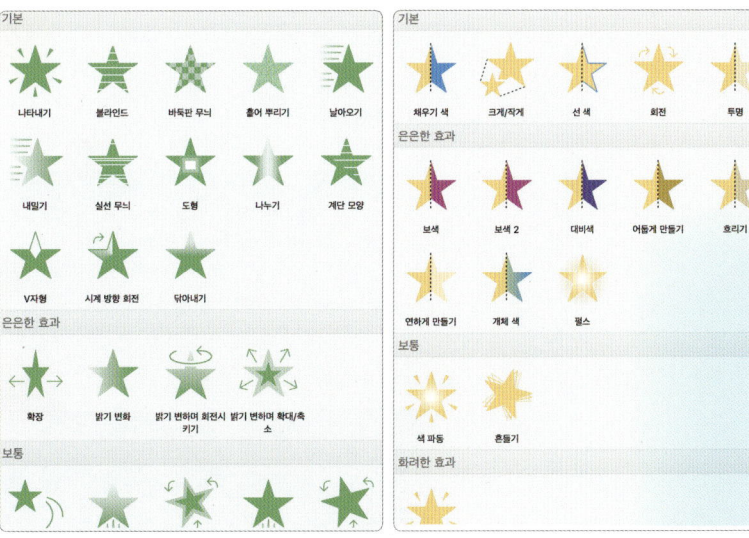

03

01 모바일 서비스의 한 메뉴를 하나의
   흐름으로 도식한 사례

02 파워포인트의 애니메이션 메뉴
   애니메이션 효과를 적용하기 편리하게
   되어있으며 효과 또한, 우수하다.

03 파워포인트 애니메이션 전환 효과와
   강조 효과
   적용이 간단하고 효과가 상대적으로
   뛰어나다.

01

파워포인트 애니메이션은 마이크로인터랙션 표현이 가능한 사용자 지정 애니메이션을 제공하며 다양한 옵션을 포함하고 있어 정교한 디렉팅이 가능하다.

02

화면 설계 시 테이블 리스트에 적용되는 텍스트와 이미지, 날짜 등은 가급적 실제 사례를 예측해서 표현하면 좋다. 서비스의 세부적인 완성도도 높일 수 있고 이해관계자들의 이해도도 높이게 된다.

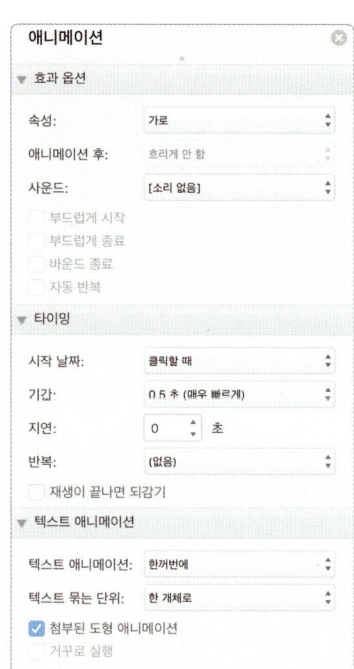

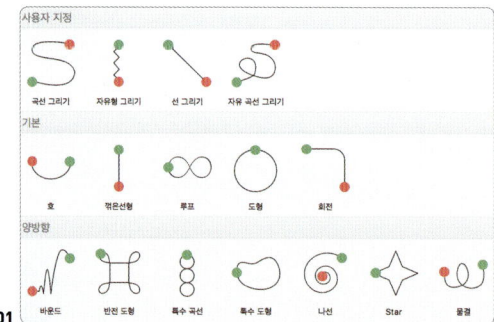

01

02

다음은 디자인 영역과 설명 부분을 분리한 사례이다. 보기에도 간결하고 깔끔하며 UI가 우선적으로 눈에 들어오게 작업했다. UI의 특성에 맞춰 링크와 오브젝트를 분리해서 기호화 했으며(링크는 L, 오브젝트 영역은 D로 표시) UI와는 구별되도록 색이 들어간 사각형 도형을 사용하였다. 링크는 링크 영역에 별도로 표시하여 링크가 필요한 이해관계자들이 빨리 파악하도록 했다.

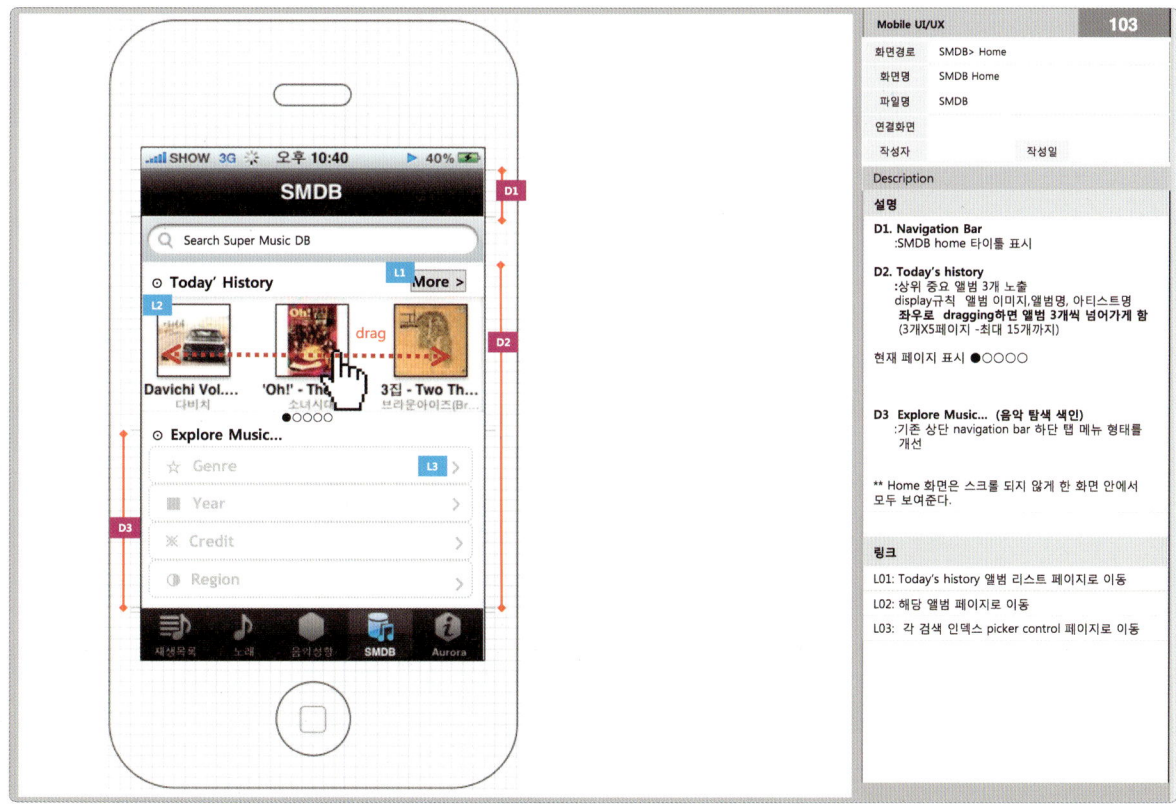

01 화면 설계 중에 플로
차트를 삽입한 사례
필요하다면 플로 차트
등을 화면 설계 과정에
삽입한다.

02 연속한 플랫폼 화면
한 화면에서 기능 구현이
어떻게 진행되는지 비교적
쉽게 알 수 있다. 화면
설계를 이해하는데 도움이
된다.

01

02

3 서비스 청사진 작성법

서비스 청사진 Service Blueprint 은 서비스 디자인과 혁신을 위해 사용되었던 개념이며 서비스의 운영 효율성의 문제를 진단하는 데도 사용되고 있다. 서비스 청사진은 1984년 하버드 비즈니스리뷰에서 은행 임원인 쇼스탁 G. Lynn Shostack 이 처음 사용하였는데 고객 관점에서 서비스 제공 프로세스를 보여주는 차트 형태의 다이어그램을 의미한다. 서비스를 프로세스 관점에서 상세하게 표현한다는 점에서 사용자 경험 지도와 유사성을 띠고 있으며 가장 큰 차이점은 서비스 경험과 서비스 제공을 동시에 적용시켰다는 점이다. 즉, 경험 지도가 사용자 행동 관점에서 모델링을 한 것이라면 서비스 청사진은 서비스 제공자, 즉 소프트웨어나 공급자, 개발자의 관점을 적용시켜 서비스 디자인을 한다는 것이다.

사실, 서비스 청사진은 문제 발견 Discover 단계나 아이디어 수립 Define 단계에서 사용해도 무방할 만큼 그 이용 범위가 매우 넓다. 현 NCS에서는 문제 발견 단계에서 서비스 청사진을 이용하는데 설명을 하고 있으며 이 책에서도 문제 발견 단계에서 필요한 서비스 청사진에 설명을 집중한다.

서비스 청사진을 사용하는 목적과 사용 효과는 다음과 같다.

- 서비스 운영 효율성의 문제를 파악하고 진단한다.
- 고객 관점에서 서비스 제공 프로세스를 보여주며 이를 통해 서비스 운영, 서비스 설계 및 서비스 포지셔닝 관리를 할 수 있다.
- 서비스의 실패 가능성을 줄여주고 경영진이 새로운 서비스에 대해 효과적으로 고려할 수 있는 능력을 향상해 준다.
- 서비스 개발 시 마구잡이식으로 진행하여 시간을 낭비하고 비효율을 초래하는 것을 줄여준다.

서비스 청사진을 작성할 때는 앞서 설명했던 사용자 경험 지도와 유사한 내용, 유사한 다이어그램을 사용한다. 사용자 경험 지도와 같이 디자인해야 할 몇 가지 요소들을 놓고 서비스 이용 프로세스에 맵핑시키는 형태로 작성한다. 서비스 청사진이 사용자 경험 지도와 차이를 보이는 요소는 다음과 같다.

- **물리적 대상**: 사용자가 서비스 이용 시 만나게 되는 물리적 접점으로 겉으로 드러나는 물리적 증거. 스마트폰, 웹사이트, 오프라인에서의 고객 관리실 등 온라인과 오프라인 전방위에 걸친 고객 접점 영역
- **이용자 행동**: 사용자가 서비스 제공 프로세스별로 행동하는 사항
- **대면 서비스 제공자** Front Stage: 사용자의 눈에 보이며 직접 사용자와 대면하는 서비스 제공자. 직접 눈으로 볼 수 있는 곳의 전면을 의미
- **시야 한계선**: 서비스 청사진의 특징 요소로 사용자의 눈에 보이는 영역과 보이지 않는 영역(제공자 내부)을 구분한 선
- **비대면 서비스 제공자** Invisible Contact Employee: 사용자의 눈에는 직접 보이지 않는 곳에 서비스를 위해 일하는 제공자
- **상호작용선**: 액션을 구분하는 선
- **지원 프로세스**: 서비스 진행 시 작동하는 지원 시스템이나 하드웨어
- **서비스 프로세스**: 경험 지도처럼 서비스가 진행되는 시간적 흐름 단계

서비스 청사진은 서비스 프로세스별로 사용자가 서비스를 이용하는데 거치는 행동이나 감정, 생각들을 서비스 제공자가 전면에서 고객과 만나 제공하는 보이는 것과 서비스 뒷면에서 보이지 않는 부분까지를 총 망라해서 작성하는 다이어그램이다.

실제로 순수 모바일 앱이나 웹사이트만 개발하고 운영하는 서비스에서는 그다지 큰 효과를 보지 못하겠지만 서비스가 오프라인 기반 사업이거나 온라인과 오프라인 서비스가 병행되는 O2O, IoT와 같은 복합적인 서비스에서는 사용자 파악은 물론이고, 매우 효율적인 서비스 아이디어를 구상할 수 있다. 위에서 정의한 서비스 외에도 서비스 청사진은 여러 가지 측면

에서 사용자 경험 디자인을 원하는 서비스 성격에 맞게 다양하게 지정해서 분석할 수 있다.

01

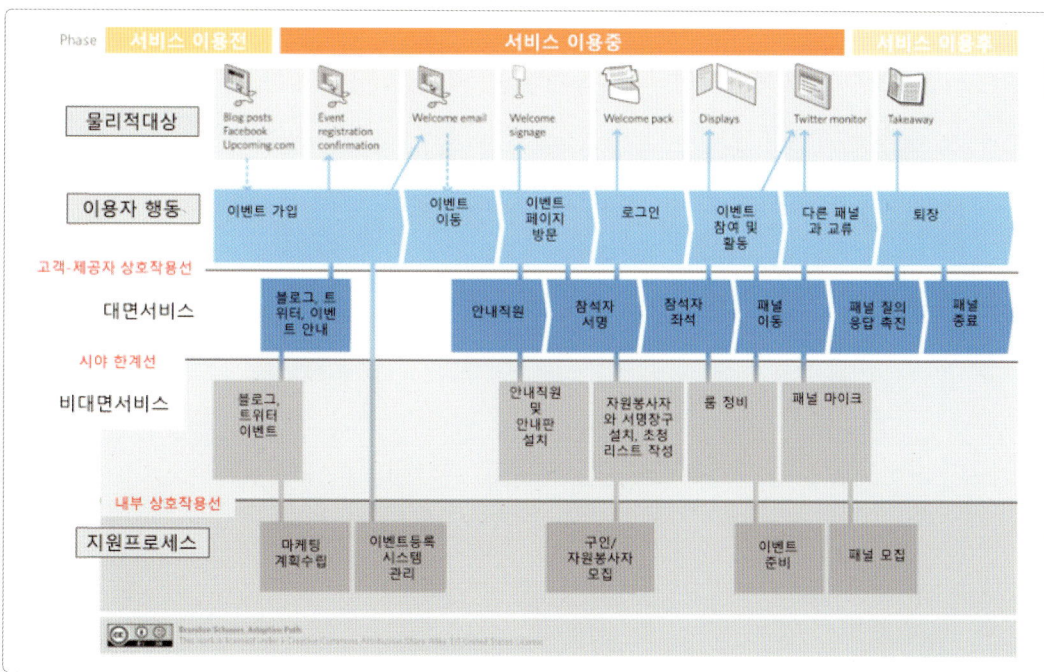

01 서비스 청사진 모식도

02 패널 회의 행사를 위한 서비스 청사진*

---

* 출처: Wikipedia Service Blueprint, http://upcoming.yahoo.com/event/176804

07
스토리보드 작성법

08

Chapter

패턴별 UI 디자인

Outline

사용자 경험 중심의 UI를 빠르고 효율적으로 디자인하는 방법 중 하나는 검증된 UI를 자신의 서비스에 맞게 응용하는 것이다. 원칙적으로는 환경 분석과 사용자 분석을 하고, UX 디자인 핵심 요소 및 트렌드, 운영체제별 가이드라인을 적용해야 사용성 높은 UI를 디자인할 수 있다.

다행스럽게도 이미 사용성 높은 UI 디자인에 대한 연구가 많이 진행되었다. 잘 만들어진 UI를 패턴화하여 숙지하면 빠른 시간 내 사용자 경험이 적용된 UI를 디자인할 수 있다.

Process

이 장에는 콘텐츠 UI와 메뉴 UI, 유입 UI, 인터랙션 디자인, 게임화 디자인 등 웹이나 모바일에서 사용하는 여러 UI 패턴을 설명하고 구체적으로 이것들이 언제 어떻게 사용되며 어떤 특징이 있는지 설명한다. 기한이 정해진 프로젝트를 수행할 때 시간과 노력을 많이 줄여줄 수 있을 것이라 생각한다. 추가로 모바일 UI 패턴 사례가 되는 여러 사이트를 소개하니 참고하기 바란다.

웹/모바일 UI 패턴 제시 사이트

URL	특징
http://uxarchive.com/	주요 업무별로 UI 프로세스 전체를 제시한다.
http://www.lovelyui.com/	다양한 모바일UI 패턴을 제시한다. 검색어 기능이 뛰어나 해시태그로 검색할 수 있다.
http://www.mobile·patterns.com/	모바일 UI 패턴 포털 서비스다. 다양한 패턴 사례를 제시하지만, 최신 UI 업데이트가 늦다.
http://inspired·ui.com/	모바일 UI 패턴 포털 서비스다. 패턴 사례 UI가 품질이 좋으며 플랫폼별 목록화를 지원한다.
https://uimovement.com/	애니메이션 모션 UI 패턴 서비스다. 최신 UI 데이터가 수시로 업데이트된다.
https://dribbble.com/	디자이너 포털 사이트다. 웹/모바일 UI 디자인과 뛰어난 일러스트 디자이너가 만든 UI 디자인이 모여 있다.
https://www.behance.net/	디자이너 포털 사이트다.
https://uigarage.net	다양한 분류의 모바일 패턴을 보유하고 있다.

콘텐츠 UI 패턴

소프트웨어를 구성하는 UI 요소는 크게 조작과 화면 이동을 담당하는 메뉴 영역과 정보가 포함된 콘텐츠 영역으로 나누어진다. 두 가지 영역은 거의 모든 소프트웨어 UI에 포함된 공통 요소이므로 이들의 UI 패턴을 분석한다면 소프트웨어 UI를 디자인하는 데 좋은 출발점이 된다.

정보 형태로 구성된 콘텐츠 영역은 대체로 다음과 같은 내부 요소로 구성되어 있다. 이 책에서는 콘텐츠 영역을 구성하는 UI 패턴을 이들 내부 요소로 구분하여 설명한다.

콘텐츠 영역을 구성하는 UI 패턴

구분	개요	종류	설명
시작 화면 (Intro)	서비스 첫 시작 화면	브랜드 소개 단축 기능 서비스 설명	브랜드 및 서비스 개요를 함축적으로 포함한다.
폼 (Forms)	텍스트를 입력하거나 기능을 수행하는 형태	Input	텍스트를 입력할 수 있는 폼이다.
		Button	기능을 작동하기 위한 장치 형태다.
테이블 (Tables)	콘텐츠를 표시하는 영역	기본(Basic)	일반형 테이블이다.
		색인(Index)	색인 테이블이다.
		그룹	동종의 정보를 묶은 테이블이다.
검색 (Search)	검색을 위한 전체, 부분 입력, 화면 결과물	검색 화면	텍스트 검색 입력 방식이다.
		검색 결과	검색 결과 화면 UI다.
		필터	특정 조건을 적용한 UI다.
반응 (Feedback)	상황에 따른 반응 처리	오류(Errors) 진행 상황(Status)	오류를 표시하는 UI다. 진행 상황을 표시하는 UI다.
카드 (Card)	리스트 화면 정보 전달에 유용함	카드	개인 맞춤형 정보 전달 UI다. 개별 정보를 카드 형태의 모듈에 담는다.
타임라인 (Timeline)	대량의 리스트를 효과적으로 컨트롤하는 UI	타임라인	오늘, 주, 월, 년 단위로 색인이 이동한다.

1.1 시작 화면 디자인

시작 화면은 서비스가 구동할 때 사용자가 처음 접하는, 웹과 모바일에서 자주 사용하는 화면이다. 보통은 로딩 시간 동안 잠시 화면에 보여줬다가 서비스가 시작되면 사라지는 형태로 시각 디자인 요소가 강조되었다. 그러나 화면 공간이 작은 모바일 앱이 주요 서비스 플랫폼이 된 후에 시작 화면 UI에서 공간 활용의 중요성이 커지고 있다. 시작 화면을 어떻게 구성할지는 전적으로 기획 의도에 달려 있지만 일반적으로 시작 화면은 다음과 같은 요소를 바탕으로 구성한다.

- 서비스 이름과 브랜드 로고, 회사명
- 서비스 카피 문구(예: 대한민국 1등 배달 어플)
- 인증 마크, 특허 출원, 수상 내용 등 신뢰를 줄 수 있는 내용
- 바로가기 기능(예: 로그인, 회원 가입)
- 로딩 화면
- 서비스 설명, 특징

시작 화면 사례 1
좌: Music Aurora3.0
우: 배달의 민족 2.0

업데이트된 서비스 버전을 강조하고 있다.

시작 화면 요소가 골고루 포함된 UI 사례다. 재미있고 인상적인 일러스트 디자인과 서비스 카피 문구, 수상 내역, 회사명이 포함되어 있다.

시작 화면 디자인은 대부분 비주얼 디자인이 중요하며 기획 요소는 내용 구성만으로 충분하다. 주로 이미지나 동영상 등 디자인 요소가 중앙에 크게 배치되는 몰입형 UI로 디자인한다.

01 시작 화면 사례 2
  좌: Clique
  우: Glassdoor

02 시작 화면 사례 3
  좌: Brunch
  중: 마카롱
  우: LG U+ Box

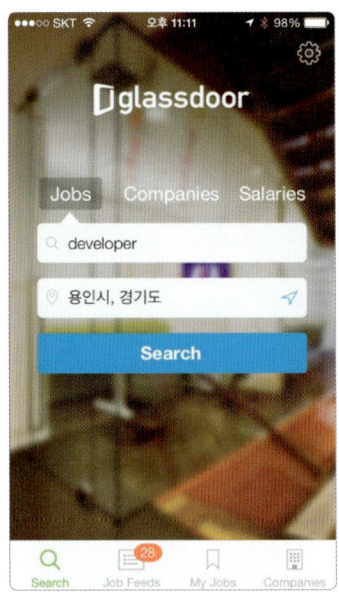

01 로그인과 회원 가입을 위한 링크 버튼이 포함되어 있다. 만화 디자인을 이용하여 서비스 특징을 4페이지 화면으로 구성한 사례다.

검색이 우선인 서비스 특징을 살린 검색 바로가기 기능이 포함되어 있다.

02 시작 화면보다는 홈 화면 이전의 첫 번째 화면에 해당한다. 서비스를 감각적으로 알리는 UI로 브랜드 콘셉트나 서비스 내용을 암시하고 있다.

가운데 그림은 차량 관리 앱으로 최초 시작 화면에 차량 등록을 유도한다. 단순히 고르라는 지시보다는 '어떤 차 타세요?'라는 친근한 말로 사용자에게 다가간다.

클라우드 드라이브 서비스로 브랜드 로고와 현재 상황을 알림장으로 전달하고 있다.

1.2 폼 디자인

폼Form은 데이터를 입력하거나 특정 기능을 수행하는 생산적인 역할을 한다. 웹을 포함해 PC 기반 소프트웨어의 경우에는 마우스와 키보드라는 주변 기기를 사용할 수 있어 폼을 사용하는 데 별로 어려움이 없지만, 좁은 영역에서 손가락만을 사용하는 모바일 플랫폼의 경우 입력이나 조작이 어려워 사용자 경험이 나쁘게 나올 가능성이 크다.

우선 폼의 형태를 알아보면 다음과 같다.

- **입력**Input: 키보드나 가상 키패드 등을 이용하여 텍스트를 입력하는 폼이다.
- **선택**Select: 이미 지정된 데이터 값을 선택하여 입력할 수 있는 폼이다.
- **체크 박스**Check Box: 데이터 값을 선택할 수 있는 폼으로 다중 선택이 가능하다.
- **라디오 버튼**Radio Button: 데이터 값을 한 개만 선택할 수 있는 폼이다.
- **버튼**Button: 기능을 수행할 수 있는 폼으로 데이터 전송과 조작을 수행한다.

이 외에도 슬라이더Slider, 온/오프(I/O) 폼 등이 있으나 입력 폼에 대해 자세히 설명하고자 한다.

다양한 폼 형태

입력 폼

입력에 대한 편의성이 가장 중요한 디자인 요소다. 특히, 모바일 환경에서는 극대화해야 하는데 이때 고려할 사항은 다음과 같다.

- **이미 알려진 단순한 표준 입력 폼을 사용하여 사용자의 혼란을 줄인다.**

    입력 폼 UI를 너무 요란하게 하거나 너무 크게 또는 너무 작게 디자인하면 입력 폼 자체를 인지할 수 없게 된다. 숫자, 문자, 패스코드 등의 입력도 운영체제에서 기본적으로 제공하는 입력 폼을 이용한다.

- **입력 폼은 일반적으로 화면 상단에 배치한다.**

    모바일의 경우 입력창을 선택하면 자동으로 키패드가 화면 하단에서 올라온다. 따라서 하단 부분의 키패드 자리를 미리 확보해야 한다. 만약 입력창을 화면 하단에 배치하면 키패드가 올라오면서 입력창이 화면 상단으로 이동하는데, 사용자가 불편해 할 요소Displeasure가 된다.

- **입력 폼은 최대한 넓게 확보한다.**

    입력창을 작게 만드는 것은 적절하지 않은 화면 구성이다. 입력창이 작으면 입력하는 텍스트 길이가 길어질 경우, 일부 텍스트만 화면에 보이므로 사용자가 혼란스러워 할 수 있다.

- **인체공학적 UI 요소를 적용한다.**

    입력창의 레이블은 입력창 상단이나 입력창 내에 회색으로 처리하여 시각적 동선을 최소화한다.

- **자동 완성 기능을 이용한다.**

    입력을 최소화하기 위해 첫 단어를 입력하면 자동으로 완성되도록 구성한다. 특히, 사용자가 과거에 입력했던 텍스트와 많은 사람들이 입력하는 단어를 관리해 화면에 보여주면 입력이 한결 편리해진다.

- **텍스트 입력 양식 표본을 미리 보여준다.**

    이메일 주소나 몸무게, 년도 등 특수한 입력 양식을 갖고 있는 경우 화면에 미리 표본을 보여주면 사용자가 오류 없이 입력할 수 있다.

01 입력 폼 사례 1
  좌: 입력창에 아이콘 사용
  우: 텍스트 라인, 공유 입력

02 입력 폼 사례 2
  좌: Passcode 입력,
  중: 숫자, 버튼 입력 강조
  우: 숫자 입력

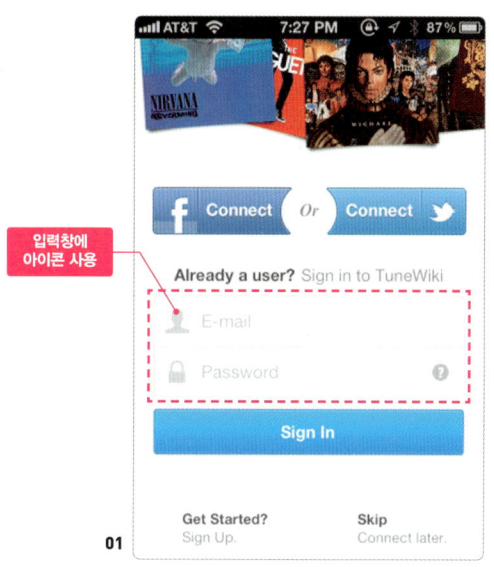

입력창에 아이콘과 텍스트를 함께 삽입하였다. 언어를 몰라도 이해도가 높도록 디자인하였다. 패스워드 우측의 작은 회색 물음표 버튼은 '비밀번호 찾기' 아이콘으로 공간 낭비 없이 사용성을 높인 UI 사례다.

장문 텍스트를 입력하는 창으로 공유 버튼을 화면에 삽입하였다.

패스코드 입력 화면이다. 4~6자 사이의 비밀번호를 입력하는 UI 형태다.

숫자를 버튼으로 입력하는 UI 사례다. 일반 계산기 방식을 따라 하였다.

화면 상단에 입력란이 배치되어 있고 숫자 키패드가 화면에 노출된 UI 사례다.

- 필수 입력이 필요할 경우 필수 입력만 모아서 보여준다.
- 입력창과 버튼이 순차적으로 사용될 경우, 버튼을 입력창 근처에 배치한다.

    모바일 환경일 경우 버튼은 화면 우측 상단에 주로 위치한다. 이에 대한 판단은 사용성 검토 및 서비스 조건 등을 고려하여 결정한다.

- 입력에 대한 사용자의 이해를 높이기 위해 인지가 쉬운 공통 아이콘을 사용한다.

    이메일 주소 입력이나 비밀번호 입력란에 편지 봉투, 자물쇠 아이콘을 사용하면 텍스트 레이블을 사용하는 것보다 인지하기 더 쉽다. 특히, 다른 언어권 환경에 유용하다.

- 입력의 성격에 따라 키패드를 사용자 맞춤형^{Customize}으로 디자인한다.

    예를 들면, 웹사이트 주소를 입력하는 폼에는 키패드에 '.com', 'http' 등을 등록하면 매우 편리하게 입력할 수 있다. 또한, 파일 첨부 버튼이나 진행 버튼, 폼 이동 버튼 등을 넣어 두면 화면을 옮기지 않고 키패드에서 처리할 수 있다.

입력 폼 사례 3
좌: 키패드 맞춤형(카카오스토리)
중: 키패드 맞춤형(구글 스프레드시트)
우: 입력 도움 문구(페이스북)

다중 라인 입력창으로 사진이나 동영상 촬영, 링크, 이모티콘, 해시태그 등을 쉽게 입력할 수 있는 UI 사례다.

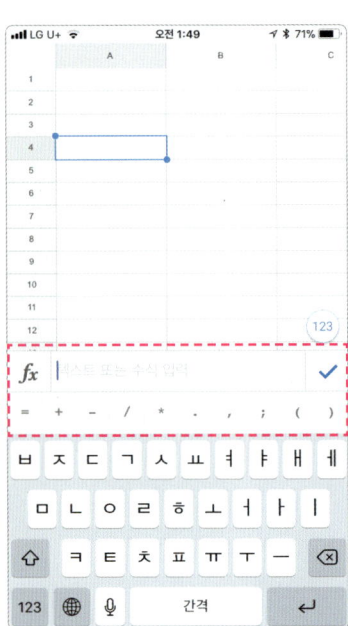

함수식과 숫자, 문자를 혼용하며 수식을 쉽게 넣을 수 있게 미리 등록한 UI 사례다.

입력란의 대화체 도움말은 사용자의 입력 참여를 한결 부드럽게 만들고, 좋은 사용자 경험을 형성한다.

1.3 테이블 디자인

콘텐츠 UI에서 가장 많은 부분을 차지하는 패턴은 테이블이다. 테이블은 웹과 모바일 환경에서 콘텐츠를 표시하는 레이아웃으로 사용한다. 정보를 표시하는 콘텐츠는 거의 전부 테이블 구조를 사용한다. 테이블 UI는 영역을 행과 열로 일정하게 나열하고 구분선을 두어 콘텐츠를 표시하는 디자인 방법으로 텍스트와 이미지, 동영상 등 대부분의 정보 표현 형태를 담을 수 있다. 디자인 또한 다양한 레이아웃으로 구현할 수 있다.

이 책에서는 안드로이드와 아이폰에서 제공하는 UI 가이드라인을 기준으로 테이블 구조와 UI 체계를 설명한다. 또한, 세부적인 픽셀 가이드나 용법은 '운영체제별 UI 가이드라인'에서 더 자세히 다루겠다. 테이블은 기본형 Basic, 색인형 Index, 그룹형 Group 세 가지 형태로 구분한다.

기본형 테이블 사례 1

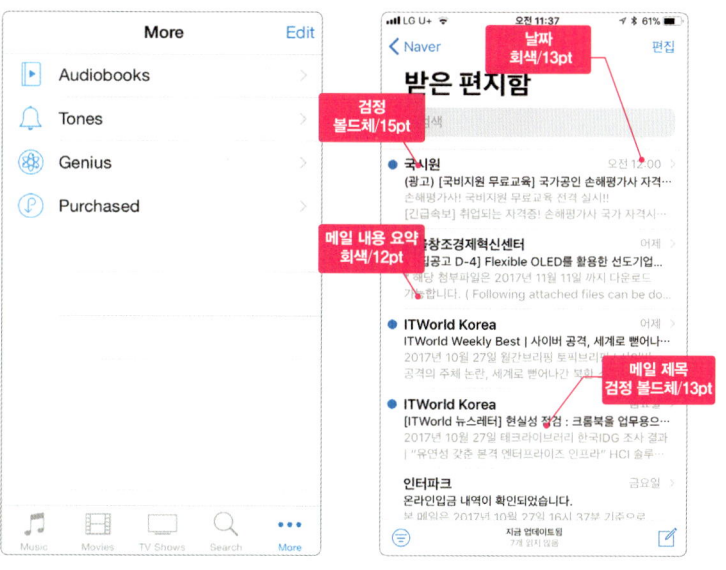

테이블의 일반적인 디자인이다.

종류가 다른 텍스트는 폰트를 다르게 표시하였다.

체크 박스와 같은 폼 UI를 포함한 테이블이다.

기본형

가장 일반적인 테이블 구성 형태로 한 줄 한 줄 블록을 쌓아 나가는 라인형 Line과 바둑판 형태의 격자형 Grid이 있다. 테이블 UI 디자인은 다음의 가이드라인을 따른다.

- 모바일 플랫폼의 경우 일반적인 테이블 행의 높이는 44px(1cm)이며 한 행의 글자 수는 영문 기준 27자(한글 20자 내외)가 이상적이다.
- 모바일 플랫폼의 테이블은 열 구분 이름을 표시하지 않는다.
- 테이블에 들어가는 텍스트는 종류가 다른 정보(데이터베이스 서버에서 참조하는 열이나 테이블이 다를 경우)일 경우 폰트를 다르게 한다(색상, 크기, 형태-볼드, 이탤릭, 밑줄 등).
- 모바일 플랫폼에서 테이블은 일반적으로 페이지를 쓰지 않으며 자동 새로고침 형태로 다음 페이지의 데이터를 불러온다.

기본형 테이블 사례 2
좌: Apple App Store
중: Apple 건강 관리
우: Apple App Store

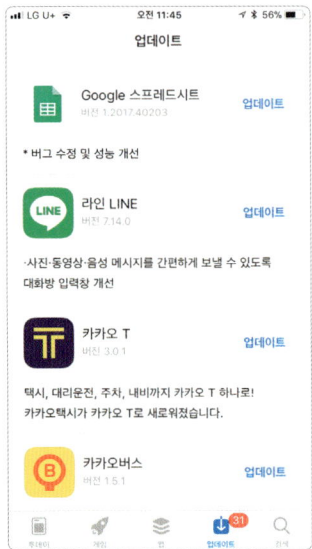

행간을 넓게 디자인한 테이블이다. 가독성이 좋고 기능을 실행하기도 편하며 콘텐츠 중심으로 사용자들의 움직임을 유도할 수 있다.

격자형과 라인형이 결합된 형태다.

넓은 행 안에 썸네일 이미지를 포함한 형태다. 테이블 행 안에는 모든 오브젝트 요소를 담을 수 있다.

- 테이블 행 안에서 이미지, 텍스트, 동영상은 물론이고 그래프 차트, 동적인 모션 데이터, 내부 실행 버튼 Inline Action, 폼(입력창, 버튼, 체크 박스, 라디오 버튼) 등을 포함할 수 있다.
- 테이블 행은 가급적 넓은 형태로 구현한다. 얇은 행은 절단이나 줄바꿈을 유발해 가독성이 떨어진다.

테이블 행 안에서 여러 가지 테이블 기능 Inline Action 을 구현할 수 있다. 이런 기능을 적극적으로 활용하면 사용자가 페이지 이동 없이 한 화면에서 다양한 서비스를 경험할 수 있다.

기본형 테이블 사례 3
좌: 인스타그램
중: 앱스토어
우: Cardiograph

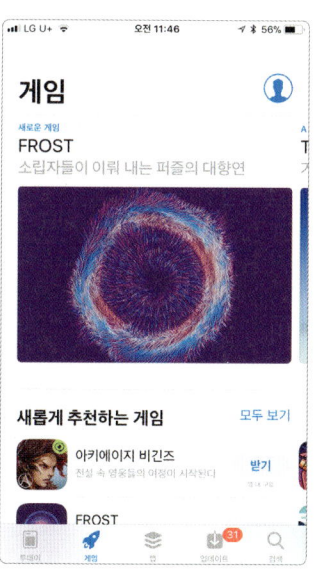
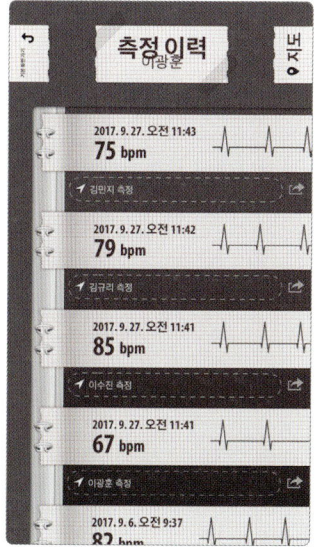

전형적인 격자형(Grid)의 테이블 UI 사례다.

라인형 테이블과 썸네일 이미지를 가로 스크롤(Swipe)로 구성한 사례다.

아날로그 디자인을 적용한 독특한 디자인이다. 심박도를 측정하는 앱으로 측정 이력 목록을 실제 심박도 측정 종이에 인쇄된 형태로 테이블 UI를 디자인하였다.

테이블 행 안에서 사용할 수 있는 기능

구성 요소	설명
✓	행(Row)을 선택한다.
>	세부 화면이 있다.
⊙	추가로 세부 정보를 보여준다.
☰	테이블 내 행을 다른 위치로 드래그할 수 있다.
⊕	신규 행을 추가한다.
⊖	삭제하려는 행을 선택한다.
Delete	행을 삭제한다. 좌우로 스와이프하면 [Delete] 버튼이 나타난다.

테이블 행 안에서 기능을 사용한 예

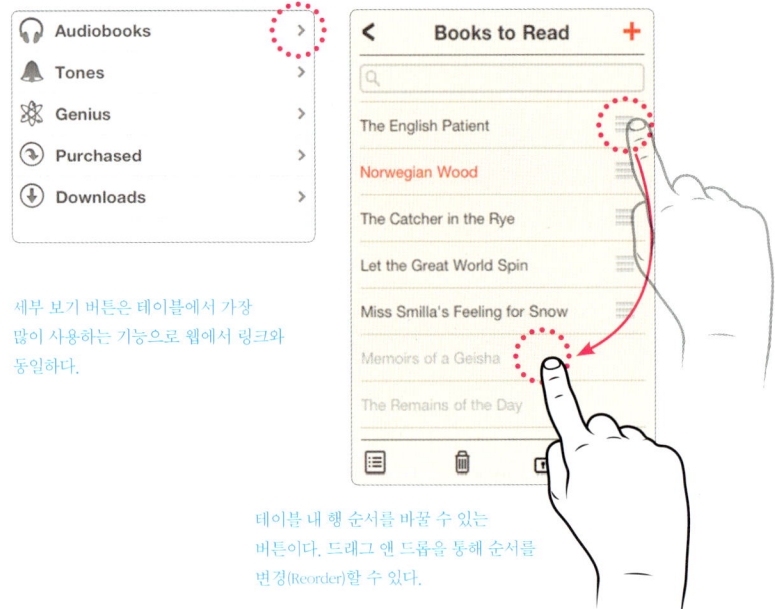

세부 보기 버튼은 테이블에서 가장 많이 사용하는 기능으로 웹에서 링크와 동일하다.

테이블 내 행 순서를 바꿀 수 있는 버튼이다. 드래그 앤 드롭을 통해 순서를 변경(Reorder)할 수 있다.

색인형

색인형은 기본형에 알파벳이나 숫자 등의 색인을 이용하여 빠르게 이동할 수 있는 요소를 추가한 테이블을 말한다. 보통 색인 영역은 테이블의 우측에 세로로 배치를 하며 행의 갯수가 너무 많거나(2,000개 이상), 너무 적을 경우(30개 미만)에는 색인형 테이블 형태를 적용하기에 적합하지 않으므로 삼가해야 한다. 최근에는 행동유발성 디자인^{Affordance Design} 전략으로 사용자가 화면에 터치를 해야 우측 색인 영역이 표시된다(2~3초 뒤 다시 사라짐).

색인형 테이블 사례
화면 우측에 색인을 배치하며, 터치하면 해당
알파벳으로 시작하는 텍스트 줄로 바로 이동한다.

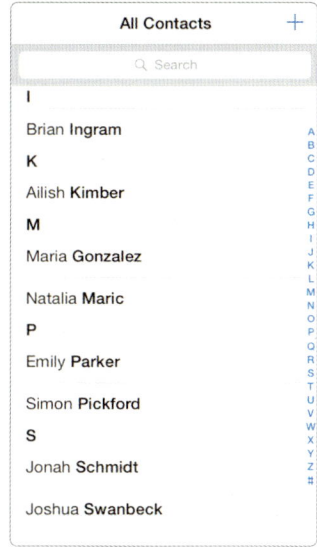
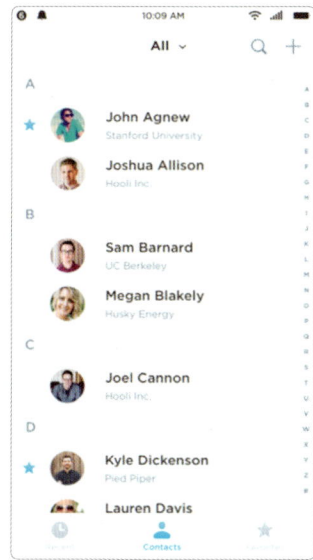

그룹형

그룹형 테이블은 여러 이질적인 콘텐츠 내용을 한 화면에 표시할 경우 같은 종류의 콘텐츠끼리 그룹으로 묶어 독립적인 테이블로 구성한 형태다. 그룹형 테이블은 다음과 같이 정보형 콘텐츠가 많을 경우에 주로 사용한다.

- 설정^{Option} 화면에서 설정 버튼(주로 I/O버튼)을 담을 때
- 정보 콘텐츠일 경우 종류가 다른 항목을 표현할 때
- 메뉴를 대신해서 스크롤로 정보 콘텐츠를 나열할 때
- 카드^{Card} UI를 구성할 때

또한, 그룹형 테이블에는 다음 규칙이 적용된다.

- 그룹형 테이블은 색인 UI를 갖지 않는다. 원래 색인형 테이블 구조가 그룹형 테이블이긴 하지만 그룹형 테이블은 색인을 사용하지 않는다.
- 그룹형 테이블 이름은 테이블 밖 좌 상단에 배치한다.
- 그룹형 테이블은 회색 바탕에 흰색 테이블을 배치하는 디자인을 주로 사용한다.

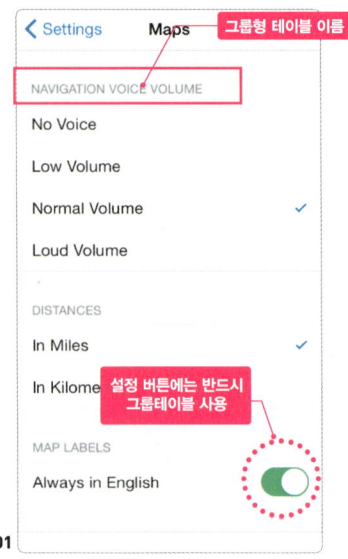
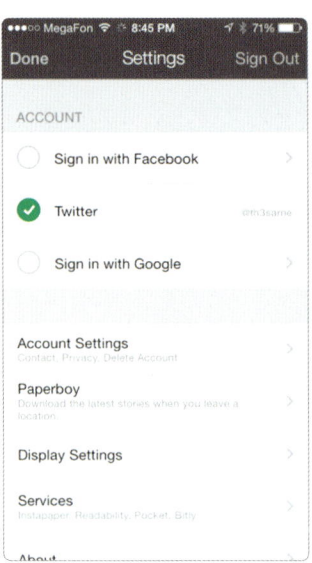

01 그룹형 테이블 사례

02 메뉴를 대신한 그룹형 테이블 디자인 사례

좌 상단에 그룹형 테이블 이름을 넣었다. 보통 설정 버튼을 넣을 때 주로 그룹형 테이블을 사용한다.

라디오 버튼과 같은 폼 형태나 세부 리스트가 혼재할 때 그룹형 테이블을 사용한다.

유명, 알고 계십니까, 커뮤니티, 뉴스 등을 메뉴로 처리해도 되지만 롱페이지(Long Page) 기법을 이용하여 사용성을 높였다.

1.4 검색 디자인

검색은 웹이나 모바일 서비스에서 거의 빠지지 않는 기능이다. 소셜네트워크와 빅데이터 시대에서는 다루는 데이터의 양이 많기 때문에 검색의 필요성과 중요성은 말할 나위 없다. 특히, 앞의 폼 디자인에서 설명하였지만 검색은 폼 형태의 UI 디자인 패턴에 검색 결과 화면과 필터 UI가 추가되는 형태이므로 단순한 입력 폼보다 고려할 점이 많다.

검색 서비스를 기획하고 디자인할 때 가장 유의해야 할 점은 검색 편의성 증대와 결과에 대한 만족감이다. 검색 편의성은 검색을 위해 입력할 때나 필터링을 적용할 때 복잡하고 까다로울 수 있는 UI 특성을 사용자 경험 디자인 기반으로 높이는 것이다. 결과에 대한 만족감은 사용자가 원하는 결과를 보기 좋게 도출할 수 있도록 개선하는 것을 말한다. 또한, 검색 결과가 없을 때에도 주의해서 사용자와 소통해야 한다. 이 책에서는 검색 화면에 대한 UI, 필터링을 적용할 때 사용할 수 있는 UI, 검색 결과 화면 디자인에 대해 살펴보겠다.

검색 화면

검색에서 가장 기본적인 방법은 입력 폼을 이용하는 것이다. 입력 폼을 터치하여 키패드나 외부 키보드로 입력하고 검색 실행 버튼을 눌러 검색 결과를 보게 된다. 따라서 검색 화면에서 디자인 요소를 고려할 때는 앞에서 설명했던 입력 폼 절을 참고하기 바란다. 검색 입력 형태의 UI는 다음과 같은 패턴이 일반적이다.

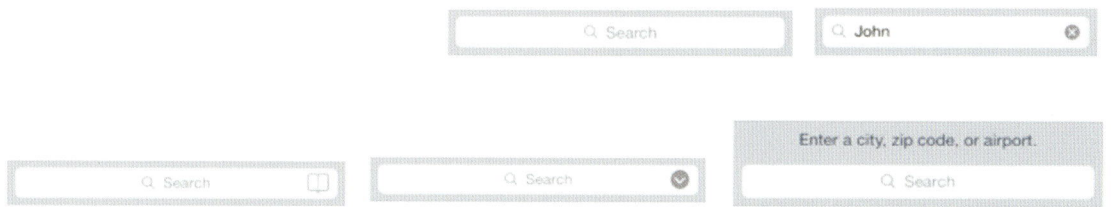

검색 텍스트 입력 상자에 '검색'이라는 텍스트를 회색 처리하여 넣고 돋보기 아이콘을 병행한다. 화면 내부에 위치할 때는 중앙 정렬을 사용하며 좌, 우측에 서비스에 필요한 기능 버튼을 추가할 수 있다. 검색 입력창에 텍스트를 여러 번 다시 사용할 수 있게 맨 우측에 삭제 버튼(원형 X자 아이콘)을 넣는 것이 좋다. 또한, 입력 오류를 줄이려면 예시문이나 도움말, 추천 검색어 등을 넣어 주는 것이 좋다.

검색 입력 폼은 위치도 중요한데 일반적으로 다음 사항을 고려한다.

- 입력 폼과 마찬가지로 화면 상단에 배치한다. 이는 키패드가 열리는 공간을 확보하고 검색 후 검색 결과를 화면 하단에 표시하기 위해서다. 또한, 상단에 위치할수록 중요도와 주목도가 높아지기 때문이다.
- 검색은 사용 빈도에 따라 위치를 다르게 한다. 사용 빈도가 높지 않을 경우 스크롤 등으로 검색 영역을 살짝 감추는 것이 좋다.
- 검색을 강조하기 위해 중앙에 배치하는 경우에는 검색 입력 시, 검색 입력 폼을 화면 상단으로 이동시켜 편의성을 높인다.
- 검색을 시도할 경우 검색에 맞게 상황에 따른 화면 전환 처리를 한다.
- 검색 화면에서 배경을 그림자 처리해서 Dimmed 주목성을 높인다.
- 눈에 잘 띄고 입력하기 쉽게 색상과 크기를 강조한다.
- 검색 입력을 쉽게 하는 방법은 입력 폼에서 설명한 내용과 대부분 동일하다.

01 검색 화면 사례 1 / 지도

02 검색 화면 사례 2 / 메시지

03 검색 화면 사례 3

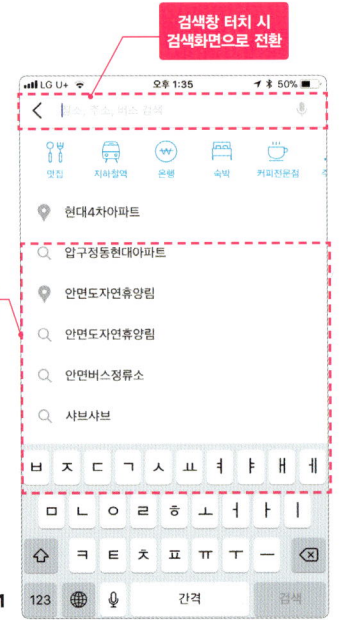

검색창을 터치하면 검색 모드로 화면이 전환된다. 뒤로 가기 버튼을 누르면 이전 화면으로 복귀한다. 검색창 내부에 검색에 도움이 되는 도움말(장소, 주소, 버스 검색)을 넣으면 입력 편의성이 높아진다. 하단에는 이전 검색 목록을 표시하여 직접 입력하지 않고도 검색할 수 있게 하였다.

01

 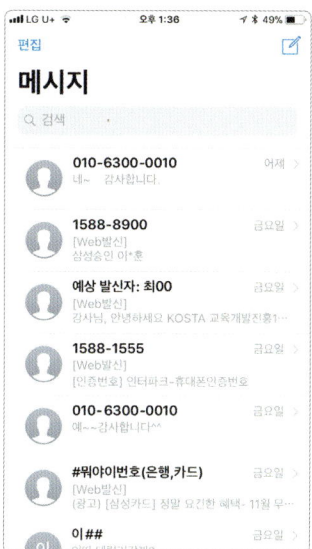 

서비스를 실행하면 초기 리스트 화면에서는 검색창이 감춰졌다가 하단으로 스크롤 하면 숨은 검색창이 표시되는 UI 사례다. 검색창을 터치하면 배경 화면을 어둡게 처리하여 검색을 강조하고 있다.

좌: 음성 검색 화면
우: 이미지(카메라 촬영) 검색 화면

검색 기술의 발달로 말이나 음악을 입력하면 음성이나 소리를 텍스트로 변환하고 음악 정보를 알려주는 음성 검색이 일반화되었다. 더불어, 사진을 촬영하면 자동으로 촬영 이미지를 분석하여 정보를 알려주는 이미지 검색이 가능해졌다.

검색 전문 포털 사이트의 경우 검색을 강조하기 위해
눈에 띄는 UI를 적용하였다. 또한, 음성 검색과 이미지
검색을 사용할 수 있도록 검색창 우측에 버튼을 넣었다.
단, 사용성 테스트를 진행하여 음성 검색과 이미지 검색을
사용하지 않고, 단순 검색만 사용하는 사람들을 파악하여
이들의 편의성을 높일 필요성도 있다. 검색을 시작할
때 키패드에 검색에 필요한 부가 기능 버튼을 삽입하여
사용성을 높였다.

01

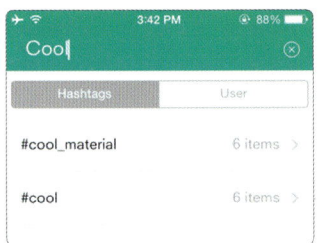

디자인 요소를 적용하여 눈에 잘 띄고 검색 브랜드
이미지를 높였다.

02

01 검색을 강조하는 UI 사례

02 검색 브랜드 이미지를 높인 UI 사례

검색 필터

검색 필터는 검색 결과를 세분화하고 사용자가 원하는 검색만 중점적으로 찾기 위해 제공되는 기능이다. 이 기능을 통해 좀 더 빠르고 정확하게 원하는 검색을 할 수 있으며, 결과에 따라 결과 내 재검색이 가능하여 검색 서비스에 있어 필수적인 요소다.

검색 필터를 사용할 때 다음과 같은 사항을 유념해야 한다.

- **카테고리 구성**: 검색할 정보가 매우 많은 종합 쇼핑몰, 검색 포털 사이트, 큐레이션 서비스일 경우 카테고리 필터링을 만들어준다. 카테고리 필터를 사용할 때 사용자, 콘텐츠, 사용 현황을 고려하여 지정한다.
- **세부 옵션 처리**: 세부 항목들을 선정할 경우 세부 항목에 대한 옵션을 검색 필터로 처리한다. 예를 들면, 방을 예약하려고 방 검색을 할 경우 방의 구조, 흡연 여부, 동물 동행 여부, 가격대 등 사용자가 원하는 요소는 매우 다양하다. 이 경우 세부 항목 옵션을 필터링하면 사용자가 원하는 검색 결과를 빠르게 얻을 수 있다.
- **순서 지정**: 검색 결과를 얻은 후에 우선순위를 바꿀 경우 즉, 날짜나 인기도, 가까운 장소 등 상황에 따라 적합한 검색 결과를 볼 수 있게 순위를 필터링할 수 있다.
- **조건 지정**: 검색 결과 후에 몇 가지 조건에 따라 검색 결과를 조정하는 방식이다. 검색 결과 내에서 재검색을 수행하거나 텍스트 첨삭, 해시태그 추가, 범위 변경 등의 필터링 처리를 할 수 있다.
- **모드 전환**: 검색 결과를 레이아웃 형태로 변경해 주거나 간단한 범위 내에서 검색 결과를 바꾸는 것으로 인스타그램에서 검색 결과를 사람으로 할 것인지, 해시태그로 할 것인지 선택하는 것과 일정관리표처럼 날짜 단위, 주 단위, 월 단위, 년 단위로 볼 수 있게 변경하는 것이다.

보통 검색 필터는 검색창 바로 밑 부분에 위치한다. 또한, 일반적인 필터링 UI는 운영체제에서 제공하는 세그먼트 바[Segment Bar]를 사용한다. 세그먼트

01 세그먼트 바 UI 사례

02 일반적인 검색 필터 적용 사례

바는 다음과 같은 기능에 주로 사용한다.

- **화면 모드 전환**: 년, 월, 주, 일에 따라 UI를 변경할 수 있다.
- **순서 선택**: 순서에 대한 조건을 선택한다. 최신순, 인기순, 알파벳 순 등으로 순서를 변경할 수 있다.
- **하위 메뉴**: 메인 메뉴에 하위 메뉴가 있을 때 하위 메뉴를 나열한다. 단, 세그먼트 바는 4~5개 정도의 항목을 운영할 수 있다.
- **검색 필터**: 검색 결과를 조절할 수 있는 필터를 적용할 수 있다.

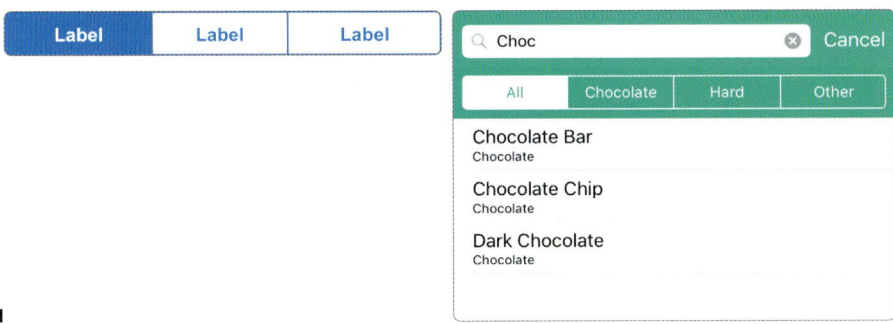

01

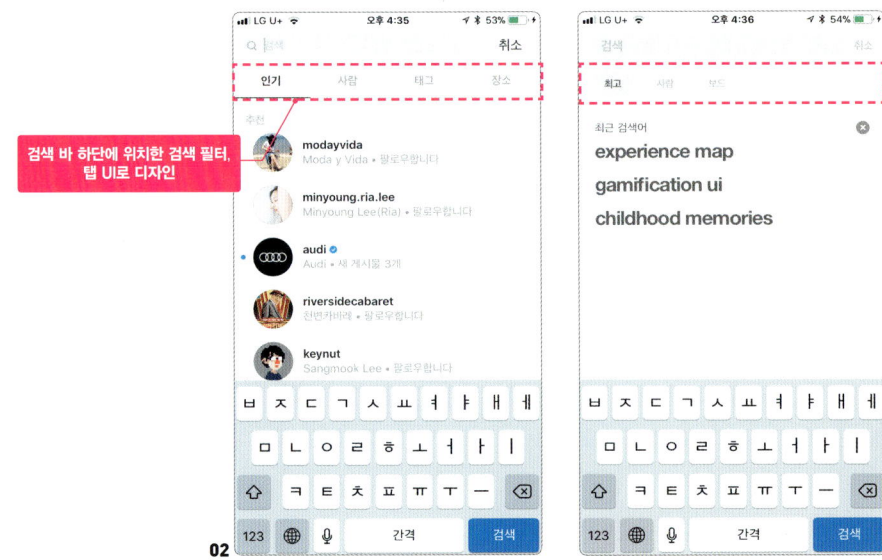

02

03 모드 전환 검색 필터 사례
　좌: 모드 전환형 검색 필터 / 구글맵
　우: 선택 세부 옵션 처리 UI / Airbnb

04 입력 편의성을 높이는 UI 사례
　입력 편의성을 높이기 위해 항목 선택,
　슬라이더 바, 색상 선택 필터를 사용한 UI
　사례다.

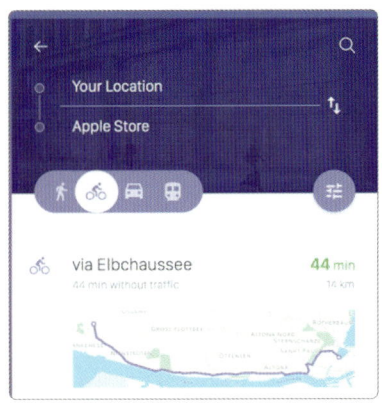
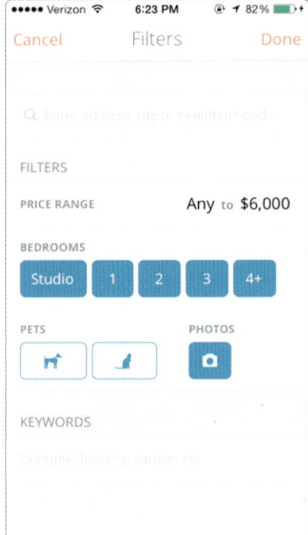

03
모드 전환형 검색 필터다. 길찾기 검색 결과를
도보, 자전거, 자동차, 대중교통의 길찾기
방법으로 선택하여 보여준다.

방 예약 시 방을 선택하는 세부 옵션을
처리하고 있다.

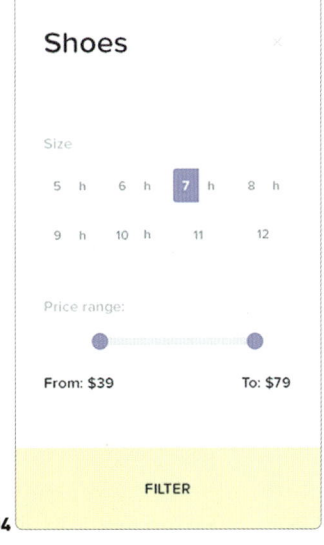
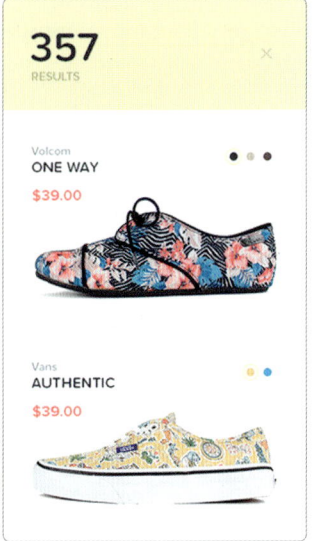

04

검색 결과

검색 결과 화면은 제공하는 결과물에 따라 사용자 경험이 크게 엇갈리는 핵심적인 UX 디자인이다. 같은 검색 엔진을 사용하더라도 검색 결과에 따라 사용자 경험 품질이 크게 좌우되어 서비스의 성패가 판가름 나기도 한다. 검색 결과에서 가장 바람직한 상황은 사용자가 꼭 필요로 하는 결과물이 검색 결과로 나왔을 때다. 검색 결과는 서비스의 성격이나 방향성, 고객의 이용 목적에 따라 다양한 패턴으로 디자인할 수 있다.

검색 결과를 제대로 기획하려면 우선 서비스 파악과 결괏값 분석, 고객의 이용 목적이 무엇인지 알아낸 후에 진행해야 한다. 다음에서 설명하는 검색 결과 디자인 패턴으로 여러분의 생각을 정리하길 바란다.

검색 결과 화면은 사용자가 입력한 검색어와 연관성이 있어야 하며 검색 결과에 **입력한 검색어가 표시**되는 것이 상식이다.	단어 검색 결과를 표시할 경우 검색어에 **강조 표시**를 한다(볼드 처리 등).	검색 결과는 **최초 검색 결과 항목**을 보여주고 항목을 선택하면 세부 내용이 보이는 형태로 디자인한다.
검색 결과가 없을 경우 단순히 '검색 결과 없음'으로 표시하지 말고 가급적 사용자가 '검색 결과 없음'이라는 결과와 상호작용할 수 있는 **설명문이나 제시문, 행동유발성 디자인 요소**를 넣는다.	지도 검색 결과는 보통 지도 영역을 **상단**에 좁은 화면 비율로 표시하고, **하단**에 넓은 화면 비율로 텍스트와 이미지 조합인 테이블 UI를 배치한다.	검색 결과가 너무 많을 경우 **'더 보기' 버튼**을 사용한다.
검색 결과를 카테고리화했다면 그룹별로 분류하여 표시한다.	검색 결과는 먼저 어떤 것이 나오든지 **정렬**이 중요하다. 사용자가 원하는 우선순위를 고려하여 정렬하고 수동으로 순위를 변경하는 필터나 기능을 넣는 것이 좋다.	정보 데이터의 범위가 특정할 수 없이 광범위한 **비정형 데이터**라면 검색 결과의 템플릿을 미리 설정해서 최적화된 화면 UI를 구현하는 것이 중요하다.

Part 2
사용자 경험 디자인

 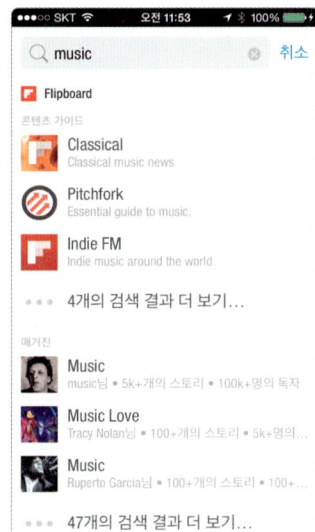 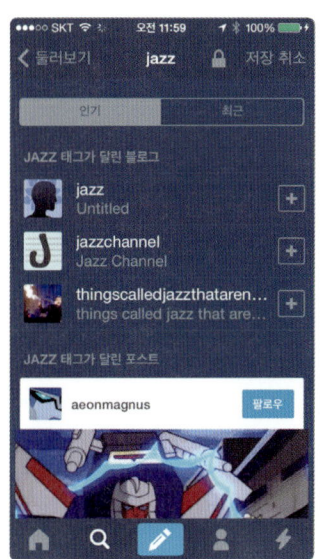

검색어를 검색 결과 페이지에서 볼드 처리하였다.

검색 결과가 많을 경우 '더 보기' 버튼을 넣는다. 이때, 검색 결과의 우선순위가 중요하며 필요할 경우 카테고리를 나눠서 보여주면 사용자는 더욱 편리하게 결과를 확인할 수 있다.

'jazz'라는 검색어를 입력하면 검색어가 포함되어 있는 블로그, 태그가 달린 포스트 등을 그룹으로 묶어 결과 화면으로 보여준다. 검색 결과가 많은 상황에서 사용자에게 결괏값의 윤곽을 짐작할 수 있게 하고 세부 검색 결과를 스스로 확인할 수 있게 하였다.

검색 결과 화면

지도 검색 결과 화면 1
좌: Four Square
우: Tmap

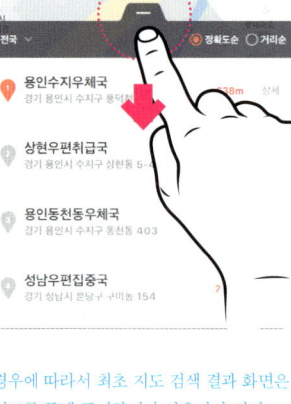

보통 지도 영역을 좁게, 텍스트 영역을 넓게 가져가는 것이 좋다(1:3 비율). 필터링에 해당되는 버튼(검색 영역 확대)을 화면 하단에 배치하여 자연스럽게 검색 영역을 확대할 수 있다.

경우에 따라서 최초 지도 검색 결과 화면은 지도를 좁게 표시하지만 사용자가 직접 화면 넓이를 조정하여, 사용자가 자유롭게 자신의 상황에 맞게 레이아웃을 조절할 수 있다.

지도 검색 결과 화면 2 / Apple Map

지도 검색 결과가 정보 제공이 목적이라면 정보를 가장 잘 표현할 수 있는 레이아웃으로 디자인한다. 지도 상에 검색한 도시를 표시하고 하단에 미리보기 팝업을 이용하여 도시의 정보(이미지, 텍스트, 링크) 페이지를 넣었다. 하단 탭 부분을 위로 올리면 완전한 미리보기 팝업이 보이고 상세 검색 결과가 나오도록 하였다.

1.5 반응 디자인

반응 Feedback 은 사용자가 서비스를 이용할 때 발생하는 다양한 상황 변화에 대해 시스템이 사용자에게 메시지나 소리, 진동 등으로 알려주는 것을 말한다. 반응 즉 피드백을 안드로이드 가이드라인에서는 'Notification'으로, 아이폰은 'Pop Up'으로 지칭한다. UX 디자인 핵심 요소에서도 설명하였지만 상황에 따른 변화 요인을 사용자에게 제때 알려주는 것은 사용자 편의성 측면에서 매우 중요한 조건이다. 이 책에서는 오류가 발생했을 때, 새로운 정보가 도착했을 때, 진행 상황을 표시할 때, 액션을 확인할 때 등으로 나눠 설명한다.

반응 디자인에는 다음과 같은 사항을 유의해야 한다.

- 피드백은 보통 화면 상단에 팝업 형태로 표시한다.
- 중요 알림의 경우 사용자가 확인을 해야 다음 단계로 넘어가는 '대화창(Dialog Box, 아이폰에서는 경고창으로 불림)'을 사용한다.
- 가벼운 내용부터 중요한 내용까지 가급적 고객에게 부담되지 않는 선에서 피드백을 준다.
- 일반적으로 운영체제에서 제공하는 피드백은 토스트 알림 ⇨ 진행 상황 알림 ⇨ 대화창 알림순으로 중요도를 정한다.
- 피드백은 시각적인 효과와 함께 소리와 진동으로도 알려줄 수 있다. 이럴 때는 알림 효과가 더욱 좋아진다.
- 터치 제스처로 버튼 등을 실행했을 때는 색 변경, 반짝거림, 소리, 진동 등으로 피드백을 준다. 사용자가 터치 제스처를 했지만 변화가 없다면 작동 여부에 대해 혼란에 빠질 수 있다.
- 입력 오류 시 입력창 주변에 붉은색으로 바로 오류를 알려주는 것이 좋다. 또한, 중요 입력창의 경우 입력창 주변에 입력 양식을 표시한다.

오류 발생 피드백 UI 패턴

서비스에 오류가 발생할 경우 즉시 사용자에게 오류 메시지를 보여주어야 한다. 오류가 발생한 즉시 알림을 내보내는 것이 원칙이며 중요한 오류일 경우에는 강한 메시지를 보낸다. 오류 발생 메시지는 보통 대화창을 띄우며 공포스럽고 부담스러운 색(붉은색)을 사용한다. 단, 오류 발생에 대한 피드백을 줄 때는 오류 상황을 구체적으로 설명하고 예의에 벗어나지 않는 친절한 어투를 사용한다. (예: 작동 오류 -> 로그인이 필요합니다) 대화창은 화면 중앙에 띄우며 사용자의 확인이 있은 후에 다음 단계로 진행한다. 비교적 가벼운 오류라면 화면 상단에 하단 스크롤을 통해서 오류 메시지를 표시하고 일정 시간이 지나면 자동으로 닫히게 만들거나 간단한 사용자 확인을 받고 창을 닫는다.

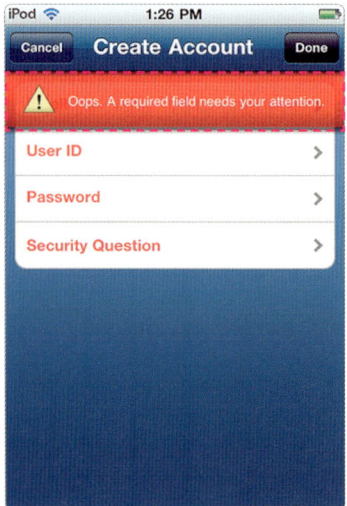
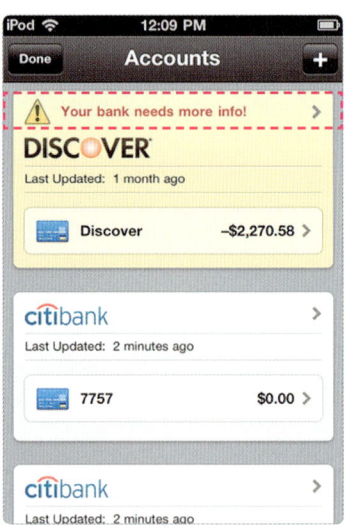

오류 발생 피드백 화면 사례 1

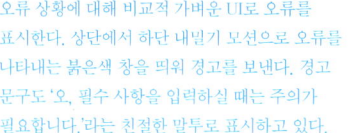

오류 상황에 대해 비교적 가벼운 UI로 오류를 표시한다. 상단에서 하단 내밀기 모션으로 오류를 나타내는 붉은색 창을 띄워 경고를 보낸다. 경고 문구도 '오, 필수 사항을 입력하실 때는 주의가 필요합니다.'라는 친절한 말투로 표시하고 있다.

가벼운 오류에 대한 오류 알림 UI다. 노란색 삼각형 느낌표의 아이콘은 분명한 경고의 의미를 주며 폰트 색상도 붉은색으로 표시하였다.

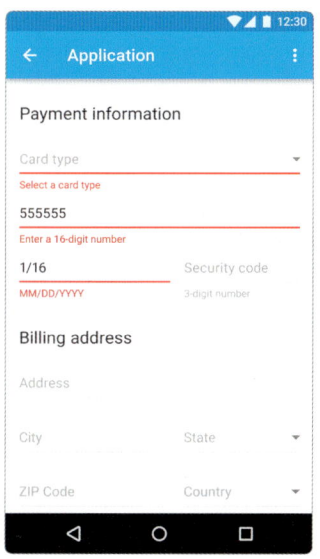
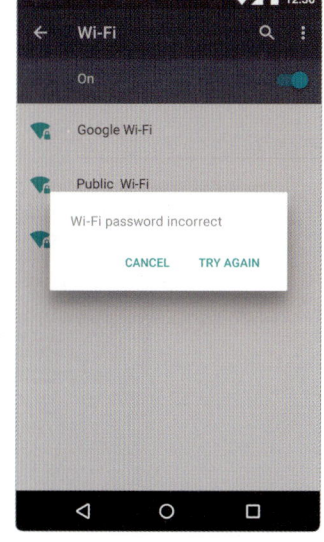

오류 발생 피드백 화면 사례 2

오류 입력이 발생하면 실시간으로 입력창 하단에 오류 알림을 표시한다.

오류가 발생했을 때 대화창을 표시한 화면이다. 사용자가 취소나 다시 시도를 선택할 때까지 프로세스는 정지해 있다.

알림 상황 UI 패턴

웹과 모바일에서 시스템이 사용자에게 알림을 주는 상황은 매우 많다. 이메일 수신이나 메시지 도착, 알람 시간, 프로그램 알림 메시지 등 대부분의 애플리케이션이 사용자와 무수히 많은 대화를 시도하고 있다. 알림은 사용자 참여를 높이고 서비스 이용을 놓치지 않게 하며 사용자가 일일이 애플리케이션이나 웹사이트에 접속을 하지 않아도 변화 내용을 알 수 있도록 한다. 알림 상황 역시 운영체제가 제공하는 3가지 피드백 요소인 토스트 알림, 진행 상황 알림, 대화창 알림으로 기능을 구현할 수 있다.

알림 상황은 알림을 보낼 애플리케이션을 사용하는 동안에는 구동을 하지 않는 것이 일반적이다. 즉, 모바일 메신저에서 상대편과 대화 중이라면 현재 대화 내용을 굳이 알림창으로 알릴 필요가 없다. 다만 대화하고 있는 사람이 아닌 다른 사람이나 다른 형태의 서비스 메뉴에서 알림을 표시해야 할 경우, 애플리케이션 사용 중이라도 알림창이 뜬다.

알림 상황을 표시하는 UI도 피드백 UI 패턴과 크게 다르지 않다. 화면 상단에 팝업창을 띄우며 알림 글이 긴 경우엔 2줄 정도만 보여주고 나머지 내용은 생략 표시(…)를 이용한다.

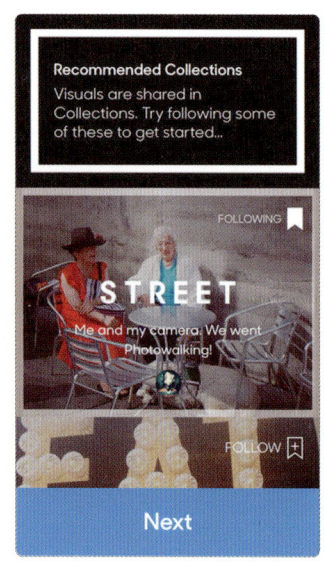

상단에 커다란 블록 형태의 알림(Flipboard)이 있다.

'좋아요'를 누르면 상호작용으로 토스트 알림을 띄운다.

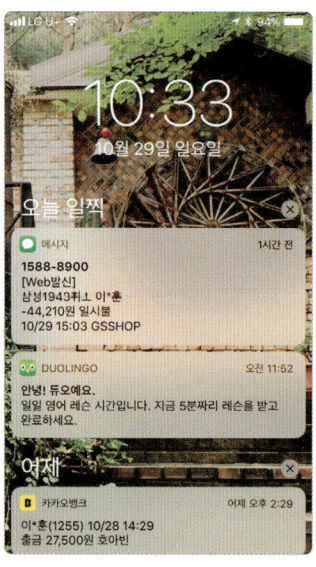

각 애플리케이션마다 자체 알림 기능을 제공한다. 화면 상단부터 시간 순으로 배치되며 각 애플리케이션의 시각적 요소를 바탕으로 적은 분량의 메시지 혹은 이미지를 표시한다. 문자, 영어 공부, 은행 결제 등은 알림 기능을 이용하는 주요 서비스다.

알림 상황 화면 사례
좌: 블록 형태의 알림
중: 토스트 알림
우: 자체 알림 기능

진행 상황 UI 패턴

진행 상황에 대한 피드백은 시스템 업무가 진행될 때 사용자에게 진행 완료까지 그래프나 텍스트, 이미지로 알려주는 것이다. 웹이나 모바일 운영 체제에서는 진행 상황 UI를 제공하고 있으며 그 가이드라인을 그대로 따라 하면 된다. 단, 진행 상황 표시에서도 어떤 진행 상황이 어떻게 전개되느냐에 따라 사용하는 UI에 차이를 보인다. 또한, 진행 상황을 표시할 때는 사용자가 직접 진행 상황을 멈추거나 취소할 수 있는 기능을 넣는 것이 좋다. 진행 상황 표시는 다음을 유의하여 디자인한다.

- **원형 진행 상황 그래프**: 종료 시점이 명확하지 않은 업무 처리를 할 때 사용한다. 즉, 인터넷 접속 중이거나 전화 대기 중인 업무가 주로 이런 경우에 해당한다. 이 그래프는 프로세스의 완료 시점을 알 수 없으므로 %(퍼센트)나 진행률은 표시할 수 없고 '진행 중'을 회전하는 원의 모션으로 알려준다.

- **막대형 진행 상황 그래프**: 종료 시점이 비교적 명확한 업무 처리를 할 때 사용한다. 내부 시스템 처리 중이거나 시간 단위, 기타 종료 시점이 명확한 다운로드, 업로드 등의 진행 상황을 표시한다. 둥근 원형 형태라고 하더라도 진행 상황을 표시하는 %(퍼센트)가 있거나 그래프가 진행 상황을 모션 형태로 알려주는 것은 막대형 그래프가 원형으로 처리된 것으로 볼 수 있다.

- 처리 업무가 여러 개면 진행 상황 표시에 완료된 업무의 수를 알려주는 것이 좋다(예: 12개 완료/총 32개).

원형 진행 상황 화면 사례

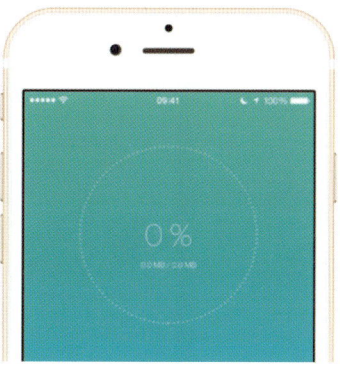

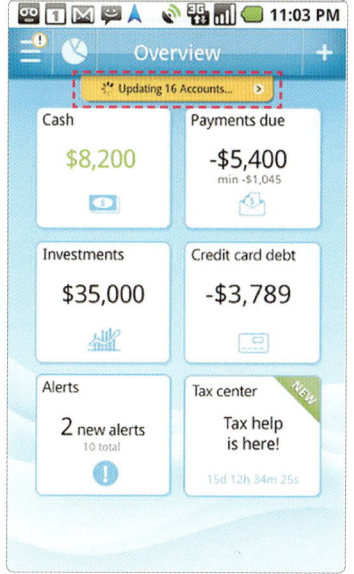

원형 진행 상황 표시로 종료 시점이 명확하지 않을 때 사용한다. 최상단 상태 표시줄 영역에 위치한다.

원형이지만 진행 상황을 명확히 표현하고 있다.

원형 진행 상황 표시로 종료 시점은 명확하지 않고 여러 개의 처리를 진행하면서 완료된 업무를 표시해 준다.

막대형 진행 상황 화면 사례

종료 시점이 명확하게 표시되어 있으며 현재 진행 상황률과 오른쪽에 멈춤(혹은 취소) 버튼이 있어 사용자가 언제든지 취소할 수 있게 하였다.

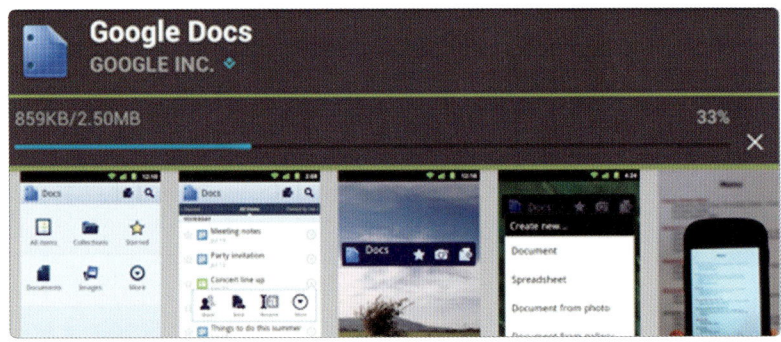

액션 표시 UI 패턴

액션이란 사용자가 어떤 일(기능, Task)을 실행할 때 버튼을 누르는 것과 같은 동작을 의미하며 이를 확인하는 시각적 표현을 액션 표시 UI로 정의한다. 즉, 사용자가 버튼을 누르면 버튼이 눌러진 것을 시각적으로 혹은 소리, 진동 등으로 표현해야 한다. 시각적 표현은 주로 색상의 전환, 깜빡임, 애니메이션 효과 등으로 한다. 사소한 것 같지만 이런 액션 표시를 주의 깊게 하지 않으면 사용자는 기능 처리를 모호하게 여길 수 있고 만약 기능을 처리하는 데 시간이 늦어지면, 여러 번 액션 버튼을 눌러서 오작동을 불러일으킬 수도 있다. 그러므로 시각적 반응을 표시해 주는 것이 좋다.

 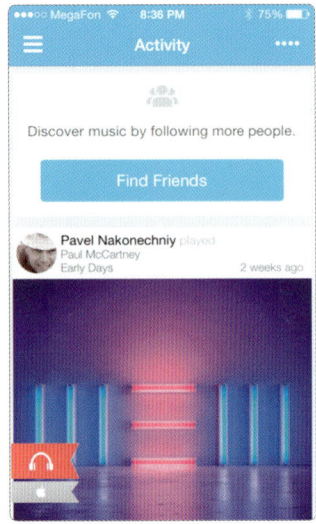

액션 표시 사례 1

시각적인 요소로 액션 표시를 해, 사용자는 쉽게 자신의 행동이 확인되었음을 인지한다. 시각적 요소 중 하나인 색상 변화는 기존 바탕에 비해 충분히 인지가 가능한 원색 계열을 사용하는 것이 좋다.

액션 표시 사례 2 / 페이스북

사용자가 행하는 제스처에 물리적으로 반응하는 모습을 시각적으로 표현하면, 사용자에게 마치 아날로그 기기를 조작하는 듯한 느낌을 준다. 이는 좋은 사용자 경험으로 연결될 수 있다.

1.6 카드 디자인

2010년대 후반에 웹과 모바일 UI에 나타난 가장 큰 변화는 카드 디자인이다. 카드 UI가 인기를 끌게 된 것은 구글 나우Google Now부터다. 이는 사용자의 기호가 변화했음을 증명하는 사례 중 하나다. 즉, 요즘의 사용자는 반복적이고 동일한 콘텐츠 나열보다는 같은 화면에서도 다양하고 이질적인 콘텐츠를 소비하는 경향이 있다. 구글은 이를 나우Now라는 이름으로 현재 시간대에 어울리고 소비할 수 있는 콘텐츠를 찾아서 제공하였다.

이런 다양한 이질적인 비정형 콘텐츠를 담을 수 있는 UI 요소가 바로 카드라고 하는 컨테이너 개념이다. 카드 UI는 이질적이고 정형화되어 있지 않은 콘텐츠를 담는 경우에 적격인 사각형 UI 형태를 취한다. 어린이들이 즐겨 가지고 노는 카드에서 본 땄으며, 편리함과 자유로움이라는 강점으로 앞으로도 꾸준히 사용될 전망이다.

08 패턴별 UI 디자인   콘텐츠 UI 패턴

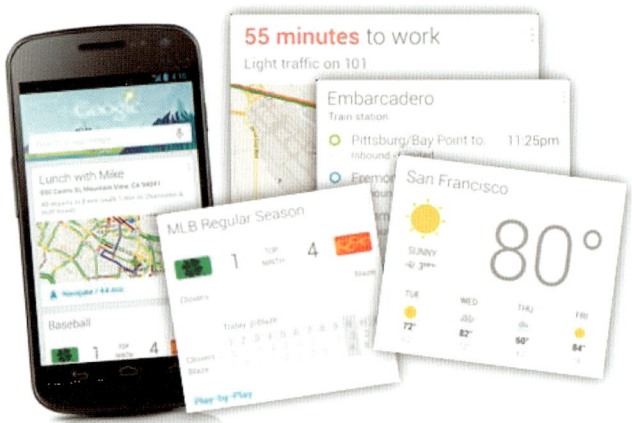

01

02

01 카드 UI의 개념 / 구글 나우

02 카드 UI의 기본 모티브가 된 실제 카드 모습
정보를 함축적이고 직관적으로 요약한 디자인이 오늘날 웹과 모바일이라는 디지털 플랫폼에서 훌륭하게 사용된다.

카드 UI는 다음과 같은 형태를 지니고 있다. 하지만 이 형태는 크기와 논리적인 구분일 뿐이며 실제 UI는 기본적인 카드 UI 레이아웃을 바탕으로 자유롭게 해석하면 된다.

- **서머리카드**Summary card: 요약본 형태의 카드 UI로 정보가 생략된 형태로 표현한다. 스마트폰과 같은 모바일보다 태블릿 PC에서 서브 콘텐츠, 약식 콘텐츠 나열에 사용한다. 주로 '더보기' 링크를 사용한다.
- **레귤러카드**Regular card: 한 카드에 대부분의 정보를 담은 형태로 일반적인 카드 UI다. 보통 모바일 화면에 최적화되어 카드 안에 담겨진 정보만으로도 충분히 정보와 상황에 대해 인지할 수 있다.
- **익스펜드카드**Expanded card: 확장형 카드 UI로 주로 데스크톱 웹사이트에서 사용한다. 모바일 카드 UI와는 다르게 디자인할 수 있으며 PC 웹의 넓은 공간을 충분히 활용하여 디자인한다. 카드 UI 형태는 네모 상자 정도만 남아 있다.

카드 UI 종류와 크기

Desktop
Tablet landscape
Tablet portrait
Mobile

Summary card | Regular card | Expanded card

01 카드 형태 전환
대화창이 있는 서머리카드는 펼침 기능을 사용하여 레귤러카드로 전환할 수 있다.

02 카드 디자인 사례
좌: 서머리카드 UI
우: 레귤러카드 UI

03 데스크톱 웹사이트에서 사용되는 카드 UI
여러 장의 카드 UI가 적절한 레이아웃에 표현된다.

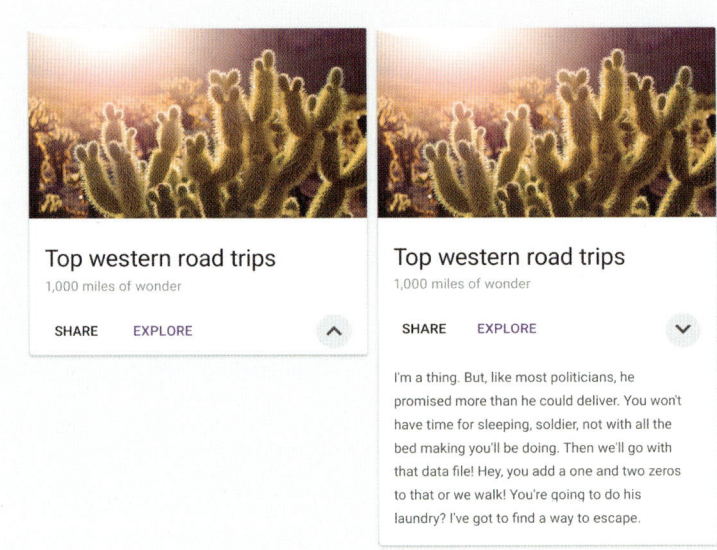

01

02

정보 내용이 축약된 형태다.

일반적으로 사용하는 카드 UI 형태다. 하나의 카드에 담긴 정보가 별도의 링크 없이 그대로 소비된다.

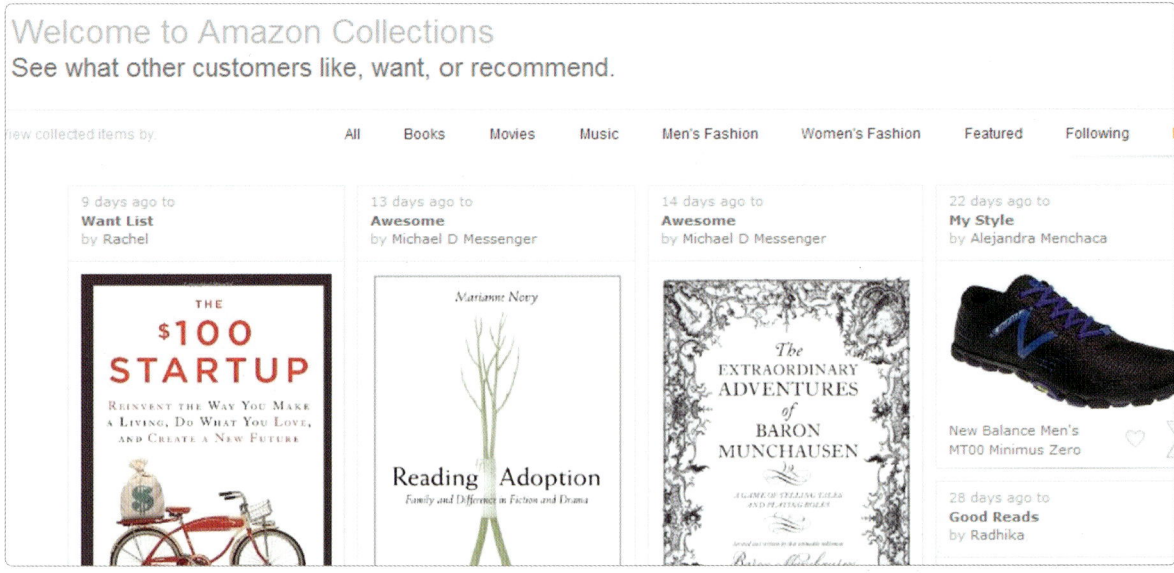
03

카드 UI는 다음과 같은 형태적인 특징이 있다.

- 카드는 다양한 정보(사진, 텍스트, 단일 주제 링크 등)를 담는 틀로서 주제가 다른 정보를 함께 나열할 때 사용한다.
- 카드 UI는 콘텐츠, 오브젝트에 따라 다양하게 구성할 수 있으며 액션을 취할 수 있다.
- 카드는 모서리가 둥글고 내·외부 여백을 두는 형태이며 카드 사이에는 공백이 있게 배열한다.
- 수직으로만 스크롤 할 수 있고 카드 내부에서는 스크롤 할 수 없다.
- 간결한 정보와 어떤 의견에 대한 대략적인 문맥만을 제공하고 불필요한 내용으로 정보량을 늘리지 않는다.
- 내부 텍스트에는 링크를 사용하지 않는다.
- 카드 UI는 카드의 이름, 콘텐츠, 일부 액션 버튼이 존재한다.

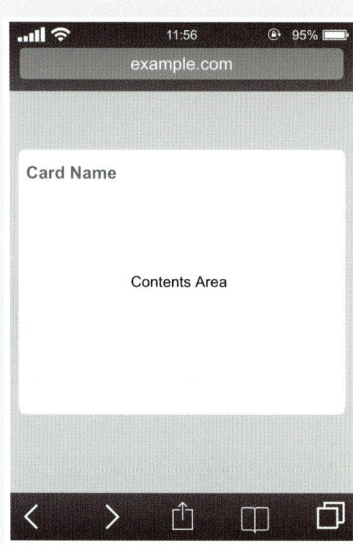

카드 UI 개념도. 둥근 모서리의 사각형 틀을 그룹형 테이블처럼 회색 배경에 배치한 형태다. 콘텐츠 영역은 자유롭게 UI를 구성할 수 있다.

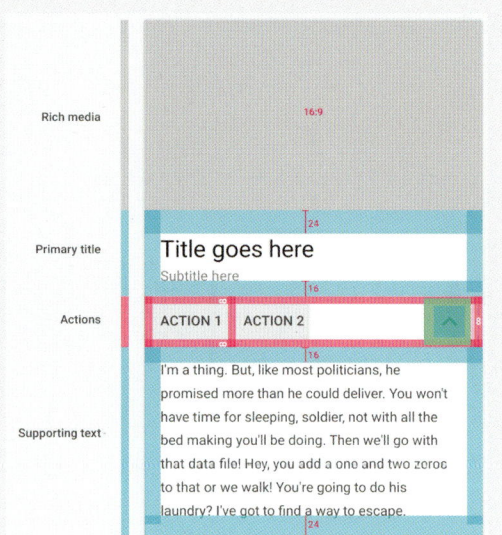

동적 정보가 상단에, 타이틀이 중간에, 액션 영역과 콘텐츠 영역으로 설계된 형태다.

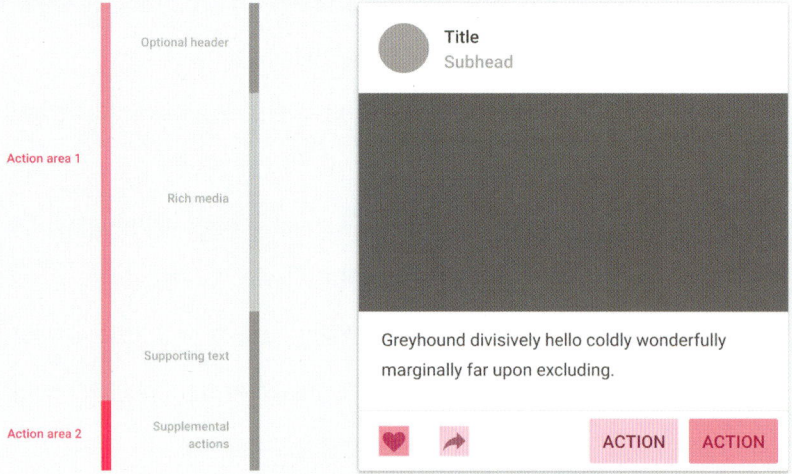

상단에 타이틀 이름과 2개의 액션 영역으로 설계된 형태다.

카드 UI 형태 사례

01 카드 UI 형태 사례 2

02 적재형(Stack) UI로 디자인한 카드 디자인 사례

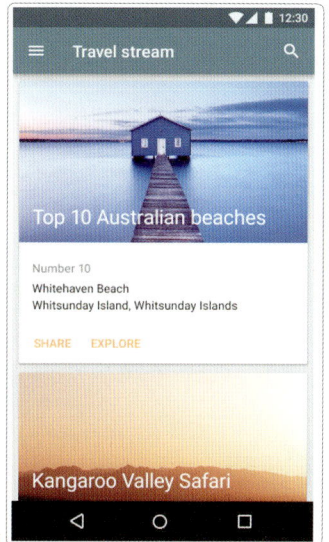
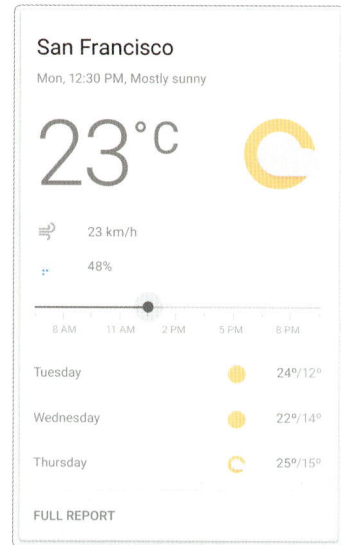

01 동적 정보가 상단에, 타이틀과 액션 영역이 중간에 위치한 카드 UI다.

상단에 타이틀, 중간에 액션과 콘텐츠 영역으로 디자인한 카드 UI다.

02 카드로 구성된 콘텐츠 컨테이너를 옆 혹은 위, 아래로 스크롤 하면서 다음 콘텐츠를 확인한다.

08
패턴별 UI 디자인 　　　콘텐츠 UI 패턴

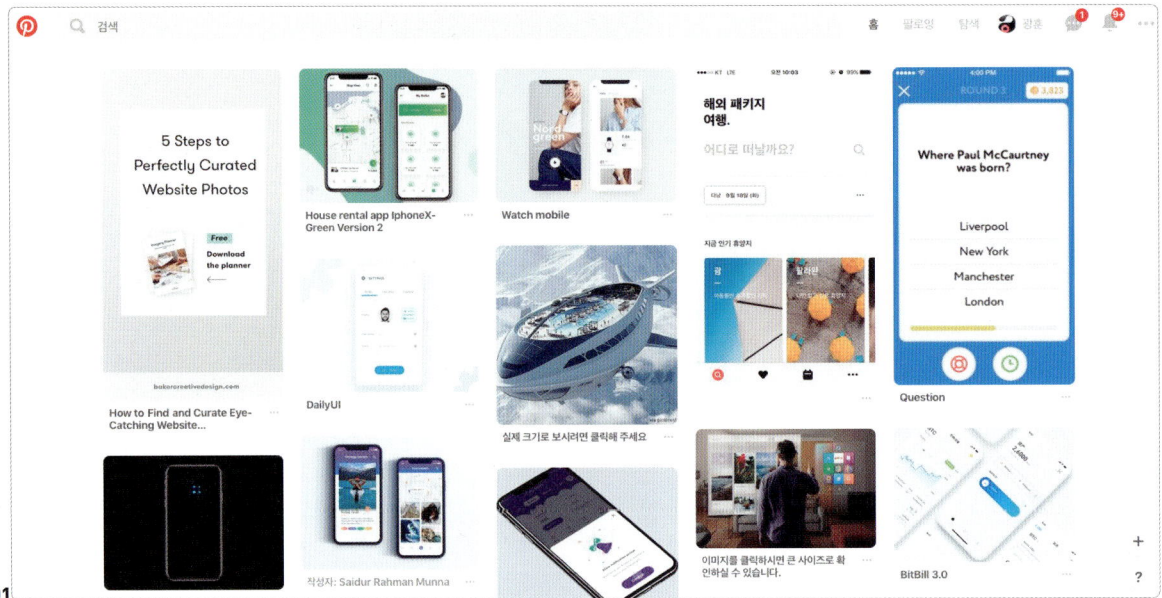
01

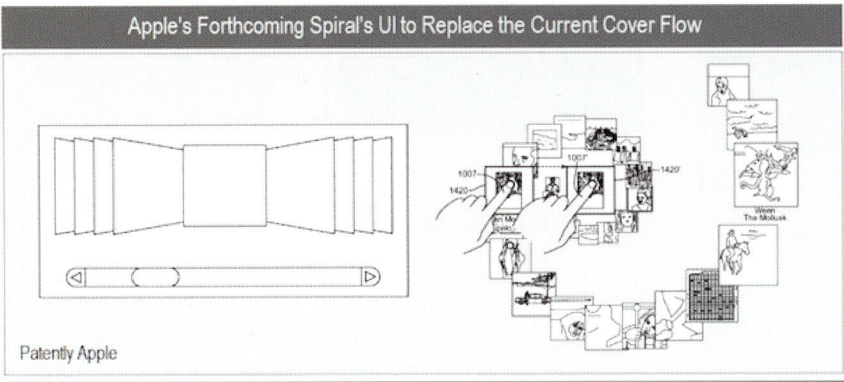
02

01 웹페이지에서 카드 UI를 나열한 사례

card UI의 대표적인 사례라고 할 수 있는 Pinterest web. 소셜 기능을 넣은 불규칙 그리드 스타일로 구성하였다.

02 커버플로 UI 특허 및 사례*

가로로 스크롤(Swipe)되며 콘텐츠가 중앙에 오면 주변 콘텐츠보다 확대되어 표시된다. 터치 제스처를 통해 콘텐츠를 빠르게 탐색할 수 있고 이미지 중심의 UI로 구성되어 있다.

03 카드 디자인 사례
 좌: 커버플로 UI
 우: Around

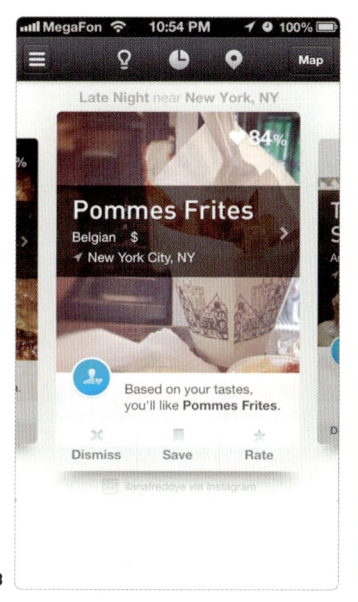

03

카드 UI와 유사하며 가로 스크롤(Swipe)로 카드를 넘길 수 있다.

달력 종이를 넘기듯이 화면을 넘기는 독특한 방식의 UI다. 감수성을 기반으로 하는 서비스 컨셉트에 맞게 카드를 넘기는 방식을 감성적으로 처리하였다.

카드 디자인은 다양한 형태로 응용할 수 있다. 그중 하나가 커버플로 Cover Flow UI인데 디자인 요소는 유사하지만 커버플로는 동일한 포맷의 콘텐츠를 테이블처럼 나열한다는 점에서 카드와 다르다. 커버플로 디자인을 응용하여 다양한 인터랙션을 넣으면 사용성 높은 독특한 UI가 만들어진다.

---

*   출처: http://www.idownloadblog.com/2010/12/19/apples-new-spiral-ui-patent-could-replace-cover-flow/

1.7 타임라인 디자인

타임라인 디자인은 좌측(혹은 우측) 영역에 시간 구성을 표시하는 요소를 넣고 색인처럼 빠르게 이동하는 기능성 UI다. 정보 분량이 방대한 소셜네트워크 서비스에서 많이 사용한다.

타임라인 UI는 다음과 같은 특성이 있다.

- 보통 원 안에 시간을 표시하며 좌측 또는 우측에 세로로 배치한다.
- 원칙적으로 타임라인 UI의 시간 원은 이동을 전제로 만들어진다. 최근에는 이동을 하지 않고 디자인적 요소로 콘텐츠 구분에만 사용되는 경우도 있다.
- 필요에 따라 시간 구성이 아닌 콘텐츠 구분 항목을 넣기도 한다.
- 스크롤보다 빠르게 이동하며 색인과 유사한 기능을 갖는다.
- 가로 형태로 사용하는 경우도 있지만 일반적이지는 않다.

초기 페이스북에서 사용한 타임라인 UI
소셜네트워크 서비스는 하루에도 상당히 많은 양의 정보가 업로드되므로 과거 자료를 빠르게 이동하기 위한 기능이 필요하였고 이를 해결하기 위해 타임라인 UI를 사용하였다.

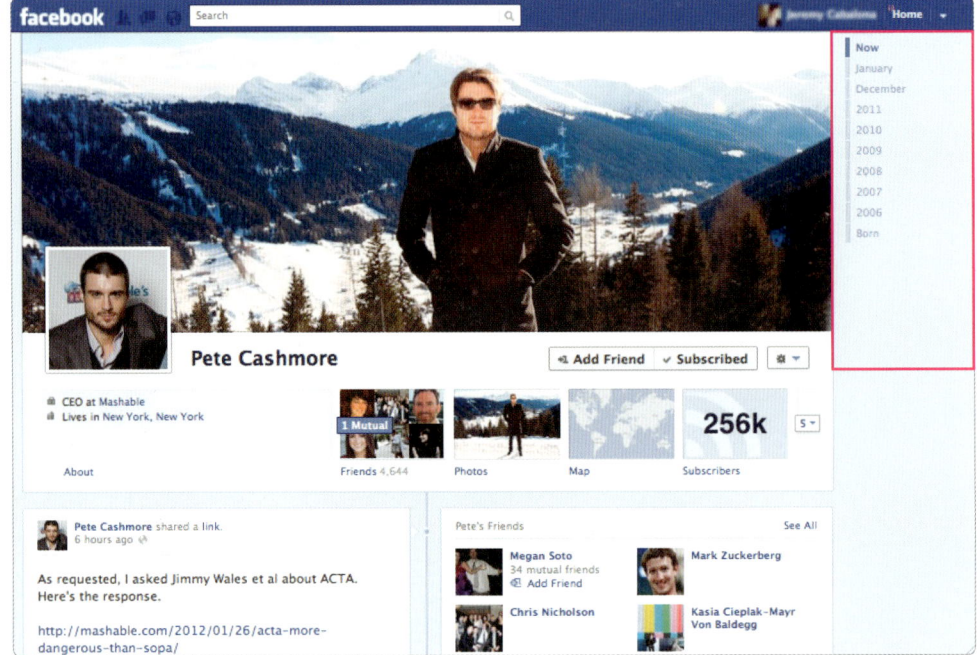

Part 2
사용자 경험 디자인

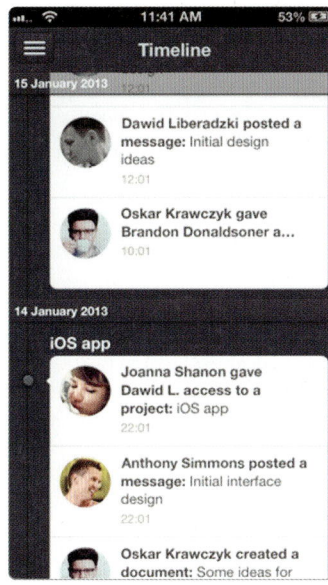 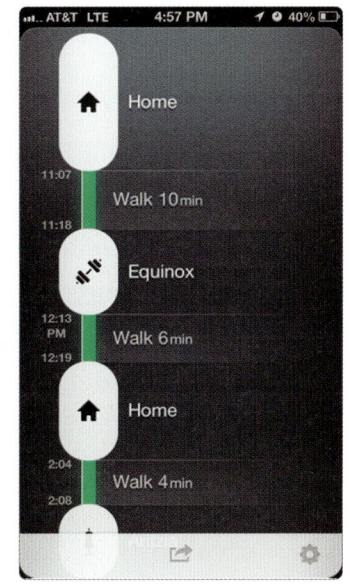 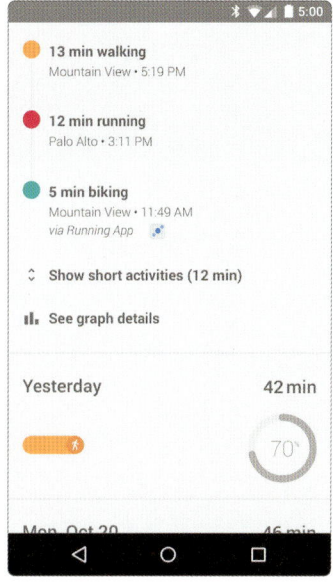

시간 구성을 반영한 타임라인 UI   시간 구성으로 디자인하였지만 빠른   타임라인 UI를 이용한 디자인으로 순서에 대한
                                  이동이라는 타임라인 기능적 요소보다는   구분으로만 사용하였다.
                                  디자인적 요소로 사용하였다.

타임라인 디자인 사례
좌: Camp
중: Moves
우: Google Walk

리서치

큐레이션 UI

IT 환경에서 큐레이션은 쏟아지는 막대한 정보 중 유용한 정보를 골라내어 사용자에게 효율적으로 배포하는 서비스라고 할 수 있다. 웹과 모바일 서비스에서는 수많은 정보를 카테고리화하고 사용자가 받아 보고 싶은 카테고리 혹은 키워드를 선택하여 구독하는 서비스로 큐레이션을 구현하고 있다. 이는 사용자가 주도하는 '콘텐츠 추천 서비스'로 정의할 수 있다.

큐레이션 서비스는 다양한 형태와 방대한 분량을 가진 정보를 한정된 시간과 공간에서 어떻게 효과적으로 보여주느냐가 관건이다.

큐레이션 서비스 정의*

큐레이션 서비스를 구성하는 UI 프로세스는 다음과 같다.

① 정보를 카테고리로 분류하여 사용자에게 선택할 수 있게 UI를 구성한다.

② 사용자가 선택한 카테고리는 선택 체크 표시와 함께 큐레이션 추천 엔진에 등록한다.

③ 사용자가 큐레이션한 정보 카테고리나 콘텐츠는 메인 화면 혹은 개인 큐레이션 페이지에 순차적으로 정보를 보여준다. 이때, 콘텐츠의 포맷(이미지, 텍스트, 동영상 등)에 따라 최적화된 UI 템플릿을 자동으로 구성한다.

* 출처 : http://www.conversationagent.com

01 메인 화면에서 자신이 구독한 큐레이션 뉴스가 표시된다.

카테고리 목록 위의 [새로 추가] 버튼을 누르면 관심사가 선택된다.

원하는 관심사를 터치하면 홈 화면에 관심 뉴스가 표시된다.

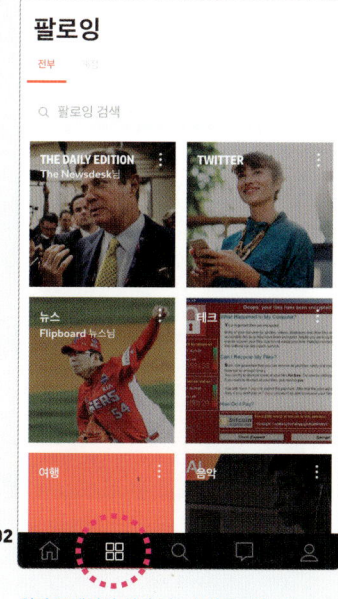

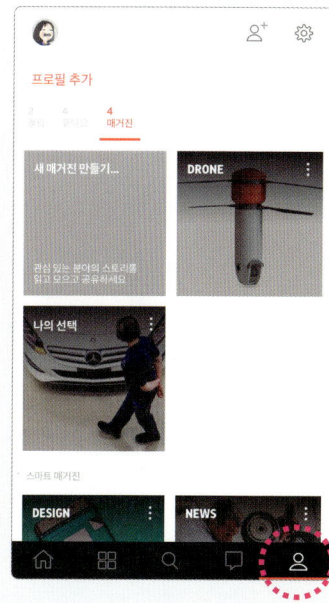

01~02 큐레이션 서비스 구현 사례 1 / Flipboard

03 큐레이션 서비스 구현 사례 2 / Disco
취향을 선택하면, 인공지능으로 가장 연관성이 높은 콘텐츠를 분석하여 추천하는 모바일 앱이다. 최근에는 다양한 형태의 큐레이션 UI가 적용되고 있다.

04 동적인 UI로 큐레이션 서비스를 디자인한 사례
좌: 애플뮤직
우: 페이스북

02 위의 큐레이션 서비스는 소셜네트워크와 유사하다. 팔로잉 개념을 도입하여 사용자가 큐레이션(일종의 구독)하는 방법을 다양하게 제시한다.

내 화면(My Page)에 자신이 큐레이션한 매거진 목록이 표시된다.

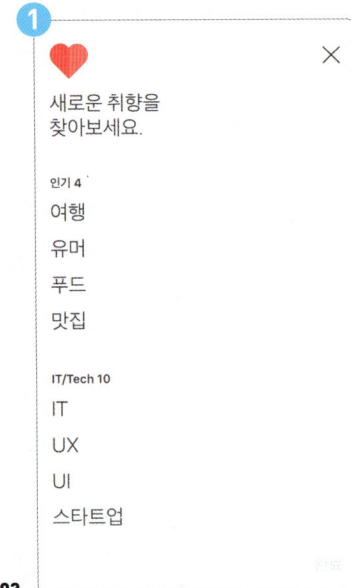

03

04

애플뮤직의 서비스 첫 화면에 사용자의 음악 선호도를 파악하기 위해 큐레이션 UI를 사용하였다.

페이스북 서비스는 사용자 선호 콘텐츠를 터치 제스처를 통해 감각적이고 손쉽게 큐레이션할 수 있다.

2 메뉴 UI 패턴

메뉴 UI는 화면 이동 기능인 탐색^{Navigation}과 기능을 제어하는 도구^{Tool}로 구성된다. 콘텐츠 UI가 화면 중앙에 위치했다면 메뉴 UI는 주로 화면 상단에 위치한다. 메뉴는 전통적으로 소프트웨어를 구성하는 데 있어 사용자 편의성을 좌우하는 중요한 요소였으며 서비스 프로세스에 대한 논리적인 사고력이 좋아야 사용자 편의성을 높이는 메뉴 디자인을 할 수 있다.

2.1 탐색 디자인

탐색은 화면 이동과 정보 관리를 할 수 있는 기능이며 정보구조를 기반으로 디자인한다. 탐색은 원칙적으로는 웹사이트나 모바일 플랫폼에서 화면 상단에 위치하지만 정보구조 목록이 많거나 정보 보기 등 특수한 목적으로 사용할 경우 화면 중앙의 콘텐츠 영역에 넣기도 한다. 탐색 UI 패턴은 다음과 같이 정리해 볼 수 있다.

탐색 UI 패턴

종류	설명
탭 바 메뉴 (Tab Bar Menu)	바 안에 화면 이동에 해당하는 탭 버튼이 위치한다. 보통 메인 이동 메뉴(Global Navigation Bar: GNB)라고 하며 화면 하단(혹은 상단)에 위치한다.
리스트 메뉴 (List Menu)	테이블 내 목록형 UI다. 메뉴가 많을 경우 콘텐츠 영역에 메뉴 전체를 담는 형태로 디자인한다.
스프링 보드 (Spring Board)	애플리케이션 홈 화면을 관리하는 표준 응용 프로그램이다. 리스트 메뉴와 동일하게 사용하며 라인형이 아닌 격자형이라는 점이 다르다.
대시보드 (Dash Board)	한 화면에서 다양한 정보를 관리하는 UI다. 보통 증권사, 개인 건강관리, 분석, 교육 서비스에서 숫자와 차트 등으로 표현한다.
메가 메뉴 (Mega Menu)	스크롤 하지 않는 2차원의 드롭다운 혹은 팝업 형태의 이동 메뉴 UI다. 보통 웹사이트에서 많이 사용하며 메뉴를 열고 닫는 버튼을 하나로 통합하여 운영한다.
은유 (Metaphor)	메뉴를 아이콘화한 UI다. 디자인을 강조하는 UI로 사용자의 시각적 효과를 높이고 브랜드의 이미지를 강조한다.
서랍형 탐색 메뉴 (Navigation Drawer)	필요할 때마다 화면 이동 버튼을 서랍식으로 열고 닫을 수 있는 컨테이너식 UI다. 공간을 절약하고 간편하게 많은 메뉴를 담을 수 있다. 보통 메뉴를 여닫는 버튼이 햄버거처럼 생겼다고 해서 '햄버거 메뉴'라고도 한다.

탭 바 메뉴

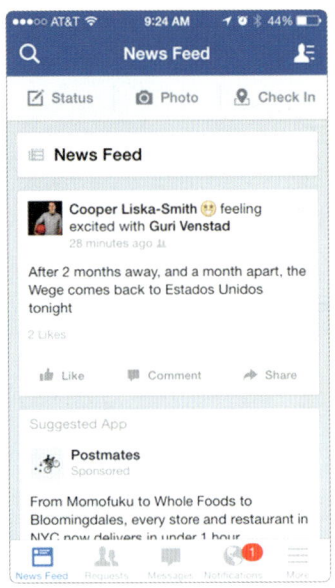

아이폰에서 사용하는 탭 바. 화면 하단에 위치한다.

안드로이드에서 사용하는 탭 바. 화면 상단에 위치한다.

탭 바를 눌러 세부 메뉴 화면으로 이동하면 이전으로 돌아갈 수 있는 '뒤로가기' 버튼을 좌측 상단에 배치한다.

리스트 메뉴와 스프링 보드 메뉴

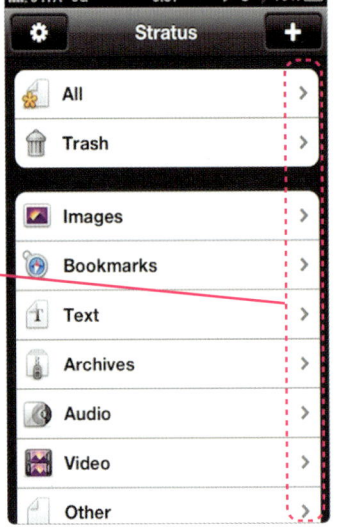

상세보기/이동에 해당하는 우측 꺾쇠 > 버튼을 반드시 적용한다.

리스트 메뉴. 이동 메뉴가 많을 경우 혹은 상황에 따라 이동 메뉴의 갯수가 변할 경우 리스트 형태로 메뉴를 배치한다.

스프링 보드 메뉴. 리스트 메뉴와 같은 개념이지만 격자형으로 이동 메뉴 아이콘을 배치하는 것이 다르다.

대시보드 메뉴

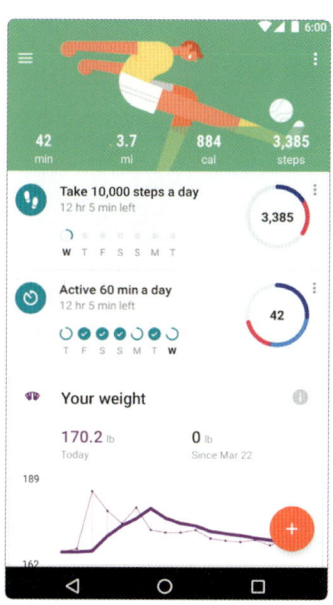

대시보드 메뉴. 리스트 메뉴 UI에 각 이동형 메뉴의 현재 상황을 숫자와 그래프로 표시하여 사용자가 쉽게 정보를 파악할 수 있다.

이동형 메뉴는 아니지만 현재 사용자의 운동량을 숫자와 그래프로 표시한 UI다.

메가 메뉴

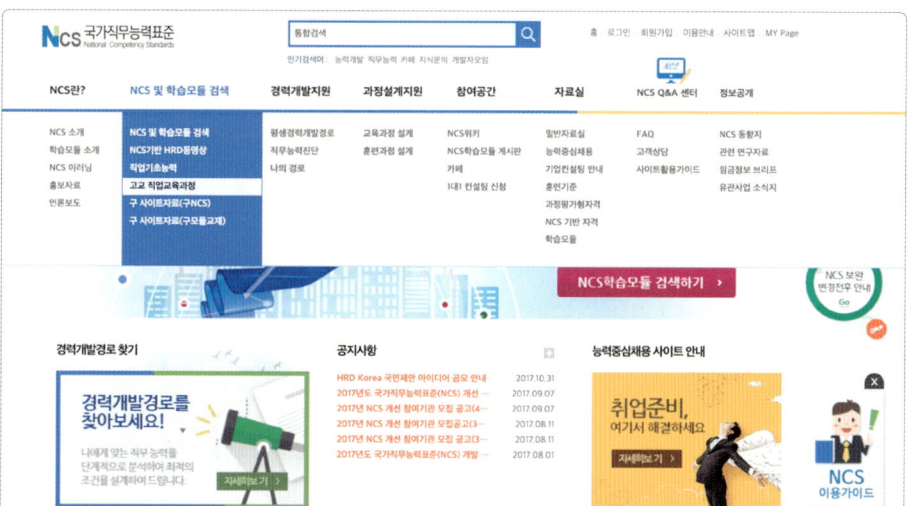

웹사이트 메가 메뉴 사례
상위 메뉴를 클릭하면 서브 메뉴가 2차원 드롭다운으로 보이는 이동 메뉴다. 2단, 3단까지 서브 메뉴 도출이 가능하며 웹에서 가장 많이 사용하는 이동형 메뉴다.

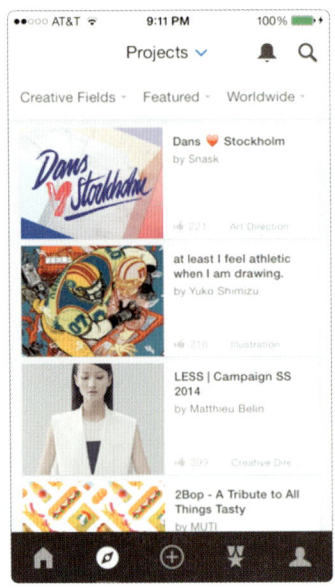
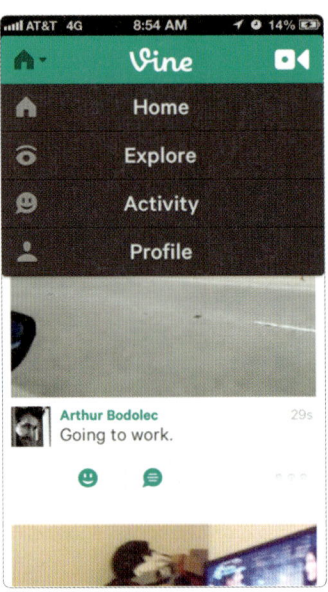

하단 드롭다운을 암시하는 하단 꺾쇠(∨) 아이콘을 사용하였다.

상단 로고 막대를 터치하면 하단으로 이동형 메뉴가 펼쳐지는 메가 메뉴다. 메가 메뉴는 스크롤을 사용하지 않으며 따라서 너무 많은 수의 이동형 메뉴는 사용하지 않는다.

웹사이트처럼 화면 하단으로 펼쳐지는 이동형 메뉴다.

모바일 메가 메뉴 사례

은유적 메뉴

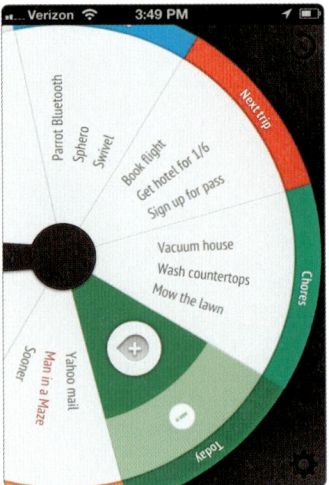

노트 종류를 기록하는 앱으로 책꽂이에 노트 형태의 은유로 이동형 메뉴를 디자인하였다.

원형 시간표를 은유적으로 디자인한 사례다. 은유는 감각적이며 사용자 감성과 디자인 요소를 충족한다.

서랍형 탐색 메뉴

최근 들어 가장 많이 사용하는 탐색 메뉴 UI며, 안드로이드 UI 가이드라인에 기본 UI 요소에 포함될 만큼 일반화되었다. 좌(혹은 우측) 상단에 위치한 햄버거 모양의 버튼을 눌러 메뉴를 좌우로 열고 닫는다. 영구적인 표시를 위해 고정되어 있거나 일시적으로 화면을 덮는 오버레이 형태로 취할 수 있는데, 보통 일시적 오버레이 형태로 사용한다. 서랍형 탐색 메뉴는 보통 좌 ⇨ 우측으로 열리는 형태로 사용하지만 우 ⇨ 좌측으로 열리게 할 수도 있으며 양쪽 모두를 사용하는 경우도 많다.

01 서랍형 탐색 메뉴 사례
좌 상단 햄버거 모양의 버튼을 터치하면 우측으로 이동 메뉴를 담은 메뉴 컨테이너가 오버레이 형태로 열린다(약 화면의 80% 정도). 화면을 닫으려면 경계면을 좌측으로 드래그한다.

02 서랍형 탐색 메뉴 사례 2
좌: CGV
우: 롯데시네마

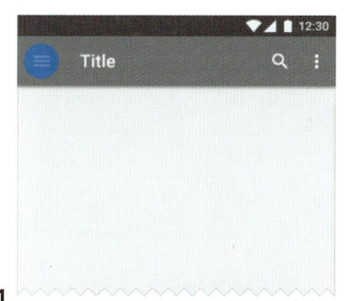

01

02

우 ⇨ 좌측으로 열리는 서랍형 탐색 메뉴다. 오버레이 형태가 아닌 미는 형태로 이동 메뉴 영역이 열린다.

왼쪽과 오른쪽 모두에 서랍형 탐색 메뉴를 설계한 UI다. 좌측 상단과 우측 상단에 각각 이동 메뉴 컨테이너를 여는 버튼이 있다.

2.2 도구 디자인

도구는 현재 화면에서 기능을 수행하는 버튼으로 화면을 이동하는 탐색 메뉴와는 구분된다. 도구 버튼 역시 메뉴 버튼이기 때문에 일반적으로는 화면 상단이나 하단의 바^{Bar}에 위치하는데 서비스와 구현 방식에 따라 콘텐츠 영역에도 종종 위치한다. 도구 버튼은 워낙 다양하게 사용해서 일일이 패턴을 붙이기에 적절하지 않지만 화면에 위치하는 곳에 따라 기본 도구, 메뉴 도구, 테이블 내 도구로 구분한다.

도구 UI 패턴

종류	설명
기본 도구	화면 상단이나 하단에 위치하는 일반 도구 버튼이다. 운영체제 가이드라인에서 권유하는 UI로 가급적 이 형태를 따르는 것이 좋다.
메뉴 도구	메뉴 형태의 기능 제어 UI다. 안드로이드의 옵션 버튼이나 플로팅 버튼(Floating Action Button), iOS의 액션 시트, 툴 바 등 은유적인 아이콘을 사용하여 각각의 기능을 수행한다.
테이블 내 도구	테이블 행에 있는 도구 UI로 리스트 라인에 기능을 수행할 버튼이나 아이콘들이 위치한 것이다. 보통 '구매', '다운로드', '추가 정보 보기' 등이 있다.

기본 도구

도구 버튼이 2~3개 수준일 때 화면 상단에 위치해 현재 화면에 필요한 제어를 수행하면 화면도 단순하고 조작 역시 쉽다. 도구 버튼은 보통 다음 기능을 말한다.

삭제	새로고침	전송	공유	파일 첨부	사진 촬영	이미지 앨범 보기	알림
글쓰기	등록	로그인	로그아웃	추가	검색	다운로드	업로드	취소
확인	구매	즐겨찾기	최근	책갈피	현재 위치	녹음	통화	정보 보기 등

기본 도구 사례

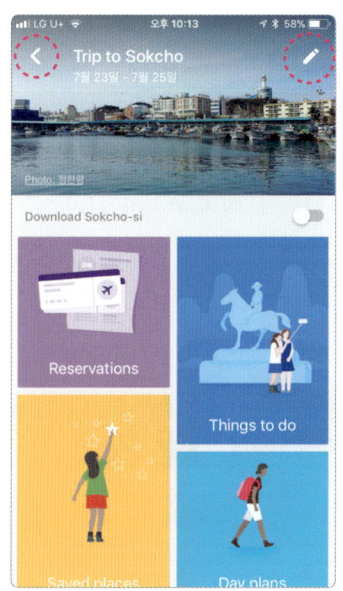
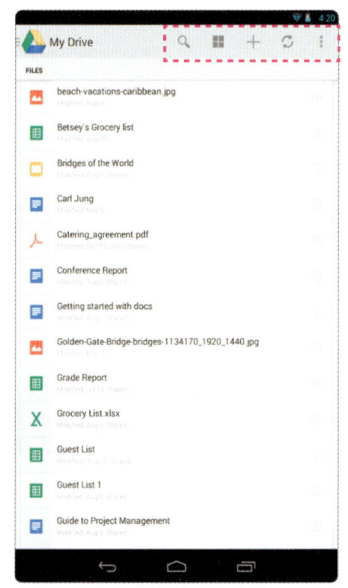

아이폰 도구 버튼. 아이폰은 좌·우측 상단에 보통 1개의 도구 버튼이 위치한다.

안드로이드 도구 버튼. 안드로이드는 우측 정렬로 3~4개까지 사용 가능하다.

도구 버튼이 4개 이상일 경우 아이폰, 안드로이드 모두 화면 하단에 위치한다.

메뉴 도구

메뉴 도구는 하나의 트리거 버튼_{Trigger Button}으로 여러 개의 도구 버튼이 담긴 컨테이너가 열리는 형태를 말한다. 메뉴 도구에는 옵션 버튼이나 플로팅 버튼, 액션 시트 등이 있으며, 운영체제가 가이드라인을 통해 제공하는 공식적인 UI다.

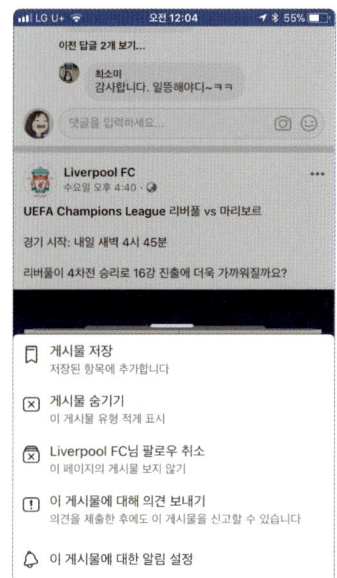

메뉴 도구 사례

화면 하단으로 떨어지는 옵션 버튼

화면 하단에서 위로 올라오는 액션 시트

테이블 내 도구

테이블 내에 위치한 도구 버튼은 테이블 행 안의 콘텐츠를 제어하거나 기능을 수행하는 데 사용한다. 운영체제에서 제공하는 기본적인 테이블 내 도구는 선택 버튼, 삭제 버튼, 이동 버튼 등이지만 서비스 기능에 따라 다양한 도구 버튼을 사용할 수 있다. 간단하게 테이블 내 행 안에 도구 버튼을 넣으면 된다.

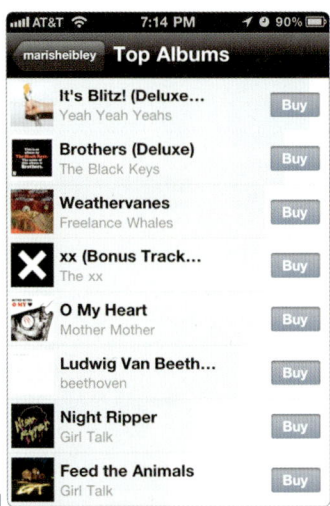

01 테이블 내 도구 사례
좌: '구매(Buy)' 버튼이 테이블 행 안에 위치한 UI
우: '다운로드' 버튼이 행 안에 위치한 UI

02 행동유발성 디자인을 이용한 인레이 도구 방식
화면 하단의 말린 부분을 터치하여 열면 실제 종이처럼 화면이 열리면서 추가 도구 버튼을 제공한다.

3 유입 UI 패턴

서비스의 접근성을 높이고 쉽게 사용할 수 있게 사용자를 유도하는 UI를 유입 UI라고 한다. 공식적으로 정의된 것은 아니지만 '초대 Invitation'라는 용어를 사용함으로써 접근성을 높이고자 하는 UI라고 할 수 있다.

사용자가 서비스의 접근성을 높이는 주요한 방법은 '설명'을 붙이는 것이다. 모바일과 웹에서 설명을 붙이는 방법으로 보통 '툴 팁 Tool Tip'이라고 하는 UI를 사용한다. 설명을 간단하게 표현하는 몇 글자의 단어를 담은 작은 박스를 설명이 필요한 화면 영역의 인근에 배치하여 사용자는 해당 화면(혹은 오브젝트)이 무엇을 하려는 것인지 쉽게 알 수 있게 된다. 유입 UI는 다음과 같은 UI 패턴을 주로 사용한다.

유입 UI 패턴

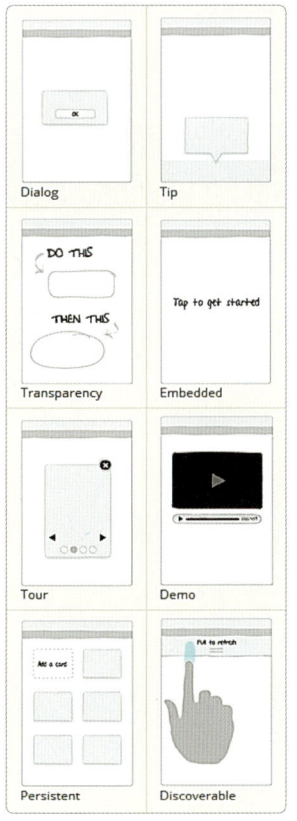

종류	설명
대화창 [Dialog Box]	설명이나 상황을 나타내는 UI로 매우 강력한 사용자 반응이 필요하다. 대화창에 나타나는 지시에 대응해야만 다음 프로세스로 넘어간다.
팁 [Tip]	도구 설명 또는 정보 팁, 힌트 등을 나타내는 그래픽 UI다. 닫기 버튼 등으로 닫을 수 있게 하는 것이 좋으며 사용자가 쉽게 해당 영역의 서비스를 이용할 수 있게 한다.
화면 전환 도움말 [Tour]	툴 팁보다 훨씬 더 많은 양의 서비스, 기능, 정보, 힌트 등을 알려주는 큰 용량의 도움말 화면이다. 보통 전체 화면에 다음 페이지로 가로 스크롤[Swipe]하는 형태로 사용한다.
동영상 화면 [Demo]	서비스 정보나 기능을 설명하는 동영상 화면을 제공하는 UI다. 자체적으로 동영상을 업로드하여 스트리밍 하는 경우와 유튜브 등을 이용하여 동영상을 임베디드하는 형태로 사용한다.
투명화 설명 [Transparency]	설명 레이어를 배경 화면 위에 진한 반투명으로 표현하는 UI다. 다른 이름으로 코치마크[Coach Mark]라고도 하며 툴 팁과 동일한 목적으로 서비스를 설명하기 위해 사용한다.
임베디드 [Embedded]	컴퓨터가 제어하는 장치로 완전히 캡슐화된 특수 용도의 시스템이다. 화면 내 서버와 콘텐츠 종류가 다른 이질적인 콘텐츠를 내부에서 담을 수 있도록 하는 틀이다.
지속성 [Persistent]	화면 내에서 지속성을 갖기 위해 현재 화면 내에서 기능을 구현하는 UI다. 화면 이동을 하지 않고 현재 보이는 영역 내에서 기능을 구현할 수 있으므로 심리적으로 안정감을 준다.
새로고침 [Discoverable]	화면을 맨 아래나 위로 당겼다 놓으면 현재 화면이 새로고침되는 기술적 UI다. 버튼 구성이 필요없다.

이 장에서는 앞서 설명한 대화창$^{Dialog\ Box}$과 단순 화면 설명인 동영상 화면 ^{Demo}, 임베디드^{Embedded}는 제외하고 설명한다.

3.1 팁 UI

팁^{Tip}은 도움말을 나타내는 기능으로 사용자의 이해를 필요로 하는 영역에 임시 팝업 형태로 짧은 설명을 담은 UI 패턴이다.

01 팁 UI 사례
배경 화면과는 구별되게 밝고 선명한 원색으로 임시 팝업을 구성한다. 지정된 영역을 표시하는 작은 화살표와 팝업창 스타일의 사각형 박스로 구성하는 것이 일반적이다.

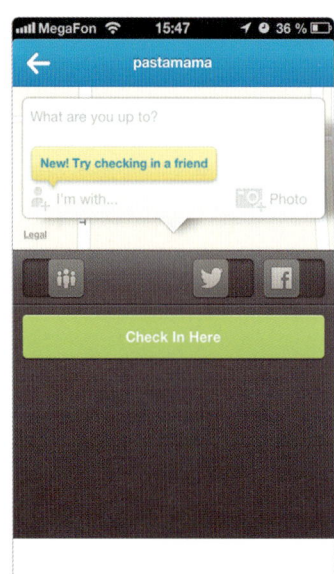
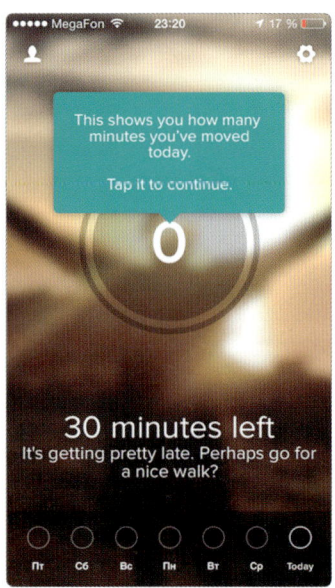

01

3.2 화면 전환 도움말 UI

화면 전환 도움말^{Tour}은 팁 UI와 마찬가지로 도움말을 제공하는데, 보다 많은 설명과 그림을 담을 때 사용한다. 최근에는 주로 전체 화면을 이용하며 옆으로 넘기는^{Swipe} 방식으로 구성한다. 스와이프 방식을 사용할 때는 화면 하단에 이미지 페이지 형태인 페이지 표시$^{Page\ Indigator}$를 포함한다.

02 화면 전환 도움말 UI 사례

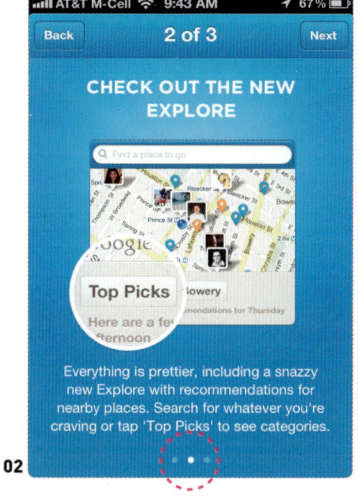

소개가 두 페이지를 넘으면 화면 아래에 페이지 표시를 넣고 위쪽 내비게이션에는 페이지 순서와 [이전(Back)], [다음(Next)] 버튼을 넣는다.

기능 설명이 반복되면 사용자가 [Skip Intro] 버튼을 이용하여 설명을 생략할 수 있어야 한다.

투어 설명 중에도 연관 메뉴나 기능 버튼을 함께 넣을 수 있다. / Evernote

3.3 투명화 설명 UI

코치마크Coach Mark라고도 하며 배경을 짙은 반투명으로 덮고 위에 설명을 표현하는 방식이다. 시각적으로 아름답고 가독성을 높이는 효과가 좋아, 최근 설명을 표현하는 UI 중 주류를 이루는 방법이다. 전체적인 기능 설명을 한 화면에 동시에 할 수 있으며 친근감 있는 만화 형태나 세련되고 신선한 표현으로 접근하면 더욱 높은 사용성을 제공할 수 있다.

3.4 지속성 UI

유입 UI 패턴 중에 심리적인 방식으로 사용자들의 주목을 끌고 쉽게 콘텐츠 생산이나 참여를 할 수 있도록 하는 UI 패턴이다. 화면에 참여와 생산을 독려하는 UI를 고정으로 배치하여 쉽게 사용자의 행동을 유도할 수 있다. 주로 회색, 점선, 더하기(+) UI를 사용하며 이를 통해 심리적으로 적극적 참여를 유도한다.

01

투명화 혹은 코치마크 UI다. 짙고 어두운 투명 배경 위에 눈에 띄는 형태로 설명을 표시하였다.

만화와 같은 친근한 표시는 사용자들의 이해를 높일 수 있다.

01 투명화 설명 UI 사례

02 지속성 UI 사례

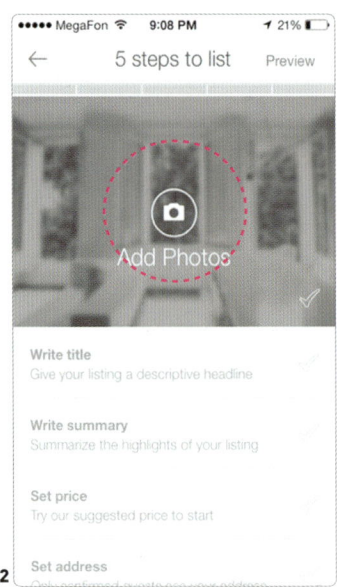

⚠️ 오른쪽 이미지처럼 화면 하단에 등록 UI를 넣을 경우 화면에서 벗어나 스크롤이 사용되면 효과는 크게 줄어든다. 따라서 가급적 화면 좌측 상단에 위치하여 데이터가 많아도 스크롤 없이 항상 화면에 보이게 만드는 것이 좋다.

02

회색 바탕에 흰색의 참여를 유도하는 문구와 아이콘(Add Photos)은 사용자로 하여금 쉽게 사진을 올릴 수 있게 한다.

회색의 점선과 더하기 아이콘은 사용자에게 '여기에 등록해 주세요'라는 문구보다 효과적으로 다가올 수 있다.

4 인터랙션 디자인

인터랙션^{Interaction} 디자인은 인간이 제품이나 서비스를 사용하면서 경험하는 상호작용을 용이하게 해주는 디자인 분야다. 사용자와 제품, 그 사이의 공간을 디자인하는 분야로 사람과 컴퓨터와의 상호작용 HCI: Human Computer Interaction을 의미하며 기술적 장점을 이용하여 창조해 내는 역량이 필요하다.

인터랙션 디자인은 제품이나 서비스 이용에 필요한 소비자의 학습을 최소화하고, 사용 편의성과 소비자 만족을 극대화하며, 나아가 사용자에게 즐거운 감성적 경험을 주는 것을 목표로 한다. 그래서 사용자에 대한 이해가 가장 필요한 분야이며 사람과 이를 둘러싼 모든 관계에 대한 사용자 경험을 다루는 영역이라고 할 수 있다.

인터랙션 디자인의 배경 학문으로는 인지심리학, 전산학을 들 수 있으며, 이 분야에서 나온 매핑, 은유, 행동유발성 등의 개념들이 인터랙션 디자인을 구성하는 기본이 된다. 인간중심 디자인, 사용성과 접근성 개선은 인터랙션 디자인이 추구하는 주요 목표며, 좋은 인터랙션 디자인을 수행하기 위해 사용자 조사 등을 통한 연구와 테스트를 거친다. 단, 인터랙션 디자인은 너무 과하거나 사용자의 이해를 넘어서는 측면으로 접근할 경우 오히려 사용성과 접근성에 해가 되므로 유의해야 한다.

영화 '마이너리티 리포트'에서 등장한 NUI (Natural User Interface)는 인터랙션 디자인을 극대화한 상상력에서 출발했다.

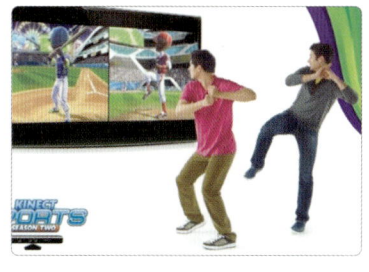

사람들의 모션을 인식하여 실제와 유사하게 게임을 즐길 수 있는 인터랙션 디자인.

4.1 터치 제스처 디자인

인터랙션 디자인을 응용한 UI 중에서 가장 많이 사용하는 기법으로 스마트폰이나 태블릿 PC, 노트북, 대화면 TV 등의 화면에 터치 제스처 Touch Gesture가 가능한 DOD Display Only Device 제품이 주요 대상이다. 모바일 운영체제별로 터치 제스처에 대한 기능 정의는 약간 차이가 있지만 보편적으로 지정되는 공통 핵심 제스처 Core Gesture가 있다. 보통 한 손가락으로 한 번의 터치를 하는 싱글 터치 Single Touch와 여러 손가락을 동시에 사용하는 멀티 터치Multi Touch로 구별하며 핵심 제스처 외에 기획 단계에서 자유롭게 지정하여 사용한다.

싱글 터치 제스처

스크린을 한 손가락으로 터치하는 동작인 싱글 터치를 정리해 보면 다음과 같다.

싱글 터치 제스처*

Tap
Briefly touch surface with fingertip

Double tap
Rapidly touch surface twice with fingertip

Pinch
Touch surface with two fingers and bring them closer together

Spread
Touch surface with two fingers and move them apart

Drag
Move fingertip over surface without losing contact

Flick
Quickly brush surface with fingertip

Press
Touch surface for extended period of time

Press and tap
Press surface with one finger and briefly touch surface with second finger

제스처	설명	기능
탭 (Tapping)	손가락으로 가볍게 누른다.	컨트롤 또는 아이템을 실행/선택
끌기 (Dragging)	손가락으로 누른 채 이동한다.	아이템 개별 이동
플릭* (Flicking)	좁은 영역에서 빠르게 이동한다. 책장을 넘기는 느낌의 동작이다.	화면 이동
두 번 연속 탭 (Double Tapping)	연속해서 두 번 누른다.	한 번에 확대/축소(최적화 화면) 뒤로 이동(빠져나가기)
벌리기/닫기 (Pinch Open/Close)	손가락으로 벌리거나 오므린다.	원하는 만큼 확대/축소
오래 누르기* (Long Press)	2초 이상 길게 누른다.	메뉴 열기/영역 선택
가로로 쓸기 (Swipe)	가로 방향으로 손가락으로 쓸다.	숨겨진 기능 버튼/삭제

*최근에는 플릭(Flicking) 용어 대신 가로로 쓸기(Swipe)로 통합해 사용한다.
*오래 누르기는 마우스 오른쪽 버튼과 유사한 기능이다.

출처: https://www.smashingmagazine.com/2017/02/touch-gesture-controls-mobile-interfaces/

터치 제스처를 보다 효율적으로 사용하려면 터치하는 화면 영역의 크기를 고려해야 한다. 일반적으로 최적화된 터치 영역은 10~14mm 정도이며(출처: M.I.T Touch Lab Study), 이를 모바일 기기의 픽셀로 환산하여 디자인한다. 보통 아이폰의 10mm 픽셀 사양은 44px이며 최근 발매된 레티나 디스플레이에서는 픽셀이 2배 커져 88px 정도다.

또한, 터치 제스처를 디자인할 때 스마트폰을 한 손에 들고 사용할 수 있는 환경을 고려하면 편리한데 스마트폰을 한 손으로 들고 사용할 경우 주로 들고 있는 손(오른손) 엄지손가락이 닿는 영역Thumb Zone에 자주 사용하는 버튼을 배치하면 편리하다.

엄지 영역의 메뉴 위치*

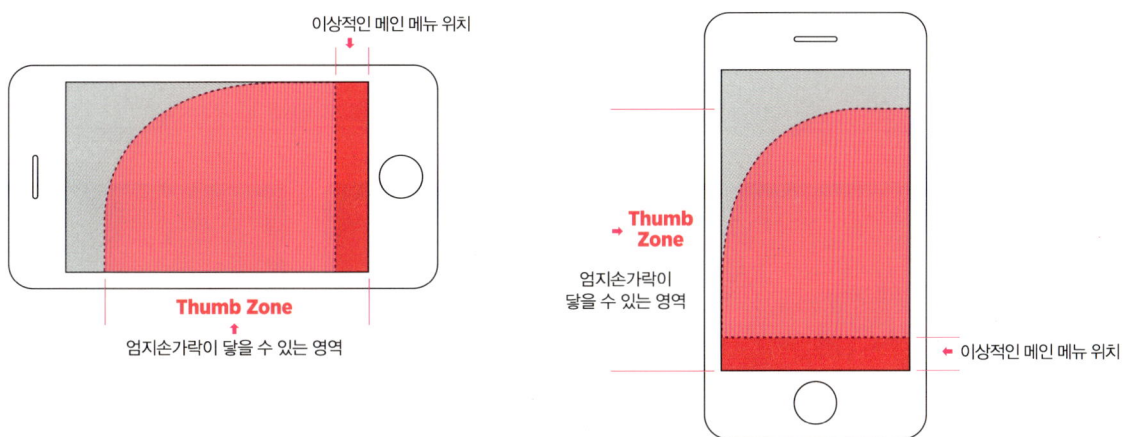

다음 두 사례는 실제 슬라이드 바와 같이 디자인하여 사용자가 쉽게 드래그할 수 있는 UI다. 일상생활에서 많이 사용하듯이 드래그하여 결합하거나 분리하는 동작을 연출하면, 사용자가 쉽게 이해하고 이용할 수 있다.

---

* 출처: The Mobile Frontier-Rachel Hinman

01 드래그 제스처 사례
  좌: Nike-Running
  우: National Geography

02 터치 제스처를 사용하는 업무용 앱 / Clear

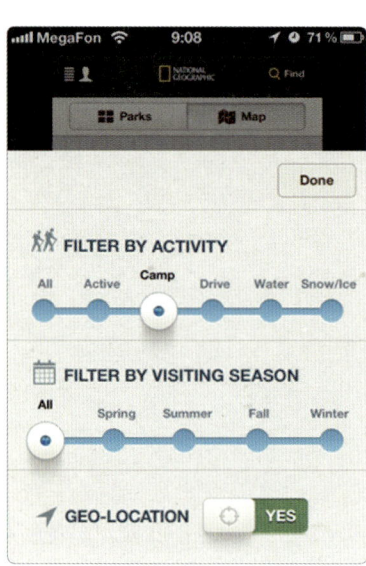

01

다음 사례는 업무용 앱으로 터치와 드래그, 스와이프, 핀치 등 대부분의 터치 제스처를 사용하여 직관적이고 빠른 실행 환경을 제공하고 있다.

02

핀치 제스처를 통해 많은 메뉴를 열고 닫을 수 있다.

3계층으로 된 내비게이션 메뉴는 메뉴를 감추고 업무에 집중할 수 있도록 해준다.

탭으로 실행하고 드래그를 통해 콘텐츠 리스트를 정렬하고 우선순위를 정할 수 있다.

Part 2
사용자 경험 디자인

03 드래그 앤 드롭 제스처

04 터치 제스처가 잘 드러나도록 실제 기계와
유사하게 디자인한 사례 / Amplitube

멀티 터치 제스처

스크린을 여러 손가락을 동시에 사용하여 터치하는 동작인 멀티 터치 Multi Touch는 기획자가 기능을 자체적으로 부여해서 사용한다. 보통 게임에서 캐릭터 이동과 공격, 무기 발사 등의 액션을 동시에 처리할 경우에 사용하며 3D로 구현된 동적 이미지 화면의 시점을 변경하는 용도 등으로 사용한다. 또한, 멀티 터치의 경우 5인치 미만의 스마트폰보다는 8인치 이상의 태블릿 PC에서 주로 사용하며 여러 손가락을 동시에 사용하기 때문에 한 손을 사용하는 환경보다는 두 손을 사용하는 환경으로 디자인한다.

다음은 멀티 터치 제스처의 일반 사용법을 설명하는 그림이다.

멀티 터치 제스처 사용법

01

02

01 멀티 터치 제스처의 일반 사용법
한 손가락은 유지한 채로 다른 손가락으로 이동시켜 시점을 변화시킨다. 또한, 좌측 손가락과 우측 손가락의 움직임을 분리하여 게임 등에 이용한다.

02 게임에 사용되는 멀티 터치 제스처
좌측에 캐릭터를 이동할 수 있는 방향 키와 우측에 액션(총 쏘기, 타격, 특별 기술 등) 버튼이 위치한다.

* 출처: https://www.smashingmagazine.com/2017/02/

03 멀티 터치 제스처 중 두 손가락으로 밀기를
이용한 사례 / Apple Map
두 손가락으로 밀기를 해서 3D 지도의
시점을 입체로 바꾸고 있다.

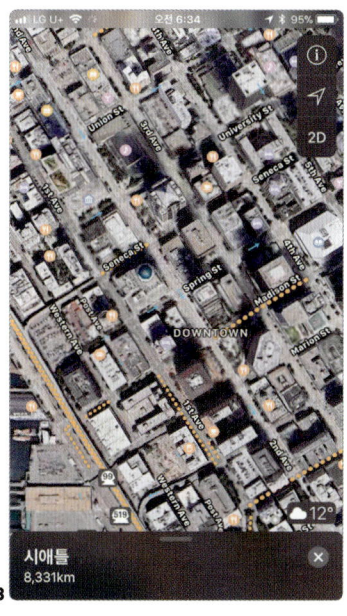 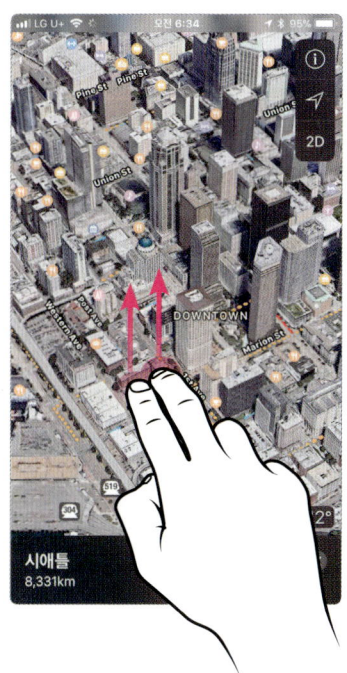

03

두 손가락이 아닌 세 손가락 혹은 네 손가락을 이용해 앱 화면을 이동하거나 전체 화면을 움직이는 기능으로도 사용한다. 주로 태블릿 PC의 화면 전환 시 사용하였지만 최근에는 스마트폰에서도 사용하고 있다.

멀티 터치 드래그*
두 개에서 네 개의 손가락을 이용하여
화면을 전환할 때 사용한다.

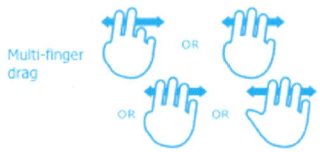

다음은 멀티 터치 제스처의 응용 사용법들을 설명하는 그림이다.

---

*   출처: https://www.graffletopia.com/

멀티 터치 제스처의 응용 사용법 / Bump-top Multi Touch

Lasso
올가미처럼 선택하려는 아이템을 감싸듯이 원을 그림

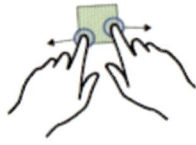
Grow & Shrink
아이템 확대 혹은 축소

Shove
손가락 옆면을 이용해서 아이템 옆을 밀어냄

Photo Crop
사진을 원하는 영역만큼 잘라내고자 한 손가락으로 지탱하고 다른 손가락으로 스와이프함

Lasso'n cross
아이템 영역을 선택하고 아이콘을 옮겨 교차하여 쌓음

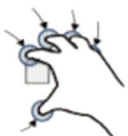
Scrunch
아이템들을 한 번에 몰아서 쌓인 아이콘으로 만듦

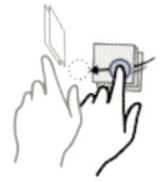
Flick
쌓인 아이템을 빠르게 튕겨서 다른 아이템으로 이동

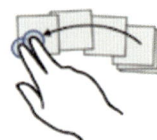
Fan out
두 손가락으로 쌓인 아이템을 이동

Zoom
떨어져 있는 아이템 주변을 핀치아웃하여 확대

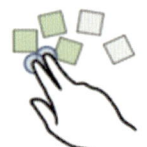
Tab Zoom
두 손가락으로 탭하여 선택한 아이템을 확대

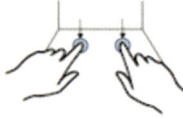
Focus on wall
배경에서 두 손가락을 드래그하여 초점을 맞춤

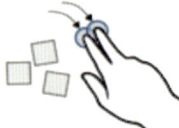
Pan
두 손가락으로 아이템 주변을 드래그하여 화면을 움직임

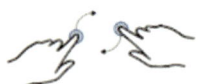
Rotate View
두 손가락을 이동하여 화면을 회전시킴

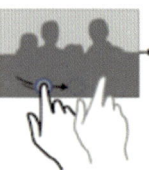
Photo Flick
슬라이드쇼의 이미지 사이를 이동시키기 위해 손가락으로 튕김

드로잉 제스처

간단한 필기 형태로 그려서 Drawing 도형이 갖는 기본적인 은유의 역할을 수행하는 제스처다. 감성적 기능 실행과 몇 번의 터치를 해야 하는 2단계 이상의 깊이 Depth 가 있는 메뉴를 바로 실행할 수 있는 단축키 역할을 주로 한다.

드로잉 제스처는 감성적, 직관적인 측면에서 매우 효과가 좋은 터치 제스처 방식으로 사용자에게 새로운 상호작용 경험을 주며 친숙하고 사용성이 높은 기능을 구현할 수 있게 한다. 게임에서는 이미 드로잉 제스처를 이용한 게임 방식을 활용하여 매우 활발하게 사용하고 있다.

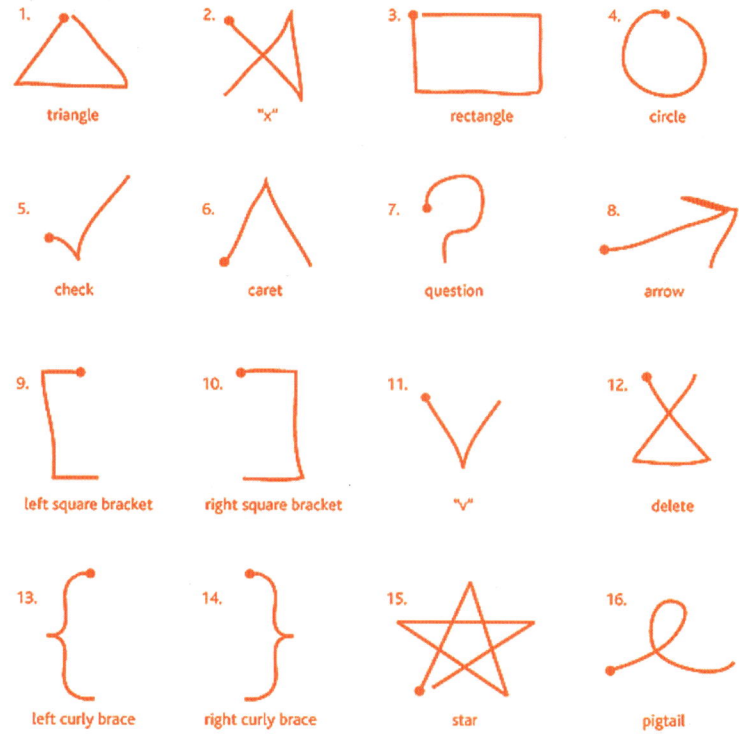

드로잉 제스처에 자주 사용되는 드로잉 형태
자바스크립트로 구현되어 비교적 쉽게 사용할 수 있다. 각각의 드로잉 방식과 개념적으로 유사한 연계 기능을 설정하여 구현한다.

01 단축키 역할을 하는 드로잉 제스처 / 아이나비 내비게이션

2단계 이상의 깊이가 있는 메뉴를 현재 화면에서 한 번에 실행 혹은 탐색할 수 있어 편리성과 접근성이 높아진다. 또한, 사용자가 직접 자신의 정서에 맞게 드로잉 제스처를 수정할 수 있으면 좋다.

02 드로잉 제스처를 게임에서 '자르기' 액션으로 적용한 사례 / 닌자후르츠

03 패턴 인식을 적용한 사례

04 필기 인식을 적용한 사례

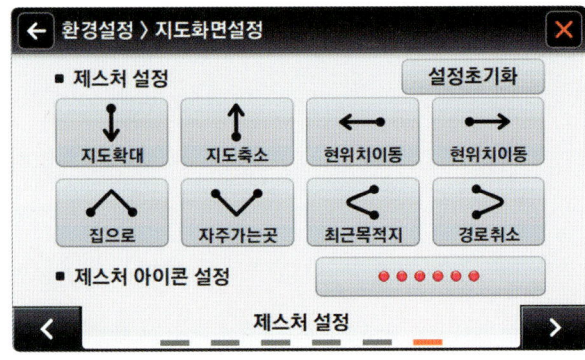
01

02

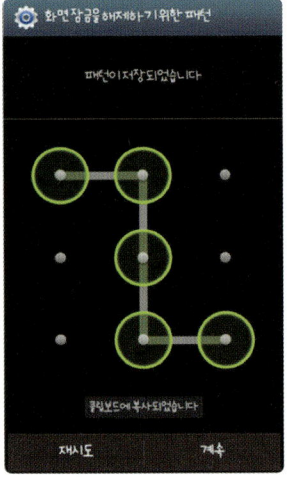
03

04

4.2 모션 디자인

모션 디자인이란 오브젝트나 화면이 특정한 목적을 띤 채로 스스로 움직이는 애니메이션 효과를 의미한다. 모션은 인터랙션 디자인에 매우 큰 시각적인 효과를 주며 단순히 장식적인 요소가 아닌 실제 기능을 유추하고 행동을 유도할 수 있는 목적으로 사용한다. 애니메이션과 같은 크고 역동적이며 비교적 긴 시간을 움직이는 형태인 리치 애니메이션^{Rich Animation}과 서비스 이용 시 세심한 피드백을 제공하는 마이크로인터랙션^{Micro Interaction} 등이 있다. 최근에는 리치 애니메이션보다는 마이크로인터랙션이 트렌드로 자리잡고 있다.

마이크로인터랙션은 다음과 같은 특징이 있다.

- 버튼 터치 시 피드백, 오류 방지, 행동 유도 등을 할 목적으로 사용한다.
- 현재 사용자의 위치와 상황에 대해 시각적 움직임으로 알린다.
- 변화에 대해 시각, 촉각, 청각적 인지가 수반된다.
- 상황 유지를 위해 화면 전환의 경우 자연스러운 연결 모션(모핑: Morphing)으로 사용한다.
- 세밀하고 단순하게 구현하며 모션 시간은 짧게 진행한다.

마이크로인터랙션을 구현하는 방법은 다음과 같다.

- 실세계에서 영감을 받아 구현한다. 중력, 마찰, 작용·반작용 법칙 등이 있다.
- 모핑은 동작 간의 연결 표시다. 처음 시작점(혹은 인접점)으로 모션이 시작하여 최종 끝나는 지점까지 동적으로 연결된다.
- 오브젝트가 이동할 때는 중력 법칙을 적용한다.
- 화면 전환에 각종 전환 효과를 사용한다. 블라인드, 오버랩, 흩어뿌리기, 무늬표시, 확장, 회전, 좌우이동, 페이드인/아웃 등이 있다.
- 창의적인 전환 효과를 사용한다.
- 전환이 이해될 만큼의 속도로 빠른 동작이 필요하다.

01 마이크로인터랙션 사례

02 화면 전환 효과 사례 / 파워포인트
애니메이션 기능

03 오브젝트 이동 경로 사례 / 파워포인트
애니메이션 기능
이동 경로는 여러 가지를 섞어 사용하는
경우가 많다.

- 단순하고 명확한 일관성이 필요하다. 너무 많은 모션은 사용하지 않도록 한다.
- 큰 화면일수록, 이동 거리가 멀수록 느린 움직임을 사용한다.

01 메일이 오면 메일 수신을 알리는 의미의 편지 봉투가 열리는 사례다.

하단 [+] 버튼을 터치하면 원이 회전하며 세부 메뉴가 움직이며 나온다.

02

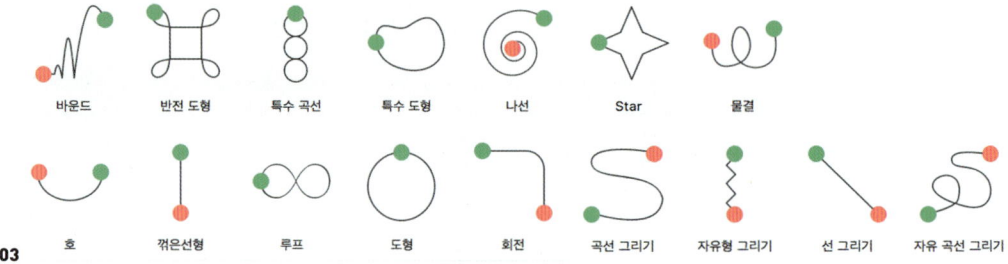

03

04 마이크로인터렉션 사례
  화면을 위로 넘기면 책장이 넘어가는 듯한
  효과를 내며 전환(Flipboard)

05 접이식(Folding) UI 스케치 *

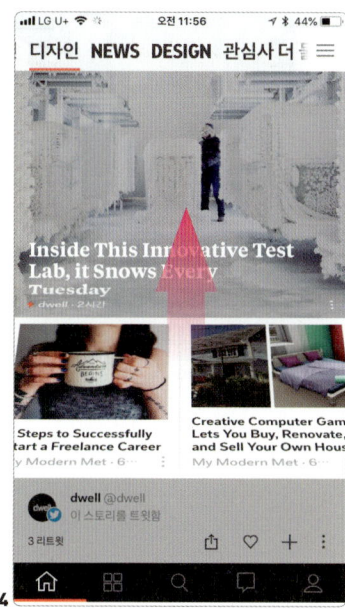
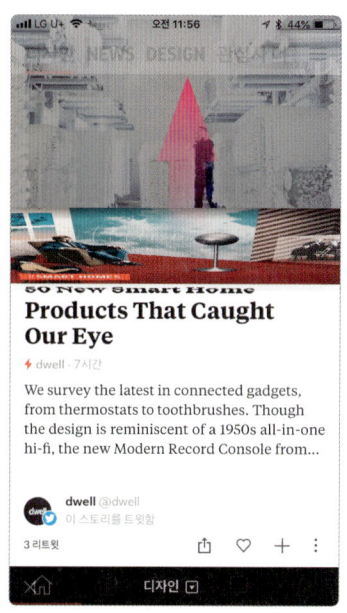

04

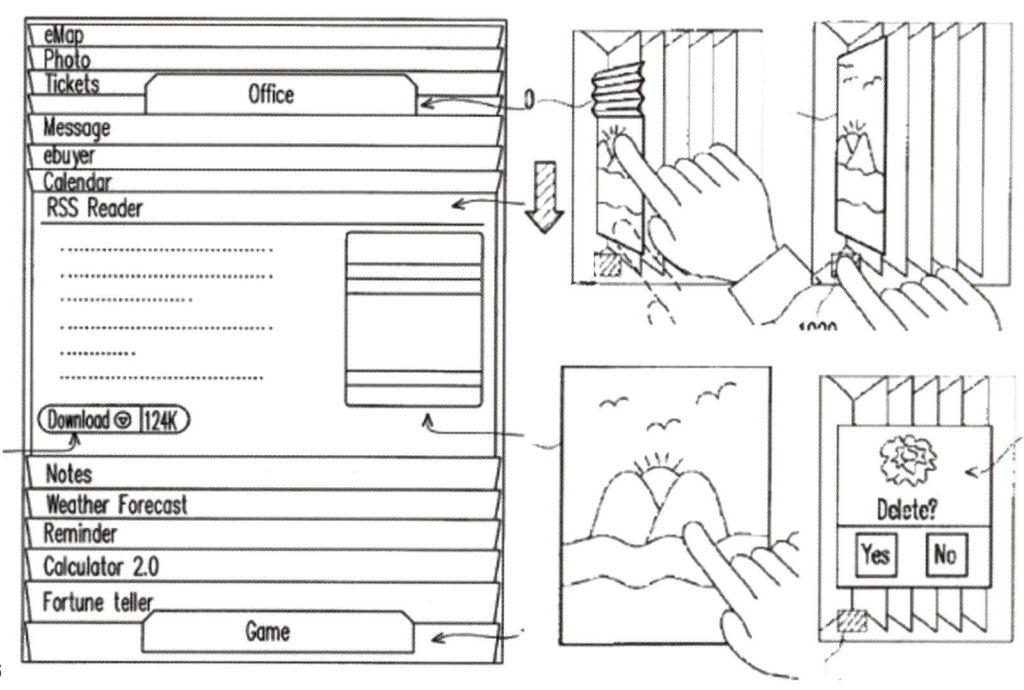

05

* 출처: https://www.slashgear.com/htc-virtual-book-ui-patent-app-for-touchscreen-devices-3062357/

접이식(Folding) UI 사례
화면을 터치하면 종이가 여러 겹으로 접혀 있다 펼쳐지는 듯한 애니메이션 효과와 메뉴를 감췄다 펼치는 효과를 직관적으로 표현할 수 있다.

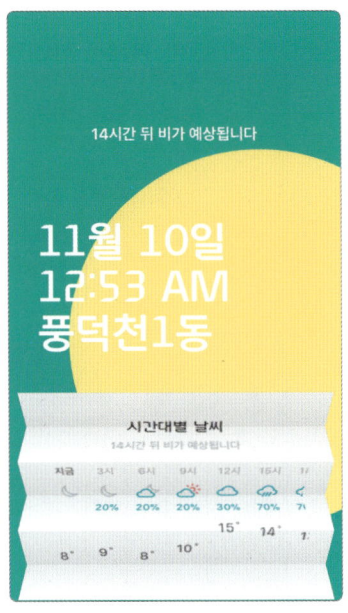 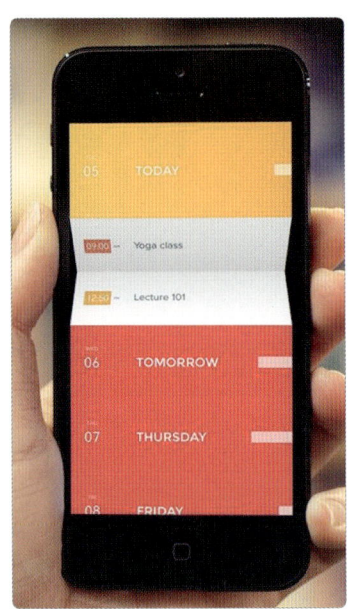

4.3 센서 디자인

모바일 기기는 다양한 센서를 탑재하고 있으며 이를 통해 서비스의 스마트화를 가속화하고 있다. 아이폰 출시 이전과 이후 스마트폰에서 결정적인 차이는 아마도 센서의 탑재 유무일 것이다. 센서의 크기가 작아지고 가격이 저렴해지면서 스마트폰을 비롯한 다양한 기기에 센서가 탑재되기 시작하였고 이를 활용한 스마트 서비스가 사용자 경험을 높이고 개선하고 있다.

센서를 이용한 디자인은 기능적인 측면과 감성적인 측면 모두를 만족시킬 수 있으며 개인 성향별 UI로 지능형 서비스를 구현하는 데 가장 적합하다. 하지만, 너무 많은 센서를 사용하면 처리 속도가 느려지고 오히려 효율성과 안정성이 떨어지므로 주의해야 한다.

센서	기능	비고
Accelerometer	가속도 센서로 속도와 충격의 크기를 측정한다.	차량 및 로봇 제어
Proximity	근접 센서로 물체가 접근하면 위치를 검출한다.	통화 제어
Ambient Light	조도 센서로 빛을 감지한다.	화면 자동밝기
A· GPS/GMS	위치를 탐지한다.	지도
Camera· RGB	이미지 센서로 물체의 형상이나 색상을 감지한다.	얼굴 인식, 사진
Microphone	소리를 감지한다.	녹음. 음성 인식
Digital Compass	전자 나침반 센서로 방위를 측정한다.	나침반, 지도
Three· axis Gyro	방향 및 자세를 6방향으로 인식한다.	게임, 지도
Bluetooth/Wifi	통신에 사용한다.	네트워킹
Magnetometer	자기장 센서로 전자기장 세기를 측정한다.	
Barometer	기압계로 대기 압력을 측정한다.	고도계
NFC	근거리 통신기술이다. Near Field Communication의 약자다.	결제, 네트워킹

스마트폰 내 센서를 측정할 수 있는 앱 / Sensor Kinetics

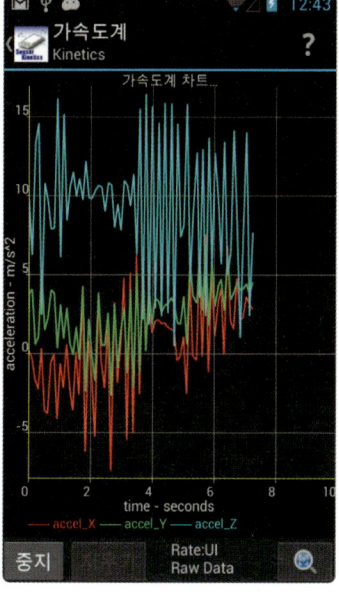
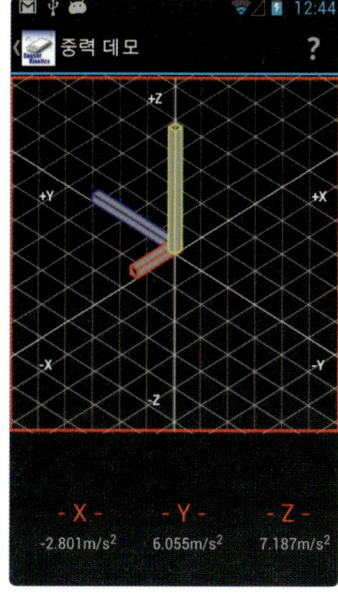

다음 그림을 보면 센서를 이해하고 테스트할 수 있다.

아이폰 X에 탑재된 센서들 / Apple

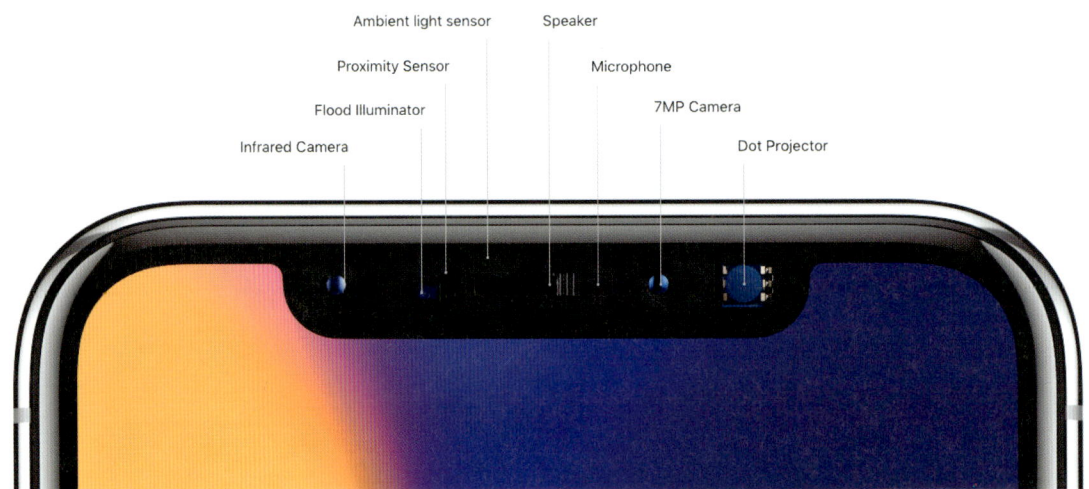

센서의 탑재 위치에 따라 작동 여부가 불확실할 수 있다. 이렇게 센서가 인식하지 못할 경우를 대비하여 다양한 오류 메시지나 해결책을 제시하는 안내를 해주는 것이 필요하다

센서를 이용한 인터랙션 디자인은 다음과 같은 사항을 유의해야 한다.

- 센서 기능을 제공하는 운영체제별 SDK의 기능을 충분히 숙지한 후 표준 UI를 반영한다.
- 센서는 보통 실생활을 반영하는 경우가 많으므로 이에 연관 있는 은유로 디자인하면 인지 관점에서 편리함과 친숙함을 느낄 수 있다.
- 센서에서 측정된 값은 보통 사용자들이 숙지하기 어려운 경우가 있으므로 툴 팁(Tool Tip: 설명문) 등을 이용하여 이해를 돕는 것이 좋다.
- 터치 제스처를 사용하거나 마이크로인터랙션 움직임을 연출할 경우 자연의 물리 법칙을 적용한다.

- 센서를 이용한 UI는 측정을 통해 결괏값을 보여주는 경우가 많으며 숫자와 텍스트, 그래프를 통해 디자인된다. 이럴 경우 가독성을 높이기 위해 배경색과의 색상 대비를 70% 이상 높여주며 측정값 텍스트와 숫자는 최대한 크게 표시한다. 단위는 상대적으로 작은 폰트를 사용한다.

이들 유의 사항이 실제로 어떻게 적용되는지 사례를 통해 확인해 보자.

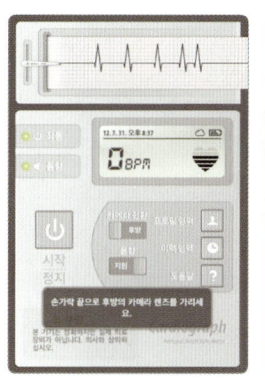
❶

❷

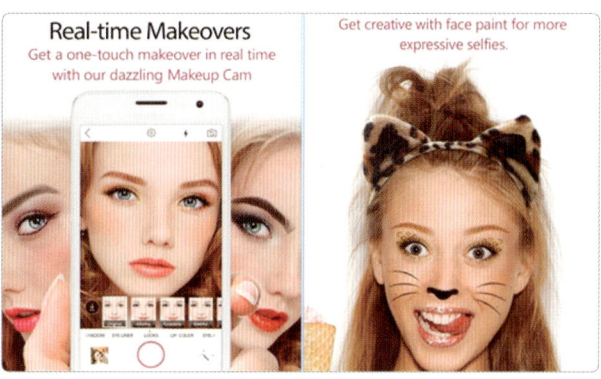
❸

❹

❺

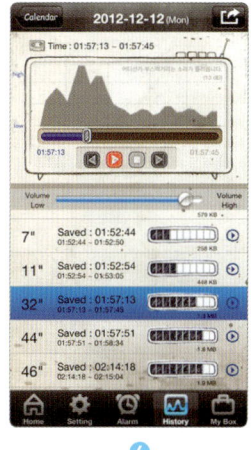
❻

센서를 적용한 애플리케이션 사례

❶ LED와 카메라를 이용한 심박도 측정기(Cardiograph), ❷ 마이크 센서를 이용한 오카리나 악기 연주, ❸ 카메라 인식 기술을 이용한 가상 화장 앱(You Cam Make Up), ❹ GPS를 이용한 골프캐디 보조 앱, ❺ 근접 센서를 이용한 운동 측정 앱(Push-Up Counter), ❻ 자기장 센서를 이용한 수면 측정 앱(당신이 잠든 사이)

운동 측정 화면 사례

카메라 ISO, 조리개, 셔터스피드를 실제 조도계를 반영한 아날로그 디자인 사례.

몸무게를 강조한 UI

센서를 통해 측정된 숫자와 텍스트를 가독성을 높이기 위해 최대한 크게 디자인하였다.

달리기 운동 측정 UI 사례 / Nike-Running, Runtastic

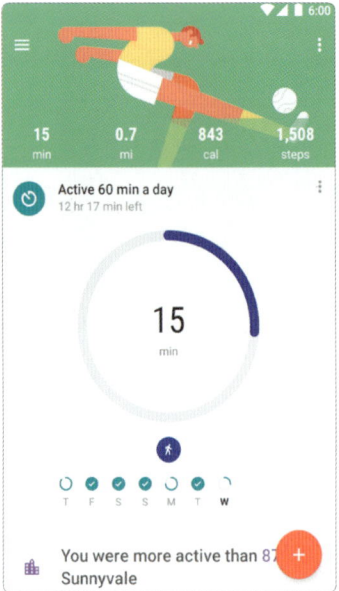

달리기 운동 측정 UI 사례의 왼쪽과 가운데 그림에서 측정된 값은 텍스트와 그래프, 숫자 등으로 표시하며 이를 크기와 색상 등으로 강조하고 있다. 사용자가 한 눈에 쉽게 알아볼 수 있게 하는 디자인이 중요하며 이를 위해 색상 대비와 폰트 크기, 기호, 단위 등을 사용하였다. 오른쪽 그림의 웨어러블 워치는 운동량을 측정하는 용도로 사용하는 경우가 많기 때문에 좁은 공간에서도 시인성을 높이기 위해 색상과 폰트 크기, 아이콘을 사용하였다.

자이로 센서는 주로 천체 관측이나 게임에서 주로 사용한다. 관측을 위해 몸의 방향을 바꾸면 실시간으로 화면에 표현되고 게임 캐릭터나 운전하는 자동차의 이동과 방향 전환을 실제처럼 스마트폰의 방향을 바꿔 조작한다. 또한, 가속이나 브레이크의 경우에도 스마트폰을 앞뒤로 움직여 조작한다.

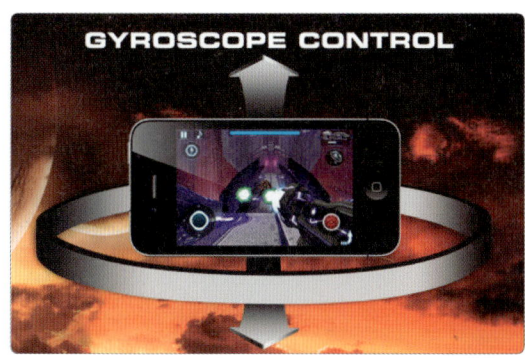 

자이로 센서를 적용한 사례
좌: Nova
우: Need for Speed

* 출처: http://www.independent.co.uk/

자이로 센서 활용 사례
세계적으로 돌풍을 일으킨 포켓몬 GO와 같이 증강 현실을 적용한
서비스에는 자이로 센서와 디지털 나침반이 사용된다. 자이로 센서는 좌우
이동뿐 아니라 상하 이동, 여러 방향으로의 전환을 인식할 수 있다.

4.4 청각 디자인

터치와 센서를 이용한 UI와 더불어 청각 UI^{Auditory User Interface: AUI}도 활발하게 사용한다. 시각적인 감각이 없어도, 제품이나 서비스의 상황을 소리로 감지할 수 있어 가정용 전자제품부터 도입되어, 즐겨 사용되고 있다. 주로 작동 시간이 길게(1시간 이상) 필요한 세탁기나 전기밥솥 같은 가전제품부터 사용되어 왔으며, 최근에는 스마트폰이나 TV 등 디지털 가전제품과 소프트웨어에서 활발하게 사용되고 있다.

청각 UI는 소리로 사용자에게 시스템 현황이나 정보, 콘텐츠의 내용 등을 알려주며 제어도 가능하다. 간단한 소리로 한두 가지의 제어를 하는 것뿐만 아니라 음성 인식을 통해 광범위한 범위에서 다양하게 그리고 지능적으로 기능하도록 관련 기술이 개발되었고 실제 서비스에 이용되고 있다.

이 책에서는 기본 인터페이스로서 청각 UI의 개념과 역할, 구현하기 위한 디자인 프로세스를 설명한다. 청각 UI를 인공지능과 결합한 형태인 음성 인식 비서(Siri, 빅스비 등)나 인공지능 대화형 시스템(아마존 Echo, 애플 Home Pod 등)은 앞 장에서 설명한 기술 트렌드를 참고하기 바란다.

청각 UI는 다음과 같은 개념을 갖고 있다.

- 소리로 사용자에게 시스템 현황이나 정보 안내, 콘텐츠 등을 표현하거나 제어할 수 있는 인터페이스다. 시각에 의존하지 않고 사용할 수 있다.
- 주로 서비스의 시작, 종료, 버튼 동작, 진행 중, 중요 알림, 데이터 증감(상승/하강)에 사용한다. 특히, 오류를 경고하거나 알릴 때 중요하게 사용한다.
- 모바일이나 웹서비스의 경우 단순히 표현과 제어뿐만 아니라 감성 품질을 좌우하고 서비스의 사용자 경험적 완성도를 높여주기 위해 사용한다. 즉, 긍정적 감정이나 재미, 즐거움을 줄 수 있다.

청각 UI를 구현하는 디자인 방법론은 다음과 같다.

- **청각 UI 가이드라인을 작성한다.**

  서비스 기능별로 시나리오에 따른 사용자의 심리와 특정 행동, 그로 인해 요구되는 소리의 특성을 분석하고 청각 신호^{Auditory Signal}를 분석하여 특별한 의미와 직관적 이해를 제공하는 기능을 파악하여 작성한다.

- **사운드 클립 데이터베이스를 구축한다.**

  청각 UI를 사용하는 기능(시작, 종료, 알림 등)이나 감성을 표현하는 형용사(즐거움, 슬픔, 기쁨, 놀라움 등)로 구분하여 사운드 클립을 데이터베이스화한다. 사운드 클립 파일이 많지 않을 경우 폴더 형태로 구분하여 관리하며 파일 양이 많을 경우 데이터베이스화하여 체계적으로 관리한다.

- **청각 UI는 정보구조도에 함께 정리할 수 있으며 스토리보드 안에서 상세히 기록한다.**

  특별한 양식보다는 청각 UI를 사용해야 하는 화면에 음원 파일명과 함께 기재하면 된다.

- 오류나 긴급 상황 메시지는 청각 UI를 사용해 전달하도록 한다.

  중요한 메시지를 전달할 때 청각 UI로 화면에 GUI와 진동 등을 동반하여 알려주는 것이 좋다. 진동은 자칫 소리를 듣지 못하는 주변 상황에 비교적 명확하고 빠르게 전달해 줄 수 있어서다.

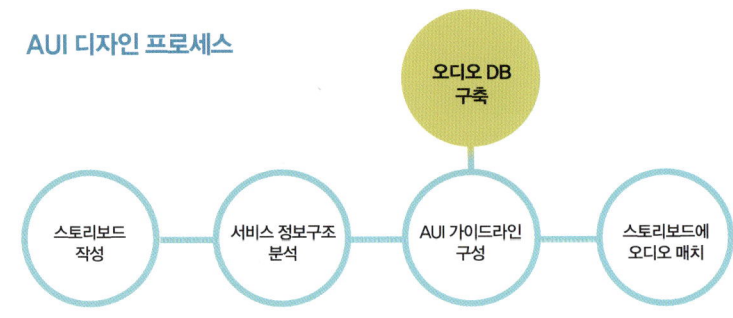

청각 UI 디자인 프로세스

다음은 청각 UI가 적용된 사례다. 치명적 오류에 진동과 함께 오류 메시지 팝업창을 띄우고 있다.

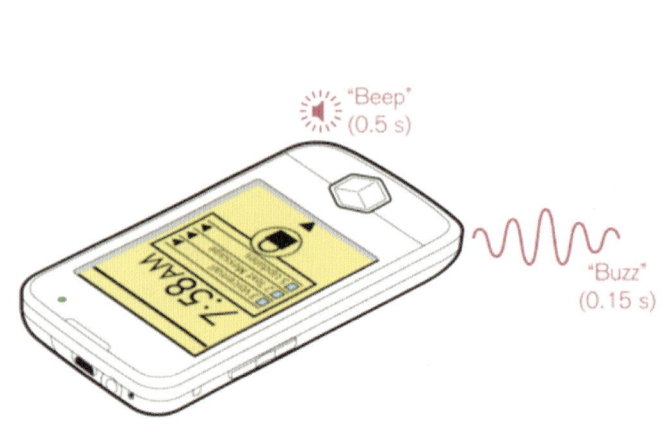

청각 UI 사례 / Fitbit

사례처럼 진동을 함께 사용하면 사용자에게 보다 정확하고 빠르게 전달할 수 있다.

청각 UI를 구현하는 과정에서 감정에 따라 적절한 사운드 클립을 선택해야 하는데 이때 다음 메트릭스를 사용하면 좋다.

번호	메인 화면	Depth 1	Depth 2	오디오 매칭
A-1	지역명			
A-2	상품 사진			
A-3	상품 제목			
A-4	세부 사항			
A-5	구매하기	구매 프로세스		
A-6	할인 가격/판매 가격	Push		Start_dingdong.mp3
A-7	상품 리스트			Slide_show.mp3
A-8	Sign In	공통 로그인	Email/PW	pass.mp3
			오류 발생	Error_1step.mp3
A-9		회원 가입	지역명/이메일 주소/PW	Congratulation.mp3
A-10	남은 시간	시간 진행		Clicking.mp3
			시간 종료	Timeout_alarm.mp3
A-11	구매자 수			
A-12	평점			
A-13	내가 본 상품	사용 가능한 거래만 표시		Tic.mp3
A-14	카테고리	스프링보드 타입		
A-15	위치	지역선택 피커		Tic.mp3
A-16	설명 미리보기			Slide_show.mp3

정보구조에 오디오 파일을 매칭한 예
한 화면에 여러 개의 오디오 파일이 들어갈 수 있으며 이럴 경우 스토리보드에 작성해도 좋다.

감정에 따른 형용사적 메트릭스

사분면으로 구분한 메트릭스에 사용자의 감정을 축으로 배치하고 이에 알맞은 형용사를 나열하였다. 이후 각 형용사에 가장 어울리는 사운드 클립을 배치하면 된다.

청각 UI를 구현하기 위해 사운드 클립을 제작해야 하는데 보통 작곡가들이 한다. 아무래도 디지털 음악이 여러 면에서 간편하고 효과적이다 보니 신디사이저와 샘플러, 이펙터 등을 이용하는 경우가 많다. 청각 UI의 사운드 클립은 효과음, 배경음, 기성곡, 루프, 샘플음 등 다양하게 존재하며 다음과 같은 사항을 참고하여 제작한다.

- 사운드 클립은 심리적인 요인을 고려하여 알맞은 길이(길게, 중간 길이, 짧게)로 제작한다. 긴 사운드 클립은 1분 이상이며 중간 길이는 10~40초, 짧은 길이는 1~10초 사이로 제작한다.
- 사운드 클립은 기성곡, 창작곡, 샘플링 음원 등을 사용한다. 기성곡이나 샘플링 음원 등을 사용할 경우 저작권 여부를 반드시 확인해야 한다.
- 신호 대 잡음 비율(S/N비)에 따라 배경 소음이 있을 때, 효과음이나 음성 메시지를 정확히 전달하려면 6dB 이상이어야 한다. 배경 상황과 소리 크기에 대해서는 설정에서 사용자가 판단하여 조정할 수 있게 한다.
- 음성 알림은 배경 소음을 고려해 단어를 강조하여 녹음한다. 단어는 일반적으로 커뮤니케이션을 할 때 뜻을 이해할 수 있는 중요한 요소다.

청각 UI를 적용하는 상황은 다양하다. 상황을 구분하는 특징과 함께 어떤 오디오를 적용하면 좋은지 표로 정리하였다. 참고하기 바란다.

상황에 따른 청각 UI의 분류

상황	특징	오디오
경고	소리를 통한 경고는 위험을 알려 사람의 안전을 보장하는 데 필요하다. 따라서 이때 발생하는 소리는 다른 외부 소음과 구별될 수 있도록 큰 데시벨(최대 130dB) 혹은 듀얼 주파수가 필요하다.	철도 건널목, 긴급 차량 사이렌, 화재 경보기, 긴급 방송 중단, 자동차 경적 등
알림	조치가 필요한 사항이나 서비스의 시작, 종료 등 관심을 끌 수 있는 소리다. 일정 기간에 걸쳐 반복하거나 주파수 변경 방식 등을 사용한다. 이때 적절한 의미를 전달하기 위해 시각적 표시도 병행할 수 있다.	금속 탐지기 경고음, 초인종, 엘리베이터 도착 소리, 건널목 신호음, 메일 도착 알림 소리 등
오류	사용자의 입력에 따라서 즉시 혹은 약간 지연된 상태에서의 피드백이다. 종종 버저(Buzzer) 형태로 나타난다.	짧고 명쾌하며 주의를 환기시킬 수 있는 소리
음성 알림	종종 모바일 기기와 떨어져 있을 때 유용하게 사용할 수 있다.	길 찾기, ARS에서 입력 반복 요청 등
버튼음	버튼을 누를 때 발생하는 소리로 클릭 소리나 단일 톤으로 사용한다.	전화번호나 문자 입력, 길게 누를 때(Long Press), 확인 버튼, 슬라이드 버튼 조작 등

웹이나 모바일에서 사용 가능한 샘플 음원은 무료와 유료로 쉽게 구할 수 있다. 'web sound, mobile sound, sample wav' 등의 키워드로 검색하면 많은 사운드 클립 제공 사이트를 찾을 수 있다.

인터랙션 UI 적용, 현대카드 웨더

현대카드에서 제작한 날씨 정보 앱인 '현대카드 웨더'는 마이크로인터랙션 효과를 풍부하게 사용하여 사용자 경험을 높인 사례로 주목 받는다. 날씨 정보는 사용자들이 매일 볼 수 있는 서비스로 정적이거나 단순 정보 표현 방식으로는 쉽게 지루함을 느낄 수 있다. 매일 봐도 즐겁고 유쾌하며 정보 취득 또한 쉽고 명확하게 될 수 있다면 이 서비스는 사용자 경험이 극대화된 사례로 볼 수 있을 것이다. 금융이라는 다소 딱딱한 업종을 주로 서비스하고 있는 현대카드는 평상시 보여주었던 젊고 역동적이며 창의적인 브랜드 아이덴티티를 현대카드 웨더에서도 고스란히 드러낸다.

현대카드 웨더 프로젝트에 참여한 담당자에게 직접 인터뷰한 것은 아니지만 앱을 관찰하여 사용자 경험 가치의 제공 의도와 표현 방식을 분석해 보았다.

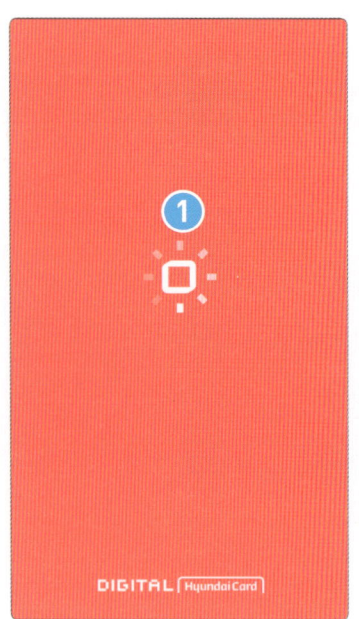

① 시작 화면(Intro 혹은 Splash 화면)에서 앱이 구동되는 짧은 시간(1~2초)에 날씨를 상징하는 태양을 픽토그램화하여 돌아가는 모션 효과를 구현하였다. 강렬한 붉은색은 최신 디자인 트렌드인 플랫 UI 형태를 보여주고 있으며 현대카드 브랜드를 화면 하단에 흰색으로 강조하여 배치하였다.

❷ 앱 구동이 완료되면 자동으로 날씨 정보를 표시한다. 이때, 컨텍스트 UI를 반영하여 현재 위치를 보여주는데 현재 위치를 마지막 단계로 미리 등록된 지역(5~6개)을 책장 넘기는 미세 효과를 주며 순차적으로 표시한다. 등록된 지역의 날씨를 순식간에 확인해 볼 수 있으며 다양한 테마도 함께 확인할 수 있어 현대카드가 제공하는 서비스의 다채로움을 사용자에게 암시한다.

❸ 현재 위치의 날씨 정보다. 재미있는 배경 화면에 종이 테이프를 붙인 듯한 투박한 UI는 날씨를 한눈에 파악하기 좋게 디자인되었다. 자유도가 높은 UI이지만 우측 상단에 기능 버튼을 배치하는 등 UI 가이드라인에도 충실하다. 정보 표현 방식도 딱딱한 문구가 아닌 사용자와 대화하듯이 구어체를 사용하여 친밀감을 높였다.

❹ 상세 정보를 보기 위해 화면 하단으로 스크롤 하면 접이식(Folding) 효과를 준 마이크로인터랙션 UI가 나타난다.

❺ 시간대별 날씨 UI 역시 텍스트가 자리 잡는 과정을 마이크로인터랙션 효과로 보여준다.

❻ 주간 날씨 영역까지 스크롤 하면 최저기온과 최고기온을 위아래 슬라이드 방식으로 화면에 보여준다. 롱페이지 기법을 이용하여 메뉴 구분 없이 상하 스크롤만으로 정보를 찾아볼 수 있게 하였다. 한 번에 메인 화면으로 올라갈 수 있게 'Top' 버튼을 제공하고 있다.

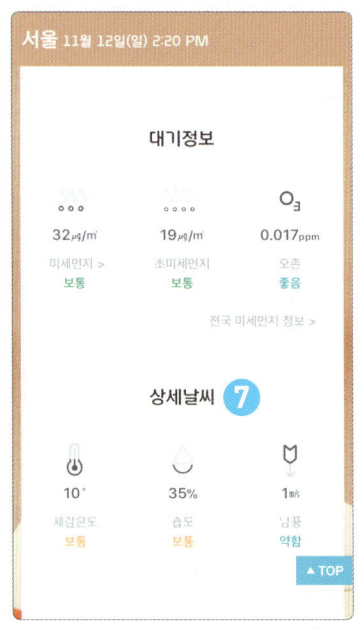

❼ 상세 날씨 영역에서 풍향 아이콘이 풍향 정보의 의미처럼 화살표 아이콘이 회전하면서 풍향을 가리킨다. 마이크로인터랙션 디자인은 세밀한 곳에 작은 효과를 줌으로 인해 사용자에게 기분 좋은 경험을 제공한다.

❽ 날씨 서비스의 마지막 정보 영역인 일출·일몰 콘텐츠는 일출 시간부터 현재 시간까지 태양의 고도를 슬라이드 모션 방식으로 화면에 표시한다. 정보를 명확하게 이해할 수 있을 뿐 아니라 시각적 효과도 매우 좋다.

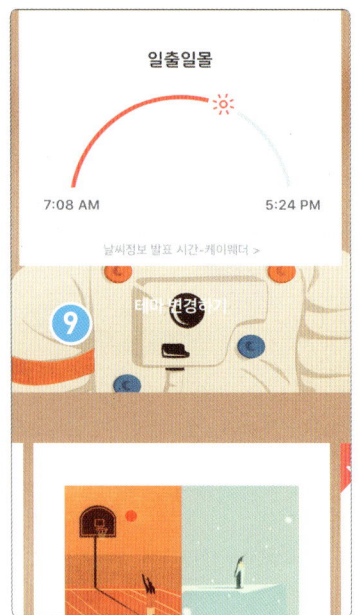

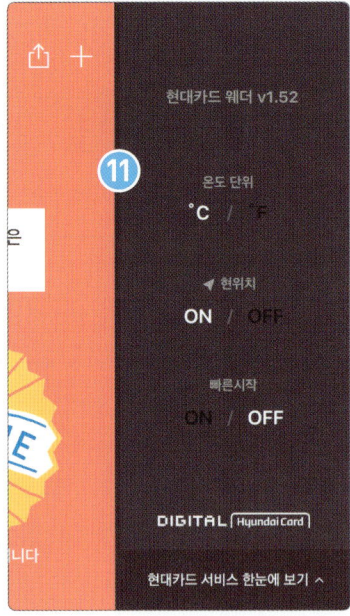

❾ 정보가 완료된 후 배경 테마 이미지를 변경할 수 있는 메뉴가 긴 스크롤 하단에 위치한다. 이때 자석 성질을 주는 기술을 이용하여 '테마 변경하기'는 스크롤 할 때의 힘보다 더 센 힘을 줘야 테마를 변경할 수 있는 화면으로 이동한다.

🔟 테마를 변경하는 영역으로 이동하면 변경할 수 있는 여러 개의 테마가 나열된다. 이때 가로 이동을 통해 테마를 변경할 수 있는데 좌우측에 변경할 배경 테마 이미지를 조금씩 보여주는 행동유발성 UI를 이용한다.

⓫ 현대카드 웨더의 기본 정보 및 환경설정 화면은 자연스럽게 화면을 좌측으로 밀면 나타난다. 사용자가 자칫 모르고 넘어갈 수 있으나 현대카드 웨더 앱 자체가 상호작용이 풍부히 일어나는 콘셉트로 제작되었기에 사용자는 앱을 다양하게 움직여 보면서 사용할 것이고 쉽게 해당 설정 변경 화면을 발견할 수 있을 것이다.

금융권은 지루할 것이라는 기존의 선입견을 불식시키고 회사 브랜드 아이덴티티를 충분히 살린 사례다. 사용자 경험을 강화하는 디자인이 사용자들에게 얼마나 좋은 효과를 낼 수 있는지 확인할 수 있다.

Part 3

운영체제별 UI 가이드라인

09

Chapter

아이폰 휴먼 인터페이스 가이드라인

Outline

애플이 만든 iOS는 2005년 발표된 이래 전 세계적으로 가장 혁신적인 OS로 평가받는다. 특히 애플이 제작한 아이폰과의 궁합은 가장 완벽하다고 볼 수 있으며 하드웨어와 OS의 지속적인 업그레이드 역시 사용자에게 최상의 경험을 준다. 다른 OS 가이드라인처럼 iOS는 HIG(Human Interface Guideline)라는 UI 가이드라인을 애플 개발자 사이트에 공개하고 있는데 4~5개월마다 지속적으로 업데이트하고 있다. 아주 큰 UI 변화가 있는 경우도 있어 UI/UX 디자이너들은 유념하여 확인해야 한다.

Process

아이폰은 2017년 12월 기준 아이폰X(버전 10)까지 발매되었으며 버전별로 '개선'을 뜻하는 'S' 버전을 추가하여 발매하고 있다. 보통 1년에 한 기종씩 발매하고 있으며 2014년도에 발매된 아이폰6부터 5.5인치 대형 스크린 사이즈인 '플러스' 기종을 출시하고 있다. 2018년 현재까지 4.7인치 일반 버전과 5.5인치 플러스 버전, 4인치 SE 버전 등 총 5가지 화면 크기의 모델이 출시되었다.

운영체제별 가이드라인 사이트 주소

운영체제	플랫폼	가이드라인
안드로이드	Mobile Phone, Tablet PC	https://developer.android.com/design/handhelds/index.html https://material.io/guidelines/
	Android TV	https://developer.android.com/design/tv/index.html
	Android Watch	https://developer.android.com/design/wear/index.html
iOS	iPhone, iPad	https://developer.apple.com/ios/human-interface-guidelines/overview/themes/
	Apple TV (TVOS)	https://developer.apple.com/tvos/human-interface-guidelines/overview/themes/
	Apple Watch (Watch OS)	https://developer.apple.com/watchos/human-interface-guidelines/overview/themes/

1 아이폰 디자인 원칙

아이폰은 안드로이드폰에 비해 화면과 사양이 규격화되어 비교적 안정적인 UI 디자인이 가능하다. 2018년 현재까지 아이폰은 5종류의 화면 크기를 가진 디바이스를 출시하였으며 이중 2015년 이후 발매된 아이폰 플러스와 아이폰, 아이폰 SE의 3종류 화면 크기로 UI를 설계하면 된다. 아이폰의 디자인 원칙은 다음과 같다.

통합된 미학 Aesthetic Integrity

- 앱의 형태와 동작이 기능과 잘 통합되도록 설계한다.
- 눈에 거슬리지 않는 단순한 그래픽과 표준 컨트롤을 사용하며 예측 가능한 동작 사용으로 집중력을 유지한다.
- 재미와 흥분을 주는 매력적인 요소로 게임과 같은 몰입형 디자인을 통해 사용자로 하여금 새로운 것을 발견하게 하는 숨은 디자인을 사용한다.

직접 조작 Direct Manipulation

- 앱 내 콘텐츠(오브젝트)를 직접 조작하게 하여 사람들을 끌어들이고 이해를 돕는다.
- 디바이스를 회전하거나 제스처를 사용하면서 화면 콘텐츠에 영향을 주도록 설계한다.
- 직접 조작을 통해 즉각적이고 가시적인 행동 결과를 볼 수 있도록 설계한다.

은유적 디자인 Metaphors

- 앱 내 콘텐츠(오브젝트)와 그 동작이 실제 환경이나 디지털 환경에 친숙한 디자인을 통해 사용자가 더욱 빨리 앱 사용법에 익숙해 지도록 한다.
- 사용자가 물리적으로 상호작용하는 것을 원칙으로 한다.
- 터치 제스처인 끌기 Drag 와 밀기 Swipe, 스위치 토글 버튼 및 슬라이더, 책 넘김 등을 사용한다.

사용자 제어 User Control

- 사용자가 직접 앱의 액션에 대해 관여할 수 있는 디자인이다.
- 앱이 행동 경로를 제안하거나 위험한 결과에 대해 경고 정도는 할 수 있지만 앱이 전체에 대한 의사결정을 하게 하는 것은 가급적 금지(전체 자동화 등)한다.
- 일방적인 작업 진행에 대해 사용자가 수동적으로 취소할 수 있는 버튼, 스킵, 멈춤 등의 기능을 적용한다.

2 아이폰 화면 구성

아이폰은 4~5.5인치 크기의 디바이스를 갖고 있다. 아이폰X의 경우 6, 7, 8 버전보다 높은 해상도(812pt * 375pt의 3배)를 지니고 있으며 최신 UI 가이드라인을 제공하고 있다.

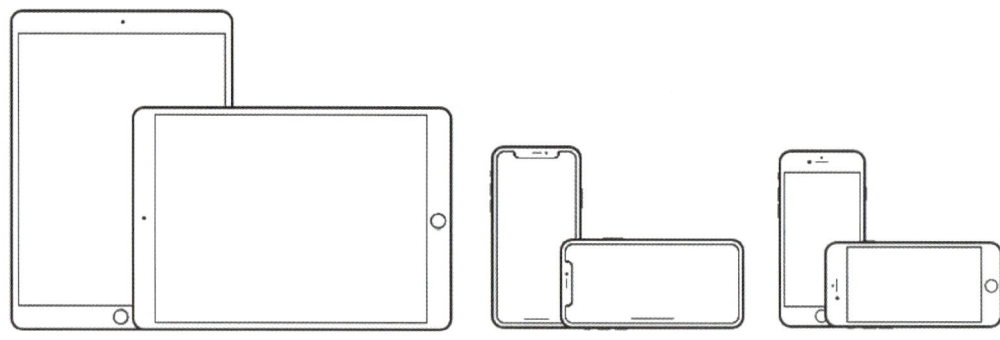

Device	Portrait dimensions	Landscape dimensions
12.9" iPad Pro	2048px × 2732px	2732px × 2048px
10.5" iPad Pro	1668px × 2224px	2224px × 1668px
9.7" iPad	1536px × 2048px	2048px × 1536px
7.9" iPad mini 4	1536px × 2048px	2048px × 1536px
iPhone X	1125px × 2436px	2436px × 1125px
iPhone 8 Plus	1242px × 2208px	2208px × 1242px
iPhone 8	750px × 1334px	1334px × 750px
iPhone 7 Plus	1242px × 2208px	2208px × 1242px
iPhone 7	750px × 1334px	1334px × 750px
iPhone 6s Plus	1242px × 2208px	2208px × 1242px
iPhone 6s	750px × 1334px	1334px × 750px
iPhone SE	640px × 1136px	1136px × 640px

01 아이폰X와 태블릿 PC의 레이아웃 도식

02 아이폰 모델 일부
  좌: iPhone X
  중: iPhone 8 plus
  우: iPhone 8

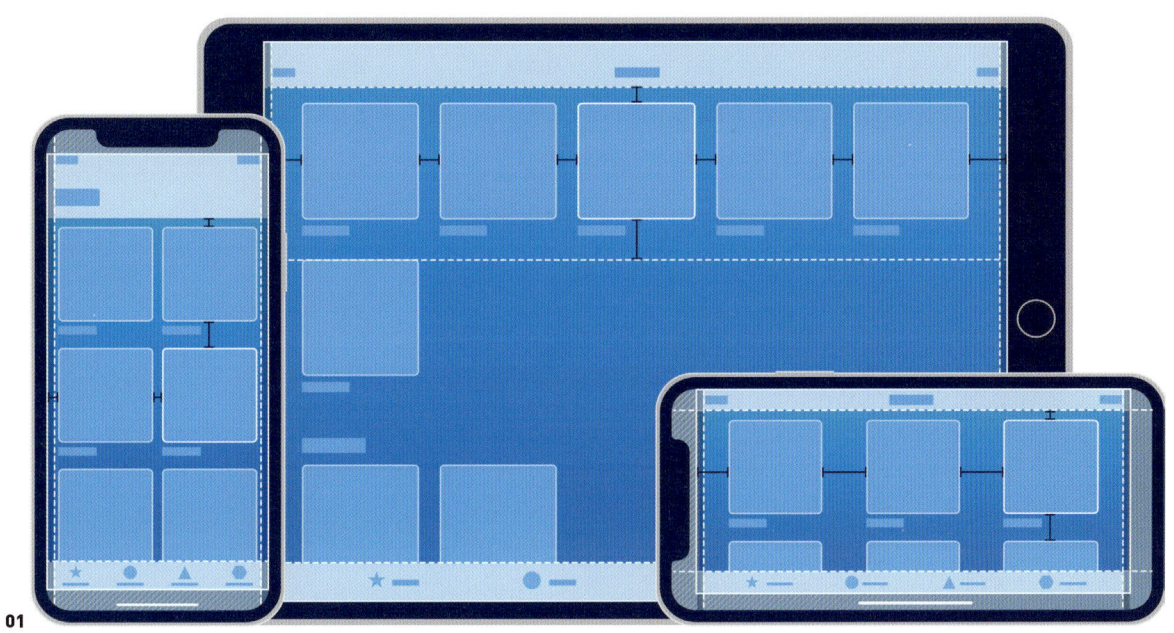

01

02

iPhone 모델 사양

모델	아이폰 6	아이폰 6 플러스	아이폰 6S	아이폰 6S 플러스	아이폰 SE
디스플레이	4.7in 글래스LCD, 16:9가로세로비	5.5in 글래스LCD, 16:9가로세로비	4.7in 글래스LCD, 16:9가로세로비	5.5in 글래스LCD, 16:9가로세로비	89mm (4in) 글래스LCD, 16:9가로세로비
	1334 x 750 px @326 ppi 레티나HD 디스플레이	1920 x 1080 px @401 ppi 레티나HD 디스플레이	1334 x 750 px @326 ppi 3D 터치가 적용된 레티나HD 디스플레이	1920 x 1080 px @401 ppi 3D 터치가 적용된 레티나HD 디스플레이	1136 x 640 px @326 ppi 레티나 디스플레이
기억장치	16, 64, 128 GB				16, 64 GB
CPU 코어	애플 A8 64Bit		애플 A9 64Bit		
메모리	1 GB DRAM		2 GB DRAM		
기능	기존 모델에서 추가된 기능: Focus Fixel을 갖춘 오토포커스, 향상된 얼굴 인식, 기압계, VoLTE, NFC, 802.11ac WiFi	기존 모델에서 추가된 기능: Focus Fixel을 갖춘 오토포커스, 향상된 얼굴 인식, 기압계, VoLTE, NFC, 802.11ac WiFi, 광학 이미지 흔들림 보정	기존 모델에서 추가된 기능: Focus Fixel을 갖춘 탭투포커스, 2세대 지문 인식 센서, 3D Touch, Live Photos, Retina Flash, 동영상 재생 중 줌		기존 모델에서 제외된 기능: 2세대 지문 인식 센서, 3D Touch
카메라	후면 8.0 메가픽셀 1080p HD 동영상 @ 30/60 프레임/초		후면 12.0 메가픽셀 4K 영상 @ 30 프레임/초, 1080p HD 동영상 @ 30/60 프레임/초		
	전면 1.2 메가픽셀 720p HD 동영상 @ 30 프레임/초		전면 5.0 메가픽셀 720p HD 동영상 @ 30 프레임/초		전면:1.2 메가픽셀 720p HD 동영상 @ 30 프레임/초

2.1 자동 레이아웃

자동 레이아웃은 적응형 인터페이스를 구성하기 위한 개발도구로 자동 레이아웃을 사용하면 앱의 콘텐츠를 관리하는 규칙을 정의할 수 있다. 최근 늘어난 하드웨어의 크기에 대응한 레이아웃 방식으로 특정 환경 변화가 감지될 때 자동으로 지정된 제약 조건에 따라 레이아웃을 재조정한다. 일반적으로 다음과 같은 특성에 자동적으로 적응하도록 앱을 설정한다.

- 다양한 장치 화면 크기, 해상도 및 색상 영역
- 기기 방향(가로/세로)
- 분할 보기(Split View, 보통 아이패드에 적용)
- 아이패드에서 다중 작업 모드(분할 보기, 슬라이드 오버 모드)

- 동적 유형으로 화면 크기가 변경될 때 텍스트 크기 변경
- 좌-우측/우-좌측의 레이아웃 방향성, 시간, 날짜, 숫자 포맷, 폰트 길이 및 간격 등 지역성 기반의 특성 조정
- 3D 포스 터치^Force Touch 와 같은 시스템 기능 가용성

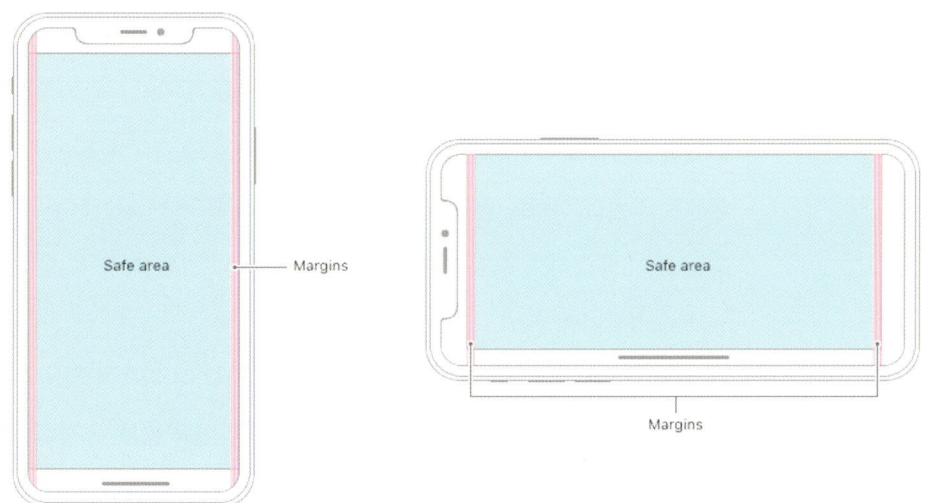

레이아웃 지정 시 안전 영역에 대한 자동 레이아웃 가이드 지정 사례

2.2 레이아웃 고려사항

일반 레이아웃이나 자동 레이아웃 등을 설계할 때는 다음과 같은 사항을 고려하여 디자인한다. 다음 사항을 모든 콘텐츠와 서비스에 적용할 수는 없겠지만 애플이 지정한 고려사항을 준수하면 일관성 있는 앱을 디자인하는데 훨씬 유용하다.

- **앱이 실행되는 환경(가로/세로, 국가별, 화면 크기, 디바이스 변경 등)이 바뀔 때 현재 내용에 초점을 유지**: 콘텐츠가 서비스의 최우선이기 때문에 콘텐츠 레이아웃이 변경되면 사용자는 혼란을 겪는다.
- **콘텐츠 크기 유지**: 텍스트와 이미지는 기본적인 크기를 유지해 설계한다.
- **앱 전체에서 일관된 모양 유지**: 비슷한 기능을 가진 요소는 비슷하게 보이도록 설계한다.

- **중요성을 전달하기 위해 시각적 무게와 균형 사용**: 큰 항목은 작은 항목보다 눈을 사로잡고 중요하게 보이므로 중요한 메시지를 전달할 때는 시각적 무게감이 높은, 큰 항목으로 설계하며 위쪽과 왼쪽에 주요 항목을 배치한다.
- **정렬 사용**: 텍스트 등을 디자인할 때는 다양한 정렬 규칙(들여 쓰기 등)을 사용한다. 이는 앱을 깔끔하고 체계적으로 보이게 하고 스크롤 하는 동안 집중할 수 있도록 해주며 더 쉽게 찾을 수 있다.
- **시각적 요소를 확장**: 앱에서 사용 가능한 모든 화면 공간을 활용한다.
- **콘텐츠 주변의 여백과 간격 유지**: 콘텐츠를 배열할 때는 편안하게 보이고 조작이 용이하도록 적절한 여백과 간격을 준다(자동 레이아웃, 안전 영역, 표준 여백 기법 사용).
- **큰 화면(아이패드, 플러스 버전)에서 텍스트를 표시할 때 가독성 있는 여백 적용**: 사용자가 편하게 읽을 수 있도록 텍스트 라인을 짧게 유지하도록 여백을 준다.
- **터치 버튼 여백 준수**: 기능을 구현하는 터치 버튼은 44pt × 44pt 수준으로 설계한다.
- **불필요한 레이아웃 변경 제한**: 장치 회전 시 전체 레이아웃을 변경할 필요가 없다. 세로 모드에서 그리드 스타일의 이미지 목록을 가로로 회전했을 때 라인 스타일로 변경할 필요 없이 그리드의 간격이나 크기를 변경해 레이아웃을 유지하는 것이 좋다.
- **가로, 세로 방향 모두 지원**: 아이폰의 크기가 커짐으로 인해 세로 모드와 가로 모드의 용법이 달라질 수 있으며 이에 대해 각각의 특성을 활용할 수 있는 디자인이 좋다.
- **가로나 세로 한 방향으로만 실행되어야 할 경우 두 가지 변형 모두 지원**: 한 방향만을 지원하는 앱은 180도 회전했을 때 온전하게 보이도록 회전해야 한다. 단, 반대 방향 세로 모드를 지원하지 않는 아이폰X는 제외한

다. 또한, 디바이스를 회전하여 캐릭터를 움직이게 하는 게임은 게임 플레이 중에 방향을 바꾸지 않는다.

- **텍스트 크기 변경 대비**: 설정에 텍스트 크기 변경 옵션이 있다면 텍스트 크기 변경을 고려하여 레이아웃을 조정한다.

2.3 UI Kit 핵심 인터페이스

대부분의 iOS 앱은 공통 인터페이스 요소를 정의하는 프로그래밍 프레임워크인 UI Kit*의 구성 요소를 사용하여 개발된다. 이 프레임워크를 통해 앱은 시스템 전반에서 일관된 모양을 유지하면서 동시에 높은 수준의 맞춤 설정을 제공한다. 따라서 iOS 앱을 설계할 때는 UI Kit에서 제공하는 인터페이스 요소를 중심으로 설계하는 것이 좋다. UI Kit에서 제공하는 핵심 인터페이스는 다음과 같다.

UI Kit

https://developer.apple.com/documentation/uikit

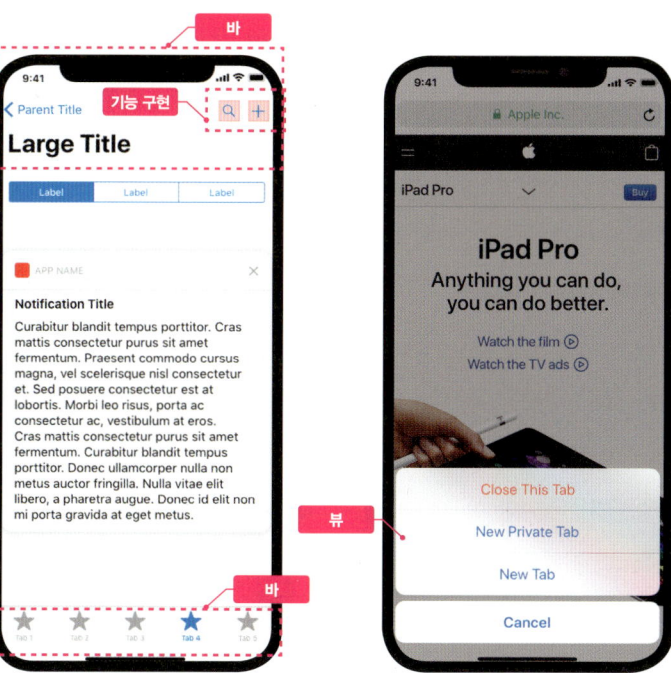

바, 뷰, 기능 구현의 사례

바(Bar)
앱의 탐색과 도구 버튼을 제공하는 상, 하단의 막대 영역으로 특히 상단의 탐색 바는 UI 필수 요소이다.

뷰(View)
텍스트, 그래픽, 애니메이션, 상호작용 등의 콘텐츠 요소를 포함하는 인터페이스. 스크롤, 삽입, 삭제, 정렬 등과 같은 동작을 사용한다.

기능 구현(Control)
기능을 구현할 수 있는 버튼, 스위치, 텍스트 필드, 진행률 등의 형태이며 이런 요소들을 보통 컴포넌트(Component)라고 부른다.

3 구조적 특성

아이폰은 몇 가지 구조적인 특성과 기능을 갖는다. 최근에 디바이스의 업그레이드를 통해 이러한 구조적 특성과 기능은 날로 발전을 거듭하고 있다. 아이폰 앱을 설계할 때 최신 기능을 적용한다면 훨씬 더 정교하고 높은 사용자 경험 UI를 설계할 수 있을 것이다.

3.1 3D 터치

디스플레이에 가해진 압력의 크기를 터치 센서가 감지해 누르는 강도에 따라 탭을 다르게 조작할 수 있는 기능으로 추가 기능을 실행할 수 있다. 보통 홈 스크린 영역에 있는 아이콘의 빠른 실행Quick Action 기능과 앱 내에서 현재 컨텍스트 위에 일시적으로 나타나는 미리보기 화면(페이지, 링크, 파일 등)을 보여주는 'Peek' 기능, 미리보기 'Peek' 화면에서 더 세게 터치하면 해당 컨텍스트의 상세 화면으로 전환하는 'Pop' 기능으로 사용된다.

- **빠른 실행**: 자주 쓰는 기능이나 중요한 핵심 기능에 빨리 접근할 수 있도록 설계한다.
- **미리보기**: 실시간으로 내용이 풍부한 미리보기를 제공한다. 미리보기는 현재 작업을 보완하기 위해 항목에 대한 충분한 정보를 제공하거나 세부사항을 볼 것인지 결정하는데 도움을 준다. 또한, 가급적 크고 명료하게 보이도록 한다.
- **버튼 사용 금지**: 콘텐츠 화면(이미지나 텍스트 링크, 페이지, 파일 등)만 터치할 수 있도록 한다.
- **동시 기능 금지**: 동일한 항목에 대해 미리보기와 편집 메뉴를 같이 사용하지 않는다.
- **추가 옵션 메뉴 사용**: 액션 시트와 같은 추가 옵션 메뉴를 사용할 수 있다.
- **대체 기능 제공**: 3D 포스 터치가 제공되지 않는 환경을 고려하여 같은 상황에서 미리보기나 화면 전환을 행할 수 있는 대체 기능을 제공한다.

Part 3
운영체제별 UI 가이드라인

01

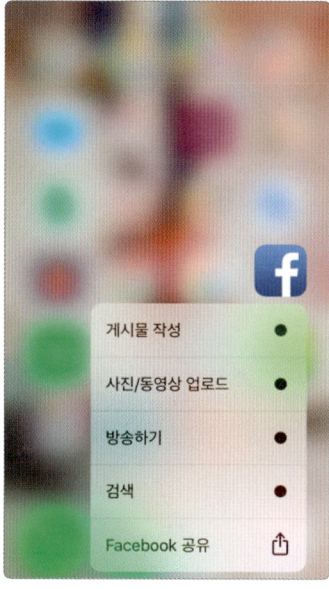

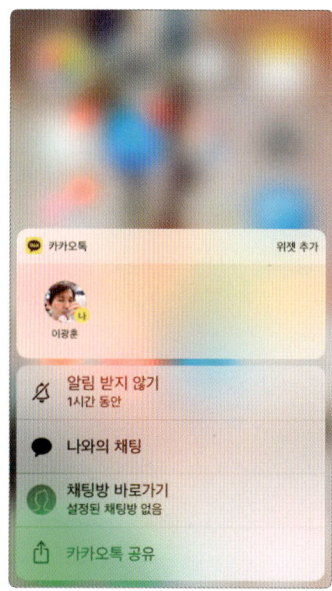

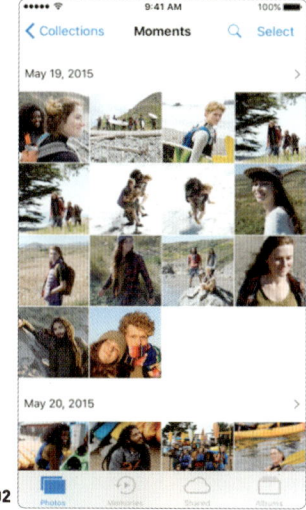
02

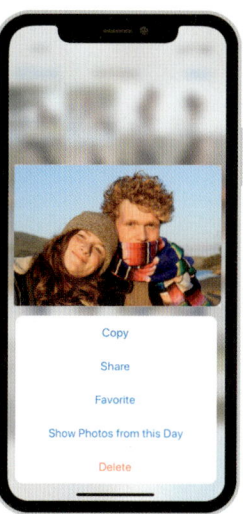

01 빠른 실행 기능
자주 사용하는 메뉴나 필수 기능, 특화 기능 등을 빨리 실행할 수 있도록 앱 아이콘에 3D 포스 터치를 적용하여 설계

02 미리보기와 화면 전환 기능
미리보기 후 미리보기 화면을 위로 드래그하면 세부 옵션 메뉴를 도출할 수 있다.

3.2 위젯

위젯^{Widget}은 작은 크기로 앱의 유용한 기능이나 정보를 표시하는 확장 프로그램이다. 아이폰의 가장 첫 번째(왼쪽) 화면에 위치하며 둥근 모서리 사각형 테이블로 표시한다. 뉴스, 캘린더, 메모 등 사람들이 관심을 갖는 앱을 위젯으로 만들 수 있다. 위젯을 디자인할 때 고려해야 할 사항은 다음과 같다.

- **콘텐츠를 빠르게 보여준다.**

  핵심적인 상황에 적합한 정보를 기기에 은닉하여 저장해 두고, 필요시 빠르고 효율적으로 최신 정보를 확인할 수 있도록 한다.

- **충분한 여백을 준다.**

  가급적 콘텐츠를 화면 중앙에 배치하며 각 아이콘이나 버튼 간의 간격도 너무 좁지 않게 배열한다(보통, 행 당 4개).

- **적응형 UI로 설계한다.**

  하드웨어의 다양한 크기에 대응할 수 있도록 화면 크기, 가로/세로 모드 등을 감안하여 설계하며 화면이 좁을 때는 필수 정보를 보여주고 넓은 화면에서는 기본 필수 정보를 향상시키는 추가 정보를 제공한다.

- **배경화면을 개별적으로 넣지 않고 시스템 기본을 사용한다.**

- **앱과 독립적으로 작동하며 '앱 실행' 버튼을 따로 사용하지 않고 위젯 전체를 누르면 해당 앱을 열 수 있도록 한다.**

  또한, 위젯과 다른 앱을 열거나 링크하지 않는다.

- **위젯이 있는 앱은 앱 화면에 적극적으로 위젯 기능을 알리고 사용할 수 있게 한다.**

 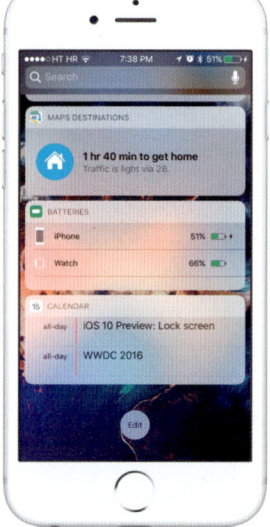 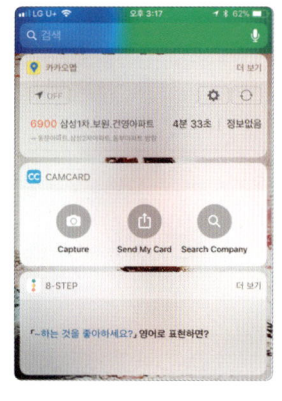 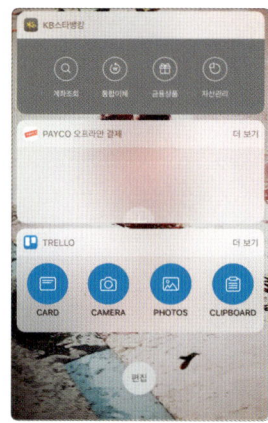

01

02

01 위젯 화면

날씨, 음악, 시리앱 추천, 지도, 주변 기기 배터리 소모량, 일정표 등 다양한 앱을 위젯으로 담은 화면. 위젯 화면에서 '편집(EDIT)' 버튼을 눌러 위젯 화면을 수정한다.

02 다양한 위젯 앱 사례

다음은 다양한 위젯 앱의 사례이다.

- **카카오맵**: 자주 가는 곳을 위젯으로 등록해 두면 해당 교통 경로를 매번 앱에서 확인하지 않아도 위젯에서 확인할 수 있다.
- **캠카드**: 명함 관리 서비스로 명함 촬영을 위젯에서 빠르게 실행할 수 있다.
- **8-스텝**: 영어 학습 서비스로 하루에 필요한, 현장성을 살린 학습을 빠르게 할 수 있다. '더보기' 기능을 추가해 더 많은 공부를 할 사용자를 위해 앱을 바로 실행할 수 있게 한다.
- **국민은행앱**: 금융 서비스 이용 시 자주 사용하는 계좌 조회 등의 서비스를 빠르게 접근할 수 있다.
- **페이코**: 모바일 결제 서비스를 사용하여 오프라인 결제를 쉽고 빠르게 이용할 수 있다.
- **트렐로**: 협업 시스템 서비스로서 업무 화면과 사진 촬영 등의 기능을 빠르게 사용할 수 있다.

3.3 알림

위젯과 비슷한 기능으로 보일 수 있는 알림^{Notification}은 기기가 잠겨 있을 때 (혹은 사용 중일 때도) 실시간으로 알려야 할 정보를 제공한다. 보통 메시지 도착, 이벤트 발생, 새 데이터 사용 가능, 상태 변경 등의 상황에 알림을 발생시킨다. 알림 위치는 대체로 화면 중상단에 위치하며 알림을 스와이프(수평 방향으로 밀기)하여 알림을 확인하거나 삭제한다. 알림은 소리^{Auditory UI}나 진동 등으로 표현할 수 있으며 알림이 있을 경우 해당 앱 아이콘에 배지 형태로 표시한다. 알림을 디자인할 때 다음과 같은 사항을 고려해야 한다.

- 장치가 사용 중일 때는 화면 상단에 몇 초 동안 나타난 다음 사라지게 한다.
- 오류 메시지는 장치를 사용하는 동안 화면 상단에 위치하며 수동으로 닫을 때까지 존재한다.
- 알림 화면에 3D 포스 터치를 사용하면 미리보기가 사용된다.
- 알림을 제공하는 앱에서는 알림을 수신하는 설정이 꼭 필요하다.
- 사용자가 응답하지 않더라도 동일한 내용에 대해 여러 개의 알림을 보내면 안 된다.
- 알림은 반드시 해당 앱 아이콘과 시간을 표시한다.
- 알림은 최대 4개의 도구 버튼을 사용할 수 있으며 메시지 앱은 경우에 따라 키패드를 사용할 수 있다.
- 알림을 제공하는 앱에서는 앱 아이콘에 배지를 사용한다. 앱은 통지 목적으로만 사용되며 늘 최신 정보로 유지한다.

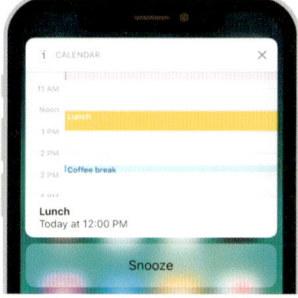 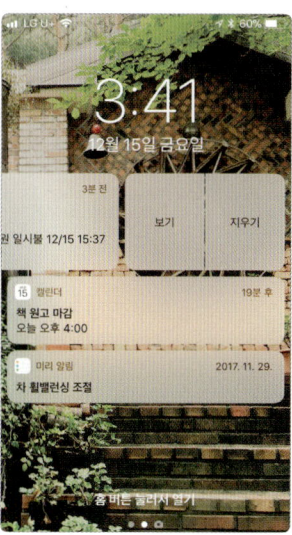

01 대기 화면의 알림(좌)과 홈 화면의 알림(우)

02 알림에 버튼을 추가한 화면(좌), 알림을 왼쪽으로 스와이프하여 확인하거나 삭제한다(우).

3.4 다중 작업

아이폰 6S 이후에 아이폰은 진보적인 발전을 해왔는데 그중 하나가 다중 작업 Multi Tasking이다. 아이폰 화면에선 홈 버튼을 연속으로 두 번 누르거나, 아이패드에서는 멀티 핑거 제스처를 사용하여 한 앱에서 다른 앱으로 신속하게 전환할 수 있다. 특히 아이패드에서 다중 작업을 사용하면 슬라이드 오버와 분할 보기 Split View 또는 화면 속 화면 Picture In Picture: PIP 모드에서 동시에 두 개의 응용프로그램을 사용할 수 있다. 이런 다중 작업 환경을 활용하기 위해서는 지나치게 많은 CPU나 메모리, 화면 공간 또는 기타 리소스를 과도하게 사용하거나 낭비해서는 안된다. 다중 작업을 설계할 때는 다음과 같은 사항을 유의해야 한다.

- 앱은 일반적으로 언제든지 중단될 수 있음을 고려해야 한다. 특히 중단이 발생한 후 현재 상태를 신속하고 정확하게 저장해야 하며 다시 앱이 실행됐을 때 중단 이후의 위치에서 원활하게 앱을 사용할 수 있어야 한다. 이런 상황들을 감안하여 앱 설계를 진행한다.
- 다중 작업 중에서 상태 바(화면 맨 상단에 위치하는 시스템 표시 바)가 이중 높이(22px)를 추가해서 작동하는 상황이 있다. 녹음, 테더링, 통화 중이 그것인데 이런 경우는 달라지는 높이에 대비하는 설계가 필요하다.
- 게임이나 동영상 보기 같은 활동에서는 특히 멈춤과 다시 시작에 유의한다.
- 외부 사운드나 기타 사용 중지되는 상황에서는 오디오 중지, 백그라운드 작업 처리 등의 기술적인 부분을 적용한다.
- 다중 작업 시 꼭 필요한 경우 적절한 알림을 내보낸다.

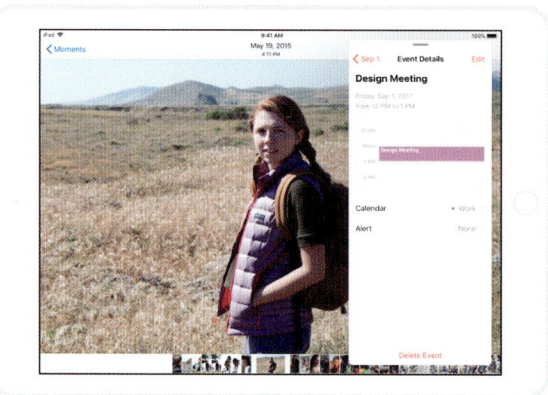

01

02

03

01 슬라이드 오버 다중 작업
주로 아이패드에서 슬라이드 오버된 화면은 좌, 우측으로 이동할 수 있으며 상단 지시 바를 하단으로 내림으로써 다중 작업을 해제한다.

02 분할 보기 다중 작업
화면 중앙의 분할선을 터치 제스처로 이동하면서 크기를 조절할 수 있으며 상단 지시 바를 하단으로 내림으로써 분할을 해제할 수 있다.

03 화면 속 화면 다중 작업
주로 동영상 보기 등에 많이 사용된다.

3.5 음성 비서 시리 기능

iOS 앱은 시리^{Siri}라는 음성 비서 기능과 통합되어 사용자가 음성 명령 및 질문에 응답하거나 작업을 수행할 수 있다. 앱이 시리를 이용하기 위해서 작업을 정의하고 정보의 유효성을 확인하며, 시리의 인터페이스를 이해하여 자체적인 UI에 적용할 수 있다. 음성 비서 시리 기능을 설계할 때 주의해야 할 점을 다음과 같다.

- 화면을 만지거나 볼 필요가 없는 음성 중심의 경험을 적용한다. 일반적으로 자동차, 방 등의 환경에서 시리를 사용하면 사용자가 스마트폰 잠금을 해제하지 않고 작업을 완료할 수 있다.
- 불쾌감을 주는 콘텐츠나 광고는 포함하지 않는다.

시리에 지원되는 상호작용

앱 유형	지원되는 Siri 상호작용
오디오 및 화상 통화	전화 시작, 통화 내역 검색
메시지	메시지 전송, 받은 메시지 확인, 읽어주기, 메시지 검색
Pay 서비스	금액 결제, 지불 요청, 청구서 지불, 청구서 검색
사진 관리	사진 검색 및 화면 표시
피트니스 활동	운동 시작, 일시 중지, 재개, 종료 및 취소
교통 서비스	승차 상태 정보 제공
자동차와 통합되는 자동차 애플리케이션	위험 표시등을 켜거나 경적 울림, 문 잠금 및 해제, 현재 연료 또는 전력 수준 확인
CarPlay와 통합되는 자동차 애플리케이션	자동차의 오디오 소스 변경, 자동차의 성에 제거 설정 변경, 자동차의 시트 온도 변경, 자동차의 라디오 방송국 변경
목록 및 메모	할일 목록 작성, 할일 목록 검색, 할일 목록 완료 표시, 날짜, 시간 및 위치를 기반으로 미리 알림 생성, 메모 작성, 메모 검색, 노트 수정
코드 시각화	QR코드 및 바코드 등의 코드 촬영 및 해석
탑승 예약	탑승 예약, 탑승 상태 정보 제공

4 스타일 가이드

아이폰은 앱 개발에 필요한 색상과 폰트, 문장 작성, 브랜딩, 애니메이션 효과 등에서 기본적인 스타일 가이드를 제시한다. 이런 스타일 가이드는 앱을 제작할 때 일관성을 유지시키며 앱의 완성도를 높여준다. iOS에서 제시하는 스타일 가이드만 준수해도 높은 수준의 앱을 제작할 수 있다. 회사나 브랜드 내에서 특별히 지정한 스타일 가이드 다음으로 중요한 역할을 한다.

4.1 색상

색상Color은 서비스에 대해 활력을 주고 시각적 연속성을 제공하고 상태 정보를 전달하고 사용자 조치에 대한 피드백을 제공해 주며 사용자가 데이터를 시각화하는데 도움이 된다. 밝고 어두운 배경에서 개별적으로 또는 조합을 통해 잘 어울리는 응용 색조 색상을 선택하기 위해 다음과 같은 시스템의 색 구성표를 참조한다.

비교적 밝고 화사한 원색 계열을 주로 사용하며(이런 부분은 안드로이드도 유사하다) 농도와 채도를 달리해서 사용한다. 앱 내에서 색상 배열은 일반적인 색상 조합과 정보 시각화의 원리에 따라 적용한다. 색상을 사용할 때는 다음 사항을 고려해야 한다.

- 원색을 과하게 사용할 경우 중요한 문제를 경고하거나 집중해야 하는 영역이 주목받지 못하므로 일반 색상은 무채색 계열로 사용한다.
- 앱 전체에서 보색을 사용한다. 다만 상호 충돌하는 성향이 없도록 조합한다.
- 명도와 채도를 달리하는 색상 팔레트를 사용한다.

- 앱 전체에 상호작용을 잘 나타내기 위해 주요 색상 Key Color 을 사용하는 것이 좋다. 단, 주요 색상이 다른 색상과 경쟁하지 않는지 확인해야 한다.
- 상호작용 영역과 비 상호작용 영역(예: 모션 사용 유무)에는 다른 색상을 사용하여 사용자의 혼란을 줄인다.
- 다양한 조명 조건에서 앱의 색 구성표를 테스트한다.
- 색맹에 주의한다. 빨간색과 녹색, 파란색과 주황색은 색맹 사용자가 구별하기 어렵다. 값을 구별하는 유일한 방법으로 색 조합을 사용하면 이런 색맹 사용자는 구별할 수 없기 때문에 적절한 다른 대체안을 고려한다(기호 및 안내 문구 등).
- 문화적, 역사적, 국가별 색 의미를 고려하여 사용한다. 특히 국가별로 금기시하는 색이나 특별히 선호하는 색을 적절하게 선택해서 사용해야 한다.
- 텍스트와 배경은 충분한 색 대비 비율을 사용하여 가독성을 높인다. 이를 위해 온라인 색상 대비 계산기를 사용한다. 접근성 표준을 충족하기 위해 7:1이 선호되며 최소한 4.5:1 최소 명암비를 유지한다.

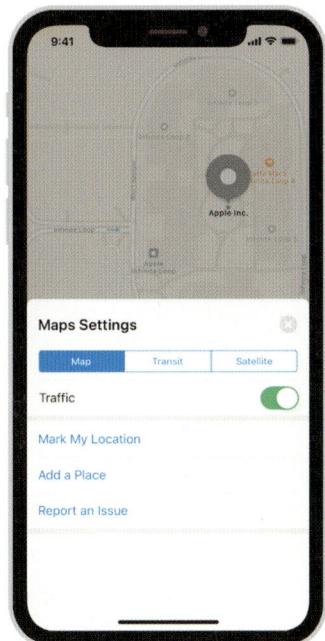 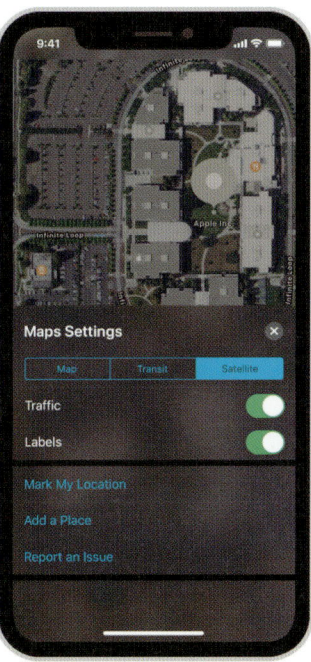

밝은 색 구성표(좌)와 어두운 색 구성표(우)

4.2 폰트

iOS의 시스템 서체 내려받기
https://developer.apple.com/fonts/

iOS의 기본 서체는 SF 서체이다. 이 서체의 글꼴은 읽기 쉽고 선명하며 일관성 있는 텍스트를 제공하도록 최적화되어 있다. iOS의 시스템 서체는 개발자 페이지* 에서 내려받아 사용할 수 있다. 한글 폰트는 산돌네오고딕체이며 기타 다양한 언어를 지원한다. 폰트를 디자인할 때는 다음과 같은 사항을 고려한다.

- 폰트를 사용할 때는 중요한 정보를 강조한다. 보통 폰트의 크기, 색상을 사용한다.
- 단일 서체를 사용한다. 특별한 경우가 아니라면 시스템 폰트를 사용한다.
- 보통 CSS에서 폰트를 정의하여 사용한다.

일반적으로 앱 개발 시 이용하는 폰트 타입은 다음과 같다.

스타일	속성	폰트 크기 Large Default	폰트 크기 Small	줄 간격
Large Title	Regular	34pt	32pt	41pt
Title 1	Regular	28pt	26pt	34pt
Title 2	Regular	22pt	20pt	28pt
Title 3	Regular	20pt	18pt	25pt
Headline	Semi-Bold	17pt	15pt	22pt
Body	Regular	17pt	15pt	22pt
Callout(짧은설명)	Regular	16pt	14pt	21pt
Subhead	Regular	15pt	13pt	20pt
Footnote	Regular	13pt	12pt	18pt
Caption 1	Regular	12pt	11pt	16pt
Caption 2	Regular	11pt	11pt	13pt

이중 주로 사용되는 스타일은 Small 폰트의 타이틀3, 헤드라인, 서브헤드, 캡션 등이다.

01

01 iOS에서 사용하는 기본 서체인 산돌네오고딕체와 SF 서체

02 앱 스타일에 맞춰 적절하게 폰트 크기를 적용한 디자인 사례
OS가 제공하는 폰트 스타일 가이드를 기반으로 각 서비스 성격에 맞게 CSS (스타일시트)를 정의하여 일관성 있게 사용하는 것이 중요하다.

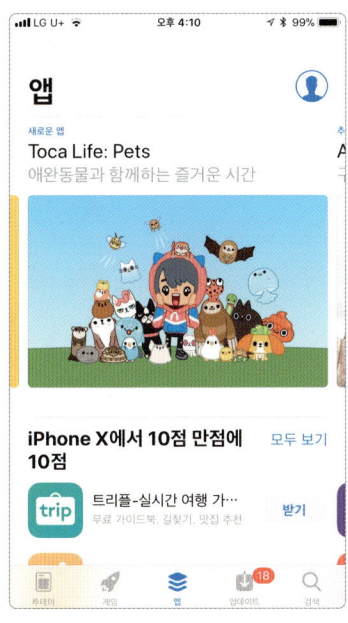
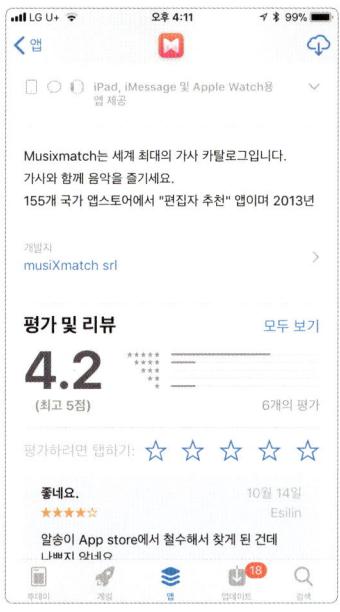

02

4.3 시스템 아이콘

앱의 디자인을 규정하는 스타일에는 기능으로 사용되는 아이콘 디자인이 중요하다. 보통의 경우 각 OS에서 제공하는 아이콘을 그대로 사용하는 것이 디자인 일관성과 이해도 측면에 도움이 된다.

기능 버튼

디자인	이름	의미
	Action(Share)	현 상황에서 사용할 수 있는 확장 기능 혹은 공유 기능
	Add	새로운 항목 작성
	Bookmarks	북마크 표시
	Camera	사진, 비디오 촬영 및 사진 라이브러리 표시
Cancel	Cancel	취소
	Compose	편집모드에서 새 보기 열기
Done	Done	현 상태 저장 및 편집모드 종료
Edit	Edit	현재 컨텍스트에서 편집모드 전환
	Fast Forward	미디어 재생모드 빨리 감기
	Organize	항목을 폴더와 같은 새 대상으로 이동
	Pause	미디어 재생모드 일시 중지
	Play	미디어 재생모드 미디어 재생
Redo	Redo	취소된 마지막 작업 다시 실행
	Refresh	콘텐츠 새로고침
	Reply	항목을 다른 사람이나 다른 장소로 보내거나 라우팅
	Rewind	미디어 재생모드 뒤로 이동
Save	Save	현재 상태 저장
	Search	검색 필드 표시
	Stop	중지(멈춤)
	Trash	현재 또는 선택한 항목 삭제
Undo	Undo	마지막 동작 취소

탭 바(이동 메뉴) 아이콘

디자인	이름	의미
	Bookmarks	북마크 표시
	Contacts	사용자 연락처
	Downloads	현재 또는 최근 다운로드 표시
	Favorites	즐겨찾기 항목 표시
	Featured	추천 콘텐츠 표시
	History	최근 활동 표시
	More	추가 탭 표시, 줄인 항목 표시
	Most Recent	가장 최근에 접근한 콘텐츠 및 항목 표시
	Most Viewed	조회수가 가장 많은 인기 있는 항목 표시
	Search	검색
	Top Rated	가장 높은 평가를 받은 항목 표시

툴 바(기능 메뉴) 아이콘

디자인	이름	의미
＋	Add	새 항목 작성
⏰	Alarm	알람 설정 혹은 표시
🔊	Audio	오디오 표시 및 조정
📖	Bookmark	북마크 생성 및 북마크 표시
📷	Capture Photo	사진 캡처
📹	Capture Video	비디오 캡처
☁	Cloud	클라우드 기반 서비스 표시 및 시작
✎	Compose	편집 가능한 화면 표시
✓	Confirmation	액션 완료 확인
👤	Contact	연락처 선택 및 표시
📅	Date	달력 또는 이벤트 표시 및 수행
★	Favorite	즐겨찾기 항목 표시
🏠	Home	홈 화면 표시
⤓	Invitation	이벤트 인비테이션 표시
➤	Location	위치 개념 표시 혹은 현재 위치 표시
♥	Love	항목에 러브 체크
✉	Mail	메일 메시지 작성
📍	Mark Location	지리적 위치 표시 및 저장
💬	Message	새 메시지 생성 및 사용
⏸	Pause	미디어 재생 중지
▶	Play	미디어 재생
🚫	Prohibit	금지 표시
🔍	Search	검색모드
⤒	Share	다른 사람 또는 소셜미디어와 콘텐츠 공유
🔀	Shuffle	셔플(무작위) 모드
○	Task	완료되지 않은 작업 표시
⦿	Task Completed	완료된 작업 표시
🕐	Time	시계 또는 타이머 표시
⤓	Update	콘텐츠 업데이트

5. 바 설계

아이폰에서는 이동, 탐색을 하거나 버튼을 통해 기능을 실행시키는 영역을 화면 최상단 혹은 최하단에 막대^{Bar} 형태로 배치한다. 이는 안드로이드나 다른 모바일 OS도 마찬가지이며 각자 OS에서 정의한 기준으로 사용한다.

5.1 상태표시 바

상태표시 바$^{Status\ Bar}$는 화면의 최상단에 위치하며 장치의 현재 상태에 대한 정보를 표시한다. 게임이나 유아용 교육용 앱, 미디어 재생 시를 제외하고는 항상 화면에 표시한다.

구성 요소	설명	UI 디자인
시스템 상태	네트워크 환경, 통신사, 시간, 배터리 소모량	시스템에서 제공하는 UI사용. 보통 반투명효과를 사용하거나 배경화면과 같은 색으로 표시
이전 앱으로 돌아가기	실행 중인 앱에서 링크된 앱을 실행시킨 후 다시 이전 앱으로 복귀할 때 사용	상태표시 바 좌측에 이전으로 돌아가기 삼각형과 돌아갈 앱 이름 표시

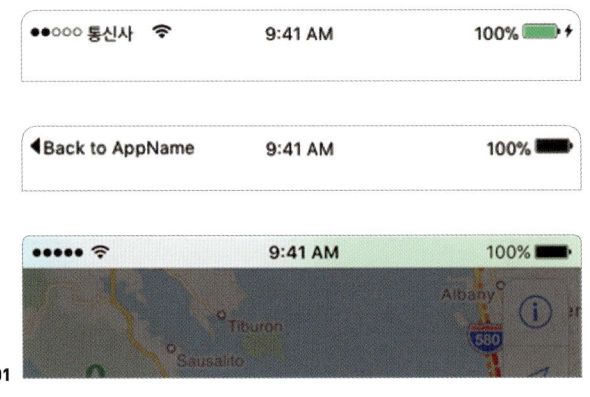

01

02

01 상태표시 바
화면을 터치할 수 없는 22px 높이로 구현되나 최근에는 이전 실행 앱으로 돌아가기 위한 링크를 표시함. 바탕화면이 희미하게 보일 정도의 반투명 효과 적용.

02 다중 작업이 진행중일 때
상태표시 바 하단에 깜빡이 모드로 실행한다.
위로부터 통화, 녹음, 테더링.

5.2 탐색 바

탐색 바 Navigation Bar 는 상태표시 바 아래에 위치하며 일련의 계층적 화면을 탐색할 수 있다. 터치가 가능한 영역으로 44px의 기본 높이를 가지며 앱의 구성 요소 중 아주 중요하여 게임이나 유아용 교육 타이틀, 미디어 재생 등 특수한 경우를 제외하곤 앱 전체에 걸쳐 항상 존재한다. 흰색이나 바탕화면과 같은 색, 혹은 투명하게 디자인한다.

구성 요소	설명	UI 디자인
뷰 타이틀 표시	현 화면 이름	Title 폰트 사용, 중앙 정렬 큰 제목 사용: 문맥에 중점을 둘 경우 탐색 바 밑에 좌측 정렬로 큰 폰트로 제목을 표시한다.
이동 버튼	뒤로 가기 버튼	좌측 위치. 뷰 타이틀로 이름을 표시한다.
기능(Action) 버튼	다양한 기능 버튼 사용(공유, 삭제, 확인, 작성 등)	중요하거나 긍정적 버튼일 경우 우측 정렬로 위치. 주로 1개의 기능 버튼을 사용. 탐색 바 양쪽에 기능 버튼을 구현할 경우 화면 좌측은 비교적 덜 중요한 메뉴(편집 등), 부정적 메뉴(취소 등)가 위치한다.
분할(Segment) 컨트롤	필터링 화면, 세부 항목 등 세그먼트 바 기능. 최상위 계층(Depth1) 수준에서만 사용	뷰 타이틀 대신으로 사용하며 중앙 정렬한다.

03 분할 컨트롤

04 탐색 바

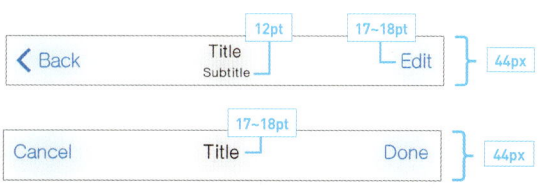

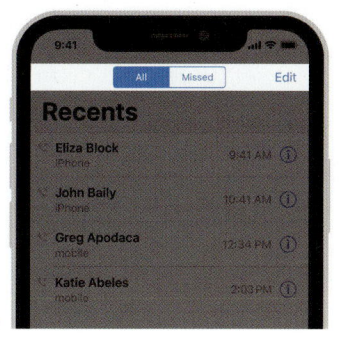

03

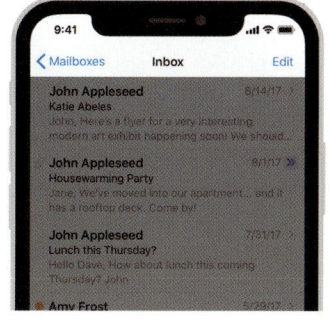

04

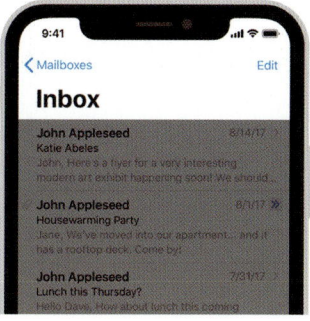

5.3 검색 바

검색 바 Search Bar 는 검색창을 이용하여 검색할 수 있는 기능으로 단독 혹은 탐색 모음이나 내용 보기에 표시할 수 있다. 탐색 바 바로 밑에 위치하는 경우와 탐색창이 생략되고 검색 바가 최상단에 위치하는 경우가 많으며 고정식이 사용된다.

구성 요소	설명	UI 디자인
검색 창	검색을 할 수 있는 입력창	돋보기 아이콘과 검색 텍스트 사용. 필요한 경우 힌트와 컨텍스트 표시
지우기 버튼	입력 내용 삭제	검색 창 내 우측에 위치
취소 버튼	검색 버튼을 통해 검색창이 표시된 경우 사용. 취소하면 이전 화면으로 복귀	검색 창 밖 우측에 위치

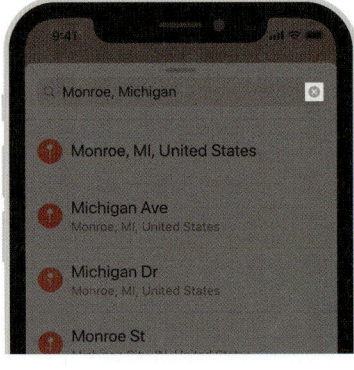
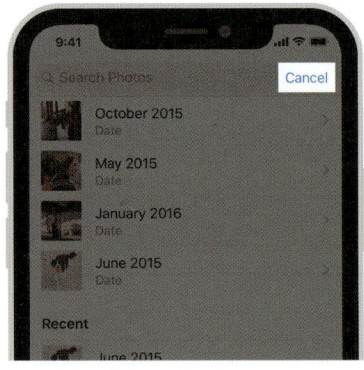

01

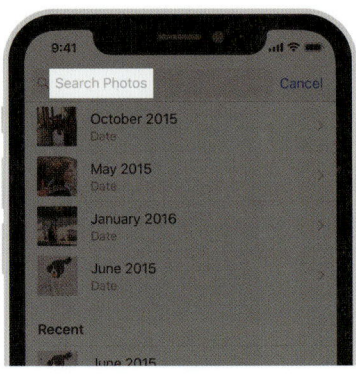
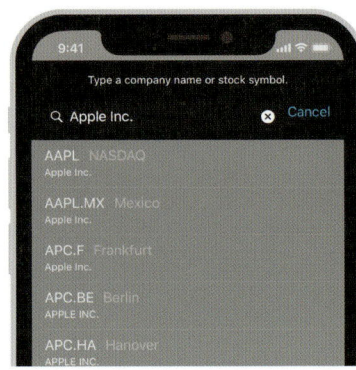

02

01 검색 바
검색 입력 글 삭제 버튼과 취소 버튼

02 검색 바 내 힌트와 현 상황 안내 문구 삽입

5.4 탭 바

화면 하단에 이동하는 전역 메뉴 Global Navigation Bar; GNB를 담은 바이다. 앱의 여러 섹션을 신속하게 전환할 수 있다. 일반적으로 탭 바 Tab Bar는 반투명 혹은 밝은 색으로 표시하며 모든 화면 방향에서 동일한 높이를 유지하고 키패드가 표시되면 숨겨진다. 일반적으로 아이폰 세로 모드에서는 5개까지의 탭 메뉴 표시가 가능하며 비활성화 처리는 하지 않는다.

구성 요소	설명	UI 디자인
전역 메뉴 사용	정보계층 구조의 최상위 계층(Depth1)이며 세부 항목으로 이동하여 액션 버튼을 사용할 때는 숨겨진다. 경우에 따라 주요 기능 버튼(사진 찍기 등)이 중앙에 오기도 한다.	아이콘 + 설명 텍스트(10pt)와 결합된 형태이며 48~50px의 높이를 가진다. 반투명 혹은 밝은 색으로 표시하며 메뉴 버튼은 5개까지 가능하며 그 이상일 경우 'More' 버튼을 사용하여 표시한다. 메뉴 아이콘 선택 시 반전 화면으로 표시한다.
배지	새 정보 표시 등을 나타내는 배지가 사용된다.	작은 원형으로 확인 안 한 콘텐츠의 개수를 표시하는 숫자를 사용하며 주로 붉은색 원을 우측 상단에 사용한다.

탭 바
탭 바 선택 시 아이콘과 텍스트에 색상 변형을 주는 아이콘 반전을 사용한다.

메뉴에 새 정보가 있을 때는 메뉴 아이콘 우측 상단에 작은 원에 숫자가 포함된 '배지'를 사용한다.

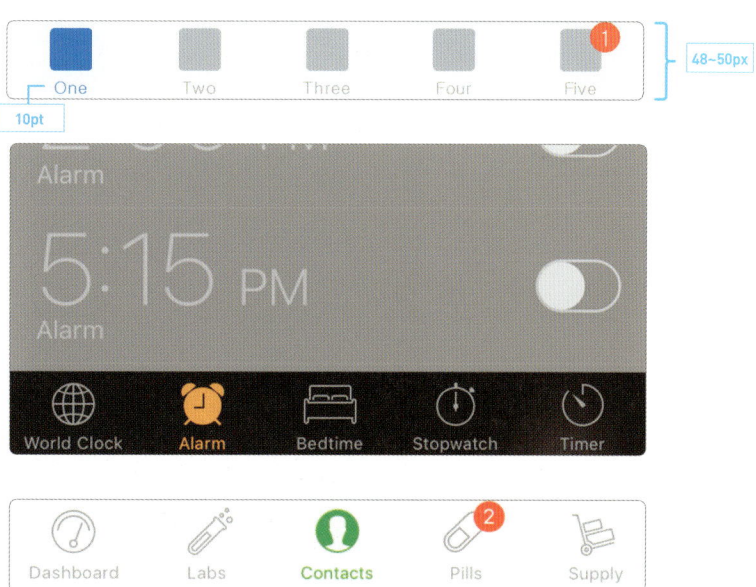

5.5 툴 바

화면 하단에 표시하며 현재 화면에서 필요한 작업을 수행하기 위한 버튼으로 구성된다. 툴 바(Tool bar)는 탭 바처럼 반투명 혹은 색조 표시를 사용하며 필요 없는 경우에는 자동 숨김으로 처리한다. 필요할 경우 화면을 하단으로 이동하면 다시 생성되게 디자인할 수 있다.

구성 요소	설명	UI 디자인
기능 메뉴 사용	기능을 구현하는 버튼이며 4개 이상일 경우에 사용한다. 세그먼트 바는 사용하지 않으며 주로 세부 콘텐츠 화면에서 작동한다. 액션 시트를 이용하여 추가된 기능 버튼을 사용할 수 있다.	터치가 가능한 44px 높이로 사용하며 아이콘 버튼 혹은 텍스트 버튼을 사용한다. 버튼 오작동이 없도록 충분한 공간을 부여한다.
진행 막대	현 화면에서 진행 상황이 필요한 경우 진행 막대(Progressive Bar)를 사용한다.	라인 형태의 직선 바나 원형의 회전 진행을 사용한다.

툴 바
보통 4개 이상의 기능 버튼을 사용하며 텍스트 버튼과 혼용 혹은 전용해서 사용할 수 있다. 툴 바 사이에는 여백을 충분히 두도록 한다.

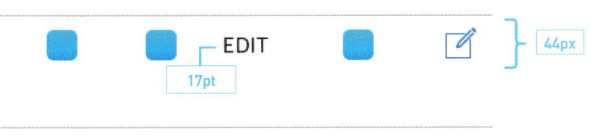

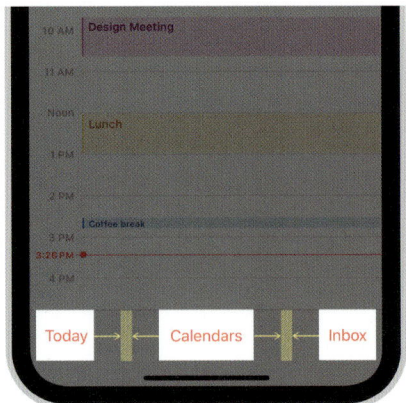

6 뷰 설계

앱에서 텍스트, 그래픽, 애니메이션, 상호작용 요소 등 기본 콘텐츠를 표시하는 것으로 스크롤, 삽입, 삭제, 정렬 등과 같은 동작을 사용한다.

6.1 액션 시트

액션 시트^{Action Sheet}는 경고에 대한 확인(Yes/Cancel)이나 현재 컨텍스트와 관련된 두 가지 이상의 선택 사항을 제공하며 화면 하단에서 위로 슬라이드하는 방식으로, 뒷배경은 보통 전체 그림자^{Dimmed} 처리해 사용된다. 주로 삭제의 확인이나 공유와 같이 여러 개의 실행이 필요할 때 사용하며 iOS 초창기부터 사용된 기능이다. 액션 시트를 작동하는 버튼(공유 버튼, 삭제 버튼 등)이 필요하며 다음과 같은 주의사항을 따른다.

- 액션 시트는 반드시 시트 하단에 취소^{Cancel} 버튼을 넣어야 한다.
- 삭제와 같은 위험 요소에는 붉은색 폰트를 사용한다.
- 액션 시트는 세로 스크롤을 사용하지 않는다. 따라서 화면 높이에 따라 차이가 있겠지만 8개 이하로 선택 사항을 조정하는 것이 좋다.

액션 시트
여러 개의 실행 버튼이나 경고에 대한 확인/취소를 할 수 있다.

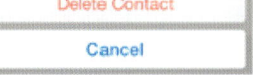

6.2 액티비티 뷰

가로로 스와이프^{Swipe}가 가능한 커다란 액션 시트로 시스템에서 제공하는 다양한 공유 및 기능 구현에 사용된다. 사용자가 앱에서 수행할 수 있는 맞춤 서비스나 작업에 접근 권한을 부여하기 위해 사용되며 액션 시트와 동일한 모션(아래에서 위로 올라오기)으로 구동된다. 주로 시스템에서 제공하는 인쇄, 에어플레이(Air Play: 원격 재생), 에어드롭(Air Drop: 원격 공유), 공유 등에 사용되며 가로로 스와이프된다. 액티비티 뷰는 다음과 같은 주의 사항을 따른다.

- 커스텀하게 액티비티를 구현할 경우 쉽게 이해되는 아이콘과 메뉴 이름을 사용한다.
- 현재 상황에 적합한 기능을 담아 놓는다.
- 액션 시트와 마찬가지로 액티비티 뷰를 열 수 있는 런처 버튼이 필요하다.

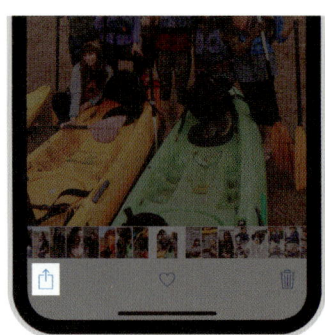
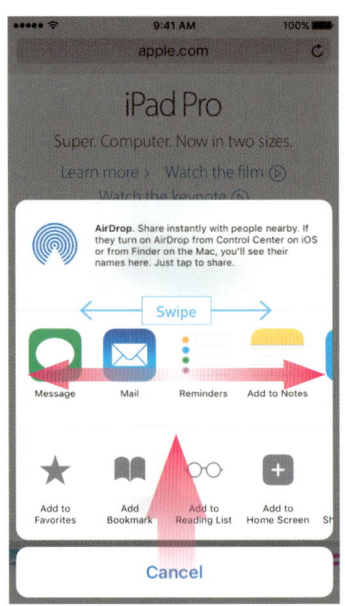

액티비티 뷰

6.3 알림창

알림창Alert은 안드로이드의 대화창과 유사하며 팝업이라고도 한다. 디바이스 상태와 중요한 정보, 오류 사항을 전달하며 피드백을 요청한다. 알림창은 제목, 메시지, 하나 이상의 버튼을 필요로 하며 경우에 따라서 입력할 수 있는 텍스트 필드로 구성된다. 알림창은 다음과 같은 사항을 유의한다.

- 알림창에 의한 경고나 알림은 최소화하는 것이 좋다. 알림창은 사용자 환경을 방해하며 아주 중대한 문제나 알림을 사용자에게 보여줄 때만 사용한다.
- 가로/세로 모드에서 잘 작동하도록 비율에 맞춰 설계한다.

알림창 내부에 보이게 되는 알림 문구는 다음과 같은 사항을 유의해야 한다.

- **짧고 기술적인 다중 단어 경고 제목을 작성**: 사람들이 화면에서 읽어야 할 텍스트가 적을수록 좋으며 한 단어로 된 제목이 유용한 정보를 제공하는 경우는 드물기 때문에 질문문 혹은 짧은 문장을 사용한다. 가능할 때마다 제목을 한 줄로 유지하며 문장 단편에 마침표를 사용하지 않는다.
- **메시지를 제공해야 하는 경우 짧고 완전한 문장을 작성**: 스크롤을 방지하기 위해 한 두 줄에 맞도록 메시지를 짧게 유지하며 문장과 적절한 구두법을 사용한다.
- **비난, 판단, 모욕 금지**: 2인칭 화법으로 친근하지만 단호하게 표현한다. 사용자가 실수했다는 식의 경고 메시지는 금지한다.

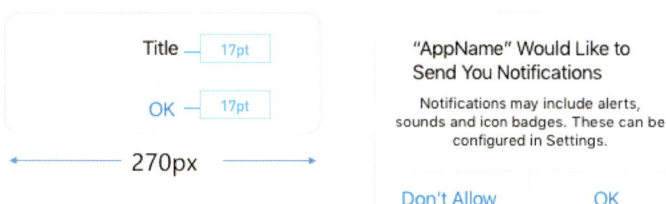

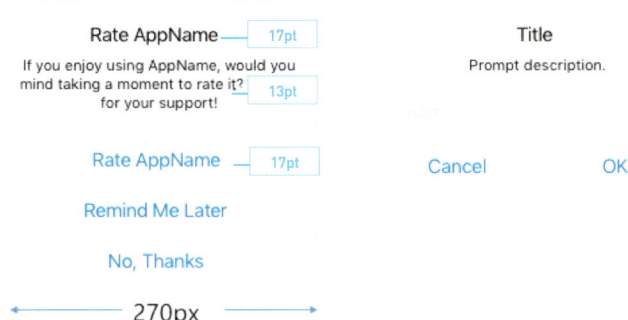

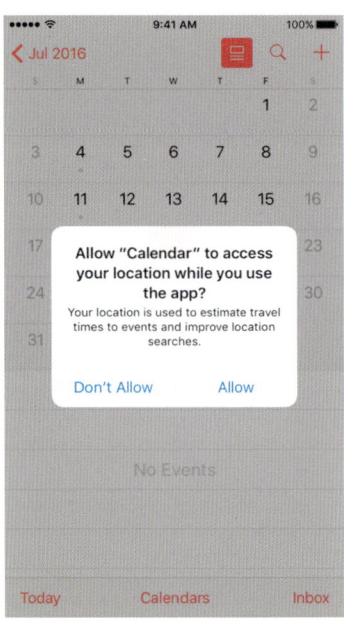 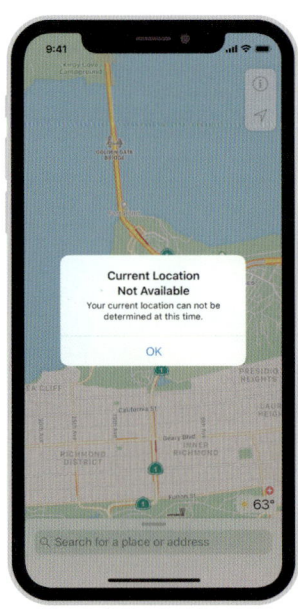

알림창
제목과 본문은 앱 내 폰트 스타일과 동일하게 맞추도록 하며 텍스트 입력창이 사용되기도 한다. 단, 알림창의 크기는 화면에 따라 적당하게 디자인한다.

6.4 이미지 나열

컬렉션Collection으로 불리는 이미지 나열 레이아웃은 사용자가 순서가 지정된 일련의 콘텐츠를 관리하고 사용자화Customizing할 수 있는 디자인 방법이다. 컬렉션은 격자형이나 선형 형식을 엄격하게 적용하는 것은 아니어서 크기가 다른 항목을 표시하는데 적합하다. 컬렉션 디자인 시, 다음과 같은 사항을 유의한다.

01 다양한 형태의 레이아웃으로 배치한 컬렉션 디자인

02 컬렉션 디자인 사례
크기와 배치, 텍스트와의 결합은
자연스러우면서도 독창적으로 서비스 콘셉트에
맞게 배치한다.

- 일반적인 이미지 나열은 급진적이고 새롭게 디자인할 필요는 없다. 쉽고 편하게 볼 수 있도록 배치하는 것이 사용자 경험 측면에서 좋다.
- 레이아웃 변경 시에는 적당한 속도의 모션이 가미된 동적 레이아웃 방식을 적용한다. 갑작스럽게 화면이 변하면 사용자가 이를 이해하기 어렵다.

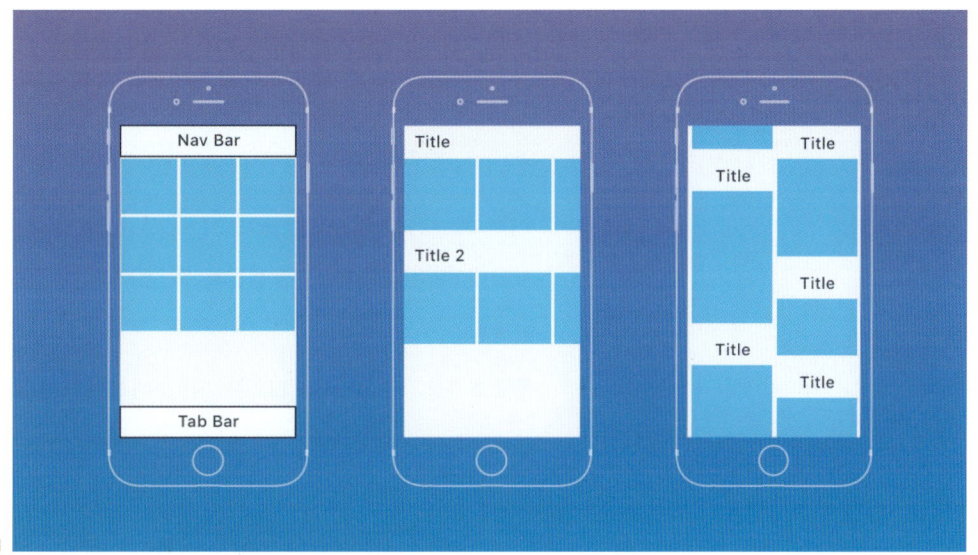

01

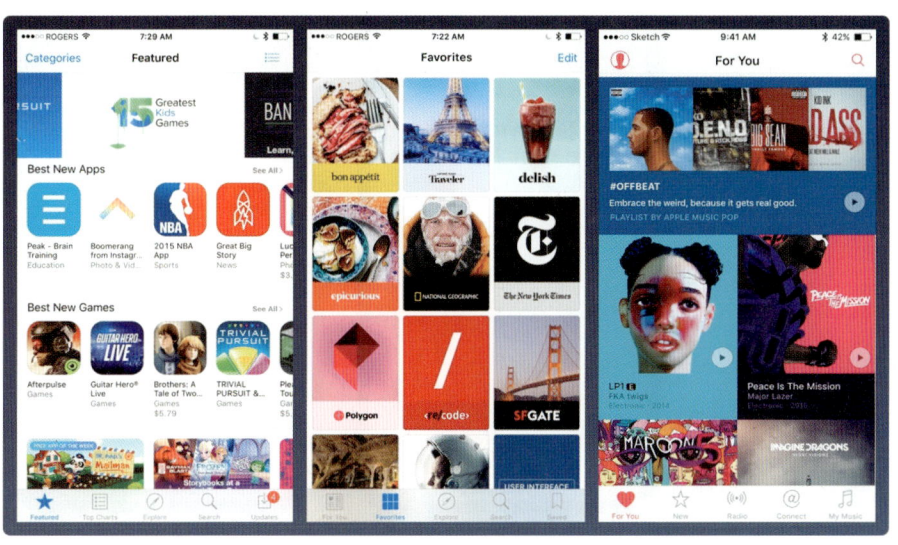

02

6.5 지도 뷰

GPS 센서 등을 이용하여 위치 정보를 습득할 수 있는 디바이스에서 앱에 지리적 데이터를 표시한 화면으로 스마트폰의 지능화에 많은 기여를 한 뷰 화면이다. 보통 지도 데이터를 제공하는 API(애플, 구글, 다음, 네이버 등)를 사용하며 벡터 그래픽으로 그려진 표준 지도와 위성 이미지를 통한 위성 지도 등을 제공한다. 앱에 지도 뷰$^{Map\ View}$를 포함할 경우 위치 정보를 지정하는 핀^{Pin}이나 특정 정보를 추가하는 오버레이를 포함할 수 있으며 GPS 센서를 이용하여 경로를 표시할 수도 있다. 지도 뷰를 디자인할 때 다음과 같은 사항을 고려한다.

- 지도 데이터는 터치 제스처를 활용하여 사용자가 상호작용 요소로서 사용할 수 있게 한다.
- 핀을 추가할 경우 지도 데이터와는 다른 눈에 띄는 색(붉은색)을 사용하며 시작 위치는 녹색, 사용자가 지정한 위치에는 자주색을 사용한다.

지도 뷰
추가 정보나 특정 위치를 표시할 수 있는 핀을 사용할 수 있다.

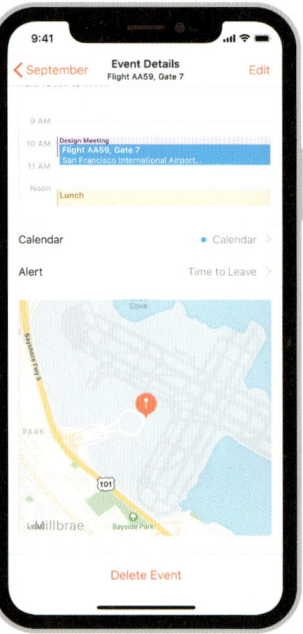

6.6 테이블

테이블^{Table}은 앱이나 웹에서 콘텐츠를 표시하는데 가장 기본이 되고 많이 사용되는 UI로 활용도가 가장 높다. 아이폰의 테이블은 기본적인 모바일 테이블과 디자인 방법이나 사용법이 거의 같다. 단일 열 목록으로 스크롤하는 구조나, 대용량 혹은 소량의 정보를 목록 형태로 표시하는 방법이나, 일반 테이블과 그룹 테이블로 구분되는 점 등이 대부분 동일하다.

아이폰에서 테이블을 사용하는 몇 가지 주의사항은 다음과 같다.

- 테이블의 간격은 비교적 넓게 하며, 너무 넓은 테이블 가로길이는 피한다. 이는 가독성을 높이고 공간 사용을 효율적으로 사용하기 위함이다.
- 테이블에 표시되는 콘텐츠가 방대할 경우 진행 상황을 표시한다.
- 테이블의 콘텐츠는 자동으로 수시로 자동 업데이트되도록 한다. 또한, 수동 업데이트 버튼을 이용하거나, 화면 위, 아래로 스크롤 하는 방식으로 새로고침 되게 한다.
- 테이블 내에 사용하는 내부 실행 버튼$^{Inline\ Action}$은 좌측 혹은 우측에 배치하며 일관성이 있어야 한다.
- 테이블 내 텍스트가 2줄 이상일 경우 잘림 현상에 유의해야 하며 가급적 텍스트를 간결하게 구성한다.
- 사용자가 테이블 행을 선택할 때는 잠깐이나마 셀 반전 등을 통해 피드백을 제공한다.

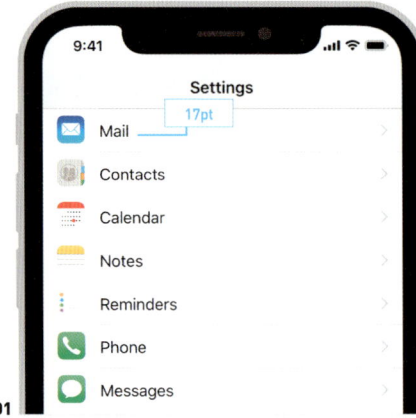
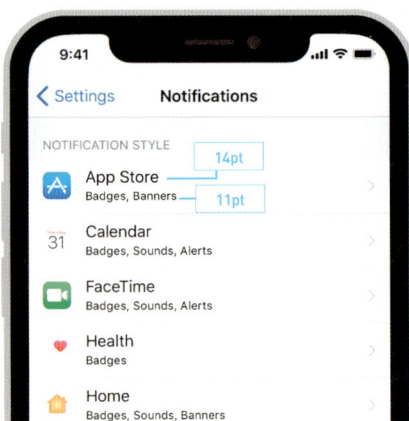

01

01 명령을 실행하는 기본 텍스트와 부제를 포함하는 텍스트의 크기 변화
단, 폰트의 크기는 절대적인 것은 아니며 서비스 콘셉트에 맞게 조정한다.

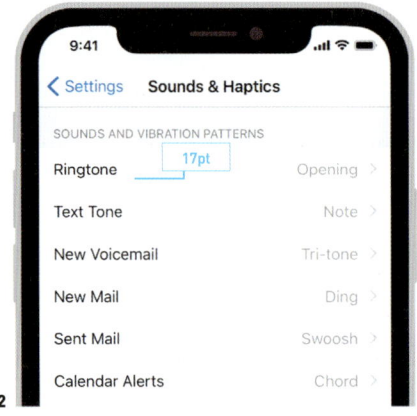
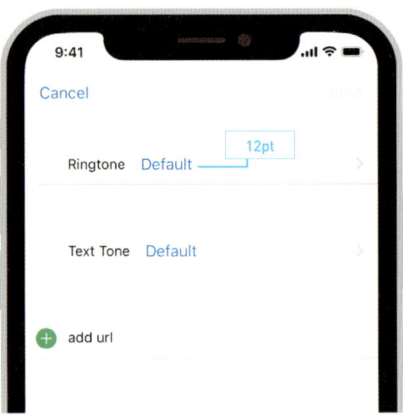

02

02 우측 정렬 세부 정보 표시와 좌측 정렬 세부 정보 표시 비교

7   조작부 설계

앱에서 명령을 실행시킬 수 있는 기능으로 OS마다 제공되는 기능이나 디자인 등에 차이가 있으며 OS별 앱 UI의 구별 요소이다.

7.1   편집 메뉴

편집 메뉴^{Edit Menu}는 주로 텍스트 영역에서 사용되며 사용하고자 하는 구문에 오랫동안(1~2초) 터치^{Long Press}를 하면 작은 팝오버 형태로 화면에 표시된다. 복사, 이동, 자르기, 공유하기 등의 기능을 수행하는 목록을 포함하며 해당 영역을 사용자가 직접 드래그하여 선택할 수 있다. 텍스트 길이에 따라 다르지만 보통 5개 정도의 기능 버튼을 넣을 수 있으며 명령 텍스트가 길 경우엔 말줄임표(…)를 사용한다. 이미지나 기타 비텍스트 기반에서는 오랫동안 터치나 두 손가락 탭을 통해 수정 메뉴를 활성화한다. 편집 메뉴 작업 시, 다음과 같은 사항을 유의한다.

- 편집 메뉴는 현재 상황에 맞는 명령만 표시한다. 보통 복사, 붙이기, 자르기, 선택, 모두 선택, 삭제 등의 명령을 포함하며 일부는 선택적으로 비활성화할 수 있다.
- 편집 메뉴 항목은 순서가 중요하므로 많이 사용되는 것, 중요한 것들을 우선으로 보이게 좌측으로 배치한다.
- 편집 메뉴와 동일한 기능을 가진 다른 컨트롤 메뉴를 구현하지 않는다. 사용자에게 일관성 없고 혼란스러운 UI를 주게 된다.
- 가급적 적은 편집 메뉴(약 4~5개 수준)를 사용하며 명령 이름은 짧을수록 좋다(명사형 표시).

편집 메뉴
오랫동안 누르기를 했을 경우 팝오버 스타일의 임시 팝업창이 발생한다. 세그먼트 바와 같은 형태의 메뉴로 디자인하며 명령어가 길 경우엔 말줄임표(…)를 사용한다.

7.2 피커

피커^{Picker}는 데이터 입력 도구로 하나 이상의 선택 가능한 값을 선택하기 위해 스크롤 되는 도구이다. 웹 폼 형식의 선택^{Select}과 거의 동일하며 일반적으로 입력하는 영역을 터치하면 화면 하단에서 상단으로 올라오는 모션으로 나타난다(액션 시트와 동일). 주로 날짜 입력, 주소 입력, 선택 가능한 단어 입력 등에 사용된다. 웹사이트의 '선택'은 아이폰에서 실행할 경우 자동으로 피커로 전환되어 사용된다. 피커를 디자인할 때 다음과 같은 사항을 고려한다.

- 예측 가능하고 논리적으로 정렬된 값을 사용한다. 한 화면에 보이는 데이터의 개수가 5~6개 정도이기 때문에 알파벳순이나 논리적 개념 등으로 정렬이 가능한 데이터를 사용해야 한다.
- 피커는 처음부터 화면에 고정하는 고정식과 필요할 때 화면에 도출하는 컨텍스트 방식으로 표현되며, 화면 전환을 사용하진 않는다.
- 너무 긴 입력 데이터는 피커보다는 테이블을 사용하는 것이 속도 측면에서 빠르다.
- 피커는 종속적 관계로 표현할 수 있으며 가로 공간의 크기가 허락하는 선에서 개수를 늘릴 수 있다. 보통 2~3개 사이로 종속 관계 표현을 선택할 수 있다(주소 입력: 시 선택 ⇨ 해당 시의 구 선택 ⇨ 해당 구의 동 선택).
- 피커는 화면에 노출되는 이후 크기 조절을 하지 않는다.

보통 한 화면에 5~6개 정도의 선택 사항을 제시하며 종속 관계로 표현할 수 있다. 경우에 따라서 화면 고정식도 사용할 수 있으며 선택한 후 확인 혹은 취소 버튼으로 처리할 수 있다.

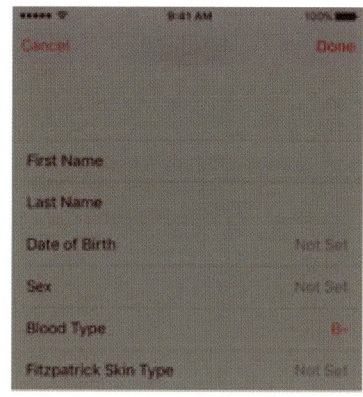 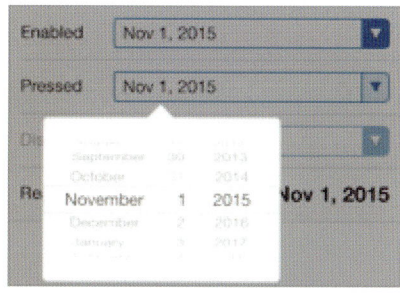 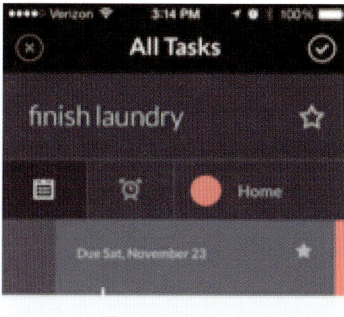
  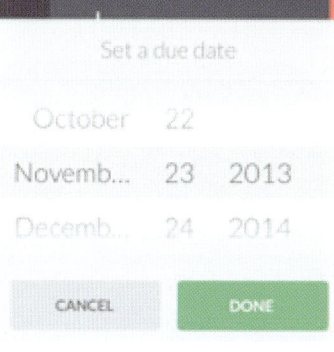

피커 사례

7.3 진행 상황 표시

앱에서 진행 상황을 표시하는 방법은 다양하지만 기본적으로 OS에서 제공하는 표현들이 존재한다. 앱 컨트롤이나 데이터 처리 작업에 1~2초 이상 소요가 될 때 애플은 반드시 진행 상황을 표시하도록 한다. 진행 상황 표시는 진행 중에만 표시되며 진행 상황이 완료되거나 취소되면 자동으로 사라진다. 진행 상황 표시는 액티비티를 수량화할 수 있을 때 사용하는 바 형태 방식Bar Type Progress과 수량화할 수 없는(네트워크 접속 등) 진행 상황일 때 사용하는 원 형태 방식Circle Type Progress을 사용한다. 진행 상황을 표시할 때 다음 사항을 유의한다.

- 진행 상황 표시는 수량화할 수 있는 액티비티의 경우 완료 시점을 표시한다. 주로 진행 중 %(퍼센트)로 표시하거나 완료까지 남은 시간 등을 표시한다.

- 진행 상황 표시는 계속 움직여야 한다. 이는 바 형태 방식이나 원 형태 방식 모두 동일하다.

- 진행 상황을 표시하는 동안에는 가급적 유용한 정보를 제공한다. 유용한 정보가 콘텐츠 영역에 표시되어야 하므로 진행 상황 표시는 화면 상단이나 하단에 그리 크지 않게 디자인하는 것이 좋다.
- 네트워크 환경에서 진행 상황을 표시할 때는 상태표시 바 네트워크 상황에 넣는다.

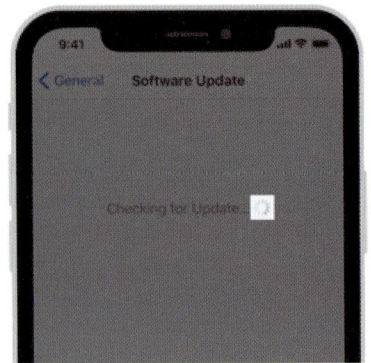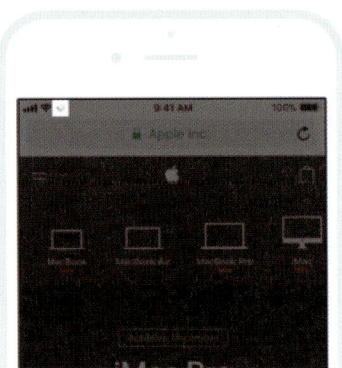

진행 상황 표시 사례
좌: 원 상황 표시, 중: 바 상황 표시, 우: 네트워크 상황 표시

7.4 분할 컨트롤

분할 컨트롤Segment Control은 2개 이상의 분할된 명령어를 나열할 때 사용되는 UI로 각 분할 명령은 상호 배타적으로 작동한다. 분할 컨트롤 내 버튼의 크기는 동일하게 작성하며 주로 텍스트로 구성되지만 경우에 따라서는 이미지도 가능하다.

- 분할 컨트롤 수는 너무 많으면 디자인 처리 측면과 사용자 경험 측면에서 혼동 요소이므로 5개 이하로 설계한다.
- 분할 컨트롤은 텍스트로 작성하는 것이 일반적이며 이미지 사용도 가능하지만 두 가지를 섞어 쓰지는 않는다.
- 분할 컨트롤은 주로 화면 상단에 위치하며 컨트롤을 실행하면 화면 하단에 구현되는 형태로 디자인한다.

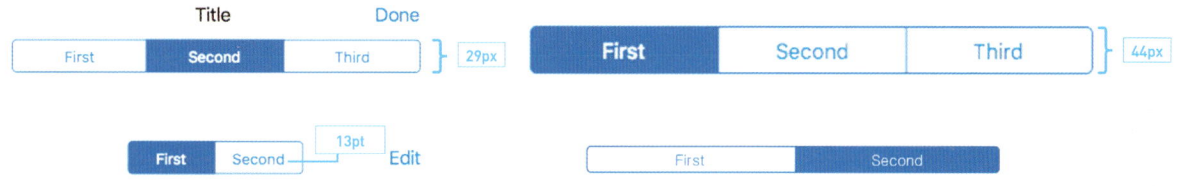

분할 컨트롤 UI

7.5 슬라이더

슬라이더Slider는 입력 도구 중의 하나로 손가락으로 슬라이드하여 최솟값과 최댓값 사이를 이동하여 입력한다. 슬라이더 값이 변경되면 최솟값과 현재 멈춰 있는 위치까지 색상으로 채워진다. 슬라이더는 선택적으로 최소 및 최댓값의 의미를 나타내는 아이콘을 왼쪽, 오른쪽에 표시할 수 있다. 슬라이더 작업 시, 다음 사항을 유의한다.

- 슬라이더는 사용자가 정의한 디자인으로 사용할 수 있다. 단, 슬라이더를 사용하여 오디오 볼륨을 조정하지 않는 것이 좋으며 커스텀하게 디자인한다.
- 일반적으로 좌측이 최솟값, 우측이 최댓값이며 설정 영역을 포함하는 그룹 테이블에 위치하는 것이 대부분이다.

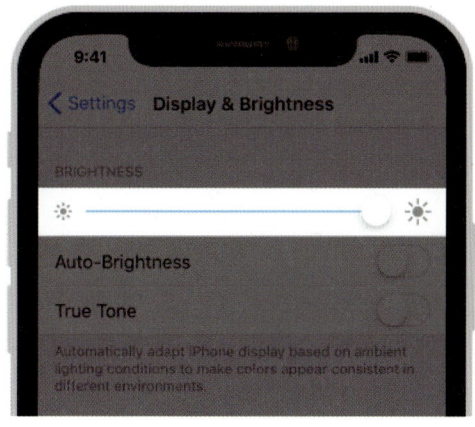

슬라이더 UI

7.6 스테퍼

스테퍼^{Stepper}는 슬라이더와 비슷하게 데이터의 증감을 입력하지만 한 단계씩만 늘리고 줄이는 2분할 컨트롤이다. 좌측에 -, 우측에 + 버튼을 사용한다. 스테퍼는 버튼을 누를 때 현 화면에서 바로 값이 적용되는 것이 좋으며 슬라이더와 마찬가지로 옵션 영역(그룹 테이블)에 위치한다. 스테퍼를 디자인 할 때 다음 사항을 유의한다.

- 큰 값의 변경 가능성이 있는 경우에는 스테퍼를 사용하지 않는다.
- 단계별 데이터 증감에 주로 사용되며 인쇄량, 예약 시 인원수 추가, 볼륨 크기 조절 등에 사용된다.

스테퍼 사용 사례

7.7 스위치

스위치^{Switch}는 켜기와 끄기를 할 수 있는 토글 버튼이다. 기본적으로 OS가 제공하는 디자인 스타일이 있지만 앱 디자인 콘셉트에 맞게 커스텀하게 조정하는 것도 좋다. 스위치 디자인 시 다음 사항을 고려한다.

- 스위치는 대표적인 옵션 환경이며 그룹 테이블에서만 사용한다.
- 스위치는 켜짐^{On}과 꺼짐^{Off}으로만 이루어지게 사용하며 레이블을 사용하지 않는다.
- 좌측으로 원이 있는 경우가 꺼짐, 우측으로 원이 있는 경우가 켜짐으로 설정한다.

스위치 사례

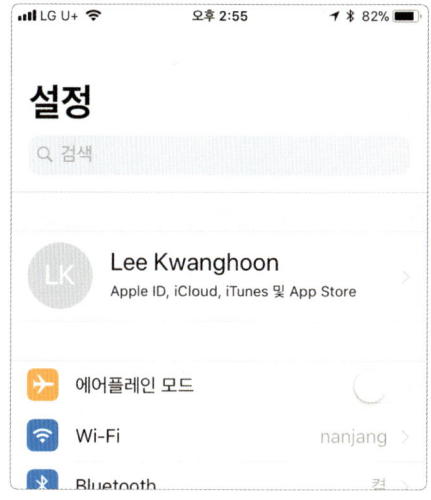

8 기타 인터페이스 설계

국내의 아이폰 정책과 기술, 제공 서비스는 해외 서비스와 동일하지 못한 경우가 많다. 대표적인 것이 모바일 결제 서비스인 애플페이^{Apple Pay}와 가정용 홈 IoT인 홈킷이다. 만약 글로벌한 서비스를 만들고자 하는 개인이나 기업이라면 애플 HIG를 확인하고 글로벌 서비스에 적합한, 애플만의 특정 기능을 사용하는 것이 좋다. 그중 가장 필수적인 부분이 모바일 결제 서비스인 애플페이와 애플월렛(모바일 지갑 기능)이다. 또한, 국내에서도 사용 중인 앱 내 결제^{In App Purchase} 역시 많이 사용되는 기능이므로 이 부분 역시 숙지하는 것이 좋다.

8.1 애플페이

2017년 12월 기준, 아직 국내에 애플페이가 도입되지 않았지만 글로벌 서비스나 차후 국내에 도입될 경우 사용성 높은 모바일 결제 기능을 제공할 수 있다. 애플페이의 결제 과정은 다음과 같다.

1. 화면에서 결제 버튼을 눌렀을 때 화면 하단에서 상단으로 스크롤되는 'Apple Pay-mark' + 지불 버튼 표시
2. 결제 과정: 애플페이에 연결된 신용카드, 직불카드 선택 ⇨ 구매 금액 선택 ⇨ 배송 옵션 및 배송 정보 표시
3. 주문 확인, 감사 페이지 제공

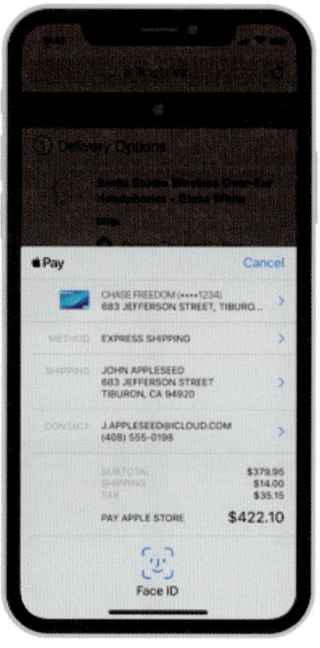
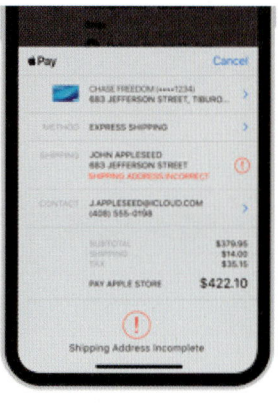
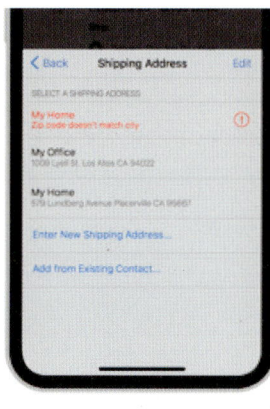

애플페이 적용 사례

8.2 애플월렛

애플월렛Wallet은 비행기 탑승이나 경기장 입장, 할인 쿠폰 등 다양한 구입 내역을 종이나 플라스틱 등 실제 인쇄물 대신에 지갑 앱에 저장하는 서비스로 현실 세계에서 사용할 수 있는 가상의 지갑이다. 해당 앱에는 애플페이에서 사용한 신용카드, 직불카드 및 매장카드도 저장된다. 애플월렛을 활용할 때 다음과 같은 사항을 유의해야 한다.

- 애플월렛 기능을 활용하기 위해 탑승권이나 입장권, 할인 쿠폰의 디자인은 시각적으로 화려하면서도 몰입형으로 제작한다.
- 애플월렛에 들어갈 화면 크기 및 형태를 고려하여 필수 요소를 포함하는 디자인을 작성한다. 특히, 크기가 작은 애플워치에 삽입될 경우를 염두에 두고 디자인해야 한다.
- 복잡하게 보이거나 플랫폼별로 다르게 보일 수 있는 요소는 제거하여 디자인한다.

공통적으로 사용되는 안정적인 디자인은 이미지를 사용하는 것이다.

- 회사 이름에 로고 텍스트 영역을 사용한다. 이는 애플월렛 안에 들어있는 다른 패스와의 충돌을 피하기 위함이다.
- 패스에는 직사각형 바코드를 사용한다.

애플월렛 디자인 사례

10

Chapter

안드로이드 인터페이스 가이드라인

Outline

아이폰 출시 이후 구글에서 개발한 스마트폰용 OS인 안드로이드는 Java SE를 기반으로 제작되었다. 폐쇄적인 iOS 기반의 아이폰에 비해, 매우 다양한 하드웨어를 지원하여 스마트폰 제조업자들의 환영을 받았다. 초기 안드로이드는 불안정한 요소와 예쁘지 않은 디자인, iOS에 비해 상대적으로 혼란스러운 하드웨어 적응력 등으로 많은 시행착오를 거쳤다. 하지만 안드로이드 4.0 버전 이후부터는 체계적인 UI 가이드와 스타일로 2018년 현재에는 아이폰과 대등한 위치에서 매우 완성도 높은 스마트폰, 태블릿 PC용 OS로 자리 잡게 되었다.

Process

1 안드로이드 디자인 원칙

안드로이드는 사용자를 최우선 고려한 디자인을 강조한다. 디자이너의 창의력을 반영하여 다음과 같은 디자인 원칙을 지닌다.

개인화 디자인

- **직접 조작**: 사용자가 앱의 오브젝트를 직접 터치하고 조작할 수 있게 설계하여 감정적인 만족감을 증대시킨다.
- **사용자화**(Customizing) **디자인**: OS에서 기본적으로 제공되는 디자인에 추가하여 서비스에 가장 어울리게 사용자화한다.
- **컨텍스트**(Context) **디자인**: 시간이 지나감에 따라 사용자 로그를 분석하여 기호를 학습한 후 같은 선택을 반복하게 하지 않고 이전 선택 사항을 손쉽게 찾을 수 있도록 배치한다.

단순한 디자인

- 문장은 짧게 표현한다.
- 단어보다는 그림 위주로 표현한다.
- **지능적인 기본 설정 수립**: '실행 취소'나 '실행'만 허용하는 수준으로 쉽게 디자인하여, 필요한 순간에만 화면을 표시한다.
- **사용자가 쉽게 상황을 파악할 수 있는 UI 제공**: 현재 서비스 위치 표시, 화면 전환 효과, 진행 중인 작업에 대한 피드백 표시 등 다양한 플랫폼에 적용할 수 있게 디자인한다.
- **시각적인 기능 차이를 표시한다**: 유사하게 보이지만 동일한 입력에서 다르게 작동하는 디자인은 하지 않는다.
- **중요한 경우에만 방해한다**: 중요하지 않은 것에 디자인이 개입되면 사용자는 피곤함을 느낀다.

놀라운 경험 제공

- 오류 문구는 친절하고 상세하게 작성한다.
- 복잡한 작업을 쉽게 수행할 수 있도록 작은 단계로 나눠서 진행한다.
- 초보자도 전문가처럼 보이게 하는 기본 설정을 수립하며 사례 중심으로 표현한다.
- 중요한 기능이나 이동은 가장 눈에 띄기 쉽게 디자인한다.
- 시각적 단서를 주는 행동유발성Affordance 디자인을 사용한다.

또한, 안드로이드는 앱 디자인에 현실에 기초한 물질 디자인을 적용하고 있다. 안드로이드와 아이폰의 가장 큰 디자인 개념적 차이가 바로 물질 디자인이다. 물질 디자인의 원칙은 다음과 같다.

은유적 디자인

- 현실에 기초한 시각적 단서 사용
- 물리법칙을 적용한 유연한 디자인
- 촉각을 이용한 디자인으로 사용자의 이해도 증대

굵고 의도적인 그래픽 중심

- 타이포, 공간, 크기, 색상 및 이미지 등의 시각적 단서를 기반
- 과감한 색상, BG이미지, 창의적인 대형 타이포그래피, 의도적인 여백 등 사용자를 경험에 몰입시키는 대담한 UI 디자인

모션 사용

- 모션 동작을 이용하여 사용자 경험을 부각
- 기본 화면은 유지하면서 경험의 연속성을 보존하고 객체를 변형하며 재구성
- 주의를 집중시키는 피드백 제공

2 안드로이드 화면 구성

안드로이드의 화면 구성은 아이폰과 비교했을 때 크게 다르지 않다. 상·하단을 바 형태로 만들고 중앙 부분을 콘텐츠를 담은 영역으로 표현한다. 아이폰보다는 다양한 하드웨어에서 사용되기 때문에 모든 하드웨어에 적용하는 것이 매우 어려우므로 화면 레이아웃이나 컴포넌트 크기에 따른 가이드를 제공하고 있다.

안드로이드의 기본적인 화면 구성

❶ 상태표시 바(Status Bar)와 ❷ 탐색 바(Navigation Bar)는 시스템에서 기본적으로 제공되는 화면 UI이다. 태블릿 PC처럼 화면이 넓어질 경우 상태표시 바와 탐색 바가 합쳐진 ❸ 결합 바(Combined Bar)로 표현한다.

2.1 공통 앱 UI

일반적인 안드로이드 앱은 상단에 작업 표시를 표기하는 앱 바^{App Bar}와 메뉴를 펼치는 서랍형 탐색 메뉴^{Navigation Drawer}를 사용한다. 또한 아이폰과 같이 화면 중앙 영역에 콘텐츠를 배치하는 콘텐츠 영역^{Contents Area}으로 구성된다.

안드로이드 공통 앱 UI

❶ 앱의 명령 및 제어를 할 수 있는 영역. 현재 보기에서 가장 중요한 작업을 처리하며 메뉴 이동 및 간단한 실행 버튼을 포함한다.

❷ 앱의 구조가 복잡한 경우 앱 바 좌측에 서랍형 탐색 메뉴 아이콘을 추가한다. 펼침 메뉴 버튼을 누르면 우측 그림처럼 메뉴가 담긴 뷰가 펼쳐지며, 다시 펼침 메뉴 버튼을 누르면 이전 화면으로 돌아간다.

❸ 아이폰과 동일하게 앱의 콘텐츠가 표시되는 공간이다.

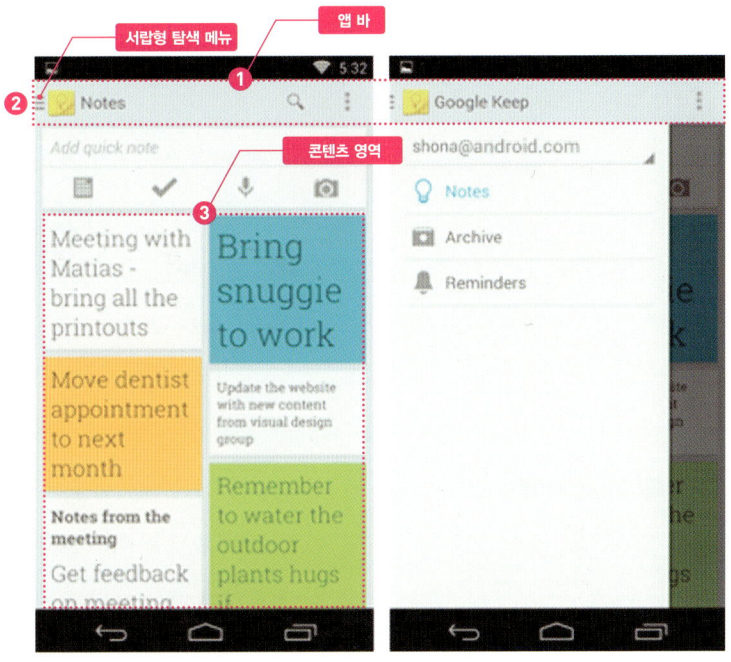

2.2 레이아웃 원칙

안드로이드는 다양한 화면 크기와 폼 팩터로 10억 가지 이상의 전화, 태블릿, 기타 장치를 구동한다. 이를 위해 안드로이드 레이아웃 시스템은 유연하게 구성되어 있으며 반응형 UI를 기반으로 설계하게 된다. 레이아웃의 기본 원칙은 다음과 같다.

- **융통성 있는 디자인**

  다양한 높이와 너비에 맞게 레이아웃을 늘리고 압축할 수 있어야 한다. 사각형 레이아웃으로 구성된 매트로 UI$^{Metro\ UI}$로 적용하면 좋다

- **레이아웃 최적화**

  대형 장치에서는 여분의 화면 공간을 활용한다. 여러 보기를 결합하여 더 많은 내용을 표시하고 탐색을 쉽게 하는 다양한 레이아웃을 설계한다.

- **표준화된 디자인 요소**

  어떤 기기든지 앱 디자인이 잘 보이도록 하기 위해 화면 밀도(DPI)에 대한 리소스를 제공한다. 이를 위해 기본 표준(표준 크기 및 MDPI)에서 작업하고 다른 화면을 위해 확장하는 형태로 디자인한다.

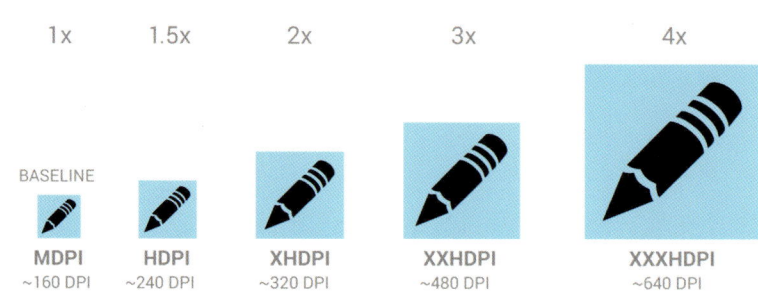

크기별 DPI

2.3 레이아웃 가이드

안드로이드 UI 레이아웃은 영구적 요소를 지닌 앱 바외에 추가 기능 또는 작업 오버 플로를 위해 화면 하단에 플로팅 액션 버튼*을 추가할 수 있다. 서랍형 탐색 메뉴는 다른 모든 구조 요소를 오버레이한다. 레이아웃 가이드는 다음 사항을 따른다.

플로팅 액션 버튼
Floating Action Button

여러 개의 기능 버튼을 담은 떠있는 버튼

- 2개 이상의 인터페이스 구분은 가급적 피한다. 공백을 사용하여 보조 영역을 윤곽으로 나타낼 수 있다.

- 안드로이드는 가장자리나 면 대 면에서 걸쳐진 형태의 UI 레이아웃을 선호한다. 콘텐츠를 구성하는 카드 UI(Card UI)나 플로팅 액션 버튼 등은 절단면에 걸쳐있는 형태로 자주 배치된다.

- 특정 동작이나 정보 그룹화의 더 많은 세분화가 필요할 경우 카드 UI를 사용하여 콘텐츠를 구성한다. 카드 UI는 안드로이드의 핵심 콘텐츠 UI로 다양한 콘텐츠를 한 화면에 표시할 때 자주 사용된다.

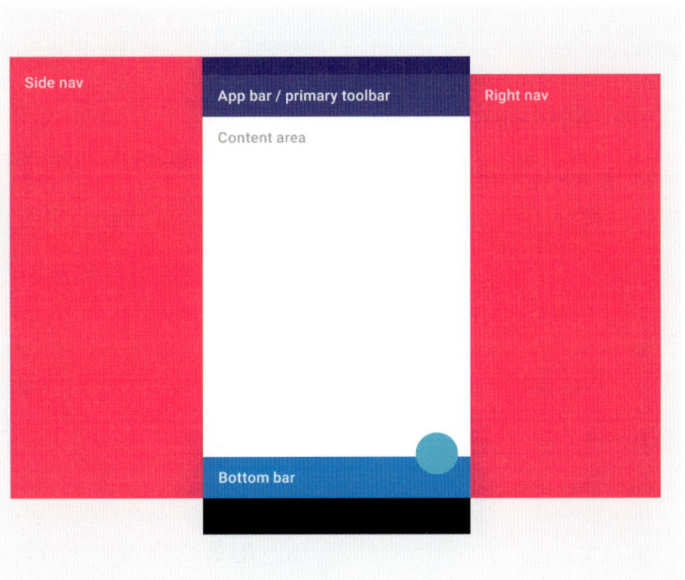

01

02

01 안드로이드 앱 구조

02 안드로이드 UI 레이아웃 배치 사례
카드(좌)와 플로팅 액션 버튼(우)이 절단면에 걸쳐져 있는 형태로 배치한 사례

01 안드로이드 기본 UI의 여백
　대형 타이틀일 경우 화면 여백과 탭 바가
　포함된 화면 디자인 사례

02 이미지와 텍스트가 결합한 배너의 화면 비율 사례

안드로이드 UI는 좌우 여백에 대한 가이드를 제공하며 필요하면 메인 탐색 메뉴를 담을 수 있는 탭 바 UI를 앱 바 아래에 배치한다.

이미지 배너나 특정 이미지를 배열할 때는 적절한 화면 비율을 사용한다. 특정한 지정 비율은 없지만 보통 이미지 원본의 크기 비율은 16:9이며 텍스트가 포함될 경우 3:2나 1:1로 레이아웃을 적용한다.

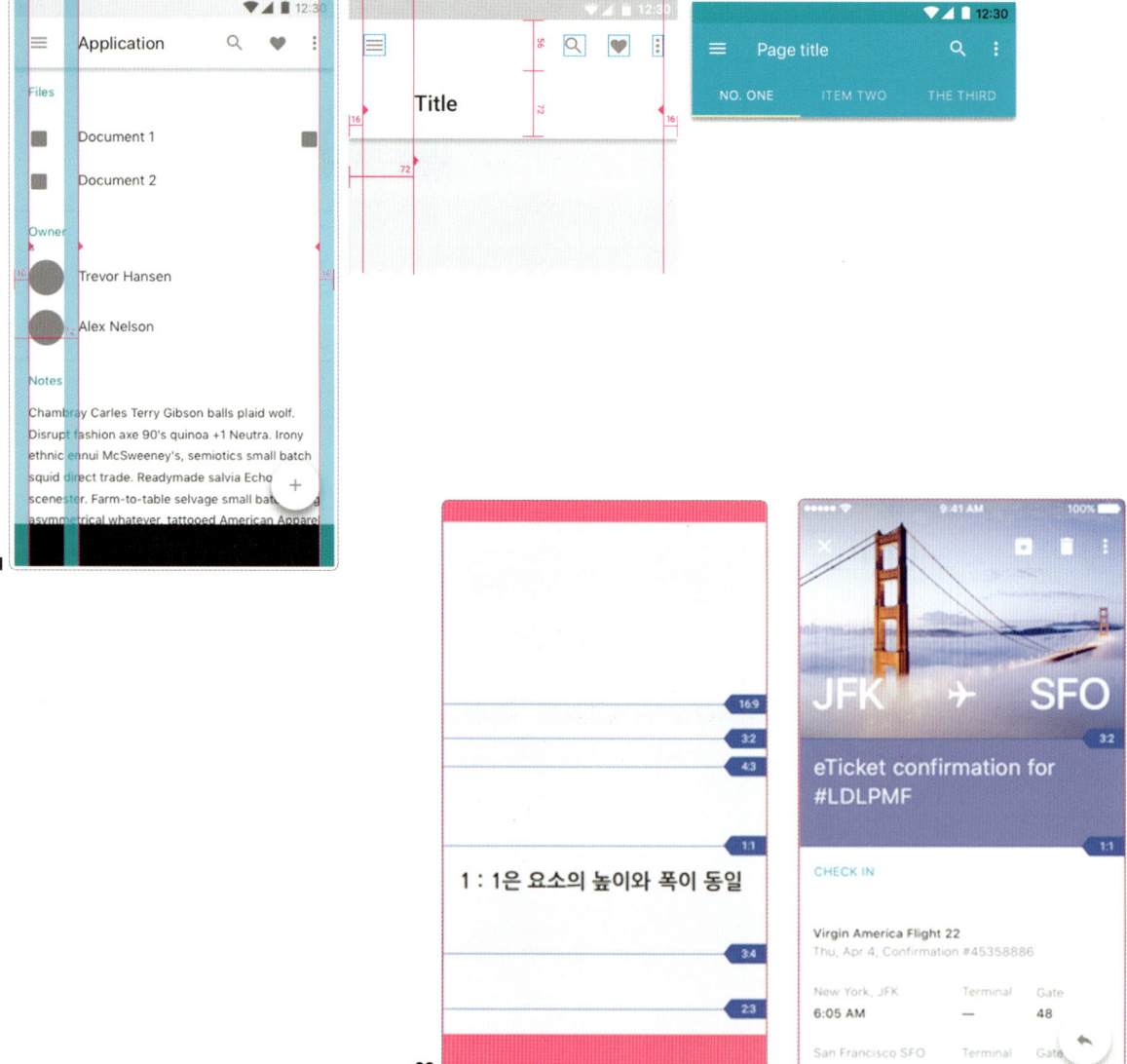

③ 물질 디자인의 구조적 특성

안드로이드의 디자인 핵심인 물질 디자인은 현실에 기초한 평면Flat의 모바일 인터페이스(웹도 포함)에 3D 공간을 적용하는 은유적 디자인 방법이다. 빛과 그림자를 적용한 디자인으로 계층 구조와 의미를 표현하며 초점을 명확하게 한다. 그러나 물질 디자인이라고 해서 입체감을 주는 스큐어모피즘* 방식이 아닌 평면 디자인에 그림자로 높이를 구분하고 높낮이에 따라 화면 강조나 스크롤, 콘텐츠 초점에 관여하는 디자인 방식이다.

안드로이드는 플랫폼 및 장치 크기에 상관없이 통일된 경험을 가능하게 하는 단일 기본 시스템 개발을 위해 물질 디자인을 만들었다. 물질 디자인은 빛, 재질 및 그림자가 포함된 3차원 환경을 의미하며 콘텐츠를 포함하는 평면의 오브젝트에 여러 단계의 높낮이를 그림자를 통해 표현한다.

스큐어모피즘
Skeuomorphism

대상을 원래 그대로의 모습으로 사실적으로 표현하는 디자인 기법

3.1 물질 디자인 방법

물질 디자인은 다음과 같은 방법으로 설계한다.

- 각 재질은 동일한 얇은 두께를 가진다(1dp).
- 입력 이벤트는 전경 재질에만 영향을 주며 통과할 수 없다.
- 여러 개의 재질이 겹쳐 있을 경우 동시에 공간의 동일한 점을 차지하지 않는다.
- 한 재질이 다른 재질을 통과할 수 없다. 이는 실제 세계에서 있을 수 없으므로 이를 물질 디자인에도 반영한다.
- 재질은 접거나 구부리지 않는다.
- 재질에 모션을 줄 때는 자연스럽게 이동(직진, 회전 모두)하거나 사라지게 할 수 있다.
- 가장 중요한 것은 고도 처리이다. 고도는 재질 두께인 1dp에서 높이를 측정한다. 낮은 고도일 때는 진하고 짧은 그림자로, 높은 고도일 때는 흐리고 길며 퍼진 그림자로 표현한다.

10 안드로이드 인터페이스 가이드라인

> 물질 디자인의 구조적 특성

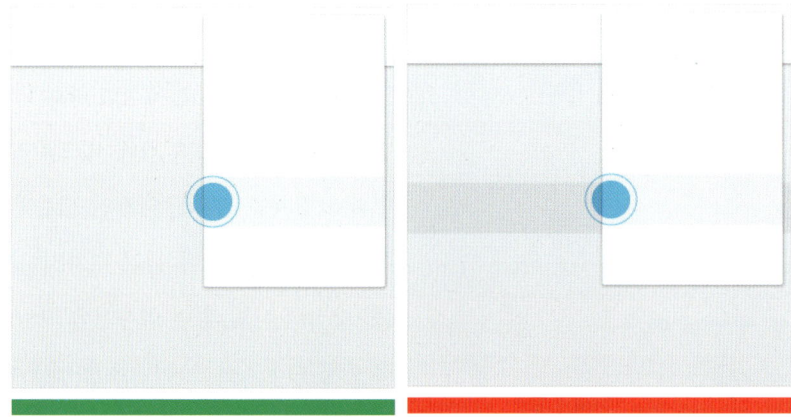

01

02

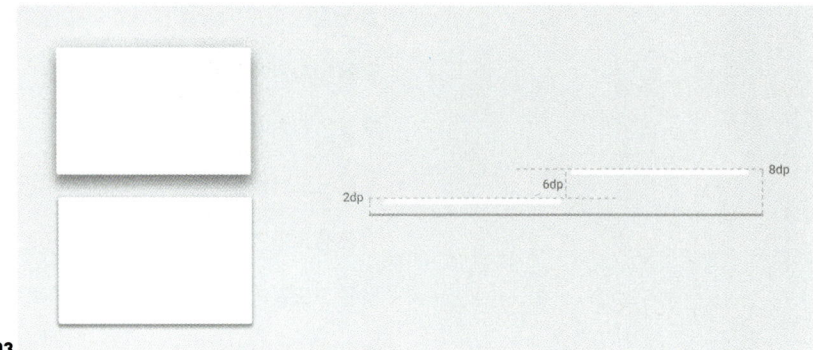

03

물질 디자인 개념

01 입력 이벤트는 전경 재질에만 영향을 주며(좌) 통과할 수 없다(우).

02 재질은 구부리거나 접을 수 없다.

03 재질별 높이는 그림자 디자인을 통해 구분한다.

3.2 물질 디자인 높이 구분

물질 디자인은 높이를 구분한다. 버튼의 경우 눌려졌을 때와 그렇지 않을 때의 높이에 차이가 있을 수 있으며 특히 재질이 겹쳐 있을 때는 다음의 높이 규칙에 따라 그림자를 디자인해야 한다.

물질 디자인 높이 규칙

Ev(dp)	Component
24	Dialog Picker
16	Nav drawer Right drawer Modal bottom Sheet
12	Floating action button (FAB - pressed)
9	Sub menu(+1dp for each sub menu)
8	Bottom navigation bar Menu Card(when picked up) Raised button(pressed state)
6	Floating action button (FAB - resting elevation) Snackbar
4	App Bar
3	Refresh indicator Quick entry/Search bar (scrolled state)
2	Card (resting elevation) * Raised button(resting elevation)* Quick entry / Search bar(resting elevation)
1	Switch

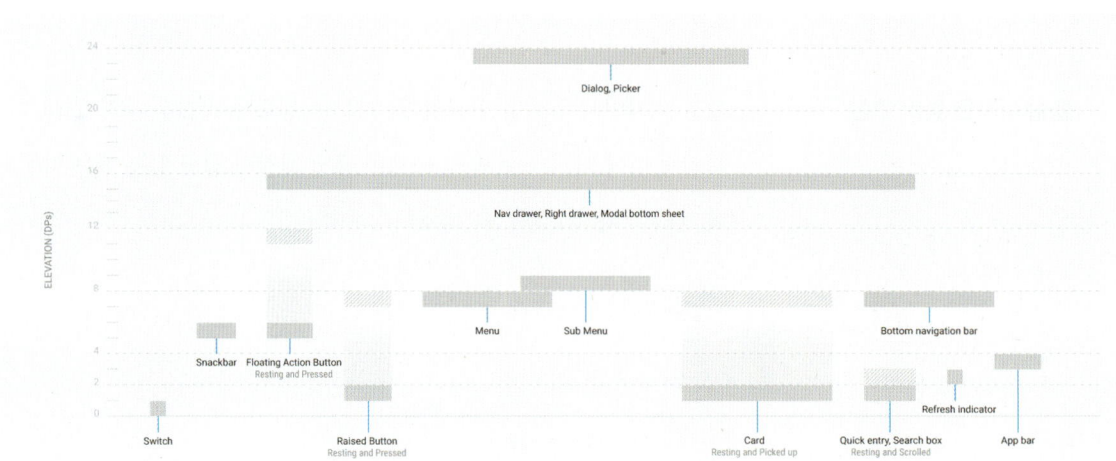

01

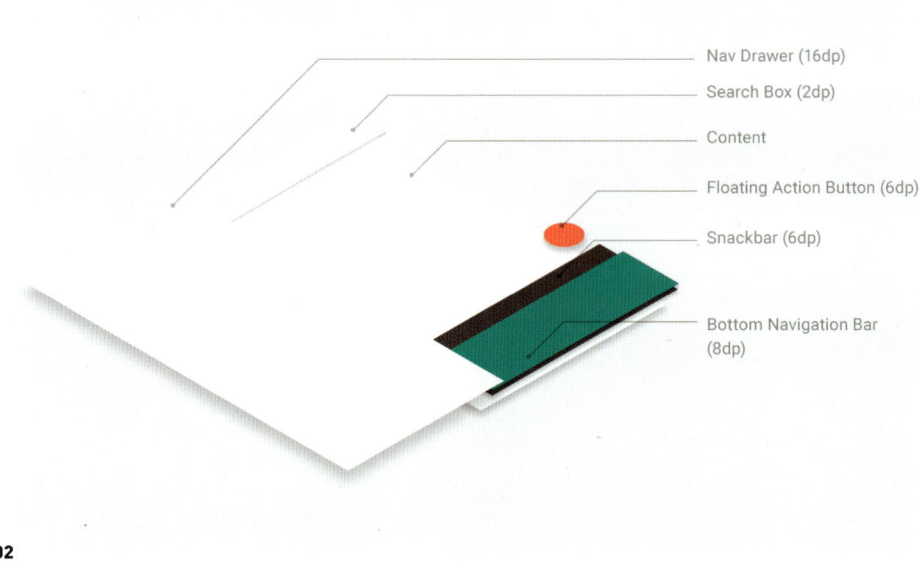

02

01 물질 디자인 높이 구분

높을 수록 그림자가 옅고 퍼져 있으며 16dp 이상의 높이는 배경에 전체 그림자 처리를 한다.

Part 3
운영체제별 UI 가이드라인

03
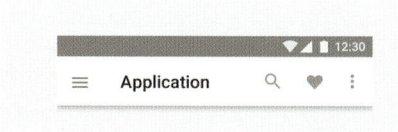

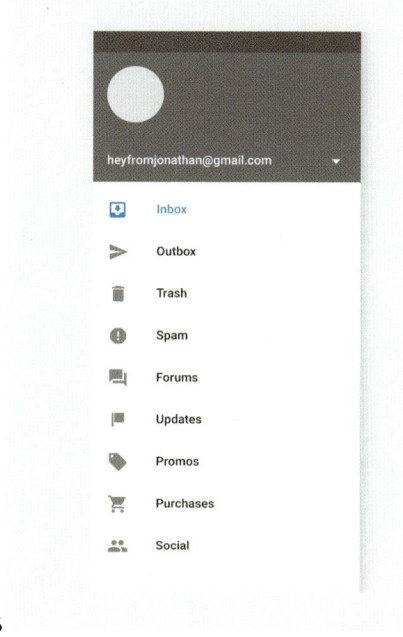
04

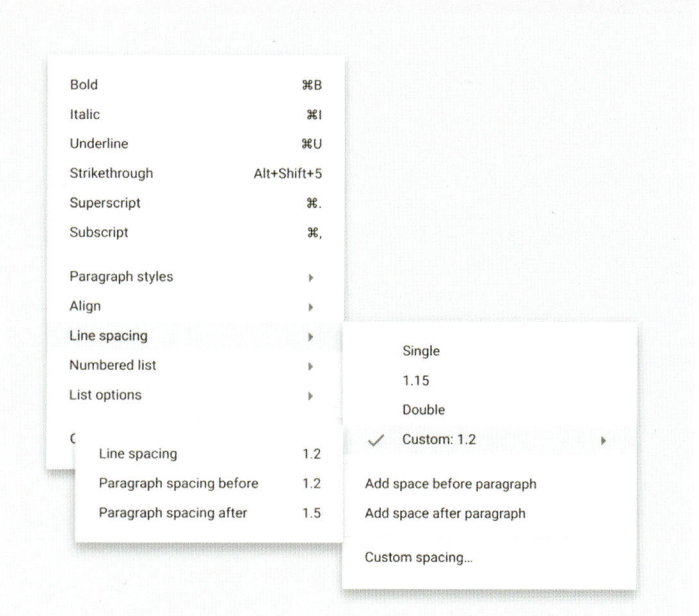
05

물질 디자인 높이 적용 사례

02 물질 디자인의 높이를 적용한
안드로이드 표준 앱 디자인

03 앱 바는 상단에서 하단으로 향하는 UI를 갖고
있어 하단 부분에 그림자 디자인을 적용했다.

04 서랍형 탐색 메뉴는 좌측에서 우측으로 열리는
UI를 갖고 있어 우측 부분에 그림자 디자인을
적용했다. 단, 서랍형 탐색 메뉴는 16dp 이상의
높이를 갖고 있으므로 배경화면에 전체 그림자
처리를 하는 경우가 많다.

05 겹침 메뉴는 메뉴 구조 상 가장 상위 메뉴가
가장 낮고, 세부 메뉴로 진행할수록 높은 위치로
그림자 디자인을 적용했다.

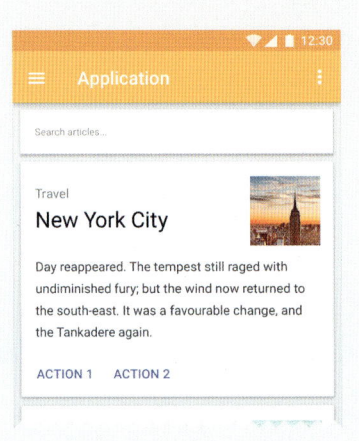
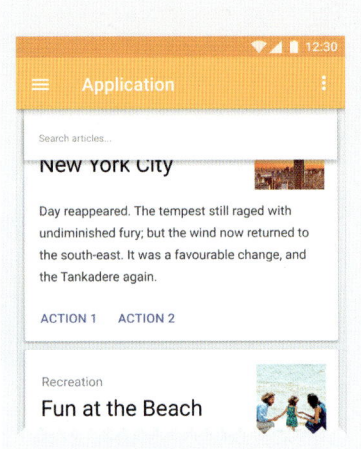

06

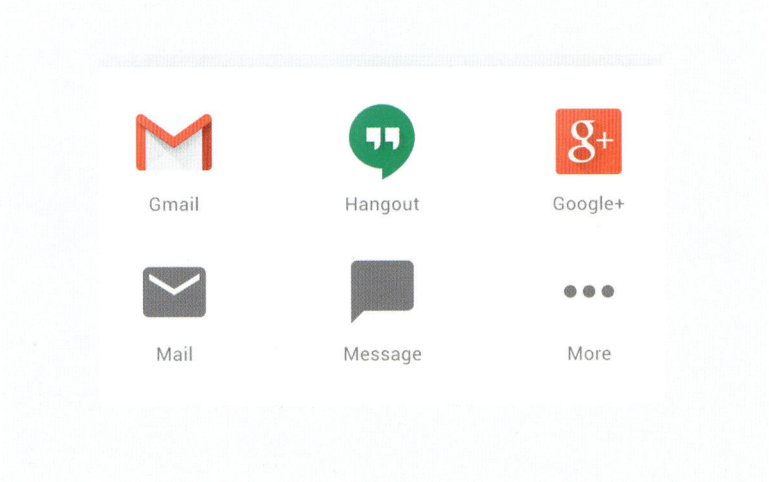

07

물질 디자인 높이 적용 사례

06 카드 재질과 앱 바 재질의 높이 차이로 스크롤 할 경우 높이가 낮은 카드 재질이 앱 바의 밑으로 지나간다. 이때 앱 바는 스크롤의 영향을 받지 않게 설계한다.

07 모달 바닥 시트(Modal Bottom Sheet)는 하단에서 상단으로 향하는 UI를 갖고 있어 상단 부분에 그림자 디자인을 적용했다.

4 스타일 가이드

안드로이드는 아이폰과 마찬가지로 앱 개발에 필요한 색상과 폰트에 대해 보다 적극적인 스타일 가이드를 제시한다. 스타일 가이드를 지키는 것은 각 서비스를 제공하는 콘셉트나 브랜딩에 따라 적용이 원활한 경우와 그렇지 않은 경우가 있다. 서비스 콘셉트나 브랜딩을 훼손하면서까지 OS가 제시하는 스타일 가이드를 반드시 지킬 필요는 없지만 기능과 정보가 들어있는 콘텐츠 영역을 보다 효과적으로 전달하려면 스타일 가이드는 매우 유용하게 작용한다.

4.1 색상

안드로이드 물질 디자인의 색상^{Color}은 차분한 배경과 그림자 깊이 효과, 밝은 하이라이트와 나란히 배치한 대담한 원색을 사용한다. 안드로이드의 색상 팔레트는 기본 색상으로 시작하여 스펙트럼을 채워 안드로이드 혹은 아이폰 앱을 만들 때 유용하게 사용할 수 있도록 했다. 기본 색상은 500가지이며 다른 색상을 강조색으로 사용한다. 색상은 다음 사항을 유의하여 디자인한다.

- 기본 색상은 앱에서 자주 나타나는 색상을 말하며 보조 색상은 UI의 핵심 부분을 강조하기 위해 사용되는 색상을 말한다.
- 기본 색상과 보조 색상은 다른 계열의 색이 좋으며(밝은 색 ⇔ 어두운 색, 난색 ⇔ 한색 등) 요소 간의 대비를 통해 구성한다.
- 기본 색상에서 3가지 색조로 색상 선택, 보조 팔레트에서 한 가지 강조 색상을 선택한다.

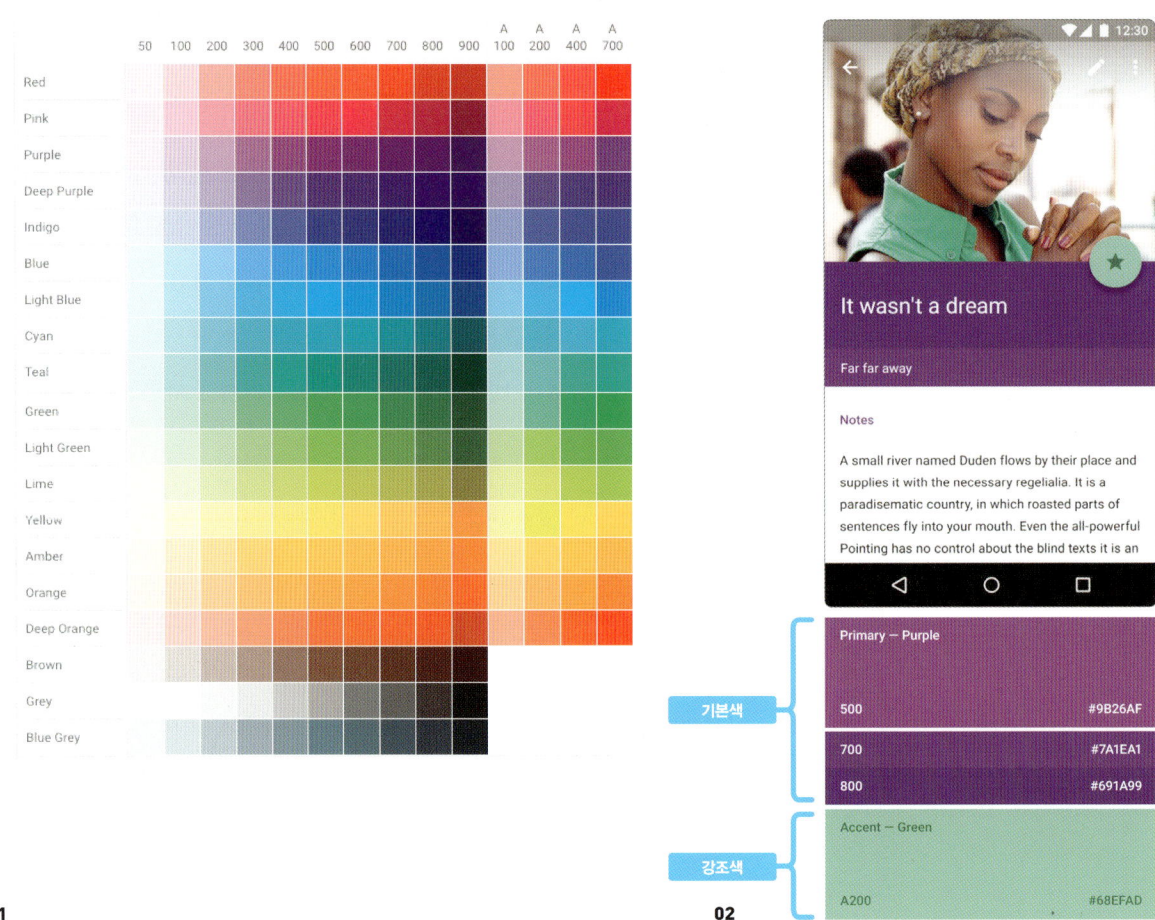

01 안드로이드 제공 팔레트*
02 기본 색상과 강조 색상 사용 사례

강조 색상은 본문 외에는 사용하지 않는다. 또한, 넓은 영역에서도 사용하지 않는다.

버튼이나 플로팅 액션 버튼, 버튼 텍스트, 텍스트 필드, 커서, 텍스트 선택, 진행 상황 바, 선택 컨트롤, 슬라이더 등에 주로 사용한다.

* 출처: https://material.io/color/#!/?view.left=0&view.right=0

Part 3
운영체제별 UI 가이드라인

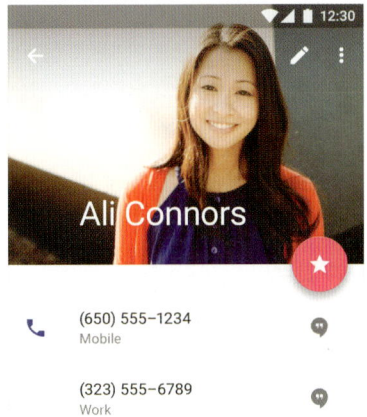
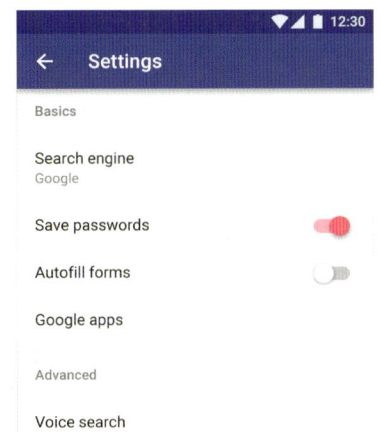
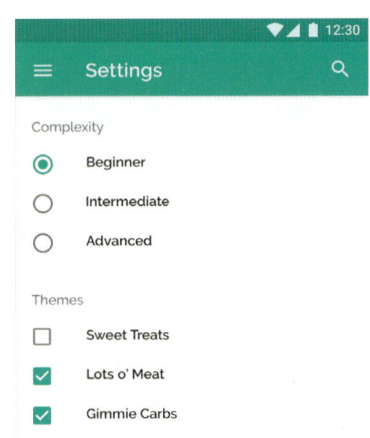

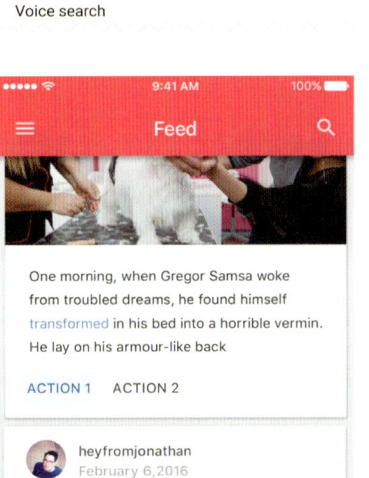
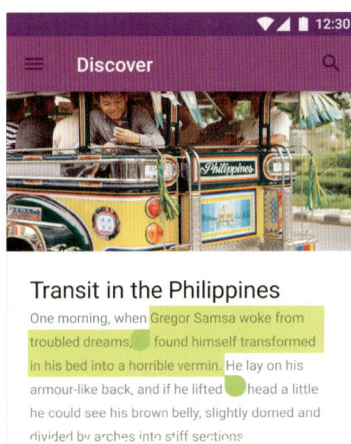

03 강조 색상 사용 사례
플로팅 액션 버튼, I/O스위치, 버튼, 텍스트 선택 등에서 강조 색상을 사용한다. 우측 상단의 사례는 라디오 버튼 선택 및 체크 박스 선택 시 기본 색상인 초록색을 사용하였다.

04 가장 중요한 텍스트 불투명도 100%, 덜 중요한 보조 텍스트 불투명도 70%, 텍스트 힌트 및 비활성화 텍스트 50%, 텍스트 라인 12%(텍스트는 회색 대신 불투명도를 사용함)

05 가장 중요한 텍스트 불투명도 87%, 덜 중요한 보조 텍스트 불투명도 54%, 텍스트 힌트 및 비활성화 텍스트 38%(눈에 잘 안 띄게), 텍스트 라인 12%

04 어두운 배경 색상 가이드
05 밝은 배경 색상 가이드

4.2 폰트

안드로이드는 Roboto와 Noto 폰트를 기본 폰트로 사용한다. Noto 폰트는 Roboto가 지원하지 않는 모든 언어에서 사용된다.

안드로이드의 타이포그래피 디자인을 할 때 유의할 사항은 다음과 같다.

- 한 번에 너무 많은 유형 크기와 스타일을 사용하면 레이아웃을 망칠 수 있으므로 4~5가지 크기에 굵기와 스타일을 약간 변형하여 디자인한다(기본 스타일 세트: 12, 14, 16, 20(+34)).

- 아이폰과 마찬가지로 본문Body, 타이틀, 설명문Caption 등 자주 사용하는 폰트 크기는 가이드라인을 준수하는 것이 좋다.

- 한국어, 중국어, 일본어 등은 영문 및 유사 영문 폰트 가이드라인에서 지정한 크기보다 1px 더 크게 사용한다.

- 배경색과 비슷한 텍스트 색상은 읽기 어려우므로 가독성을 위해 최소 명암비를 4.5:1로 유지하며 7:1 비율이 가장 좋다.

- 한 줄 텍스트가 너무 길면 사용자의 눈이 텍스트에 초점을 맞추기 어렵고 너무 짧으면 눈이 너무 자주 뒤로 움직여 독자의 리듬이 깨진다(한 줄로 적당한 텍스트 길이: 30자, 폰트 크기: 14px).

- 동적인 유형 배치: 큰 폰트와 작은 폰트를 적절하게 혼합한다. 큰 텍스트 폰트는 레이아웃을 차별화하며 읽기 쉽고 독자에게 흥미를 유발한다.

01

Quantum Mechanics — REGULAR
6.626069×10⁻³⁴ — THIN
One hundred percent cotton bond — BOLD ITALIC
Quasiparticles — BOLD
It became the non-relativistic limit of quantum field theory — CONDENSED
PAPERCRAFT — LIGHT ITALIC
Probabilistic wave - particle wavefunction orbital path — MEDIUM ITALIC
ENTANGLED — BLACK
Cardstock 80lb ultra-bright orange — MEDIUM
STATIONERY — THIN
POSITION, MOMENTUM & SPIN — CONDENSED LIGHT

02

ABCDEFGHIJKLM — ENGLISH
朝辞白帝彩云间 — SIMPLIFIED CHINESE
朝辭白帝彩雲間 — TRADITIONAL CHINESE
あいうえおかきくけこ — JAPANESE
가냐더려모뵤쇼우쥬 — KOREAN

03

Display 4	Light 112sp
Display 3	Regular 56sp
Display 2	Regular 45sp
Display 1	Regular 34sp
Headline	Regular 24sp
Title	**Medium 20sp**
Subheading	Regular 16sp (Device), Regular 15sp (Desktop)
Body 2	**Medium 14sp (Device), Medium 13sp (Desktop)**
Body 1	Regular 14sp (Device), Regular 13sp (Desktop)
Caption	Regular 12sp
Button	MEDIUM (ALL CAPS) 14sp

01 Roboto 폰트
02 Noto 폰트
03 안드로이드 영문 및 유사 영문 폰트 크기 가이드라인

4.3 시스템 아이콘

시스템 아이콘 System Icons 은 안드로이드 앱 내에서 명령, 파일, 장치, 디렉터리, 일반적인 작업을 나타내는 데 사용된다. 시스템 아이콘의 디자인은 단순하고 현대적이며 친근하고 때로는 기발해야 한다. 또한, 작은 크기에서도 가독성과 명확성을 보장하는 디자인이 필요하다. 아이폰과 마찬가지로 안드로이드 역시 시스템에서 제공하는 아이콘*을 그대로 사용하는 것이 좋다. 시스템 아이콘은 다음 사항을 유의하여 디자인한다.

- 터치로 작동되는 아이콘의 크기는 44dp로 지정한다.
- 싱글 프로필 사진은 원형 기준 44dp이며 여백 포함하여 48dp로 한다.
- 그룹 프로필 사진은 내부 크기가 30dp이므로 이중으로 되어있는 프로필 사진은 원형 지름 15dp 크기로 지정한다. 전체 프로필 사진 영역 크기는 싱글과 마찬가지로 48dp 수준이다.

안드로이드 아이콘 다운로드

https://material.io/icons/

01 안드로이드 물질 디자인 아이콘 사례
02 프로필 사진 이미지 크기

01

02

5 UI 구조

안드로이드 앱의 구조를 구성하는 UI는 아이폰과 유사하게 바^{Bar} 형태이다. 메뉴와 기능 등을 담당하는 앱 바$^{App\ Bar}$, 확장된 메뉴를 담은 탭 바$^{Tab\ Bar}$, 하단에 위치하는 툴 바$^{Tool\ Bar\ 혹은\ Split\ Action\ Bar}$ 등이 있다. 여기에 플로팅 액션 버튼이 포함되며 추가 기능 또는 작업 오버 플로를 위해 선택적으로 하단에 뷰 형태의 바$^{Bottom\ Bar}$를 둘 수 있다.

안드로이드 모바일 구조

5.1 앱 바

앱 바$^{App\ Bar}$는 아이폰의 탐색 바$^{Navigation\ Bar}$와 유사하며 브랜딩, 탐색, 검색 및 작업에 사용되는 도구들이 위치할 수 있는 영역이다. 중요한 동작을 눈에 띄게 하고 앱의 아이덴티티를 부여하며 공통적으로 사용되는 UI를 담는다. 구성 요소는 다음과 같다.

- 서랍형 탐색 메뉴를 사용하는 아이콘
- 앱의 계층 구조를 위로 탐색하기 위한 화살표 필터 아이콘
- 타이틀(좌측 위치)
- 액션 아이콘(검색, 좋아요, 공유 등 우측 위치)
- 메뉴 아이콘(가장 우측 위치)

앱 바의 디자인 규칙은 다음과 같다.

- 앱 표시줄에서 모든 아이콘은 같은 색상이어야 한다.
- 앱 바는 상태 표시 바와 같은 색 혹은 계층 색으로 사용하며 반투명이거나 바탕색과 동일한 색으로 디자인한다.
- 앱 바의 크기는 OS에서 제공하는 형태가 좋으며 큰 타이틀을 사용한 확장된 앱 바의 경우 높이는 기본 높이+콘텐츠 증가분으로 설계한다.
- 앱 바는 스크롤 시 화면에 감출 수 있다. 아래로 스크롤 하면 화면에서 사라지며 다시 위로 스크롤 하면 나타나게 한다.

01 앱 바 구성 요소

02 앱 바 채색 사례
좌: 상태 표시 바와 계층 색 사용,
우: 바탕색, 상태 표시 바와 동일한 색

01 Nav icon Title Filter icon Action icons Menu icon

02

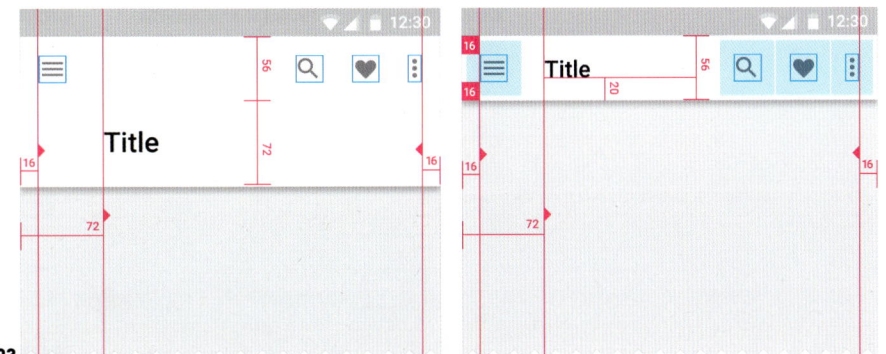

03

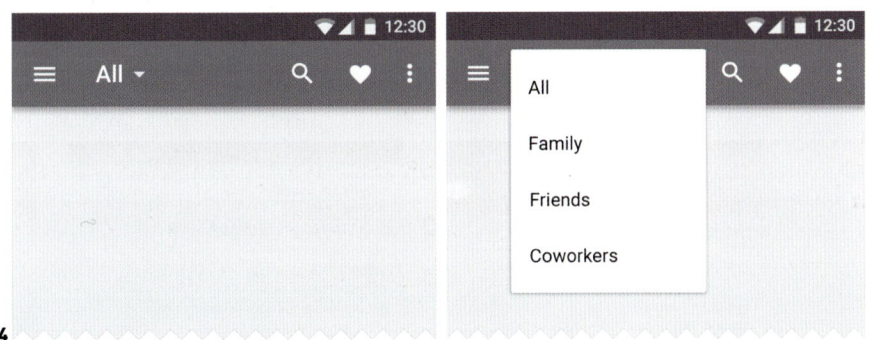

04

03 앱 바의 크기 및 여백

앱 바 높이: 56dp

앱 바 왼쪽 및 오른쪽 안쪽 여백: 16dp

앱 바 아이콘 위쪽, 아래쪽, 왼쪽 안쪽 여백: 16dp

앱 바 제목 왼쪽 안쪽 여백: 72dp

앱 바 제목 아래쪽 안쪽 여백: 20dp

04 앱 바에서 드롭다운 메뉴 사용

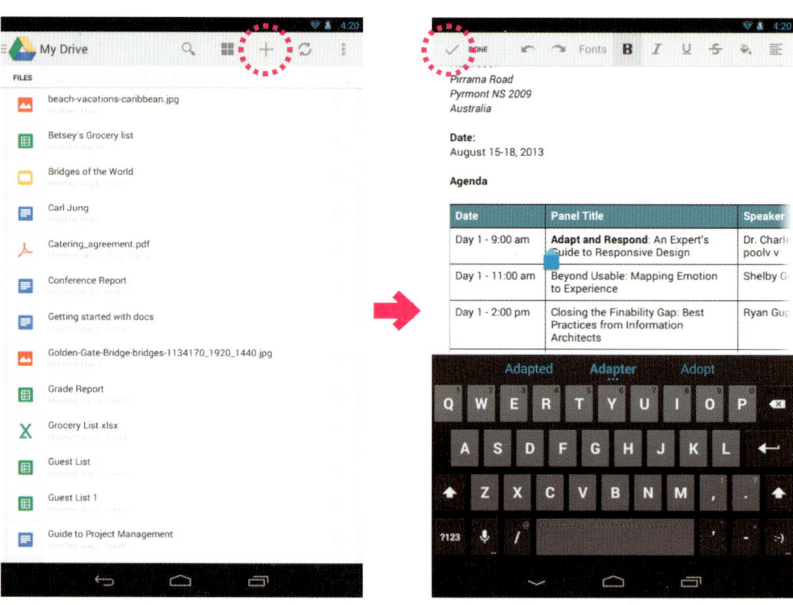

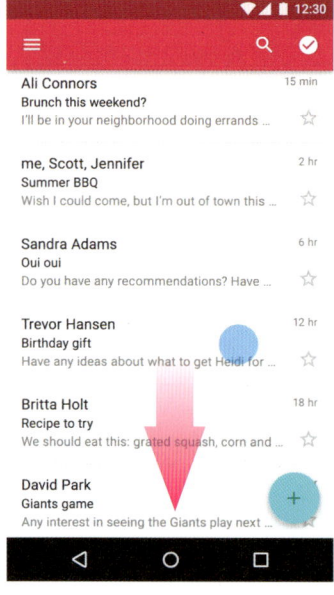

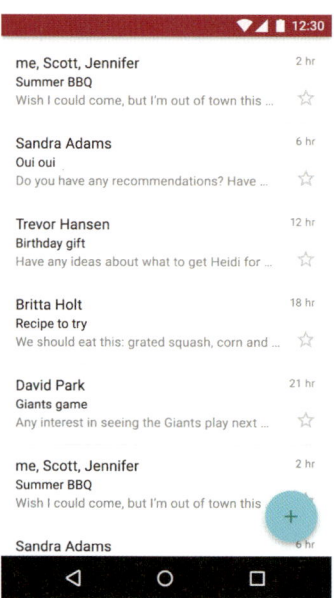

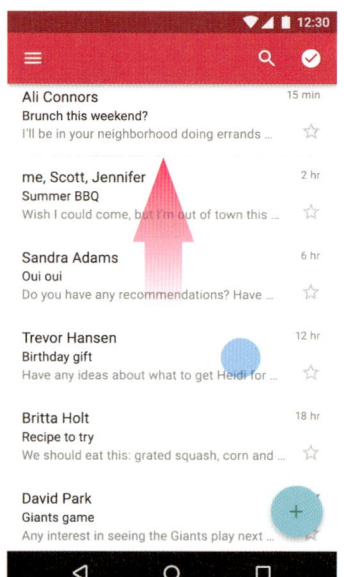

01 상황에 따라 변하는 앱 바(Contextual Action Bar: CAB) 사례

기능 버튼을 터치하면 원래 화면으로 돌아갈 수 있는 버튼(취소, 확인, 뒤로 가기, 닫기 등)이 반드시 필요하다.

02 앱 바 숨기기

화면 하단으로 스크롤 하면 앱 바가 사라지고 다시 상단으로 스크롤 하면 앱 바가 나타난다. 만약 탭 바가 존재하는 경우에는 앱 바가 사라지고 탭 바가 가장 상위에 위치한다.

Part 3
운영체제별 UI 가이드라인

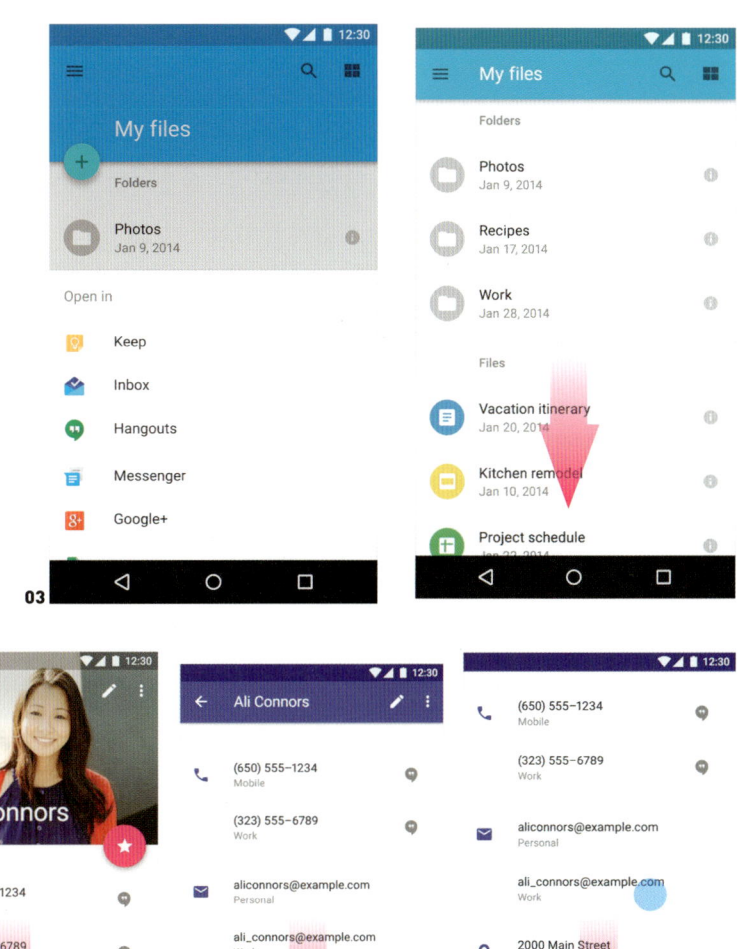

03

04

03 화면 하단으로 스크롤 하면 큰 타이틀 영역이
기본 타이틀 앱 바로 축소되는 형태

04 이미지가 포함된 UI에서 화면 하단으로 스크롤
하면 이미지 축소 ⇨ 기본 앱 바 ⇨ 앱 바
숨기기로 축소되는 형태

5.2 탭 바

안드로이드의 탭 바와 아이폰의 탭 바는 사용법이 거의 동일하지만 위치가 다르다. 안드로이드의 탭 바는 화면 상단(앱 바 바로 밑)에 위치하는 것이 특징이며 아이폰의 탭 바보다 유연하게 작동할 수 있다. 탭 바는 이동형 메뉴이며 다양한 보기 화면을 쉽게 탐색할 수 있게 한다. 탭 바는 주요 메뉴인 전역 메뉴 표시는 물론이고 데이터 세트 또는 앱 기능의 전환도 가능하다. 탭 바 디자인 시, 다음 사항을 고려해야 한다.

- 아이폰과 달리, 필요하다면 좌우 스와이프가 가능하다.
- 기본적인 탭은 좌측 여백부터 동일한 넓이의 균등 분할로 탭을 배치하며 너무 많은 탭은 사용하지 않는다(3~5개).
- 탭 이름은 텍스트와 아이콘, 텍스트+아이콘 결합 등 다양하게 사용할 수 있다.
- 탭은 단일 행으로 표시하며 중첩해서 사용하지 않는다.
- 탭 이름은 두 줄까지 사용할 수 있으며 한 줄로 자르기 하지 않는다.
- 아이콘과 텍스트 레이블을 혼용해서 사용하지 않는다.

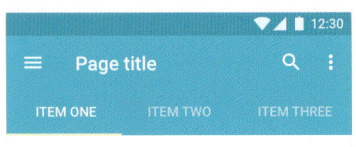 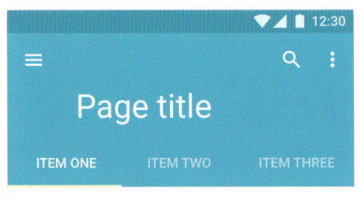 

탭 바 종류 1
좌: 기본 탭 바, 중: 큰 타이틀을 포함한 탭 바, 우: 고정 탭 바
균등한 넓이로 탭 바를 사용하며 탭 선택 시 하단에 선택 바 영역만큼 탭 표시기 처리를 한다.

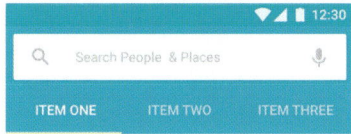 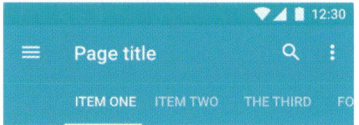 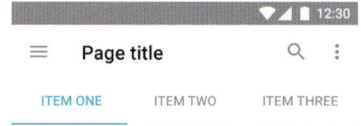

탭 바 종류 2
검색이 포함된 고정 탭 바(좌), 스크롤 탭 바(중). 타이틀과 같은 위치로 정렬하며 좌우 스크롤 시 행 전체를 사용하여 스크롤 한다.
탭 바 색상(우). 탭 선택 시 텍스트 색상은 탭 표시기와 동일하게 한다.

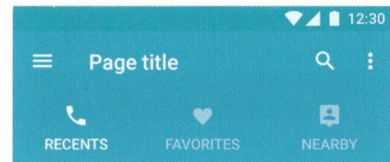 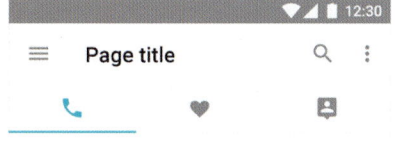

아이콘+텍스트(좌), 아이콘 탭 처리(우)

01 스크롤 탭 바

처음 표시는 타이틀과 동일한 라인에 위치하며 스크롤 시 행 전체를 활애한다.

02 탭 바 적용 사례

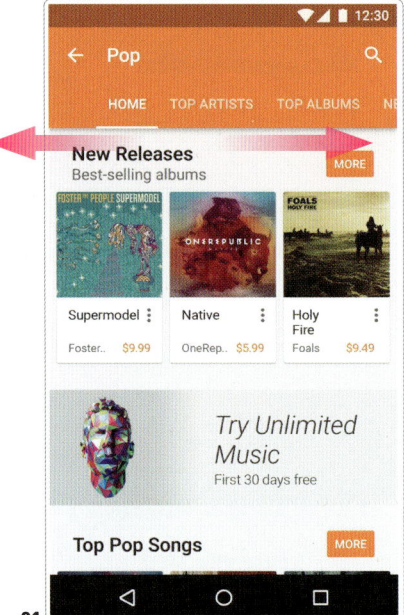
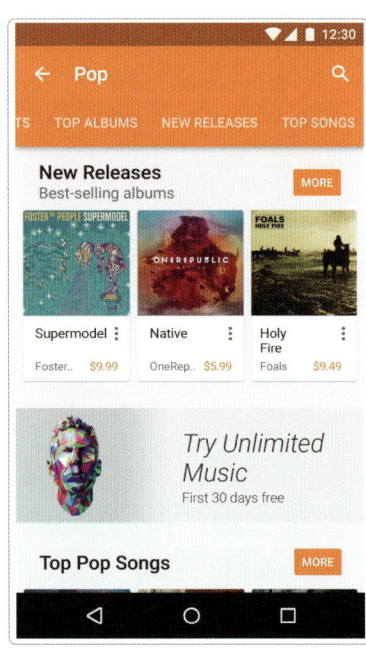

01

02

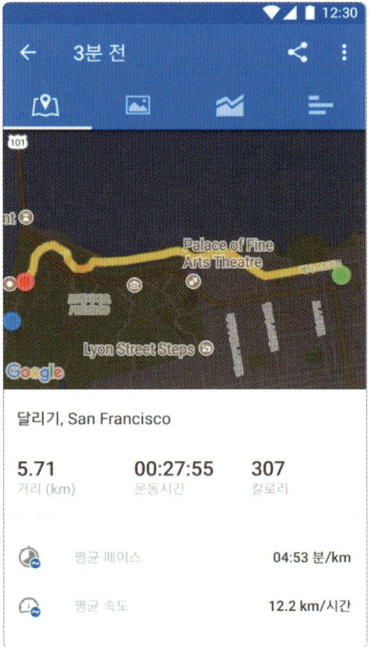

서브 메뉴 탭이 많은 언론사 앱은 스크롤 탭을 사용한다.

아이콘으로 탭 바를 디자인하여 간결하게 메뉴를 표시한다.

탭 바 크기
03
좌: 텍스트 탭 바
우: 아이콘+텍스트 탭 바
04
좌: 아이콘 탭 바
우: 스크롤 가능한 탭 바

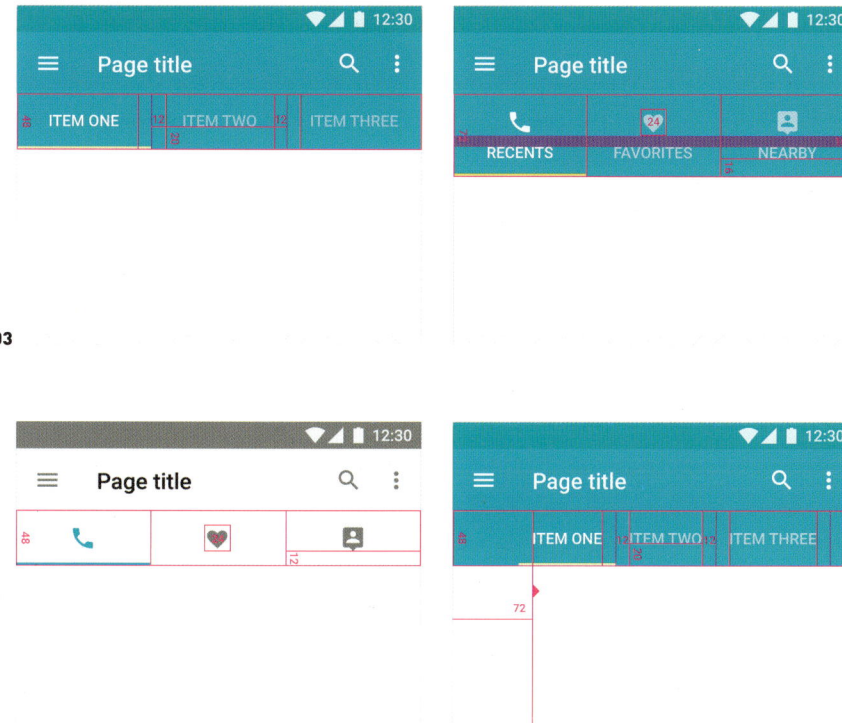

03

04

5.3 툴 바

안드로이드 툴 바^{Tool Bar}는 다양한 기능을 제공하며 여러 가지 방법으로 사용할 수 있다. 툴 바 디자인 시 다음 사항을 유의한다.

- 앱 바 내 위치하는 툴 버튼은 화면 우측 정렬로 모아 놓으며 3~4개 사용할 수 있다.
- 카드 툴 바는 앱 바 하단에 위치할 수 있으며 타이틀과 툴 버튼을 포함하며 디자인 스타일은 앱 바와 같다.
- 플로팅 툴 바는 주로 화면이 넓은 태블릿 PC에서 사용하며 콘텐츠 화면보다 높은 위치로 그림자 처리를 한다.
- 화면 하단에 위치하는 고정식 툴 바는 5개 정도의 툴 버튼을 제공한다.

01

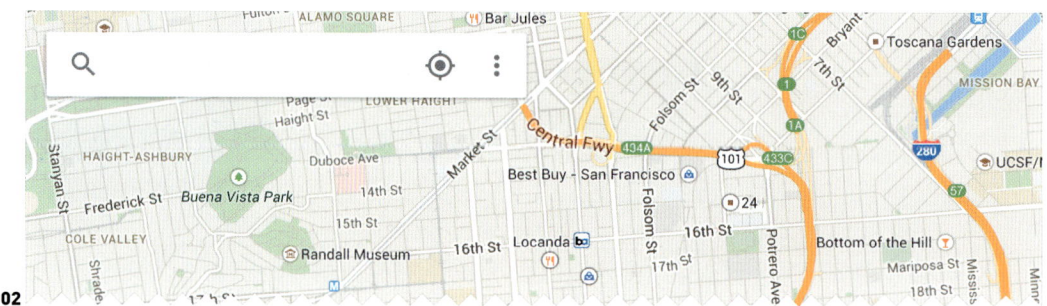

02

03

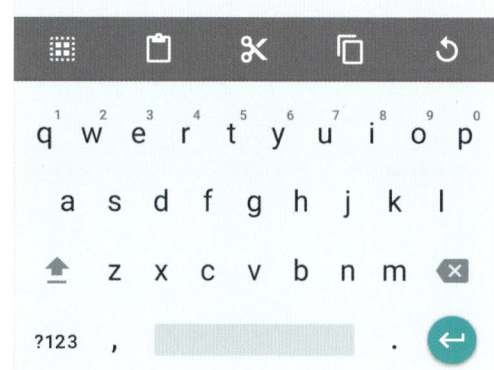

01 카드 툴 바
  카드 내 상단에 위치하며 앱 바와 동일한 UI 체계를
  갖는다.

02 플로팅 툴 바

03 화면 하단에 위치하는 툴 바
  경우에 따라서는 키패드 상단에 위치한다.

5.4 사이드 탐색 바

사이드 탐색 바^{Side Nav = Navigation Drawer}는 펼침 메뉴로 표시하는 탐색 바 Navigation Drawer와 같은 개념으로 앱 바 좌측에 펼침 버튼을 위치한다. 사이드 탐색 바는 다음 사항을 따른다.

- 사이드 탐색 바는 내부 스크롤이 가능하며 다양한 형태로 디자인할 수 있다.
- 사이드 탐색 바가 열리면 높은 높이로 그림자 처리를 하거나 전체 그림자 처리한다.
- 사이드 탐색 바를 열고 닫을 수 있는 버튼을 사용하는 것이 일반적이지만 경우에 따라서는 좌우 터치 제스처^{Swipe}로 열고 닫을 수 있다.

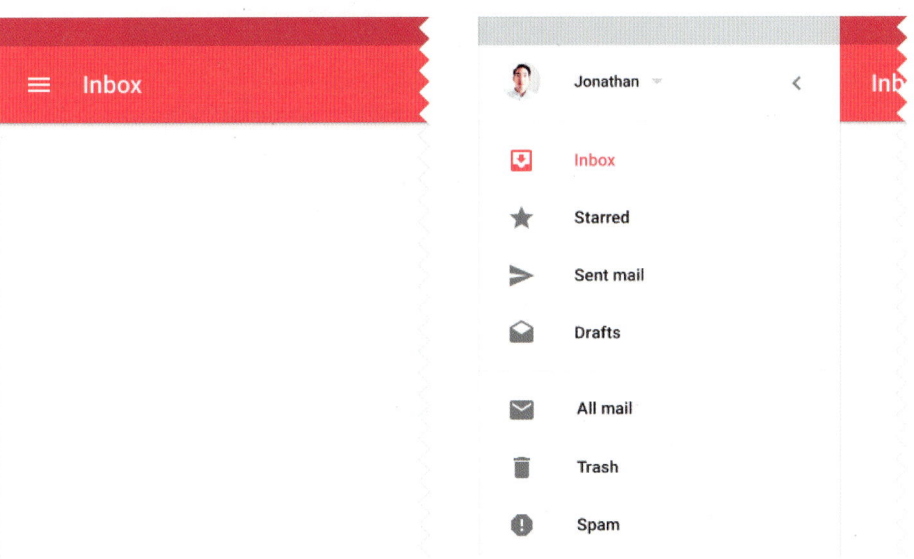

사이드 탐색 바 사례1

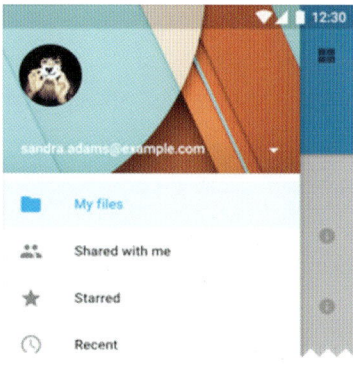
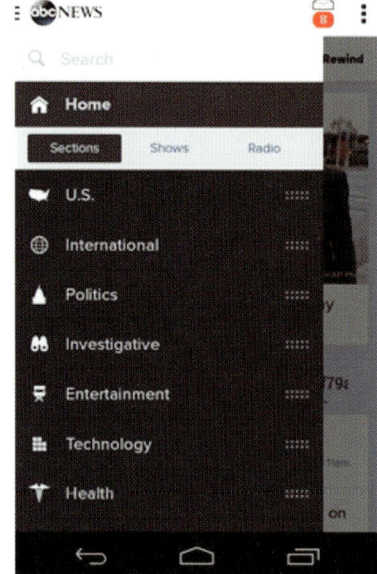
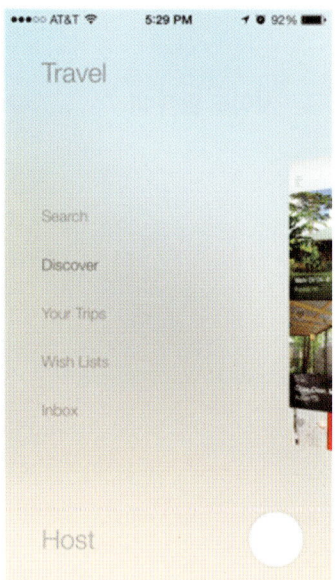

01

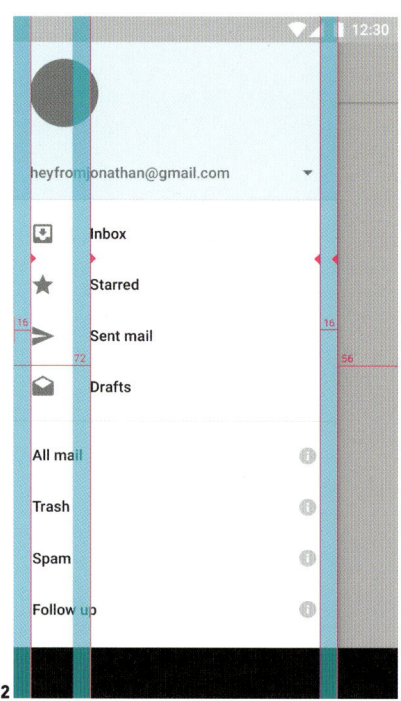

02

01 사이드 탐색 바 사례2
02 사이드 탐색 바의 크기 정의

6 컴포넌트 설계

안드로이드가 제공하는 UI 기본 요소인 컴포넌트Component는 다양한 서비스를 구현할 수 있도록 설계되었다. 여기서는 앞서 패턴 UI와 아이폰 UI에서 중복된 내용을 제외하고 안드로이드만의 특화된 컴포넌트를 설명한다. 이 외의 상세한 설명은 해당 가이드라인*을 참고하기 바란다.

컴포넌트 가이드라인

https://material.io/guidelines/components/bottom-navigation.html#

6.1 하단 탐색

안드로이드는 탐색 버튼을 모아둔 영역을 탭 바 형태로 화면 상단에 제공했는데 아이폰처럼 화면 하단에도 탭 바를 새롭게 추가했다. 하단 탐색 UI는 아이폰의 탭 바와 거의 동일하며 다음과 같은 특징을 갖는다.

- 하단 탐색 바는 화면 하단에 고정식으로 위치하며 하단 스크롤에 의해 임시적으로 감춰지기도 한다.
- 보통 3~5개의 이동 버튼을 사용한다.
- 하단 탐색 바의 높이는 56dp이며 아이콘을 사용할 경우 크기는 24로 작성한다.
- 일반적으로 상단의 탭 바는 스크롤이 가능하지만 하단 탐색 바는 스크롤을 못한다.
- 하단 탐색 바의 아이콘은 무채색이며 아이콘을 선택하면 선택한 색으로 반전시킨다. 경우에 따라서는 아이콘 크기를 크게 하는 모션으로 처리한다.
- 아이콘과 텍스트로 이루어진 이동 버튼의 텍스트는 짧은 단일줄로 디자인한다.
  (말 줄임표나 이중 텍스트, 폰트 크기 작게는 사용하지 않음)
- 화면 이동은 페이드 애니메이션으로 처리하며 좌우 이동 모션은 사용하지 않는다.

하단 탐색 크기 정의

6.2 하단 시트

화면 하단에서 위로 밀어서 더 많은 내용을 표시하거나 인증, 대화창 요소 등의 기능 버튼을 담은 UI로 주로 모바일에서 사용한다. 아래에서 위로 올리는 모달 시트와 앱과 통합되어 하단에 고정되어 있는 영구 시트로 구별된다.

- **모달 시트**: 해당 기능이 필요할 경우 화면 하단에서 상단으로 올라오는 형태의 메뉴 또는 간단한 대화 상자에 사용하며 다른 앱에서 딥 링크 Deep Link 된 콘텐츠를 제공하기도 한다. 아이폰의 액션 시트나 액티비티 뷰(헤드 타이틀이 있는 격자형 스타일)와 유사하다.

- **영구 시트**: 화면 하단에 영구적으로 존재하는 형태이며 인앱 콘텐츠를 제공할 때 사용한다. 플로팅 액션 버튼과 함께 사용하면 수직으로 움직일 수 있다.

하단 시트는 전체 너비 크기로 표현한다. 항목 아이콘이나 링크된 텍스트를 터치하여 표시한다. 기본 배경화면보다 높은 개념으로 배경화면에 전체 그림자 처리를 한다. 하단 시트가 전체 화면으로 열릴 경우 좌상단 혹은 우상단에 있는 닫기(X) 버튼으로 시트를 닫는다.

다른 앱의 콘텐츠나 컨트롤을 불러오는 것을 딥 링킹 Deep Linking 이라 하며 화면 중간이나 하단에 설명 등으로 표시할 수 있다.

Part 3
운영체제별 UI 가이드라인

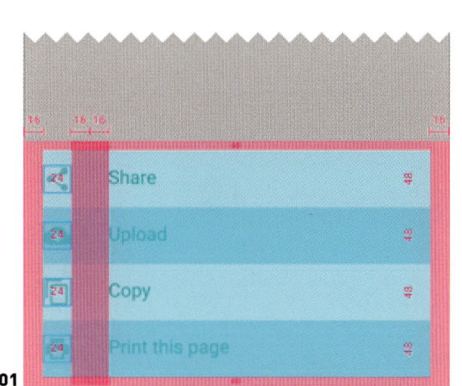

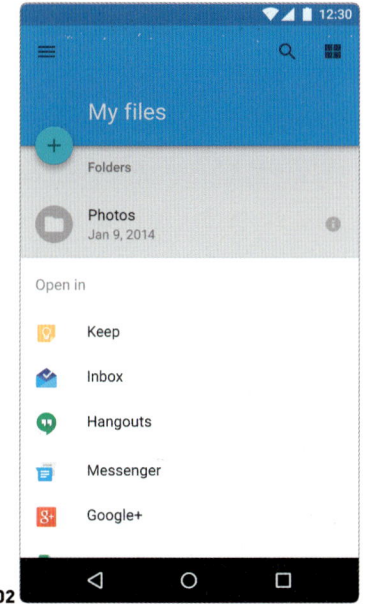
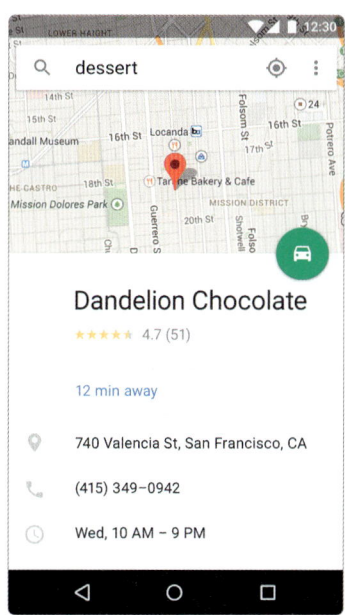

메뉴 확장 버튼(+)을 터치하면 하단 시트가 올라오고 뒷 배경은 전체 그림자 처리한다.

플로팅 액션 버튼을 이용해 시트의 크기를 조정할 수 있다.

01 하단 시트 크기 정의

02
좌: 모달 하단 시트
우: 영구 하단 시트

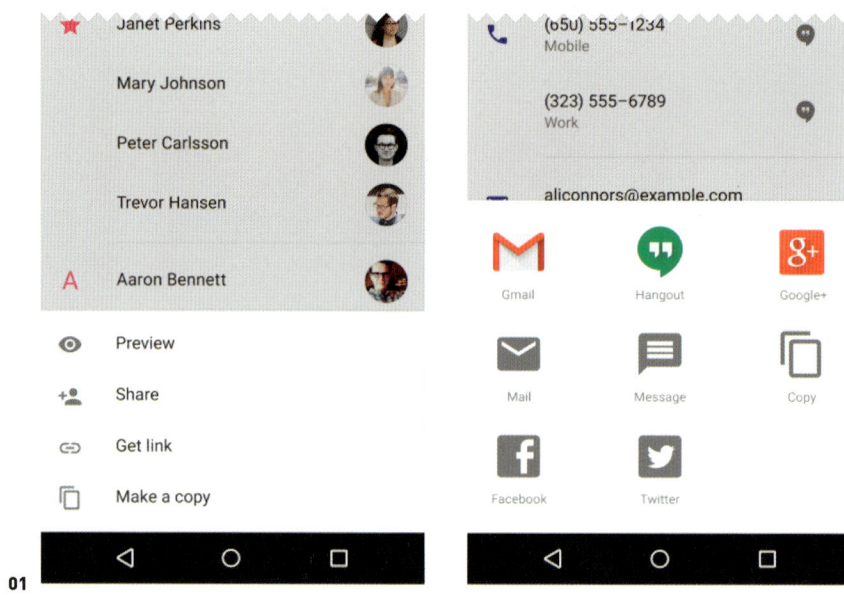

01

02

01 모달 시트 사례
아이콘+라인 형과 아이콘+격자형 스타일로 구성할 수 있다.

02 딥 링킹(Deep Linking) 사례
사용자가 별도로 단어사전 앱을 열지 않고 단어사전 앱을 현 사용 화면 내부에 링크함으로써 찾고자 하는 용어의 정의를 표시할 수 있다.

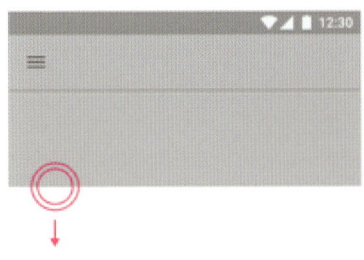 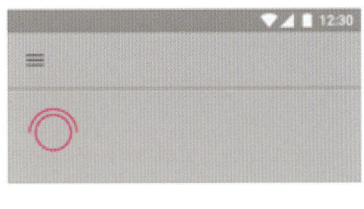 

전체 화면일 경우 상단의 닫기[X] 버튼으로 닫기

03
    터치 제스처를 이용한 닫기   빈 공간 터치로 닫기

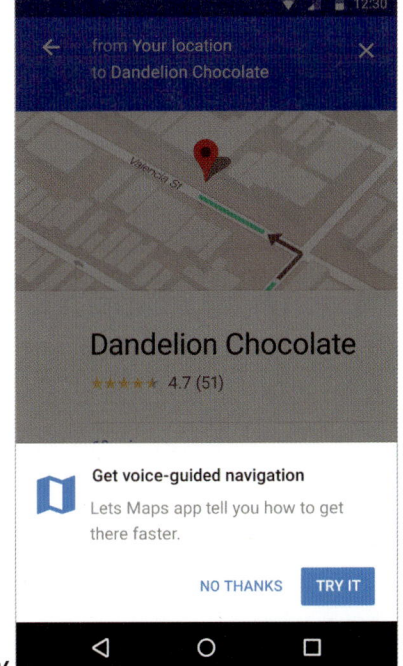

03 하단 시트 닫기 방법

04 사용된 하단 시트 사례
    아이폰의 액션 시트와 유사한 역할을 한다.

6.3 버튼

버튼Button은 과거부터 현재까지 소프트웨어뿐만 아니라 심지어 물리적 기기에서도 사용되고 있으며, 미래에도 사용될 필수적인 UI이다. 터치 기반 플랫폼의 버튼은 마우스 기반의 버튼에 비해 터치가 가능한 크기(44px)로 디자인한다. 안드로이드에서 버튼은 텍스트가 기본으로 사용되지만 아이콘과 같은 이미지 요소도 사용할 수 있다.

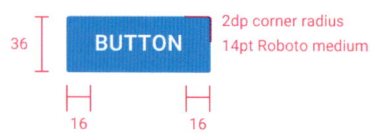

평면 버튼 Flat Button

텍스트 기반의 평평한 버튼으로 가장 많이 사용되는 형태(높이: 0dp)이다. 평면 디자인 형태에서 윤곽선을 생략하고 텍스트로만 버튼 처리를 한다. 대화 상자 Dialog Box, 툴 바(왼쪽 취소, 오른쪽 긍정 버튼) 등에 주로 사용된다. 테이블 라인 내에서 우측 정렬로 사용되거나, 카드 내에서 사용된다.

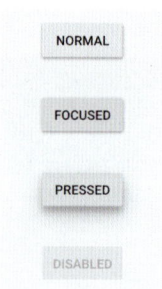

그림자 버튼 Raised Button

평면 버튼에 그림자 처리(높이: 2dp)를 하여 3차원적으로 떠 보이는 버튼이다.

일반적으로 기능을 강조할 때나 콘텐츠가 많은 복잡한 레이아웃 혹은 넓은 공간에서 기능 강조 형태로 사용한다.

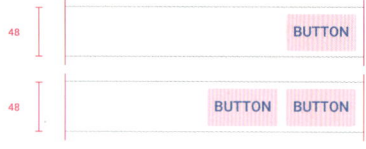

고정식 바닥글 버튼 Persistent Footer Button

화면 하단에 고정으로 위치한 플랫 버튼이다.

대화 상자 안이나 지속적이고 사용자가 쉽게 사용할 수 있는 작업이 필요한 경우에 사용한다.

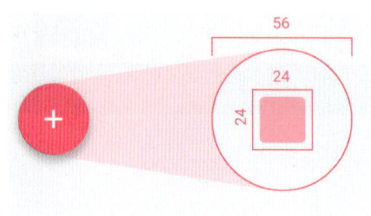

플로팅 액션 버튼 Floating Action Button

떠있는 원형 형태(그림자 처리)로 디자인한다. 한 화면에 한 개의 플로팅 액션 버튼만 사용하며 버튼 주변, 버튼 내부에 충분한 여백을 준다. 버튼을 눌러 세부 버튼 노출 시에는 마이크로인터렉션을 적용한다. 세부 버튼은 3개 이상, 6개 이하가 적당하며 오버 플로 메뉴는 사용하지 않는다. 전체 화면으로 전환 가능하다.

현 화면에서 여러 개의 기능 버튼을 사용할 수 있는 런칭 버튼으로 추가, 즐겨찾기, 공유, 탐색 같은 긍정적 액션 버튼으로 사용한다. 삭제, 오류, 오리기 등 부정적, 편집 동작에는 사용하지 않는다.

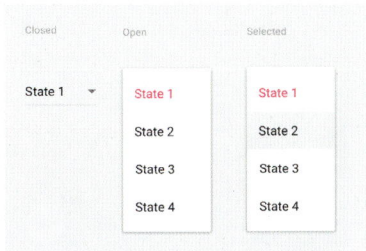

드롭다운 버튼 Dropdown Button

레이블 우측 옆에 작은 역삼각형으로 표시한다. 버튼을 터치하면 화면 하단으로 메뉴 리스트가 출력되면 일반 오버 플로, 편집 가능한 분할 메뉴로 사용한다.

여러 항목 중에 하나를 선택하여 사용한다.

토글 버튼 Toggle Button

한 그룹에 최소 3개의 토글 버튼이 존재한다. 텍스트와 아이콘 모두 사용 가능하다. 관련 옵션의 그룹화에 사용하며 하나의 버튼으로 터치할 때 마다 선택이 변한다. 여러 개의 옵션을 동시에 선택할 수 있다.

버튼 사례 1

카드 내 평면 버튼

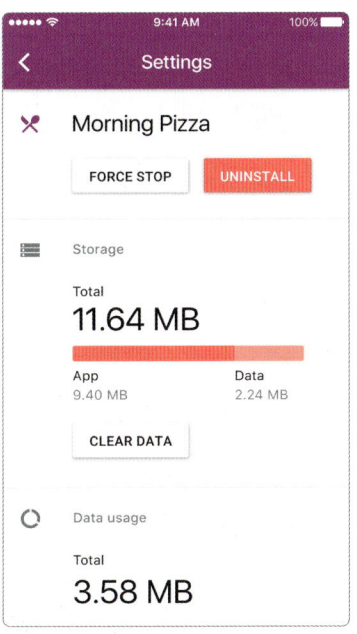

기능을 강조한 그림자 버튼

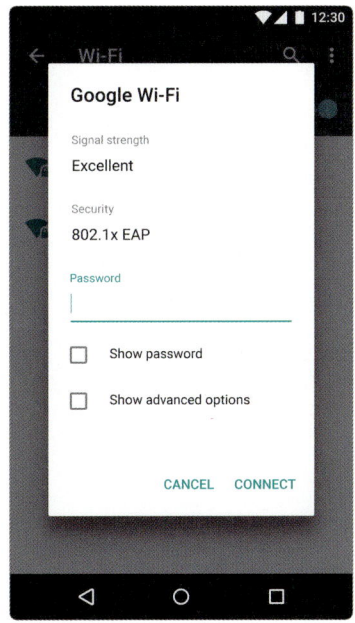

대화 상자 내 고정식 바닥글 버튼

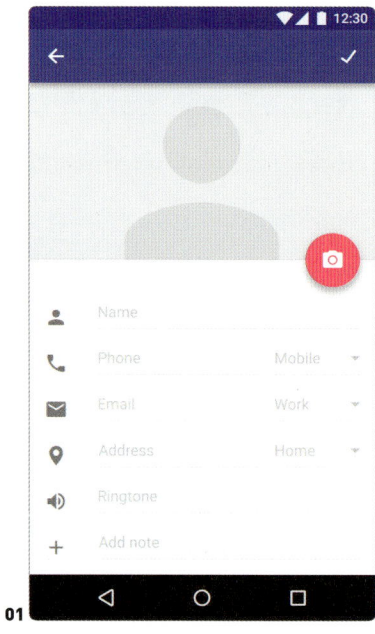

테이블 라인 내 드롭다운 버튼 사용

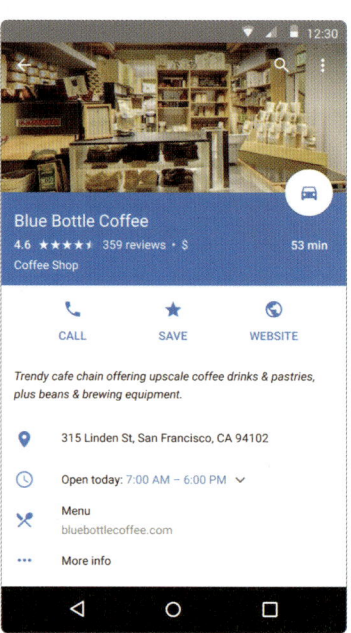

세부 기능 버튼을 담고 있는 플로팅 액션 버튼

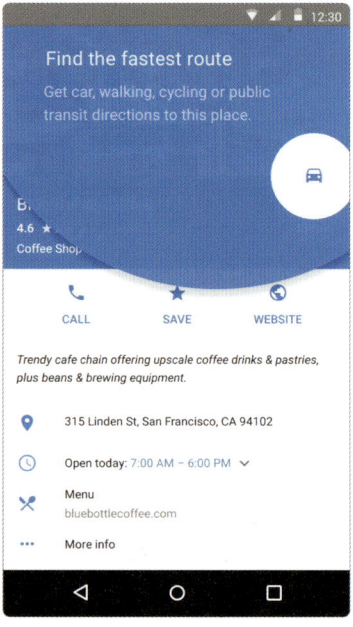

01 버튼 사례 2

02 마이크로인터랙션이 적용된 버튼
원형 목적 버튼을 터치하면 해당 힌트가
모션을 통해 화면에 표시된다.

6.4 카드

카드^{Card}는 고정된 포맷의 콘텐츠가 아닌 다양한 크기와 내용을 담은 것이다. 사용자들의 콘텐츠 사용에 대한 기호의 다양성에 적합한 UI로 더욱 활성화되고 있으며 콘텐츠를 구성하는 핵심이 되고 있다. 카드에는 사진, 텍스트, 링크, 버튼 등이 사용될 수 있으며 여러 구성 요소로 되어있는 콘텐츠를 표시할 때 적합하다.

카드의 특성은 다음과 같다.

- 카드는 물질 디자인 중 기본 2dp의 높이를 갖고 있으며 짧고 낮은 그림자 처리를 한다.
- 카드 디자인은 모서리가 둥글며 카드를 닫고 재배열할 수 있다.
- 정형화된 일반 테이블과는 다르게 사용되어야 한다. 즉, 동일한 포맷 리스트는 일반 테이블 처리를 하는 것이 더 빠르게 스캔할 수 있다.
- 중요한 핵심 내용으로만 채우며 불필요한 정보나 행동으로 카드 정보량을 늘리지 않는다.
- 카드 내부 텍스트 링크는 사용하지 않는다(그만큼 카드 내 콘텐츠양이 많지 않다).
- 배경 이미지는 텍스트와 충분한 대비 비율을 가진 단색 배경이 가장 좋다.
- 카드 내 가로 스와이프(옆으로 밀기)는 사용하지 않는다.
- 카드는 수직으로만 스크롤할 수 있으며 카드 내부 스크롤은 사용하지 않는다.
- 오버 플로 메뉴도 사용 가능하지만 추가 작업은 두 가지 작업으로 제한한다.
- 기본적인 UI 컨트롤 버튼을 넣을 수 있다(슬라이더, 등급 별표, 날짜 선택 등).
- 카드 내 레이아웃 디자인은 다양하게 할 수 있다. 다만 카드 타이틀, 미디어, 본문 텍스트, 기능 버튼, 상하 콘텐츠를 구분하는 구분선 등을 고려하여 디자인한다.

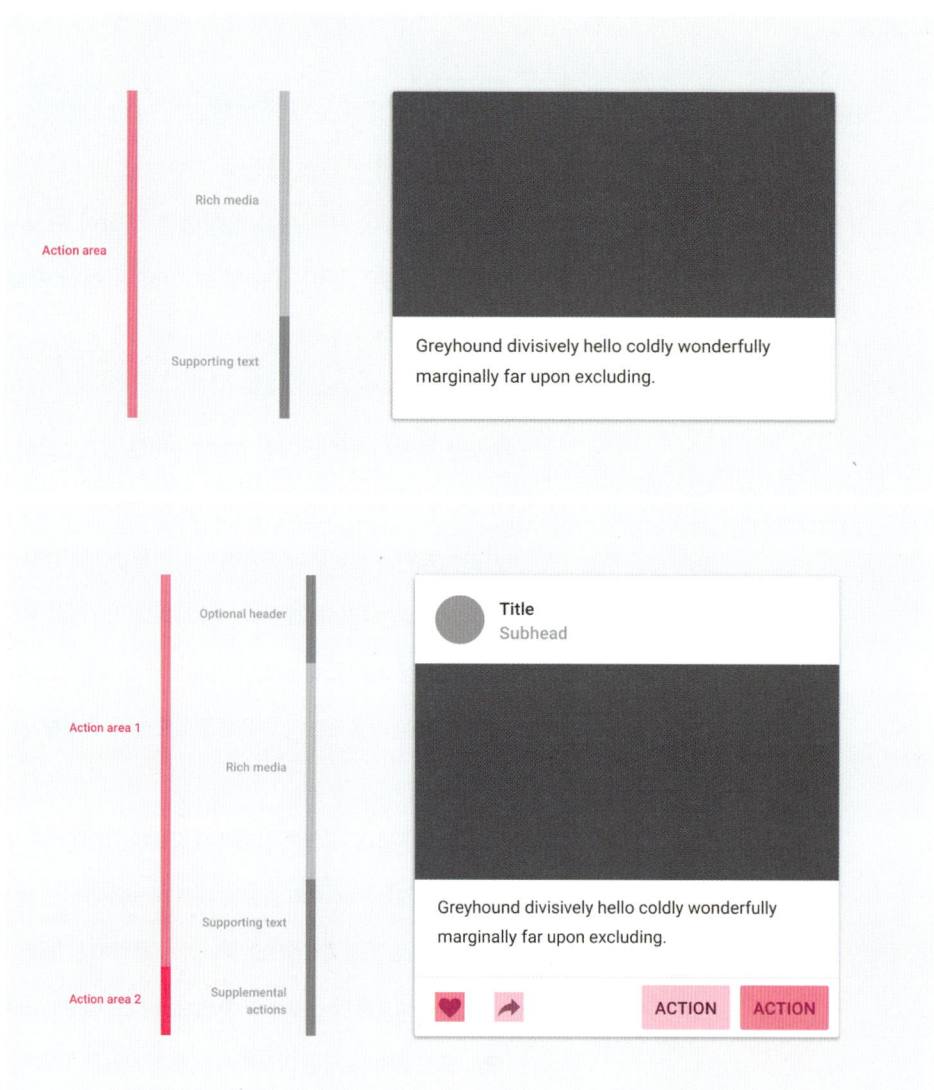

01

01 카드 레이아웃 구조
보통은 카드 타이틀과 미디어, 텍스트가 결합된 형태(하)를 주로 사용하며 핀터레스트와 같이 콘텐츠 중심의 몰입형 UI를 사용해서 타이틀이 생략된 형태(상)로도 사용된다.

02 카드 레이아웃 크기 정의

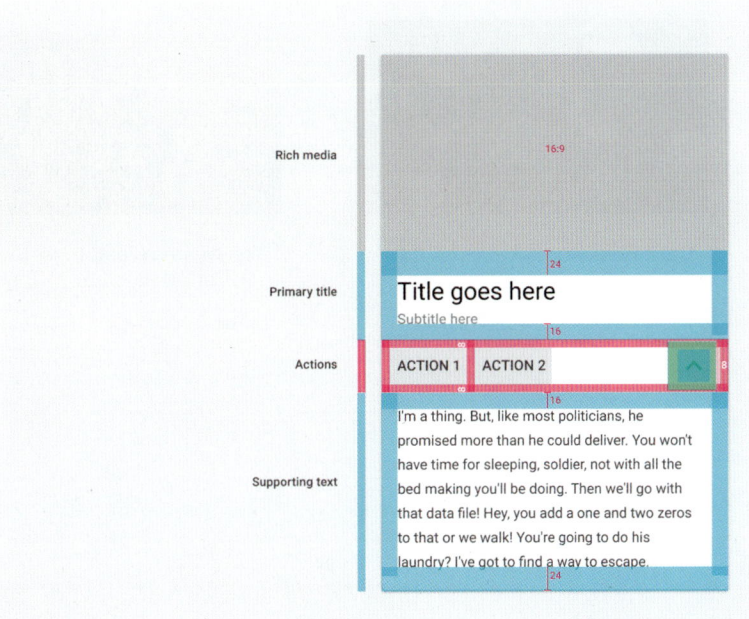

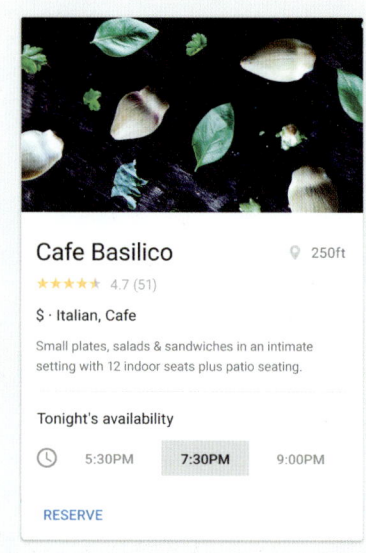
01

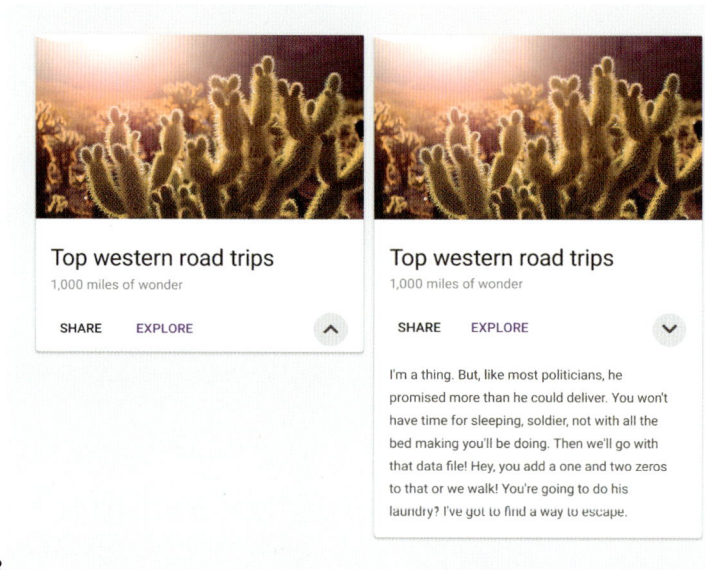
02

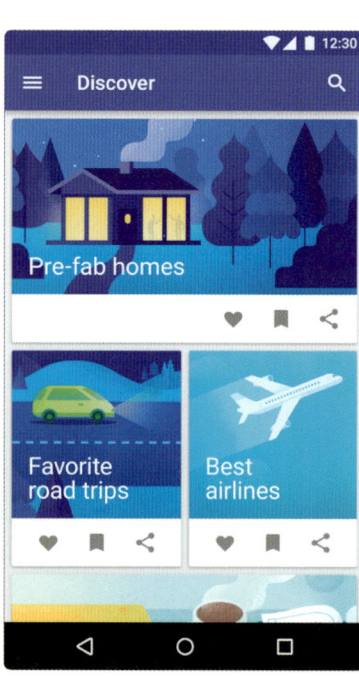
03

01 구분선을 사용한 카드 UI
   상단과 하단의 내용이 이질적이거나
   버튼 등의 기능을 사용할 경우
   구분선을 사용한다.

02 펼침 버튼이 있는 카드 UI

03 카드 UI 사례
   좌: 핀터레스트 카드 UI
   우: 다양한 크기의 카드 UI 적용

6.5 대화창

안드로이드 대화창Dialog은 아이폰의 팝업이나 경고창과 동일하다. 대화창은 사용자에게 특정 작업을 알리고 중요한 정보를 포함하거나 결정을 내리게 하는 등 여러 작업을 포함할 수 있다. 주로 경고, 단순 메뉴 표시, 확인 등에 사용되며 부분 팝업이나 전체 화면으로 설계할 수 있다.

대화창은 서비스를 일시적으로 중지하기 때문에 필수적으로 필요한 사항이 아니라면 가급적 사용을 자제한다. 물질 디자인 중 가장 높은 레벨을 갖고 있으며 다른 요소에 의해 가려져서는 안된다.

대화 상자 내부에는 일반적으로 스크롤을 사용하지 않는다. 다만, 단순 대화창의 경우 스크롤을 사용할 수 있다. 전체 화면으로 대화 상자를 열 경우 좌측 상단에 닫기(X) 버튼을 포함한다. 단, 화면 내에 중요 작업을 했다면 작은 대화창을 열어 '확인', '취소' 버튼을 사용한다. 전체 화면에서 뒤로 가기(<-) 버튼은 변경 사항 즉시 저장을, 취소(X) 버튼은 저장 없이 변경 사항 취소를 의미한다.

경고창Alert

사용자에게 오류나 기타 중요 사항을 알리는 대화창으로 확인과 취소 버튼을 사용하며 제목은 가급적 쓰지 않는다. 단, 제목이 있는 경고창은 잠재적인 연결 손실과 같은 높은 위험 상황에서만 사용하며 모호한 문구를 사용하거나 질문을 해서는 안된다.

간단 메뉴Simple Menu

본문 목록에 옵션을 표시하며 선택 시 즉시 실행되는 형태로 사용한다. 과거 컨텍스트 메뉴(오래 누르기로 나오는 임시 팝업 메뉴)와 유사하며 오버레이로 표시되는 옵션 메뉴로 디자인한다.

단순 대화창 Simple Dialog

리스트 항목에 대해 상세 정보나 기능을 추가할 수 있는 간단한 대화 상자다. 프로필 사진이나 아이콘 버튼, 세부 텍스트 등에 상세 정보와 기능을 추가한다. 간단 메뉴보다 작업 중단 요소가 커서 조심스럽게 사용해야 한다. 창을 닫을 때는 취소 버튼을 사용하지 않고 다른 영역을 터치하여 닫는다.

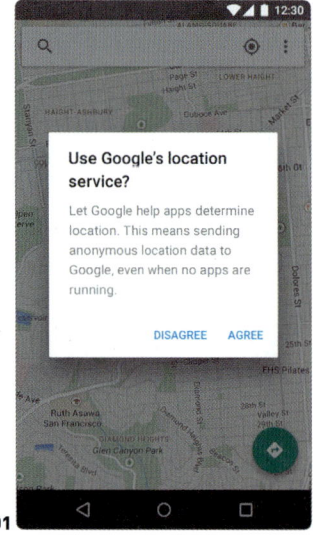

01

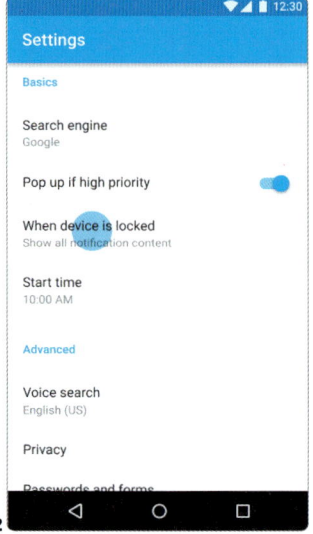 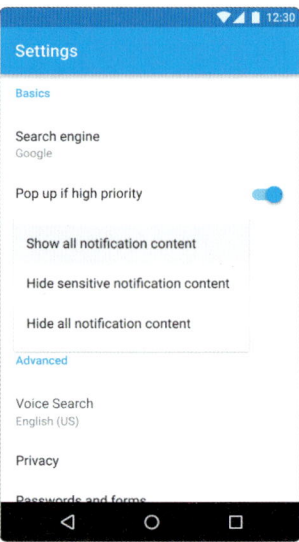

02

01 대화창 사례
좌: 제목이 있는 대화창
중: 제목 없는 대화창
우: 단순 대화창

02 간단 메뉴 사례
리스트 항목을 터치하여 3개의 메뉴를 볼 수 있는 간단 메뉴 사용

Part 3
운영체제별 UI 가이드라인

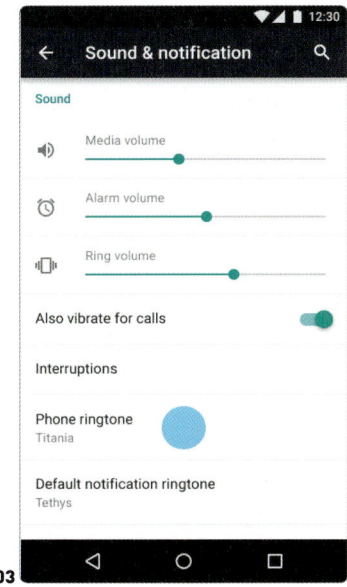
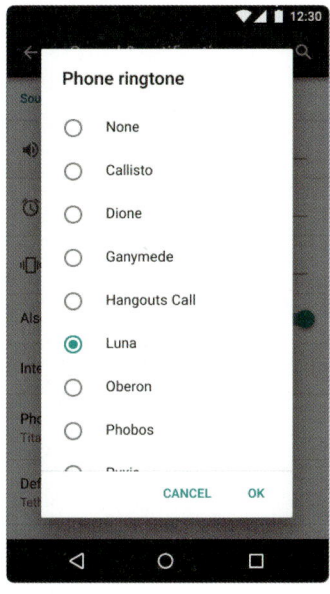

03

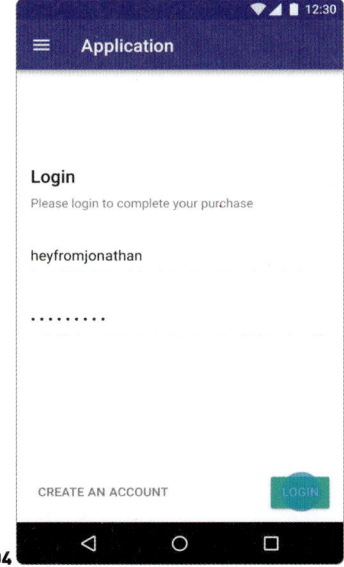
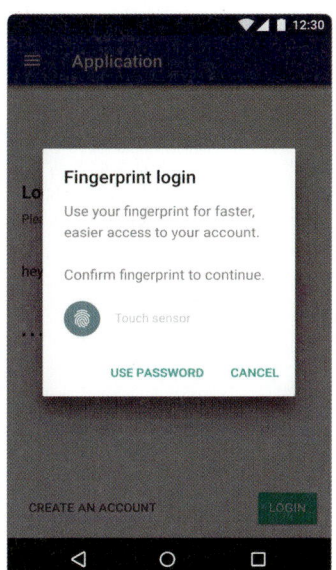

04

03 확인/취소 버튼이 있는 선택형 대화창

04 지문 인식 대화창 사례

지문 인식은 기기의 잠금을 해제하고 앱에 로그인하며 구매를 인증하는데 사용한다. 지문 인식이 필요한 버튼을 터치하면 지문 인식 인증에 대한 대화창을 표시하며 지문 인식 인증에 성공하면 성공 확인 메시지를 제공한다.

01 전체 대화창
좌: [←]뒤로 가기 버튼이 있는 전체 대화창
우: [X]취소 버튼이 있는 전체 대화창

페이지 내부 변경 사항에 대한 저장, 취소
여부를 확인한다. 취소 버튼이 있는 경우 저장
버튼이 있어야 하며, 뒤로 가기 버튼은 현
페이지 내용을 무조건 저장한다.

02 제목형 대화창 크기 정의

03 제목이 있는 선택형 대화창 크기 정의

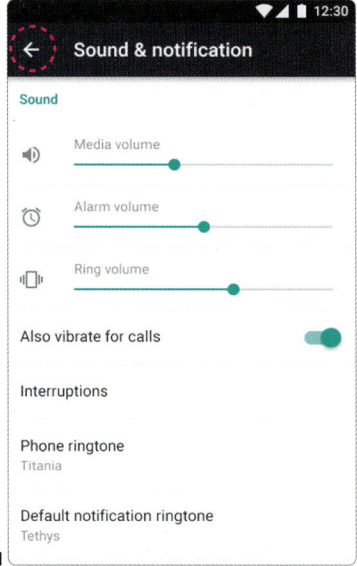
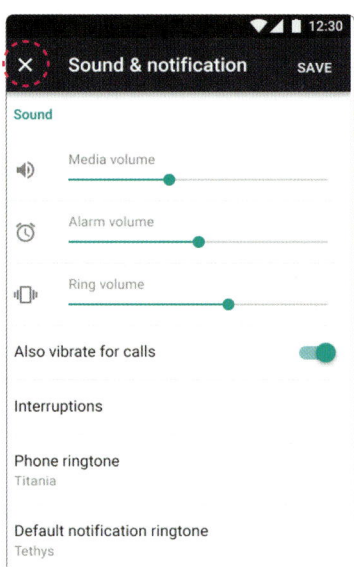

04 제목이 있는 단순 대화창 크기 정의

버튼의 텍스트가 너무 길면 전체 라인을 누적하여 버튼을 사용한다.

05 취소, 저장 버튼이 있는 전체 화면 대화창 크기 정의

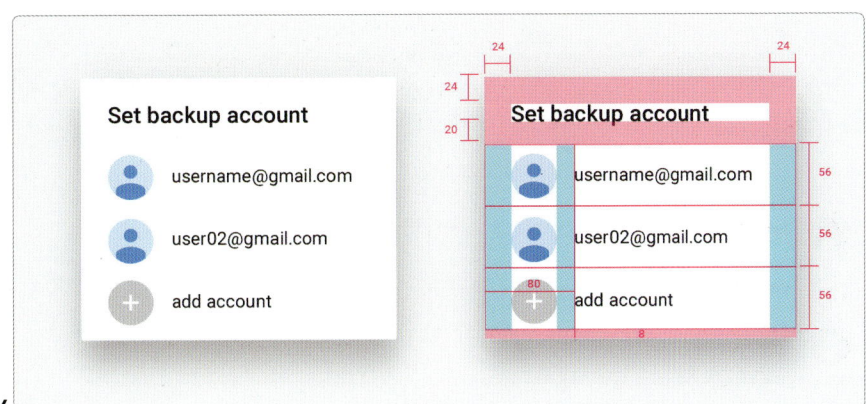

04

05

6.6 목록 컨트롤

앞서 패턴 영역에서 설명하였지만 테이블 내 행에는 기능과 정보에 대한 버튼을 넣을 수 있다. 목록 기능은 너무 많으면 곤란하며 자주 사용하는 필수적인 요소나 서비스의 불편함을 해소하기 위한 기능 등을 우선하여 사용한다. 주요 기능은 행의 왼쪽에, 보조 기능 및 정보성은 행의 오른쪽에 버튼을 위치한다. 두 개의 아이콘이나 기능 버튼을 서로 이웃하게 배치하지 않는다. 목록 컨트롤List Control=In line Action 유형은 다음과 같다.

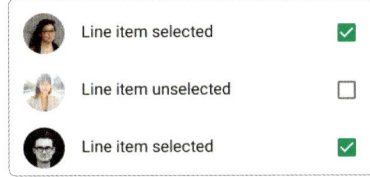

체크 박스

기본/보조 기능이며 행을 선택/해제한다.

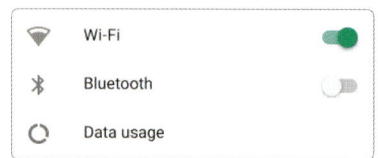

스위치

보조 기능이며 온/오프 버튼이다.

순서 변경 Reorder

보조 기능이며 드래그 앤 드롭을 통해 행을 다른 위치로 변경한다.

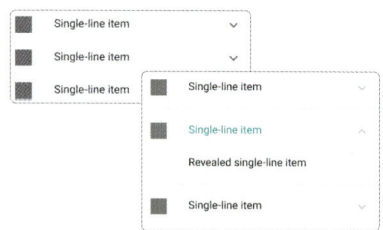

펼치기/접기

보조 기능이며 목록 보기를 세로로 확장 혹은 축소하여 세부 정보를 표시하거나 숨긴다.

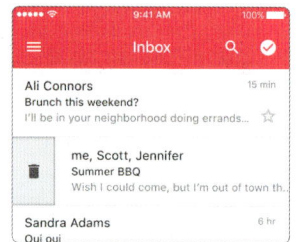

숨김 기능

행을 가로로 스와이프하여 삭제나 공유 등의 버튼을 보이게 하는 것으로 좌측, 우측 어느 방향에서나 동작이 나타난다.

6.7 메뉴

메뉴Menu는 화면에 오버레이 형태로 일시적인 선택 목록을 표시한다. 아이폰에서는 잘 사용하지 않지만 안드로이드에서는 오버 플로 메뉴를 비롯해 입력 선택이나 기능 실행 등 다양하게 사용된다. 메뉴는 최소 2항목 이상의 선택 조건을 준다. 앱 내에서 탐색을 위한 기본 방법으로는 사용하지 않는다. 메뉴 이름은 간결하고 명확한 단일 이름으로 사용한다(파일, 형식, 편집 등).

현재 상황에 따라 사용 가능한 메뉴를 동적으로 변경할 수 있는 상황 메뉴는 오버 플로 형태의 메뉴가 주로 사용된다. 단일행 메뉴와 2Depth 이상의

01 메뉴 사용 사례
  오버 플로 메뉴를 터치하여 세부 메뉴 항목을 도출하였다. 도출된 세부 메뉴 항목은 전체 그림자 처리하지 않고 일반 그림자 처리를 한다.

02 상황 메뉴 사례

중첩 메뉴로 사용될 수 있으며 중첩 메뉴의 경우 물질 디자인을 적용하여 그림자 처리를 차등 있게 한다. 메뉴 내용이 길어지면 2줄로 표시하며, 말줄임표(…)는 사용하지 않는다.

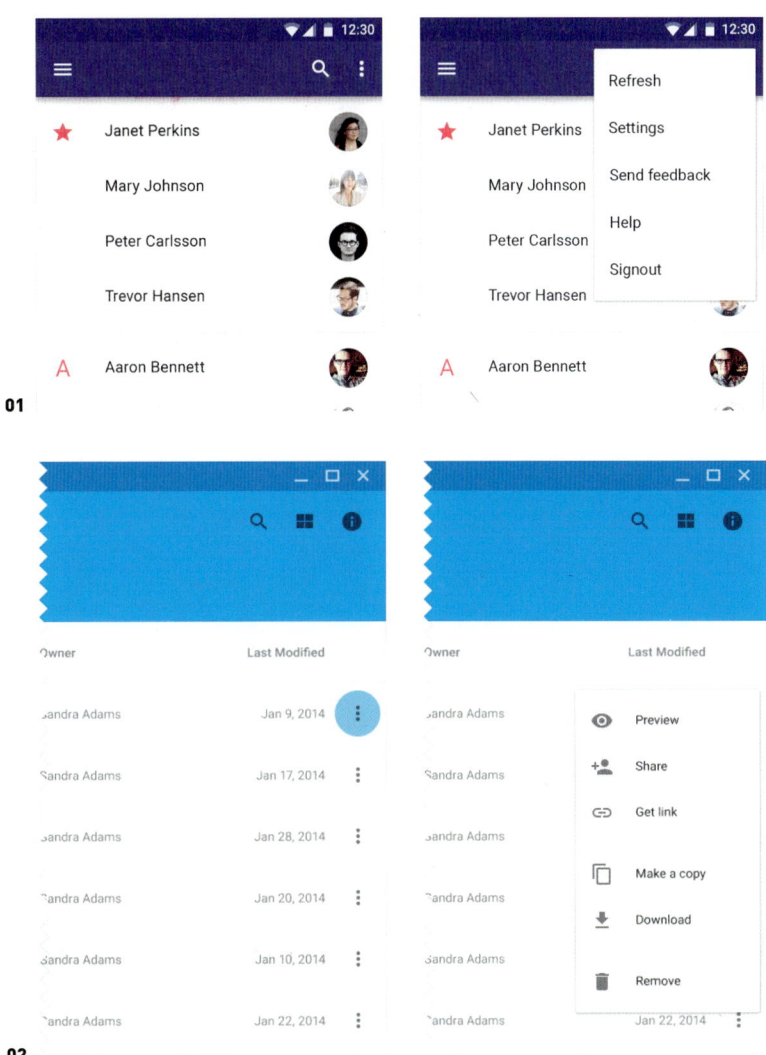

01

02

448

10
안드로이드 인터페이스 가이드라인 〉 컴포넌트 설계

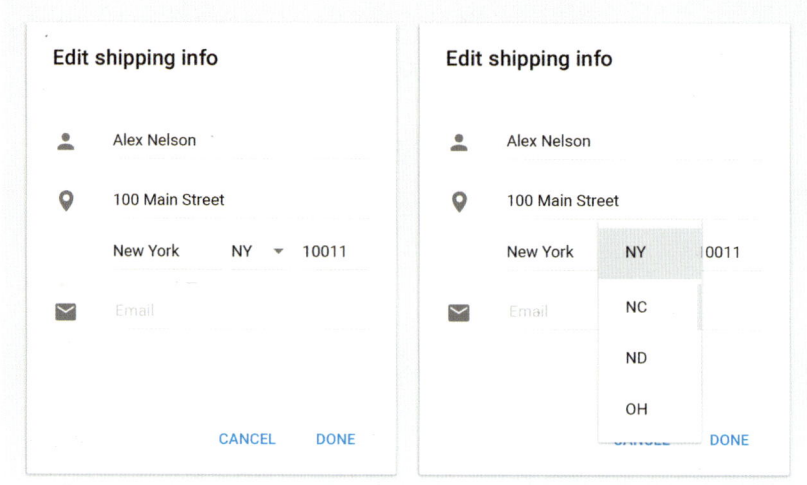

01

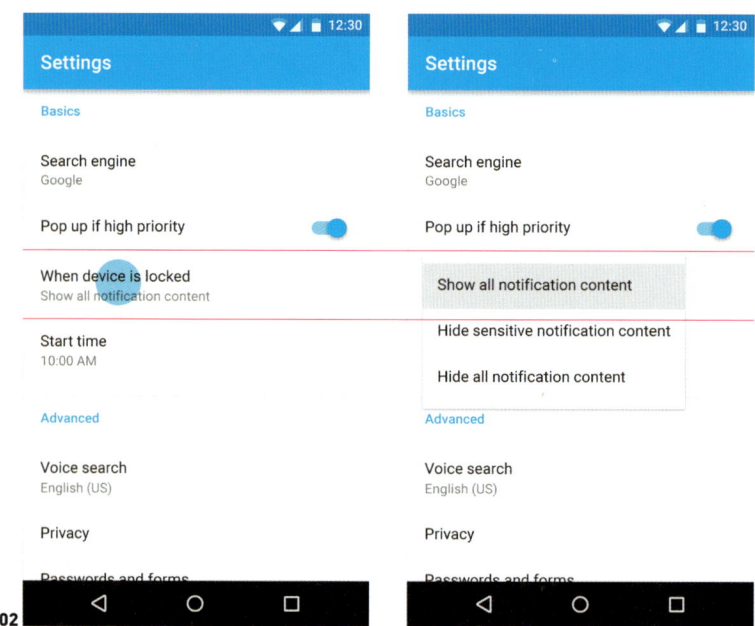

02

01 메뉴 설계

메뉴를 호출하는 역삼각형 영역을 터치하면 화면 하단(혹은 상단)으로 메뉴창이 오버레이 형태로 나타난다. 메뉴는 현재 기본 선택을 포함하여 추가 선택 리스트를 보여주며 스크롤 처리가 가능하다.

02

오버레이형 메뉴는 메뉴가 발생한 곳(터치한 곳)에서 바로 상단(혹은 하단)에서 열리며 중앙 정렬한다.

Part 3
운영체제별 UI 가이드라인

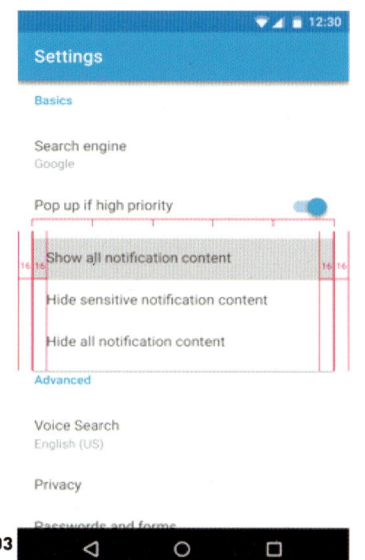
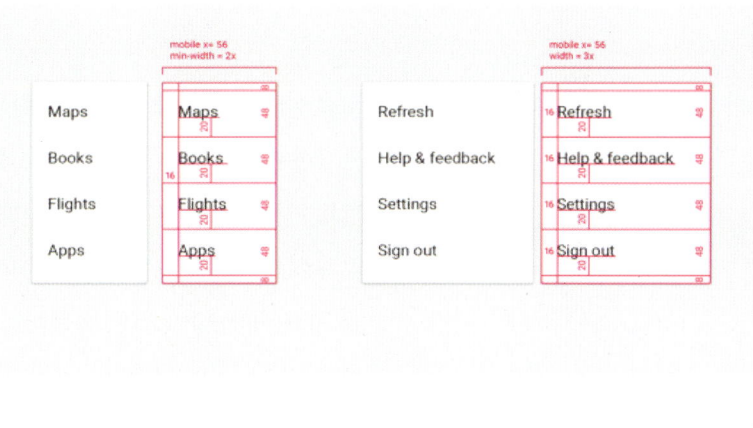
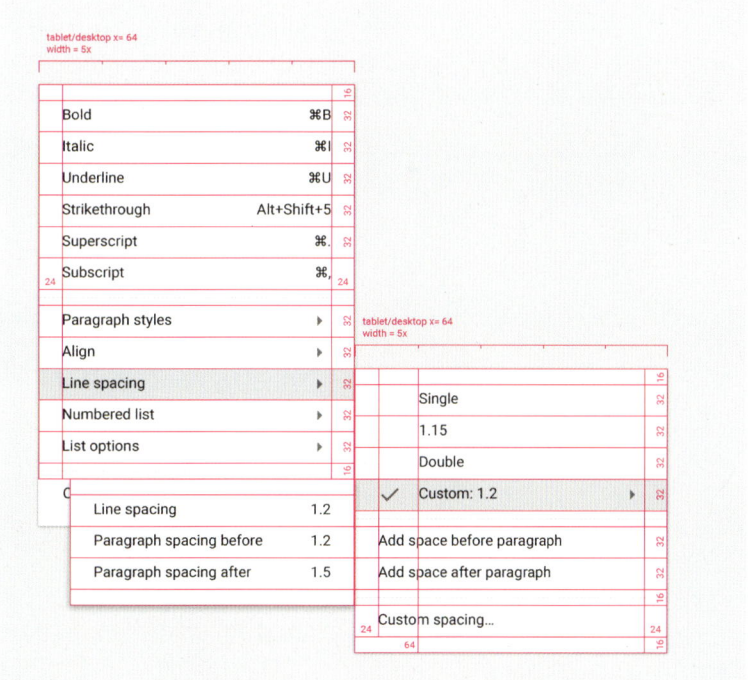

03 메뉴 디자인 크기 정의

04 중복 메뉴 디자인 크기 정의
가장 높은 메뉴(최하위 Depth 메뉴)를
가장 높은 그림자 처리한다.

6.8 알림

앱을 사용하지 않거나 사용하더라도 현재 보는 화면이 아닌 곳에서 실시간 응답이 필요한 경우 짧고 간략한 정보를 제공하는 알림Notification은 모바일 앱의 가장 기본적인 사용자 대화 방법 중 하나다. 알림 UI는 다른 사용자로부터의 커뮤니케이션이나 필요 시에 가장 일반적으로 사용된다. 알림은 헤더 영역, 내용 영역, 작업 영역으로 구성된다.

알림은 상황 바에 아이콘으로 표시되거나 잠금 화면, 소리나 진동, 현재 화면 엿보기, 장치의 LED 깜빡임 등으로 표시한다. 최초 알림 시 기본 형태로 표시하며 축소 및 확장 보기를 사용할 수 있다. 알림을 탭하면 앱이 실행되며 알림을 보여준다.

알림 요소는 앱 아이콘, 앱 이름이 필수 요소이며 내용 제목과 내용 텍스트의 축약형 형태로 표시한다. 알림의 세 가지 영역은 다음과 같다.

- 헤더 영역

  앱 아이콘, 앱 이름(필수), 알림 발생 시간, 대화 형태일 경우 상대방 이름 등의 요소를 넣는다.

- 내용 영역

  내용의 제목, 프로필 사진(+앱 아이콘), 내용 요점 등이 포함되며 작업 영역에는 확인, 취소와 같은 기능 버튼을 넣는다.

- 작업 영역

  축약 형태로 감춰지며 확장 버튼을 터치하면 보인다. 대화창과 같은 간단한 기능(확인, 취소 등)을 실행할 수 있다. 사용자의 시선이 잘 보일 수 있는 화면 상단에 표시한다.

알림을 지우려면 좌우로 스와이프한다. 중요도에 따라 소리나 진동으로 표시하고, 대화창과 같이 확인을 묻고 강렬한 색상(붉은색 등)을 사용하여 주의를 끈다.

Part 3
운영체제별 UI 가이드라인

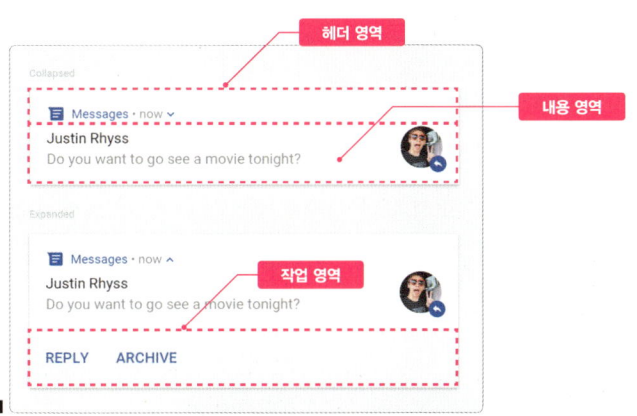

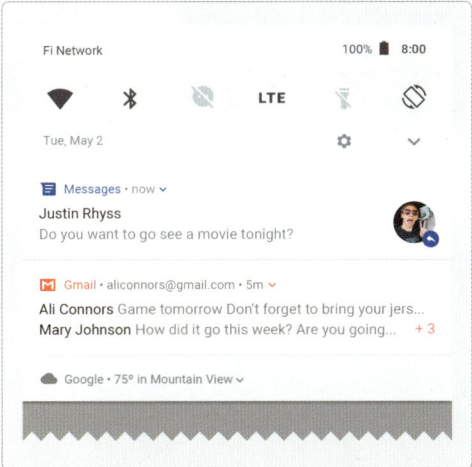

01 알림의 일반적 요소

02 진행 상황 표시 알림
축소 보기 버튼이 있으며 즉시 취소할 수 있는 버튼을 넣는 것이 좋다.

03 복수 알림 형태
메시지, 이메일 등 여러 개의 알림은 테이블 구조로 표시한다.

04 추가 알림의 경우 '+알림 숫자'로 표시하며 알림 숫자를 터치하면 화면 하단에 나머지 알림 내용이 표시된다.

05 대기 화면에서 알림 표시 사례

6.9 피커

피커Picker는 아이폰과 마찬가지로 선택 항목을 입력할 때 사용된다. 특히 날짜, 시간 등을 선택할 때 사용되며 안드로이드는 아이폰과는 다른 독특한 컴포넌트를 제공한다. 주로 대화창 형태로 표시된다(배경화면 전체 그림자 처리). 밝은 배경과 어두운 배경 등의 테마를 가로 모드 및 세로 모드에 적용한다.

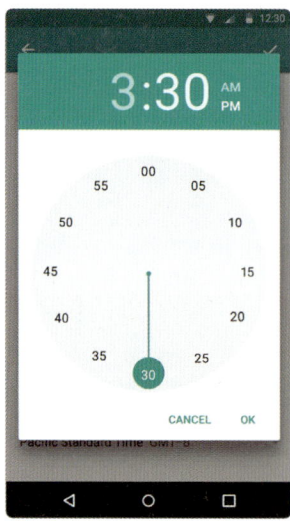

01
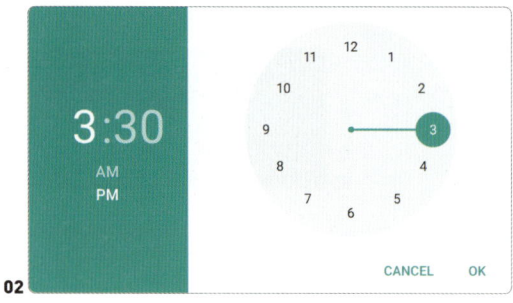
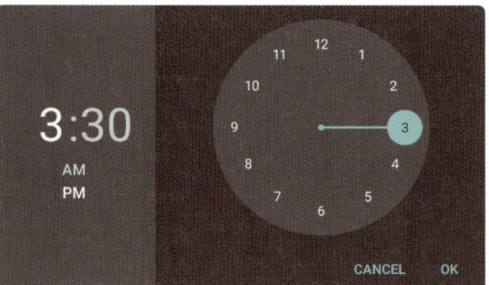
02

01 날짜 입력, 시간 입력에 대한 피커 사례
어두운 배경 테마도 적용할 수 있다.

02 가로 모드의 시간 피커 테마

6.10 진행 상황 표시

앱 실행이나 로딩 중에 1초 이상 시간이 소요되면 표시하는 진행 상황 표시 Progress & Activity 는 기본적인 모바일 진행 상황 바 Progressive Bar 와 마찬가지로 원형 혹은 바 형태로 표시한다. 다만 두 개의 시각 도구를 동시에 표현하지는 않는다.

일반적으로 원형 형태(무한 반복되는 모션 사용)의 진행 상황 표시는 지정되지 않는 대기 시간을 시각화하는 데 사용한다. 바 형태의 진행 상황 표시는 완료 시점을 알고 있는 경우에 사용되며 작업 시간 혹은 진행률 등을 함께 표시한다. 바 형태는 여러 개의 진행 상황 표시를 사용할 수 있다.

진행 상황 표시는 주로 진행되는 활동 인근에 표시하거나 화면 상단 혹은 툴 바 위치인 화면 하단 등에 표시된다.

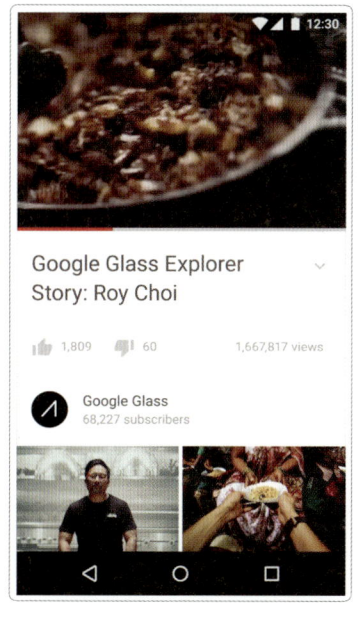 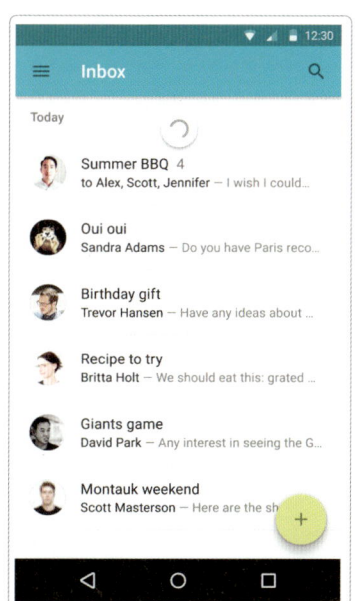 

바 형태와 원형 형태의 진행 상황 표시
전체 화면에 대한 로딩을 표시하는 원형 형태의 진행 상황 표시는 화면 상단이나 하단에 위치한다.

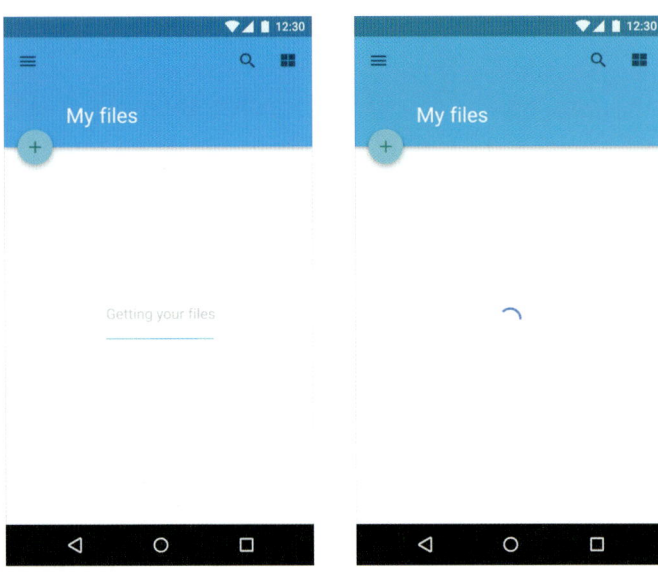
01

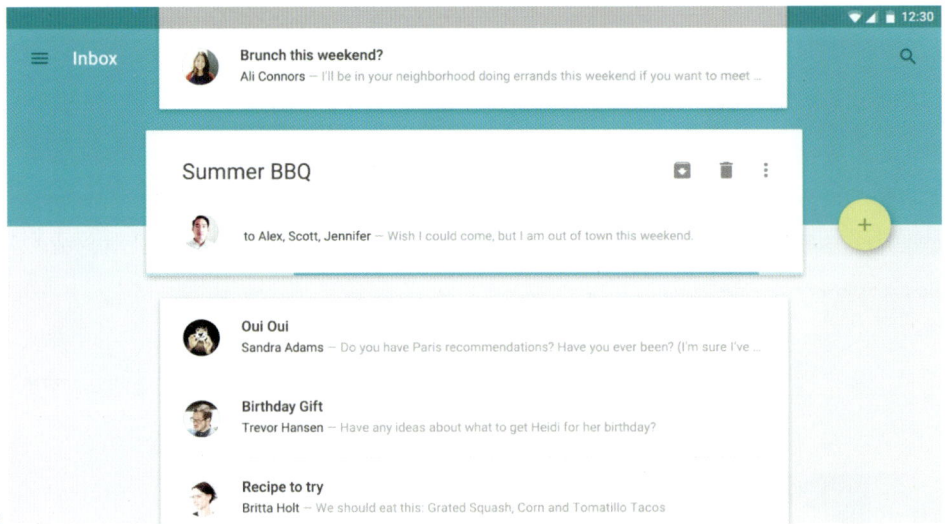
02

01 화면에 처음 로딩되는 진행 상황 표시는 화면 중앙에 위치하며 로딩이 끝나면 화면 상단(혹은 하단)으로 애니메이션 처리로 사라진다.

02 진행 상황 표시는 일반적으로 진행되는 콘텐츠 인근에 위치한다.

03 버튼을 눌러 진행 상황이 시작되면 버튼 외곽선에 진행 상황을 알려주고 완료되면 완료 체크 표시를 보여준 뒤 원래 버튼 아이콘으로 돌아간다.

03

6.11 슬라이더

안드로이드의 슬라이더^{Slider}는 아날로그 형태의 값을 설정하고 조정하는 데 사용된다. 값의 강도를 반영하는 막대의 양 끝에 아이콘(혹은 수치 값)을 표시한다. 슬라이더는 연속 슬라이더와 개별 슬라이더가 있다.

- **연속 슬라이더**

  일반적인 슬라이더로 주관적인 범위의 값을 선택한다.

- **개별 슬라이더**

  미리 지정된 특정 값을 선택하는 것으로 아이폰의 스테퍼^{Stepper}와 혼합된 형태로 사용된다. 분리된 슬라이더 원은 균등하게 간격을 둔 눈금으로 끊어서 선택할 수 있으며 미리 지정된 특정 값을 슬라이더 위에 숫자로 표시한다.

456   10 안드로이드 인터페이스 가이드라인   컴포넌트 설계

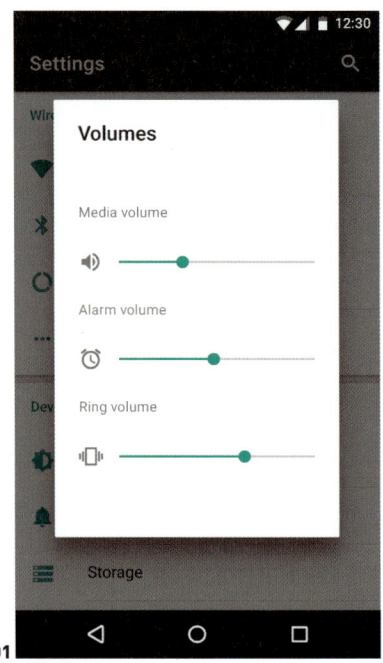

01 값의 강도를 표현하는 아이콘을 사용할 수 있다.   편집이 가능한 슬라이더도 사용할 수 있다.

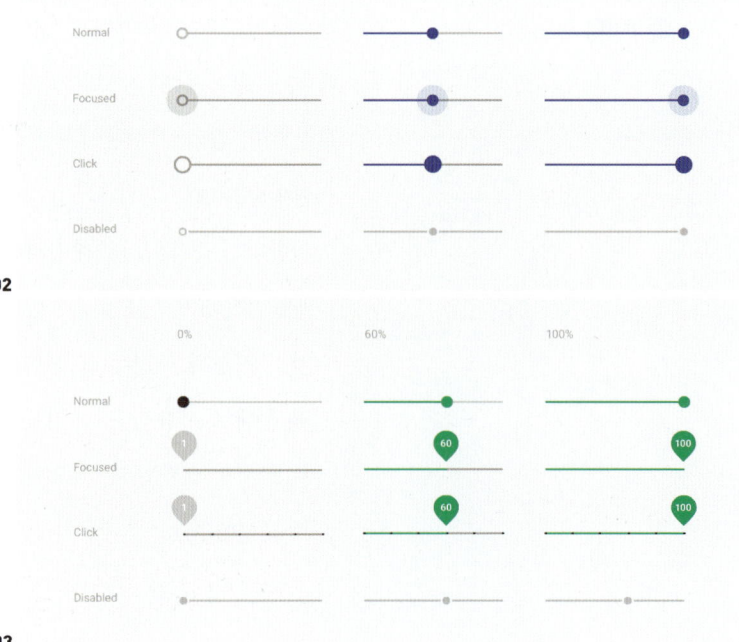

01 연속 슬라이더 사례

02 연속 슬라이더 디자인 종류

03 개별 슬라이더 디자인 종류
슬라이더 상단에 미리 지정된
값을 표현하는 표시자(물방울 형태)
가 있다.

6.12 스낵 바와 토스트

스낵 바는 화면 하단에 실행된 작업과 직접 관련이 있는 메시지를 제공하는 것으로 작업에 대한 간단한 피드백을 보여준다. 안드로이드 알림 방식 중 하나인 토스트 알림은 알림 표시를 2~3초간 자동으로 보여주고, 닫히는 컴포넌트이며 이를 화면 하단에 넓게 표시한 것이 스낵 바이다. 스낵 바는 다음과 같은 특징을 갖는다.

- 한 화면에 하나의 스낵 바만 표시할 수 있다.
- 스낵 바에는 '취소'와 같은 대화창 옵션이 하나만 포함될 수 있다.
- 스낵 바는 모달 뷰(화면 하단에서 상단으로 열림) 형태로 표시한다.
- 표시된 스낵 바는 새로운 상황이 발생하면 자동으로 사라지거나 사용자 액션을 통해 종료된다.
- 스낵 바 텍스트는 짧은 텍스트를 사용하고 아이콘은 쓰지 않는다.

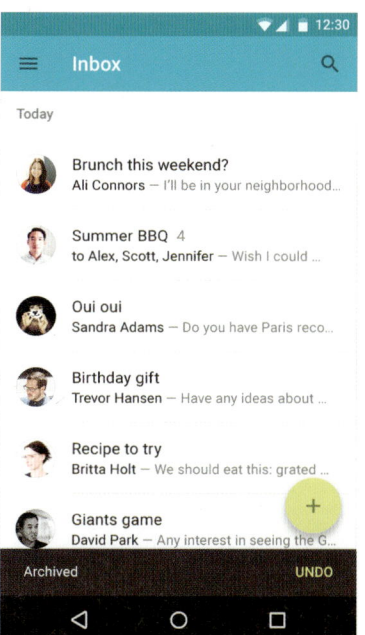
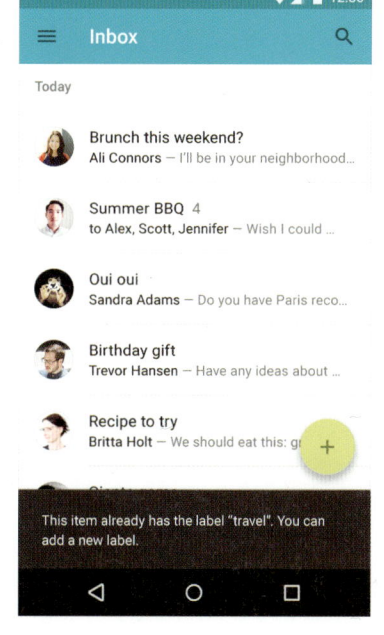

스낵 바 사용법
플로팅 액션 버튼이 사용될 경우 버튼을 가리지 않고 함께 올라간다.

스낵 바 크기 정의

6.13 텍스트 필드

텍스트를 입력할 수 있는 입력창으로 과거 사각형 박스 형태에서 현재는 하단 직선형으로 발전하였다. 스마트폰 초창기에는 텍스트 필드^{Text field}에 대한 UI를 그다지 신경 쓰지 않았으나 오늘날에는 입력을 통한 서비스 이용 상황이 많아졌기 때문에 입력 폼에 대한 사용자 경험이 중요하게 대두했다.

텍스트 필드와 같은 입력 폼은 사용자 경험에 대한 좋고 나쁨이 극단적으로 발현되는 영역이다. 잘못 만들면 서비스 전반에 좋지 않은 사용자 경험을 유발할 수 있기 때문에 특히 신경 써서 디자인해야 한다.

한 줄 텍스트와 다중 행 텍스트로 구분되며 주로 키패드로 입력한다. 모든 텍스트 필드에는 레이블이 있어야 한다. 주로 텍스트 필드 바로 위나 내부에 표시한다. 내부 레이블의 경우 입력을 시작하면 텍스트 필드 상단에 레이블을 띄운다. 텍스트 필드의 종류는 다음과 같다.

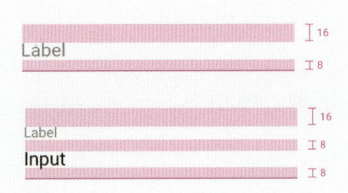

레이블 표시 일반 입력 폼

레이블은 입력 폼 내부에 존재하며 입력 시 텍스트 필드 상단으로 이동한다.

자동 완성

사용자 입력 편의성을 높여주므로 적극적으로 사용하며 입력 제안 텍스트를 회색으로 채워준다.

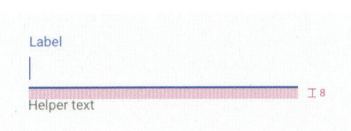

힌트 텍스트

입력 시 입력 포맷을 미리 알려주며 때로는 추천 입력 텍스트 등을 넣는다. 텍스트 색은 회색으로 한다.

도움말

입력에 도움되는 단어로 텍스트 필드 하단에 좌측 정렬로 작성한다.

실시간 오류 메시지

텍스트 입력 시 오류가 발생할 경우 실시간으로 텍스트 필드 하단에 붉은색으로 오류 메시지를 표시한다.

필수 입력란

필수 입력의 경우 레이블에 별표(*) 표시하며 입력이 안됐을 경우 최종 입력 완료 혹은 다음 단계로 이동하지 않는다.

단어 수 제한

텍스트 필드 하단에 우측 정렬로 문자 한도 비율로 표시한다(사용된 문자 수/최대 문제 제한 수).

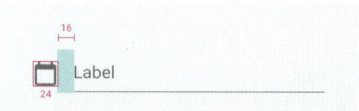

아이콘 기호

입력에 대한 이해를 돕기 위해 텍스트 필드 좌측에 아이콘을 넣는다.

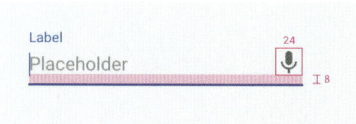

음성 입력

음성 입력이 가능한 텍스트 필드는 입력란 우측에 마이크 아이콘을 사용한다.

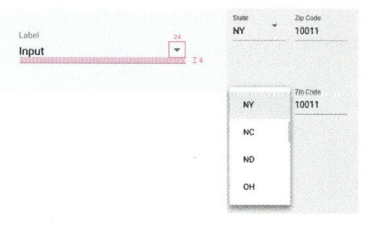

선택 입력

입력하는 내용이 선택에 의한 것이라면 드롭다운 아이콘(역삼각형)을 사용한다.

지우기 버튼

입력란에는 한번에 지울 수 있는 기능을 넣을 수 있으며 우측 정렬로 사용한다.

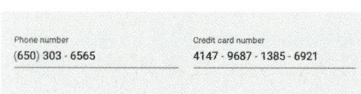

유형화된 입력

전화번호, 카드번호, 주민등록번호 등 유형화된 입력에 대해서는 별도의 입력 폼을 만들 수 있다.

접두사와 접미사

단위 표시 등의 경우 입력 폰트와는 다른 색(일반적으로 회색)을 사용하여 좌, 우측 정렬로 표시한다.

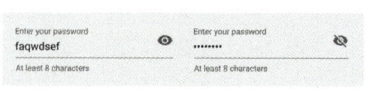

비밀번호 입력

한 글자는 보이면서 다음 글자 입력 시 점으로 표시한다. 비밀번호 입력을 볼 수 있는 옵션을 넣을 수도 있다.

다중 행 입력

여러 줄의 텍스트 입력은 텍스트 필드의 아래쪽을 확장하고 화면 요소 아래쪽으로 이동하여 텍스트 줄 바꿈 한다.

01 입력창 사례
　필수 사항, 선택 입력, 유형화된
　입력, 선택 입력 포함

02
텍스트 필드에 입력을 시작하면 해당
필드의 색을 초점화 한다(붉은색).
키패드에서 입력하는 경우에는
메시지 박스를 사용하여 자동 완성
등을 옵션으로 처리할 수 있다.

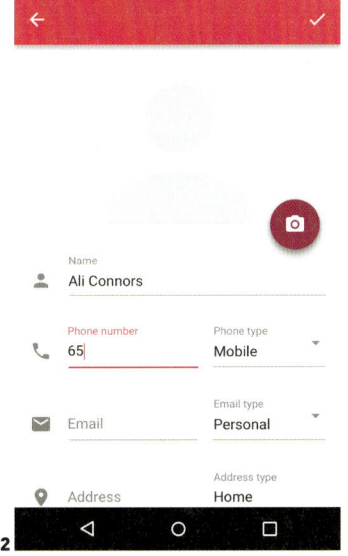

01

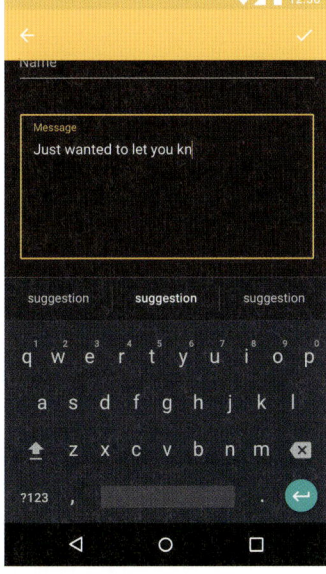

02

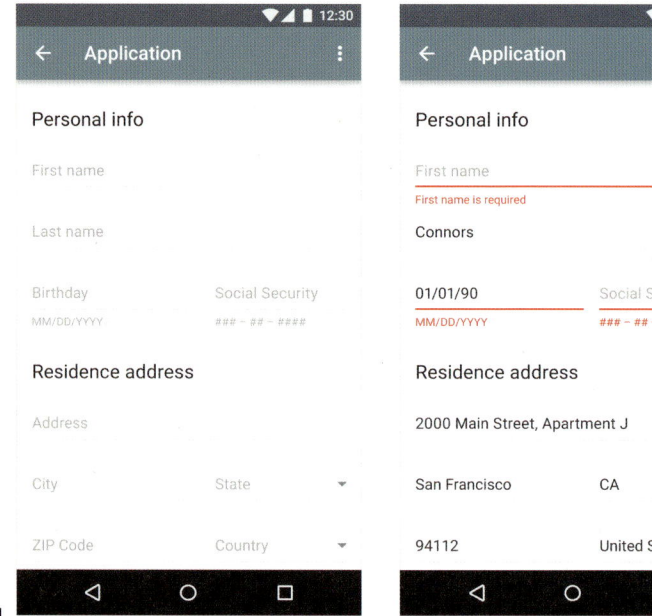

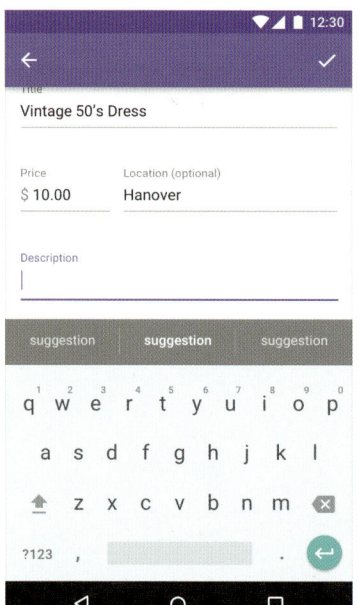 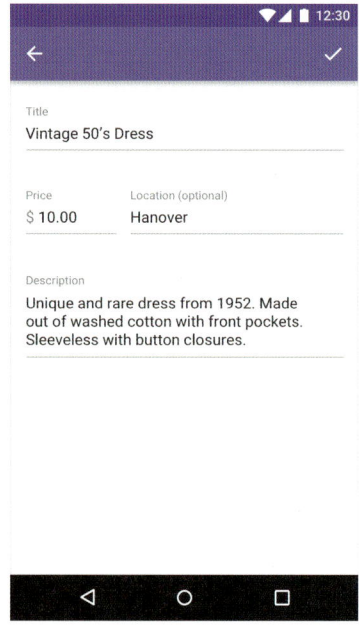

01 실시간 오류 메시지 전달과 유형화된
   입력 폼 제공 사례

02 다중 행 입력 사례

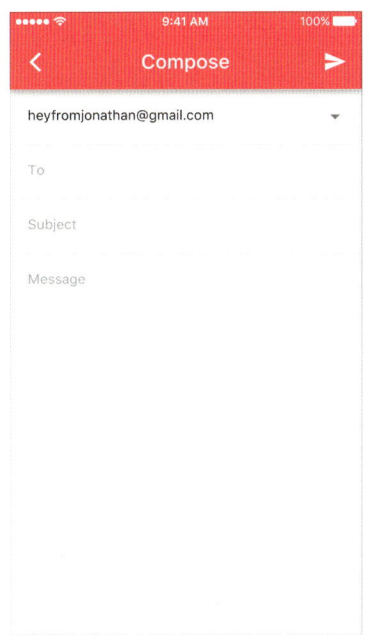
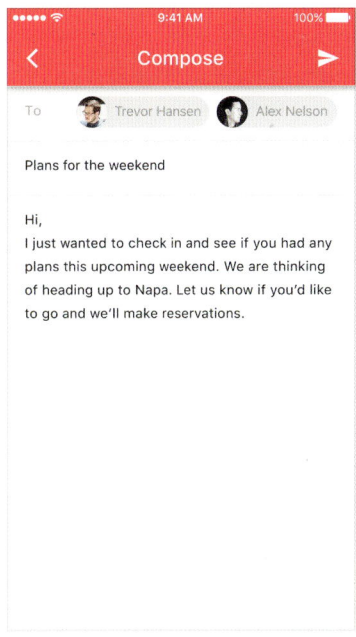

03

03 전체 너비 필드 사용
심층적인 작업이나 복잡한 정보를 입력할 때 유용하게 사용할 수 있다.

6.14 툴 팁

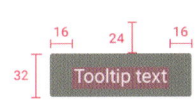

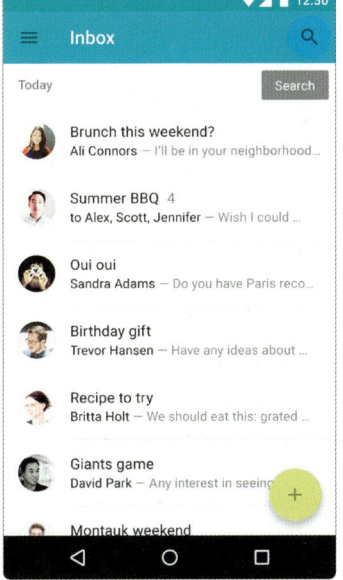

툴 팁Tool Tip은 기능 버튼이나 기타 간단한 도움말이 필요한 오브젝트에 짧은 텍스트를 삽입할 수 있다. 안드로이드에서 제공하는 툴 팁은 뾰족한 지시 영역을 표시하는 것이 아닌 회색 임시 창을 통해 화면에 표시한다.

툴 팁은 버튼이나 오브젝트를 길게 누르면 나타난다(1.5초 정도 화면 표시). 사용자가 누르고 있는 동안 툴 팁이 보이기도 한다.

툴 팁 사용 사례

6.15 위젯

위젯Widget은 앱의 가장 중요한 콘텐츠 및 기능을 눈에 잘 띄는 뷰로 나타낸다. 홈 화면에 위치하며 아이폰과 달리 대기 화면이 아닌 스마트폰 바탕화면에 표시할 수 있다. 위젯은 앱의 시작 역할도 하므로 위젯을 터치하면 연결된 앱이 상세보기로 시작한다. 위젯의 특징은 다음과 같다.

- 일반적으로 위젯은 스크롤이 가능하며 동적으로 위젯 크기를 변경할 수 있다.
- 구성 표시 등을 유지하고 2~3개 이상의 구성 요소를 표시하진 않는다.
- 사용자의 환경을 고려하여 전체 화면이 아닌 대화 상자를 사용하여 구성 선택 사항을 표시하는 것이 일반적이다.

위젯의 종류는 다음과 같다.

정보 위젯 Information Widget

사용자에게 중요한 정보를 표시하고 시간에 따른 변화를 실시간으로 보여준다. 스포츠나 날씨 등에서 주로 사용된다. 스크롤 할 수 없으며 모든 콘텐츠와 레이아웃은 사용자가 크기에 맞게 동적으로 맞춰야 한다.

모음 위젯 Collection Widget

뉴스 앱의 기사 모음과 같은 유형의 여러 요소를 표시하며 수직으로 스크롤할 수 있다.

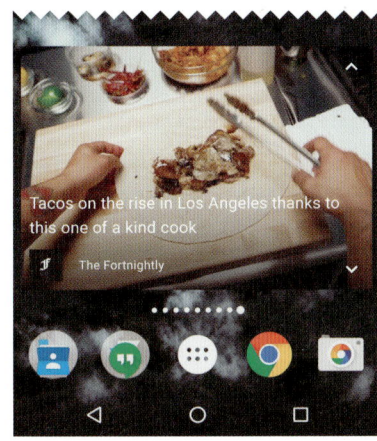 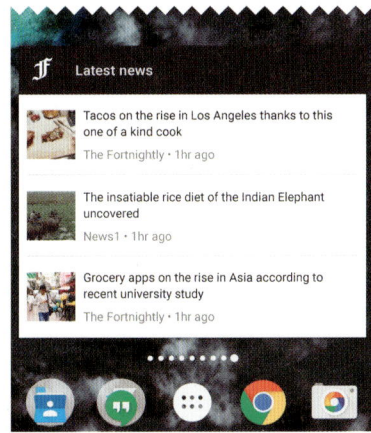

제어 위젯 Control Widget

자주 사용하는 기능을 모아 놓은 위젯으로 앱을 열지 않고도 중요 핵심 기능을 사용할 수 있다.

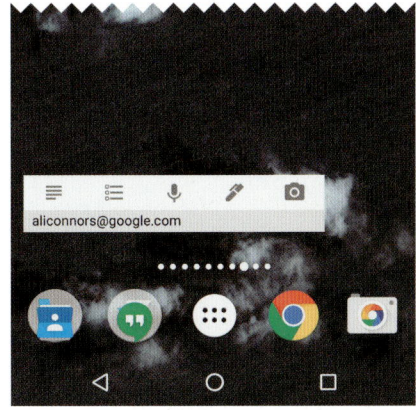

하이브리드 위젯 Hybrid Widget

여러 유형(정보, 기능 등)의 요소를 결합한 위젯으로 이 유형 중 하나를 중심으로 위젯을 놓고 필요에 따라 다른 요소를 추가한다.

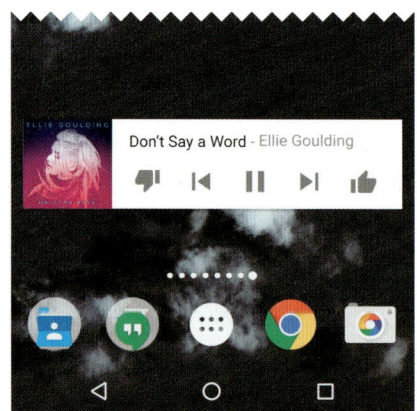

Chapter 11

태블릿 PC UI 가이드라인

Outline

2010년 1월 발표된 아이패드iPad는 크기와 성능 면에서 노트북과 스마트폰 사이에 위치하는 기기로 대대적인 인기를 끌었다. 아이패드는 태블릿 PC의 새로운 세계를 열었고 사용자와 개발자들은 새로운 태블릿 PC의 서비스를 사용하고 만들었다. 태블릿 PC는 분명 스마트폰과 노트북과는 다른 사용자 경험을 창조하는 기기다. 단순히 화면의 크기만 큰 것이 아니라 태블릿 PC 만의 특화된 UI 가이드와 차별화된 서비스는 태블릿 PC의 미래를 밝게 만들고 있다.

Process

일부 태블릿 PC에서는 정교한 성능을 지닌 스타일러스 펜을 사용할 수 있으며 이에 최적화된 기술을 함께 제공한다. 현재까지 출시된 태블릿 PC는 크게, 애플의 iOS를 탑재한 아이패드와 태블릿 전용 안드로이드 OS를 탑재한 안드로이드 태블릿 PC로 나눌 수 있다. 크기와 성능에서 다양한 디바이스가 출시되었으며 이 책에서는 2018년을 기준으로 최근 출시된 태블릿 PC 기반의 범용적인 UI 가이드를 제시하고자 한다. 가장 기본이 되는 가이드라인은 아이패드의 HIGHuman Interface Guideline이며, 비교적 범용적인 내용으로 태블릿 PC의 핵심적인 설계 방법을 설명한다.

1. 태블릿 PC 디자인 원칙

아이패드와 안드로이드 태블릿 PC로 양분되는 태블릿 PC는 대화면(스마트폰의 약 4배)을 채용하고 있으며 OS별로 태블릿 PC 전용 UI 가이드라인을 갖추고 있다. 사용자들은 각각의 크기와 성능, 스타일러스 펜 지원 여부에 따라 다양하게 선택할 수 있으며 태블릿 PC의 용도에 최적화된 애플리케이션을 사용한다.

1.1 태블릿 PC 구성 및 특징

- 크기: 7"~12.9"
- 해상도: 레티나 디스플레이 기본 탑재(갤럭시S탭 시리즈 : QXVGA)
- 전면, 후면 카메라 탑재
- 전용 스타일러스 펜 사용: 애플펜슬(아이패드), S펜(갤럭시 탭S3) 등
- UHD 4K(3840*2160) @60fps 오디오/비디오 재생(갤럭시 탭S3)
- 음성 지원 서비스(Siri. 갤럭시 탭S3의 경우 S보이스 지원 안 됨)

갤럭시 탭 S3 사양(2018년 1월 기준)

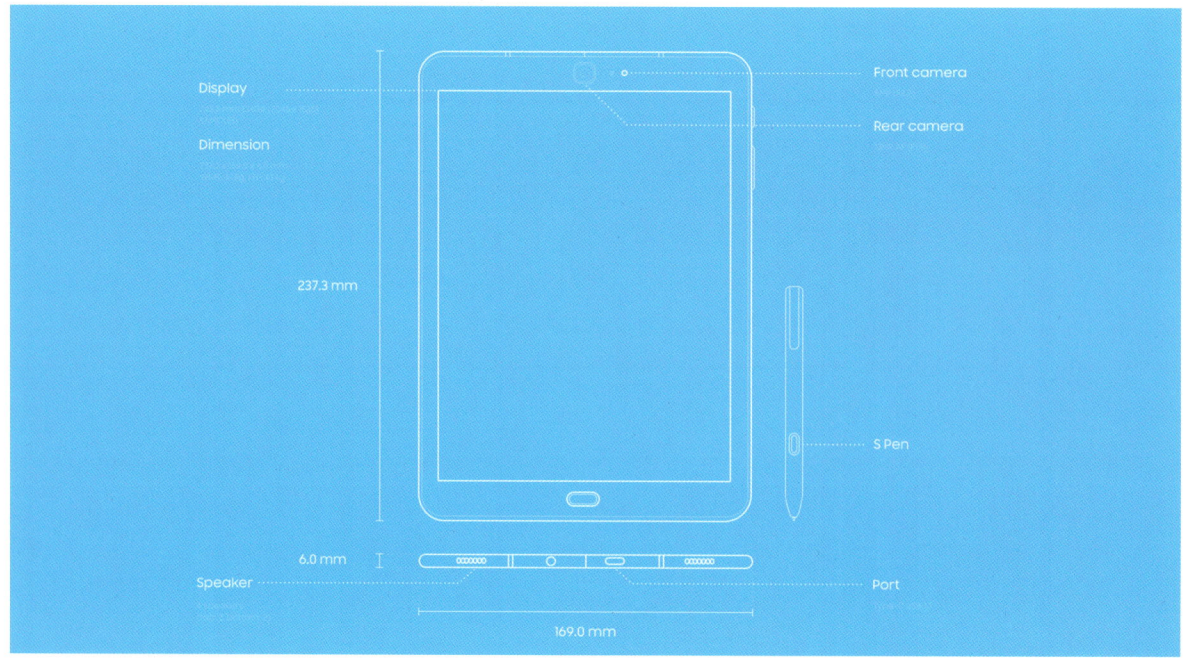

Part 3
운영체제별 UI 가이드라인

12.9형 Retina 디스플레이	10.5형 Retina 디스플레이	9.7형 Retina 디스플레이	7.9형 Retina 디스플레이
Retina 디스플레이	**Retina 디스플레이**	**Retina 디스플레이**	**Retina 디스플레이**
12.9형(대각선)	10.5형(대각선)	9.7형(대각선)	7.9형(대각선)
LED 백라이트 및 Multi-Touch	LED 백라이트 및 Multi-Touch	LED 백라이트 및 Multi-Touch	LED 백라이트 및 Multi-Touch
2732 x 2048 해상도	2224 x 1668 해상도	2048 x 1536 해상도	2048 x 1536 해상도
264 ppi	264 ppi	264 ppi	326 ppi
지문 및 유분 방지 코팅	지문 및 유분 방지 코팅	지문 및 유분 방지 코팅	지문 및 유분 방지 코팅
전면 라미네이팅 처리된 디스플레이	전면 라미네이팅 처리된 디스플레이	—	전면 라미네이팅 처리된 디스플레이
반사 방지 코팅	반사 방지 코팅	—	반사 방지 코팅
ProMotion 기술	ProMotion 기술	—	—
와이드 컬러 디스플레이(P3)	와이드 컬러 디스플레이(P3)	—	—
True Tone 디스플레이	True Tone 디스플레이	—	—

Touch ID

홈 버튼에 내장된 2세대 지문 인식 센서	홈 버튼에 내장된 2세대 지문 인식 센서	홈 버튼에 내장된 지문 인식 센서	홈 버튼에 내장된 지문 인식 센서

Siri

음성으로 메시지 전송, 미리 알림 설정 외 다양한 기능 실행 가능	음성으로 메시지 전송, 미리 알림 설정 외 다양한 기능 실행 가능	음성으로 메시지 전송, 미리 알림 설정 외 다양한 기능 실행 가능	음성으로 메시지 전송, 미리 알림 설정 외 다양한 기능 실행 가능
핸즈프리로 iPad 사용	핸즈프리로 iPad 사용	핸즈프리로 iPad 사용	핸즈프리로 iPad 사용
노래 듣고 제목 알려주기	노래 듣고 제목 알려주기	노래 듣고 제목 알려주기	노래 듣고 제목 알려주기

아이패드 시리즈 사양(2018년 1월 기준)

기본적인 UI 가이드라인은 스마트폰의 가이드라인과 비슷하며, 특히 OS에서 제공하는 컴포넌트나 뷰 등의 디자인과 사용법이 동일하다. 하지만 화면 크기에 따른 사용성의 차이로 몇 가지 대화면의 속성에서 보이는 차별화된 UI 가이드를 소개한다. 이 장에서는 대화면과 태블릿 PC의 사용 속성에 맞춰 공통적인 디자인 원칙을 설명한다.

1.2 가로, 세로 모든 방향을 지원

태블릿 PC는 화면이 큰 만큼 사용자의 사용 상황을 다양하게 고려하는 것이 좋다. 특히 스마트폰처럼 한 손만 사용할 수 있는 것이 아니므로 이용 상황에 따라 양손으로 가로 혹은 세로로 사용하는 데 문제가 없어야 한다. 일반적으로 세로 방향은 스마트폰 기반의 앱이나 전체 상황을 한눈에 파악할 수 있는 서비스에 적합하다. 가로 방향은 태블릿 PC 전용 앱(스케치 앱, 동영상 편집, 분석 앱 등)이나 멀티태스킹 사용 환경, 세로에서 윤곽을 파악했던 콘텐츠를 상세히 보기 위해 가로 모드로 전환하는 상황에서 사용된다. 특히, 세로 모드에서 보이지 않았던 탐색 메뉴 화면 등이 가로 모드에서는 도출되어 사용자의 이용 환경 측면에서 더욱 편리하게 사용될 수 있다. 가로 세로 방향을 모두 지원하기 위해서 다음 사항을 유의해야 한다.

- **UI 디자인 일관성**

    가로 모드와 세로 모드에 각각의 특성을 부여하는 것은 좋지만 일관성 없이 생소한 UI를 적용하는 것은 사용자에게 혼란을 주기 때문에 일관성을 유지해야 한다.

- **부가 정보 추가 및 메뉴 방식 전환**

    보통 콘텐츠 중심의 내용을 쉽게 파악할 수 있는 세로 모드에서 가로 모드로 전환하는 것은 사용자가 콘텐츠에 대해 상세한 정보를 알고 싶은 경우가 대부분이다. 이때는 OS에서 제공하는 화면 분할 방식(Split View) 등을 이용하여 좌측에 메뉴, 우측에 세로 모드에서 사용했던 콘텐츠 영역을 위치시킨다.

- **멀티태스킹 고려**

  태블릿 PC는 화면 크기가 큰 만큼 사용자는 스마트폰과는 다르게 다양한 업무를 처리하고자 한다. 최신 태블릿 PC는 멀티태스킹을 원활하게 사용할 수 있도록 기본적으로 OS에서 멀티태스킹 모드를 제공하고 있다. 이를 고려하여 반응형 구조의 UI를 설계하는 것이 필요하다. 멀티태스킹에는 관심 또는 적극적인 참여가 필요한 활동을 일시 중지하며 알림을 부분적으로 고려하여 사용한다.

01 분할 화면을 이용한 좌측 메뉴, 우측 세부사항의 가로 모드와 스마트폰 UI 형태인 세로 모드

02 가로 모드에서 멀티태스킹을 사용할 경우 화면 분할

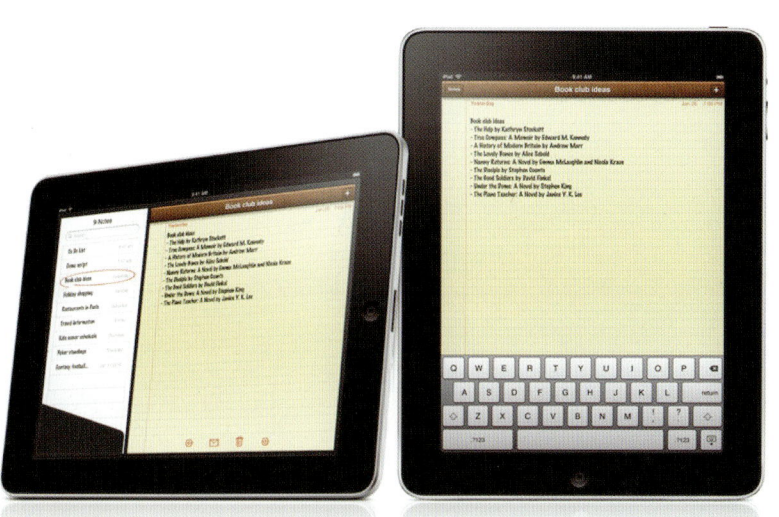

01

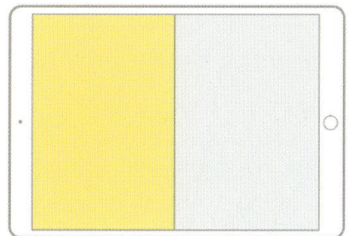

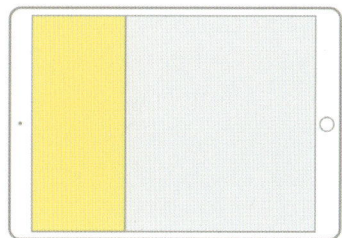

02   2/3 split view   1/2 split view   1/3 split view

1.3 정보구조의 단일화

정보구조가 복잡할수록 사용자는 서비스 이용에 불편함을 느끼고 혼란을 느끼게 된다. 정보구조를 단순화시키는 것은 서비스를 제작하는 개발자들의 바람이지만 단순화하기가 그렇게 쉽지는 않다. 태블릿 PC는 기존 스마트폰이나 웹에서 사용했던 정보구조를 좀 더 편하게 사용할 수 있는 UI 가이드를 제공한다. 그중 하나인 화면 분할 방식은 상위 계층의 메뉴와 하위 계층의 메뉴를 한 화면에서 이동하며 확인할 수 있어 사용자는 단일화된 UI라는 느낌을 받게 된다. 또한 팝오버Pop Over UI를 통해 검색, 기능 버튼 모음, 정보 표시 등 다양한 액티비티를 한 화면에 화면 전환 없이 처리할 수 있다. 정보구조를 단일화하거나 그렇게 느껴지게 하는 원칙은 다음과 같다.

- 세로 모드에서는 팝오버를, 가로 모드에선 분할 화면을 사용하여 메뉴 화면을 표시한다.
- 화면 전환을 최소화하며 특히 전체 화면 전환은 가급적 사용하지 않는다.
- 화면 전환이 불가피할 경우 모핑Morphing과 같은 애니메이션을 사용하여 사용자가 혼란스럽지 않게 한다.

01 팝오버 사례
파일 목록에 팝오버 UI를 적용해 현재 화면에서 기능을 수행할 수 있도록 정보구조를 단순화했다.

02 분할 화면 사례

좌측엔 지도 보기 화면, 우측엔 세계 시간 목록을 표시하여 한 화면에서 두 가지 정보를 볼 수 있다.

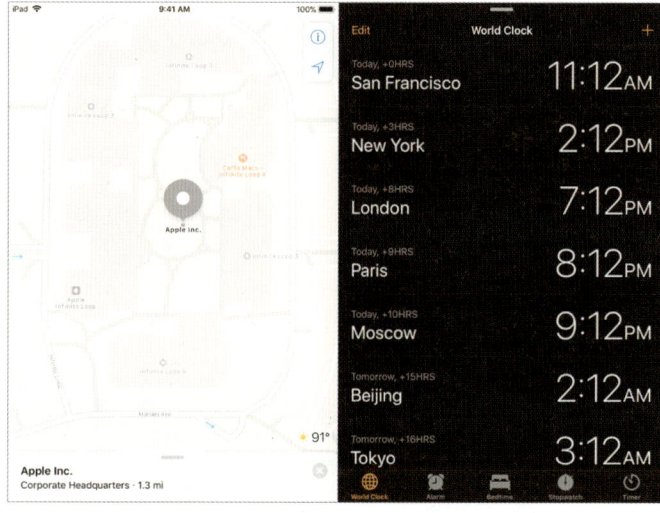

02

1.4 물리성과 사실성을 부여한 디자인

스마트폰의 최신 디자인 가이드에는 디지털을 기반으로 한 평면 디자인 Flat Design을 주로 사용하고 있으며 현실 세계를 반영하는 아날로그 디자인은 잘 쓰지 않지만 태블릿 PC에서는 물리성과 사실성을 부여한 디자인이 사용자 경험을 높이는데 유용하다. 현실 세계와 밀접하게 관련된 서비스들, 즉 주소록, 일정 관리, 다이어리 등 일상에서 수첩이나 메모장으로 자주 사용하는 것이나 악기, 오디오와 같이 실제 기능이 구현되는 장치가 있는 종류는 아날로그 디자인이 적합하다. 물리적, 사실적 디자인을 위해서는 다음 사항을 유의한다.

- 사실성을 나타내는 은유Metaphor를 사용한다.

  일정 관리는 실제 수첩 형태의 질감을, 악기는 나무와 플라스틱, 금속으로 된 실제 악기의 형태를, 시계나 카메라, 음악 플레이어는 각각의 장치를 대표하는 디자인으로 표현하며 컨트롤러(버튼, 스위치, 볼륨 등) 역시 실제를 그대로 디자인하는 것이 좋다.

- 외형 디자인뿐 아니라 서비스 실행 시 반응에도 사실적인 모션으로 구현한다.

이렇게 하면 사용자는 동작 방식을 더 쉽게 이해할 수 있으며 실제와 거의 동일하게 구현되는 것이 재미 요소와 즐거움을 줄 수 있다. 동작을 구현할 때 애플리케이션의 움직임에 따라 물리 법칙과 현실성을 적용한다면 사용자는 보다 현실감 있고 재미있게 서비스를 이용할 수 있다.

 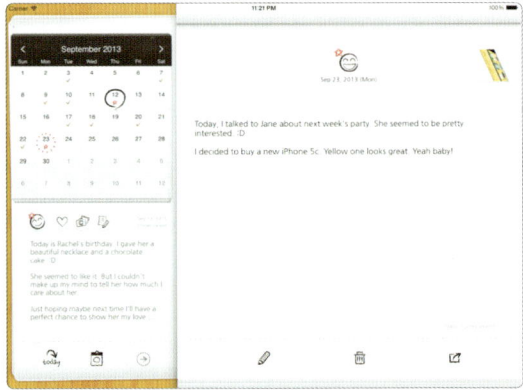

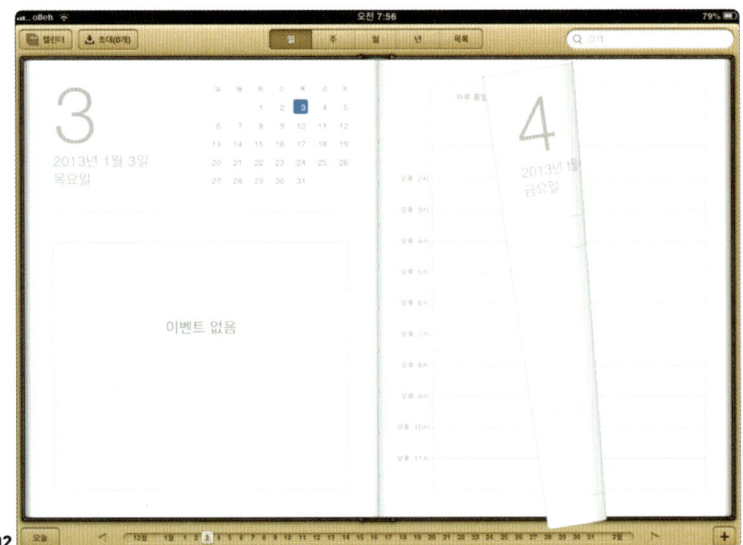

01 물리성과 사실성을 부여한 디자인 사례
   좌: 조작이나 상황 모니터에 사실적인 디자인과 팝오버를 결합한 악기 앱이다.
   우: 사실성을 나타내는 은유를 이용한 다이어리 앱이다.

02 페이지 넘김을 실제 은유 동작으로 디자인한 사례

1.5 콘텐츠 중심의 몰입형 디자인

태블릿 PC 사용자는 스마트폰보다는 정보 보기나 기능 작동에 있어서 더 나은 특별한 사용자 경험을 원한다. 스마트폰과 유사한 경험을 하려고 더 비싸고 더 큰 태블릿 PC를 사용하지는 않는다. 정보 보기와 기능에 있어 더 쉽고 유쾌하며 재미있는 결과를 얻고 싶어 한다. 이런 사용자 경험을 도출하기 위한 디자인 방법에는 콘텐츠 중심의 몰입형Immersive 디자인을 적용한다. 즉, 탐색과 기능 버튼을 복잡하게 콘텐츠 영역에 배치하지 않고 이미지 중심의 콘텐츠를 화면 중앙에 크게 배치함으로 인해 사용자가 콘텐츠 보기에 집중하도록 한다. 콘텐츠 중심의 몰입형 디자인을 할 때는 다음 사항을 유의한다.

- **눈에 잘 띄지 않게 메뉴를 반투명하게 사용한다.**

    반투명 메뉴는 화면에 있어도 핵심 콘텐츠가 가려지는 것을 최소화할 수 있다.

- **기능이나 탐색 UI는 화면 구석에 배치한다.**

    이런 디자인은 OS UI 가이드라인에 어긋날 수도 있지만 태블릿 PC는 게임과 같이 디자인 중심의 몰입형 UI가 더 높은 사용자 경험을 보여줄 수 있다.

- **기능이나 탐색 UI에 자동 숨김과 행동유발성 디자인**Affordance Design**을 적용한다.**

    자동 숨김은 자칫 서비스 이용에 불편을 초래할 수 있지만 오히려 메뉴에 신경 쓰지 않고 콘텐츠에 집중할 수 있도록 한다. 행동유발성 디자인은 숨겨진 컨트롤이나 탐색 UI를 필요한 순간에 보여주거나 작은 시각적 효과를 적용하여 사용자가 쉽게 이해할 수 있도록 디자인한다.

- **사용자 옵션은 최소화하며 지능화된 자동 옵션을 적용하도록 한다.**

    태블릿 PC는 서비스 구현 시 단계별로 진행하는 선형 방식의 프로세스를 기본으로 하며, 순서 없이 사용자가 원하는 버튼을 터치하면 바로 탐색되거나 실행되는 비선형 방식으로 상호작용하도록 하는 것이 효과적이다.

01 몰입형 UI 적용 사례
마치 게임처럼 보이는 디자인은 실제 미국 프로야구(MLB) 정보를 서비스하는 앱이다 (At Bat). 상단과 하단에 임시로 메뉴 구성을 하여 사용자가 콘텐츠 이용에 집중하도록 디자인했다.

02 uMake 앱
3D 이미지를 디자인하는 전문가 앱으로 화면 중심에 작업 공간을 놓고 필요한 경우 도구를 열도록 디자인했다. 아이콘은 상대적으로 작으며 숨김 기능으로 처리한다.

이를 위해 환경에 대해 일일이 사용자가 선택하는 상황에 맞닥뜨리지 않도록 자동화된 옵션을 제공한다.

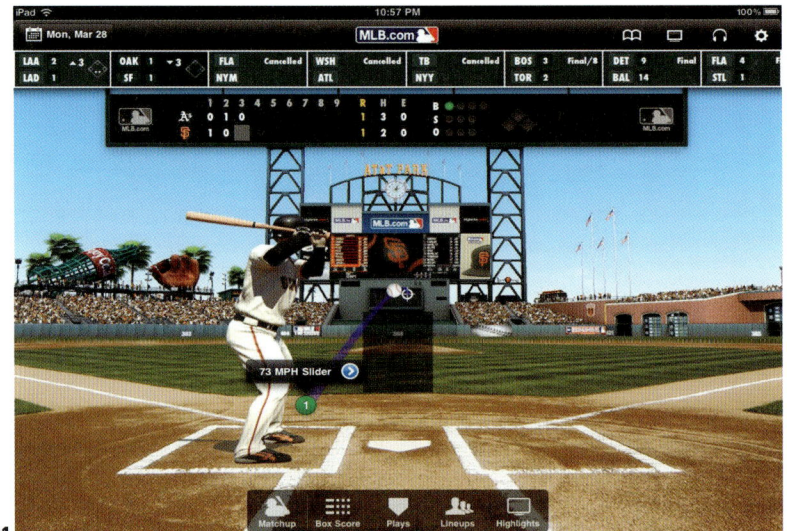
01

02

* 출처: apple.com

03 컨트롤 UI 자동 숨김 기능 / PDF노트

화면을 터치하면 화면 위·아래에 메뉴 바가 나타난다. 다시 화면을 터치하면 메뉴 바는 숨겨진다.

04 모션을 이용한 메뉴 UI 디자인 / Band of the Day

오른쪽 위 아이콘은 화면을 터치하지 않아도 2~3초 간격으로 간단한 애니메이션을 보여준다. 사용자가 아이콘을 터치하면 화면 중앙에 흐릿하게 처리된 메뉴가 나타난다. 아이콘의 기능을 어필하기 위한 기법으로 활용하면 좋다.

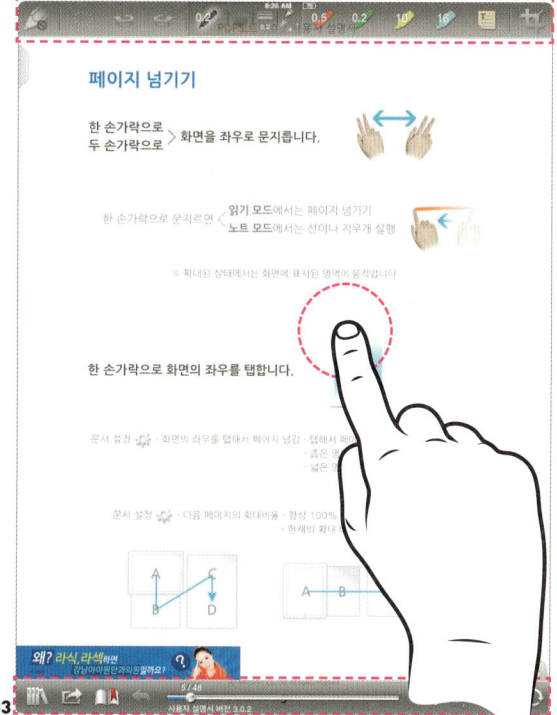

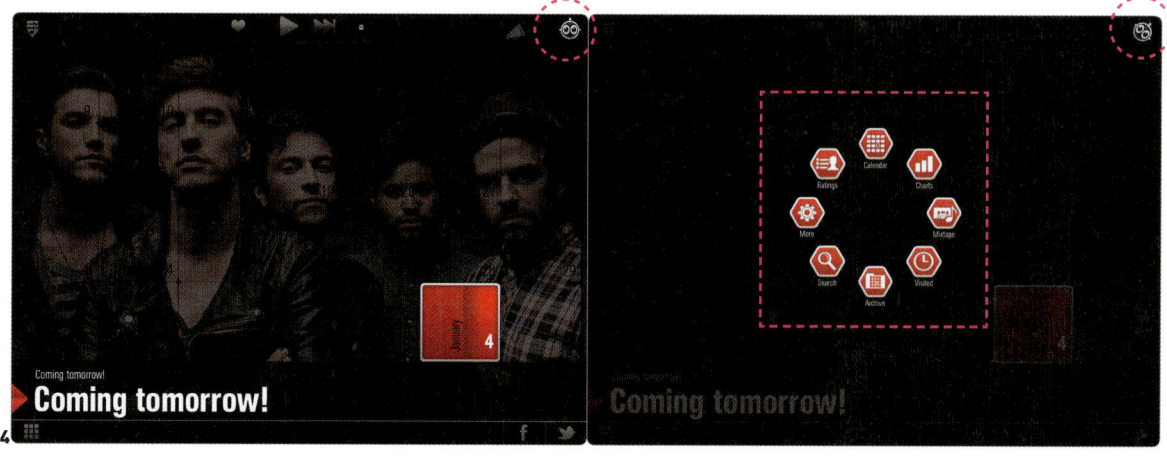

1.6 멀티 터치 제스처

스마트폰에서도 터치 제스처는 상호작용 디자인 요소로 매우 많이 사용되는데 보통 두 손으로 사용하는 태블릿 PC에서는 단일 터치 제스처를 넘어서 멀티 터치 제스처를 사용하면 훨씬 더 높은 사용자 경험을 얻을 수 있다. 두 손으로 책상 같은 바닥에 놓고 이용하는 경우가 많기 때문에 멀티 터치 제스처는 잘 활용할 경우 사용자 경험을 크게 만든다. 멀티 터치 제스처를 디자인 할 때는 다음 사항을 유의한다.

- 두 손가락을 동시에 사용하는 멀티 제스처를 사용하여 3D 그래픽의 시점 변경 등에 사용한다. 보통 3D 지도와 3D 모델링 디자인 오브젝트를 3차원으로 보는 데 사용한다.

- 세 손가락 이상의 스와이프(Swipe: 가로 방향 스크롤)로 애플리케이션 간 화면 전환이나 앱 화면의 모드 전환, 기타 특수한 화면 이동에 사용한다. 기본적으로 아이패드는 3손가락, 4손가락의 터치와 스와이프, 스크롤에 대한 UI를 제공한다.

- 일반적으로 멀티 터치 제스처는 사전에 제스처 기능에 대한 설명이 필요하며 일정 기간 숙달이 필요할 정도로 복잡할 수 있다. 이를 위해 툴 팁이나 사용자 설명을 나타내는 UI 패턴(투어 UI 등)을 사용하면 사용자가 보다 쉽게 멀티 터치 제스처를 사용할 수 있다.

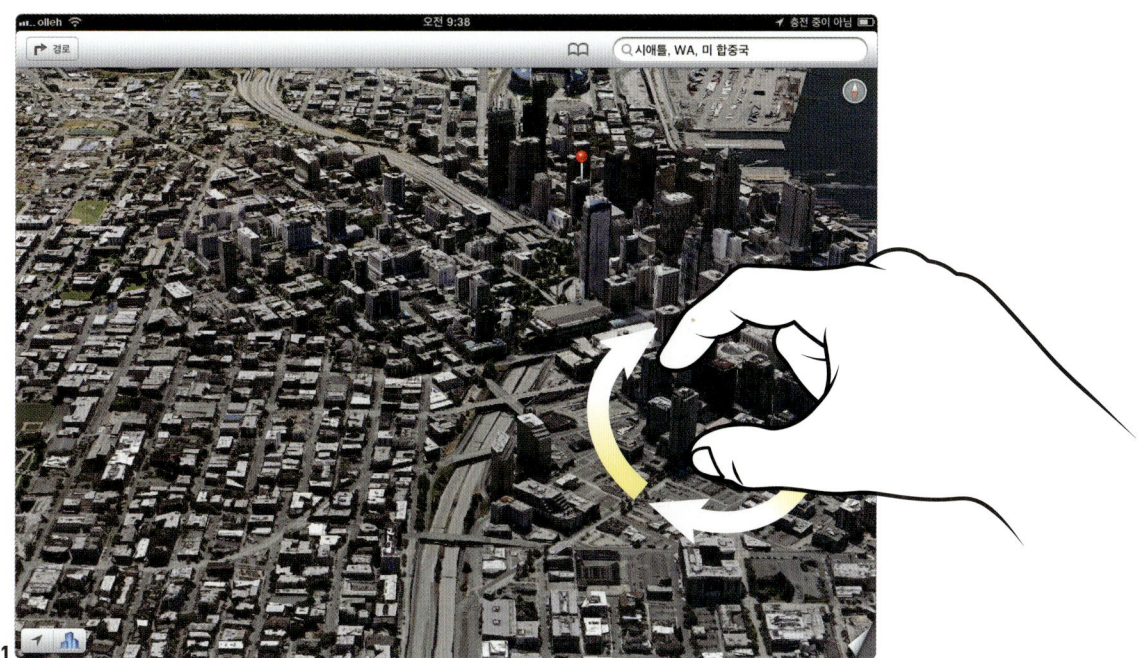

01 3D 지도 앱

3D로 제작된 지도 앱은 멀티 터치 제스처를 통해 지도를 3차원 입체로 볼 수 있다.

02 멀티 터치 제스처를 이용한 화면 전환

크기 조절, 오브젝트 회전, 화면 전환 등에 사용된다.

2 태블릿 PC UI 요소

태블릿 PC에 사용되는 UI 요소는 기본적으로 모바일에서 사용되는 것과 같다. 특히 최근에 출시되고 있는 스마트폰은 크기가 점점 커지는 추세이며(아이폰 플러스 시리즈, 갤럭시 노트 및 플러스 시리즈 등) 이를 통해 모바일 UI 요소들은 태블릿 PC에서도 거의 동일하게 사용된다. 여기서는 태블릿 PC에서 가장 중요하게 사용하고 있는 UI 요소들의 사용법과 태블릿 PC UI와 스마트폰 UI의 공통적인 특징 및 차별화된 UI 가이드를 설명한다.

2.1 팝오버

팝오버$^{Pop\ Over}$는 기존 스마트폰보다는 큰 크기(5.5")의 플러스 버전 출시 이전만 해도 태블릿 PC에서만 사용되었던 UI 요소였다. 앞서 설명했던 UI 핵심 요소인 가로/세로 방향 디자인 및 정보구조의 단일화를 위해 매우 중요한 요소로 사용할 수 있는 팝오버는 플러스 버전 이후에도 대부분 아이패드에서 사용되고 있다. 팝오버는 기능 구현이나 확장된 정보를 보기 위해 버튼이나 화면 영역을 터치하면 나타나는 임시 팝업 화면이다. 팝오버는 출현한 위치를 가리키는 화살표를 포함하며 팝오버 영역 밖을 터치하거나 팝오버 출현 버튼을 다시 눌러 닫을 수 있다. 팝오버 디자인 시, 다음 사항을 고려해야 한다.

- 팝오버는 탐색 모음, 도구 모음, 검색, 내용 보기 등 기능적 요소에서 주로 사용된다.
- 팝오버는 거의 모든 UI 요소를 담을 수 있다.

  표, 이미지, 지도, 버튼, 탐색 바, 모달 뷰 등을 포함할 수 있으나 탭 바는 사용하지 않는다. 탭 바는 서비스 전체에 관여하는 탐색으로 팝오버에서 사용하게 되면 전체 화면을 탐색하는 것인지 팝오버 내의 화면을 탐색하는 것인지 불분명해지기 때문에 사용하지 않는다.

- 팝오버는 태블릿 PC에서만 사용한다.

  스마트폰에서도 사용할 수 있긴 하지만 스마트폰에서는 가급적 전체 화면 모달 보기(화면 하단에서 상단으로 올라오는 모션을 통한 뷰 화면)를 통해 표현하는 것이 좋다.

- 팝오버는 취소나 닫기 버튼을 사용하지 않는다.

  가끔 옵션이나 데이터 입력 등과 같은 기능을 구현하는 경우도 있어 저장 여부를 묻는 대화 옵션은 사용할 수 있다.

- 팝오버는 한 화면에 한 개만 사용한다.
- 팝오버에는 액션 시트와 같은 모달 뷰는 사용할 수 있지만 경고창과 같은 다른 뷰 화면을 사용하지 않는다.
- 팝오버 화면은 너무 크게 열지 않는다. 너무 크면 팝오버를 종료할 때 불편하며 특히 화면 전체를 덮어서는 안 된다.
- 팝오버는 크기를 변경할 수 있다.

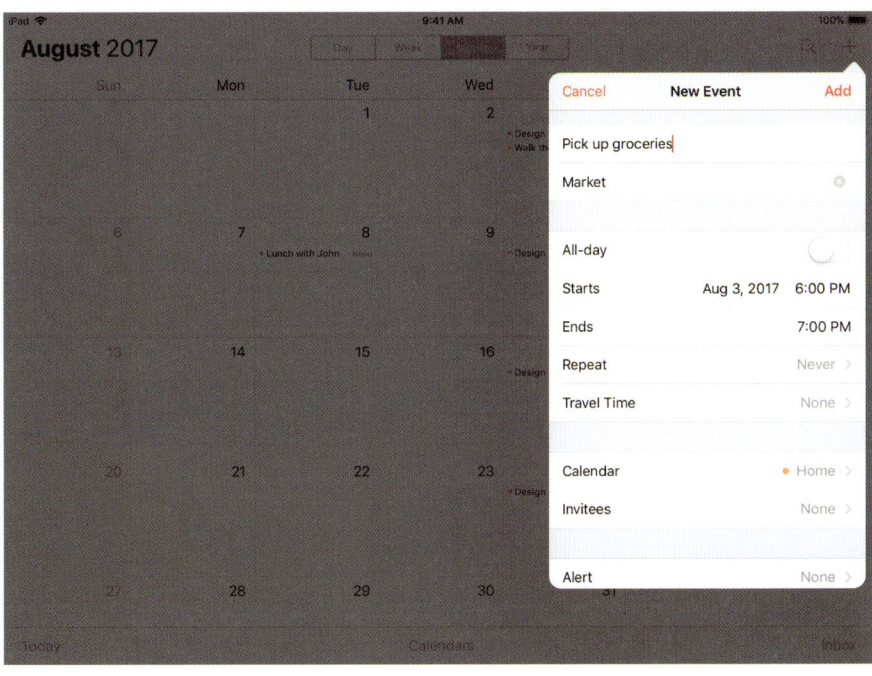

옵션을 표시하는 팝오버 UI
상단에 탐색 바, 그룹 테이블 등을 사용할 수 있다.

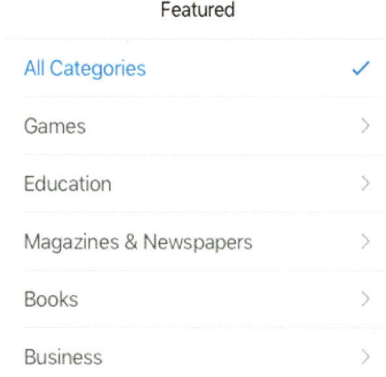
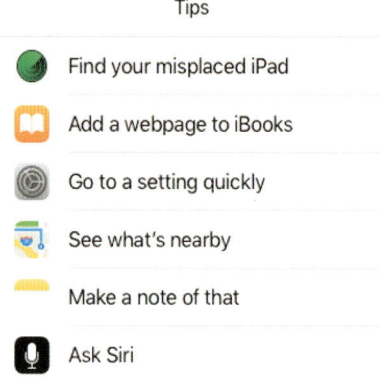

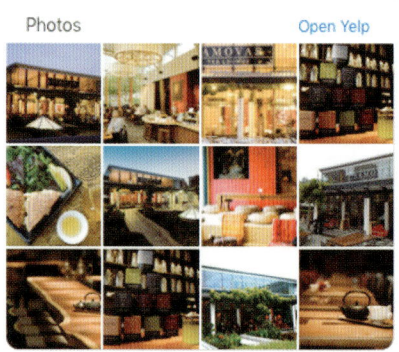

01

Part 3
운영체제별 UI 가이드라인

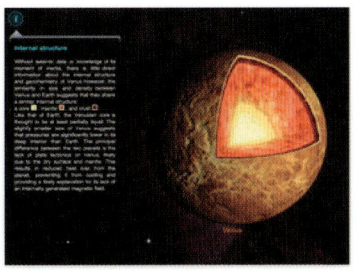

정보보기

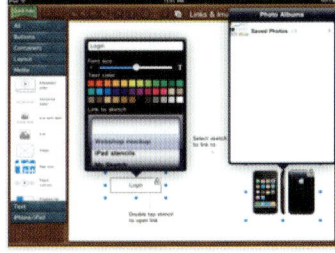

세부기능 Tool

메뉴 표시   검색결과 및
              리스트

02

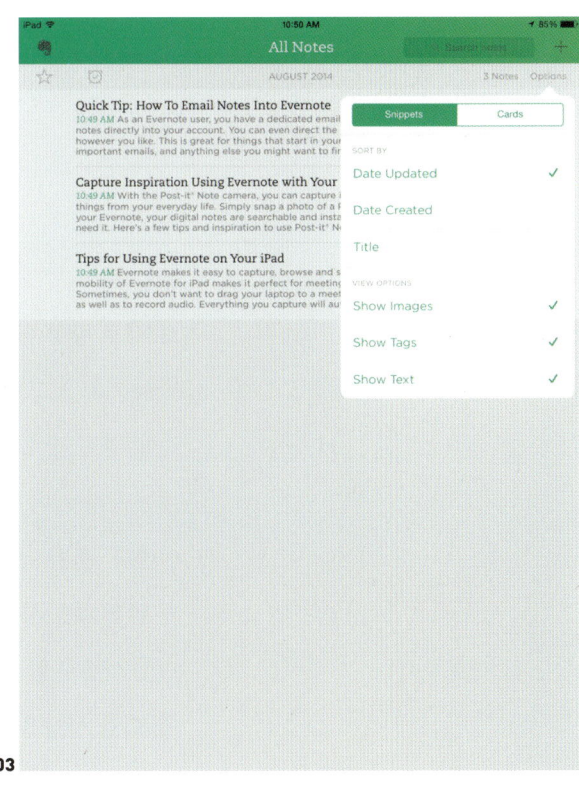

03

01 팝오버 사례
옵션(좌상), 보조 메뉴(우상), 세부 콘텐츠 보기(하단) 등에서 사용된다.

02 다양한 목적으로 사용하는 팝오버
팝오버는 메뉴를 표시하거나 검색 결과 및 리스트를 보여주는 기능을 수행한다. 또한 정보를 보여주기도 하며, 세부 기능 도구를 보여주기도 한다.

03 옵션 처리를 위해 사용하는 팝오버
전체 옵션이 아닌 현 화면에 대한 상황 메뉴로 유용하며, 팝오버 내에 세그먼트 바 등을 사용할 수 있다.

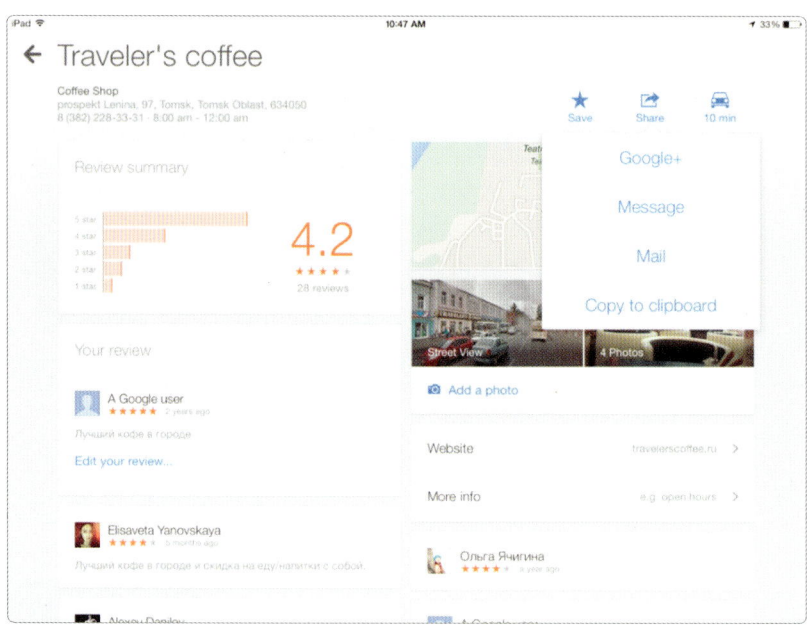

세부 기능 이용을 위해 사용된 팝오버
스마트폰에서는 세부 기능을 이용할 때, 액션 시트나 드롭다운 메뉴를 활용할 수 있지만 태블릿 PC에서는 팝오버를 이용하여 더 간편하게 세부 기능을 실행한다.

2.2 분할 뷰

분할 뷰Split View는 팝오버와 마찬가지로 주로 태블릿 PC에서 사용되며 가로/세로 방향 디자인 및 정보구조의 단일화를 위해 사용된다. 보통 아이패드의 가로 모드에서 자주 사용되며 좌측에 영구 콘텐츠가 있는 기본창, 우측에 관련 정보가 나타나는 보조창으로 사용된다. 기본창에는 주로 탐색 메뉴 등을 사용하며 우측에는 세부 정보를 표시하는 콘텐츠 영역으로 디자인한다. 분할 뷰는 필터링할 수 있는 콘텐츠와 함께 사용되는 경우가 많은데 탐색 메뉴 사용과 비슷한 개념을 갖는다. 세로 모드에서도 사용할 수 있지만 서랍형 탐색 메뉴처럼 숨기기 기능을 사용할 수 있다. 분할 뷰 디자인 시, 다음 사항을 유의한다.

- **콘텐츠와 잘 어울리는 분할 보기 레이아웃을 선택한다.**

  과거에는 기본창 320px, 보조창이 나머지 크기를 차지하였으나 변경된 가이드라인에서는 분할 레이아웃을 사용 환경에 맞게 적절하게 조정하는 것을 권한다. 보통 기본창에 1/3 크기를, 보조창에 2/3 크기로 지정하여 사용한다.

- **기본창에 선택한 내용을 강조하여 표시한다.**

  일반적인 탐색 메뉴 선택 아이콘처럼 보조창에 나타나는 콘텐츠가 어떤 것인지 알 수 있는 기본창의 항목을 반전시키는 등의 디자인 방법으로 강조한다.

- **기본창과 보조창의 경계를 스와이프하여 화면을 닫거나 크기를 변경할 수 있다.**

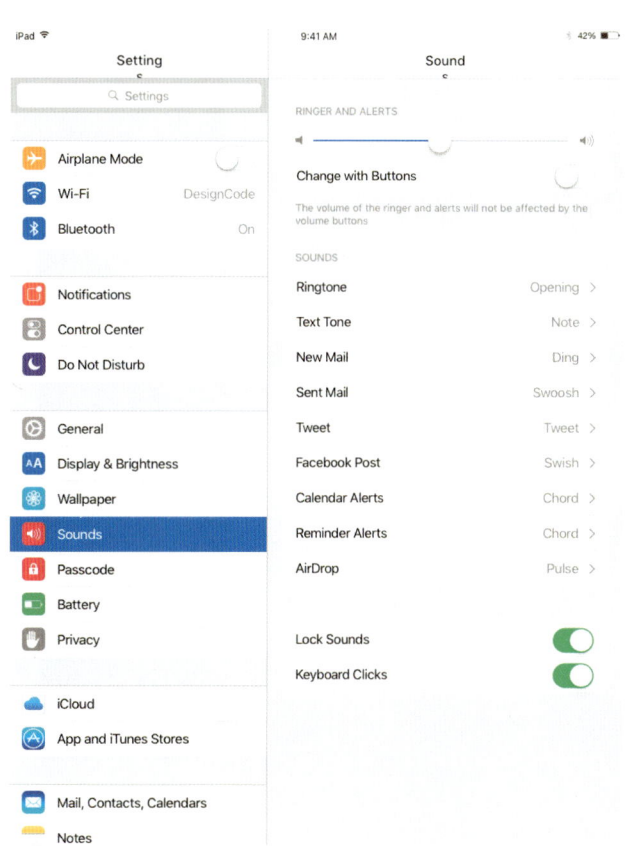

세로 모드에서 분할 뷰
좌측 기본창에 탐색 메뉴가, 우측 보조창에는 상세 화면이 표시된다.

01 화면 분할에 대한 디자인 활용 사례
좌측 기본창을 전체 화면으로
표현하고 우측 보조창에 팝업
형태의 상세 정보를 배치했다.
(미리 알림)

02 좌측 기본창을 스와이프 할 수 있는 디자인 / Slack 앱
다양한 활용을 위해 분할 뷰를
상황에 맞게 디자인할 수 있다.

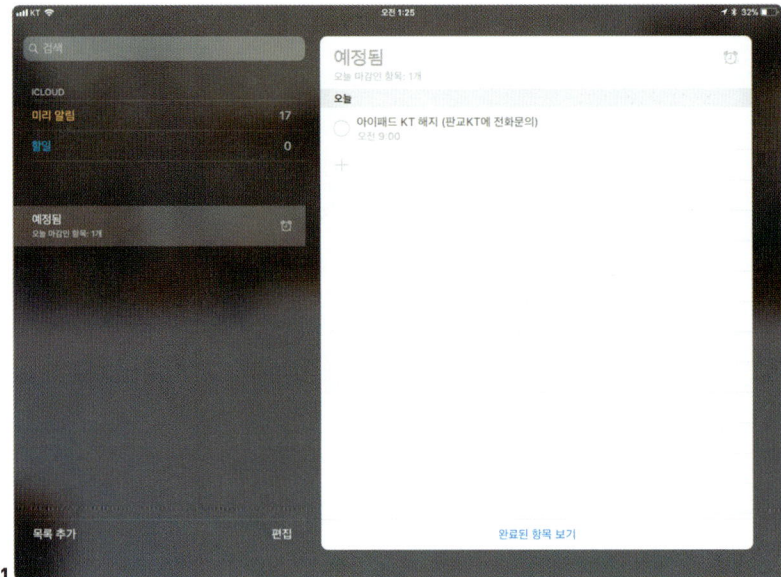

01

02

2.3 레이아웃 구조

최근 태블릿 PC의 레이아웃 구조는 일반 스마트폰과 유사하다. 특히 스마트폰 앱이 있고 추가로 태블릿 PC 앱을 제작할 경우 대부분 스마트폰 레이아웃과 유사하게 디자인하며 팝오버와 화면 분할 기법 등을 사용해서 제작하는 경우가 많다. 다만 콘텐츠를 좀 더 크게, 많이 보여주는 것을 넘어서서 태블릿 PC의 장점을 살린 새로운 경험을 주는 것에 대한 고민이 필요하다. 레이아웃 구조를 구성할 때는 다음 사항을 고려해야 한다.

- 화면 상단에 탐색 바, 화면 하단에 탭 바를 위치하는 레이아웃은 평범하지만 유용하다.

  단, 태블릿 PC와 서비스에 어울리는 콘텐츠 UI를 설계하는 것이 중요하다. 특히 정보 보기와 같은 태블릿 PC의 장점을 살릴 수 있는 서비스는 잡지나 신문 등과 같은 현실적인 매체의 레이아웃을 따르면 좋다.

- 스케치 앱과 같은 전문적인 앱의 경우에는 독창적인 도구 모음 UI를 사용하면 좋다.

  인체공학적이면서도 복잡하고 많은 수의 도구 모음을 다루기 위해 모션과 숨김, 펼치기 등의 UI 기술을 사용하면 매우 효과적으로 사용성을 증가시킬 수 있다.

- 서랍형 탐색 메뉴와 분할 화면 UI를 적절히 섞어 사용하면 화면 숨김을 통한 콘텐츠 중심의 UI와 정보구조의 단일화를 구현할 수 있다.

- 넓은 공간을 활용한다.

  화면 상단의 탐색 바나 앱 바에 보다 많은 기능 버튼을 담을 수 있으므로 너무 복잡하지 않게, 최대한 공간을 활용하며 쉽게 기능 구현을 할 수 있다.

01 다양한 레이아웃 디자인 사례
좌: 내셔널지오그래피 앱
우: Concept 앱

02 펼침 메뉴를 화면 분할 뷰와 접목한 UI 디자인 사례
콘텐츠에 집중할 수 있으면서 주요한 메뉴를
이용할 수 있다.

03 화면 상단 탐색 바에 현재 화면에서 필요한 상황
메뉴를 담은 사례 / Notability 앱

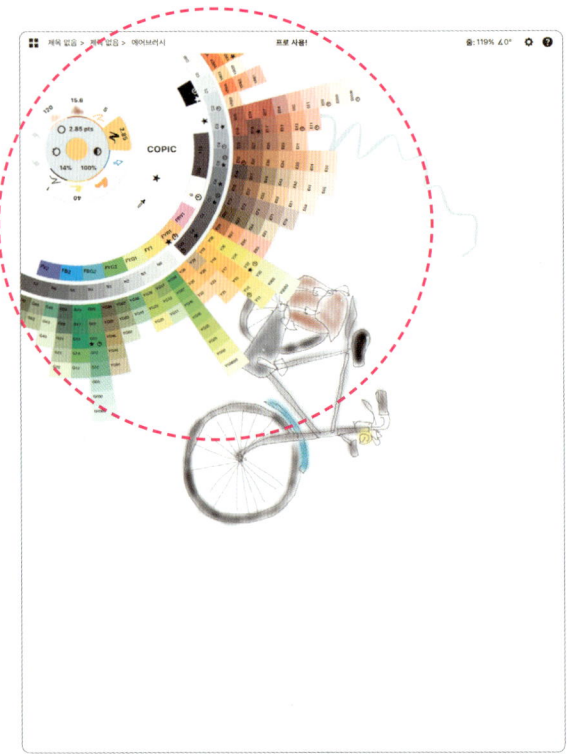

01

모바일과 동일한 기본 레이아웃으로 디자인한 사례다.

전문적인 앱에 적합한 많은 기능과 옵션을 처리할 수 있도록 모션 기능을
사용한 레이아웃 디자인 사례다.

Part 3
운영체제별 UI 가이드라인

02

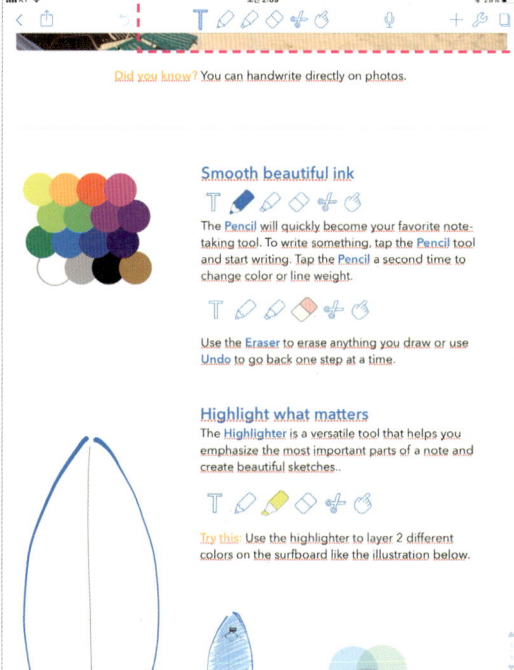

03

리서치

전자책과 앱진 UI 분석

서적과 잡지와 같은 전통 미디어를 스마트폰과 태블릿 PC용 전자책eBook이나 애플리케이션 잡지App Zine(이하 앱진),로 제작하는 경우가 증가하고 있다. 특히, 전자책과 앱진은 태블릿 PC용으로 제작되는 경우가 많으며 이에 따라 특정한 UI 형태가 발전되어 왔다. 전자책과 앱진은 주로 앱 내부 결제In App Purchase(애플리케이션 내 결제 시스템을 통해 콘텐츠를 유통), 방식으로 운용되고 있으며, 잡지 자체의 UI와 잡지를 구독할 수 있는 뉴스 가판대News strand 스타일의 플랫폼 UI로 이루어져 있다.

이번 연구에서는 종이로 대표되는 전통미디어에서 모바일 플랫폼으로 전환되었을 경우 UI 스타일을 어떻게 디자인하는지 알아본다. 이러한UI 스타일은 크게 다섯가지 형태로 나누어 볼 수있다.

모바일 잡지 구입 및 다운로드 기본 화면
기본적인 콘텐츠 구입과 다운로드 와이어 프레임 사례. 섬네일 이미지와 가격, 다운로드, 발매일, 프리뷰 등을 수록해야 한다.

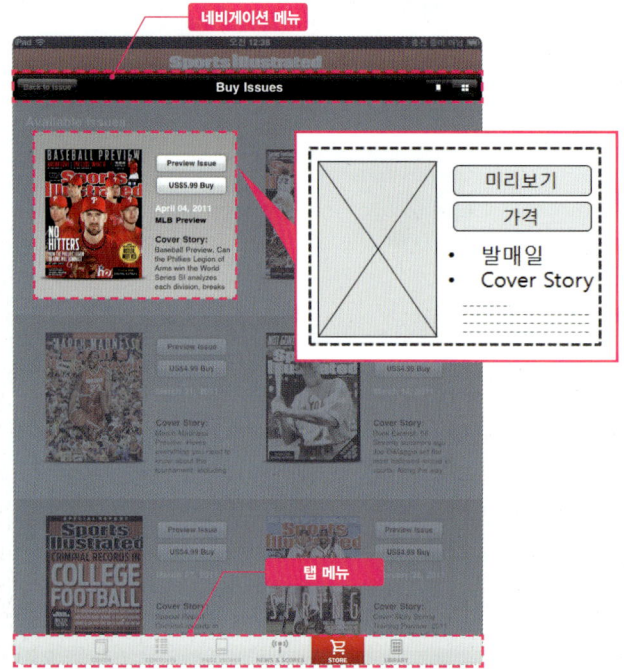

1 섬네일 리스트 형태

섬네일 리스트는 콘텐츠의 내용을 하나의 대표 이미지로 표현하는 방식으로, 사각형 모양의 섬네일Thumbnail 이미지를 격자Grid UI 형태로 배치 하는 방식이다. 이 방식은 흔히 시리즈형 잡지나 애플사의 뉴스 가판대 스타일로 책장과 같은 구조를 지니고 있다.

Part 3
운영체제별 UI 가이드라인

섬네일 리스트 UI 특징

1_유, 무료 구분이 용이하다.

2_일반적인 만화 앱에서 볼 수 있는 리스트 형태로 친숙하며 사용성이 높다.

3_마케팅이나 이벤트는 배너 형태로 처리한다.

01

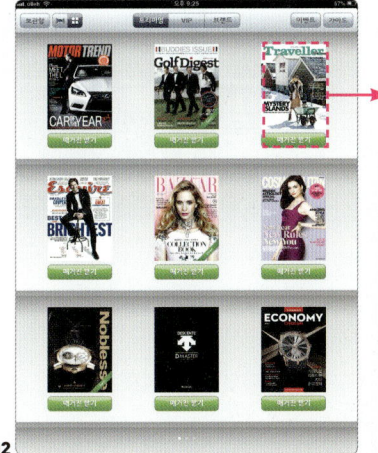
02

01
뉴스가판대스타일
여러 장르의 잡지를 구독하고 판매할 수 있는 모바일 전용 플랫폼으로, 실제 뉴스가판대와 유사한 형태로 디자인 되어 있다.

02
뉴스가판대
잡지 표지를 선택하면 선택한 잡지 목록을 살펴볼 수 있으며, 발매일 순서로 제목, 표지, 가격(크기), 다운로드 등의 기본 기능을 탑재하고 있다.

03
중앙에 팝업 레이어를 띄운 사례
기본적인 콘텐츠 소개 영역을 중앙에 팝업으로 표시한다. 일반적인 잡지 콘텐츠 보기 UI로 페이지 전환방식보다 더욱 쉽고 직관적인 UI로 평가된다.

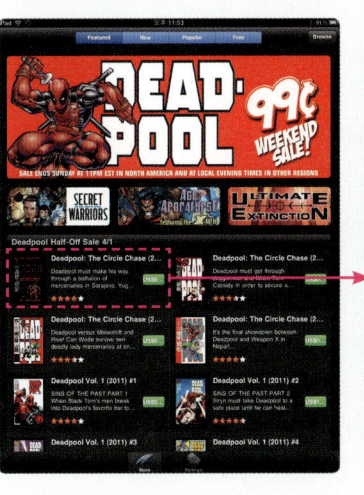
03

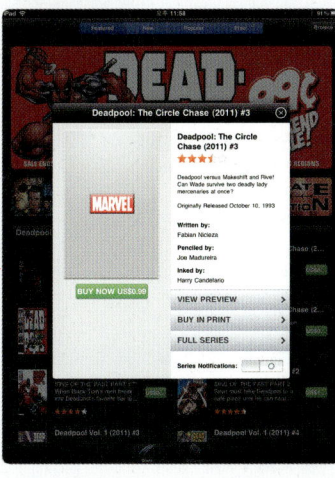

2 섹션과 블록 형태

섹션과 블록형태는 섬네일 이미지 방식이 변형된 형태로, 격자 스타일 이외의 다양한 콘셉트를 지닌 UI를 구현할 수 있다. 웹진을 섹션Section과 블록Block으로 구분하고, 화면 안에서 이동할 수 있는 모션Motion 기법을 사용하여 좀 더 상호작용할 수 있는 UI를 구성할 수 있다. 일반적으로 이미지와 텍스트로 구성된 오프라인 잡지를 그대로 옮긴듯한 UI는 의외로 독자들의 관심을 고취할 수 있다. 또한, 사운드와 비디오의 결합은 더욱 상호작용을 높여 종이 책이나 잡지 등과 같은 전통 매체와 차별화된 콘텐츠를 구성할 수 있다.

섹션과 블록 형태 UI특징

독창적인 디자인과 액션 형태가 가능하다.

콘텐츠를 테마별로(유료와 무료, 작가관, 브랜드관, Top, New) 구성할 때 적합하다.

같은 공간에 효과적으로(스크롤, 드래그) 보다 많은 콘텐츠를 노출할수 있다.

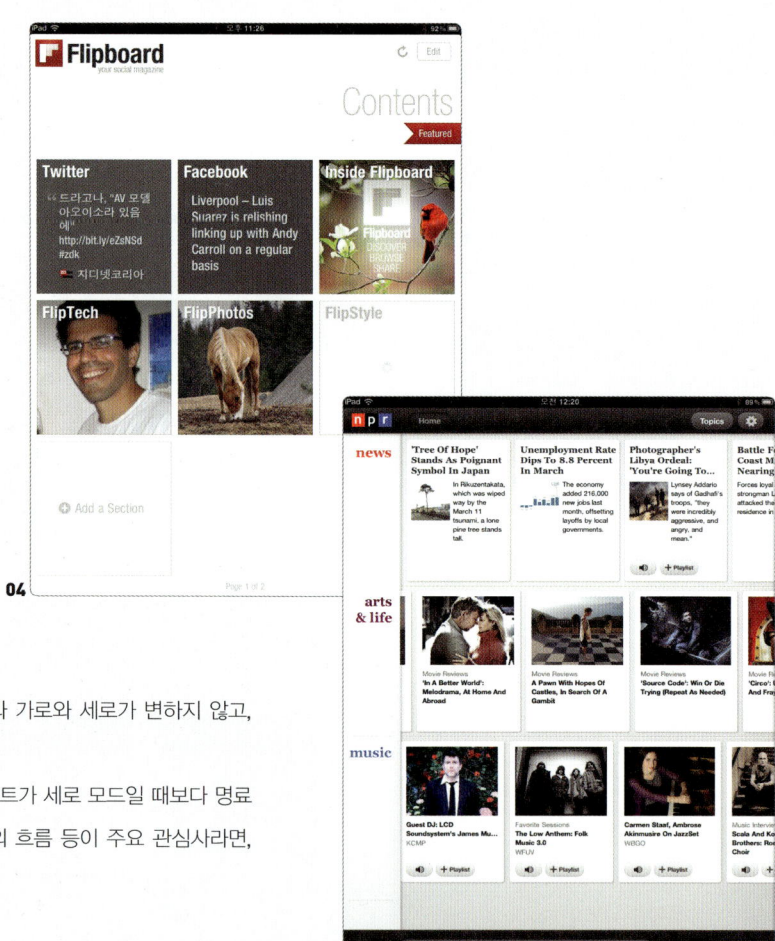

3 가로 모드

여기에서 가로 모드Landscape Unique는 상황에 따라 가로와 세로가 변하지 않고, 가로 형태로만 제공되는 화면 모드를 말한다.
가로 모드는 비주얼 측면에서 안정적이고, 텍스트가 세로 모드일 때보다 명료해진다는 장점이 있다. 특히 시대나 프로세스의 흐름 등이 주요 관심사라면, 가로 모드에서 표현해야 할 경우가 많다.

04
소셜 큐레이션 서비스로 잡지 형태를 취하고 있는
Flipboard
05
세계적인 잡지 NPR의 아이패드 버전

가로 모드 UI 특징

1_액션과 디자인을 강조한 형태이다.
2_개발 난이도(개발비와 개발 시간)가 높다.
3_가로 형태로만 사용할 수 있다.

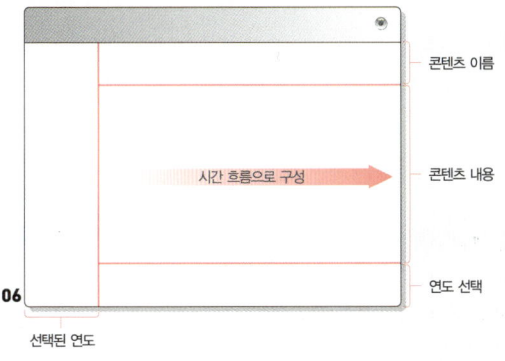

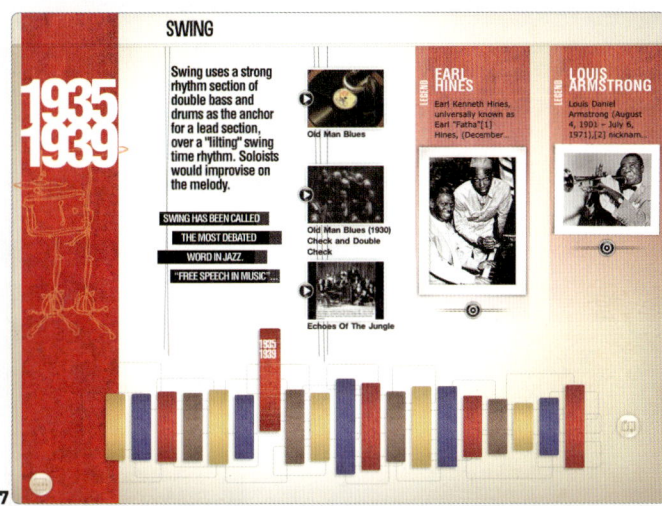

06 – 07

가로모드
화면을 시각적으로 구성하고 적은 양의 콘텐츠에
효과적인 레이아웃과 모션을 적절하게 배합한 사례.
백과사전 분량이 아닌 잡지형태의 콘텐츠를 시간적
흐름에 맞게 구성하는 레이아웃으로 참고할 만하다.
 / Jazz

08
보다 넓은 공간을 활용할 수 있는 가로 모드의 태블릿 PC
UI / Aweditorium

09
빠른 찾기 기능 사례
손으로 훑으면 만화 섬네일이미지가 보이며, 손으로 멈춘
후 1-2초 정지하면 페이지가 재생된다.

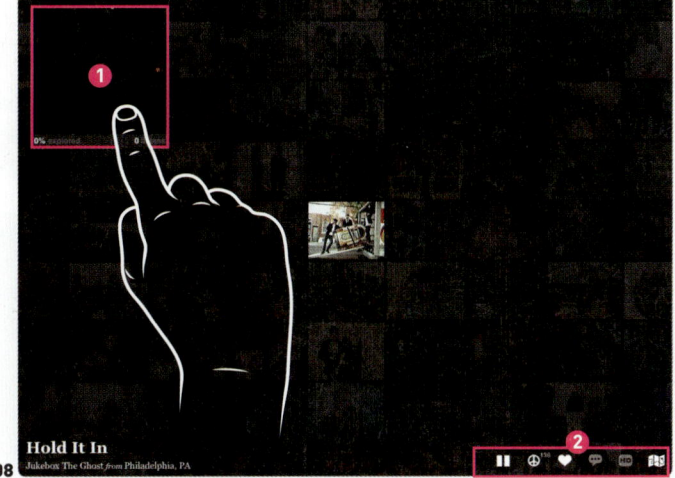

① 콘텐츠 맵 영역 : 격자 형태로 된 넓은 콘텐츠 리스트
영역을 쉽고 빠르게 이동할 수 있다.

② 도구 모음 영역 툴 바를 직접 사용하기보다는 맞춤
제작된 형태로 구성했으며, 플레이어 컨트롤과 공유,
정보, 모드 변경 등의 기능을 쉽게 조작할 수 있다.

세로 모드 UI 특징

1_화면의 윤곽에 대한 파악이 쉽다.
2_메뉴 UI와 전체적인 서비스 구조가 한눈에 들어온다.

4 세로 모드

세로 모드에서는 전자책과 앱진의 UI로 오프라인 원형을 그대로 가져올 수 있다는 장점이 있다. 대부분의 전자책과 앱진은 세로 모드가 기본이며 가로 모드와 호환하는 형태를 취한다. 세로 모드로 구성된 UI는 위아래로 길기 때문에, 화면 아래쪽의 영역을 플레이어로 사용할 수 있어서 멀티미디어 콘텐츠 서비스를 구성할 때 유리한 점이 있다.

10
세로모드
실사 이미지를 적용한 UI로, 영역을 블록 형태로 나눠 사용성을 높이고 일목 요연한 상황을 연출했다. 가장 많이 사용되는 일반적인 모바일 잡지 UI에 속한다.

11
세로모드 UI 사례
좌: 독특한 섬네일 이미지 방식을 사용한 음악 라디오 앱 / Accu Radio
우: 커버 플로(Cover Flow)형태로 디자인한 잡지 목록 / The Daily

12
목록과 미리보기를 동시에 적용한 UI

5 목록과 미리보기를 함께 적용한 형태

태블릿 PC의 넓은 공간에서는 목록 나열과 함께 해당 항목을 터치하면, 현재 화면에서 미리보기(혹은 세부항목 보기)가 가능한 UI를 구성할 수 있다.

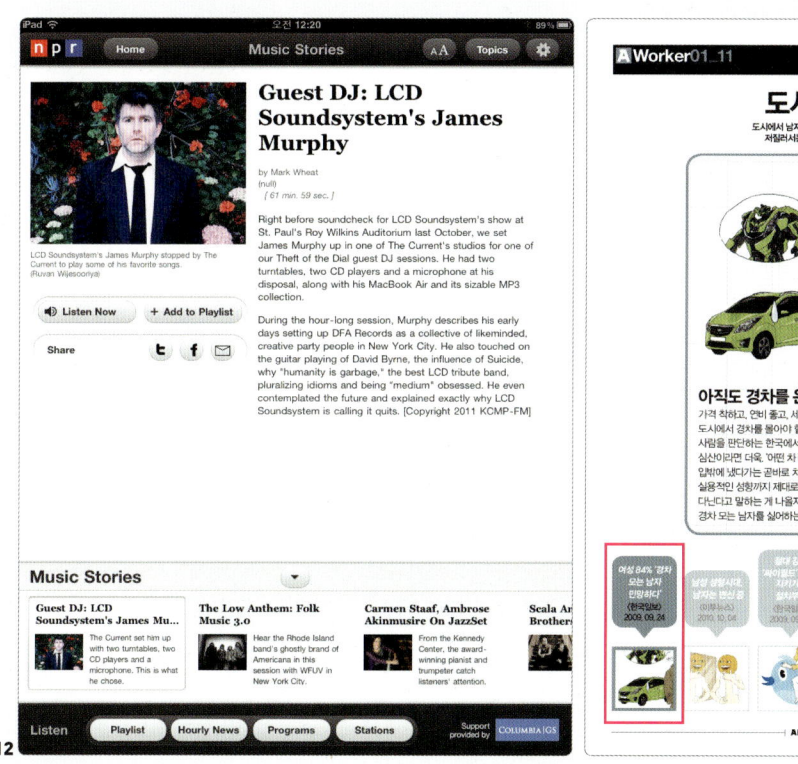

12

Chapter

스마트 워치 UI 가이드라인

Outline

2014년 9월 발매된 애플워치Apple Watch를 시작으로 모바일 서비스에 웨어러블 디바이스 영역이 추가되었다. 애플워치는 스마트 워치 중 하나이다. 웨어러블 컴퓨터Wearable Computer 시계로 자체 운영체제인 WatchOS를 사용하며 스마트폰과 연계 기능을 갖추고 있다. 스마트 워치는 시계 용도와 함께 스마트폰과 동일하게 자체 LED와 UI를 갖추고 있으며 마이크, 스피커, 광학 심박 센서, 가속도 센서 등을 탑재하고 있어 스마트 서비스를 만드는 데 부족함이 없다. 또한, LED와 CPU가 없는 단순 착용형 '리스트밴드Wrist Band'는 그 자체만으로도 시계 기능과 단독 앱을 실행시킬 수 있는 장점이 있다. 스마트 워치는 스마트폰과의 연동으로 GPS 센서나 카메라를 제어하며 관련 서비스를 구현하고 있다. 디바이스가 업그레이드됨에 따라 더욱 성능이 좋아지고 있다.

Process

이 장에서는 안드로이드 스마트 워치의 가이드라인을 바탕으로 스마트 워치 UI의 특성과 해당 UI 가이드라인을 알아보도록 하겠다.

1 스마트 워치 디자인 원칙

스마트 워치는 간단하지만 핵심적인 동작을 실행할 수 있게 설계되어 있다. 또한, 스마트폰이나 현재 환경을 파악하여 적절한 알람을 준다. 애플에서 출시된 애플워치와 안드로이드 계열에서 출시된 안드로이드 워치는 각자의 하드웨어적 특징과 OS의 차이에 따라 UI 가이드라인이 다르다. 따라서 하드웨어적 특징을 이해하고 OS 가이드라인을 파악하여 미세하지만 차이가 있는 디바이스의 특성을 살려 디자인한다.

1.1 스마트 워치 특징

애플워치와 갤럭시 기어 워치 비교

구분	갤럭시 기어 S3 워치	애플워치 3세대
OS	Tizen	WatchOS 4
CPU	Dual-Core 1Ghz	S3(Dual-Core)
센서	가속도, 기압계, 자이로 HR(심박 센서), 조도	가속도, 기압계, 자이로 HR(심박 센서), 조도
오디오	MP3, M4A, 3GA, AAC, OGG, OGA, WAV, WMA, AMR, AWB	AAC-LC, MP3, FLAC
음성 지원	S보이스	Siri
네트워크	3G WCDMA, 4G LTE, BT v4.2, NFC, Wi-Fi(2.5Ghz)	Wi-Fi(2.4Ghz), BT v4.2
크기 및 모양	원형, 32.9mm	사각형, 38mm, 42mm
해상도	360*360	272*340, 312*390

▲ 갤럭시 기어 S3워치(위)
▶ 애플워치 3세대(우)

스마트 워치의 디자인 원칙은 다음과 같다.

- **눈에 띄는 UI**

  깔끔하고 읽기 쉽게 유지한다.

  명확한 정보 계층을 사용하여 정보를 구성하며 한 눈에 확인이 가능하도록 해야 한다.

- **간편한 터치**

  터치할 수 있는 오브젝트를 잘 배치하여 터치를 쉽게 한다.

  다양한 기능보다는 핵심 기능에 중점을 두며 터치할 수 있는 오브젝트를 하나 혹은 두 개 정도로 가져가는 것이 좋다.

- **효율적 흐름**

  사용자가 작업을 신속하게 완료하는데 도움이 되도록 효율적인 서비스 흐름을 제공한다. 작업을 완료하기 위해 여러 단계에 의존하는 복잡한 경험은 피해야 한다.

- **환경적 특성 고려**

  시계는 화면 공간이 작으므로 정보 밀도가 감소된다. 또한, 배터리 수명 등 기능과 한계를 고려해야 한다. 특히 크기가 작다는 제약 사항 내에서 레이아웃이 제대로 작동하는지 확인하기 위해 원형 시계를 먼저 설계하는 것이 좋다.

눈에 띄는 UI

스마트폰과 달리 스마트 워치는 사용자가 깊이 있게 바라보지 않는다는 환경적 특성을 이해해서 오른쪽보다는 왼쪽과 같이 디자인해야 한다.

 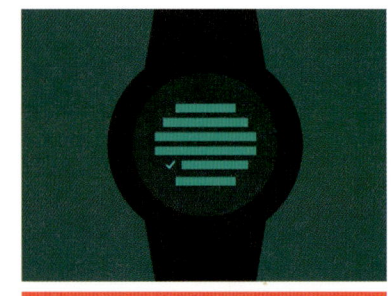

적은 양의 단순한 UI

오른쪽의 UI처럼 많은 양의 오브젝트는 사용자가 이해하기도, 실행하기도 어렵기 때문에 왼쪽의 UI처럼 단순하면서도 사용자가 알기 쉽게 디자인해야 한다.

 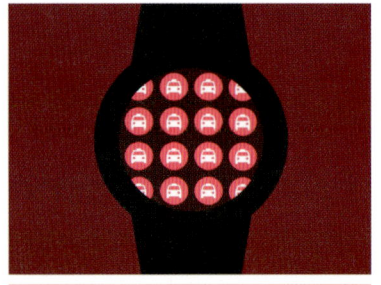

간편한 터치가 가능한 UI

오른쪽보다는 왼쪽처럼 터치할 수 있는 아이콘이나 오브젝트, 버튼 등은 가급적 1~2개로 제한하여 사용 편의성을 높여야 한다.

 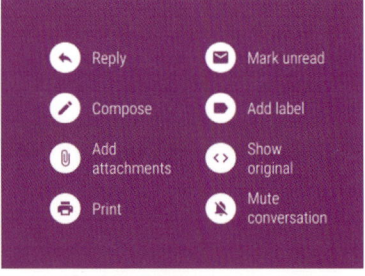

시계의 제한된 공간에 적합한 UI

시계라는 공간의 제한성을 감안하여 서비스를 구성해야 한다. 오른쪽의 스프레드 시트와 같은 서비스는 시계에 적합하지 않으므로 피해야 한다.

 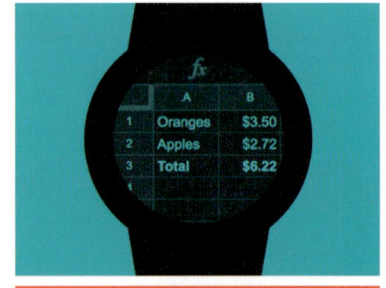

스마트 워치 환경에 적합한 앱 서비스와 UI

1.2 타이포그래피

스마트 워치의 타이포그래피는 각 요소별로 지정하면 되는데 일반적으로 OS에서 제공하는 기본 가이드를 적용하는 것이 좋다.

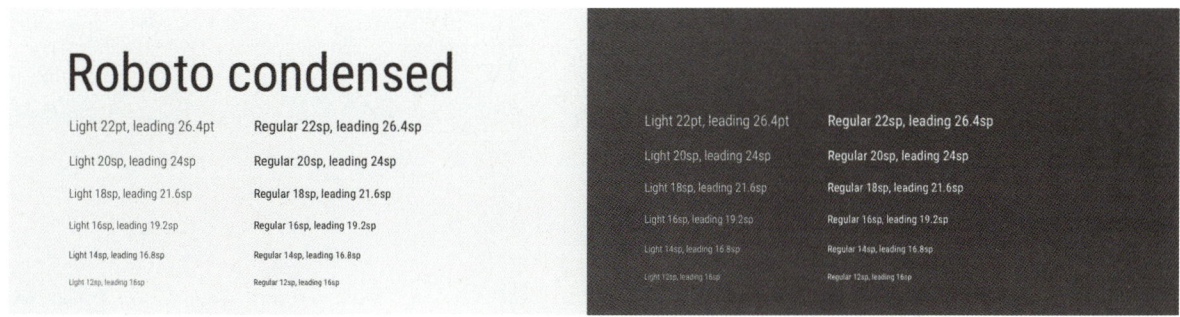

스마트 워치의 폰트 가이드라인

1.3 아이콘

안드로이드 워치에서 사용하는 앱 아이콘은 다음과 같은 물질 디자인의 기본 원칙을 따른다.

안드로이드 워치 아이콘

2 스마트 워치 UI 구조

스마트 워치는 작은 크기의 물리적 환경으로 인해 스마트폰이나 태블릿 PC처럼 메뉴와 콘텐츠를 합한 UI 구조를 갖기 어렵다. 따라서 화면 전체를 움직여 콘텐츠와 메뉴를 따로 구현하는 피봇 Pivot UI를 사용한다. 안드로이드에서는 이를 직각 시점 Orthographic View이라 한다.

보통 직각 시점은 소프트웨어의 3가지 기본 시점인 탑 뷰, 사이드 뷰, 프론트 뷰를 구현한다. 마찬가지로 스마트 워치에서는 서랍형 탐색 버튼, 뷰 포트, 인라인 액션 버튼, 탐색 및 콘텐츠 보기 등을 직각 구조로 이동하여 보여주는 형태를 취한다. 또한, 안드로이드 스마트 워치는 세로 레이아웃으로 구성하여, 사용자가 탐색과 콘텐츠 보기를 실행할 경우 단순화된 디자인을 제공한다.

01 안드로이드 워치의 직각 시점 개념도

02 세로 레이아웃 구조 사례
  a. 동일한 넓이의 테이블 구조
  b. 이미지 리스트 구조
  c. 가변 길이의 리스트 구조
  d. 카드 형태의 UI

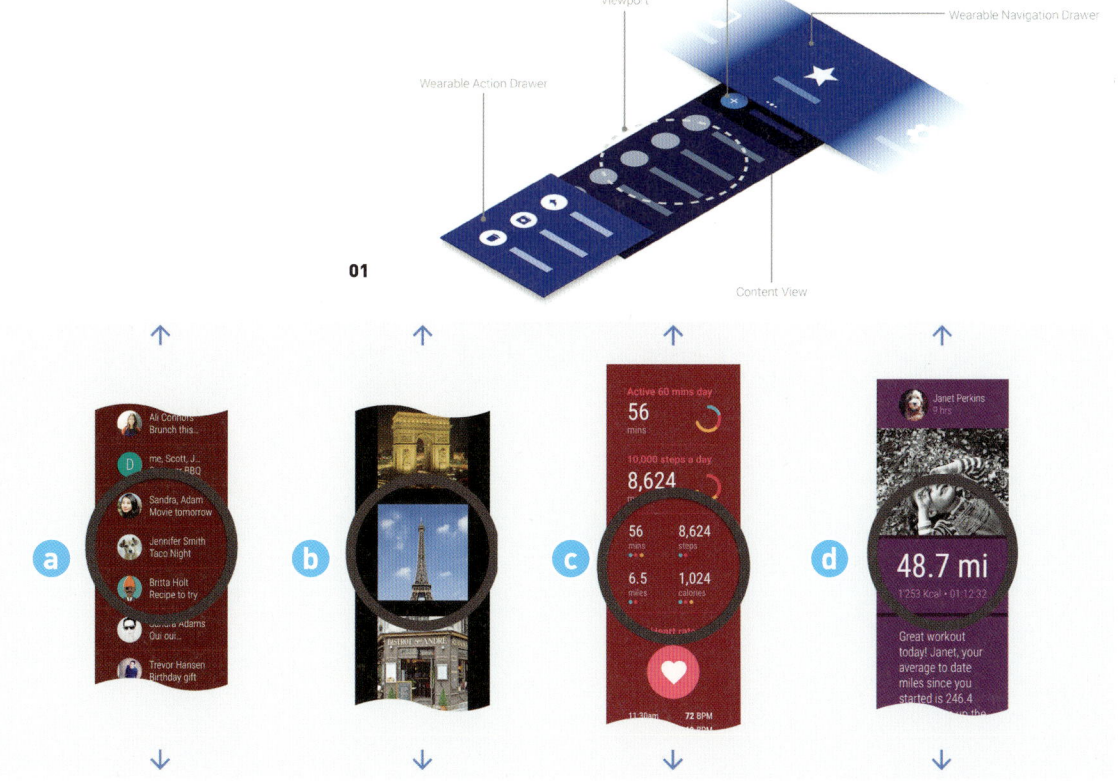

3 스마트 워치 UI 요소

안드로이드 스마트 워치는 탐색이나 기능 버튼, 화면 보기 등에서 다양한 컴포넌트를 제공한다. 워치 컴포넌트의 사용법을 숙지하고 워치가 줄 수 있는 새로운 서비스 생태계를 고민해 본다면 좋은 워치 서비스를 디자인할 수 있을 것이다.

3.1 서랍형 탐색 버튼

스마트폰에서 자주 사용하는 서랍형 탐색 버튼은 여러 개의 탐색 버튼을 하나의 버튼으로 처리하는 역할을 한다. 워치에서의 서랍형 탐색 버튼은 컨트롤하려는 버튼의 수에 따라 한 화면에 버튼을 나열하거나, 페이지 인디게이터Page Indicator를 사용하여 좌우 스와이프를 통해 UI를 설계할 수 있다.

- **한 화면 메뉴 표시**
  아이콘이 명확하고 사용자가 앱 탐색에 있어 빠르게 전환하는 것이 필요하다면 한 화면에 메뉴를 표시한다. 단, 탐색하는 아이콘의 개수가 많을 경우 사용하기 어렵다.

- **복수 화면 메뉴 표시**
  사용자가 앱 탐색에 있어 전환을 빠르게 할 필요가 없는 경우 사용한다.

- **화면 미리보기 및 숨기기**
  서랍형 탐색 버튼은 화면 하단 스크롤 시 화면에서 숨겼다가 다시 상단 스크롤 시 메뉴를 보이게 할 수 있다.

한 화면 메뉴 표시
아이콘을 격자형 스타일로 나열하여 접근성을 높였다.

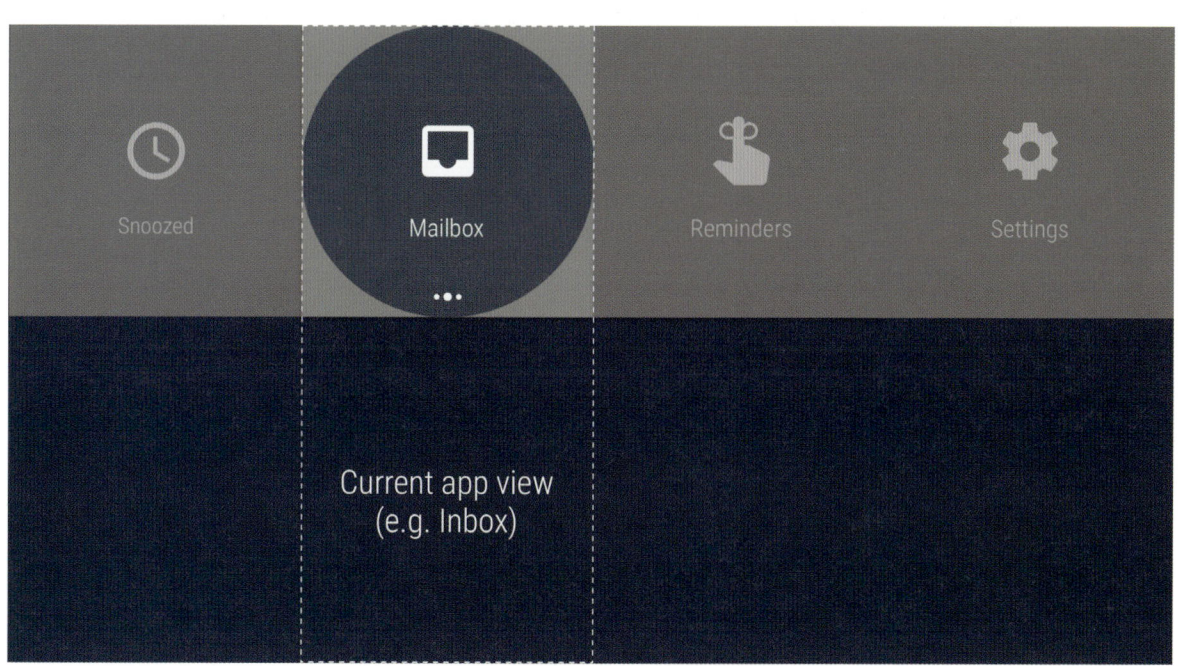

복수 화면 메뉴 표시
좌우측에 스와이프로 메뉴를 이동하고
화면 하단으로 스크롤 하여 세부 메뉴를 표시한다.

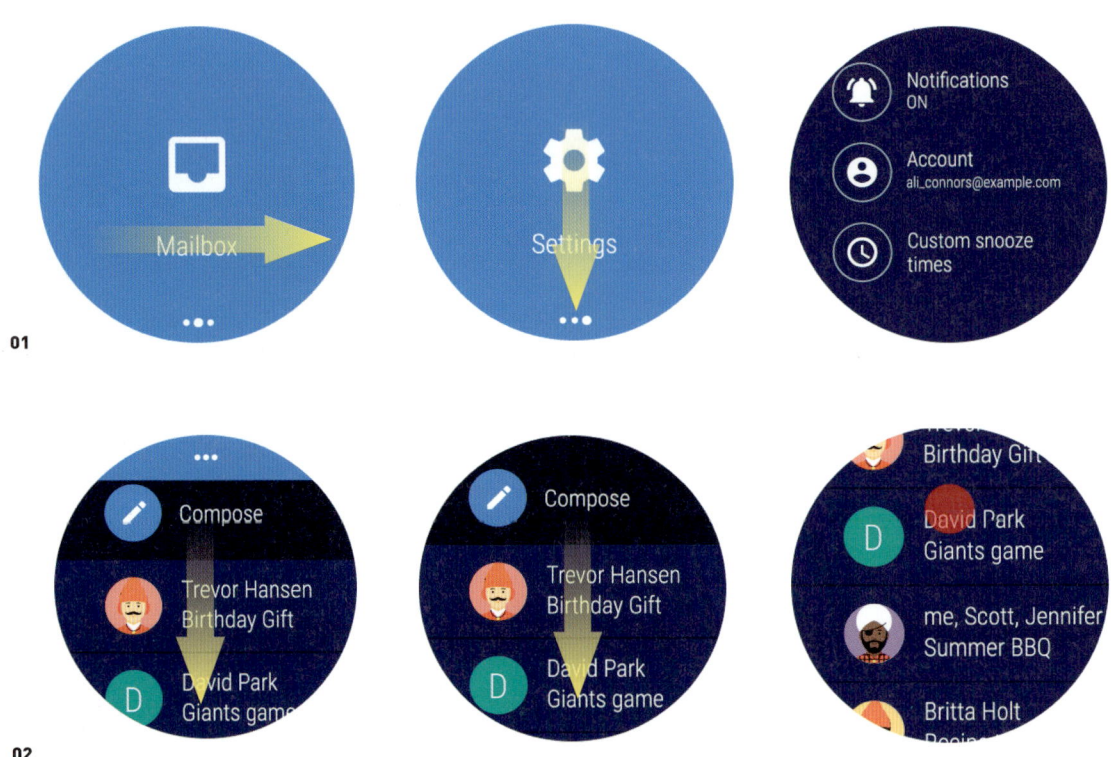

01 복수 화면 서랍형 탐색 버튼 사용
좌우 스와이프 이동 후 해당 메뉴 화면에서 화면 하단으로 스크롤 하여 세부 메뉴를 표시한다.

02 상단에 서랍형 탐색 버튼이 표시된 페이지 인디게이터가 화면 하단으로 스크롤 하면 숨김 처리되는 UI 사례 다시 위로 스크롤 하면 열림 탐색 버튼이 나타난다.

3.2 열림 기능 버튼

열림 기능 버튼Action Drawer은 기본 혹은 추가적인 실행을 제공하는 버튼으로 하나의 명령을 수행하는 단일 버튼과 여러 개의 명령을 펼침으로 제공하는 복수 버튼이 사용된다. 화면을 위로 스크롤 하면 추가 콘텐츠가 표시되며 스마트폰의 앱 바와 유사한 역할을 한다. 마찬가지로 숨김과 미리보기를 사용할 수 있다.

03 열림 기능 버튼 사례
  좌: 단일 열림 기능 버튼
  우: 액션 오버플로 버튼이 있는 복수 열림 기능 버튼

04 열림 기능 버튼을 터치하여 세부 항목을 실행한 사례

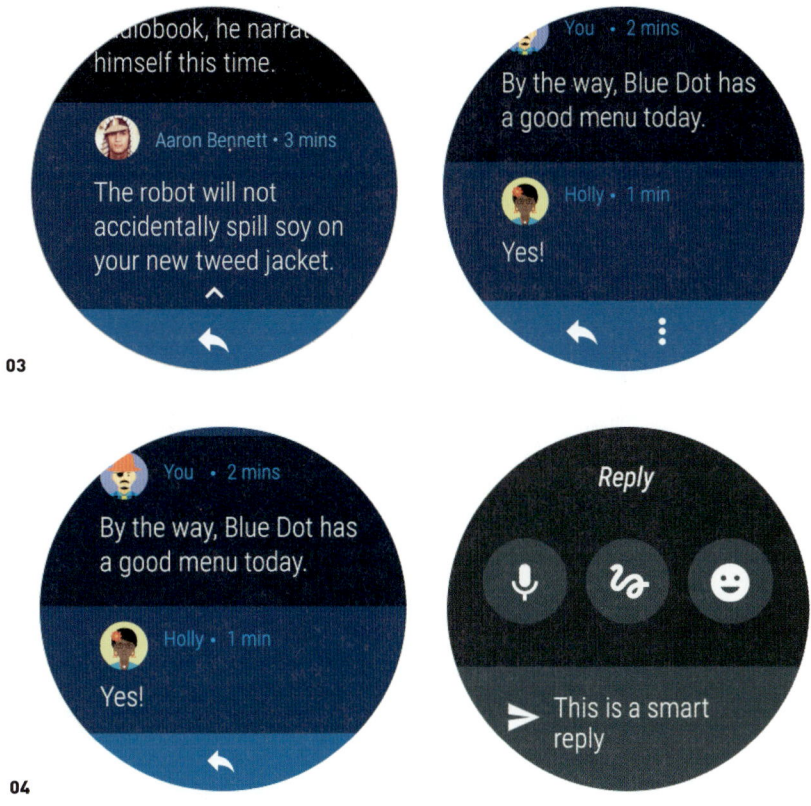

3.3 확인 오버레이

확인 오버레이Confirmation Overlay는 현 화면에서 상태 변경이 일어날 때 화면 맨 위에 임시 메시지를 표시하는 것으로 확인, 실패, 전화로 열기 등의 세 가지 방법이 있다.

스마트폰의 팝업 메시지와 유사한 것으로 워치는 화면 크기가 작기 때문에 전체 배경 그림자 처리를 하며 간략한 메시지를 내보낸다. 특징은 스마트 폰과 연결하는 것을 우선하는 워치의 특성으로 인해 전화에서 확인하도록 하는 버튼을 제공한다.

01

확인 오버레이 사례

01 확인이 필요한 경우 전체 배경 그림자 처리를 하며 확인 메시지를 표시한다.

02 실패한 내용을 표현하는 오버레이와 스마트폰을 연결해야 함을 알리는 오버레이 화면이다.

02

3.4 진행 상황 바

원형 진행 상황 바 UI
진행이 종료될 때까지 진행을 표시하는 원은 계속 움직이며 진행 내용을 텍스트로 표현하면 보다 쉽게 진행을 파악할 수 있다.

기능 수행 후 시간이 소요되는 기능에 대해서는 진행 상황 바 Progress Indicator를 표시해야 한다. 스마트폰과 동일하게 워치에서도 진행 상황 바는 거의 동일한 UI로 사용한다. 워치 앱에서 진행 상황 바가 표시될 경우 앱 사용은 대기해야 하며 화면 크기와 모양으로 인해 주로 원형 진행 상황을 표시한다.

3.5 사용 권한 메시지

옵션 메뉴에 해당하는 사용 권한 메시지 Permission Message는 특히 스마트폰과의 연동이 주요 서비스 목표 중 하나인 워치에서 많이 사용된다. 현재 상황을 더 많이 고려해야 하는 워치의 특성 상 사용 권한 메시지는 버튼 형태로 사용한다. 보통 화면 하단에 아이콘과 텍스트를 함께 표시하며 버튼을 터치하여 사용 권한에 대한 명령을 수행할 수 있다.

사용 권한 메시지 사례
권한 허용이나 권한 설정, 스마트폰에서 상세 권한 설정 등의 명령을 수행할 수 있다.

3.6 주 작업 버튼

워치 앱에서 가장 자주 사용되는 액션 버튼을 표시한다. 화면 상단에 주 작업 버튼 Primary Action Button을 배치하며 하단에 명령을 수행할 수 있는 목록 등이 표시된다. 스마트폰의 플로팅 액션 버튼과 유사하다.

주 작업 버튼 사례
화면 상단에 주 작업 버튼이 있고 하단에 목록이 나열되어 있다. 목록 중 하나를 터치하면 해당 목록에 글을 작성할 수 있는 화면으로 전환된다.

3.7 행 내 작업 버튼

콘텐츠 화면 내 하단에 해당 콘텐츠에 대한 기능을 수행하는 버튼으로 공유, 프린트, 구매 등과 같은 버튼이 주로 사용된다.

행 내 작업 버튼 사례

3.8 선택 버튼

스마트폰의 테이블 내에서 사용하는 선택과 마찬가지로 워치에서도 행 목록을 선택하는 선택 버튼 Selection Control 이 존재한다. 여러 개의 행을 선택할 수 있는 체크 박스 버튼과 하나의 옵션만 선택할 수 있는 라디오 버튼, 선택 사항을 켜거나 끌 수 있는 On/Off 스위치 버튼이 있다. 목록이 적다(3~4개)는 점을 제외하곤 스마트폰과 사용법이 동일하다.

좌: 체크 박스 버튼
중: 라디오 버튼
우: On/Off 스위치 버튼

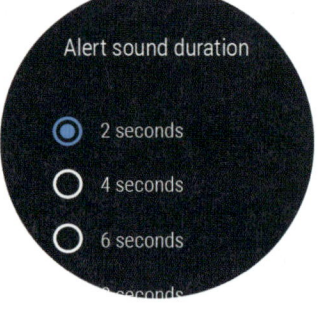
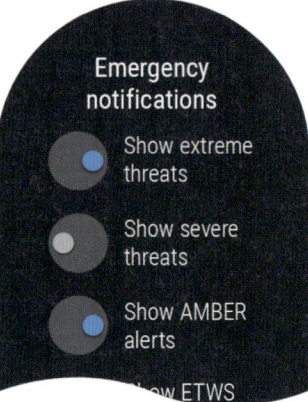

3.9 알림

워치는 손목에 차는 휴대용 기기로 대부분의 사용자들은 보다 빠른 스마트 서비스를 받기 위해서 사용한다. 이 중 특히 알림Notification에 대한 빠른 응답을 요구하는 사용자가 많기 때문에 워치에서 알림 처리는 매우 중요하며 빈번하게 사용된다. 알림은 보통 시계 모드 상단에 간단히 표시하거나 카드 UI 표시, 현재 화면에서 감춤/미리보기로 표현한다. 알림은 머리글, 콘텐츠, 액션레일로 구성된다.

프로필 사진이 필요하다면, 화면 가장 상단에 표시한다. 현 상황에 필요한 정보를 알리는 것에 주로 사용되므로 화면에 축소된 알림을 표시하는 경우가 많다. 축소된 알림은 화면 절반에 걸쳐 제목과 축약된 내용을 표시한다. 알림이 길어질 경우 확장된 알림을 사용하며 세로 레이아웃을 바탕으로 하단 스크롤로 처리한다. 이는 안드로이드 워치와 애플워치에서 동일한 것으로 화면 상단에 콘텐츠 내용(텍스트+이미지)이 나타나고 하단에 명령을 수행할 수 있는 기능 버튼을 표시한다.

축소된 알림 표시

01
①프로필 사진, ②앱 아이콘, ③제목, ④내용, ⑤기본 작업 버튼으로 구성

01 확장 알림 사례

02 화면 하단에 확장 버튼을 사용하여 알림 펼침으로 디자인

03 큰 이미지를 보여주는 경우에는 이미지를 강조하여 화면에 전체로 표시하고 몇 초 뒤에 해당 내용이 순차적으로 표시

01

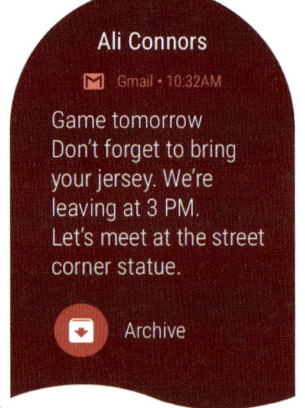

02

①제목, ②앱 이름, ③앱 아이콘, ④내용, ⑤이미지, ⑥기본 작업 버튼, ⑦행 내 작업 버튼으로 구성

03

Part 3
운영체제별 UI 가이드라인

04

05

04 미디어 플레이어 알림 버튼

05 스톱 워치에서 사용하는 축소된 알림 버튼

3.10 확인(권한) 버튼

사용자가 워치에서 다양한 권한을 확인해야 하는 경우에 사용되며 스마트폰의 확인/취소 대화 상자에 해당된다. 하나의 권한 수락 여부에는 화면 하단에 권한 확인/취소 버튼을 사용하며 두 개 이상의 권한이 필요할 경우 권한 요청을 순차적으로 처리한다. 특히, 스마트폰의 앱에서 보기 권한을 워치에 요청하는 경우도 있어 이에 대해 유용하게 사용할 수 있다.

피트니스 앱에 대한 권한 사례
화면 하단에 수락 혹은 취소를 묻는 버튼을 삽입한다.

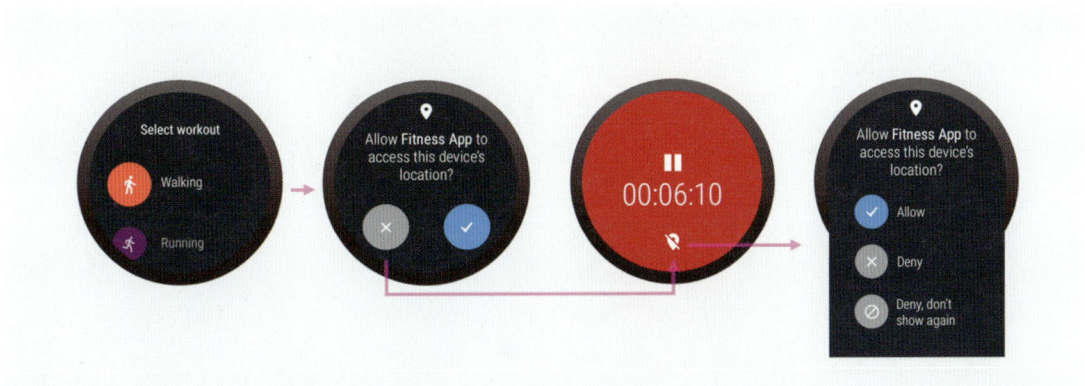

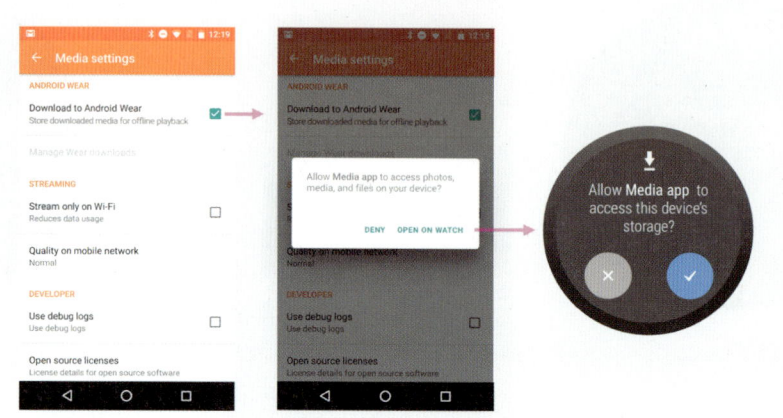

사진 파일에 접근할 수 있는지에 대한 권한 사례
스마트폰에서 워치에 대한 권한을 수락하도록
사용자에게 확인하는 프로세스

3.11 손목 제스처

사용자가 워치를 찬 손으로 제스처를 이용하여 기능을 쉽게 수행할 수 있는 것으로 OS에서 정의를 내리고 있다.

손목 제스처 정의
(상) 위로 쓸어 넘김: 다음으로 이동
(중) 아래로 넘김: 이전으로 이동
(하) 흔듦: 홈 화면으로 이동

Flick up: rotate wrist **out quickly** and **in slowly**

Flick down: rotate wrist **out slowly** and **in quickly**

Shake wrist

Chapter **13**

가상현실 UI 가이드라인

Outline

가상현실 Virtual Reality: VR 은 컴퓨터로 구현된 가상의 세계로 가상 공간을 인위적으로 만들어내는 것이다. 컴퓨터로 만든 가상의 환경이나 상황 등은 사용자의 오감을 자극하며 실제와 유사한 공간적, 시간적 체험을 제공하여 현실과 상상의 경계를 자유롭게 드나들게 한다. 스마트 모바일의 시대가 오면서 사용자들은 새로운 경험에 열광하기 시작했다. 2010년대 후반에는 가상현실(이하 VR)과 함께, 현실 세계에 데이터 등을 추가하는 증강현실 Augmented Reality: AR 이 게임과 교육, 영상 콘텐츠 등을 통해 새롭게 부각되었다.

Process

오늘날 VR 기술은 군사 훈련, 모의 수술, 교육, 게임, 공연, 전시 등 매우 다양한 분야에서 적극적으로 활용되고 있다. VR 기술의 발전은 소니나 HTC, 삼성전자, 오큘러스 등의 회사에서 하드웨어와 소프트웨어의 발달을 가져왔고 세계 최대의 동영상 사이트인 유튜브를 서비스하고 있는 구글도 VR UI에 대한 연구와 콘텐츠 배포, 카드보드 및 데이드림 Daydream 디바이스 세트로 VR 시장에 뛰어들고 있다. 이 장에서는 VR의 개념, VR UI 환경에 대한 특징, 디자인 기본 원칙, 기본적인 VR UI 가이드라인 등을 설명한다. 아직 VR UI 가이드라인은 뚜렷하게 공식화 되진 않았으며 주로 게임이나 동영상 콘텐츠를 기반으로 유통되고 있는 상황이다.

1 VR 소개

VR은 2018년 현재 다양하게 모습을 갖추며 발전하고 있다. 과거부터 끊임없이 발전했던 HMD(Head Mounted Display, 머리 착용 디스플레이), 최근 360도 촬영이 가능한 카메라와 이를 재생할 수 있는 360플레이어의 개발로 360도 비디오가 크게 확산되고 있다. 여기에 2016년 전 세계를 증강 현실 게임AR Game의 세계 속으로 매료시킨 '포켓몬고'의 영향으로 증강 현실이 새로운 분위기와 기술로 대두했다.

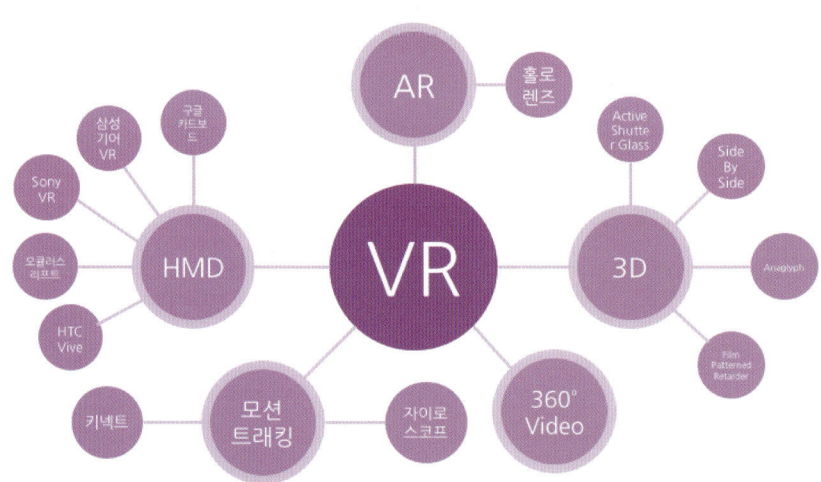

VR 활용 개념도
HMD, 360도 비디오, 3D 방식에 AR 접목까지 분류할 수 있다.

SBS(Side-By-Side)

360도 동영상

VR 콘텐츠(게임)

SBS(Side By Side) 360도 동영상·VR 콘텐츠 사례

1.1 HMD

SBS 방식 원리

양 옆으로(Side By Side) 펼쳐진 이미지(동일하거나 입체감을 주기 위해 시차가 적용된)를 중앙 분리대를 통해 좌/우 눈으로 보는 방식으로 수평의 이동하는 두 개의 별도 이미지가 생성되어 두뇌가 3D로 사물을 볼 수 있다. 매직 아이의 평행법과 같이 2D 이미지를 입체적으로 볼 수 있도록 한 기법이며 360도 카메라로 촬영한 이미지에 자이로 센서, 가속도 센서, 마그네틱 센서가 탑재된 스마트폰을 이용하면 머리의 움직임으로 화면을 360도로 살펴볼 수 있고 화면을 조정할 수 있다.

과거부터 개발이 진행되었던 HMD는 최근 VR 시장을 새롭게 활성화 시키고 있다. 오큘러스 리프트로 출발한 HMD는 소니 VR, HTC 바이브로 완벽에 가까운 VR 경험을 가능하게 한다. 또한 VR의 취약점이었던 조작에서도 전용 컨트롤러가 다양하게 개발되면서, 입체적인 화면을 통한 현실에 대한 몰입감을 더욱 높여주고 있다. 현재 주요 HMD로는 PC 및 전용 플레이어와 연동되는 HMD, 구글 카드보드로 시작된 SBS 방식*(화면을 둘로 나누어 두 개의 화면을 보는 방식)의 HMD 등이 있다. SBS 방식의 VR HMD는 스마트폰을 넣어서 사용하는 것이 대부분이며 가격이 저렴하고 쉽게 VR을 경험할 수 있다는 장점이 있다. 삼성기어 VR의 경우 기본 SBS 영상 콘텐츠와 함께 오큘러스 리프트의 스마트폰용 소프트웨어를 사용할 수 있다. HMD를 이용한 VR은 화질이 매우 좋아야만(2K: 2048px, 4K: 4096px 이상) 이용하는 데 불편함이 없으며 CPU 속도와 메모리도 많은 영향을 주므로 고급형 디바이스가 필요하다.

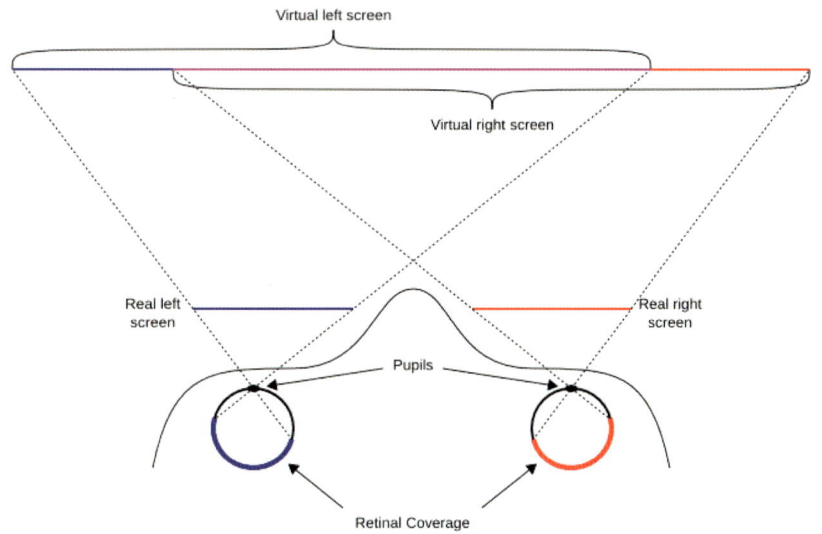

SBS 방식 원리*

* 출처: https://charlesmackenzi.wordpress.com/chapters-1-2/oculus-rift/

01

02

01 HMD를 이용하여 출시되고 있는 VR 디바이스*
스팀(Steam) 온라인에서 사용할 수 있는 HTC Vive, 오큘러스 리프트, 플레이스테이션4에서 사용할 수 있는 소니 VR HMD 디바이스

02 SBS 방식을 이용한 구글 카드보드
스마트폰과 VR 콘텐츠 샵(유튜브 등)을 이용하여 저렴하게 VR 환경을 체험할 수 있다.

* 출처: http://media.bestofmicro.com/A/Z/569339/original/Rift-Vive-PSVR-HMD-Title_2.jpg

1.2 360 미디어

360도 동영상과 이미지로 구성된 360 미디어는 몰입형 콘텐츠로 사용자에게 향상된 사용자 경험을 제공한다. 특히 모바일 앱이나 웹사이트에서 360도 촬영 장비로 촬영한 이미지나 영상을 삽입한 후 360 비디오 전용 플레이어(유튜브 등)로 재생하면 사용자는 마우스 드래그에 따라 재미있는 360 비디오 화면을 체험할 수 있다. 또한, 카드보드 스타일의 SBS 방식의 HMD를 통해 보면 자이로 센서를 이용하여 사용자의 머리 움직임에 따라 시점을 변화시킬 수 있어 실제 같은 감각을 제공한다. 360 미디어는 모노 또는 스테레오 방식으로 제작할 수 있다.

- 최대 호환성 및 성능을 위해 이미지 크기는 2의 제곱수(2048, 4096 등)여야 한다.
- 모노 이미지(이미지가 한 개인 것)는 2:1 종횡비여야 한다(4096*2048).
- 스테레오 이미지는 1:1 종횡비여야 한다(4096*4096).
- 360도 동영상은 h264로 인코딩된 mp4 파일 포맷이어야 한다.

360 미디어 제작 방식
좌: 하나의 파노라마를 사용하는 모노 360
우: 두 개의 누적된 파노라마를 사용하는 스테레오 360

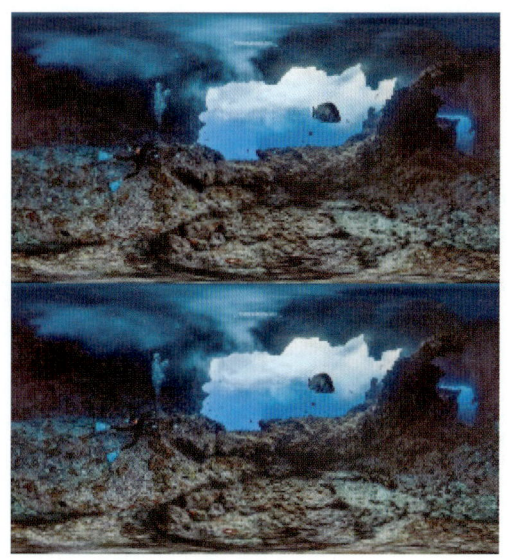

04

좌: 360도 촬영을 할 수 있는 360 GoPro카메라
우: 삼성 기어 360 카메라

1.3 MS 홀로렌즈

혼합 현실이란?

혼합 현실은 인간, 컴퓨터, 환경이 결합된 복합적인 서비스다. 따라서 인간과 컴퓨터, 환경에 관한 기술과 상호작용이 잘 녹아 들어야 한다. 기본적으로 기본 환경에 추가하는 UI 요소(Enhanced Environment Apps)와 VR이 혼합된 환경 요소(Blended Environment Apps)가 필요하다.

AR과 VR을 혼합한 홀로렌즈Holo Lens는 혼합 현실MR: Mixed Reality*의 새로운 세계를 열었다. 전용 HMD를 착용하면 주변 사물이 카메라를 통해 비춰지고 특정 영역에서 VR 화상이 나오며 사용자는 햅틱 기술이나 NUINatural UI 방식을 이용해 손이나 몸짓으로 VR 오브젝트를 조정할 수 있다. 비즈니스와 생활에 가장 적합한 기술로 평가받는 홀로렌즈는 인공지능 기술까지 결합하여 3차원 이미지 개발과 출력, 제작, 게임 등 기존 VR 시장과 함께 크게 성장할 가능성이 있다. MS 홀로렌즈도 혼합 현실 서비스 개발을 유도하기 위해 UI 가이드라인과 SDK를 배포*하고 있다.

UI 가이드 라인 / SDK 배포

https://developer.microsoft.com/en-us/windows/mixed-reality/design

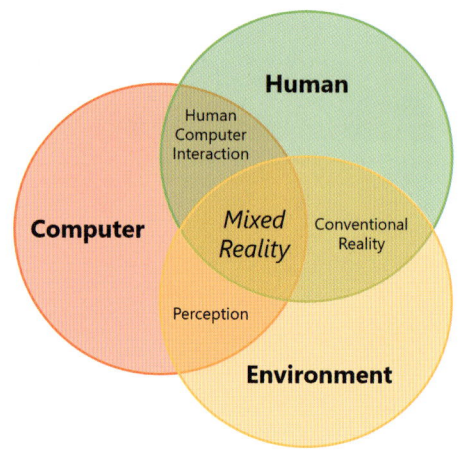

혼합 현실 개념도

MS 홀로렌즈 사용 사례*

홀로렌즈용 HMD를 착용하고 현실과 가상의 화면을 결합해 비즈니스, 일상, 게임 등 다양한 서비스를 경험해 볼 수 있다.

* 출처: MS Hololense(https://www.microsoft.com/en-us/hololens/)

2 VR UI 환경 특징

SBS 방식에 HMD를 착용하는 상황을 고려해야 하며 화면 비율(16:9)을 맞추고, 이미지/영상 퀄리티를 2K, 4K 수준까지 높여야 한다. 360도 입체감 Ambient 으로 디자인해야 하며 360도 모든 면에 UI를 채울 필요는 없지만 사용자가 머리를 여러 방향으로 회전했을 때 배경은 항상 존재해야 한다. 3차원 입체감과 실제 세계 Real World 가 적용된 환경을 구성한다. 기본적으로 터치 방식의 UI를 적용하지만 외부 컨트롤러나 마그네틱 버튼, 화면을 직접 터치할 수 없는 환경에서는 눈으로 터치하는 방식인, 오브젝트를 응시하는 응시기반 Gaze Based UI를 사용한다.

360도 시야를 활용하기 위해 화면에 오브젝트를 배치할 경우 서라운드 커브 Curved Surrounded 형태로 배치한다.

01 VR 환경에서 시점의 변화는 실제처럼 휘어진(Curved) 형태로 보여진다.
따라서 화면 내 오브젝트(Card UI 등)는 휘어진 형태로 배열한다.

02 3D 실제 환경 효과를 적용한 배경화면
VR은 일반적인 디지털 UI 배경에서는 사물 인식과 방향 인식이 어렵기 때문에 실제 환경을 적용하는 것이 좋다.

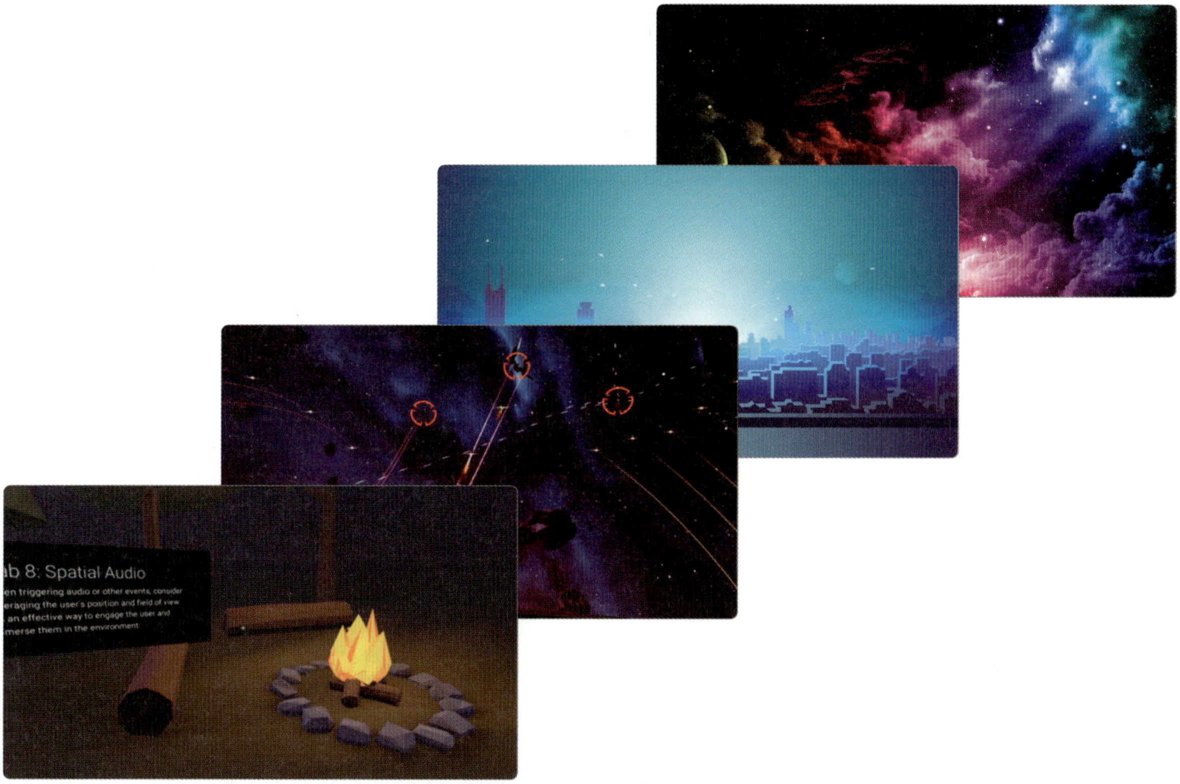
ab 8: Spatial Audio

02

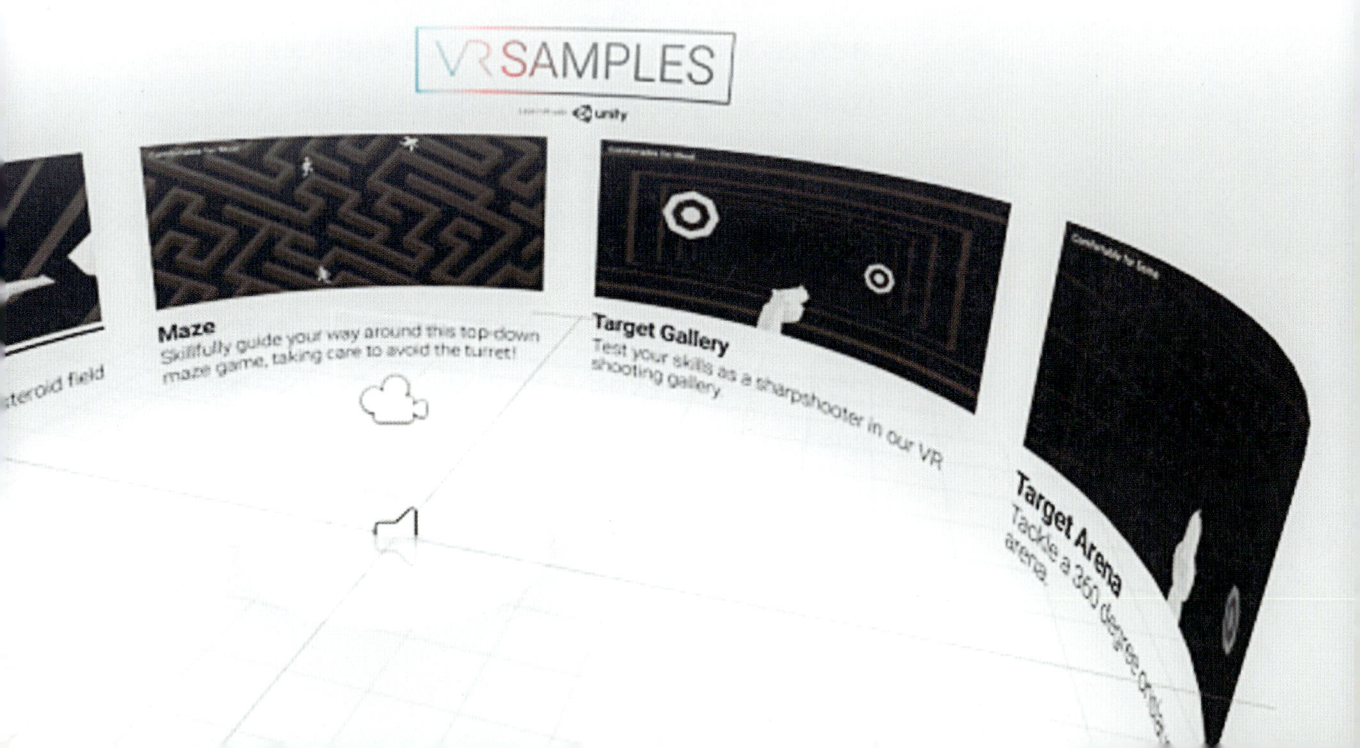
VRSAMPLES
unity
Maze
Skillfully guide your way around this top-down maze game, taking care to avoid the turret!
Target Gallery
Test your skills as a sharpshooter in our VR shooting gallery
Target Arena

VR UI 디자인 고려사항

VR을 구축할 때 몇 가지 고려사항이 있다. 앞서 설명했던 VR UI의 환경적 특징을 바탕으로 VR을 이용하는 사람들의 사용자 경험을 높인다.

3.1 생체학적 피로감을 최소화

VR을 경험할 때, 특히 HMD를 착용한 경험은 일반적인 PC나 모바일을 사용하는 것과는 달리 생체학적 피로도가 높다. 어느 정도 무게감이 있는 HMD는 오랫동안 착용하면 목이 부담스러우며, 눈앞에 바로 있는 렌즈를 통해서 화면을 보기 때문에 눈에도 부담이 간다. 따라서 장시간 서비스 이용을 필요로 하는 흐름은 좋지 않고, 몰입감 있는 서비스를 비교적 단시간에 경험할 수 있는 시나리오가 좋다. 특히 화질과 화면의 움직임에 따라 VR 멀미가 발생할 수 있는데 이는 양쪽 눈이 받아들이는 정보가 다를 때 전정 기관 감각의 불일치로 인해서 실제 멀미와 동일한 증상이 나타난다. 따라서 VR 서비스를 구현하려면 반드시 생체학적 피로감을 최소화할 수 있는 요건을 고려하여 설계해야 한다. 그 요건들은 다음과 같다.

- 머리와 몸을 많이 돌리게 하기보다는 360도 시야를 활용할 수 있는 서라운드 커브와 같은 확장된 공간 개념을 사용하여 UI 요소를 배치한다. 보통 상하 20도 내외(최대 60도), 좌우 30도(최대 55도)가 피로감을 덜 느낄 수 있다.

- VR 멀미를 최소화하려면 최대한 카메라 방향을 강제로 바꾸지 않고 상하 움직임을 최소화하며 가속과 감속을 제한하는 것이 좋다. 화려한 동적 구조는 잠시 동안은 흥분될 만큼 재미있는 경험을 줄 수 있지만 VR 멀미를 경험한 사용자는 VR 자체에 대한 거부감이 들 수 있다. 또한, 비행기 조종석과 자동차의 대시보드를 시각적 기준점으로 잡고 UI를 배치하면 VR 멀미를 낮추는 효과를 볼 수 있다.(출처: 미국 퍼듀대학 컴퓨터그래픽 학부 연구팀, 2015년)

- VR 화면 내 애니메이션을 사용한다면 애니메이션 전환 효과는 최소 60FPS(Frame Per Second: 초당 프레임 비율) 이상 되어야 하며 다소 느린 속도로 움직이면 안정감을 줄 수 있다. 일반적으로 극장 만화 영화가 24FPS임을 고려한다면 매우 세밀한

Part 3
운영체제별 UI 가이드라인

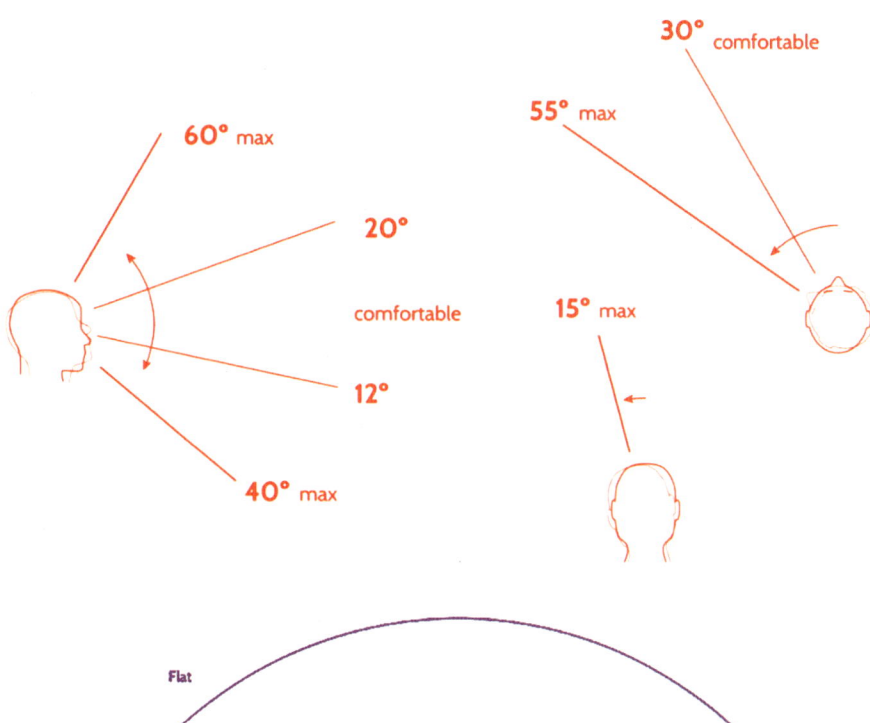

01

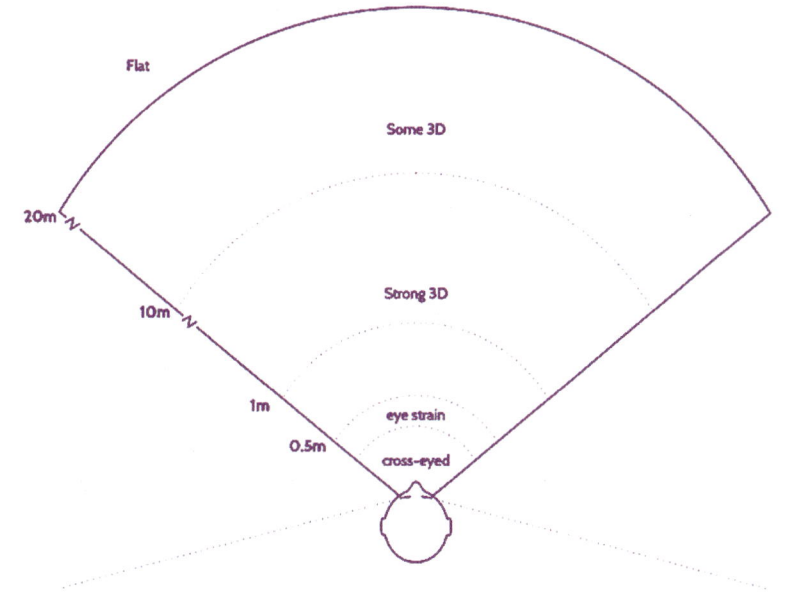

02

01 VR UI 배치 각도
상하 20도 내외, 좌우 30도 안에 핵심 UI 요소를 배치한다.

02 VR UI 배치 거리
최소 1m 이상, 10m 이내에 UI 요소를 배치하면 가장 높은 3D 효과를 볼 수 있으며 눈의 피로감과 심리적 부담이 감소한다.

움직임이라고 볼 수 있다.
- 갑작스러운 공간 이동과 순간 이동은 사용자들을 혼란스럽게 하므로 배제한다.
- UI 요소(오브젝트, 탐색 버튼, 기능 버튼, 텍스트 등)를 사용자에 지나치게 가깝게 두지 않는다. 이는 사용자의 눈을 피로하게 하고 심적으로 부담감을 줄 수 있다. 거리와 위치에 따라 콘텐츠를 다른 용도로 배치한다. 일반적으로 사용자가 보는 시점에서 1~10m 사이의 콘텐츠 위치가 3D 효과를 가장 잘 느낄 수 있다.
- 지나치게 많은 요소를 한 화면에 담지 않고 정보 밀도를 낮춘 미니멀리즘을 추구한다. 복잡한 시야는 피로도를 증가시키고 서비스 이용을 혼란스럽게 한다.
- 밝은 화면과 장면은 사용자의 시각을 피곤하게 하므로 조도가 낮은 배경이나 어두운 색이 좋다. 보통 우주나 심해, 실사(방 안, 상점, 숲속 등)를 배경으로 사용한다.
- 지평선이 있다면 고정한다. 출렁이는 화면은 멀미를 일으킨다.
- 정해진 시간마다 알림을 주어 사용자가 휴식을 취하도록 한다.

좁은 포커스 영역을 극복하여, 메뉴를 배치하기 위해 Curved, Surrounded 방식을 채택하고 있다.*

1. FLAT
2. CURVED
3. LESS CONTENT
4. SURROUNDED

출처: 가상현실을 위한 Immersive Design

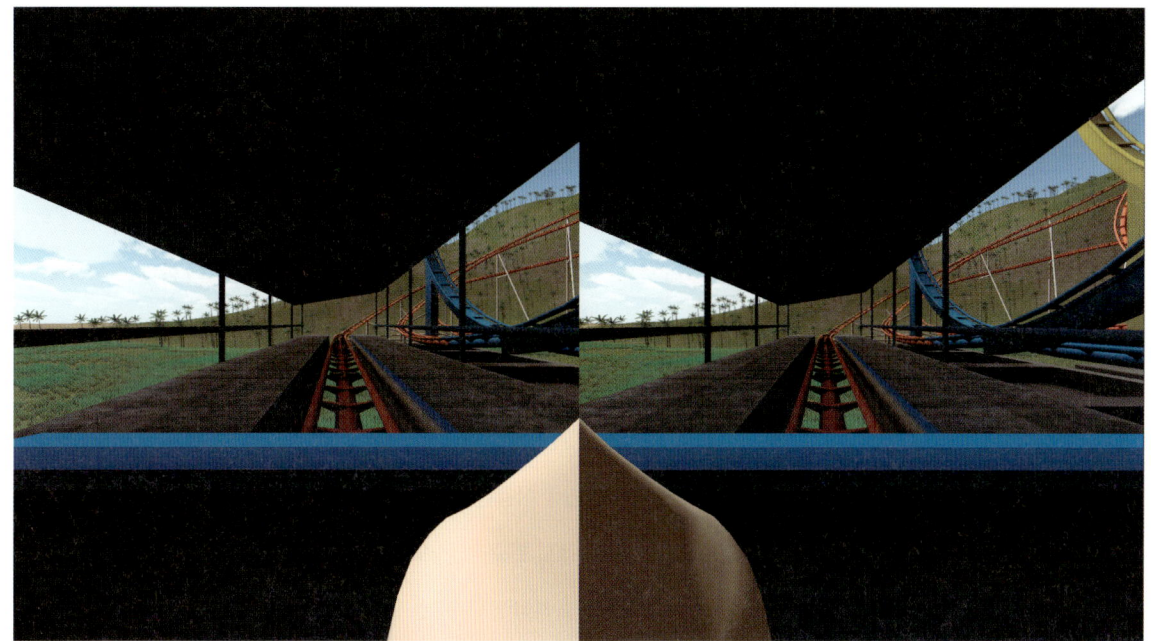
VR 멀미를 줄이기 위한 시각적 기준점을 잡은 VR 화면*

3.2 조작 용이성 증대

VR은 마우스를 기반으로 하는 PC나 손가락 터치를 이용한 모바일과는 달리 컨트롤러의 지원이 필수가 아니다. 각 디바이스 회사별로 특화된 컨트롤러를 제공하고 있지만 저렴하게 VR 환경을 즐기는 대다수의 사용자들은 구글의 카드보드와 같은 제품을 이용하고 있으며 이들 제품은 컨트롤러가 지원되지 않는 것이 대다수이다. 앞서 설명을 했지만 UI를 디자인할 때 어떤 컨트롤러로 조작하느냐는 UI 요소를 크게 바꾸어 놓기 때문에 컨트롤러의 사용 여부는 그만큼 UI 디자인에서는 중요한 요소다. VR UI는 기본적으로 컨트롤러가 없는 환경을 염두에 두고 설계해야, 보다 많은 사람들이 어려움 없이 서비스를 이용할 수 있다. 시선에 의한 응시로 조작할 수

---

* 출처: 미국 퍼듀대학 컴퓨터그래픽 학부, 데이빗 휘팅힐 교수 연구팀

있는 응시 기반 Gaze Based UI와 함께 조작을 용이하게 하는 UI 원칙을 고려해야 한다. UI 원칙은 다음과 같다.

- 정보구조(IA)는 최대한 간소화하여 조작의 소요를 줄인다. 계층 구조는 깊지 않아야 하며 정보의 수도 모바일 이하로 줄여야 한다.
- 메뉴와 콘텐츠 화면의 조작은 기본적으로 머리의 동작과 몸의 방향성, 시선에 의한 응시 기반 UI로 설계한다.
- 콘텐츠 영역은 화면 중앙에, 메뉴 영역은 인접한 지역에 필요할 경우 자동으로 나타나게 한다.
- 음성 인식이나 소리를 이용한 AUI Auditory UI를 적극적으로 채용하여 사용자의 환경 인식을 보조한다. 헤드 트래킹에 따라 변화하는 (크기와 방향성) 소리를 사용하며 HMD는 스테레오 출력이 필수다.
- 버튼의 눌림이나 방향 지점 확인을 위해 커서를 사용하며 보통 작고 강한 점으로 표시한다.
- 포인팅 시 지나치게 많은 거리를 한 번에 이동하지 않도록 설계한다. 이럴 경우 사용에 혼란을 줄 뿐만 아니라 사용자가 조작하기 어렵다.
- 선택할 수 있는 오브젝트는 너무 떨어지지 않도록 배치한다. 단, 멀리 있는 곳에 오브젝트를 놓아야 한다면 커다란 기둥 형태의 지시점을 누름으로써 이동한다.
- 외부 컨트롤러를 사용할 경우 이동과 선택, 실행에 대한 조작은 편리해지며 카드보드의 마그네틱 버튼이나 리모컨이 장착된 이어폰의 통화 버튼을 사용해서 선택, 실행 기능을 간소화 한다. 가급적 사용자가 외부 컨트롤러를 이용하도록 유도하며 이에 대한 확실한 편의성을 제공한다.

Part 3
운영체제별 UI 가이드라인

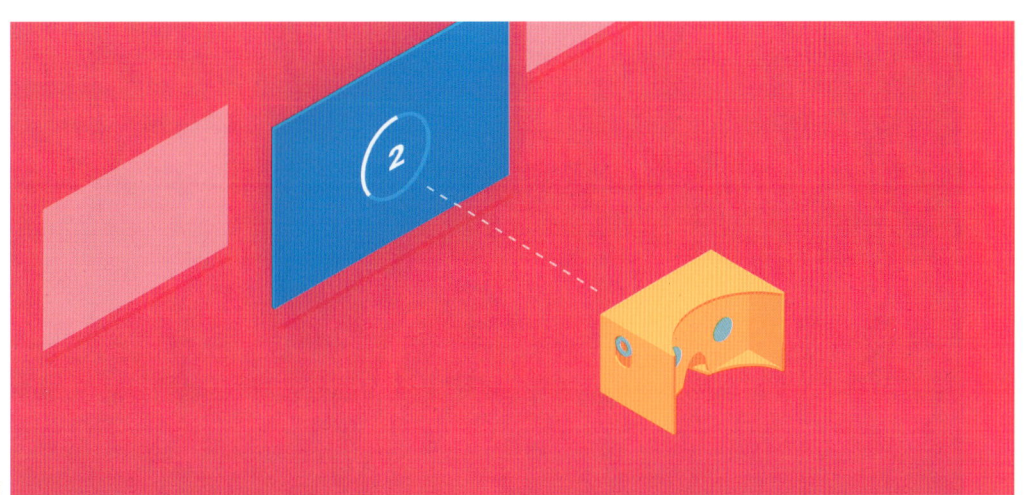
01

02

01 응시 기반 UI

구글에서는 퓨즈 버튼(Fuse Button)이라고 표현한다. 버튼을 누르기 위해서 해당 영역을 1~2초간 응시하면 원형의 카운트다운 진행 상황이 표시되며 실행된다. 이때 유의해야 할 사항은 응시 기반 UI 환경에서는 버튼을 가깝게 두지 말라는 것이다. 버튼 누름에 혼동과 오작동이 발생하기 쉽다.

02 근거리에 위치한 버튼[*]

현 화면에 필요한 버튼은 화면 중앙 혹은 실행할 오브젝트 인근에 위치하며 자동으로 나타나는 것이 편리하다.

[*] 출처: Sony VR Summer Lesson

13 가상현실 UI 가이드라인
VR UI 디자인 고려사항

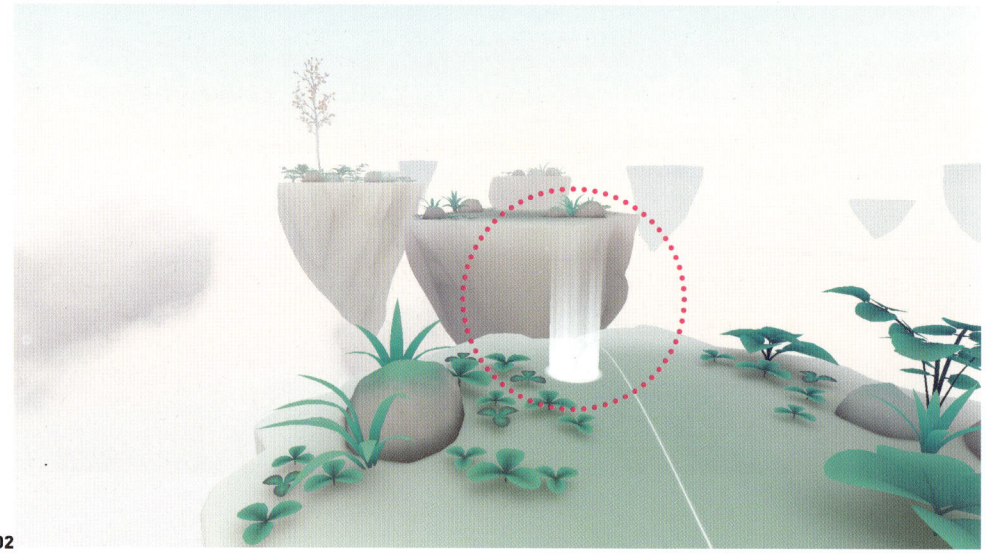

01 VR 화면에서 커서의 활용

VR 환경에서는 반드시 커서를 사용한다. 커서는 주변 환경과 구별되도록 밝고 강한 작은 점으로 표시하는 것이 일반적이다.

02 먼 곳으로 이동하기 위해 빛 기둥을 활용한 VR 화면

먼 곳으로 이동은 가급적 피해야 하지만 사용해야 하는 경우라면 빛 기둥 같은 확실한 지시선으로 표시한다. 사용자는 빛 기둥을 응시하여, 빛 기둥 지점까지 이동할 수 있다.

3.3 UI 시인성 강화

VR 디자인은 실제 세계보다 더 화려하고 창의적인 요소를 넣는다. 실제 세계를 바탕으로 하고 있지만 사용자가 실생활에서는 경험할 수 없는 우주나 심해, 사막, 숲 속 등 다양한 배경을 바탕으로 서비스를 이끌어간다. 이를 보다 극적으로 표현하기 위해 다양한 시인성 강화 방법론이 요구된다. UI 시인성을 강화하기 위해 다음과 같은 사항을 따를 수 있다.

- 어두운 계열 색과 은은한 그러데이션을 사용한다. 앞서 설명했듯이 밝은색은 공간감을 저해하고 눈을 쉽게 피로하게 한다.
- 오브젝트 선택/해제 시 줌인/줌아웃 애니메이션을 사용한다. 모바일에서도 마이크로인터랙션 Micro Interaction 효과를 사용하듯이 VR에서도 모션을 동반한 애니메이션은 자주 사용된다. 줌인/줌아웃 UI는 시인성이 좋은 화면 배치에 유리하고 360도 환경에서 왜곡된 글꼴도 확대를 통해 보정한다.
- 오버레이 Overlay UI와 레이어 개념을 적극적으로 활용하여 공간감을 증대한다. 오버레이 UI는 비교적 간단하게 메시지나 추가 메뉴를 처리할 수 있으며 사용자도 편리하게 사용할 수 있다.

오브젝트 선택/해제 시 줌인/줌아웃 애니메이션을 사용한 VR*

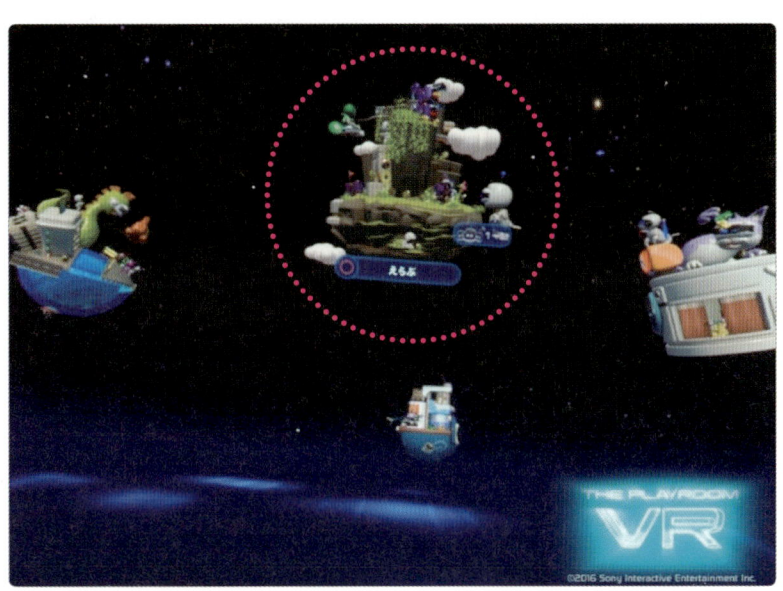

* 출처: Playroom VR

- UI 요소 간격은 적당한 거리로 둔다. 선택이나 조정을 할 때 편리하려면 UI 요소 간격이 넓어야 하지만 너무 넓으면 UI 요소를 한눈에 파악하지 못해서 불편을 초래할 수가 있다.
- 소리나 화살표 등의 유입 UI를 활용하여 사용자의 시선을 특정 방향으로 유도한다.
- 화면 전환 시에는 전환 효과로 페이드인 Fade In 과 페이드아웃 Fade Out 을 적극적으로 활용한다.
- 텍스트는 안티앨리어싱 처리하여 움직이거나 공간감이 있는 화면에서 가독성을 높인다. 포커스 영역에서 가까운 곳에 다음 계층의 콘텐츠를 둠으로써 계층 구조임을 암시할 수 있는 행동유발성 디자인 Affordance Design 을 사용한다.
- 화면의 이동이나 오브젝트의 이동에는 잔상 궤적이나 모핑 Morphing 효과를 이용하여 사용자들이 쉽게 인지할 수 있도록 한다.

안티앨리어싱 Anti Aliasing

높은 해상도의 신호를 낮은 해상도에서 나타날 때 생기는 깨짐을 방지하는 효과

❶ VR 착용 시, 쇼핑 목적지를 선택 할 수 있는 가상 공간 화면으로 이동한다.

❷ 선택한 가상 공간으로 이동 후, 걸음걸이 이동은 시선 처리로 표현한다.

❸ 체크된 등록 상품에 시선을 두면 상품 정보가 로딩된다.

❹ 로딩된 상세 정보 확인 후, 구매 버튼을 바라보면 구매 가능하다.

❺ 관세 가격, 배송비 유무, 운송비 유무, 우대가격, 포장비, 쿠폰 사용 유무, 할인 후 최종 가격, 구매자 개인 정보 확인 등을 확인한다.

❻ 결제 확인 창으로 이동 후, 내용을 확인하고 결제 비밀번호 입력하여 결제한다.

현실 매장을 배경으로 제작한 VR 환경*

필요에 의해 오버레이 UI를 사용하였고 기능을 구현하는 버튼 등의 간격을 현실 세계에 맞춰 적절하게 배열했다.

* 출처: 알리바바 Buy+

3.4 VR 환경의 특징 강조

웹에는 웹 환경에 잘 어울리는 디자인이 있고 모바일에는 모바일 환경에 적합한 디자인이 있듯이 VR은 현실 세계를 강조하면서 현실 세계에는 없는 환경을 적용하여 설계하는 것이 좋다. 앞에서 언급했듯이 VR은 현실을 넘어서는 새로운 환경을 표현하기 위해 몰입형 디자인을 사용하며 VR 환경의 특징을 강조한다면 더욱 좋은 사용자 경험을 유발할 수 있다. 다음 사항을 유의하면 VR 환경의 특징을 강조할 수 있다.

- VR 공간에서 인지도는 360도 3D 화면에서 높아진다. 따라서 VR UI를 설계할 때는 이를 충분히 반영한 디자인이 필요하다.
- VR에서 공간 인식을 높일 방법을 사용한다. 이에 대한 방법으로는 원근법, 빛에 의한 그림자 효과(Ambient Occlusion), 초점 심도, 수렴, 먼 거리 안개 현상, 거리에 따른 행동 시차, 좌우 시각차(Stereo-3D 효과) 등을 이용하여 인지력을 향상시킨다.
- VR의 배경은 Flat 2D보다는 Realistic-3D로 구성하는 것이 효과적이다.

빛에 의한 그림자 효과(AO) 사례

AO를 적용하기 전(좌)과 적용한 후(우)의 그래픽 차이. 빛에 따라 명암 등의 효과에서 더욱 입체감과 사실감이 부각된다.

출처: https://www.geforce.com/whats-new/articles/starcraft2ao

Realistic-3D로 구성한 배경과 메뉴 창 사례

4 VR UI 가이드라인

VR 서비스를 디자인하려면 VR의 기본적 특성과 디자인 고려사항을 바탕으로 VR UI 가이드라인을 검토해야 한다. 기본적인 가이드라인은 이미 디자인 고려사항에서 언급되었다. VR UI도 모바일과 마찬가지로 OS 회사나 제조사가 UI 디자인 가이드라인을 부분 배포하고 있다. 하지만 가장 중요한 것은 이를 바탕으로 각 개발사만의 특성을 살린 개별적 UI 가이드라인을 수립하는 것이다. 제조사에서 제공하는 UI 가이드라인은 일반적으로 사용되는 UI를 정의한 것이고 실제로는 유니티Unity나 언리얼Unreal 같은 VR 개발 엔진으로 자체 가이드라인으로 제작하는 것이 바람직하다. 이 장에서 언급하는 가이드라인은 구글 카드보드, 구글 데이드림(구글이 개발한 VR 시스템), 해외 VR 블로그 등을 참고하여 제작했다. 또한, 자유도가 높은 게임 같은 UI보다는 비교적 정형화되어 있고 일정한 패턴으로 구현할 수 있는 비 게임 UI를 중심으로 설명한다.

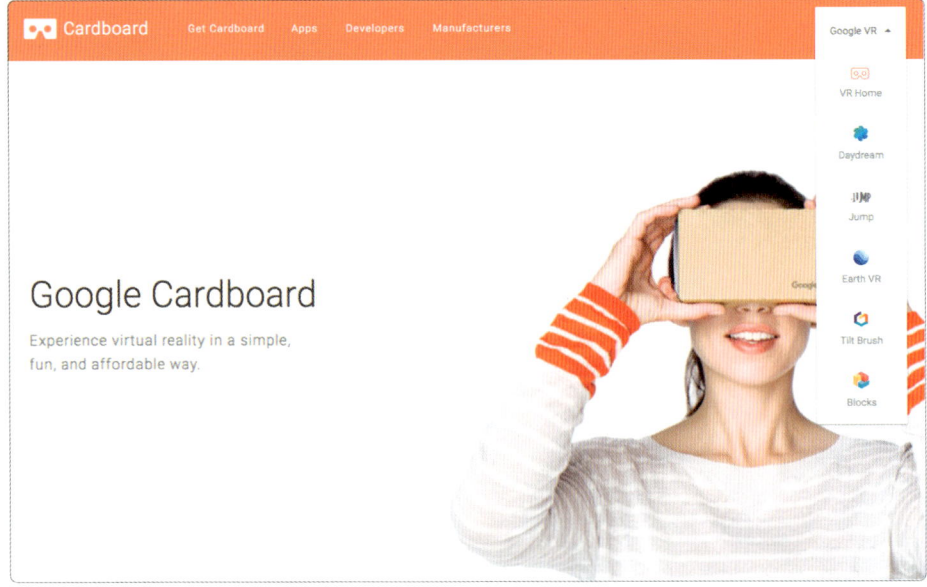

구글 카드보드 제작/디자인 홈페이지(https://vr.google.com/cardboard/)

VR UI도 스마트폰과 마찬가지로 콘텐츠 영역과 메뉴 영역으로 구분된다. 그러나 스마트폰처럼 화면 상단이나 하단에만 위치하는 것이 아닌 서비스나 화면 디자인 상황에 맞춰 몰입형 UI로 설계하는 경우가 많다. 몰입형 UI는 자유도가 높으며 상황에 따라 디자인해야 하는 경우가 많아 패턴화가 잘 안 나타나는 경향이 있다. 이런 부분들을 감안하여 앞서 설명했던 VR UI 디자인 고려사항 등을 응용하여 디자인해야 한다.

VR 환경의 콘텐츠 영역^{Contents Area}은 대부분 화면 전체를 의미한다. 360도 화면 전체를 사용하기 때문에 프레임이 없는^{Frameless} 배경이 사용되며 이는 몰입형 UI로 디자인해야 함을 의미한다. VR UI 디자인 시 다음 사항을 유의한다.

- 주요 콘텐츠는 화면 중앙에 배치한다. 단, 배경은 360도 전체에 적용되며 실제 환경을 사용하는 것이 좋다.
- VR 화면은 서라운드 커브 형태^{Curved Surrounde}로 디자인한다.

휘어진 서라운드 형태의 VR 스토리보드 템플릿 사례

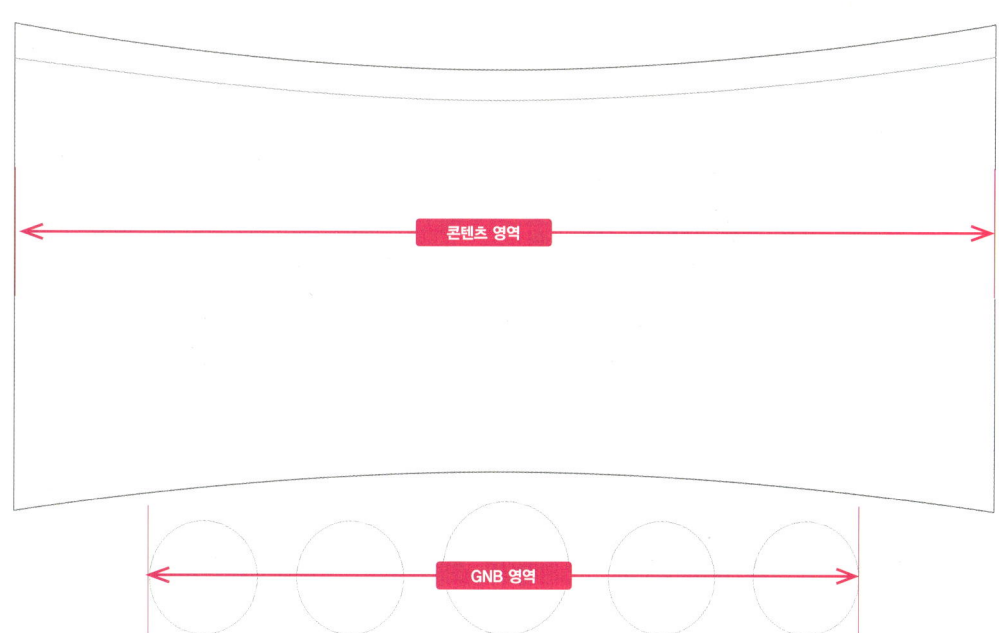

4.1 카드 UI

모바일에서도 그렇듯이 VR 환경에서도 콘텐츠를 담을 수 있는 컨테이너 역할을 하는 카드 UI가 많이 사용된다. 콘텐츠 영역의 주요한 부분을 차지하고 있는 카드 UI는 게임이 아닌 비 게임 VR 앱들의 콘텐츠를 표현하는 데 자주 이용된다. 카드 UI 디자인 시, 다음 사항을 유의한다.

- VR 환경의 콘텐츠는 카드에 담는 경우가 많으며 약간의 투명도를 설정하여 배경을 드러나게 한다.
- 서라운드 환경을 나타낼 수 있도록 카드를 가로로 배치한다.
- 카드 모양 화면에 맞게 휘어진 형태로 디자인한다.
- 선택된 카드는 화면 중앙에 자동으로 위치시키고 이전 카드와 다음 카드는 시야의 가장자리에 일부 보이도록 배치하는 행동유발성 Affordance UI로 디자인한다.
- 카드를 넘길 때는 좌우 슬라이드 방식으로 처리한다.
- 콘텐츠의 댓글, 정보 등은 카드 옆에 펼쳐지는 형태로 제작한다.

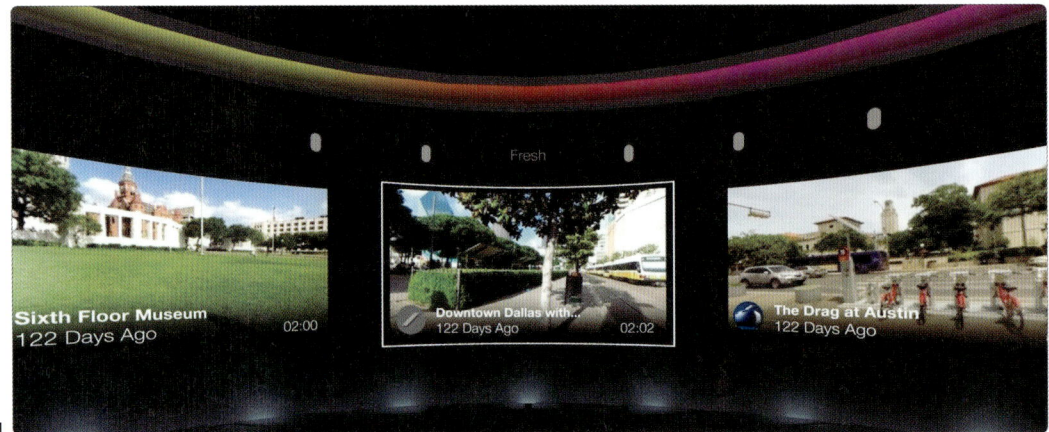

01

Part 3
운영체제별 UI 가이드라인

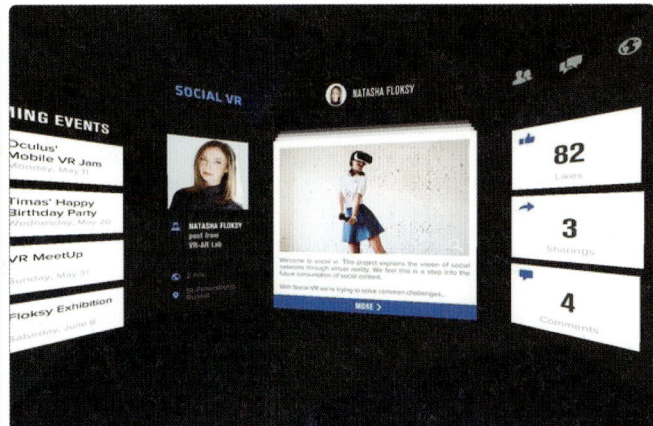

02

03

01 VR의 카드 UI*

02 VR 화면에서 카드 UI의 활용

03 화면 상단의 이미지 배너와 중하단 앱 목록, 맨 하단(아래로 고개를 숙여야 보여지는 영역)에 전역 메뉴 영역을 배치한 VR UI**

서라운드 배경의 가로 배치와 함께 휘어진 형태로 디자인하며 행동유발성 UI로 처리한다.

VR에서 콘텐츠를 나열하는 데는 카드 UI가 제격이다. 따라서 기본적인 카드 UI 디자인 및 배치는 사용자가 콘텐츠를 살펴보는 데 지장이 없도록 가이드라인을 준수한다.

매우 일반적인 VR 콘텐츠 화면이며 콘텐츠 세부 보기 및 재생 시에는 화면 중앙에 전체화면으로 표시한다. 콘텐츠 종료 및 뒤로 가기 등의 버튼이 필요하다.

---

*   출처: https://www.tomsguide.com/us/samsung-gear-vr,review-2602.html
** 출처: 구글 Daydream

4.2 설명 팁 UI

설명 팁은 오브젝트의 부분적인 사용법이나 서비스 전체에 대해 간략한 설명을 할 때 사용한다. VR 환경에서 설명 팁은 시야의 바깥에 숨겨져 있다가 화살표로 표시해 사용자가 볼 수 있게 유도한다. 사용자가 설명 팁 부근에 시선을 접근하면 화면에 도출되도록 한다.

설명 팁 사례
우측에 배치하고 유도 화살표를 통해 사용자가 볼 수 있도록 한다.

4.3 알림 UI

알림은 모바일과 마찬가지로 VR에서도 중요하며, 빈번하게 사용되는 UI이다. 사용자에게 비교적 중요한 사항이나 공지 등을 해야 할 때 알림 팝업을 사용한다.

상단 가장자리에 빛과 소리를 제공하여 주의사항이 있다는 것을 알린 후 메시지창을 표시하는 것이 좋다. 위에서 아래로 슬라이딩되는 메시지 알림은 부담 없이 사용할 수 있는 알림 UI로 인식되어 있다. 특히 구글 글래스와 같은 AR 환경에서는 전형적이라고 할 수 있을 만큼 하단 슬라이딩 메시지 알림을 많이 사용한다. 배경화면은 전체 그림자 처리하는 것이 좋다.

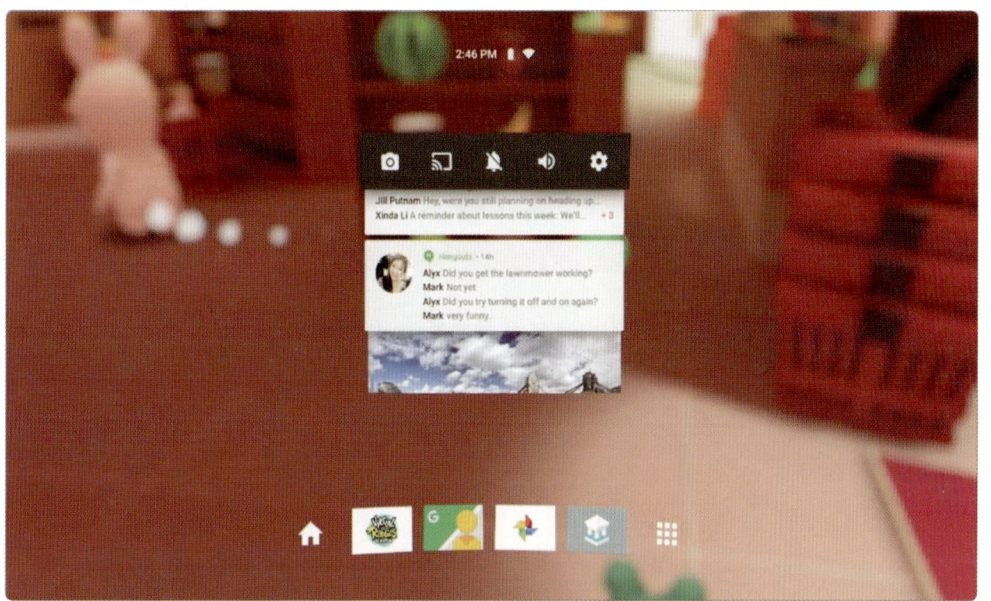

01 화면 중상단에서 중앙으로 내려오는 VR 알림창[*]
　　배경을 흐리게 하여(블러 처리) 알림에 초점을 둔다.

02 화면 중앙에 팝업으로 띄워진 알림창[**]
　　알림창 우측 상단에 닫기 버튼으로 알림창을 닫을 수 있게 하였다.

---

[*]　출처: https://www.androidcentral.com
[**]　출처: https://www.sammobile.com

4.4 탭 UI

VR 환경에서 화면 전환이나 탐색을 위한 메뉴로 보통 전역 메뉴 기능을 처리한다. 탭 UI의 속성 및 특징은 다음과 같다.

- **호버 탭 메뉴**
  사용자의 시선 정면을 기준으로 40도 아래로 머리를 숙여야 볼 수 있도록 화면 아래쪽에 배치한 메뉴다. 이는 콘텐츠 화면을 복잡하지 않게 만드는 효과가 있다.

- **선택 및 실행**
  포커스 포인트를 버튼 영역에 맞춰 선택한다.

- **항목의 배치**
  사용자가 고개를 움직일 때 편하게 볼 수 있도록 원형 또는 아치를 그리는 패스 형태로 배치한다. 이는 카드 UI와 유사하다.

- **메뉴 수**
  최대 9개의 버튼을 담을 수 있으며 적을수록 좋다.

VR 환경에서 탭 UI 위치 및 배치
인간은 보통 머리를 숙이지 않고 한눈에 볼 수 있는 영역이 40도 정도이다. 40도가 넘어가게 되면 머리를 숙여서 봐야 하는데 사용자가 고개를 40도 이상 내렸을 경우 탭 UI가 보이는 것이 좋다.

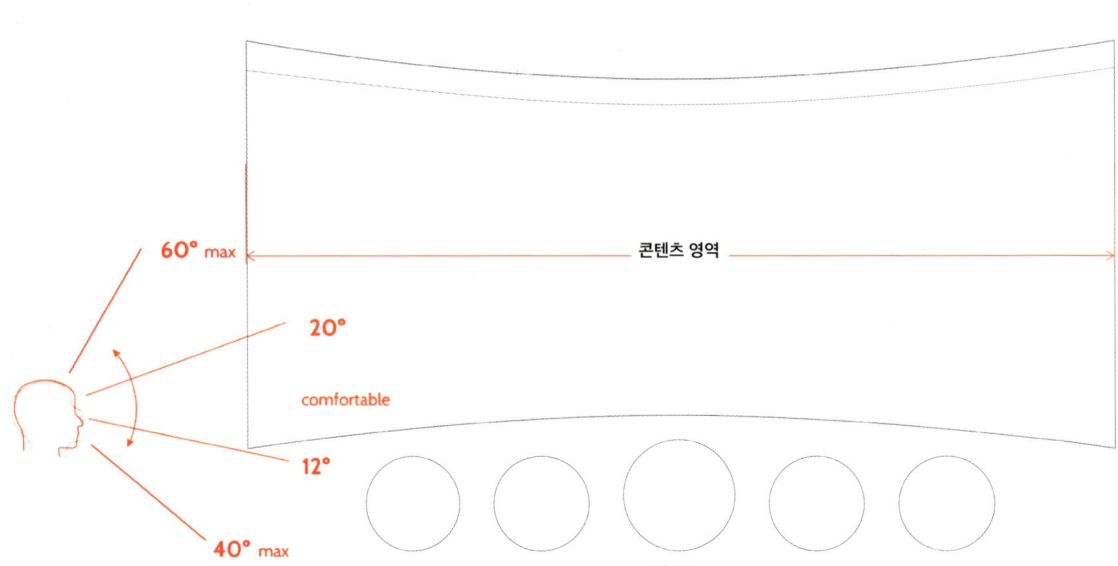

탭 UI

탭 UI

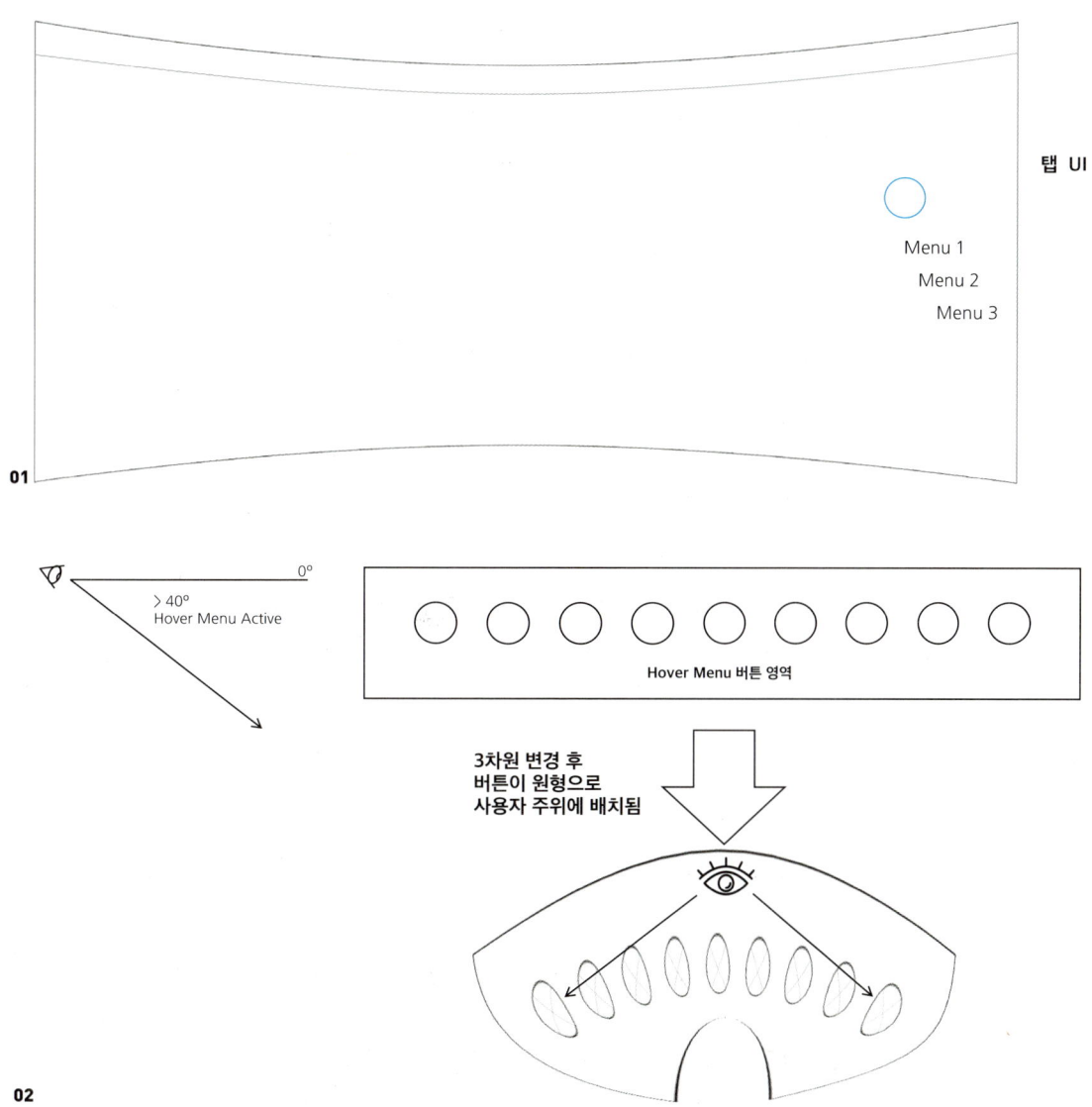

01
2단계 계층 구조(2Depth) 이상의 메뉴를 표현할 경우 카드 패널이 필요 없는 항목이라면 좌/우측에 세로 방향으로 나열한다. 이때 서라운드 커브 형태(Curved Surround)에 맞게 곡선 형태로 배치한다.

02 호버 탭 메뉴 사용법

13 가상현실 UI 가이드라인 > VR UI 가이드라인

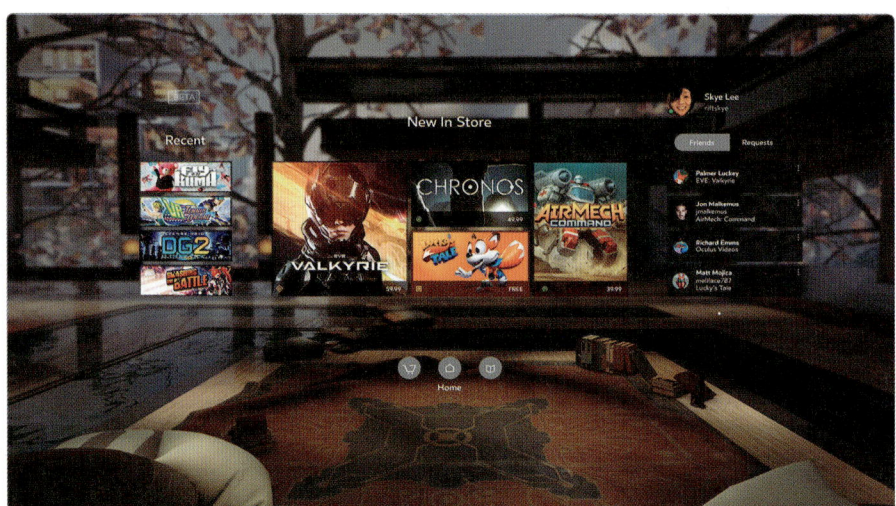
01

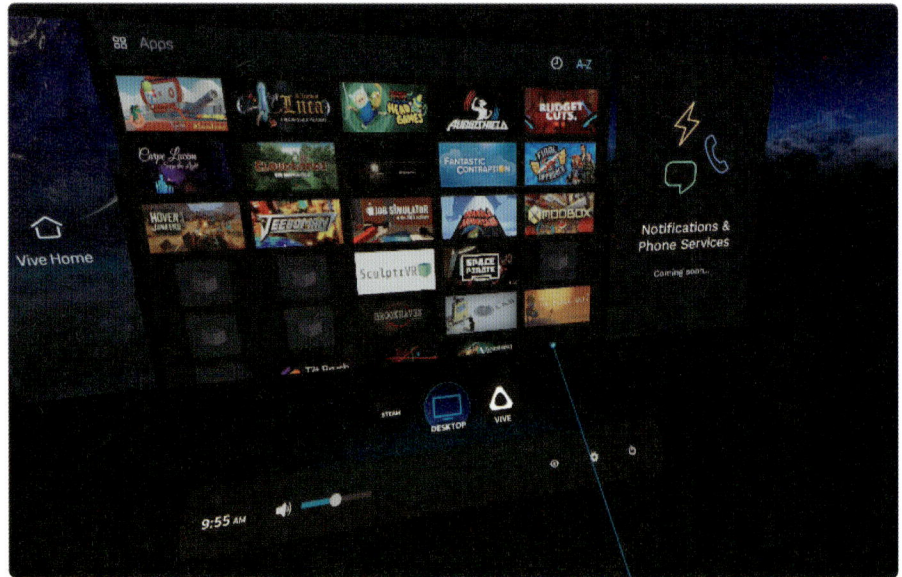
02

01 화면 하단에 탭 UI가 배치된 사례*
탭 UI가 한눈에 들어오는 위치라도 화면 하단은 콘텐츠 영역에 시선을 잘 빼앗기지 않는다.

02 탭 UI에 2Depth 메뉴가 있는 상태**
탭 UI 화면 하단에 다음 단계의 계층 구조 표현이 가능하다. [설정] ⇨ [시간], [볼륨 조절] 화면이 표시되며 시선이 고정되면 애니메이션 형태로 화면에 도출된다.

---

*   출처: 오큘러스리프트 홈
** 출처: 오큘러스리프트

4.5 기능 UI

몰입형 UI에서는 기능 버튼의 사용이 빈번하다. 체계화된 모바일이나 웹 UI처럼 탐색 버튼이나 기능 버튼이 상단 혹은 하단에 위치하는 것이 아닌 필요한 순간에 콘텐츠가 나타나고 필요한 버튼이 해당 오브젝트 주변에 위치한다. VR UI도 마찬가지로 기능을 나타내는 UI는 화면 중앙이나 기능 구현이 일어나는 오브젝트 옆에 배치한다.

몰입형 UI의 특성을 고려하여 기능 버튼은 화면 중앙에 위치하며 여러 개의 오브젝트가 있으면 해당 오브젝트 좌측 옆에 배치한다. 기능 버튼의 수는 너무 많지 않아야 하며 하위 계층 $^{Sub\ Depth}$ 사용은 가능하다. 기능 UI 디자인 시, 다음 사항을 고려한다.

버튼 디자인

레이어 형식을 사용해 원근을 느낄 수 있는 디자인과 버튼 선택 시 앞의 레이어가 뒤의 레이어와 맞춰지며 사용자가 눌렀다는 느낌을 받을 수 있도록 한다.

햅틱 이용

손의 제스처나 몸 동작으로 작동할 수 있는 햅틱 컨트롤러를 이용하여 보다 쉬운 기능 작동이나 오브젝트의 촉감 재질을 확인할 수 있다.

사용할 버튼을 응시하면 콘텐츠 카드 패널이 펼쳐지고 다른 버튼은 시야 밑으로 이동하는 애니메이션을 사용하면 사용자는 보다 쉽게 기능 버튼을 이용할 수 있다.

01 VR에서 사용하는 기능 UI는 화면 중앙에 적당한 넓이로 펼친다. 해당 버튼을 응시하면 십자선 모양 혹은 진행 상황 표시 바로 버튼 클릭을 알려준다.*

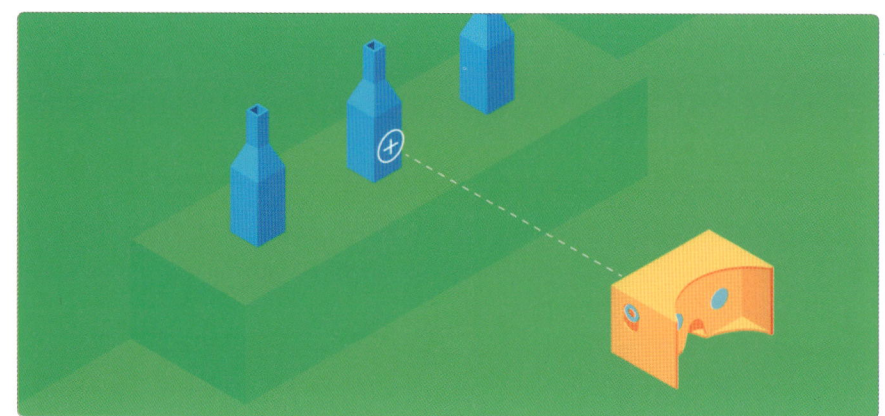

02 VR 환경의 버튼 눌러지는 듯한 느낌이 나게 두 개의 레이어를 겹쳐 색상과 애니메이션으로 화면 변화를 준다.**

01

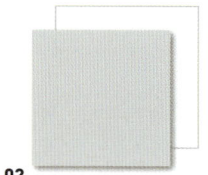

02

   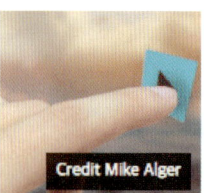

* 출처: 구글 카드보드

** 출처: http://mikealger.com/

햅틱 컨트롤러를 사용했을 때 VR UI 적용 사례

햅틱 컨트롤러와 VR 기기를 사용한다.

선택된 오브젝트나 버튼은 선택되었음을 알려주는 UI(색 반전, 십자선 표시 등)를 표시한다. / 알리바바 Buy+

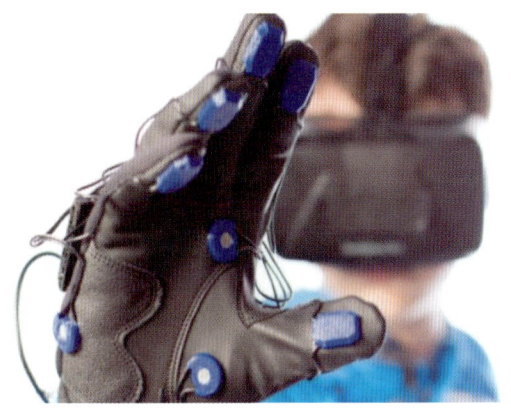

햅틱 인터페이스* 기술을 통해 가상공간에서의 촉감을 구현한다.

* '햅틱 인터페이스'란 가상 공간에서, 실제로 손으로 물체를 만지는 듯한 촉감을 구현해내는 기술이다.

❶ VR 착용 시, 등록된 상품에서 원하는 상품을 선택한다.

❷ 선택한 상품을 가지고 와서 상세 정보를 확인한다.

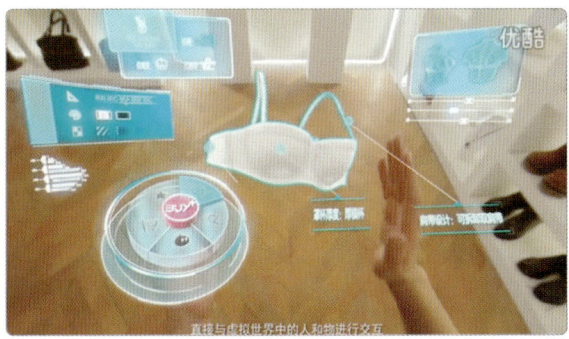

❸ 상품의 가격, 색상, 패턴 선택과 사이즈를 고르고, 장바구니 혹은 즐겨찾기에 넣거나 구매한다.

❹ 햅틱 인터페이스 기술을 통해 상품의 촉감 및 재질을 확인한다.

콘텐츠 포함 항목 선택 시, 콘텐츠 카드 패널이 펼쳐지게 하며 다른 항목은 시야 밑으로 이동하는 애니메이션을 사용한다.

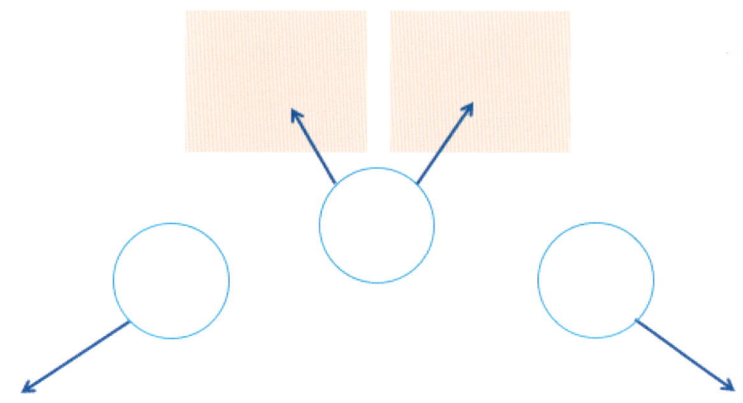

4.6 제어 방법

VR 환경에서 제어Control는 모바일이나 웹과는 여러 가지 측면에서 다르다. 만약 VR용 컨트롤러가 없는 경우 화면을 클릭하거나 드래그, 스와이프, 스크롤 등의 기본 동작을 수행하는 데 있어 어려움이 따를 수 있다. 따라서 이런 제어 요소를 고려한 조정 방법을 제공해야 하며 기본적인 원칙은 가장 취약한 상황(이를테면 컨트롤러가 없는 환경)을 기반으로 디자인해야 한다는 것이다. 오큘러스리프트, HTC 바이브, 소니 VR과 같이 전용 하드웨어와 OS를 갖추고 있는 제품은 전용 컨트롤러 및 카메라 등을 기본적으로 제공하고 있으며 이를 고려한 조정 방식을 제공하면 된다.

HMD VR 컨트롤 방식

Mobile Action	HMD VR 컨트롤 방식	
	No Controller	DayDreamView (Touch Pad, 2Button)
Touch / click	Gaze Click (Radial Progress Bar)	Button Click
Drag & Drop	X	Touch & Drop
Double Touch	X	Double Touch
Long Press	Long Gaze Click	Long Press
Swipe	Point Gaze clickC	방향키 Swipe
화면 Drag & 둘러보기	머리 이동(상하좌우)	머리 이동 Or Controller Move

VR 컨트롤러 사례

이름	Google 리모트 컨트롤러	Oculus Touch	HTC VIVE 컨트롤러
특징	가벼움	매우 정교한 3차원 동작 인식	• 다기능 터치패드 • 터치패드를 버튼 4개로 분할 사용 가능
방향키	Touch Pad	Thumb Stick	Touch Pad
버튼	2개	8개	4개

VR Shop UI 구축 사례

VR과 대화형 시스템을 이용한 가상 쇼핑몰 플랫폼 구축*

구축 배경
- VR과 대화형 시스템Conversational System이 새로운 기술 트렌드로 주목받으면서 이를 활용한 서비스 증가했다.
- 현재 확산 추세에 있는 VR과 대화형 시스템이 향후 리테일 산업에 큰 영향을 미칠 것으로 전망된다.
- 참여, 공유, 개방을 통해 새로운 플랫폼 환경을 제공하고 이용자들의 상호작용을 통해 새로운 가치를 창출하는 생태계 구축하고 있다.
- 온/오프 통합몰의 상승세에 맞춰 새로운 비즈니스 모델 창출되고 있다.

기대 효과
- VR과 대화형 시스템을 이용한 가상 쇼핑몰을 통해 미래의 쇼핑몰 시장 선점할 수 있다.
- VR과 대화형 시스템을 활용해 새로운 쇼핑 환경을 제공함으로써 높은 사용자 경험을 제공할 수 있다.
- 새로운 쇼핑 트렌드를 통해 리테일 산업이 활성화될 전망이다.
- 가상 쇼핑몰 플랫폼 구축으로 이용 확대 및 이용자 접근성이 높아질 것으로 기대된다.

서비스 개요
- VR/AR의 기술적, 산업적 인프라에 대응하는 뉴미디어 쇼핑몰 플랫폼을 구축한다.
- VR을 기반으로 하는 가상의 환경을 조성하고 사용자들이 각자의 VR Shop을 선택/드래그 앤 드롭을 통해 쉽게 제작할 수 있는 VR 저작 도구를 제공한다.
- 인공지능(AI)을 기반으로 하는 대화형 시스템을 적용하여 검색 및 큐레이션 서비스 등의 사용 편의성을 증대시킨다.
- 기존 온라인, 모바일 쇼핑몰에 VR/AR 가상 체험 UX를 적용하는 차세대 뉴미디어 쇼핑 플랫폼을 제공한다.
- Hyper Connected(초연결) 기반으로 사용자와 공급자를 가상 공간에서 집결시키는 소셜 플랫폼으로 자리 잡는다.

출처: UX 팀프로젝트: 강윤재, 최은진, 정재규, 강소연, 박창선

- 스마트폰, TV, 웨어러블 워치, VR 컨트롤러 등 다양한 입·출력 장치를 이용할 수 있는 편의성을 제공한다.
- VR Shop을 자유롭게 사용할 수 있도록 API를 제공하여 산업 생태계를 확장시킬 수 있는 개방형 플랫폼으로 자리매김한다.

핵심 고객
- SNS 이용자 (페이스북, 트위터, 구글+ 등)
- 자영업, 판매업 소상공인, 기업 마케터
- VR 플랫폼 (소니 PS4 VR, 오큘러스리프트, HTC Vibe 등)

주요 적용 사업군
- 여행 산업
- 종합 리테일 샵(백화점, 마트 등)
- 종합적 체험이 필요한 디지털 콘텐츠(게임 등)
- 부동산 중개

서비스 시나리오

Case 1. 사용자가 길을 가다 원하는 물건을 발견했다. 그 물건을 매장에 들어가 입어보기 귀찮아서, 나의 쇼룸에 담은 후 집에 가서 나의 아바타에 입혀본 후 사이즈를 확인해 구매하고자 한다.

Scenario	원하는 상품 발견	쇼룸에 담기	담은 상품 확인	아바타에 입혀보기	구매
Acting	"exon"	"exon ~ 좀 담아줘"	"exon 담아놓은 상품 보여줘"	"exon 옷 좀 아바타에 입혀줘"	"exon 결제해줘"
Tech	Smart phone을 이용 Bixby, siri, google assistant	Bixby, siri를 통한 리마인더 기능	VR을 이용해 상품이 담겨져 있는 쇼룸을 보여준다.	VR 아바타 위에 옷을 입혀 보여준다.	결제를 요청하면 사용자의 정보를 읽어 주고 사용자가 'ok'로 서비스를 진행하게 구성

Case 2. 핸드폰으로 가상 비서 챗봇이 예쁜 바지가 있다고 알려준다. 사고 싶어 쇼핑몰을 들어간다. 아바타에 착용시킨 후, SNS 업로드를 한다. 어울리는 코디를 추천받고 결제한다.

Scenario	핸드폰 푸시 알림	쇼핑몰로 이동	착용 정보 확인	바지랑 어울리는 코디를 보여달라고 한다.	구매 직전
Acting	핸드폰으로 챗봇 exon이 문자를 보낸다	"exon ~옷의 상태를 보고 싶어"	"exon SNS에 업로드 해 줘"	"exon 어울리는 코디 좀 보여줘"	"exon 나와 맞는 옷 구매 해 줘"
Tech	Smart phone을 이용한 메시지 전달	HMD또는 No HMD를 선택하면 앱 구동(모바일 앱 화면을 통해 구동)	SNS Plaza 항목에 등록해준다.	화면에 순서대로 나타낸다.	사용자에게 등록되어 있는 사이즈 재고를 확인 후 결제를 한다.

- 가상 AI 비서 기술을 갖고 있는 대부분의 기업들은 자사 서비스의 생태계를 위해 API를 공개한다. 그 API를 활용해 우리의 챗봇 및 AI 가상 비서를 구축한다.

- 우리의 기본 서비스는 핸드폰 앱으로 구성되어 있어, VR 쇼핑몰을 구현할 때, 대화형 시스템이 가능하도록 이루어져 있다.
- 쇼핑 주기 혹은 사용자가 원하는 상품이 재입고 되었을 경우, 가상 비서가 챗봇 형태로 알려주고 주문 및 사이즈에 맞춰 서비스를 한다.

시스템 구성도

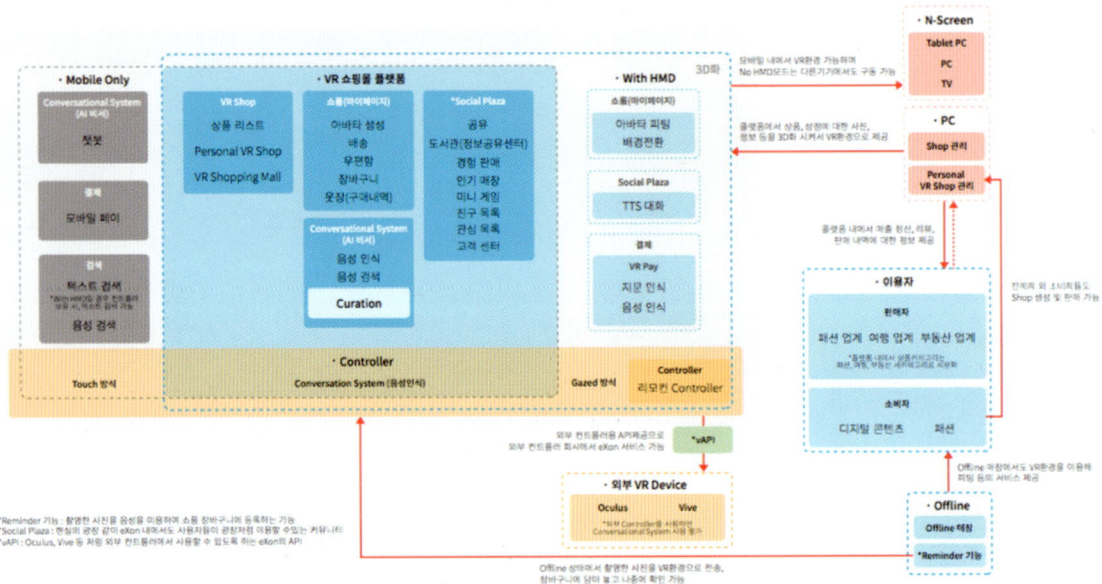

기능 정의

구분	기능명	적용 기술	내용
쇼핑몰 구현	VR 전용 결제	VR Pay / 음성 인식	음성 결제, 지문인식 결제, 모바일 페이
	상품 검색	대화형 시스템 컨트롤러 연동 챗봇	Gazed, 컨트롤러, 대화형 시스템을 활용한 검색
	상품 담기	reminder	AI 비서에게 음성 요청 시 저장
	상품평	공유	SNS 공유
	상품 추천	AI(Deep Learning), 대화형 시스템	사용자의 구매 패턴 및 성향을 파악해 쇼핑몰과 상품을 추천
개별 VR Shop 생성	VR환경 저작 도구	이미지, 텍스트 -> VR 컨버터 360 이미지 스티칭 IaaS, SaaS 클라우드	'고도몰' 형식 PC에서 구현. 사용자가 이미지 업로드 시 VR 콘텐츠로 변형
My showroom	아바타 생성	VR 컨버터	정확한 수치 입력 후 가상 공간에 나를 대신하여 사용

구분	기능명	적용 기술	내용
SNS Plaza	옷장	Data logging	구매 내역을 기록
	배경 전환	AI(Deep Learning)	옷이나 상황에 따른 배경 전환 효과
	다른 사람과 대화	TTS 변환	음성이나 텍스트를 TTS로 변환하여 전달
	경험 판매	이미지 -> VR 컨버터	사용자의 경험을 판매자가 구매하는 기능
VR 플랫폼	개발 도구 공유	vAPI	소니 PS4 VR, 오큘러스 리프트, HTC Vibe에 제공

▶ 정보구조도

No.	Depth 1	설명
SP_01	스플래시	eXon의 메인 화면 진입 전, 로딩 화면
HO_01	HOME	Personal Shop, Product Shop, VR Shopping Mall의 리스트를 사용자에게 큐레이션하여 정보 제공
VS_01	VR SHOP	Personal Shop, Product shop, VR Shopping Mall 중 선택 및 입장 - Personal Shop: 사용자가 직접 제품 등록 및 판매를 할 수 있는 개인 상점 - Product Shop: 제품 카테고리별 상품 판매 상점 - VR Shopping Mall: 국내/외 유명 쇼핑몰을 VR 체험 및 구매가 가능하도록 한 상점
SN_01	SOCIAL PLAZA	광장에서 사용자 간 커뮤니케이션을 할 수 있도록 서비스 제공
MP_01	MY PAGE	내 방에서 구매/ 장바구니에 담은 옷 착용 및 알림 메시지 확인, 배송 관련 정보 확인이 가능 - 마네킹, 옷장, 장바구니, 우편함, 배송
SE_01	SETTING	VR의 상세 옵션 설정 가능 - Screen Size, Screen Distance, Background, Reset, Screen Option, SBS Option, Audio Option, Controller Option
S_01	검색	컨트롤러를 이용한 쇼핑몰 관련 음성 및 텍스트 검색 기능 제공 Conversation: AI 비서를 통한 음성 검색 가능 Text: 컨트롤러 보유 시, 리모컨을 이용해 검색 가능
LO_01	로그인/로그아웃	사용자가 로그인, 로그아웃이 가능하도록 버튼 제공
ME_01	알림 메시지	알림 메시지 확인 가능하도록 버튼 제공하여 신규 메시지가 왔을 시, N 배지 노출

> 화면 UI 예

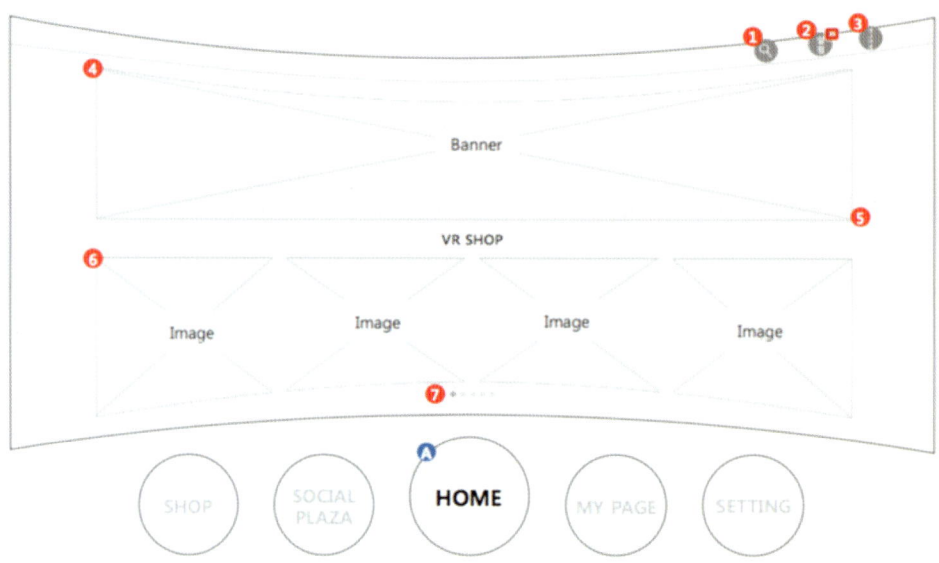

- Ⓐ 클릭 시, HOME 화면으로 이동
- ❶ 검색
  - 컨트롤러, 게이지드, 음성인식 기능을 통해 검색 화면으로 변환되어 검색 가능
- ❷ 알림
  - 사용자 맞춤 알림 확인 가능
  - 미확인 시, 미확인 개수 뜸
- ❸ 로그아웃
- ❹ 배너 영역
  - eXon 배너
- ❺ Home [1-2] 페이지로 전환
- ❻ VR SHOP 콘텐츠
  - 클릭 시, 해당 쇼핑 명소로 이동
  - 신규 회원 - 인기 top 콘텐츠로 나열
  - 기존 고객 - 사용자의 성향에 맞는 콘텐츠로 나열
- ❼ VR SHOP 목록 스와이프로 넘길 수 있음

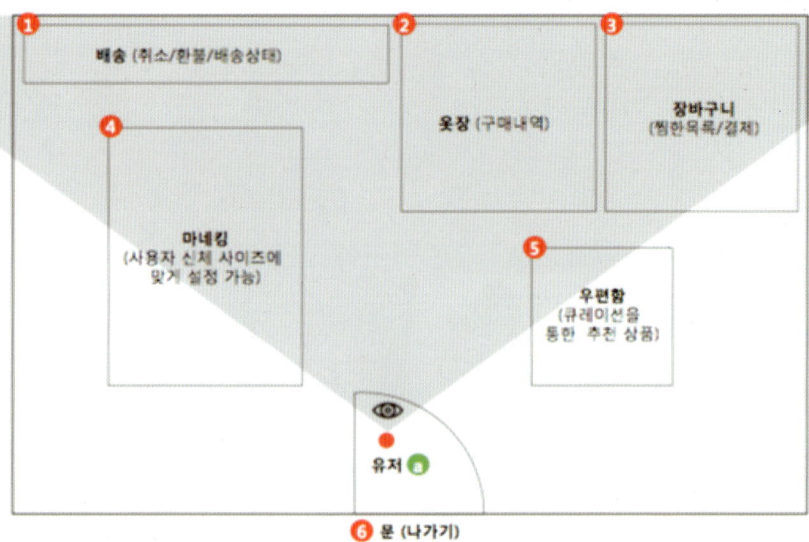

ⓐ 유저가 마이룸 입장했을 때의 시야

❶ 배송
- 배송 상태 확인, 취소/환불 내역, 취소/환불 가능

❷ 옷장
- 구매 내역
- 구입한 상품들을 보관 or 마네킹에 피팅 가능

❸ 장바구니
- 찜한 목록 확인 가능
- 결제 가능

❹ 마네킹
- 사용자 신체 사이즈에 맞게 설정 가능
- 피팅 가능

❺ 우편함
- 소비자의 구매 패턴, 선호 상품 데이터를 수집해 그에 맞는 상품, 백화점, 개인샵 추천

❻ 나가기
- 클릭 시, 마이룸에서 나가기

> 구현된 이미지 예

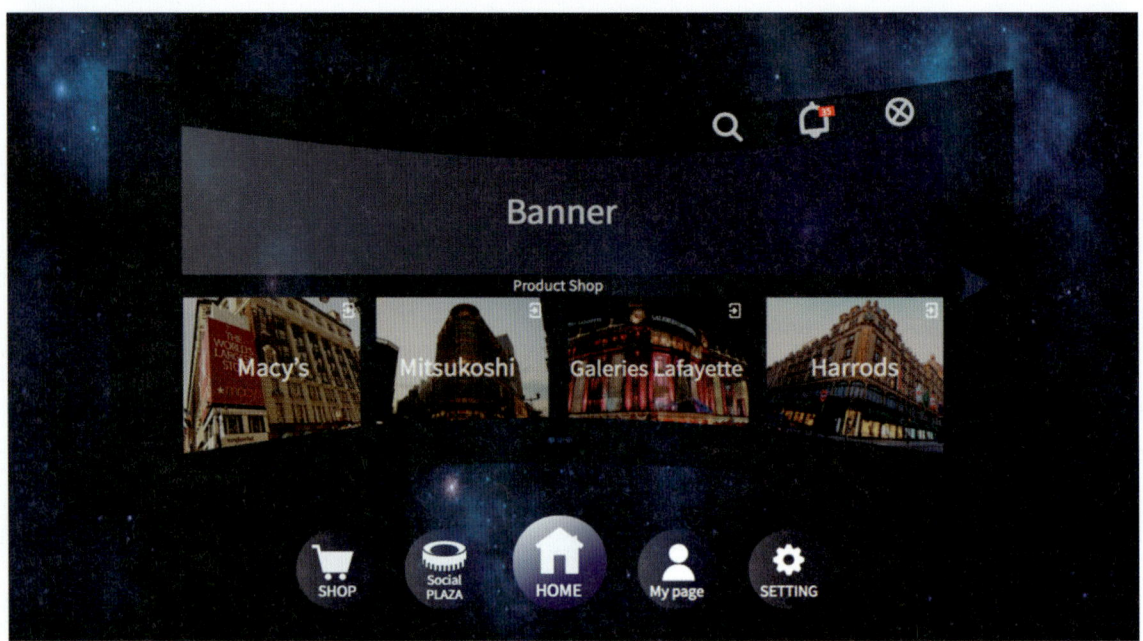

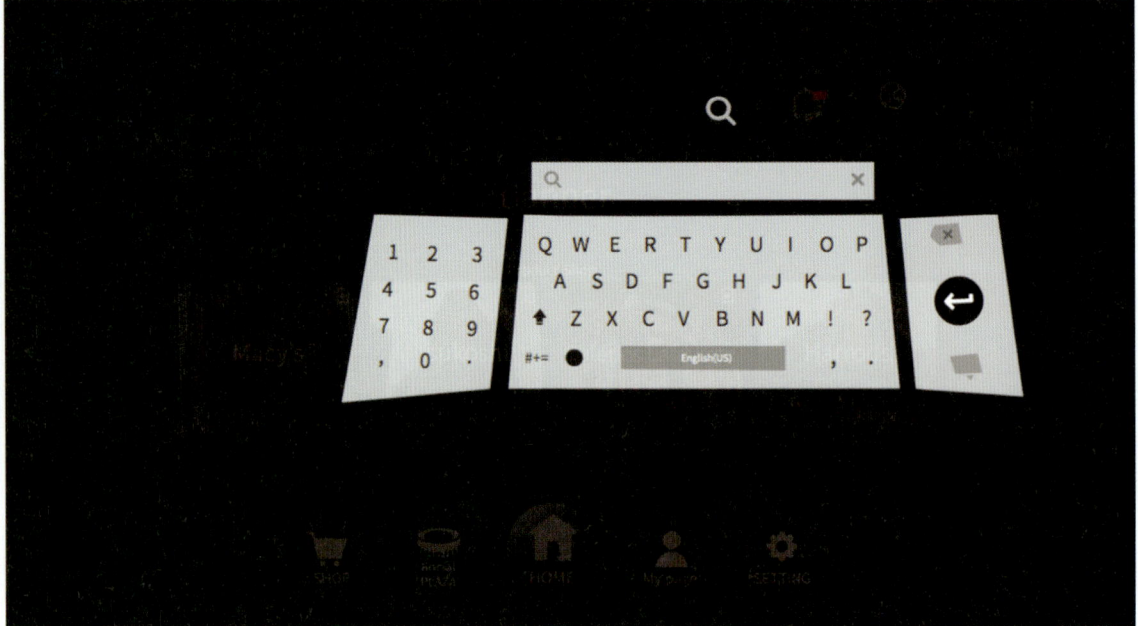

찾아보기

INDEX

숫자

100% BG 이미지	73
2tone Gradation	73
360 미디어	519, 552
3D 터치	356, 360

A

Adobe XD	214, 223
Affinity Diagram	70, 94, 139
Affordance UI	81, 538
AR	84
Autonomous Agent & Thing	88

C

Cacoo	215, 217
Card & Grid UI	74
Circular Design	76
Consistency	180
Context UI	79
Conversational System	87, 151, 550
Curated UI	72, 78

D

Design for Emotion	17
Depth	162, 329

F

Flat 2D	534
Flat UI	72, 73

G

GNB: Global Navigation Bar	309, 377

H

HCI: Human Computer Interaction	321
HIG: Human Interface Guideline	351, 394
HMD	516

I

IA	158, 528
Illust Graphic	74
iOS	351
IoT	385, 94

L

Landing Page	81, 185
LNB: Local Navigation Bar	168
Long Pages	78

M

Material Design	74
Micro Interaction	77, 224
Mobile Payment	86
Modeling	122
MS 홀로렌즈	520
Multi Tasking	365

N

N-스크린	162
NCS 학습 모듈	93
Notification	192, 289, 364

O

O2O	40
Omni Channel	85

P

Parallax scroll	72, 77
PC형 UI 저작 도구	223

R

Realistic-3D	534
Responsive Design	79
Rich Animation	331

S

SBS	517
Slider	269, 391, 455
Swipe	81, 253, 318, 549

T

Thumb Zone	192, 323
TopTenReviews.com	53
Typography	76

U

UI Kit	359
UI 디자인	20, 374
UX 디자인	17
UX/UI 디자이너	17, 179
UX/UI 디자인 프로세스	23
UX/UI 엔지니어링 정의	24

V

Visualization	75
VR	83, 516

W

Widget	362

ㄱ

가로 모드	358, 452, 470, 492
가상 고객	96, 122
가상현실	515

찾아보기

가트너의 10대 전략 기술 트렌드 ... 80
간접 관찰법 ... 96, 102
감정 그래프 ... 16, 132
감성 디자인 ... 17
개별 인터뷰 ... 105
개인화 디자인 ... 398
검색 결과 ... 286
검색 디자인 ... 278
검색 바 ... 376
경고창 ... 441
경쟁 분석 ... 51
계층 구조 ... 158, 162
고객 관찰 및 체험 ... 98
고객여정지도 ... 27, 122
구문형 시나리오 ... 239
국가직무능력표준 ... 16
그룹 인터뷰 ... 111
기능 구현 ... 171, 359
기능 분석 ... 59
기능 정의 ... 252, 551
기본 도구 ... 314

ㄴ/ㄷ/ㄹ

내러티브 기법 ... 125, 130
내부 실행 버튼 ... 275, 385
내비게이션 ... 159
놀라운 경험 제공 ... 399
다이어그램 ... 130, 152, 217
다중 작업 ... 365
단순한 디자인 ... 398
당연한 품질 요소 ... 148
대시보드 메뉴 ... 311
대중적인 미학을 지닌 UI ... 190
대화창 ... 289, 441
대화형 시스템 ... 82, 87, 550
더블 다이아몬드 프로세스 ... 26
데이터 마이닝 ... 46
도구 디자인 ... 314
동영상 화면 ... 317
드로잉 제스처 ... 252, 329
드릴 다운 방식 ... 163
디자인 순환모델 ... 30
레귤러카드 ... 297
리서치 자료 활용 ... 46
리스트 메뉴 ... 310

ㅁ/ㅂ

마이크로인터랙션 ... 331
매력적 품질 요소 ... 148
매트릭스 ... 155
맥락 파악법 ... 101
멀티 터치 제스처 ... 325
메가 메뉴 ... 311
메뉴 도구 ... 315
멘탈 모델 ... 137
모달 뷰 ... 457
모션 디자인 ... 331
목록 컨트롤 ... 445
무차별 품질 요소 ... 148
문제 발견 ... 151, 262
물질 디자인 ... 399, 405
미충족 가치 ... 55
밀착 관찰법 ... 101
반복 그리드 ... 224
반응 디자인 ... 289
배지 ... 364
버튼 ... 433
벡터 그래픽 전용 도구 ... 214
분할 보기 ... 356, 365
분할 뷰 ... 484
분할 컨트롤 ... 390
비주얼 디자인 ... 209
빅데이터 ... 204
빛에 의한 그림자 효과 ... 534

ㅅ

사람과 컴퓨터와의 상호작용 ... 321
사물 인터넷 ... 85
사용 권한 메시지 ... 509
사용 상 편리성 ... 202
사용성 테스트 ... 95
사용자 4분면 분류법 ... 129
사용자 가설 ... 122
사용자 경험 ... 130
사용자 경험 지도 ... 262
사용자 분석 ... 20, 93
사용자 인터페이스 ... 20
사용자 제어 ... 353
사이드 탐색 바 ... 427
서랍형 탐색 버튼 ... 504
서머리카드 ... 297
서비스 시나리오 ... 234, 551
서비스 청사진 ... 262
서비스 콘셉트 도출 ... 150
서비스 흐름도 ... 171
서술형 시나리오 ... 237
섬네일 ... 490
세로 모드 ... 358, 494
센서 디자인 ... 334
속도와 성능 ... 199
손목 제스처 ... 514
스마트 워치 ... 498
스케치 패드 ... 210
스큐어모피즘 ... 405
스타일 가이드 ... 411
스테퍼 ... 392, 455
스텐실 ... 219
스토리보드 ... 234
스토리보드형 시나리오 ... 242
스프링 보드 메뉴 ... 310
슬라이더 ... 391, 455
슬라이드 오버 ... 356, 364
시각적 디자인 ... 180
시각적 인지 향상 ... 195
시스템 아이콘 ... 372
시작 화면 디자인 ... 267

시장 분석	39

ㅇ

아마존 고	89
아이디어 수립	121
아이디어 시각화	152
알림	511
알림창	381
애플월렛	395
애플페이	394
액티비티 뷰	380
에어비앤비	176
역 품질 요소	148
열림 기능 버튼	506
오류에 대응하는 UI	192
오브젝트 편집창	228
와이어프레임	210
웹과 모바일 기술 트렌드	80
웹과 모바일 디자인 트렌드	42
웹앱형 UI 저작 도구	216
위젯	362
유입 UI 패턴	317
은유적 디자인	352
은유적 메뉴	312
응시 기반	528
이용 흐름형 시나리오	241
이해관계자	234
익스펜드카드	297
인체공학적 UI	195
인터랙션 디자인	321
인포그래픽	153
일관성 있는 UI	180
일차원적 품질 요소	148
입력이 쉬운 UI	187

ㅈ/ㅊ/ㅋ

자동 레이아웃	356
자이로 센서	339, 519
전역 메뉴	168
정보구조	158
정량적 분석	93, 106
정성적 분석	51, 93
조작의 편리성	196
주 작업 버튼	509
증강 현실	516
지도 뷰	384
지속성 UI	319
지역 메뉴	168
직접 관찰법	100
직접 조작	398
진행 상황 표시	389
청각 디자인	340
친화도법	70, 139
카노 분석법	147
카드 UI	297
카드 디자인	295
콘텐츠 UI 패턴	266
콘텐츠 영역	266, 528, 537

ㅌ/ㅍ

타이포그래피	501
타임라인 디자인	304
탁상 조사법	39
탐색 디자인	309
탐색 바	375
탭 바 메뉴	310
터치 제스처	427, 478
테이블	385
테이블 내 도구	316
테이블 디자인	273
텍스트 필드	359, 457
템플릿 작성법	246
토스트	457
통계 자료 활용	43
통합된 미학	352
투명화 설명 UI	319
트렌드 분석	69
팁 UI	318
팝오버	387, 472, 480
페르소나	90, 96, 123, 234
평판분석	46
포켓몬고	80, 516
폰트	414
폼 디자인	269
표적집단면접	111
프로토타입	229
플로 차트	152
플로팅 액션 버튼	402
피커	187, 452
핀터레스트	186

ㅎ

하단 시트	430
하단 탐색	429
해결책 구체화	233
핵심 고객 선정	97
핵심 역량	54
핵심 요소	289
핵심 터치 제스처	252
행 내 작업 버튼	510
행동 관찰법	100
행동유발성 디자인	276, 532, 475
현장 인터뷰	105
혼합 현실	520
화면 설계	254
화면 속 화면	365
화면 전환 도움말 UI	318
확인 오버레이	507
환경 요소	17
효과적이며 개인화된 UI	183